국문문학자 박노준 교수의

나의 한세상, 한평생

국문학자 박노준 교수의

남의 한세상, 한평생

박노준 지음

보고사
BOGOSA

머리말

이 기록물은 나의 유년 시절부터 고희를 앞둔 지금까지 내가 살아온 과정과 그 자취를 정리한 글이다. 말하자면 회고록에 해당하는 자전적(自傳的) 저술이라 하겠다.

나는 평소 자전적 기록이 대단히 중요한 역사적 자료라는 점을 인식하고 살아왔다. 이 세상에 태어나서 어떤 일을 했든, 지위야 어떠했든, 명성이야 높았든 그렇지 않았든 간에 모든 사람은 자서전을 쓸 자격이 있다. 그리고 후세를 위하여 그런 기록을 많이 남길수록 좋다. 그 모든 기록은 개인사이면서 가족사의 일부, 공동체 역사의 일부, 나아가 그 시대 그 사회 역사의 귀중한 사초(史草)가 될 수 있기 때문이다. 역사에 남을 인물의 자전적 기록만이 아니라 평범한 소시민의 범상한 자서전도 가치 있는 중요한 자료가 될 것이다.

이 일대기를 반쯤 쓰고 있을 때 어떤 일간지 문화면에 이런 기사가 크게 보도되었다. 즉 한국문화예술진흥원이 80세 안팎의 원로 예술인 100여 명을 선정하여 그 2차 작업으로 18명을 직접 만나 그들이 살아온 일생에 관해 심층 인터뷰해서 "한국 근현대 예술사 구술 채록 사업"을 완료했다는 내용이다. 후에 이를 정리하여 책으로 펴낼 모양이거니와 방금 피력한 내 생각과 같은 사업을 공공기관이 대행하고 있다는 점에서 듣기에 퍽 좋았다.

나는 태어나서 지금까지 학교를 떠나 다른 곳에서 생활한 적이 없다. 학생으로서, 그리고 직장인으로서 내 삶의 터전은 학교였다. 따라서 이 기록물의 중심축은 학창생활, 훈장생활 그리고 학문생활 등 세 가지 면에서 겪은 이런저런 이야기들이다. 그 좌우에 세태 변화에 따른 풍물지격의 일화와 굴곡이 심했던 우리 사회의 시대상의 삽화(挿話)가 놓인다. 이 다섯 갈래의 기록을 통해 내가 살아온 삶을 담아내고 반성하는 한편, 내가 몸담았던 세상을 있는 그대로 드러내고자 하였다. 학생으로서, 훈장으로서, 학자로서 어떻게 살아왔는지만을 기록한다면 이 자전적 저술의 두께가 이처럼 두껍지는 않았을 것이다. 개인 생활도 중요하지만 내가 살아온 시대와 사회가 또한 어떠했고 세상 풍속의 흐름은 어떻게 변했으며 그런 환경에 나와 이웃들은 어떻게 대응했는지도 또한 소중한 과거라고 확신하면서 이런 부분에 적지 않게 신경을 쓰고자 노력했다. 나와 인연을 맺은 많은 인물들의 이런저런 얘기도 담아냈다. 그런 이유로 이 기록물은 어차피 요설체일 수밖에 없었다. 좀 장황하면 어떠랴. 노년에 접어든 많은 사람들은 그가 살아온 한평생을 책으로 담아내면 몇 권의 자서전으로도 부족하다는 말을 자주 하거니와 나 또한 70년을 살아왔으니 그 인생 회고록이 의당 그럴 수밖에 없지 않은가.

  내가 살았던 시대를 놓고 후배·제자들과 얘기를 하다 보면 이들 대부분은 당시의 상황을 전혀 모르거나 잘못 알고 있는 경우가 많고, 일부 사람은 그때를 살지도 않았으면서 짐짓 잘 아는 체 나서기는 하나 대개는 왜곡된 것 또는 지나치게 부풀려 있는 것을 진실인 양 맹신하고 있다. 이런 일을 접하면서 이를 바로잡아 제대로 된 사실을 증언하지 않을 수 없다고 판단을 하였다. 나같이 부족한 사람이라도 사실을 사실대로 기록해 놓지 않으면 세월이 지날수록 '설화로 포장된 삐뚤어진 사실'이 '진실의 사실'로 둔갑되고 왜곡되어서 전승될 것이 명약관화하다고 내다보았다. 이런 점에 유의하여 기술하고자 노력하였다.

  회고록이라고 해서 경험한 모든 것을 다 수용할 수는 없는 노릇이다. 따라서 이 기록물도 경중을 따져서 취사선택하는 일이 불가피하였다. 기억에서 사라진 것도 있을 것이고 또한 지금의 환경에서 쓰기에 거북하여 누락시킬 수밖에 없는 부분도 없다고 강변하기는 어렵다. 체험한 모든 것을 직술하는 것이 기록물의 생명이라는 미명 아래 그 모두를 드러낸 뒤 용훼하거나 합리화하는 따위의 비겁한 붓놀림은 하지 않았다. 인생을 살다 보면 그가 누구든 자신과 남에게 두루 난처한 과거가 있기 마련인데, 그런 것쯤은 생략의 미덕으로 함구하면 최소한 거짓말쟁이는 면할 수 있을 것이다.

거짓된 진술을 피하고 양심에 따라 최선을 다해 객관적인 증언을 하였고 가급적 구체적으로 서술하였다는 점도 명기해 둔다. 어느 일을 겪었을 때 그 요지나 줄거리만을 간추리지 않고 앞뒤 사정과 배경을 밝히기 위해서 되도록 상세한 설명이 뒤따르도록 하였다.

나의 이 기록물은 문헌 원용이 없이 기술되었음을 또한 밝히고자 한다. 남아 있는 일기도 없고, 그렇다고 누가 나에게 옛일을 조언해주거나 증언을 해 준 예도 없었다. 모두 다 나의 기억을 따라 적은 것이다. 연대가 불명확하거나 인명이 확실치 않아서『한국 민족문화 대백과사전』을 몇 번 들춰 보았고, 다른 역사서나 타인의 학술저서를 두어 번 참고하였을 뿐, 그 외에 더 기록을 새삼 찾아본 일도 없었다.

이렇듯 메모나 문헌 자료에 근거하지 않고 순전히 기억을 더듬어서 쓴 기록물이기 때문에 여러 가지 한계가 있음을 부인치 않는다. 그러나 그런 이유로 장점도 있다는 점을 말하고 싶다. 참고자료를 들춰가면서 쓰다 보면 당초 계획에 없었던 일까지도 기술하기 쉬울 터, 그런 유혹에 끌리지 않은 것이 첫 번째 장점이요, 이를 뒤집어서 말하면 내 기억에 생생하게 남은 확실한 것만이 이 기록물의 알맹이가 되는 것인 즉, 그것만을 살린 것이 둘째 장점이다.

다만 중년 나이쯤 되는 이가 옆에 있어서 과거의 이런저런 일에 관하여 자주 묻고 기록해줄 것을 요청하였다면 퍽 좋았을 것이라는 생각은 하였다. 기억의 저장고에 분명히 남아 있는데 쓰는 도중 생각이 나지 않아서 놓친 이야깃거리들이 적지 않을 것이기 때문이다.

이 기록물은 창작물도 아니고 또한 명망가나 정객 혹은 유명 기업인의 자서전도 아니다. 화려하지 않게 살아온 소시민의 삶을 담아낸 것에 지나지 않는다. 그렇기 때문에 드라마틱하거나 흥미진진한 것과는 거리가 멀다. 클라이맥스에 해당되는 것도 없다. 이 글을 접하는 독자는 이점에 유의해 주기를 바란다.

쓰다가 맥이 끊길까 저어하여 속도를 내어서 집필한 끝에 석 달 만에 일차 마무리를 짓고 수기(手記) 원고의 컴퓨터 작업은 며느리 홍은진의 섬세한 손끝에 맡기면서 잠시 삼복의 무더위를 잊는다. 시간이 얼마쯤 지난 뒤에 다시 꺼내어 첨삭·보완할 작정이다. 그러한 후속 작업이 이어지더라도 이 글의 시점(時點)은 처음 집필한 2005년이 기준이 되고 특별한 경우, 2·3차에 걸쳐 보유(補遺)할 때가 될 수도 있음을 밝혀둔다.

2005년 7월 22일
佳山書屋에서
朴魯埻

머리말(Ⅱ)

　1차 원고를 탈고한 뒤 1년 3개월쯤 쉬었다가 금년 2006년 10월 15일부터 다시 읽을 기회를 가졌다. 재독해 보니 누락된 기록이 예상보다 많았고 고쳐 써야 할 부분도 적지 않았다. 그리하여 첨삭 개고의 작업에 들어가 두 달 남짓 쉬엄쉬엄하며 온전히 이 일에 매달렸다. 정확히 계량할 수 없으나 이번에 완결된 이 원고본의 3분의 1가량은 2차 작업 때 새로 들어간 내용으로 보아 크게 틀리지 않는다. 1·2차의 구분이 꼭 필요할 경우 여러 곳에서 이번에 기록했다는 사실을 밝혔으나 대부분은 그런 명기(明記)의 절차를 밟지 않고 1차 원고에 그냥 삽입 첨가시켰다. 덜어내고 고친 부분도 그와 같이하였다. 독자의 입장에선 그런 것까지 알지 않아도 읽는 데 아무 지장이 없을 것이다.
　고희를 맞는 내년 곧 2007년 어느 때쯤 다시 읽어볼 예정이지만 이번에 마무리한 내용에서 크게 벗어날 것 같지 않다. 따라서 이 원고를 거의 완결된 것으로 보아도 무방할 듯하다.

2006년 12월 30일

머리말(Ⅲ)

　2005년 7월 하순에 1차 완성된 이 기록물의 2차 보완 작업을 마친 때가 그 이듬해인 2006년 12월 말이었다. 그만하면 시대의 흐름에 따라 70년 동안 살아온 내 삶의 궤적을 어지간히 기록·정리한 것으로 치부하여 다시 만년필을 잡을 기회는 없으리라고 생각하였다. 2차 작업 때 머리말 말미에서 나는 이렇게 말하였다. "고희를 맞는 내년 어느 때쯤 다시 읽어볼 예정이지만 이번에 마무리한 내용에서 크게 벗어날 것 같지 않다. 따라서 이 원고를 일단 완결된 것으로 보아 무방할 듯하다" 이렇게 거의 단정적으로 언급하였다. 그러나 사람의 일은 미리 예단할 수 없는 것, 2차 글쓰기를 완료한 때로부터 오늘 2014년 6월 초를 거쳐 다시 2018년에서 2021년에 이르기까지 나는 물경 약 20년 세월을 더 살고 있다. 상자에 보관해 두었던 것을 오래간만에 꺼내어 통독해 보니 다시 손볼 곳과 보태고 덜어낼 것이 적지 않았다. 또한 결코 짧다고 할 수 없는 그 기간 동안 나 개인의 생활에도 기록해둬야 할 몇 가지 일이 있고, 세상의 변화에 대해서도 짧은 글로나마 갈무리해야 할 것이 있어서 다시 세 번째 작업에 착수하여 마침내 매듭을 지었다. 차후, 또다시 살펴보면서 수정·첨삭·개고하는 일은 결코 없을 것이다. 이번 3차로 장기간에 걸친 나의 글쓰기는 마무리되었음을 고한다. 참고로 A4용지 약 100여 매가 새로 보태졌음을 첨기한다.
　첫 번째 쓴 서문에서 언급한 것처럼, 나는 이 기록물을 나의 자서전적인 글로만 기술하지 않았다. 지난날의 개인적인 삶의 궤적을 하나하나 회상하면서 그와 연관된 시대상·사회상·세태와 풍속의 변화, 평생 몸담았던 국문학계와 교육계에 관련된 이런저런 일, 부모를 비롯한 윗대 조상님과 내가 가르침을 받았던 여러 스승님, 그 외 인연이 있는 선후배·동료·제자들에 대해서도 기억해 두어야 할 대목을 잡아서 회고하는 글도 쓰고자 용심(用心)하였다.

  이렇게 진술하다보니 원고의 분량이 엄청나게 늘었다. 그런들 어떠랴. 기왕 나의 삶뿐만 아니라 시대·사회상을 후속세대들에게 알려야 할 것은 빠짐없이 알리기로 작정하고 쓰기 시작한 것이거늘 예상 밖으로 많고 길면 어떠랴. 이 점에 관해서 나는 처음서부터 괘념치 않았다. 길든 짧든, 잘 썼든 못 썼든 이 기록이 후세에 내려가서 앞 시대를 증언해 줄 수 있는 사료적인 값을 한다면 그 이상 기쁜 일이 없을 것이다.

  끝으로 이 글의 기준 시점은 특별한 경우를 제외하면 변함없이 2005년임을 재차 밝히고, 거론되는 여러 인사의 직함·고인(故人)일 경우의 명기는 2014년을 기준으로 삼았음을 첨기한다.

2022년 8월 1일

  정민 교수의 주선으로 이렇듯 장문의 원고가 한 권의 두꺼운 책으로 출판되기에 이르렀다. 그에게 감사의 뜻을 표하면서 이후 더 이상 괴롭히는 일이 없을 것임을 알린다. 컴퓨터 작업에 시종 애를 쓴 며느리에게도 똑같은 말을 전한다. 보고사 김흥국 사장님, 박현정 편집장님, 황효은 과장님께도 감사의 마음을 전한다.

2025년 6월

차례

머리말 … 5

1장 출생과 일제 말기의 여러 장면들 …… 17
    1. 집안 내력과 어릴 때 이야기 …………………………………… 18
    2. 일제 말기 국민(초등)학교 입학 ………………………………… 32

2장 광복 후의 상황과 국민학교 시절 …… 45
    1. 광복의 환희와 새로운 학교 수업 ……………………………… 46
    2. 1940년대 후반, 서울의 동네 풍경 …………………………… 56
    3. 누님의 눈물/ 아이들의 여러 가지 놀이/ 대한민국 정부 수립 … 70
    4. 국민학교 5·6학년 때의 추억/ 중학교 입학 ………………… 84
    5. 명륜동 집과 청년단, 그리고 육군 장교 ……………………… 97

3장 6·25사변과 인공(人共) 치하 90일 …… 115
    1. 서울 함락과 난생처음 보는 시체 …………………………… 116
    2. 생지옥 같은 '인공 치하 90일'의 서울(1) …………………… 124
    3. 생지옥 같은 '인공 치하 90일'의 서울(2)/ 9·28수복 ……… 134
    4. 누님의 풀 죽은 모습/ 나의 신문팔이 생활 ………………… 149

4장 1·4후퇴/ 대구 피란지와 서울에서의 중·고교 생활 …… 163
    1. 피란 생활 점묘(點描)/ 중학 과정 수학 ……………………… 164

2. 학제(學制) 개편에 따른 고교입학/ 피란 생활 청산 ·········· 181
  3. 서울 자가(自家)에서의 자취생활/ 휴전 직후의 서울/
     친척집 더부살이 ································· 188

5장 대학 신입생 시절의 스산함 ······ 213

  1. 입학 초기 목도한 두드러진 몇 장면 ················ 214
  2. 부실한 대학 강의/ 학문 제3세대의 잉태 ············ 221
  3. 정신적인 방황과 궁핍에 시달린 1학년 시절 ·········· 226
  4. 적응과 휴학 ····································· 236

6장 3·4학년 시절의 학창생활과 그 성취 ······ 253

  1. 복학, 그리고 여러 학형에 대한 회상 ················ 254
  2. 『한용운(韓龍雲)전집』 편찬사업에 참여 ············· 272
  3. 다솔사 생활 25일 ································· 278
  4. 젊은 날의 번민과 『한용운 연구』 출판 ·············· 286
  5. 구자균 선생, 그리고 이겸로 선생과 인권환·이기서에 대한 회상
     ·· 299
  6. 1950년대 중·후반의 세태/ 4월 혁명 ················ 311
  7. 전공 분야에 관한 고심과 대학원 석사과정 진학/
     1960년대 전후의 대학과 학계의 양상 ················ 322

7장 사회 진출 초기에 경험한 이 일 저 일 ······ 331

  1. 고등학교 교사 취직 - 방용필 학형/ 5·16 ·············· 332
  2. 군대 생활 33개월/ 제대 후에 본 세태 ················ 343
  3. 전공 분야 결정/ 『흘러간 성좌』 연재 ················ 364
  4. 임종국의 『친일문학론』/ 석사학위 취득/ 지훈 선생 서거 ······ 379

8장 대학 강사 시절의 고생과 피곤 ····· **399**

   1. 김성식 선생님/ 산동네 우물 파기에서 얻은 인생 교훈 ········ 400
   2. 대학 강사 시절의 공부/ 모친상 ································ 414
   3. 서민생활의 변화/ 졸도/ 최철 학형/ 대학 전임교수로 취직 ····· 430

9장 강원대 교수 시절의 명암 ····· **445**

   1. 전임교수 초기 직장 생활의 몇 장면/『향가』연구의 진척 ···· 446
   2. 학생과 대학에 관한 몇 기억/ 유신 통치하 정보부의
      경고를 받은 일 ·· 458
   3. 10·26, 5·18의 혼란/ 박정권에 대한 평가/
      국보위의 경고 받은 일/ 강원대와 작별 ····························· 469
   4. 조부님 형제분 서거/ 1970년대 되짚어보기/
      서울시립대 교수 생활 1년/ 박사학위 취득/
      1980년대 초 대학가의 저항 분위기 ······································· 484
   5. 1960년대~1980년대 초 대학과 범국문학계,
      그리고 고대국어국문학연구회 ··· 496

10장 한양대 교수 시절의 긴 행로 ····· **509**

   1. 부임 직후 '고려가요' 연구 시작/ 김성식 선생과 정기적인 만남
      ·· 510
      1) 권오만·성기철 학형 ··· 510
      2) 최문형 선생 ··· 516
   2. '고려가요' 연구의 진척/ 1980년대 그 폭풍노도의 시대/
      김성식 선생의 서거 ·· 524
   3. 미치기 시작한 집값 이야기/ 6월 항쟁의 열풍/
      『고려가요의 연구』 간행 ··· 535

4. 한양어문학회 창립과 소설가의 교수초빙/ 고전문학회 나들이와
   『조선후기 시가의 현실인식』 간행/ 아버님의 서거 ················ 552

11장 20세기 말과 21세기 초를 살면서 ····· 571

1. 경이로운 세태변화/ 한국시가학회 창립/ 도남국문학상 수상 ··· 572
2. 『향가여요의 정서와 변용』, 『옛 사람 옛 노래, 향가와 속요』 간행/ 정년
   기념 논문집 『고전시가 엮어 읽기』 펴냄/ 소장도서 기증 ········ 596
3. 1980년대~20세기 말의 대학과 학계의 양상 ······················ 605
4. 문도들 ·· 617
   1) 이도흠·정민 교수를 비롯한 한양대 제자들 ···················· 617
   2) 이형대·권순회 등 고려대 대학원 제자들 ······················ 624
5. 2014년 이후 2021년까지 ·· 639
   1) 『향가여요 종횡론』 출판과 『생각의 곳간』 ···················· 639
   2) 『集福軒筆帖』(사도세자 眞蹟과 춘방관들의 편지)에 관하여 ··· 646
   3) 菊史 印權煥을 애도함 ·· 656
   4) 『향가여요의 역사』를 상재(上梓)함 ···························· 656

저자 약력 및 저서/ 662

1장

출생과 일제 말기의
여러 장면들

출생과 일제 말기의
여러 장면들

1. 집안 내력과 어릴 때 이야기

1

몇 달 뒤면 청계천이 복원된다고 한다. 복개(1961년)되기 이전보다 훨씬 깨끗한 상태로 환원된다고 해서 진작부터 시민들은 크게 기대를 걸고 있다.

지난 반세기를 놓고 볼 때 청계천의 변화는 서울의 역사를 말해주는 대표적인 사례의 하나다. 6·25동란 이전까지 내 머릿속에 남아 있는 청계천은 생활 오수가 흐르기는 하였으나 빨래도 할 수 있으리만큼 비교적 깨끗한 개천이었다. 박태원(朴泰遠)이 그의 소설『천변풍경(川邊風景)』에서 그려 놓은 1930년대 중반의 청계천과 크게 다르지 않았다.

6·25사변과 1·4후퇴를 겪고 환도한 후에 청계천은 예전과는 비교가 안 되리만큼 악취가 풍기는 '濁川'으로 전락하고 말았다. 뿐만 아니라 청계천 2가에서 4가에 이르기까지 개천 양쪽 천변에는 수를 헤아릴 수 없이 많은 무허가 판자촌이 들어서서 시내의 경관을 망쳐 놓았다. 특히 종로 쪽 방향으로 닥지닥지 붙어 있던 판잣집들은 모두가 분단장한 작부들이 술과 웃음을 팔던 삼패(三牌, 하류급의 기생)급의 술집으

로, 이곳을 일컬어 일부 주당들은 '나이아가라'라고 불렀다. 이름만은 아름다우나 실은 술 마시던 주객들이 방에서 잠시 나와 개천 쪽을 향해 오줌을 갈겨대는 풍경을 희학적으로 풍자해서 나이아가라 폭포에 비유했던 것이다. 을지로 쪽의 '하꼬방'들은 주로 가내수공업을 하는 가구들이 모여 있었던 것으로 기억한다.

이러한 전후(戰後)의 누추한 자취도 쓸어버리고 늘어나는 교통량도 해소하기 위해 1958년부터 청계천 복개공사가 시작되어 5·16이 나던 해인 1961년에 완공되었다. 그 위에 고가도로가 놓인 때는 또 언제던가, 4~5년쯤 뒤인가 싶다. 그렇게 복개한 것을 올가을에 다시 뜯어내어서 문자 그대로의 청계천으로 환골탈태시켜 놓겠다는 것이 서울시 당국의 야심에 찬 계획이다.

내가 이 자전적인 기록물의 모두(冒頭)를 왜 하필 청계천에 얽힌 이야기부터 시작하는가 하면 1950년대 이후 사대문(四大門) 안의 변화만 놓고 볼 때 청계천이 몇 번씩이나 거듭해서 변화했듯이 문안의 여러 변화가 상전벽해(桑田碧海) 천지개벽(天地開闢)의 수준이고 어찌 보면 옛 흔적은 모두 파괴되거나 소멸되고 초현대식의 낯선 거리로 확 바뀌었다는 사실을 새삼 반추하기 위해서이다. 그러나 몰라볼 정도로 변해버린 서울이지만 몇 군데는 아직도 조금쯤 옛 자취를 간직하고 있다는 사실을 대비해서 부각시키고 싶기 때문이다.

그중 한 곳이 종로 5가에서 이화동 네거리까지 이르는 거리다. 지금도 이 거리에는 유서 깊은 효제국민학교(孝悌國民學校)가 서 있고 그 건너편 대각선 쪽으로는 100년이 넘는 역사를 자랑하는 연동교회(蓮洞敎會)가 건물 모습만 바뀐 상태로 정좌해 있다. 연동교회에서 이화동 쪽으로는 이화예식장, 종로 5가 방향으로는 기독교회관과 삼양사, 연강빌딩 등 사변 전에는 없던 새 건물이 들어서 있어서 세월의 풍상을 느낄 수 있으나 전체적으로 조감해 보면 이 길만큼 크게 변하지 않은 곳도 사대문 안에서는 쉽게 찾을 수 없다는 것이 내 소견이다. 위로 연결되는 이화동 사거리에서 혜화동 로터리에 이르는 대학로가 얼마나 실망스럽게 변모했는지를 떠올리면 그 아래 동네는 예전 모습 그대로라고 과장되게 말해도 무방하다.

그 일대 동네에서 나는 유년 시절을 보냈다. 두 살 때부터 열여섯 살 때까지 살았으니 고향이나 다름없다. 그 후로도 바로 근처 이화장(梨花莊) 뒤 낙산(駱山) 꼭대기 산동네에서 열아홉부터 스물셋까지의 청년 시절을 보낸 것을 포함하면 그곳과의 인연은 보통은 넘는다. 참으로 나에게는 정든 곳이라 아니할 수 없다.

그곳에서 자라고 컸지만 낙지(落地)는 거기가 아니다. 나는 1938년 음력 3월 7일(양력 4월 7일) 종로구 묘동(廟洞, 태어날 때인 일제시의 동명은 授恩町) 105번지에서 아버지 휘(諱) 태동(台東, 1913~1998)과 어머니 안동 김씨 휘 연희(蓮姬, 1916~1971)의 1남 2녀 중 맏이로 태어났다. 할아버지의 휘는 해증(海增, 1888~1973), 본관은 순천(順天)이다. 묘동은 창덕궁에서 단성사 쪽으로 조금 내려가다 왼쪽에 있는 동네인데 그 이웃에 같은 동향(경북 星州)인 최규동(崔奎東, 中東중고교 교주, 수학에 뛰어나 '崔代數'라는 별칭이 있었다고 함. 6·25 당시 서울대 총장이었는데 수복 전 납북되어 평양에서 숨짐) 선생이 살고 있었다는 얘기를 오래전에 어른들로부터 들은 듯한데 기억이 희미해서 확언할 수는 없다.

내가 세상에 태어나기 전날 밤, 할아버지의 꿈 얘기를 빼놓을 수 없다. 그때 조부께서는 부업으로 금광을 운영하셨는데 그 때문에 주로 지방에 머물러 계셨다. 나는 근년에까지 할아버지의 금광 운영을 도무지 이해할 수 없었다. 그 궁금증이 얼마 전에 풀렸다. 내가 구독하고 있는 신문에, 어느 날 왜정 때 있었던 사회상을 소개하는 글이 실렸다. 내용인즉 1930년대 당시에는 요즘의 주식시장을 방불케 할 만큼 '광산 붐'이 일어나서 많은 사람들이 재산 증식의 한 수단으로 광산업에 종사하였다는 것이다. 우리 집도 사회현상에 이끌렸던 모양이다.

어느 날 밤. 꿈에 친구인 유시태(柳時泰)라는 분이 나타나서 할아버지에게 "자네, 내일 손자 볼 걸세. 자네 손자 대의 항렬이 '魯' 자로 알고 있는데 이름을 '魯中'이라고 짓게" 하더라는 것이다. 며느리의 해산날이 임박해 있음을 알고 매일 출산 소식이 전해 오기만을 기다리고 있던 차에 꿈에 친구분이 등장하여 출생일은 물론, 신생아의 이름까지 지어주고 사라지는지라 할아버지는 신기함을 느끼지 않을 수 없었다. 그리고 그리되리라고 확신하셨다. 이튿날 아침 숙소를 나와 작업 감독차 공사장으로 가시면서 주인집 아낙에게 서울에서 전보가 올 터이니 늦더라도 즉시 현장으로 가져오라고 신신당부하셨다. 자손이 귀한 집안이라 그만큼 손주 보시기를 할아버지는 학수고대하셨다.

꿈은 적중하여 바로 그날 내가 태어났다는 전보를 받으셨다. 그 즉시 잠시 짬을 내어 상경하신 할아버지는 내 이름을 꿈속의 친구분이 작명한 그대로 '노중'으로 정해서 식구들은 한동안 그렇게 불렀다. 그런데 아무래도 끝 글자인 '중'의 음이 '승려'를 떠올리게 하므로 中과 뜻이 통하는 '埻(과녁 준)'으로 바꿔서 출생신고를 마치셨다고 한다. '埻' 자가 아무도 모르는 벽자(僻字)임은 세상이 다 아는 바다. 이런 드문 글자 때문에 나는 평생 동안 내 이름을 제대로 발음한 사람을 한 번도 만난 적이 없다. 우리 시대 한문의 대가로 통하는 몇몇 분도 '박노순(淳)' 또는 '박노돈(惇)'으로 읽을 정도다. 국민학교 시절부터 출석을 부르는 선생님들을 비롯해 다른 분들께 그때마다 발음을 정정해 주면서 살았다. 국문학계에서는 나의 논문과 저서가 반세기 동안 나옴에 따라 어느 때부터인가 시나브로 바른 독음을 알고 있었다.

얘기는 아직 끝나지 않았다. 유시태라는 분이 어떤 인물인지를 밝혀야 하겠다. 그냥 넘어갈 분이 아니다. 효제동 집에 살 때니까 국민학교 1·2학년 때였는데 우리 집에 찾아온 그분을 여러 번 뵌 적이 있다. 체격이 장대하고 목소리가 괄괄하였는데 대문 앞에서 "이리 오너라"라고 부르던 모습이 지금도 선연하다. 그때 집안 어른들이 "저분이 꿈에서 네 이름을 지어준 바로 그 어른이시다"라는 말을 듣고 여러 번 대문을 연 적이 있다.

할아버지보다 두 살 아래(1890~1965)인 그분은 경상도 안동 분으로 왜정 때 국내에서 줄곧 항일운동을 하다가 두 차례에 걸쳐 도합 8년 동안 옥고를 치르기도 한 독립운동가였다.

이분이 1952년 피란 시절, 임시수도인 부산에서 왜정 때 항일운동을 하던 식으로 또다시 큰일을 내고야 말았다. 그해 6·25 발발(勃發) 2주년 기념식을 앞두고 평소 고향 선배이자 역시 왕년의 독립운동가요, 2대 현직 국회의원이던 김시현(金始顯, 1883~1966) 씨와 함께 이승만 대통령을 암살하기로 모의하였다. 독재자라는 이유 때문이다. 현직 대통령을 제거한다는 것은 보통 사람으로는 상상조차 할 수 없는 일이 아니겠는가. 숙의한 결과 유시태 그분이 권총을 쏴서 숨을 끊어놓기로 하고 여러 번 발사 연습을 하였다고 한다. 그때 그분들의 나이가 각기 만 62세, 69세의 상노인이었다. 요즘으로 치자면 90세에 가까운 연세였으리라. 의기(義氣)가 실로 대단하였다고 하지 않을 수 없다.

6·25 기념 당일. 계획한 그대로 유시태 그분은 몰래 단상에 올라가는데 성공(그때는 그처럼 대통령 경호도 허술했던 시대였음을 알 수 있다), 그리하여 이때다 싶을 때 회심의 1탄을 발사하였다. 총알이 날아간 이상, 당연히 이 대통령은 그 자리에서 쓰러져야 하고, 전시하의 대한민국은 계엄령이 선포되어서 한동안의 살벌한 분위기에 휩싸여야 마땅한 일이었다. 그러나 그게 아니었다. 그렇게 되지 않았다. 방아쇠를 당긴 것은 분명하지만 어쩐 일인지 총알은 총구에서 나오지 않았다. 그분의 입장에선 통한의 불발이었다. 그리하여 그 노인장은 그 자리에서 체포되어 구금되었다. 김시현 의원도 공범으로 잡혀간 것은 물론이다.

이 대통령 저격 사건은 국내는 물론 동맹국 미국을 비롯하여 한국전에 참전한 UN군 16개국과 세계 여러 나라를 경악케 한 큰 사건이었다. 독재자를 제거하려다가 실패의 고배를 마신 두 주인공은 재판에 넘겨져서 사형 선고를 받았다. 그 얼마 후 무기징역으로 감형되어 복역하던 중 4·19혁명이 성공하고 이 대통령이 하야한 뒤 곧 감옥에서 풀려나 자유의 몸이 되었다. 사람의 운명은 이렇듯 기묘한 데가 있다. 석방된 두 분은 1960년대 중반까지 살다가 이승을 떠났거니와 김시현 그분은 4·19 이후 실시된 민의원(국회의원)에 재차 당선되기도 하였다.

내가 태어날 날을 조부님의 꿈에서 예고하고 이름까지 지어준 유시태 그분이 나의 출생과 연관된 분인 데다가 평생을 예사롭게 살다간 인물이 아니라는 점에 이끌려서 장황함을 무릅쓰고 저간의 사연을 기술하였다.『한국민족문화 대백과사전』에 두 인물에 관한 항목이 있음을 첨기한다.

태어난 지 한 돌이 되던 해인 1939년에 효제동 소재 효제국민학교 뒤편 한옥에 이사하여 살기 시작하였다. 이렇듯 태어나고 자란 곳이 서울이고 보면 나는 의심할 나위 없는 서울 토박이라고 할 수 있다. 실제로 그렇게 의식하면서 살아왔다. 그러나 지금까지도 나는 물론이려니와 성가(成家)한 세 자식의 본적도 경북 성주군 수륜면 오천리(慶北 星州郡 修倫面 午川里 876)로 되어 있어서 완벽한 서울 토박이로 자처하기에는 다소 주저된 바가 있다. 원래 '토박이'는 호적등본의 기록 여부와 관계없이 같은 지역에서 3대를 산 뒤에 태어난 자손에게 붙일 수 있는 것으로 알고 있다. 따라서 이러한 엄격한 옛 시대의 기준에 따르면 내 자식들과 손자 손녀는 타관(他官) 사람들로 넘쳐나는 지금의 환경으로 볼 때 아주 드문 '서울 토박이'임에 틀림없다. 나는 그 경계선 위에 있는 셈이다.

이쯤에서 우리 가문의 내력을 간략하게 기술키로 한다. 나의 파조(派

祖)인 휘 가권(可權) 공(順天朴氏 四世祖)은 고려 말 개성판윤(開城判尹, 지금으로 말하자면 서울 시장)을 역임하셨다. 이분과 사육신의 한 분인 취금헌(醉琴軒) 박팽년(朴彭年) 공은 매우 가까운 족친(族親)으로서 촌수로는 아마 숙질간쯤으로 알고 있다. 판윤 공께서는 이성계에 의해서 조선왕조가 건국되자 충신불사이군(忠臣不事二君)의 뜻을 굽히지 않고 두문동(杜門洞)에 잠시 머물다가 멀리 떨어진 경상도 산골인 성주 수륜으로 옮겨서 뿌리를 내렸다. 그 후손들인 판윤공파가 그곳에 집성촌을 이루며 지금까지 6백여 년을 지켜오고 있다. 영남의 서북부 지방에서는 판윤 공의 충절을 말할 때면 야은(冶隱) 길재(吉再) 선생의 지조를 함께 묶어서 입에 올린다고 한다. 야은은 고려가 망하기 직전에 고향인 선산(善山)에 낙향한 후, 한때 친한 벗인 이방원(태종)이 벼슬을 내려 불러도 나가지 않았다. "가야산(伽倻山)에 판윤 공이 있고 금오산(金烏山)에 야은이 있다"는 말이 이래서 나왔다고 한다.

우리 집은 조부의 연세 만 39세, 부친이 14세, 나의 양부인 민동(旼東, 1905~1932) 큰아버지가 22세였던 1927년에 누대에 걸쳐 살던 세거지를 떠나 서울로 이사를 하였다. 큰아버지와 큰어머니 성산 여씨(星山呂氏, 1904~1931)께서는 대를 이을 아들을 낳지 못하고 외동딸만 남긴 채 젊은 나이에 돌아가셨다. 나는 친부모의 외아들이었지만, 큰댁의 가계를 잇기 위해 족보상 백부모의 양자가 되었다. 지금부터 78년 전인 그때만 해도 서울에 경상도 사람이 상경하여 정착하는 예는 아주 희귀하였다고 한다. 투박한 경상도 사투리를 쓰는 바람에 소년이었던 아버지께서는 동네아이들의 놀림감이 되었다고 한다. 자료에 의하면 당시 서울 인구는 30만이 채 안 되었으니(자료마다 숫자가 다르다) 지금과 비교하면 견주는 것 자체가 우스운 일이라고 하지 않을 수 없다.

10년이 지난해에 아버지께서 서울 출신 반가(班家)의 규수인 어머니와 혼인하여 나를 낳으셨다. 내가 어릴 때부터 경상도 말이 아니고 서울 말씨를 썼던 까닭은 아이들의 생활어는 어머니의 말을 따르기 때문이다. 아버지는 86세에 돌아가실 때까지 경상도 말씨를 버리지 못하셨다.

그렇듯 이른 시기에 조부께서 솔가하여 서울로 삶의 터전을 옮기기까지에는 불가피한 사정이 있었다. 폐일언하여 나의 5대조(五代祖, 휘 殷相)부터 증조부(曾祖父, 휘 潤鉉)대에 이르기까지 3대에 걸쳐 이어져 온 부농의 가산이 할아버지 대에 이르러 파탄이 났기 때문이다. 그 많던 전답이 몇 년 사이에 전부 없어지자 고향에서 생존할 방도를 찾지 못한 우리 집은 먹고살기 위하여 대처(大處)로의 이동이라는 당시로선 쉽지 않은 결단을 내렸다. 종조부(從祖父, 작은할아버지) 댁 가족도 포함된 대가족의 엑소더스(?)는 이렇게 해서 단행되었다.

도회지로 옮길 양이면 성주군에서 가장 가까운 대구로의 이동이 쉽고 또한 위험 부담이 덜 하였을 터인데 당시로서는 일대 사건이랄 수 있는 서울로 대가족이 움직였다니 나는 이 점이 늘 의문스러웠다. 알고 보니 이해할 수 있었다. 집안이 무너진 후 작은할아버지께서 일본 동경에 가셨단다. 살길을 찾기 위해서다. 성주로 돌아오시자 종조부는 형님인 할아버지께 식솔을 거느리고 일본으로 건너가는 길만이 그나마 살 수 있는 유일한 방안이라고 주장하셨다. 그때를 전후하여 이 땅의 빈곤층이 생활의 터전을 일본으로 옮긴 예가 많았다는 사실은 우리 세대 이상의 연배들은 다 알고 있는 바다. 아우의 제안을 들은 조부께서는 "무슨 말이냐! 내 나라 땅을 두고 어딜 가느냐, 남의 나라에 가서 어쩌자는 거냐, 여기서도 살기가 힘든데 외국에서야 오죽하겠느냐. 나는 못 간다" 이렇듯 말씀하시면서 완강하게 거부하셨다고 한다. 그렇다고 성주에 그냥 눌러앉자니 논밭 한 평도 없이 망해버린지라 출향(出鄕)은 불가피한 일, 하여 할아버지께서는 대구로 나가자고 하셨고, 작은할아버지께서는 기왕 옮길 판이면 대도시인 서울로 가자고 타협

안을 내놓아 마침내 형제분께서 합의를 보곤 경부선을 타게 되었다는 것이다. '살기 위한 서울행'은 이런 과정을 거쳐서 단행되었다고 한다. 근대로의 전환기에 전통적인 반가(班家)의 몰락이 가져다준 비극이 아닐 수 없다.

흥하기는 어렵되 망하기는 아주 쉽다는 말이 헛말은 아니었다고 한다. 서울로 옮기기 전의 일이다. 농사만 짓는 전통적인 영농방식에서 벗어나 조부 형제분께서 양반체면도 아랑곳하지 않고 상업성 축산업을 대규모로 벌인 것이 몰락의 큰 원인이었다. 병명을 알 수 없는 동물 전염병이 돌자 순식간에 빈털터리가 되더라는 것이다. 그 많던 재산이 온데간데없이 되더라는 얘기다. 그때의 한우는 지금과는 비교가 안 될 정도로 고가(高價)였음은 예전 사람들은 다 알고 있다. 게다가 3·1운동 직후, 우리 집에서 동네 재실(齋室)에다 차려 놓은 근대식 소학교가 또한 문제였다. 70~100여 명의 학생들이 모여들어서 꽤 괜찮게 운영되던 이 초창기 교육기관이 폐교의 운명을 맞이하게 된 것도 집안이 망하는 데 악재로 작용하였다. 일본의 관립 소학교가 개교될 터이니 무허가 민간 교육기관은 문을 닫으라는 청천벽력과 같은 군청의 지시에는 당해낼 재간이 없더라는 것이다. 학교를 설립할 때 들어간 재원마저 다 날리고 인건비 등을 정산하자 걸인(乞人)이 따로 없더라는 얘기도 어른들로부터 들었다. 이때를 나는 우리 집의 '1차 폭망'이라고 명명키로 한다.

아버지께서 장가를 들기 전인 20대 초반에 만주 봉천에 몇 년간 몸을 부치신 일이 있었다. 돈을 벌기 위해서였다. 그때 적지 않은 젊은이들이 돈을 벌기 위해서 만주로 많이 갔다고 한다. 하루는 길을 가는데 누가 이름을 부르더란다. 돌아보니 옛날 고향 신식학교에서 산술을 가르치던 선생님이었더라는 것이다. 그분도 흘러 흘러 만주로 갔는데 얼마나 반가운지 노상에서 사제(師弟)가 부둥켜안고 울었다는 얘기를 아버지로부터 들은 바 있다.

여러 가지 이유로 우리 가문은 몰락하였으나 나는 지금 이 순간까지도 완고하기 짝이 없는 조부 형제분이 시대의 대세를 간파하고 그 깊은 산골 촌구석에 신식 학교를 세워 한동안 운영하셨다는 사실에 깊은 감명과 뿌듯한 자긍심을 지니며 살아오고 있다.

2

사고무친의 고장이며 눈 감으면 코 베어 간다는 서울에 올라온 나의 선대(先代) 어른들께서 얼마나 혹독하게 고생을 하셨는지는 헤아리기과히 어렵지 않다. 조부님을 제외하고 작은할아버지, 아버지 형제분은 먹고살기 위해 노동판에 나가서 막일을 마다하지 않았다고 한다. 아버님의 말씀에 따르면 그때 총독부 건물이 완공되고(1926) 1년이 지나자 담을 쌓는 공사가 한창 진행되었는데 그 공사판에 세 분이 가서 등짐을 지기까지 하였다 하니 서울 생활 초기의 고생이 어땠었는지를 익히 알 수 있다.

다행히도 내가 태어나기 수년 전에는 그런대로 기반을 잡아서 중류 이상의 살림을 할 수 있었고 효제동으로 이사를 하여서는 좀 더 형편이 좋아져서 여유가 있는 생활을 누릴 수 있었다. 그때 우리 집은 그 골목에서는 제일 크고 좋은 기와집이었다. 작은할아버지는 재주가 비상한 분인데 그때 아마도 수완을 발휘하여 일거에 큰돈을 버신 것으로 알고 있다.

다섯 살이 되던 해를 전후한 시기, 그러니까 1943년경의 몇 가지 광경이 아직도 내 머릿속에 생생하게 남아 있다. 그때는 일제가 태평양(대동아)전쟁을 일으켜서 우리나라 백성들이 극심한 곤경에 처해 있을 때였다. 저들은 무기를 만든다는 명목으로 가정에서 사용하던 쇠붙이로 된 모든 생활필수품, 예컨대 창문에 부착된 방범용 철제 창틀이며 심지어 놋으로 만든 밥그릇과 수저까지 공출해 갔다. 그래서 사기그릇과 나무로 된 수저를 사용하여 밥을 먹었다. 은수저는 그때로는 아주 귀한 물건이었는데(괜찮게 산다는 집도 어른들의 것 한두 벌 있는 것이 고작이었다. 보통은 놋수저가 일반화되어 있었다) 그것만은 뺏기지 않으려고 어머니가 깊숙한 곳에 감추려 애를 쓰던 모습도 잊히지 않는다.

미국의 B-29 비행기가 언제 폭격을 가할지 모르는 일이니 방공훈련이 필요하다고 하여 밤에는 들창에 검은색 커튼을 치는 일도 자주 있었다. 가끔 동네 부인회에서 아낙네들에게 강제로 국방색 '몸빼이'를 입게 하고 국방색 모자를 쓰게 한 뒤 골목에 일렬로 세워놓고 물통(바께스)을 이어 나르는 훈련을 한 장면도 내 머릿속에 있다. 역시 방공훈련의 일환이었다. 그때 나의 어머니도 부녀대원으로 동원되어서 훈련을 마친 후 동네 아주머니들과 기념으로 촬영한 사진이 광복 이후에도 한동안 집 안에 있었는데 어느 때인가 없어졌다. 칼을 찬 순사나 헌병들을 큰길에서 자주 보곤 하였는데 철이 없던 아이 때라서 멋있게 느꼈을 뿐 다른 생각은 전혀 하지 않았다. 솔직히 고백하거니와 나는 광복이 된 후에야 우리나라가 일제 치하에서 30여 년 동안 치욕적인 식민지 노릇을 하였다는 것을 알았다. 집안의 어른들도, 학교의 선생님도 이렇다 할 얘기가 없었고, 일본말과 우리말을 혼용하는 일도, 우리나라 사람과 일본 사람이 섞여 사는 일도 그저 그런 것인가 보다는 식으로 생각했을 뿐이다. 그런 현상을 이상하게 여겨본 적이 없었다.

"얼레(리) 꼴레(리) 얼레 꼴레, 누구 누구는 누구 누구와 어디 어디서 무엇 했대요"라는 놀림의 동요는 내가 어린 시절에 부른 노래 가운데 지금까지 기억하고 있는 유일한 노래다. 참 많이도 불렀다. 사내아이와 계집아이들이 섞여서 노는 무리 속에 나 또한 끼어서 소꿉장난이며 '나는 신랑, 너는 색시'가 되는 놀이를 이골이 날 정도로 줄곧 하였다. 그러다가 놀이 이상으로 조금 낌새가 이상해 보이는 사내와 계집

아이를 보면 이 노래를 부르며 놀리는 일에 재미를 붙였다. 그로부터 수십 년이 지나서 내가 향가 〈서동요(薯童謠)〉를 해석할 때 "얼레 꼴레…"의 원형격의 노래가 〈서동요〉라고 규정하면서 잠시 유년 시절로 돌아가 지극한 감회에 젖은 일이 있다. 창작만이 아니라 학문 연구도 가끔 생활체험의 도움을 받을 수 있다는 점을 깨달았다.

지금과는 비교가 안 될 정도로 모두가 가난하게 살던 때라서 거지가 참 많았다. 구걸하기 위해서 찾아온 거지는 대문 밖에서 "적선 좀 합쇼" 또는 "밥이나 쌀 한 줌 보태줍쇼"라고 사정한다. 집 안에 있는 어른들도 다 듣고 있지만 아이들은 무슨 대단한 사람을 자신이 처음 본 것처럼 안채로 달려가서 알린다. 그때에 "엄마, 거지 왔어"라고 고하면 크게 꾸중을 듣는다. 반드시 "엄마, '문간(門間) 손님' 왔어"라고 해야 한다. 비록 걸인일지라도 집에 찾아온 손님으로 대해야 된다는 것이다. 못 사는 사람의 인격도 존중하던 당시 가정교육의 한 단면이다. 이즈음과는 크게 대조된다. '문간 손님'은 어머니가 차려주는 밥상을 툇마루에 앉아 먹고 나가거나, 대개는 식구들이 먹다 남긴 찬밥 한 그릇과 반찬 몇 가지를 받아들고 사라진다. 집에 구걸하러 온 거지를 '문간 손님'이라고 높여서 호칭한 예는 내가 어른이 된 이후로도 다른 지방 사람들에게서 들어보지 못하였다. 서울 지역에서만 사용되던 말이 아닌가 싶다. 그런데 서울 출신 토박이들도 사용하는 것을 보지 못하였으니 아마도 일부 반가(班家)에서 제한적으로 통용되던 말인지 모를 일이다. '문간 손님'을 지극히 대우한 예와 유사하게 "비(雨)가 온다"라고 해서도 안 되었다. 반드시 "비가 오신다"라고 말해야 어른들에게서 꾸중을 듣지 않았다. 비가 오셔야 농사도 짓고 농사가 잘되어야 풍년이 드는데 그 고마움을 어찌 예삿말로 할 수 있느냐는 논리다. 밥 먹을 때 밥풀 하나 남기거나 흘려서는 안 되는 것도 같은 이유이다.

백계 러시아인이 아코디언을 연주하면서 자주 골목에 나타나서 화장품을 비롯해 각종 방물을 수레에 싣고 팔던 장면은 참 신기하게 보였다. 우리나 일본 사람의 모습하고는 전혀 다른 서양 사람이 장사를 하며 골목을 누비는 광경은 세계화, 국제화되었다는 요즘도 찾아볼 수 없는 진풍경이 아니겠는가. 희한한 눈으로 졸졸 따라다니면서 구경을 하였다. 그 백계 러시아인이 동네 골목을 빠져서 사라지는 코스도 잘 알고 있다. 효제국민학교 정문과 연동교회가 있는 큰길 방향이 아니고 그 반대 골목 안쪽인 충신동 쪽으로 사라지곤 하였다. 조금 들어가면 길이 양쪽으로 갈리는데 거기에 '문화당(文化堂)'(지금도 '문화당'으로 기억하고 있는데 혹시 다른 명칭일 수도 있다. 허나 가능성은 희박)이라는 인쇄소가 있었다. 그리고 충신동 방향으로 좀 더 들어간 곳에 월탄(月灘) 박종화(朴鍾和) 선생 댁이 있었다. 그쪽으로 그는 늘 사라지곤 하였다. 월탄 댁이 있는 골목 입구에는 공동수도가 있었는데 그와 관련된 얘기는 후술키로 한다.

 '문화당'은 광복 이후 어느 때쯤인지는 알 수 없으나 '대한교과서주식회사'(?)로 명칭이 바뀌었고 1955년에 이 회사의 한 부서가 『現代文學』지를 창간한 사실을 아는 사람은 그리 많지 않다. 지금도 발행되는 『현대문학』의 초창기 사옥은 한동안 그곳에 있었다. 6·25사변 직전까지 어린이 잡지도 펴낸 것으로 알고 있다. 그 잡지명이 『어린이』인 것으로 알고 있다.(혹시 다른 출판사에서 발행된 것은 아닐까?) 이와 쌍벽을 이루던 월간 어린이 잡지로 『소학생』이 또 있었는데 그것은 을유문화사에서 발행하였다. 두 잡지 모두를 나는 국민학교 시절에 매월 사 보았다. 현대문학사에는 박재삼(朴在森) 시인이 근무했는데 1958년이던가 그를 찾아간 얘기는 후술키로 한다.

 우리가 '서양 사람'이라고 부르던 백계 러시아인의 말이 나왔으니 하나를 더 보태기로 한다. 연동교회에 대해서는 이미 위에서 말한 바 있다. 그 뒤편에 장로교 계통의 선교사집(현 여전도회관)이 있고 또 그 인근에 정신여중고(貞信女中高)가 있었다. 양옥으로 된 그 선교사집을 우리는 '서양집'이라고 명명하였다. 어른이나 아이 가리지 않고 그렇게 불렀다. 서양 사람이 살고 있는 집이라는 뜻에서 그랬다. 그곳에 몰래 놀러간 일, 그러다가 집에 돌아오는 도중에 길을 잃고 울며 헤매던 일도 잊지지 않는다. 학교에 들어가기 한 해 전의 일이다.

이 글을 쓰기 며칠 전 나의 대학 국문학과 1년 후배이며 내 혼인식 때 사회를 맡아준 이규항(李圭恒, 전 KBS 아나운서 실장) 형을 만나서 술잔을 나누었다. 그 또한 효제국민학교 출신이며, 어릴 때 살던 곳도 우리 집과 지호지간(指呼之間)임을 알고 서로 깜짝 놀라지 않을 수 없었다. 그도 종로5가에서 이화동 네거리의 옛날 모습을 훤히 꿰뚫고 있었는데 역시 '서양집'도 잘 알고 있었다.

효제동 우리 집에서 얼마 떨어지지 않은 곳에 동대문이 있고 그 바로 옆에 산부인과 전문의 큰 병원이 있었다. 그곳을 '부인병원'이라고 불렀다. 산부인과 전문 병원이기 때문에 그런 이름으로 통했다. 그 병원이 지금의 '이화여대 부속 종합병원'으로 바뀌었다. 물론 광복 이후인데 정확한 시기는 잘 모르겠다. 휴전 이후가 아니었을까 싶다. 이렇게 그려놓고 보니 60여 년 전 내가 살던 동네가 얼마쯤 재현되는 듯하여 감회가 깊어진다.

어디 동대문이며 부인병원뿐이랴. 남대문 시장과 더불어 서울의 상권을 양분하여 호황을 누리던 동대문 시장이 또한 우리 집에서 어른 걸음으로 10분이 채 안 되는 거리에 있었다. 지금은 대형 마트며 백화점 등이 곳곳에 있으나 내가 어릴 때는 물론 1960년대까지만 해도 예의 두 시장이 서울 시민이 자주 찾았던 대표적인 구매(購買)시장이었다. 지금도 그 명성과 고객 흡인력은 여전하다. 여전한 정도가 아니라 명칭도 '광장시장'으로 바뀌었다. 그 시장도 원래는 지금의 빈대떡 골목을 중심으로 좌우 몇 갈래 길로 한정되어 있었는데 그 몇 배로 확장되어서 사방으로 ○○시장 등의 별도 이름을 달고 성업 중이다. 동대문에 있는 초대형 상가는 관광 온 외국인들이 즐겨 찾는 곳이 되었으니 이런 놀라운 변화는 예상조차 하지 못한 것이다.

【나는 이 기록물의 첫머리를 청계천이 복원되리라는 말로 시작했다. 예정대로 복원된 청계천은 다시 변신하여 2005년 10월에 전혀 새로운 모습으로 탄생하여서 서울 시민은 물론 전 국민에게 아주 상쾌한 기분을 안겨 주었다. 나도 몇 번 그곳을 찾았는데 1950년대 복개되기 이전 상태로 '복원'된 것이 아니라 예전에는 볼 수 없었던 상태로 단장되어 새로 태어났다고 결론을 내렸다. 조선왕조 초기 이후 현재와 같은 새로운 탄생의 모습을 언제 보았는가, 물길과 그 흐르는 방향만 과거와 같을 뿐 모두가 새로 만들어낸 청계천이라고 규정해야 마땅하다.
이렇게 좋은 것을 이 대공사가 시작될 때 불가능하다고 외친 사람들은 지금 어디서 속으로 무엇이라고 중얼거리고 있을지 소식이 궁금하다.】

2. 일제 말기 국민(초등)학교 입학

1

1944년, 만 여섯 살 때 나는 효제국민학교(1896년 개교)에 입학하였다. 효제국민학교의 옛 명칭은 어의동국민학교(於義洞國民學校)였다. 효제동에 하어의궁(下於義宮)이 있었기 때문이었다. 그냥 '어의궁'은 사직동에 있었다. 어의궁은 효종이 거처한 별궁이었다.

어린아이의 걸음으로도 집에서 불과 7분쯤 밖에 안 되는 곳에 학교가 있었다. 그때는 국민학교도 시험을 치러서 합격을 해야 입학이 허락되었다. 말이 시험이지 내가 겪어 보니 간단한 테스트였다. 교실 한 곳인가 두 곳을 거치면서 큰 테이블 여러 개 위에 놓여 있는 각종 물건들의 이름을 대고 끝에 가서는 시험관 선생과 대면해서 묻는 말에 간단히 대답하는 것이었다. 일본어 상용 시절이지만 어린 아동들이므로 우리말로 묻고 대답하였다. 며칠 후에 합격되었다는 통지를 받았는데 기분이 좋았는지 여부는 알 수 없다. 다만 동네 몇몇 집에서는 그 집 아이가 떨어져서 낙담하고 있다는 얘기는 집안 어른들이 하는 것을 들어서 알았다. 한참 뒤에 안 일이지만 그렇게 해서 한두 번 낙방한 아이일지라도 차후 합격하면 입학이 되었는데 중도에 포기한 아이는 결국 학교를 다니지 못했다고 한다. 나보다 한 살 위이며 같은 집에 살던 5촌 당고모도 함께 시험을 쳐서 합격하였다.

원래 나는 나이로 보아 그 이듬해가 입학 적령이었다. 그렇지만 생년월일로 따져 나보다 한 살 많은 그해 적령기 아이들과 같이 시험을 거쳐서 통과되면 입학이 가능한 그런 나이였다. 그러니 시험을 쳐도 그만 안 쳐도 그만인데 집에서 '시험 삼아' 보내본 것이 합격이 된 것이다. 나중에 안 일이지만 나와 같은 경우가 한 반 60명에 대여섯 명쯤은 되었다. 이들은 물론 같은 학년에서 가장 나이가 어린아이들인데 나는 그 후 6·25동란을 겪고 또는 각급학교를 거치면서 한 해도 쉰 적이 없어서 어느 때나 동기 중에서 제일 나이가 어렸다. 후설하겠지만 동란을 거치면서 많은 학생들이 어쩔 수 없이 한두 해 또는 서너 해 학교를 다니지 못하였다. 당연히 정년퇴직을 가장 늦게 하는 바람에 대학 동기들이 한턱내라고 해서 재작년(2003)에 기쁜 마음으로 저녁을 산 적이 있다.

가방을 메고 매일 등교하여 수업을 받았는데 일본어 공부가 힘들었던 것으로 기억된다. 산수 공부는 주로 셈하는 방법이었고, 기타 무슨 과목을 배웠는지 기억나지 않는다. 국민학교 초학년이니 깊은 공부를 했을 리는 없을 것이다. 일본 노래 여러 곡을 배워서 늘 부르고는 하였지만 광복 후 1년쯤 지난 뒤에는 씻은 듯이 잊어버렸다.

담임 선생님의 존함은 고희를 앞둔 지금도 잊지 않고 있다. 고복남(高福男) 선생님 — 남자 이름이지만 여선생님이었는데 '할머니 선생님'이라고 부르곤 하였다. 지금에 와서 더듬어 보니 나의 부모님보다 연세가 많은 것은 확실하나 그렇다손 치더라도 1910년 전후쯤에 출생한 분으로 짐작하고 있다. 그렇다면 당시의 나이로 30대 중반, 전후일 터인데 평균 수명이 워낙 낮은 때이고, 또한 어린 우리들에게는 부모보다 연만하신 분이라서 '할머니 선생님'으로 비쳤던 것이 아닌가 싶다. 이분께서 광복이 되던 2학년까지 담임을 맡아 주셨다.

고복남 선생에 관해서는 한 가지 일화가 남아 있다. 어느 때인가 치통을 심하게 앓으셨다. 오른쪽인가 혹은 왼쪽 볼인가 어느 한쪽이 퉁퉁 부어서 교실에 들어오셨다. 요새는 이런 몰골의 치통 환자를 볼 수 없으나 그때는 워낙 의료 수준도 낮고, 아파도 치료비가 부담이 되기 때문에 웬만하면 참고 버텼던지라 가끔 볼 수 있었다. 얼마나 아플까 동정이 갔다. 어린 우리가 보아도 안쓰러웠다. 그럼에도 결근을 하지 않으시고 며칠을 입을 봉한 채 판서로 가르치셨다. 우리 모두는 감격하지 않을 수 없었다. 치통이 나은 후 선생께서 말씀하시기를 결근을 하고 싶었으나 당신 한 사람 때문에 60여 명이나 되는 학생의 훈육을 외면하는 것은 죄를 짓는 일이라고 생각하여 출근을 강행하였노라고 하셨다. 일생을 책임감을 갖고 살아야 된다는 훈화로 들렸고, 실제로 그 점을 늘 강조하셨다. '교사'가 아니라 '스승'이셨다.

학교에서 부르는 나의 이름은 '복(그)로준'이었다. 우리 집은 창씨개명을 하지 않았기 때문에 '박노준(朴魯埻)'이라는 이름은 그대로 살아 있었고, 다만 학교에서 출석을 점검할 때만 일본어 발음에 따라 그렇게 불렀다. 창씨개명이니 일본어 상용이니 하는 것이 우리 민족의 정체성마저 말살하려던 일제의 단말마적인 만행의 일부였음은 광복 후에 안 일이고 그때는 전혀 몰랐다.

　기왕 얘기가 나왔으니 창씨개명에 관해서 한마디 언급하고 넘어가기로 한다. 우리 집이 창씨개명을 하지 않은 것은 그 당시 정세로 보아 매우 어려운 일이었음이 분명하다. 서울 바닥에서 총독부의 강권을 이겨낸다는 것이 얼마나 힘겨운 일이었는지는 그때를 살았던 어른들의 증언을 통해서 입증된다. 올해 74세이며 수녀인 나의 막내 이모님의 증언에 의하면 광복 직전 자신이 다니던 국민학교 6학년 여학생 2개 반 1백 명 중 창씨개명을 하지 않은 학생은 이모와 변씨 성의 학생, 이렇게 단 2명이었다고 한다. 광복이 한두 주쯤 늦었다면 나의 외할아버지께서도 고집을 꺾었을 것이라고 단언한다. 일주일에 한 번꼴로 곡식 배급을 끊겠다고 하며(일제 말기에는 곡식은 물론 모든 물품이 품귀하였다. 어린 나도 지금까지 기억하고 있다) 순사가 와서 협박을 하고 가니 무슨 수로 이겨내겠느냐는 것이다. 그만큼 일제의 강요와 극성은 절정에 달해 있었다고 한다.

　내가 확실히 증언하는 바는 나의 친가 조부님께서 다른 사람들보다 반일사상이 투철하였기 때문에 본래의 우리 이름을 지켜냈다고는 보지 않는다. 우리 집은 친일파도 아니었고 또한 반일운동에 가담한 집안도 아니다. 그저 평범한 소시민의 가정일 뿐이었다. 가족 누구도 당시 어떤 관청의 관리가 된 사람이 없으며, 경찰이나 군인, 헌병, 또는 법조계에서 일한 사람도 없다. 총독부 기관이든 민관기관이든 공직과는 전혀 무관한 집안이다. 그렇다손 치더라도 그 긴 세월을 일본인 치하에서 살았으니 저들과 등지며 살 수는 없었다고 사료된다. 나로서는 자세히 알 수 없으나 때로는 먹고살기 위해서 총독부의 지시를 따르고 일본인과 우호관계를 유지하면서 살 수밖에 없었을 것이다.

　그러면 어떻게 그렇듯 견뎌내기 어려운 일에 끝까지 굴복하지 않았을까가 의문이다. 내가 요량하는 바로는 이렇다. 저들이 성과 이름을 바꾸라고 닦달할 그때 할아버지 연세가 환갑을 3~4년쯤 앞두고 있었다. 당시의 그 나이라면 요즘에 노인 중의 상노인이다. 게다가 나의 할아버지의 성격은 마치 불과 같아서 일가친척은 물론 동네 어느 누구도 쉽게 응대할 수 없는 그런 성품을 지니고 계셨다. 내 평생에 이렇듯 대가 센 분을 만나 본 적이 없다. 이분이 나이를 앞세우고 고래고래 소리를 지르며 조상으로부터 물려받은 성과 이름을 바꾸라니 이게 말이 되는 것이냐면서 죽으면 죽었지 그럴 수는 없다고 막무가내로 대들었을 것이 분명하다. 아주 비속한 말로 '배 째라' 하는 식으로 버텼을 것이다. 경상도의 거친 말씨를 쏟아내며 그랬을 것이다. 그런 식으로 나오는지라 그때만 해도 요즘과 달리 노인을 대접하는 미풍양속, 곧 경로사상이 통하던 때라 저쪽에서 그만 질려서 포기하고 말았을 것이다. 그러니 창씨개명을 하지 않은 일을 놓고 반드시 반일사상과 연관 지을 것은 못 된다는 것이다. 조부님 덕분에 창씨개명을 하지 않은 것을 두고 나는 한 번도 우쭐대본 적이 없었음도 기록으로 남긴다. 다만 사생결단하듯 성과 이름을 지켜내신 조부, 그리고 외조부의 꺾이지 않은 곧은 정신과 결기에 대해서는 지금도 존경하는 마음을 품고 있다. 다른 집 어르신들도 성과 이름은 결코 바꿀 수 없는 것임을 익히 다 알고 있었을 터인데, 결국 저들에게 어쩔 수 없이 패배한 사실과 비교하면 더욱 그렇다.

  이와 관련하여 요즘 닻을 올린 일제 치하 반민족 친일 행위자 조사에 많은 국민들이 지지도 하고 또한 우려도 하고 있음은 두루 알고 있는 바다. 그러나 지금의 잣대로, 후세에 태어난 행운에 편승하여 당시의 사정도 폭넓게 고려하지 않고 겉에 드러난 행적만을 문제 삼아 표피적인 판단을 쏟아낼까 봐 나는 걱정하고 있다. 이 점은 반일운동을 한 일부 집안의 사려 깊은 후손들도 우려하고 있다. 우리 집처럼 민족을 위하여 아무것도 하지 않았으나 창씨개명을 하지 않았다는 한 가지 이유로 우대를 받아서도 안 되고 피치 못해 창씨개명을 하거나 또는 총독부 정책에 일정하게 동조하는 행위를 하였으되 조국과 민족을 위해 일제 당시 또는 광복 후 다른 방면에서 훌륭한 일을 한 인사와 가문이 매도당해서는 안 된다는 사실만은 고려되어야 한다고 본다. 이런 점에 관한 나의 소견은 뒤에서 또 밝힐 기회가 있을 것이다.

나의 유년 시절을 회상하면서 사촌 누님을 빼놓을 수 없다. 1923년생이니 나보다 열다섯 살이나 위이다. 어머니 같은 누님이다. 위에서 말한 바와 같이 백부모님 두 분께서 혈육이라고는 외동딸 하나 남기고 1931·2년에 차례로 돌아가셨다. 그때 큰아버지 내외분 연세가 만 27세, 이런 경우 요절이라 했던가. 자연히 작은 집인 우리 집에서 성장할 수밖에 없었다. 그때는 대가족시대라서 한집에 살면서 큰집, 작은집 가리지 않았고 모두 '우리 집'이라는 생각뿐이었다.

나는 그 누님의 살뜰한 사랑을 받고 어린 시절을 보낸 것을 큰 복으로 생각한다. 사촌간이지만 누님은 나를 친동생처럼, 나 또한 '사촌 누나'가 아닌 '친누나'로 대하였다. 할아버지를 비롯하여 집안 어른들은 모두가 엄하고 무서웠다. 엄부자모(嚴父慈母)라고 해서 보통 어머니들은 자애롭기 마련인데 나의 모친은 그렇지 않으셨다. 엄부에 못지않은 분이셨다. 그렇듯 가정교육이 엄한 집안에서 나를 지극한 정으로, 따스한 사랑으로 키워준 분이 나의 누님이시다. 가방을 챙겨주는 일, 숙제풀이를 도와주는 일, 어른들로부터 꾸중을 들으면 언제나 나를 감싸주는 일, 철따라 새 옷을 사서 입혀주고 가꾸어 주는 일… 마치 나를 위해 태어난 사람 같았다. 지금 조용히 되돌아보며 생각해보니 그때 이미 나는 돌아가신 큰아버지 내외분의 양자로 정해졌고, 따라서 후일 성인된 이후 큰댁 제사를 모셔야 하므로 이런 점도 작용하여 나에 대한 누나의 애정이 그렇듯 자별했던 것이 아닌가 싶다. 아닌 게 아니라 백부 내외분이 돌아가신 지 근 80년이 된 지금도 양위분 제사를 내가 모시고 있다.

처녀가 싸돌아다니면 자칫 사람 버린다는 사랑채의 할아버지 눈길을 용케도 피해 나의 손목을 이끌고 국민학교에 입학하기 전에 이미 미스코시(현 신세계)백화점으로 가서 맛있는 것도 사주고, 장난감도 사주는 등 나를 그렇게 귀여워할 수가 없었다. 언젠가는 누님의 친구가 사는 안양에까지 함께 놀러 가서 포도를 사 먹으며 하루를 보낸 일도 있었다. 그날 밤늦게 귀가하여 할아버지에게 호되게 꾸중을 들었다. 요즘 안양은 서울과 다를 바 없으나 당시는 완전한 시골이었다. 그런 시골에 어린 내가 누나와 함께 다녀온 '사건'은 또래들은 도저히 경험할 수 없는 나만이 누릴 수 있는 행복이었다.

국민학교에 들어가서도 안양 나들이가 한 번 더 있었다. 이번에는 실로 '놀라운 사건'이 일어난다. 포도를 한 광주리 사 들고 서울에 올라온 누나와 나는 늦은 저녁에 예고도 없이 담임 선생님 댁을 방문하였다. 그리고 들고 간 포도를 선생님께 드리고 잠시 앉아 있다가 귀가하였다. 요컨대 "내 동생 관심 가지시고 잘 봐주십소서"라는 뜻이 담뿍 담긴 방문이었음은 물론이다. 돌이켜 보건대 누나야말로 아주 이른 시기에 이른바 '치맛바람'을 일으킨 원조인 셈이다. 1945년 해방 직전 그 시대에 학부모가 어찌 감히 학교에 들락거릴 수 있으랴. 하물며 담임 선생님 댁을 선물을 들고 찾다니 생각조차 할 수 없는 일대 사건이었다. 학부모의 지나친 교육열이 낳은 예의 '치맛바람'은 나의 국민학교 시절은 물론, 고등학교 때까지도 있지 않았다. 아주 드물게 학부모가 학교를 찾는 일이 있기는 있었다. 학생에게 문제가 있어서 담임 선생이 연락해서 소환(?)할 경우가 그런 예에 해당된다. 그런 경우 외에는 거의 없었다. 일반적으로 초·중·고에서 특히 국민학교에서 '치맛바람'이 일기 시작한 때가 아마도 1950년대 후반 또는 1960년 초부터였다고 기억한다. 그 이전에는 학부모의 선생님 접촉 자체가 거의 없었다.

이런 점을 감안할 때 누나의 선생님 댁 방문은 거듭 말하거니와 참으로 놀라운 사건이었다. 그런 일을 결행(!)할 만큼 동생인 나에 대한 누나의 사랑은 지극 정성 그 이상이었다. 이 글을 쓰면서 다른 면으로 내가 또 경탄하는 것은 스무 살을 겨우 넘은 처녀가 어떻게 그런 대담한(!) 일을 할 수 있었을까 하는 점이다. 요컨대 누나는 아주 똑똑하고 담대한 성품을 지니고 있었다.

미모도 갖추었고, 손재주도 뛰어났던 그런 누님의 보살핌과 사랑을 받으면서 나는 컸고, 또 조실부모하여 조부와 숙부모 밑에서 성장한 누님은 나를 마치 친동생처럼(위에서 말한 바와 같이 내가 큰댁에 양자로 갔으니 실인즉 '친동생'이라고 해도 틀리지 않다) 귀여워하는 것으로 외로움을 털어내고 삶의 즐거움을 보상받고자 하였다. 사내아이는 누나 밑에서 커야 정서적으로 좋다고 나는 확신한다. 누나의 사랑은 다른 무엇과 비교할 수 없는 성장 에너지의 값진 자양분이다.

2

1학년이 다 끝나갈 무렵 남산 신궁(神宮)에 참배(이런 용어를 써서는 안 되는데 그 당시 누구에게나 강요된 말이니 불가피하게 쓸 수밖에 없다)한 일도 또렷하게 기억하고 있다. 우리 학년 전체 600여 명이 선생님들의 인솔에 따라 학교를 출발하여 도보로 남산에까지 올라갔다. 시내 나들이지만 어린아이들에게는 아주 먼 거리다. 일제 교육 당국의 지시에 따른 필수 행사였다.

신궁의 규모가 얼마나 큰지, 그리고 경내가 얼마나 깨끗하고 엄숙한지 질릴 지경이었다. 나올 때 출입문에서 어른 주먹만 한 찰떡 두 개, 하나는 흰색, 또 하나는 빨간색으로 된 것을 주는데 그걸 함께 따라온 누나에게 넘겨준 일도 생각난다. 학교에서 출발할 때부터 학부모들도 동행토록 했던 것이다. 흰색·빨간색은 아마도 일장기를 상징한 것이었으리라.

남산 신궁과 관련하여 한 가지 증언할 것이 있다. 걸어서 그 근처를 지나갈 때면 절을 해야 함은 물론이다. 일제의 식민지 내선일체(內鮮一體) 정책은 그토록 극성스러웠다. 누나와 미스코시(현 신세계백화점)를 다녀올 때 어린 나도 신궁을 향해 절을 했다. 이런 사실은 그때 서울에 살던 사람만이 알고 있는 것이다. 어렸던 내가 이제 나이 칠십을 앞두고 있고 그때 서울에 살던 사람도 별로 남지 않았으니 이런 일조차 잊혀진 과거가 되기 십상이라서 적어 둔다.

한 달에 한 번쯤이던가 혹은 일주일에 한 번이던가 정오에 전교생이 운동장에서 모여 의식(儀式)을 가졌다. 그때 고학년 학생들이 일본말로 큰소리를 내어 무엇인가를 외웠는데 우리는 듣기만 하였다. 광복 후 알고 보니 '황국신민서사(皇國臣民誓詞)'였던 것이다.

1학년 마칠 무렵에 우리 집은 이웃 동네인 연건동으로 이사를 했다. 작은댁은 현 청와대 부근인 효자동 쪽(아마도 누상동이 아닌가 싶다)으로 옮겼다. 우리 집 대가족이 성주에서 올라온 후 18년 만에 처음으로 큰집, 작은집이 분가하여 살게 된 것이다. 그때 비로소 재산 분배가 이루어졌을 것이다. 이 대목에서 필히 적어 놓을 것이 있다. 새로 구입한 연건동 집값은 결혼 전과 그 이후 만주에 가셔서 여러 해 동안 적지 않은 돈을 벌어 온 아버지의 자산에서 나온 것이다. 나는 평생 그 사실을 몰랐는데 부친께서 말년에야 비로소 밝히신 후 몇 년 뒤 돌아가셨다. 이런 사실도 모르고 집값 모두를 종조부께서 부담한 것으로 알고 있는 나에게 아버지는 무척 서운하셨던 모양이다. 평생 함구하시다가 10년 전, 사실은 사실대로 밝히고 세상을 하직하겠다고 작심하신 듯 말씀하시던 모습이 지금도 생생하다.

이화동 네거리에서 원남동 쪽으로 50m쯤 가다가 오른쪽 골목에 들어 앉아 있는 동네가 연건동이다. 그 위에 창경국민학교(일본인 학교,

지금은 없어졌다)와 서울대 부속병원이 자리를 잡고 있었다. 동네 골목으로 들어가기 전 큰 길 건너 지금 삼성카드 회사와 여전도회관 사이에 당시로는 찾아보기 드문 2층(혹은 3층?) 아파트가 있었다. 이것이 '체신부 아파트'였다. 왜정 때 지은 건물이니 아마도 우리나라 아파트의 효시가 아닌가 싶다. 그 옆에, 앞에서 말한 '서양집'이 있었고, 이화동 네거리 현재 홍익대학교 국제디자인 전문대학원 자리에는 서울대 수의과 대학이 있었다. 일제시대에는 어떤 건물이었는지는 기억나지 않는다. 광복 직후에 수의대였던 것은 확실하다. 이규항 형과 얘기를 나누다 보니 그 또한 그 일대를 훤히 알고 있었다. 요즘은 서울 토박이를, 그것도 같은 동네나 인근 동네에 살았던 사람을 우연히 만나면 모르는 사이일지라도 그렇게 반가울 수가 없다.

  우리 집이 효제동을 떠나서 연건동으로 옮긴 것은 자의에 의한 것이 아니었다. 소개(疏開)령이 내려짐에 따라 어쩔 수 없이 이사를 하게 된 것이다. 미국의 비행기가 언제 폭격을 가할지 모르므로 큰 건물인 효제국민학교와 '바짝' 붙어 있는 몇 집들은 모두 이주를 해야만 된다는 총독부의 지시에 따른 것이다. 태평양전쟁 말기의 사정이 그렇듯 위기의식이 고조되어 갔다. 등화관제 훈련이 자주 있었다. 국민학교 초급학생인 우리도 선생님의 지시에 따라 솜방석을 접어서 삼각형(혹은 고깔) 모양으로 꿰맨 방공모를 만들어 쓰고 등교하는 일도 자주 있었다.

  이와 관련하여 '방공호' 얘기를 하지 않을 수 없다. 일제 말기에 방공호가 서울 곳곳에 조성된 사실은 두루 알려져 있는 바다. 역시 미군 비행기의 폭격에 대비하기 위해서였다. 내가 살던 동네를 중심으로 기억나는 방공호는 창경국민학교와 대학병원이 연접된 약간 높은 지대, 혜화동과 삼선교 사이에 있는 혜화문 바로 밑과 그 건너편, 그리고 돈암국민학교 담 밑이다. 이곳들은 모두 야산처럼 평지보다 지대가 약간 높아서 굴을 파기에 적합한 곳이다. 일제는 주민들을 동원하여 대피소인 방공호를 팠다. 다행히 미군의 폭격이 없어서 무용지물이 되었다. 이런 곳들이 1960년대 초까지 대부분 그대로 방치되어 있었다. 그래서 약삭빠른 장사꾼이 혜화동 두 곳과 돈암국민학교 방공호를 술집으로 활용하여 오랫동안 인기를 끌며 장사를 하였다. 굴속인지라 여름에는 시원하고 대신 겨울에는 큰 연탄난로 하나면 훈훈하였다. 무허가였음은 말할 나위도 없다. 그곳을 주당들은 '석굴암'이라고 명명하였다. 나도 그 세 군데를 여러 번 찾았는데 밀주와 생선구이가 주로 안주로 나왔다.

연건동 집 초기의 생활 중 가장 기억에 남는 것은 식량을 비롯한 각종 물자의 부족이다. 세월이 한참 흐른 후에 몇몇 명사들이 쓴 회고록이나 자서전 격의 글을 읽어보니 일제 말기에는 부잣집도 식량 구하기가 힘들었고 쇠고기, 돼지고기 등 육류와 민어 같은 값나가는 생선류 등도 귀해서 쉽게 사 먹을 수 없었다고 한다. 기타 생활필수품의 부족도 마찬가지였다고 한다. 잘 살던 사람들의 경우가 그랬으니 서민들이야 더 말할 나위가 없다. 총독부가 모든 정책과 관심을 전시체제유지에 맞추다보니 물자의 원활한 유통은 관심권 밖에 두었던 모양이다.

우리 집의 그때 밥상은 주로 쌀이 얼마쯤 섞인 보리밥·감자밥, 수제비·국수 등으로 채워졌고, 반찬은 김치·깍두기, 된장찌개나 멸치볶음, 콩자반 그리고 나물 한두 가지가 고작이었다. 나중에는 깻묵(동물 사육용)이 배급되어서 그걸 식량이랍시고 씹어서 허기를 채웠고 전시 비상식량이라고 해서 건빵이 얼마간 나와 몇 개 먹지도 못하고 다락에다 간수해 놓기도 하였다. 세월이 그토록 많이 흘렀지만 그 시대를 살던 나의 친구들도 일제 말기의 '깻묵'을 여태껏 기억하고 있다. 그 무렵 동남아시아를 비롯하여 전선(戰線) 여러 곳에서는 '이상한' 일들이 진행되고 있는데도 일제는 개전 초에(?) 싱가포르(?) 함락에 이어(그때 축제가 굉장했던 것으로 기억된다) 곳곳에서 싸움에 이기고 있다고 크게 선전하였다. 아버지는 징용에 끌려갈까 봐 전전긍긍이셨는데(그 모습이 아주 생생하다) 용케 피한 것이 천행이었다. 요즘에 와서 그때의 징병-정신대-징용이 우리 민족에게 얼마나 비극적인 것인지가 부각되고 있는데 결코 잊어서는 안 될 식민지 시대의 반인간적인 역사의 한 부분이다.

어린 나이에도 세상이 뒤숭숭한 것은 확실해 보였다. 다행히 학교는 문을 닫지 않았다. 매일 등교하여 수업을 받았으나 무엇을 배웠는지 통 생각이 나지 않는다. 일본말 몇 마디쯤은 했을 터이고 더하기 빼기는 쉽게 해냈지 않았는가 싶다. 지금 내가 기억할 수 있는 일본말은 단 하나 학교명과 학년, 이름뿐이다. "게이조 고테이 고리쓰 고쿠민 갓코. 다이 이치넨 세이. 보쿠로준(京城孝悌公立國民學校 第1學年 朴魯埻. 발음이 맞는지 모르겠다), 이것이다. 일본이 나에게 남겨 놓고 간 흔적은 다행히 이것밖에 없다.

2장

광복 후의 상황과 국민학교 시절

광복 후의 상황과
국민학교 시절

1. 광복의 환희와 새로운 학교 수업

1

　1945년에 2학년이 되었다. 그리고 8월 15일을 맞이하였다. 마침내 광복의 날이 찾아왔던 것이다. 그날, 건넌방 미닫이 문밖 기둥에 설치에 놓은 라디오 앞에(한 대뿐인 라디오인지라 방 밖에 설치해 놓고 가족 모두가 듣게 하였다) 집안 어른들과 아래채에 전세를 살던 심 씨(沈氏)네 가족 등이 모여서 귀를 기울이며 라디오에서 흘러나오는 소리를 경청하던 장면을 생생히 기억하고 있다. 해방의 벅찬 기쁨은 이렇게 방송매체를 통해서 전해왔다.
　그날, 나는 비로소 우리와 일본은 각기 다른 나라이고, 30여 년을 우리가 일본에 짓눌려서 식민지 생활을 해왔다는 사실을 어른들에게 들어서 알았다. 집에서는 우리말을 사용하는데 학교에 가면 왜 일본어를 공부했는지 그동안 아무렇지도 않게 생각했던 일도 알았다. 어른들이 그때까지 일제 치하에 대해서 아무 말도 하지 않은 까닭은 어린아이인 나에게 가르쳐 주어봤자 알아듣지도 못할 것이 분명하였기 때문이 아니었을까 헤아려진다. 우리 집 어른들뿐만 아니라 거의 모든 집

어른들도 아이들에게는 저간의 우리나라 사정을 알려주지 않았다. 나보다 두세 살 위인 충북 출신 문학평론가인 유종호 교수도(기억으로는 그가 분명하나 혹시 다른 문인일 수도 있다) 언젠가 문학 계간지에 몇 회 연재한 회고록에서 나와 같은 얘기를 한 것으로 기억하고 있다. 요컨대 어른들의 함구는 민족의식의 결여나 부족의 탓이 아니었다.

그다음 날 곧 8월 16일에 같이 뛰놀던 동무들과 100m쯤 떨어져 있는 원남동 로터리에 나가보니 그런 난리가 없었다. 을지로(당시는 황금정) 4가와 돈암동 구간을 왕복 운행하던 전차는 모두가 만원이고 그것도 모자라 위험천만하게도 여러 명이 전차 문에 매달려서 환호성을 질러대며 달리고 있지 않은가. 집 안에 앉아서 기쁨을 누리기에는 좀이 쑤신 시민들이 15일 하루 동안, 동향을 살피며 뜸을 들이다가 일본이 패망한 것을 확실히 알고 거리로 쏟아져 나온 것이다. 사람들로 터질 듯한 전차의 아슬아슬한 운행, 그것이 해방을 맞아 내가 본 가장 인상 깊은 광경이었다. 거기에다 거리의 인파는 모두가 희열에 가득 찬 얼굴들이었고 일부 시민은 급조한 태극기를 흔들면서 '대한 독립 만세'를 목청껏 외치며 길거리를 누비고 있었다. 일장기 아닌 태극기도 그때 처음 보았다.

그 감격의 태극기, 그 태극기를 찾고자 우리의 선열들께서는 목숨조차 아끼지 않았거늘, 오래전부터 우리 후손들은 국경일에도 태극기를 게양하지 않는다. 매스컴에서 그토록 종용하는데도 서울 시민의 대다수가 시종 마이동풍이다. 태극기를 달지 않는 것이 마치 전제주의가 아닌 민주주의 국가의 국민이 취해야 할 자세인 것처럼 시건방을 떤다. 그러고도 '민족'이 어떻고, '자주'가 어떻고, '독립 국가'가 어떻고 '통일'이 어떻고 떠든다. 가관이 아닐 수 없다.

여러 날 지난 뒤 등교하였다. 물론 수업은 없었다. 그럼에도 왜 학교에 갔는지, 담임 선생님을 통해 학교에서 연락을 받고 갔는지 그 여부는 알 수 없다. 아마 여름 방학이 끝났기 때문이 아닌가 싶다. 환희와 동시에 혼란이 뒤섞인 시대였으니 세상이 어떻게 돌아가는지 알 수가 없었다. 어린 나이지만 상황판단의 기본 능력은 갖추고 있었다. 그런 헷갈림 속에서도 내 눈으로 똑똑히 목도한 몇 장면이 지금도 뇌리에 남아 있다. 학교에 갔더니 머리를 박박 깎고(광복 전에도 그 모습이었다) 얼굴이 동그란 50대(?)의 일본인 교장이 학교 한구석에 설치해 놓은 신사(神社)에 들어가 무엇인가를 꺼내어 불로 태우면서 흐느끼고 있었다. 며칠 전까지 하늘처럼 보이던 일본인 교장 선생님, 그가 초라한 모습으로 숨죽여 호곡하고 있었던 것이다. 전쟁에 지면 저렇게 되는 것이구나 하는 생각을 하지 않을 수 없었다.

뿐만이 아니다. 동네 공동수도 근처에 일본인 가정이 있었다. 몇몇 사람들이 몰려가서 그 집의 가구며 옷가지 등을 모두 끌어내다가 골목길에 내동댕이치는 일도 있었다. 그러나 일본인에게 폭행을 가하는 일은 발생하지 않았다. 반 달쯤 지났을까. 창경국민학교에 동무들과 놀러 갔다. 창경국교 교정과 대학병원은 나의 어린 시절의 놀이터였다. 실로 잊을 수 없는 추억의 공간이다. 평소 붉은 벽돌집(지금 남아 있는 시계탑 건물) 두 채로 되어 있던 대학병원은 그토록 조용할 수가 없었고 환자의 출입도 번다하지 않았다. 지금과 달리 질환에 대해서 무감각하였고, 무엇보다도 가난한 시대였던지라 병원을 찾는 환자가 드물었기 때문이다. 현재의 대학병원인 양 생각하면 엄청난 착각이다. 수의과 대학 교정도 놀이터였으나 거기에는 가끔 갔다.

그날 올라갔더니 일본군 수백 명이 들끓고 있었다. 일부는 교정에, 일부는 교실에서 무료하게 시간을 보내고 있었다. 패잔병이었다. 어느 지역에 주둔했던 부대인지 알 도리가 없으나 일단 서울로 이동하여 자기들의 나라로 가기 직전 임시로 그곳에 머문 모양이었다. 창경국교는 일본인 학생만 다니던 학교였으므로 그곳이 임시 경유지로는 안성맞

춤이었으리라. 그 몇 년 전 길거리에서 칼을 찬 순사나 헌병을 보면 멋있다고 느끼면서도 한편으론 질겁하였는데 세상이 바뀌니 전혀 그런 느낌이 없었다. '패전국 일본'임을 안 이후이므로, 또한 교장 선생님의 눈물도 목격한 터이므로 저들이 오히려 불쌍해 보였다. 겁날 것이 없었다. 진짜 그들은 풀이 죽어 있었고 얼굴에는 어두운 그림자가 드리워져 있었다. 저들의 운명은 과연 어떻게 될까를 놓고 친구들끼리 우리나라 사람들에 의해 총살당할 것이다, 혹은 일본으로 쫓겨 갈 것이다라는 말을 주고받으면서 동네로 내려온 일도 광복 후 내가 체험한 또렷한 삽화 가운데 하나이다.

그해 언제쯤부터 학교 수업이 시작되었는지 알 수 없다. 여름 방학이 끝나면서 자동적으로 9월 전후경이 아닌가 싶다. 어쨌거나 다시 등교한 학교는 불과 얼마 전의 학교가 아니었다. 일본인 선생들은 그림자조차 찾을 수 없었다. 담임 선생은 아니지만 일본인 여선생 한 분은 참 좋은 분으로 정평이 나 있었는데 물론 그분도 보이지 않았다. 그 선생이 불쌍하다는 생각을 하였다. 담임은 여전히 고복남 선생님, 그분으로부터 등교 첫날 새롭게 '일제 36년'에 관해서 설명을 들었다. 물론 집안 어른들에게서 들은 내용과 같은 것이었으나 좀 더 조리 있고 구체적이었지 않았는가 싶다. 그에 앞서 조회시간에 새로 부임한 한국인 교장 선생님의 훈화가 있었다. 시내 국민학교 교장 선생 가운데서도 저명한 분으로 알고 있는데 성함은 윤재천(尹在千) 선생님이다. 몇 년 뒤 그분의 후임으로 부임하여 우리가 졸업할 때까지 재임했던 교장 선생은 '정의성' 선생님이었다. 후에 1·4후퇴 때 대구 피란지에서 초라한 모습으로 하릴없이 길을 걸어가시던 정 교장 선생님의 모습이 기억 속에 남아 있다.

한글 공부가 시작되었다. 교재는 어떤 것인지 알 수 없다. 3학년에 올라가서 사용한 모든 과목의 교재가 '(미) 군정청 학무국' 이름으로 된 것은 확실한 듯한데 광복 직후인 2학년 때에 벌써 예의 군정청 학무국에서 펴낸 교재가 배포되었다고는 볼 수 없다. 대한민국 정부가 수립된 1948년 8월까지 남한은 하지 중장이 사령관으로 있던 미군에 의해서 다스려졌다. 이를 '미군정'이라고 불렀다. 아마도 각 학교 차원에서 학년 별로 급히 마련한 임시 교재를 사용한 것이 아니었을까? 아니면 한글학회나 진단학회에서 날밤을 새우면서 급히 편찬한 임시 교재로 공부를 한 것은 아니었을까? 짐작컨대 후자의 경우가 아니었던가 싶지만 확언할 수 없다. 여기서 특기해 둘 것이 있다. 다른 과목과 달리 '국어'는 우리 2학년이나 3·4·5학년, 아마도 6학년생까지도 잠깐 동안 동일한 수준의 교재를 사용했던 것으로 알고 있다. 단정적으로 확언할 수 없으나 그렇지 않았는가 싶다. 상급생도 한글을 몰랐기 때문이다.

  소련군이 재빠르게 북쪽에 진주하였다는 소식이 들리더니 한 달쯤 지난 9월에 미군이 서울에 들어왔다. 38선은 이렇게 해서 그어졌고 남북분단이라는 민족사적 비극은 이로부터 비롯되었다. 말로만 듣던 미군을 처음 접한 초기에는 사뭇 신기하게 느꼈지만 그 후 자주 보게 되자 대수롭지 않게 여기게 되었다. 얼마 가지 않아서 아이들이 미군을 쫓아다니면서 "헤이, 기브미 츄잉 껌" 하며 손을 내미는 일이 자주 벌어졌다. 또 얼마 되지 않아서 양공주가 생겨나 드문드문 미군과 함께 걸어가는 모습도 등장했는데 처음에는 아이들이 그쪽을 향해 욕하거나 돌팔매질하는 장면도 가끔 연출되었다. 혐오감의 표시였으리라. 미군 진주 초창기의 이런 모습은 나중에 6·25사변이 터져서 수십만 명이 장기간 주둔하자 아무렇지도 않은 일로 수용하게 된다. 동두천, 문산, 의정부 등지에 미군을 상대로 한 유흥가인 기지촌이 생기지 않았던가.

2

1946년에 접어들어서 2학년을 마치고 3학년으로 진급하였다. 2학년을 결산하는 통지표를 받아보니 비교적 괜찮은 성적이었다. 어른들에게 칭찬을 들었다. 그런데 3학년 1학기는 나의 학창 시절 전 기간, 그러니까 초·중·고는 물론이고 대학원을 마칠 때까지의 오랜 기간 중에서 가장 기억하고 싶지 않은 마(魔)의 학기였다. 담임 선생은 월남한 이북 출신이었는데 성함은 잊었다. 이분의 교육은 음악과 미술에 광적으로 편향되었다. 오전에 네 시간, 점심 도시락을 먹고 오후에 한 시간, 이렇게 하루 일과는 5교시로 구성되어 있었는데 과장하지 않고 말하거니와 매일 보통 2~3시간은 음악과 미술을 교육하였고 겨우 두 시간쯤 국어·산수 등의 과목을 구색 삼아 가르쳤다. 정규 시간표가 엄연히 있고 그에 따르면 음악과 미술은 일주일에 각 1시간뿐이었음에도 그분은 음악과 미술만을 병적으로 강요하였다. 음악의 경우 정식 교과서가 있음에도 '코르유분겐'(발음이 맞는지 모르겠다. 그때 입에 익숙해진 그대로 적는다)이라는 책을 별도로 사게 해서 그걸로 가르치는 것이었다. 이게 말이 되는 건가. '코르유분겐'이 어떤 책인가. 성악가가 되려는 극소수의 어린이에게나 필요한 기초 발성 전문 교재로 알고 있다. 이걸로 보통 매일 두 시간을 가르치는데 녹아나는 건 우리 학생들이었다.

음악뿐만 아니라 미술에도 비정상적으로 경도된 그분은 자신의 취향에 따라 학생들을 또 몰아쳤다. 매일 배운 이 두 과목을 제대로 소화하지 못한 학생은 5교시가 끝나도 귀가시키지 않고 계속 교실에 남아서 완전히 터득한 것을 점검한 후에야 집에 보냈다.

미술의 경우, 큰 강당 중앙에 책·걸상을 옮겨 놓고 임시 교실 형태로 만들어서 우리 반 학생 모두를 거기에 앉혀 놓고 제주도를 포함(그때는 서울·제주 간의 비행기가 없었다. 뱃멀미를 하면서 여객선으로 왕래했다) 전국 국민학교 교사 중 미술에 관심이 높은 선생들 백 명쯤(!)을 초청하여 한 시간 연구수업을 하기도 하였다. 언필칭 전국을 대상으로 한 연구수업이었다. 교장 선생님도 임석했음은 물론이다. 이게 말이 되는 일인가. 이 거교적인 행사를 위해서 우리 반은 한동안 연습을 하였다. 누가 무슨 질문을 하고 또 누구는 어떻게 하고… 이런 식으로 각본을 짜서 훈련을 거듭하였다.

미술과 음악에 도무지 소질이 없는 나는 하루를 견뎌내기가 정말 힘들었다. 다른 아이들은 처음에는 어려운 듯했으나 나중에는 대체로 잘 적응을 해갔다. 교과목 전체의 성적표를 내지 않을 수 없으므로 몇 번 시험을 쳤으나 나로서는 국어며 산수 등에서 노상 망치곤 하였다. 담임 선생이 전 과목을 가르치는 국민학교의 특성상 사제 간의 관계가 얼마나 중요한지, 학생의 성적이 그 관계에 따라 좌우되는 일이 허다하다는 점, 두루 알고 있는 사실이 아닌가. 또한 몇 과목에서 뒤떨어지면 나머지 학과목 성적마저도 추락한다는 사실도 누구나 인정하는 바다. 다른 아이들은 나와 마찬가지의 조건이었음에도 음악과 미술에 그런대로 흥미를 느껴서 담임 선생과 용케 '코드'를 맞췄기 때문에 시험을 잘 쳤다. 그와 달리 1학기 말 나의 성적은 꼴찌에서 위로 거슬러 올라가 몇 등이었다. 기가 막힐 노릇이었다. 설상가상이라고 그때 나는 '기계(機械)총'이라고 일컫는 머리 피부병을 앓기 시작하였다. 부스럼이 나고 머리털이 빠지는 등 참으로 고약한 병이었다. 반년가량을 고생했는데 지금도 머리를 홀랑 깎으면 뒤통수에 지름 4센티가량의 큰 흉터가 남아 있다. 두발자유화 시대 이전인 고등학교 졸업 때까지 이 흉터 때문에 나는 늘 창피함을 느끼며 학창생활을 보내야 했다. 군대에 가서도 그랬다.

방학하는 날, 통지표를 받아보신 아버지로부터 나는 회초리를 얼마나 맞았는지 모른다. 저간의 학교 사정을 고할 겨를도 없이 죽도록 맞았다.

그래서 학교를 가지 않는 여름방학이 그렇게 좋을 수가 없었다. 대학 병원에 가서 매미를 잡고 동네 골목에서 잠자리도 잡으면서 신나게 놀았다. 하지만 개학이 가까워져 오자 나는 슬슬 겁이 나기 시작했다. 그 지겨운 학교를 또 어떻게 다닐지 참으로 걱정이 태산 같았다. 그때 나는 공부 때문에 평생 처음이자 마지막으로 '자살 충동'을 느꼈다. 그만큼 심각하였다.

그러나 어쩌겠는가. 개학이 되었으니 등교할 수밖에. 가방을 메고 무거운 발걸음으로 교실에 들어갔다. 교실 안은 오랜만에 만난 반 아이들로 시끄러울 지경이었다. 그럼에도 나는 시무룩한 표정으로 내 걸상에 앉아 있었다. 얼마쯤 지나자 선생님이 들어오시는데 이게 웬일인가! 1학기의 그 선생이 아니라 새로 담임을 맡은 선생님이 입실하는 게 아닌가! 개학하기 전 선생님의 인사이동이 있었던 모양이다. 그 안도감, 그 기쁨, 그 평화를 무슨 말로 표현할 수 있으랴. 새로 오신 선생님은 쾌활하면서도 미남형이었다. 좋게 보려고 해서 그런 것이 아니라 진짜 그랬다. 정해진 시간표대로 수업을 이끌어 갔음은 물론이다. 2학기에 나의 성적도 정상으로 돌아왔다. 참 기뻤고 학교생활이 그렇듯 즐거울 수가 없었다. 만약 1학기 때의 그 선생님이 2학기에도 계속 담임을 맡았다면 나는 어떻게 무너졌을지 모른다.

앞선 담임 선생이 왜 어떤 사정으로 사라졌는지는 알 수 없다. 다른 반 혹은 다른 학년의 담임으로 옮긴 것이 아니라 전근이나 사직이 분명한 것은 그 이후 교정에서 그분을 본 적이 없기 때문이다. 엉뚱하지만 이런 추측을 해보았다. 즉 그때만 해도 앞에서 말한 바와 같이 치맛바람이란 전혀 없었다. 어쩌다가 학부모가 학교에 찾아오면 아이들 사이에 놀림감이 되었다. 그러나 워낙 상식 밖의 교육을 하는지라 미지의 학부모들의 항의가 교장에게 들어갈 수 있는 확률을 배제할 수 없다. 그래서 갈린 것이고 또한 다른 곳으로 옮긴 것이 아닌가. 아전인수의 해석인지는 모른다. 또는 우리의 미술 연구수업을 참관한 어느 학교 교장이 사정도 모르고 탐이 나서 우리 학교 교장에게 사정하여 교육구청을 거쳐 전출해 갔는지도 모른다. 그보다는 그 선생님이 우리 학교에 부임할 때 미술과 음악 교육의 이른바 실험 케이스로 한 학기만 재임하기로 교육 당국에서 파견했을 확률이 매우 높지 않을까 싶다. 전국 규모의 '강당 연구수업'이 강행된 사실을 연상하면 수긍이 간다. 그야 어떻든 나에게는 새로운 세계가 전개된 것만은 분명하였다.

나는 그때의 일을 늘 기억하면서 그 후 교육은 정상적인 것, 교사 취향에 따라 편향되지 않는 것, 가르치는 일인지라 강제성을 띨 수밖에 없으나 학생들에게 고통을 주어서는 안 되는 것, 학생을 교사의 닮은꼴로 만들어서는 안 되도록 해야 마땅하다고 생각했다. 내가 그때 설령 반 전체에서 1등을 하였을지라도 이런 생각에는 변함이 없다.

3학년 여름방학 때부터 할아버지에게 한문을 배웠다. 1년은 채 안 된 기간이었다. 그때 서울에 살면서 나 같은 국교생이 한문을 배운 예는 거의 없다. 우리 반과 동네 아이들, 그리고 나의 일가친척의 아이들을 보면 짐작이 충분하다. 한자라고 하면 예전 서당에서나 가르치는 것이고, 또한 시대와 무관한 불필요한 글로 낙인이 찍혀 있는데 누가 가르치며 또 누가 배울 것인가. 공교육인 학교 다니는 일도 힘든 판에 따로 한자 공부를 어떻게 할 수 있었겠는가. 그럼에도 조부께서는 강제로 나를 앉혀 놓고 정성껏 가르치셨다. 『천자문(千字文)』·『계몽편(啓蒙篇)』·『동몽선습(童蒙先習)』과 『소학(小學)』 제2권까지 뗐다. 새벽에 일어나서 약 30분쯤 배우고 밤에 자기 전에 배운 것을 줄줄 외우는 것이 매일 거듭되었다. 개학 후에도 이러한 일과는 계속되었다. 이 바람에 학교에 지각하는 사태가 여러 번 발생하여서 아버지의 반대가 심하였고 무엇보다도 한문 공부가 문리(文理) 트기 위주의 암기 교육인 것까지는 수긍하였으나, 그전 단계인 초벌 해석만은 이해가 되도록 가르치셔야 할 터인데 할아버지의 교수법은 거기까지 영 미치지 못하였다. 최소한의 뜻도 모르고 외우기만 하니 나도 신물이 나서 중도에서 그만두었다. 조부의 격노가 한동안 지속되었음은 물론이다.

나는 지금도 그때의 일을 두고 아쉬운 마음으로 자주 회고한다. 할아버지의 교수법이 조금만이라도 명료하였다면 흥미를 가지고 빨리 이해를 하였을 것이고 그래서 지각도 하지 않고 지겹지도 않았을 것이며 그래서 나의 새벽녘 한문 공부는 계속되었을 것이라고. 이 또한 나의 편리대로 판단하는 것은 아닌지 모를 일이다. 그때 그 고생하면서 배운 한문인데 얼마 지나지 않아서 죄다 까먹고 말았다. 남은 것이 하나도 없었다. 후일 교수 초년기에 사서(四書)와 『고문진보(古文眞寶)』를 쉽게 풀이한 책을 사서 혼자 읽어가며 공부를 했지만 그것도 지금에 와선 가물가물할 정도다.

후일에 안 일이지만 광복이 되자마자 우리나라의 국어교육은 한글 전용론자들에 의해 틀이 짜여졌다. 그 결과가 오늘의 '漢盲'으로 나타났다. 한글 전용론자들의 애국심과 민족 고유문자에 대한 지극한 애착심을 나는 모르지 않는다. 그러나 우리의 생활어를 비롯해 공공기관에서 사용하는 용어, 학문 각 분야의 용어 등이 대부분 한자로 되어서 오랜 역사 동안 우리 체내에 용해되어 있음을 또한 잘 안다. 그렇다면 최소한 '국한문혼용'의 길을 택해서 광복 후 국민학교 때부터 한자교육을 병행했어야 마땅하였으리라. 그렇지 못한 것을 나는 한탄하는 자다.

이 절을 마치면서 광복 후 호열자(콜레라)와 뇌염이 무섭게 번진 사실을 첨기한다. 전자의 경우 환자가 생기면 그가 사는 동네 골목 입구를 새끼줄로 쳐서 출입을 통제했다. 후자는 당시의 나 같은 어린이에게는 치명상을 주는 병인데 이로 인해 모두 '공포'에 떨던 기억이 난다. 많은 사람이 죽은 것으로 기억한다. 먹는 것, 입는 것의 해결을 비롯하여 돌림병의 창궐 또한 가난한 나라가 극복해야 할 어려운 과제였다.

2. 1940년대 후반, 서울의 동네 풍경

1

 이 절을 시작하면서 우리 사회는 6·25를 기점으로 생활습성·가치관·윤리도덕관·인간관계·정치 및 경제를 바라보는 관점 등 거의 모든 것이 변했음을 새삼 상기코자 한다. 6·25 전과 그 이후의 세상은 마치 다른 세계인 양 겉과 속 모두가 따로따로였다. 이런 사실에 유의하여 '6·25 이전의 서울'을 여러 방면에서 묘사하기 위하여 가급적 많은 지면을 할애할 예정임을 밝혀 둔다. 이어지는 3·4·5절도 후세에 온전히 전하겠다는 소명감에 따라 사실 그대로 기록할 작정이다.

 서울의 새벽은 두부장수의 종소리가 깨운다. 창밖에서는 북청 물장수의 삐걱거리는 물지게 소리도 들린다. 이 시각을 전후해서 어머니들은 부엌에 들어가서 아궁이에 관솔로 장작불을 지핀다. 하루가 시작되는 것이다.

 두부가 들어 있는 콩나물국은 서울 시민이 거의 매일 먹는 음식이다. 서양의 수프에 해당된다고 할까. 북청 물장수, 이들은 두부장수와 더불어 서울의 명물이다. 우리 집과 같이 가정용 수도가 있는 집은 동네에 반쯤밖에 되지 않았다. 시내이면서 평지에 있는 주택임에도 그랬다. 아직도 도시기반이 덜 갖추어져 있을 때였다. 나머지 가정은 동네 길목에 있는 공동 수도에서 물을 길어서 생활용수로 사용하였는데 그 가운데 많은 집은 물장수가 아침저녁으로 길어다 주는 물을 삯을 지불하고 사서 사용하였다. 함경도 북청 출신이 물지게꾼의 대부분을 차지하였다. 함경도 사람들의 생활력은 전국이 알아주는 것, 그중에서 특히 북청 출신이 더욱 강했는데 그들은 서울에 올라와 물지게를 지며 그 험한 고생을 하면서도 아들·딸을 국내와 일본의 대학에 진학시켜서 성공시키는 사람들로 유명하다. 요즘의 대학은 누구나 들어가는 곳이 되었다. 고교 출신의 80%가 대학에 입학하는 세상이니 엘리트 교육과는 무관한 범상한 교육기관이 되었다. 그러나 일제시대나 광복 직후에 대학에 가는 것은 실로 선택받은 소수의 특권이었다.

그냥 '물장수'라 하지 않고 '북청 물장수'라고 불릴 정도로 그들의 존재는 돋보였다. 소설가 전광용(全光鏞, 서울대 교수 역임, 작고) 선생의 수필에도(중학교인지 고등학교 국어 교과서인지 알 수 없으나 그 글이 실린 적이 있었다는 얘기를 들었다) 북청 사람들의 얘기가 나오는 글이 있다. 물 삯은 한 달에 한 번씩 몰아서 지불되었다. 그들과 관련된 풍속이 하나 있는데 아침·점심·저녁의 식사는 매일 한 집에서 전담하여 돌아가면서 무료로 제공되었다. 고마움의 표시다. 신발을 신은 채 주로 툇마루에 앉아 밥을 먹곤 하였다. 중노동을 하는 직업이라 반찬이 좋고 나쁘고를 가리지 않고 밥상을 깨끗이 비웠다. 그래서 '북청 물장수 밥상'이라는 말이 생겼다.

땔감인 장작은 한 단, 두 단씩 사서 사용하였다. 겨울을 앞두고는 중산층 이상 웬만큼 사는 집은 트럭으로 한 대 혹은 두 대쯤 사서 일꾼을 불러다가 패서 마루 밑과 뒤꼍, 집 안팎 빈 공간에 쌓아놓고 한겨울을 보냈다. 늦가을, 초겨울이 오면 장작 패는 사람이 도끼 등 연장을 짊어지고 골목을 누비고 다녔다. 그렇게 하기를 오랜 세월, 그래서 전국의 산이 붉은 산으로 변한 것이다. 구공탄(사실은 19공탄이다. 9공탄은 풍로에나 사용한 작은 것이다) 아궁이가 생긴 것은 휴전 이후인 1954년경부터였다. 이에 관해서는 후술할 기회가 있다.

오후에는 젓갈장수와 생선장수가 번갈아 가며 꼭 지나갔다. 새우젓·조개젓·어리굴젓과 밴댕이젓 등을 한 지게 가득 짊어진 젓갈장수, 그리고 철따라 갈치·고등어·아지(전갱이)·조기·동태·이면수어 등을 손수레에 싣고 골목길을 누비는 생선장수, 이들은 서울 가정집의 밥상을 위해서 없어서는 안 될 상인들이었다. 조기며 굴비는 지금은 고가 생선이지만 그때는 별로 비싸지 않았다. 제철이 되면 조기를 몇 관씩 사서(인천 출신인 황우여 의원이 어느 신문과 인터뷰를 한 것을 읽었는데 몇 관이 아니라 가마니로 사서 저장해 놓고 먹었다고 한다. 그럴 정도로 서울과 기호지방에서는 흔한 생선이었다) 여러 날 탕이나 찌개로 끓여 먹었고 조기젓을 담가 새우젓과 함께 김장에 쓰곤 하였다. 그렇게 해서 담근 김칫국물 맛이란 필설로 형용할 수 없다. 굴비도 몇 두름씩 집에서 만들거나 사서 먹었다. 아이들 도시락 반찬으로 흔히 사용될 정도다. 꽁치는 대구에 피란 가서 처음 본 생선이다. 나뿐만 아니라 내 또래들도 다 그렇게 기억하고 있다. 남북이 갈리기 전인 왜정시대에는 김장용 새우젓을 사고자 마포로 나가는 주부들이 많았다. 나도 국민학교에 들어가기 전 종조모와 어머니, 누님을 따라서 그곳에 사는 고모 댁에 들러 새우젓을 파는 포구에 간 적이 있다. 지금은 마포가 고급 주택지로 변모하였으나 내가 어릴 때와 청소년 시절은 물론 아마도 1970년대까지만 해도 이른바 문밖(=사대문 밖)의 가난한 동네였다. 포구가 있어서 해산물이 들어온 곳으로 널리 알려진 지역이다. 얘기 끝에 밝히는바 사대문 안의 서울 사람들은 문밖(마포·청량리·왕십리 등이 대표적인 곳)에 사는 사람들을 아주 낮춰 보았다. 그들과 선을 그을 정도로 '문안 사람들'의 자존심은 대단하였다.

 그때는 시장이라고는 동대문·남대문처럼 멀리 떨어져 있는 큰 시장이 있었고 동네에 요즘 흔히 말하는 재래시장 격인 군소시장은 많지 않았다. 시내에 몇 군데 있었던 걸로 안다. 그래서 동네 구멍가게가 시장 역할을 대신하였고, 젓갈장수·생선장수가 보조 역할을 하였다. 앞에서 골목을 누비는 행상들의 존재를 부각시킨 까닭이 바로 여기에 있다.

 반찬거리 얘기가 나온 김에 몇 마디 더 보태기로 한다. 요즘 청국장이 얼마나 각광을 받고 있나. 식품 영양학을 전공하는 학자와 의사들에 의해서 그것이 사람 몸에 썩 좋다는 사실이 밝혀지고, 또한 그들에 의해서 권장된 이래 많은 이들이 여러 가지 방법으로 먹고 있다. 나도 환(丸)으로 된 것을 매일 들고 있다. 그런데 우리가 어릴 때는 말할 것도 없고 불과 10~20년 전까지만 해도 지금처럼 이렇게 극성(?)스럽지는 않았다. 물론 예전에도 청국장은 있었다. 하지만 상품화된 것, 또는 청국장 전문의 식당은 존재하지도 않았다. 집에서 담가 먹는 것이 유일한 방법이었다. 그런데 농촌은 잘 모르겠으나 서울 사람들은 어쩌다가 한 번쯤 담그는 것이 고작이었는데 왜냐하면 역시 그 냄새가 고약해서였고, 거기다가 요즘도 그냥 된장찌개가 우리 식탁의 주(主) 메뉴이거니와 전에도 역시 밥상에 단 한 끼도 빠지지 않고 오르는 왕(王) 반찬의 하나, 쉽게 말해서 매일 질릴 정도로 먹는데 따로 변형된 청국장이라는 것이 절실하게 필요치 않았기 때문이다.

 그다음, 요즘 사람들에게 인기가 있는 겉절이다. 짧게 얘기하겠다. 있기는 하였으나 거의 먹지 않았다. 왜? 채독병(菜毒病)이 무섭기 때문이었다. 십이지장충에 감염되어 생기는 이 채독병은 내 생각으론 인분을 거름으로 사용해서 생산한 채소를 먹으면 발생하는 것으로 알고 있다. 지금은 인분을 사용하지 않기 때문에 겉절이를 아무리 먹어도 탈이 없다.

 깻잎은 꼭 된장독에 박아서, 또는 양념을 하여 끓는 밥솥 위에 익혀서 먹었다. 생으로 먹지 않았다. 묵은지? 음력설이 지난 뒤의 묵은 김장김치를 두고 지칭하는 말인데 '군내'가 나서 가족들로부터 푸대접을 받은 것이다. 설날에 먹은 햇김치와 햇깍두기 맛에 입을 버린지라 젓가락이 가지 않았다. 그러나 버릴 수는 없어서 어머니들이 물로 헹궈 찌개 등으로 또는 새우젓을 넣고 요리하여 밥상에 올리곤 하였다. 이렇게 천덕꾸러기 신세로 하락하던 것인데, 1970년 후반 이후 '묵은 김치'를 사는 상인이 생겨서 봄철이면 자주 동네를 누비고 다녔다. 이러기를 88올림픽 때 이후론 거의 사라진 것으로 기억한다. 가정집에서 그 가치를 알고 행상꾼이 오기 전에 다 처분해서 그런 것일까? 어쨌거나 '귀한 음식'으로 둔갑한 것은 분명하다. 처음에 묵은 김치를 팔라는 소리를 들었을 때 나는 저걸로 뭘 하겠다고 저러는가 싶었다. 그러나 웬걸, 그 군내가 나는 묵은 김치가 음식점에선 '삼합' 등에 꼭 들어가야 하는 식재료가 되더니 이제 와서는 여러 음식에 필요한 것으로 격상(?)이 된 것은 누구나 다 알고 있는 사실이다. 묵은지만을 수십 개의 독에 담가 놓고 식당을 경영하는 모습을 TV를 통해 보고, 나는 세상 오래 살다 보니 별 희한한 일을 다 겪는다고 내심 생각하였다. 전라도 지방에선 오래전부터 묵은 김치가 대우를 받은 모양이나 기타 다른 지역에선 그렇지 않은 것으로 안다. 국립국어연구원의 『표준국어대사전』(1999)에도 '묵은지'는 없다. 역시 과거부터 호남 지역에서 통하던 식품명인 듯하다.

  서울 사람들은 생선 중에서 민어를 가장 고급으로 쳤다. 값도 비싸서 괜찮게 사는 집에서나 가끔 사서 먹었다. 복(伏)날 '민어탕(湯)'으로 '복달임'을 하는 것을 서울 사람들은 최고로 쳤다. '개장국'으로 복달임을 한다는 얘기를 듣지 못하였다. 할아버지께서 개장국을 썩 좋아하셨는데 왜정 때 시내에 개장국 집이 불과 몇 군데밖에 없었다고 말씀하신 적이 있었다. 그렇듯 드물던 개장국이 1960년대 이후 각처의 지방 사람들이 서울로 유입됨에 따라 농촌에서 즐겨 먹던 개장국도 함께 입경(入京)하여 점점 보신용 음식으로 그 세를 확장해갔다고 본다.

  다음은 쇠고기다. 예전에 불고기가 우리나라 음식 중 최고였다는 사실을 모르는 사람은 없다. 그러므로 새삼 이를 화제에 올릴 필요가 없지만 문득 평소에 생각하지 못한 바가 떠올라서 진술키로 한다. '쇠고기' 운운하면 "예전에 그걸 어떻게 먹어? 명절 때나 구경하지 그것도 불고기보다는 고기 몇 점 있는 국으로, 또 그것도 아낙네는 겨우 국물이나 먹고 어른들 밥상에나 올랐지"라고 모두가 합창하듯 말한다. 맞다. 그런데 곰곰 생각해 보면 비록 국이긴 하지만 쇠고기를 먹는 횟수는 설·추석날로 극히 제한된 것은 아니었다. 자, 셈해 보자. 식구가 여섯 있는 가정을 가상해서 쇠고기 먹는 날을 따져보자. 설날+추석+제삿날 여덟 번(四代奉祀하던 시대였음을 상기할 필요가 있다)+식구들 생일 여섯 번 — 도합 16번인데 이것은 보통 사는 가정이면 최소한 식탁에서 한우를 만날 수 있는 기회였다. 이만하면 결코 "쇠고기 구경을 그때 감히 어떻게 해!"라는 푸념은 적어도 나오지 말아야 하는데 우리는 지금 과거를 말할 때면 이 대목을 빼놓지 않는다. 왜 그럴까? 정리하면 기본 횟수는 적지 않았으나 그 질이 아주 빈약했기 때문에 그렇다고 단언한다. 한때 군대에서 '황우도강탕(黃牛渡江湯)'이라는 말이 풍자적으로 회자되었거니와 그보다 비교가 안 될 정도로 훨씬 낫되 건더기는 많지 않은 국이었던지라 횟수와는 무관하게 먹어도 먹지 않은 것처럼 늘 고팠기 때문이라는 뜻이다. 속에 기름기가 없으면 자주 명치끝이 쓰리고 당기는 증세가 나타난다. 이것을 소증(素症)이라고 하였다. 우리 세대를 전후한 서민 가운데 이 증세를 느껴보지 않은 사람은 거의 없을 것이다.

며칠에 한 번쯤 만나는 똥구루마도 서울의 일상적인 풍경의 하나다. 변소를 치는 용기(容器)는 물통보다 조금 큰 나무통이었다. 거기에 오물을 퍼 넣어서 지게로 지고 나가면 똥물이 줄줄 샜다. 큰 나무판자를 못질해서 만든 초대형 상자 모양의 통에 쏟아부어서 소(말?)구루마가 끌고 골목을 지나가면 똥물이 또 줄줄 샜다. 그래서 똥구루마가 한 번 왔다 가면 집 안과 골목길이 인분(人糞)으로 냄새가 고약하고 또한 지저분하였다. 여기에 재를 뿌리는 일은 아이들의 몫이었다. 박지원(朴趾源)의 『열하일기(熱河日記)』를 보면 18세기 말똥을 볼 수 없는 북경의 깨끗한 대로(大路) 얘기가 나오고 그렇듯 도시계획이 잘된 청나라와 우리의 좁고 불결한 종로 거리를 대조하면서 탄식한 목소리가 담겨져 있다. 20세기 중엽이었음에도 서울의 골목은 더러웠고 짐 구루마를 끌던 말의 똥덩어리가 큰길 여기저기 굴러다녔다. 당시 말이 끌던 구루마는 지게와 함께 아주 유용한 운반 수단이었다.

골목 안 길가 한 귀퉁이에 삼베에다 먹으로 '福德房'이라고 쓴 작은 현수막을 걸어 놓고 그 앞에 나무로 된 긴 의자에 노인네가 앉아서 장기를 두며 긴 하루해를 보내는 것도 당시의 빼놓을 수 없는 풍경이다. 그것이 후일 기업형 부동산 전문 직업으로 변할 줄이야 누군들 예상이나 했겠는가.

2

그 골목 안을 여름이면 냉면을(서울에 냉면집이 6·25사변 이후에 생긴 것으로 잘못 알고 있는 사람이 많다. 천만의 말씀이다. 6·25사변 이후 이북에서 내려온 월남민에 의해서 점포가 번창한 것은 사실이지만 그 이전에도 냉면집이 드문드문 있었다), 가을 이후 이듬해 봄까지는 설렁탕을 큰 쟁반에 10여 그릇을 담아서 한쪽 손으로 받쳐 들고 자전거로 곡예 하듯 운반하는 모습, 이화동 네거리에 있는 중국집의 청요리가 나무로 짠 운반 상자(이것이 요즘 '철가방'의 원조 격이다)에 담겨져서 배달되던 모습도 자주 보던 광경이었다. 그 중국집이 지금도 그 자리에 '국빈(國賓)'이라는 옥호(屋號)를 걸고 영업을 하고 있다. 이처럼 역사가 오래된 청요릿집은 대학로의 '진아춘'이 또 있다. 그 앞을 지나칠 때면 참으로 감회가 새롭다. '국빈'은 요리전문집인데 그 건너편에 호떡·만두 전문의 중국집이 또 있었지만 언제던가 아마도 1960년대에 사라졌지 않았는가 싶다. 겨울철 야식은 단연 찹쌀떡과 메밀묵. 주로 고학생들이 "찹쌀떡, 메밀묵 사려!"라고 외치며 지나가는 추운 목소리에 서울의 밤은 깊어갔다.

서울 사람들은 어지간하면 잡곡밥을 먹지 않는다. 쌀밥이 위주였고 잘사는 집은 팥밥을 가끔 해 먹었다. 잡곡밥일 경우는 조밥이 식탁에 올랐고, 보리밥은 거의 해 먹지 않았다. 우리 집은 경상도 출신인지라 살림 형편의 여하를 불문하고 사철 내내 보리밥을 먹었다. 지금도 예전과 다를 바 없다. 어릴 때부터 그랬던지라 흰 쌀밥은 외려 입에 당기지 않는다. 요즘 꽁보리밥이 건강에 좋다고 일부러 찾아다니면서 사먹고 있는데 이런 점에서 우리 집은 일찍부터 건강식에 눈뜬 셈이다.

쌀밥에 길들여진 서울 사람들이지만 광복 전부터 식량 사정이 나빠지고, 또한 광복 후에도 호전되지 않아서 몇 년 동안은 정말 심한 고생들을 하였다. 어쩔 수 없이 잡곡밥을 택해야 했다. 그나마 그것은 형편이 나은 편이었다. 가난한 집은 흰죽, 밀가루 냄새가 역겨운 우리 밀가루(미국산 구호 밀가루는 해방되고 1년쯤 뒤에 들어온 것으로 기억한다. 그것은 밀가루 냄새가 나지 않았다) 칼국수와 수제비로 끼니를 때우는 일이 흔했다. 칼국수니 수제비니 하면 나는 지겨운 생각부터 난다. 참으로 신물 나게 먹었다. 그때마다 '밥'이 그리웠다. 요즘 해물탕집에 가면 탕 속에 당면이나 수제비를 뜯어 넣어준다. 손님들은 그게 좋다고 한다. 서울 음식에 그런 것은 없다. 분명코 지방에서 올라온 것이다. 나도 따라서 먹기는 하는데 옛날이 생각나서 기분은 좋지 않다. 칼국수 그것도 요즘은 별식이 되어서 성북동, 혜화동 근처에 성업 중인 집이 여럿 있음을 나도 알고 있다. 가끔 찾아가서 먹곤 하는데 그 칼국수에 얽힌 궁핍한 시대의 잔영을 떠올릴 때면 나는 순간 울울한 심경에 빠진다. 미군이 들어온 이후 강냉이 배급이 나와서 한동안 쌀 얼마쯤 섞인 강냉이밥을 주식으로 들었는데 먹기가 참 힘들었다. 해 먹을 줄 몰라서 이걸 통으로 삶았으니 왜 안 그랬으랴. 지금 북한 주민들은 쌀이 귀하여 강냉이를 주식인 양 먹는 모양인데 가루로 갈아서 쌀인 양 재생산한 것으로 짐작한다. 쌀밥이되 감자가 반 이상 섞인 밥을 먹는 일도 여간 고통스럽지 않았다. 반찬? 여기에 대해서는 굳이 언급하지 않겠다. 세상이 다 아는 일이 아닌가. 밥만 있으면 김치·깍두기·된장찌개·시래깃국도 감지덕지하던 판에 반찬 타령이 가당키나 한 일인가.

다만 서울 사람들이 상급(上級)의 반찬으로 꼽는 것 가운데 쇠고기·달걀찜 이외 명란과 김이 있는데 자주 먹지는 못하였다. 그런데 1·4후퇴 때 대구에 피란을 내려갔더니 명란은 역시 귀한 것이지만 김은 거의 매일 어느 집이나 먹는 보통의 부식이었다. 두 도시에서 왜 그런 차이가 있었는지 지금도 그 이유를 모르겠다. 김에 관해서는 뒤에서 또 얘기할 기회가 있다.

설탕은 풍부한 편이었다. 밀가루·강냉이와 더불어 미국의 원조품으로 배급되었기 때문이다. 그래서 학교 근처에는 설탕을 녹여서 만든 '오마끼' 장사꾼이 포진해 있었다. 주 고객인 학생들은 방과후면 그쪽으로 몰려가는 일이 일상화되다시피 하였다. 겨울이면 군데군데에 군고구마(야끼이모)와 군밤장사가 자리를 잡고 손님을 끌었다. 어른이나 아이 가리지 않고 많이 사 먹었는데 이것도 서울의 독특한 풍경이리라. 단팥죽은 국민학교 아이들에게는 고급에 속하는 간식이어서 그걸 파는 가게에 쉽게 들어갈 수 없었다.

광복 전후로부터 6·25를 거쳐 1950년대 중반까지 약 10년 동안의 옷차림을 더듬어 보면 '전쟁 전까지'만 해도 여성들의 경우 여염집 중년 아낙과 노파는 물론, 처녀들까지도 한복을 주로 입었다. 당시로선 드문 인텔리 계층인 여대생들도 한복이 위주였고, 또한 아주 희귀하다시피 한 직장여성들 또한 한복이 정장으로 통했다. 그러던 것이 휴전 이후 '1950년대 중·후반'으로 접어들면서, 살림하는 가정주부와 노파를 제외하고 차츰 양장을 즐겨 입기 시작해서 근자에는 한복차림의 여성을 명절 때나 볼 수 있게 되었다. 다만 '전쟁 중'에는 시대가 워낙 그런 때인지라 한복이니 양장이니 하는 것조차 가릴 수가 없어서 이것저것 닥치는 대로 입었고 미국에서 들어온 구호물품에 섞여 있는 헌

옷들을 입고 살았다. 이런 점만은 남자들의 입성도 마찬가지였다.

남자의 경우는 다소 달랐다. 노인들은 대개 한복 바지저고리에 두루마기 차림이었으나 중년과 청년들은 양복 차림이 주류를 이루었다. 대학생이 한복을 입고 다니는 모습은 없었다. 남자들은 아무래도 직장생활이며 학교생활 또는 상인은 장사를 해야 하기 때문에 거추장스러운 한복이 어울릴 수가 없었으리라. 한복을 입은 노인일지라도 갓을 쓰는 예는 시골은 몰라도 서울에는 거의 없었다. 상투를 틀지 않고 머리를 깎은 지 수십 년이 경과되었는데 갓은 무슨 갓? 요즘 TV에서 연속극이 아닌 좌담회 같은 프로에 갓 쓴 노인네 모습을 가끔 보는데 광복 전후 무렵 그들은 20~30대 청장년들이요, 6·25 때는 철모를 쓰던 세대다. 광복 당시 노인네들도 거의 쓰지 않던 갓을 이제 와서 새삼 끄집어내는 것을 볼 때마다 나는 실소를 금치 못한다. 민족 종교를 신봉하기 때문이라면 한복 정장이면 족하다. 옛것에 대한 애착은 좋으나 시대착오적인 과시용 복고풍은 오히려 역효과를 내기 십상이다. 우리 세대 눈에도 케케묵은 구닥다리로 보이니 말이다.

우리처럼 국민학교 학생이나 중학생들은 남녀 공히 교복 차림이었으니 양복인 셈이다. 이 점은 한복도 겸해서 입은 시골 학생과 차이가 난다. 하교하여 집에 와서는 교복을 벗어서 걸고 다른 옷으로 갈아입었는데 그것 또한 시장에서 사 온 현대식 피복이었다. 설이나 추석 때는 어른이나 아이 할 것 없이 대체로 한복 차림이었다. 부모님이 사다 준 설의 옷을 '설빔'이라고 하였다. 추석 때의 옷까지 요즘은 '추석빔'이라고 하지만 우리 때는 그렇게 부르지 않았다. 어른들도 '설빔'은 있으나 추석의 옷을 '추석빔'이라고 부르는 것은 아니라고 하였다. 이를 확인하려고 『표준국어대사전』을 찾아보았더니 '추석빔'이 올라 있었다. 세월이 흘러서 그렇게 된 것인가. 아니면 우리 때도 사실은 '추석빔'이 엄연히 통용되던 것인데 가난한 시절이라서 어른들이 추석 옷은 아예 기대도 하지 말라는 의도에서 그런 말이 없다고 딱 잡아뗀 것인가. 모를 일이다.

3

식량난과 더불어 해방 공간에서 간과할 수 없는 특기할 사건이 몇 있다. 그 첫째가 '월남민(越南民)'의 범람이다. 해외동포들이 '귀국선'을 타고 입국하는 수도 적지 않았다. 그러나 월남한 사람들 수에 비할 바는 아니었다. 이북의 공산정권 치하에서는 도저히 살 수 없다고 판단한 사람들이 일찍이 집과 재산을 모두 버리고 '니꾸사꾸' 이른바 배낭 하나만 달랑 메고 얼마나 많이 내려왔는지 그 수를 헤아릴 수 없을 정도였다. 그때 월남민의 대부분은 지주계급이나 기독교인들이었지만 그들 외에도 공산주의에 염증을 느낀 무산 계층도 끼어 있었음을 우리는 알고 있다. 이들이 월남 1세대인데 38선을 넘어왔다고 해서 속칭 '삼팔따라지'라고 했다. 지금의 나이 80~90대 이상, 일부 70대 후반이 그때의 가장들이었다. 낯선 곳에서 뿌리를 내리기까지 그들의 고생은 이루 형용할 수 없었다. 우선 집이 없어서 큰 어려움을 겪지 않을 수 없었다. 여기저기 흩어져 살았는데 특히 그들 월남민이 무허가이지만 하나의 취락지를 형성하여 둥지를 튼 곳이 청파동 건너편 남산 방면에 있는 '해방촌'이다. 이범선의 대표작 중 하나인 「오발탄」의 무대도 바로 이곳이다. 우리 동네인 연건동 '서양집' 옆에 거의 비어 있던(광복 전까지 살던 일본인이 철수하였기 때문에) '체신부 아파트'에도 그들이 입주해서 한동안 살았다. 현대식 시설물을 제대로 사용하는 방법도 모르고, 설사 알아도 지킬 형편도 아니라서 이 건물은 금세 험한 꼴로 변하고 말았다. 구공탄 풍로를 사용하고 장작불을 때니 아파트의 신세가 가련할 지경이었다.

1·4후퇴 때 또 평안·함경·황해도와 강원·경기 북부 일부 지역에서

엄청난 수의 주민들이 내려왔다. 이들이 월남민 2세인데 지금의 나이로 80대 중반과 70대 후반이 그때에 주류를 이루던 가장들이다. 월남 1·2세대 중에는 이미 타계한 분들도 상당수에 달하지만 그들의 자손들이 자라서 남한 각지에 퍼져 살고, 또는 미국으로 이민을 가 있으니 그 세를 간단히 보아 넘길 일이 아니다. 1983년이던가, KBS TV에서 '이산가족 찾기 운동'이 장기간 방영된 사실은 지금 30대 후반~40대 이상의 국민이면 다 잘 알고 있다. 그때 나는 월남민이 아니면서도 참혹하고 서러웠던 지난 세월을 반추하면서 다음 날 학교에 출근해야 하는 것도 잠시 잊고 밤을 지새우며 거의 매일 화면을 지켜보았다. 실로 몇 달을 두고 화면에 등장하는 주인공들의 사연과 상봉을 지켜보면서 웃고 울었다. 전쟁을 체험한 세대가 아픔을 풀 수 있는 최상의 프로였다.

역경을 이겨내고 마침내 성공하는 일에 이북 출신을 당해낼 사람이 또 있을까. 그들은 강했다. 부지런했다. 빌어먹는 일과 작부로 빠지는 일 이외는 무슨 일이든지 했다. 돈 되는 일이라면 법을 어기지 않는 범위 내에서 체면 따위는 아랑곳하지 않고 덤벼들었다. 그래서 월남민 1·2세대는 짧은 시간 내에 뿌리를 내렸고 나아가 부와 명예를 차지하였다. 대단한 한국민이다. 나는 여태껏 광복 직후와 1·4후퇴 때 이북에서 내려온 동족 가운데 가난하게 사는 사람을 '별로' 보지 못했다. 1·4후퇴 때 서울 등지에서 내려간 사람들과 이북에서 내려온 월남민들은 '피난민'이라는 점에서 같은 신세였다. 이렇듯 동일한 조건에서 생활하였음에도 월남한 피란민들은 남한 사람들을 제치고 상대적으로 나은 삶을 살았다. 낯선 타향임에도 장사를 해서 기반을 금세 닦은 사람들도 적지 않았다. 그런 사람들 중에 일부는 휴전이 되어도 서울에 오지 않았다. 어디를 가나 타향이기는 마찬가지였기 때문이다. 그들의 줄기차고 끈질긴 생활력에 박수를 보내지 않을 수 없는 이유다.

또 하나 특기할 사항은 1948년 8월 15일 대한민국 정부가 수립되자 그 직후 이북에서의 송전(送電)이 전면 끊긴 사건이다.

광복 당시 전력 생산 시설은 태반이 북쪽에 있었다. 수풍댐을 비롯하여 여러 곳에서 생산해냈다. 따라서 그쪽에서 전기를 보내지 않으면 남한은 암흑천지가 될 수밖에 없었다. 좌·우의 극한 대립은 유감스럽게도 북한을 다스리던 정치세력으로 하여금 남한으로의 송전 중단이라는 감정적인 결정을 내리게 하였다. 일설에 의하면 남한 당국에서 전기료를 내지 않으므로 끊었다고 하는데 설사 그렇다고 할지라도 '민족' 운운하는 것을 특기로 삼고 있는 사람들이 남쪽에다 대고 그렇게 할 수 있었을까 싶다.

일격을 당한 남한은 하루 사이에 어둠의 세상으로 변했다. 발전소를 세워서 가정과 야간 근무하는 직장에 전깃불이 들어오게 하고, 공장도 돌아가게 해야 할 터인데, 발전소 건설이 어디 한두 해만으로 끝날 일인가. 또 재원은 어디서 짜낸다는 말인가. 그리하여 그때로부터 1960년대 초·중반(?)까지(농촌은 더 오래도록) 전국의 모든 가정은 촛불과 호롱불로 밤을 밝혀야 했다. 저녁 무렵 제한된 시간에 잠시 들어오는 전깃불로는 턱도 없었다. 그래서 양초와 석유 장사가 호황을 누린 것이다.

그런데 전기만이 아니라 양초와 비누도 생산 공장의 대다수가 이북에 있었기 때문에 그것도 공급이 원활치 못하였다. 그나마 38선 근처에서 남북상인들의 밀거래로(남북정부가 이를 묵인한 것으로 알고 있다) 들어오는 것으로 수요를 충당할 수 있었다. 아버지가 이렇게 넘어온 것을 받아 동대문 시장에서 소매를 하셨기 때문에 내가 잘 알고 있다.

전력에 관해 지금 남쪽에서 북한에 지원 송전하는 방안이 모색되고 있는 줄 안다. 광복 직후 북한에 의해서 단전의 아픔을 겪은 우리 세대들에게는 참으로 금석지감(今昔之感)을 느끼게 하는 오늘이다. 요즘 왼쪽으로 치우쳐서 천방지축으로 된 소리 안 된 소리 가리지 않고 지껄이며 날 뛰는 청·장년층은 이런 사정을 제대로 알까.

'슈샨보이'라 일컫는 구두닦이와 신문팔이 소년의 등장은 광복이 가져다준 이색적인 직종. 얘기가 길어졌으니 그냥 넘어가기로 한다. 나는 이 절 모두를 '서울 풍물지' 격의 글로 채웠다. 앞 절에서도 조금씩 섞였고 뒤에서도 일정 기간의 것을 묶어서 계속 그렇게 할 작정이다. 자신이 살았던 시대와 사회상을 기록으로 남기는 일은 매우 중요하다. 일찍이 임어당(林語堂)은 북경의 풍물지를 남겨 놓았다. 세계적으로 저명한 철학자임에도 후세를 위해서 자기 시대의 북경을 증언하는 일에 관심을 기울였다. 그런데 우리나라의 경우는 어떤가. 김영상(金永上) 선생이 한양의 역사를 여러 권에 담아낸 것은 훌륭한 업적으로 꼽힌다. 그러나 그분의 저서는 조선조 시대가 중심이고 또한 학술적인 것이 특색이다. 근현대의 풍물지는 아니다. 이런 성격의 글을 쓸 수 있는 적임자를 문단인에 제한시켜서 찾는다면 월탄(月灘) 박종화(朴鍾和)·횡보(橫步) 염상섭(廉想涉) 선생 같은 분이 첫손에 꼽힌다. 조용만(趙容萬)·조풍연 씨도 가능하다. 이 네 분은 서울 토박이다. 그 바로 아랫세대에서도 여러 사람을 찾을 수 있다. 그런데 유감스럽게도 그분들은 이런 기록물을 남기지 않고 타계하셨다. 만약 지금 거론한 문단의 몇 분이 소명감을 가지고 서울 풍물지를 써 놓았다면 20세기의 서울의 모습과 서울 사람들의 생활양상은 속속들이 드러났을 터이다. 얼마 전까지 민속학은 농촌을 대상으로 한 학문이었다. 그러나 산업화에 따라 농촌이 거의 붕괴된 오늘날, 이제 민속학이 설 자리는 도시로 바뀌었다. '도시 민속학'의 시대에 서울의 근현대 자료가 전해오지 않으니 실로 아쉬운 일이다.

작년(2004) 한여름에 나의 친한 벗 권오만(權五滿, 서울시립대 명예교수) 형이 『서울을 詩로 읽는다』, 『서울의 詩, 서울의 詩人들』이라는 두 권의 책을 동시에 펴냈다. 시를 중심으로 서울을 읽어낸 노작이요 역작이다. 그는 나의 국민학교 동기요, 한때 1년이라는 짧은 기간이나마 같은 직장의 동료 교수였다. 지금도 가끔 만나면 서울 얘기 등을 나누면서 스스럼없이 지내는 절친한 사이다. 문단과 학계의 주목을 받고 있는 예의 그의 저서도 연구서 혹은 평론집에 가깝다. 나와 동갑이니 그가 풍물지격의 책을 써서 보낼지라도 국민학교 때인 1940년대 중반 이후가 될 수밖에 없다. 그래도 관점과 체험의 차이, 생각의 차이가 있을 터이니 증언과 기록을 남겨 주었으면 참 좋겠다. 이런 글은 많을수록 후세에게 도움이 된다.

3. 누님의 눈물/ 아이들의 여러 가지 놀이/ 대한민국 정부 수립

1

2학년이 끝날 무렵(1946)에 누님이 시집을 갔다. 신식 결혼식이었는데 아마 성균관 예식장이 아니었는가 한다. 그러나 확실하지는 않다. 당시의 성균관은 지금과는 달리 그 일대가 조용하기 이를 데 없었다. 그때 촬영한 결혼사진 한 장을 나는 지금까지 보관하고 있다. 그 사진 속에 나는 없다. 결석이 무슨 대죄라도 짓는 것인 줄 알고 학교에 출석하는 바람에 다른 사람도 아닌 누님의 결혼식에도 빠진 것이다. 그러나 지금에 와서 되돌아보건대 단지 그런 이유 때문만이 아니라 누님과 헤어져야 하기 때문에 서운한 감정도 다소 작용되어서 참석지 않았는가 싶다. 누님의 결혼식은 당연히 축하할 일이었다. 하지만 한편으론 슬펐다. 나의 든든한 후원자, 어릴 때부터 나를 그토록 사랑해 준 누님이 남의 집 식구가 되어 집을 떠난다는 사실이 노상 기쁜 일만은 아니었다. 왜정 때 같은 집에 살던 큰 당고모가 시집을 가고 누님과 작은 당고모 이렇게 두 처녀가 남아 있었는데 그중 한 사람이 빠져나가니 어린 나이에도 허전하고 섭섭했던 모양이다.

더욱 슬픈 일은 시집을 간 뒤 얼마 뒤에 친정에 다니러 온 누님의 서러운 하소연과 눈물을 보고 난 뒤에 일어났다. 누님은 생모와 다름없는 나의 어머니를 붙들고 소리를 죽이며 흐느꼈다. 그 장면을 안방 문틈으로 나는 엿보았다. 정릉에 시집을 갔더니 시댁이 그렇게 가난할 수가 없더라는 것이다. 나의 매부(누나의 남편이니까 자형이라 일컬어야 마땅하나 그때 서울 풍속은 자매의 남편 모두를 '매부'라고 통칭하였다. 형제간에 아우가 형을 부를 때는 장성해서도 '언니'라고 호칭하였다. 지금도 安東 金氏인 서예가 김응현·충현 선생 댁에서는 이런 호칭을 고수하고 있다고 들었다)는 통신사 직원이었는데 4남(혹은 3남?) 1녀의 남자 형제로는 막내였다. 그런데 살림의 책임은 나의 매부가 거의 전담하였던 것 같다. 다른 형제들은 무직 또는 돈 안 되는 다른 일을 했었다. 경상도 분인 사장(査丈, 누나 또는 누이동생의 시댁 어른) 어른 내외분은 환갑을 여러 해 전에 넘긴 상노인이었다.

가난한 것까지는 그래도 참을만한 일인데 며칠 지내보니 집안 식구 전체가 좌익이더라는 것이다. 나의 매부도 물론 남로당 소속의 공산주의자였던 것이다. 형제간에도 사상 문제만은 다를 수 있는데 그 집은 모두가 골수 공산당원이었다. 미술을 좋아하고 아주 착하며 순진해 보이는 매부와 그 집안의 사상이 뜻밖에 그렇다니 청천벽력과 같은 소리였다. 누님과 우리 집 모두에게 그것은 절망과 같은 것이었다. 누님의 흐느낌을 이해하고도 남았다. 집안이 온통 뒤숭숭해졌다. 양반 가문만을 중히 여기고 혼처를 정한 할아버지에 대한 식구들의 원망은 이루 형용할 수가 없었다. 이러한 원망은 조부께서 돌아가신 1970년대 초반까지 특히 나와 나의 아버지에 의해서 지속되었다. 나는 정말 할아버지가 미웠다. 허나 어찌하랴. 이미 그 집 식구가 되었으니 한탄한들 무엇하랴. 주룩주룩 흘러내린 누님의 눈물도 운명의 벽이 되어서 허물 수 있는 것은 아니었다.

하지만 인생사는 참으로 모르는 것이다. 신혼 초에는 그렇듯 절망적이던 누나는 반년쯤 지나자 그 또한 철저한 공산주의자로 변하였다. 여필종부(女必從夫)라던가. 아마 그랬을 것이다. 그 집 아낙이 된 이상 그 집 환경에 적응하여야 했을 터, 이른바 '사상'이라는 것이 무엇인지조차 모르는 한 순진하고 가녀린 여인은 남편의 '학습과 세뇌'에 의해서 완벽한 좌익의 아내로 변신하고야 말았다. 6·25동란이 일어나기 2년여 전에 이미 얘기는 끝나고 말았다.

4학년에 올라가서 공부에 더욱 재미를 붙였다. 각 과목 교과서는 어린 눈에도 제대로 된 듯하고 학교 교육 전체가 해방 직후의 혼란기를 벗어나 시나브로 자리를 잡아가는 듯하였다. 학년이 바뀜에 따라 담임선생님도 바뀌었는데 아주 다부진 분으로 열심히, 알기 쉽게 가르치셨다. 그분의 존함을 기억하지 못해서 죄송한 마음이다. 일주일에 한 번씩 두 글자로 된 한자를 칠판에 써서 독음과 뜻을 가르쳐 주셨다. 예컨대 '正直' '忠孝' '兄弟'… 이런 식이었다. 아마 그분도 한글 전용에 유감이 있었던 모양이다. 1년 내내 그런 것 같지는 않지만 어쨌든 우리를 위하여 한동안 교과서와 별도로 유익한 수업을 하시는 것을 모두들 고맙게 생각하였다. 물론 성적과는 무관하였고 따라서 시험에 반영되지도 않았다. 공부를 게을리할 수 없는 환경이었고 그런 환경 속에서 순조롭게 학교생활을 하였다. 이런 기류는 졸업 때까지 계속되었다.

4학년 때의 일로 특기할 만한 것이 하나 있다. 그때 우리 반 반장 김 모 군(그의 이름을 지금까지도 기억하고 있으나 좋은 일이 아니라서 밝히지 않는다)은 이를테면 '폭군적인 반장'이었다. 성적은 당연히 1등이고 집안도 비교적 잘사는 편이었는데 성품이 아주 나빴다. 급우들을 마치 머슴 다루듯이 하였고, 툭하면 때리곤 하였다. 모든 아이들이 담임 선생님보다 그를 더 무서워하였다. 온갖 심부름을 다 시켰는데 자기 책가방마저 돌려가면서 들게 할 정도였다. 그러나 급우들은 그런 그에게 순종할 뿐, 대들거나 불평하는 일은 생각조차 하지 못하였다.

그의 집은 지금 종로 5가 보령제약 바로 뒤에 있었다. 그 인근에(혹은 보령제약 터일 수도 있다) 광복 전후 '제일극장'이 있었는데 이것이 1953년 이후 '평화극장'으로 개명되었다. 자유당 시절의 평화극장이 어떤 곳인가. 정치깡패 임화수가 폭력으로 빼앗아서 주인 노릇을 하던 극장이 아니던가.

반장의 독재와 폭력은 오래가지 않았다. 2학기가 되자 공부를 잘한 그는 5학년으로 월반(越班)하여 우리와 떨어져 지내게 되었다. 그때는 성적이 아주 우수한 학생은 미리 상급 학년에 진급시키는 제도가 있었다. 그가 없어지자 그제야 우리 반 동무 모두는 담임 선생님께 그동안 당했던 일을 고하였다. 비겁하고 부끄러운 일이지만 그렇게 해서라도 그동안 쌓였던 원한을 풀어버리고자 하였던 것이다. 그때까지 눈치조차 채지 못했던 선생님은 자신이 모멸을 당한 것처럼 분을 참지 못하고 즉시 그의 아버지를 불렀다. 그 광경을 우리 모두는 반에서 지켜보았다. 지금은 어떤지 모르겠으나 당시는 담임 선생님들이 출퇴근 시를 제외하고 교무실에 내려가지 않고 교실에서 근무하였다. 그렇기 때문에 매우 드문 일이지만 학부모를 만나는 일도 교실에서 이루어졌다. 학부모에게 가정교육을 단단히 해 달라는 부탁을 한 것으로 안다.

그 후에 사태는 어떻게 전개되었을까. 그가 등교할 때 또는 하교할 때 우리 반 급우는 몰려가서 때리기도 하고 욕도 하고 침도 뱉으면서 온갖 모욕을 그에게 안겨 주었다. 나중에는 일부러 우리 반에서 가장 힘이 약한 아이를 시켜서 그를 때리고 욕을 하고 오도록 하였다. 그 모습을 지켜보면서 반 아이들은 쾌감을 느꼈다. 그가 졸업할 때까지 그와 같은 일은 간헐적으로 이어졌다.

어린 나이에 지켜본 학원 폭력, 그리고 권력의 횡포와 그 말로… 그 때 그 일이 평생을 두고 잊히지 않고 자주 떠오르곤 하였다.

우리 학교에는 장안의 명물로 통하는 것이 둘 있었다. 교문에 들어서면 오른쪽으로 조금 떨어진 곳에 동물원이 있었다. 이것이 명물이었다. 지금 그 자리에 종로 지역 교육지청이 들어와 앉아 있다. 아이들의 자연교육의 일환으로 조성해 놓은 것이다. 맹수류는 있을 수 없고 아동들과 친밀할 수 있는 여러 종류의 동물이 우리 안에서 서식하였다. 칠면조도 있었다. 아이들은 그 칠면조를 특히 신기한 눈으로 보곤 하였다. 주로 점심시간 때나 하고 때 몰려가서 보고 즐거워하였다. 정서교육에는 그만한 것도 드물 것이다. 동물원이 있는 국민학교는 시내에 우리밖에 없었던 것으로 안다.

또 하나는 약 30명쯤(?)으로 구성된 '악대'다. 이 또한 시내의 단 하나뿐이니 단연 학교의 자랑거리였다. 유니폼을 입고 운동장에서 연주를 하였고 교외에 무슨 행사가 있을 때에는 우리 학교 악대가 나가서 시가를 행진하였다. 그때마다 우리는 우쭐하였다. 대원은 물론이고 진두에서 지휘봉으로 통솔하는 지휘자도 학생이었다. 지도교사는 전면에 나서지 않았다. 그 지도를 맡은 선생님이 5학년에 올라가자 우리 반 담임 선생으로 오셨고 북을 치던 학생이 또한 우리 반 반장 '김두현' 군이었다. 착하고 사람 좋은 김 군은 집이 충신동에 있었는데 나중에 경기중학교 1학년 때 사변 중 사망하였다. 그의 부친이 유력한 남로당원이었는데 9·28 때 북으로 가던 중 어쩐 연유인지는 모르나 의정부 방면에서 저세상 사람이 되었다는 미확인 소식이 그때 내 귀에도 들려왔다. 친하게 지내던 사이인지라 무척 슬퍼하였다.

2

4학년 때의 기억으로는 마라톤과 축구에 깊이 빠졌다는 점이다. 공부도 재미있었고 운동도 좋았다. 마라톤은 저녁때면 동네 아이들과 거의 매일 했었다. 비가 오지 않은 이상 그랬다. 그때는 마라톤이 붐을 이루었다. 서윤복(徐潤福) 선수가 보스턴 마라톤 대회에서 1등을 하였는데 손기정 선수 이래 큰 쾌거라서 언론에 대대적으로 보도되었다. 이래서 마라톤은 국민들의 관심을 끄는 스포츠로 부상하였다. 동네 아이들과 어울려서 뛰는 코스는 늘 연건동을 출발하여 원남동과 구름다리를 지나 창덕궁까지 갔다가 반환하여 되돌아오는 것이다. 지금 어른의 걸음걸이로 보면 별것도 아니지만 당시 열 살 아이들 뜀박질로는 수월찮은 거리였다.

축구의 유행은 어떤 큰 동기가 있어서가 아니라 예나 이제나 국가와 연령층을 초월하여 모두 좋아하는 스포츠이기 때문이다. 선수가 아닌 이상 유니폼도 필요가 없고 볼 하나면 쉽게 즐길 수 있는 이점도 작용하였다. 점심시간이면 3학년 이상의 아이들이 운동장으로 쏟아져 나와 곳곳에서 골문과는 상관없이 차고 달리고 하였다. 골문이 둘밖에 없으므로 이것은 5·6학년쯤 되어야 차지할 수 있는 특권에 속하였다.

학교에서 하는 축구도 재미있었으나 방과 이후 혹은 방학 때 동네 동무들과 한 판 뛰는 축구는 더욱 진진하고 역동적이어서 좋았다. 늦은 오후 시간이나 일요일에 학생들이 빠져나간 창경국민학교 교정은 완전히 우리들의 놀이터였다. 이 학교 터가 지금은 서울대병원 직원 전용 주차장으로 변했다. 여기서 양 팀으로 나누어 정식 시합을 방불케 하는 맹렬한 게임이 벌어지곤 하였다.

그때의 놀이로는 팽이와 연날리기, 썰매타기, 딱지치기, 다마(구슬)치기, 자치기, 제기차기 등이 주류를 이루었다. 겨울의 팽이놀이는 공동 수도 근처가 최적지였다. 누수로 인해 빙판이 제법 넓게 형성되어 있어서 팽이치기에는 그보다 좋은 곳이 없었다. 팽이가 돌아가는데 균형을 잡아서 초고속으로 도는 결과 한참을 서 있는 상태쯤 되어야 최상이었다. 팽이 밑은 칼로 약간 파서 원형의 쇠구슬을 박아 넣은 것이었다. 거기서 썰매타기도 가끔 하였으나 어른들의 단속이 심해서 이화동 네거리, 지금은 복개돼 없어졌으나 당시에는 대학천이 흐르는 개천에서 신나게 타곤 하였다. 제기차기와 더불어 연 날리기도 주로 겨울 놀이였는데 동네 입구, 그러니까 지금 삼성카드 건물 앞 큰 길거리에서 먼 창공을 향해 연을 띄웠다. 연은 만들기도 하였으나 가게에서 파는 것을 주로 사용하였다. 연을 높이 날리는 데는 기술이 보통 필요한 것이 아니었다. 큰 길거리이지만 차가 하루 종일 별로 다니지 않아서 노는데 지장이 없었다. 그때의 서울 시내는 전차가 다니는 대로(大路)를 제외하고 다른 길은 그토록 한적하였다. 시내버스? 있지도 않았고 생기지도 않았다. 버스는 1953년 휴전 이후에 비로소 큰길 중심으로 등장하기 시작하였는데 시골 출신 젊은 남녀들이 돈 벌러 무작정 상경하는 바람에 서울 인구가 급증하자 그 추세에 따라 버스노선도 점차 여러 방면으로 늘어나면서 종당에는 1960년대 말에 개화기의 상징인 전차시대는 막을 내렸다.

   밤에는 그곳에서 술래잡기도 하며 놀았다. 술래잡기의 노래는 "꼭꼭 숨어라 머리카락 보인다"이다. 숨은 아이들에게 그들을 잡을 술래가 이렇게 부른다.(술래는 숨은 아이?) 그런데 피란지 대구에 내려갔더니 전혀 다른 노래를 불렀다. 술래가 숨은 아이들을 찾다가 못 찾으면 항복의 뜻으로 "못 찾겠다, '따까리'"라고 하면 그 판은 끝나는 것이다. 생각해보니 그 또한 뜻이 되는 말이었다. '따까리'는 '뚜껑'의 경상도와 강원도 방언이다. 그러니 이를테면 뚜껑인 숨은 아이 너희를 찾아서 여기 가상의 주전자나 그릇을 덮어서 아귀를 맞춰야 할 터인데 그걸 찾지 못하니 나오라는 뜻이 된다. 이런 노래가 휴전 후 피란지인 경상도에서 서울로 올라와서는 전래해 오던 서울의 노래를 완전히 제치고 새로 부상하였다. 그런데 문제는 노랫말이다. 어쩐 이유에서인지

"못 찾겠다 '꾀꼬리'"로 엉뚱하게 개변된 것이다. '꾀꼬리'라고 하면 말이 되지 않는다. 짐작컨대 '따까리'가 와전되어 음이 비슷한 '꾀꼬리'로 바뀐 듯하다. 잘못된 것이다. 지금 만약 경상도 지방에서 "못 찾겠다, 꾀꼬리"라고 부른다면 그것은 서울에 올라와서 변질된 것이 다시 그 지방으로 내려가서 확산된 것이라고 풀이할 수 있다. 언제던가 우리 나이 또래의 경상도 출신으로 경북고교를 졸업한 국문학자인 조동일 교수에게 학회에서 만나 뒤풀이하는 자리에서 자문하였더니 그도 '따까리'가 맞는 것이라고 하였다. 그건 그렇다 치고 군대에서 기합을 "한 따까리 한다"고 하는데(우리의 군대 시절 때는 그런 말이 없었다) 이건 또 뭔지 모르겠다. '따까리'의 표준어 뜻인 "잔심부름을 맡아 하는 사람의 속칭"을 적용하여도 뜻이 쉽게 성립되지 않는다. '졸병=잔심부름하는 사람'의 등식에서 그들을 좀 혼내주겠다는 뜻이 파생된 것인가. 어쨌거나 이 기회에 이런 것도 적어둔다.

딱지치기, 구슬치기, 자치기는 골목에서 했다. 겨울철에 주로 하였는데 자치기는 완전히 땅에서의 놀이였고 딱지와 구슬치기는 앉거나 서서 마치 돈거래 하듯 따고 잃고 하여 주고받기도 하면서 한편으론 땅에 놓고 즐기는 놀이기도 하였다. 구슬치기는 발로 굴려서 하기도 했다. '찜뽕'이라는 것이 있었는데 쉽게 말하자면 방망이를 사용하지 않고 손을 사용한 야구류의 공놀이였다. 공은 연식(軟式) 테니스볼을 연상하면 된다.

이런 놀이들은 주로 손을 사용하였기 때문에 아이들은 자주 '생인손'을 앓았다. 땅의 독성과 균이 손톱 살로 들어가서 손가락 끝이 곪는 피부염이다. 노랗게 곪을 때까지 며칠 동안 얼마나 아픈지 우리 나이 전후의 세대라면 다 경험한 바다. 노랗게 곪으면 어머니나 누나가 바늘 또는 참빗의 빗살 하나를 꺾어 그것으로 거기를 콕 찔러서 고름을 짜낸다. 그런 뒤 '조(趙)고약'을 이틀쯤 번갈아 몇 번 붙여 놓으면 싹

낫는다. 신기할 정도였다. '이명래 고약'은 그 뒤에 널리 퍼졌다. 명약이라 할 만큼 신통력이 있어서 '조고약'을 단숨에 압도하리만큼 인기가 높았는데 그것도 80년대까지였으니 다 옛날애기가 되어버렸다. '생인손'도 모르고 자란 세대는 불행하다. 땅바닥이 모두 포장되어 있어서 무슨 놀이를 할지라도 땅의 균과 악연(?)을 맺을 그 좋은(!) 기회조차 원천적으로 빼앗겼으니 말이다.

그런 면에서 또한 봄·가을 두 번에 걸쳐서 돈암동, 지금 국민은행 지점자리 혹은 그 옆 태극당 자리쯤에 있던 전차 종점에 전 학년이 모여 정릉이나 우이동 계곡으로 걸어서 소풍을 가던 그 신바람 나고 즐겁던 소풍, 그 소풍의 '재미'마저 이 시대의 어린이들이 누리지 못하는 것도 불행으로 꼽을 수 있다. 교육적 행사인 소풍이 '놀이'라는 사실은 자명하지 않은가. 그렇거늘 자연으로 온통 치장되어있던 정릉과 수유리·우이동이 서서히 무너지기 시작한 것은 1970년대부터, 김광섭(金珖燮) 시인이 자연이 파괴되는 광경을 바라보면서 읊은 〈성북동 비둘기〉라는 시를 발표한 때인 1980년대(?)로 알고 있다.

그 시절에 또 빼놓을 수 없는 것으로 창경궁 벚꽃놀이다. 전국적으로 알려진 것이다. 봄철 휴일이면 서울 사람, 시골 사람이 섞여서 종로 4가에서부터 길을 꽉 막아서 돈암동과 을지로 4가를 왕래하는 전차의 운행이 심하게 지장을 받을 정도였다. 대단하였다. 인파를 생각하면 차라리 낮에는 운행을 중단하는 것이 낫겠는데 공공의 교통수단이기 때문에, 그리고 이용하는 승객도 있기 때문에 쉴 수가 없었을 것이다. 우리 동네 인근의 광경이라서 내가 전국의 누구보다도 잘 알고 있다. 창경궁 담을 끼고 갖은 장사꾼들이 좌판을 벌여 놓았는데 민화를 그려주고 몇 푼 받는 길거리의 화가도 있었다. 어린이들 상대의 솜사탕 장사꾼과 웅담장사도 있었고 내기장기를 하는 야바위꾼도 있었다. 창경궁 담 모퉁이, 정확하게 지적하면 창경궁에서 구름다리·창덕궁 쪽으로 돌아가는 그 모퉁이에 각종 과자며 캐러멜을 파는 가게가 있었다. 그 주인이 보통 뚱보가 아니었다. 앉았다가 일어나기가 힘들 정도였다. 그런 사람을 '때(떼?)부'라고 하였는데 우리들 개구쟁이가 가끔 몰려가서 나이 많은 그 아저씨를 향해 "때부 때부 콩때부, 미나리밭에 앉아서 X이나 북북 긁어라"라고 놀리곤 하였다. 그렇게 놀려도 아저씨는 우리에게 "이놈들!" 하고 소리만 쳤을 뿐, 거동이 극히 불편해서 쫓아올 엄두를 못 냈다. 어릴 때의 에피소드인데 나중에 들으니 실험용으로 시신을 서울대 병원에 기증하였다는 미확인 소식이 있었다.

원남동 로터리에는 지금은 없어졌지만 분수대가 있었다. 원형의 분수대는 키가 낮게 절단된 사철나무로 빙 둘려 있었다. 광복되기 바로 직전, 동무들 여러 명이 더위를 쫓는다고 그곳으로 숨어 들어가서 완전히 발가벗고 물속에 뛰어 들어갔다. 분수대에 알몸으로 들어가다니 기상천외한 일이 아닌가. 한참 신나게 멱을 감는데 그 바로 주변에 있던 파출소 일본 순사에게 그만 들키고 말았다. 기겁을 한 우리는 분수대에서 뛰어나와 러닝셔츠와 팬티는 손에 쥔 채 역시 알몸으로 집을 향해 내달렸다. 분수대 바로 옆은 전찻길이었는데 막 전차가 지나가고 있어서 겁이 났으나 용케 피해서 무사히 동네 근처에 도달하여 비로소 러닝, 팬티를 입었다. 지금도 순사의 고함소리가 들리는 듯하다. 국민학교 2학년 개구쟁이 시절의 추억이 담긴 삽화다. 대학병원에서 관리하는 채마(菜麻)밭에 동무들과 살금살금 기어들어가서 가지며 오이 등을 여러 번 따다가 어느 날 우리를 잡으려고 벼르고 있던 아저씨에게 체포(?)가 되어서 몇 시간 동안 동물 우리 안에 구금(!)되었다가 풀려났던 일 또한 잊을 수 없는 어린 시절의 추억거리이거니와 석방(!)될 때 느낀 '자유'의 소중함은 지금도 생생한 기억으로 남아 있다.

1947~1948년, 이 두 해는 참으로 격동하던 시대였다. 1947년 여름에 몽양(夢陽) 여운형(呂運亨), 겨울에 설산(雪山) 장덕수(張德秀) 선생

이 두 분이 암살되었다. 해방되던 그해 겨울에 송진우(宋鎭禹) 선생이 피살된 데 이어 일어난 참변이다. 몽양은 혜화동 로터리에서, 설산은 원남동(혹은 원서동?) 자택에서 괴한에 의해 쓰러진 것이다. 두 분 다 우리 동네 바로 인근에서 변을 당하였기 때문에 어른들의 놀라움과 충격은 더욱 컸다. 나는 좌익이니 우익이니 하는 이데올로기와 그 옳고 그름에 대해서는 알 수 있는 나이가 아니었지만 어쨌든 경악했고 또 무서웠다. "어떻게 사람이 사람을 죽일 수 있을까" 하고 깊은 의문에 빠졌다. 어린 나이인 데다가 요즘처럼 살인사건이 흔한 때가 아니었고 또한 명사들의 피격이니 그랬다.

그 사건을 계기로 정치판이 요동치고 있음을 저녁 식사 후 어른들이 모여 앉아 나누는 대화를 듣고 짐작하였다. 미·소 공동위원회가 어떻고, 좌익 계열의 위조지폐 사건이 어떻고, 대구 폭동이 어떻고를 귀동냥으로 들어서 알았다. 3·1절 기념행사 등의 국경일을 우익은 동대문운동장(당시는 서울운동장이라고 칭했음)에서, 좌익은 남산에서 따로 자기들끼리 모여서 열고(혹시 양쪽 장소를 바꿔서 적고 있는지 모른다. 어쨌거나 따로따로였음은 세상이 다 아는 사실이다), 마침내는 시내로 들어오다가 충돌 사건이 벌어지는 일도 빠짐없이 들어서 알았다.

"미국 사람 믿지 말고, 소련 사람에게 속지 말고 일본 사람 일어난다"는 참요가 이때 생겨났다. 이렇게 적중된 노래가 또 있을까. 이로 보면 우리만 바보다. 〈가거라 삼팔선아〉·〈우리의 소원은 통일〉(확실치는 않으나 이 노래가 처음 나온 것이 6·25 이전이 아닌가 싶다)을 아무리 불러도 그게 무슨 소용인가. 그로부터 60년 세월이 흘렀음에도 이 지경이다. 3년 동안 서로 싸웠고 문제가 복잡하게 얽히고설켜 있으니 통일은 잠시 접어 두자. 남북의 같은 혈육끼리 만나는 일도 제대로 성사시키지 못하고 아직도 찔끔찔끔이니 이게 어디 제대로 된 민족의 제대로 된 행실인가. 분단의 책임 운운하며 미국과 러시아, 그리고 일본을 탓하기 전에 우리 자신이 통회해야 한다. 우리 내부에 도사리고 있는 악성 이데올로기 병을 도려내야 한다.

3

1948년에 실시된 5·10 총선거를 나는 똑똑히 기억하고 있다. 작대기로 된 기호, 합동선거 벽보, 종이가 귀한 때라서 신문지에 붓으로 써서 벽에 부착한 후보 개인 선전 벽보와 광목 조각을 잘라서 흰 페인트칠을 한 뒤 각목 몇 개로 버팀목을 만들어서 거기에다 후보의 이름과 기호를 역시 검은색 페인트로 써서 곳곳에 세워 놓은 선전판 등, 역사상 처음 실시하는 선거의 풍경을 어른들은 신기한 눈으로 지켜보았다. 그때 우리 동네는 종로 을구였는데 장면(張勉)·김윤근(金潤根), 그리고 우당(友堂) 이회영(李會榮) 선생 댁 자손(직계인지 방계 자손인지는 알 수 없다) 등 여러 명이 입후보하였다. '장면'이라 쓴 벽보에는 아이들이 장난으로 '짜' 자를 이름 위에 써넣기도 하였다. 당선자는 장면이었다. 부연 설명할 것은 낙선한 김윤근이라는 사람은 해방공간에서 청년단에 관여한 바 있어서 그 경력이 작용하여 1·4후퇴를 앞두고 국민방위군 사령관이 되었다. 얼마 뒤 이른바 그 악명 높은 '방위군사건'에 걸려 총살형을 당했다. 대구에서였는데, 이 엄청난 사건에 대해서는 뒤에서 다시 진술하겠다.

제헌국회의원 선거와 대한민국 정부 수립을 총력 반대하기 위해서 발생한 4·3제주사건 그리고 정부 수립 직후인 1948년 10월에 일어난 이른바 '여수순천 반란 사건'도 국민학교 5학년 학생에 불과하지만 워낙 충격적인 사건이라서 알고 지냈다. 어른들의 걱정스러운 얘기를 통해서, 그리고 신문 지면을 통해서(한자가 많이 섞인 지면이지만 대강 읽을 수 있었다) 동향을 파악하고 있었다. 두 사건, 실로 비극적인 참상이 아닐 수 없다.

총선에 이어 제헌국회가 개회되었고 초대 대통령에 이승만(李承晩) 박사, 부통령에 이시영(李始榮) 선생이 국회에서 선출되어서 그해 8·15일 대한민국 정부가 수립되었다. 그때 중앙청 광장에서 열린 역사적인 식장에 나는 아버지와 친척 및 동네 어른들을 따라 참석하였다. 지금 생존해 있는 사람 중에 그날 그곳에 있던 사람이 과연 얼마나 될까? 중앙청 건물 주변에 운집한 군중이 삼복더위도 잊고 감격에 찬 표정으로 식을 조용히 지켜보던 장면이 아직도 선하다. 그렇듯 엄숙할 수가 없었다.

　국회의장에 신익희(申翼熙), 대법원장에 김병로(金炳魯), 국무총리 겸 국방장관에 이범석(李範奭), 외무장관 장택상(張澤相), 내무장관 윤치영(尹致暎), 재무장관 김도연(金度演), 문교장관 안호상(安浩相), 상공장관 임영신(任永信), 사회부 장관 전진한(錢鎭漢), 감찰원장 정인보(鄭寅普), 법제처장 유진오(兪鎭午)… 이렇게 지금도 외우고 있는 것은 신생 대한민국의 첫 각료로서 그 위상이 엄청나게 높았다고 생각했기 때문이다. 그 후 정권이 바뀌어도 각부 장관의 이름은 거의 다 알고 지냈는데 1990년대를 전후해서는 알지 못하고, 알려고 하지도 않으면서 지낸다. 요새 어른이나 아이 할 것 없이 누가 장관 이름을 외우고 있는가. 특히 노무현 정권이 들어선 이후로는 국민들의 관심은 더욱 떨어져서 어느 부서의 장관이 누구인지 사람들은 알려고 하지도 않는다. 세상도 변했고, 장관 값도 엄청나게 떨어졌기 때문이리라.

　워낙 역사적이었으므로 제헌국회의원을 뽑는 선거운동의 풍경을 다시 간략하게 요약해서 기록으로 남긴다. 내가 본 서울의 선거판은 시종 조용한 편이었다. 후보자끼리 서로 비방하고 폭로하는 후대적(後代的)인 선거운동은 거의 없었다. 합동 유세가 있었는지 기억나지 않으며 입후보자의 개인선거연설은 있었던 것으로 짐작한다. '짐작한다'는 불확실성 표현을 쓰는 까닭은 그런 것이 있었는지 없었는지도 모를 정도로 당시의 선거운동은 아주 조용하고 점잖았기 때문이다. 선거판이 과열되고 저급한 수준으로 서서히 떨어지기 시작한 것은 휴전 이후인 1954년 3대 국회의원을 선출할 때부터였다. 그 이전의 선거, 특히 제헌국회의원 선거는 역사상 처음 실시한 정치행사이고, 후보자나 유권자 모두 '순박·순진'함을 유지하고 있어서 사생결단의 대결과 싸움은 생념(生念)도 하지 않고 서로 최소한의 체면과 품격을 지키면서 치렀던 것으로 기억한다.

종로 을구에서 당선된 장면 박사가 그 직후 주미(駐美)대사로 나가자 보궐선거가 있었다. 그때 광경으로 지금까지도 기억하고 있는 것은 입후보한 어느 분(성명 미상)이 효제국민학교 강당에서 유세를 하였다는 점이다. 이로 보면 제헌국회 당시는 옥외가 아닌 실내 유세가 주류를 이루고 있었던 것이 아닌가 싶다.

제헌국회의원의 임기는 4년이 아닌 2년. 왜 그렇게 정했는지 모르겠다. 건국의 이념과 정부의 기본 틀만 만들고 그 나머지 본론 격의 국사(國事)는 2대 이후의 국회에서 맡는 것이 합당하다고 국론을 모았기 때문일 것이라고 믿는다. 위에서 초대 국무위원(장관)에 관한 얘기를 할 때 깜박 빼놓은 것이 있어서 첨기한다. 원래 이 대통령은 대한민국 초대 국무총리로 이윤영(李允榮) 선생을 지명하여 국회의 동의를 청하였다. 나의 할아버지 연세보다 몇 살 아래쯤 되는 그는 평안도 출신의 목사·교육자·독립운동가였다. 광복 후에는 이북 땅의 정신적 지주인 조만식(曺晩植) 선생이 이끌던 '조선민주당'의 부당수(副黨首)로 정치활동을 했는데 공산당과 다른 노선을 걷다가 그곳에 도저히 더 있을 수 없어서 광복 다음 해에 남하, 제헌국회 때 종로 갑구에서 당선된 분이다. 이 박사가 그를 초대 국무총리로 지명한 까닭은 그가 이북 출신인지라 그쪽을 대표할 수 있는 인물이기 때문이었다. 나아가 통일을 대비한 포석으로 그를 중용할 필요가 있다고 판단하였기 때문이다. 그러나 국회는 비토를 놓았다. 아마도 이 대통령이 생각한 바의 정반대가 되는 흐름이 국회를 지배했기 때문이 아닌가 싶다. 곧 북쪽 출신이라는 점, 그리고 널리 알려진 인물이 아니라는 점이 크게 작용하였다고 본다. 또한 빼놓을 수 없는 이유는 한민당(韓民黨, 송진우→김성수)의 반대를 들지 않을 수 없다. 광복 후 귀국한 이 박사를 한민당은 적극 지지하였는데 조각에서 냉대의 대상이 되니 그런 방식으로 의사표시를 한 것이리라. 첫 조각(組閣)부터 큰 파란이 일어나서 정치판이 크게 요동을 쳤다. 그래서 국민학교 4·5년이던 내가 지금까지도 이를 기억하고 있는 것이다.

　국회로부터 거부를 당하자 당사자의 충격도 컸지만 이 대통령의 심사는 아마도 더 크게 흔들렸을 것으로 사료된다. 분기충천(憤氣衝天)! 안면근육이 떨리는 병이 있는 그 노인장(老人丈)은 "내가 누군데 너희들 국회의원이 반대를 해!"라고 속으로 고함을 쳤으리라. 그때의 이승만 박사의 위상과 권위는 대단, 또 대단하였다. 이 땅을 이끌 지도자로 우남(雩南) 그를 따를 자가 없었다. 그러나 어쩌랴. 헌법이 정한 바에 따라 부결로 나온 것을. 그리하여 새로 지명한 인물이 앞에서 말한 이범석 장군이었다.

4. 국민학교 5·6학년 때의 추억/ 중학교 입학

1

　5학년 초인 1948년에 우리 집은 명륜동 4가 지금의 대학로로 이사하여 그곳에서 1950년 5월 중순경까지 살았다. 집 주소는 명륜동 4가 ○○번지의 ○호였다. 60년이 지난 지금까지도 번지수를 기억하는 까닭은 이 집에서 살며 잊을 수 없는 한두 가지 일을 겪었기 때문이다.

혜화동 네거리에서 이화동 네거리 방향으로 조금 내려오면 오른쪽으로 길이 나 있는데 성균관대학으로 가는 길이다. 원래 그 동네는 성균관대학 바로 앞 동네와 함께 조선왕조 시대는 백정과 성균관에 출퇴근하던 천민 사역인들이 모여 살던 곳이다. 옛 이름은 반촌(泮村)인데 이는 중국 주(周)나라 시대의 학궁(學宮)이었다. 여기에 근거하여 당시 최고 교육기관이자 공자를 배향하던 성균관을 '반궁', 그 동네를 반촌이라 하였다. 그 길 바로 밑에 좁은 골목이 있다. 그 골목 안에 새로 구입한 집으로 우리 가족이 옮기고 대신 종조부 댁이 효자동 집을 팔고 우리 집인 연건동으로 옮겼다. 명륜동 4가의 2층 새집은 정원이 딸린 건평 약 60평쯤 되는 매우 큰 집이다. 일본인이 살다가 광복이 되자 누구에게 주고 간 이른바 '적산가옥'인데 그걸 작은댁 할아버지가 친구로부터 한 다리 건너 산 것이다. 그런데 작은댁 할머니가 가 보시고 살림하기에 불편하고 힘에 부칠 것 같다고 하여 큰 집인 우리 가족이 그리로 옮기게 되었다. 그때만 해도 위에서 말한 바와 같이 이런 일이 쉽게 성사될 정도로 큰집·작은집의 구분이 거의 없는 '대가족제도'가 아직 남아 있었다. 그러나 실인즉 연건동 집이 아버지께서 사신 우리 집이다.

'대학로'가 새로 형성된 후로 그 일대는 카페, 음식점 가로 변모하였는데 우리가 살던 옛집도 레스토랑으로 탈바꿈하였다. 근자에 몇 번 찾아가서 맥주를 마시며 회상에 잠기곤 하였다. 새로 이사 간 동네에 목욕탕이 있었는데 근 60년이 지난 지금도 그대로 그 자리를 지키고 있다. 작년, 그러니까 2004년 겨울에 나온 박완서의 자전 장편소설 『그 남자네 집』을 아내가 구해 와서 읽었다. 1·4후퇴 이후의 돈암동이 작품의 무대인데 그곳에서 작가는 한동안 살았다. 50여 년이 지난 지금도 '감내천'은 복개되었으나 그 옛날 그 동네에 있던 목욕탕은 그 자리에 그대로 있다고 기술하고 있는 대목을 보고 나는 나의 국민학교 5학년 시절 명륜동 4가 우리 집 근처의 목욕탕도 아직까지 건재해 있음을 떠올리면서 변하지 않는 것에 대해서 잠시 상념에 잠겼다. 어디 유형의 것뿐이랴. 무형의 정신적인 것도 시대와 무관하게 불변의 것이 우리 주변에 많이 있을 것이다. 거기서도 우리는 인생과 세상을 배울 수 있다. 세상은 변하는 것이 훨씬 더 많지만 변하지 않는 것도 간혹 있어서 옛날을 추억케 한다.

동성 중고등학교 정문에서 지금의 대학로 쪽으로 60m가량 내려온 곳에 '공설 시장'이라 칭하는 큰 건물이 있었다. 요즘으로 치자면 '마트'와 같은 종합 소매상가다. 그것이 몇 달 버티지 못하고 문을 닫은 일도 생각난다. 그때 서울 시민들은 큰 시장이 아니면 동네 구멍가게를 더 애용하였다.

명륜동 집에서 학교를 다니는 품은 연건동 집에서 다닐 때의 그것보다 배 이상 더 들었다. 거리가 그만큼 멀었다. 그러나 정서적으로는 새로운 학교길이 전과는 비교가 안 될 정도로 좋았다.

1940년대 말의 대학가(대학로가 아님)가 어땠는지는 아는 사람만 안다. 지금 서울 시민의 거의 전부는 모른다고 해도 과언이 아니다. 휴전 이후 지방에서 올라온 사람들이니 알 리가 없다. 문리대(의대·법대 포함) 출신들도 그들이 학교를 다닐 때의 대학로나 알지 나처럼 1948년부터 그곳 동네에서 산 사람과는 상대가 되지 않는다. 망쳐버린 지금의 대학로와는 비교도 하지 말자. 전쟁을 겪고 난 직후인 1950년대 중반 이후와도 일정하게 거리를 두어야 대학가의 원래 모습이 드러난다.

그때 대학가는 실로 아카데미즘의 본산이 좌정해 있는 길거리답게 조용하고 고상했다. 품격과 정감을 두루 갖추고 있었다. 그 아래 이화동 네거리와 종로 5가 사이의 거리와도 또 달랐다. 대학가 양쪽 길의 플라타너스의 행렬을 끼고 걸을 때면 내 마음속에 초록 나무가 들어차는 느낌이었다. 문리대 쪽으로 흐르는, 지금은 복개되어 볼 수 없는 대학천은 성균관 뒤쪽에서 출발하여 예전의 반교(泮橋)를 지나 당도한 개천이다. 비록 청계(淸溪)라고 할 수 없으나 개천물이 문리과대학의 정문을 통과하고 다리를 건너 학교에 들어갈 수 있는 구조가 참 보기 좋았다.

광복 전 아주 어릴 때에도 그곳을 몇 번 지나친 적이 있는데 건물에 시계탑이 있었고 정오에는 차임벨이 울렸던 것으로 안다. '망또'를 걸치고 사각모를 쓴 '경성제국대학(京城帝國大學)'의 학생들이 오가는데 그들은 대개 면도를 하지 않은 덥수룩한 모습이었다. 심한 학생은 너무나 추한 차림이라서 가까이하기가 꺼려질 정도였다. 커서 안 일이거니와 그때의 대학생은 그런 식으로 차리고 다니는 것이 유행이었다고 한다. 그들만의 '멋'에 빠져서 자유분방하게 행동하던 대학생들을 순사들도 깍듯이 대했다고 한다. 설혹 치안법규에 어긋나는 언동을 해도 문제시하지 않고 관용으로 처리하였다고 한다. 요즘 세상에 어디 그런 광경을 볼 수 있는가. 경찰관에게도 문제가 있지만 대학생들부터가 하급 수준으로 놀고 있으니 지성인의 대접을 못 받는 것이다.

명륜동 집에서 학교를 오가며 본 장면 중 진풍경으로 남아 있는 것은 광복 이후 문리대와 의과대학 정문 앞에 각기 중년쯤 되어 보이는 아저씨가 좌판을 깔아 놓고 양담배인 '럭키 스트라이크'('아까다마'라고도 칭함)과 '카멜'('낙타'라고도 칭함), 그리고 엿가락을 팔고 있던 모습이다. 고객인 학생들이 그걸 선호했던 모양이다. 그때는 입학정원이 적을 때라서 학생들이 등하교하는 모습도 뜸할 정도였다. 문리대 운동장에서 미식축구(럭비가 아님)를 하던 아저씨뻘 되는 학생들의 모습도 기억난다.

그때 아주 친하게 지내던 같은 반 친구(피란 시절 경북 왜관 낙동강 하류에서 수영을 하다가 안타깝게도 익사함, 때에 나이 열넷이었다)와 플라타너스 길을 걸으면서 이다음 크면 꼭 '대학원'까지 가자고 서로 약속한 기억이 새롭다. 그 나이에 '대학원'을 어떻게 알았느냐 하면 문리대 정문 양쪽 기둥에 '(국립) 서울대학교'라는 문패와 '대학원'이라는 문패가 따로 있었기 때문이다. 그 벗은 가고 나만 살아남아 홀로 약속을 지키기는 하였으되(서울대 대학원은 아니지만) 늘 마음이 무거운 것은 늙어서도 변함이 없다.

각설하고 대학로에 관해서 짧게나마 유감스러운 말을 안 하고 넘어갈 수 없다. 요컨대 그 좋은 거리를 무슨 까닭으로 지금과 같은 너저분한 길로 만들어 놓았느냐는 것이다. 1970년대 행정당국과 여기에 관계한 도시계획 전문가들의 머리를 의심하지 않을 수 없다. 나 같은 문외한에게 의뢰했더라도 현재와 같은 거리로 타락시켜 놓지는 않았을 것이다. 편의시설을 적절하게 섞은 완벽한 문화와 학술의 동네로 만들어 놓았을 것이다. 참 안타까운 일이다.

그 깨끗하고 고즈넉한 길을 매일 오가며 다니는 나의 5·6학년 시절은 참으로 행복했다. 공부할 맛이 절로 났다. 마침 담임 선생님들도 잘 가르쳐 주셨고 또 훌륭한 분들이었다.

5학년 때의 담임은 이계석(李啓奭) 선생님, 이북에서 월남하신 분이다. 앞에서 잠시 말한 바와 같이 우리 학교 악대를 창설하고 지도하신 분이다. 이분을 소개할 때 이렇게 말하면 이 글을 읽는 이들은 "아! 그렇구나" 하고 맞장구를 칠 것이다. "초록빛 바닷물에 두 손을 담그면…"으로 시작되는 동요는 우리 때는 없었다. 이 노래는 우리가 졸업한 한참 뒤에 그분이 작곡한 것이다. 동요 작곡가로 대성하신 분이다. 3학년 때 미술과 더불어 음악에 광적으로 심취한 그 담임 선생님과는 본질적으로 다른 분이다. 백범(白凡) 김구(金九) 선생께서 안두희의 총탄을 맞고 서거하셨을 때, 조가(弔歌)도 그 선생님께 배웠다. "오~ 여기 발을 구르며 우는 소리/ 오~ 저기 땅을 치며 우는 소리…" 이렇게 시작되는 조가를 그때는 노랫말과 곡도 다르지 않고 제대로 불렀는데 지금은 첫머리만 기억에 남고 죄다 잊었다. 나중에 안 일이지만 노랫말은 노산(鷺山) 이은상(李殷相) 선생이 지었다. 작곡은 누구인지 아직도 모른다. 우리들에게 가르쳐 주지 않아도 아무 탈이 없는 그 조가를 음악 시간에 굳이 가르쳐주신 것을 보면 아마도 김구 선생의 서거를 무척 비통한 심정으로 받아들이신 모양이었다.

음악에 조예가 깊었던 분이지만 학과목도 머리에 쏙쏙 들어오게 가르치셨다. 음악은 주 1회 해당시간에만 지도하셨다. 셋방살이 남한생활에 고단함을 잊으려 했던지 자주 폭음하시는 걸 우리는 방과 후 여러 번 보았다.

학년 전체가 한 달에 한 번씩 하루 수업을 하지 않고 각 반 선생님들이 공동 출제한 전 과목 문제지를 가지고 시험을 치르는 '일제고사' 제도가 5학년 때에 시작된 것으로 안다. 우리 학년은 10반까지 있었는데 1~5반(혹은 6반까지였던가?)은 남학생반 6~10반은 여학생반이었다. '일제고사' 때면 각 반마다 경쟁이 심했다. 시험이 임박할 때마다 담임 선생님은 더욱 열심히 가르치셨다. 시험이 끝난 뒤 공동채점에 들어가기 전 반드시 정답을 놓고 풀이해 주시기도 하였다. 우리 반이 2·3등 할 때도 있었지만 1등 할 때가 더 많았다. 그때마다 우리는 칭찬을 듣곤 하였다.

일제고사 말고도 학급 단위로 쪽지 시험 외에 월말 시험이 실시되었다. 방과 후 반장·부반장을 포함하여 몇 학생을 불러서 모범답안에 따라 채점을 맡기셨는데 나도 그 일원에 거의 매번 참여하였다. 그럴 때의 기분은 무엇으로도 표현할 수 없었다. 이런 일은 6학년 담임 선생님 밑에서도 계속되었다. 나의 5·6학년 성적은 썩 우수한 편은 아니고 비교적 좋은 편이었다.

하지만 5학년 때 선생님께 아주 혼쭐이 나고 벌을 선 일도 있다. 이런 일이 더 기억에 오래간다. 우리는 그때 학급 문집을 내기로 하고 반장이요 악대에서 북을 치던 김두현 군을 비롯하여 대학원에 함께 진학하자고 약속한 그 동무, 그리고 나를 포함하여 네댓 명이 이른바 편집진을 구성하였다. 그리고는 동요, 감상문, 일기 등을 급우에게 모집한다고 광고를 했다. 학급소식은 우리 편집진이 쓰기로 했다. 이 모든 계획을 선생님께도 말씀드려서 쾌히 승낙을 받아냈다. 충신동에 살던 김두현 군 집 응접실에서 몇 번 모여서 '편집회의'도 하였고 하룻밤을 같이 지새우기도 하였다. 얼마쯤 지나자 원고가 대충 모여서 곧 프린트 작업에 착수하였다. 나의 글씨가 조금 낫다고 해서 원고를 보며 '가리방' 위에 원지를 놓고 긁어나갔다. 며칠 후면 고대하던 학급 문집이 창간(!)될 참이었다. 이 사실을 어떻게 그분께서 아셨는지 등교하자마자 우리들을 불러 놓고 "어째서 너희들 마음대로냐!"면서 따귀를 때리고 우리 모두를 복도에 나가 꿇어앉는 벌을 내리셨다. 사전에 원고를 보여드리지 않았기 때문에 일어난 사건이었다. 그때의 혼비백산함이란 이루 형용할 수 없다. 결국 크게 반성하는 것으로 사건은 마무리되었으나 학급 문집의 탄생은 그 일이 악재로 작용하여 유감스럽게도 좌절되고 말았다.

커서 나도 교단에 선 뒤에 안 일이지만 그때 그분께서 좋은 말로 주의를 줘도 될 듯한 일을 그토록 대노하여 우리를 엄하게 다스린 까닭은 인쇄물이라는 것은 허가 없이 함부로 내는 것이 아니기 때문이다.

6학년 담임은 진장(혹 '창'이 아닌지?)섭 선생님. 우리 아버지 연세와 비슷한 분으로 역시 이북에서 내려오신 분이다. 이분은 잘도 가르치셨거니와 정말 정감이 넘치는 선생님이셨다. 자습시간이면 하루에 몇 학생에게 슬그머니 다가가서 수염이 까칠한 턱으로 아이들의 뺨을 문질러 주셨다. 번갈아가면서 그렇게 하다 보면 한 달에 한 번쯤은 선생님의 뺨과 접촉이 가능했다. 중학교 입시를 앞둔 어린 제자들에 대한 격려와 따뜻한 정의 표시였다. 아이들이 고마워하고 더욱 열심히 하지 않을 수 없었다. 격려는 귀로 먹는 보약이라고 했던가.

그때 우리는 교과서 외에 동아출판사(내 기억이 틀릴 수도 있다)에서 나온 『동아전과』라는 참고서와 문제집, 그리고 전년도의 입시에서 출제된 시내 모든 중학교의 문제집 및 정답 풀이집을 가지고 공부했다. 그때 이미 중학교 입시 준비를 위한 각종 부교재가 학생들의 손에 쥐어져 있었다. 그 내용과 편집이 꽤 잘되어 있었고 종이도 질이 좋았다. 6학년 담임 선생님쯤 되니까 입시준비의 고수(高手)였다. 4·5학년 담임 선생님들도 썩 잘 지도를 하셨지만 입시준비의 전문성에 관한 한 6학년 선생님과 다소의 차이가 있어 보였다.

문세영의 『국어사전』을 사서 우리말 어휘가 풍부하다는 사실을 안 일도 기억에 뚜렷하며 공부를 하는 한편으로 코주부 김용환의 만화를 즐겨 보던 일도 몇 년 전 일인 양 새롭다. 예나 이제나 아이들에게는 만화가 인기다. 사서 보기도 하고, 창경국민학교 앞 문방구점에 가서 빌려보기도 하였다. 김용환 화백은 만화와 신문연재소설의 삽화가로 당대 일인자였다. 휴전을 전후한 시기에 일본에 가서 말년까지 그곳에서 살았는데 왜 그랬는지는 알 수 없다. 국내에서 활동하지 않은 것이 늘 아쉬웠다. 어린이 방송극인 〈똘똘이의 모험〉이 얼마나 재미가 있었는지 애청하던 일도 잊을 수 없다.

시험 준비에 열중하는 가운데 일주일에 한 번은(혹은 2주일에 한 번?) 전 학년 600여 명의 학생들이 강당에 모여 40분가량 특별 조회를 가졌다. 교장 선생님의 훈시를 비롯하여 몇 가지 순서가 진행되었는데 끝 순서로서 매번 한 반 학생이 등단하여 특기를 발표하는 것이다. 노래도 좋고 하모니카 부는 것도, 웅변을 하는 것도, 또는 독서 감상을 발표하는 것 등 모두가 좋았다. 배당 시간은 5~6분 정도였는데 여기에 한 번 나온 학생은 그 후론 이른바 '스타'가 된다.

2

어느 날인가. 담임 선생님께서 나를 지목하여 우리 반 차례인 다음

주 아침 특별시간에 강단 위에 올라가 발표하라고 말씀하시는 것이 아닌가! 나는 그 순간 참으로 당황스러웠다. 내가 무슨 특기와 재주가 있다고 반을 대표하여 나가다니 이게 무슨 말씀인가 싶었다. 덜컥 겁도 났다. 나는 그때는 물론 고등학교를 졸업할 때까지 무척 내성적인 학생이었다. 남 앞에 서면 수줍어지고 고개도 못 들었다. 가끔 말도 더듬었다. 이런 성격은 대학 2학년 때부터 차츰 변하였다.

  선생님의 말씀인즉 얼마 전 방학 과제로 낸 작문을 받아 보니 나의 것이 제일 괜찮더라는 것이다. 그걸 다시 돌려줄 터이니 낭독하라는 지시였다. 그 무렵 나는 월간 어린이 잡지를 빼놓지 않고 사서 읽었다. 을유문화사에서 나온 월간잡지『소학생』과 개벽사에서 발행한 역시 월간지인『어린이』(이 잡지는 1920년대 초~1930년대 초까지 소파 방정환 선생이 펴낸 同名의 잡지를 광복 후 다시 복간시킨 것)가 바로 그것이다. 국어 과목이 제일 좋았다. 그때 소년잡지의 연재물로 읽은 어린이 소설에「채석장의 소년」(염상섭 작으로 알고 있는데 확실치 않다. 사변이 터지자 물론 연재가 중단되었다)이라는 것이 있었던 것을 기억하고 있다. 어린이 잡지를 정기적으로 구독하다보니 글쓰기도 다른 동무들보다 좀 낫던 모양이다. 감상문인데 내용은 눈 오는 날의 풍경과 느낌을 적은 것이었다.

  싫어도 해야 했다. 조회 당일 잔뜩 긴장을 하고 우리 반 대열 속에 서 있었다. 그때의 조마조마했던 일이 지금도 잊히지 않는다. 매주 비슷하게 진행되던 순서가 모두 끝나고 드디어 마지막 순서인 나의 낭독 시간이 찾아왔다. 호명하면 나가려던 그 순간, 사회를 보던 어느 반 선생님이 "오늘은 앞 순서들이 시간을 많이 소비하였기 때문에 6학년 4반 학생의 발표는 생략하겠습니다"라고 하는 것이 아닌가. 그때 나는 '스타'로 데뷔할 수 있는 절호의 기회를 놓친 서운함과 안타까움보다 자칫 실수하여 전교생의 놀림감이 되는 일을 모면하였다는 점에 도취

되어 안도의 숨을 내뿜으며 얼마나 기뻐했는지 모른다. 이렇듯 나는 숫기가 없었다. 다음번 조회 때 나가라면 또 어떡하나 하고 걱정하였는데 한번 빠진 반에는 다시 기회를 주지 않는다고 선생님께서 알려줘서 다시금 마음 편하게 지낼 수 있었다.

우리 세대의 국민학교 교육을 몇 마디로 평가한다면 제도권 내(이 용어는 1990년대 이후 과외수업이 성행함에 따라 그와 구분하기 위해 생긴 것으로 안다. 마음에 들지 않지만 편의상 사용한다)의 교육이 제대로 작동했던 교육이라고 할 수 있다. 광복 후 열악한 환경 속에서나마 교육제도와 교사의 권위는 살아있었고 과외수업이며 치맛바람 같은 것은 듣도 보도 못하였다. 학교수업만으로도 충분하였고 과목도 번다하지 않았으며 참고서류도 한두 가지면 족하였다. 방과 후 숙제를 하고 나면 밖으로 나가서 실컷 뛰어놀아도 학업에 아무 지장이 없었다. 다만 방학 때 시내 모든 학교의 학생들이 똑같이 받아 든 인쇄물 숙제(지금의 한국 교직원 총연합회에서 발행한 것으로 안다)가 왜 그토록 어려운 것인지 늘 불만이었던 기억이 난다. 특정의 어느 학교 학생만이 아니고 서울 시내 모든 학교의 학생들을 대상으로 낸 문제풀이식 숙제이기 때문에 배우지 않은 것도 적지 않아서 아주 애를 먹곤 하였다. 이런 경험은 다른 학교 학생들도 겪었을 것이다. 제대로 된 교육과 교사의 권위가 무너지기 시작한 것은 1953년 환도 이후부터였다. 과외며 촌지며 치맛바람이 그때 이후 서서히 생겨났다. 그래도 1970년대 이후에 비하면 50~60년대는 양반인 셈이다. 요즘의 국민학교 교육과 학생들의 생활이 어디 '교육'이라고 칭할 수 있는가. 이런 식으로 나가다가는 앞날이 걱정되지 않을 수 없다. 요컨대 한국의 현재 초·중·고는 물론 대학 교육까지도 큰 문젯거리인데 더욱 큰 문제는 해결할 방법이 없다는 점이다. 그냥 흘러가는 대로 맡겨두는 수밖에 다른 도리가 없다는 점이다.

세상은 가쁘게 돌아갔다. 1950년에 2대 국회의원을 뽑는 5·30선거가 목전에 다가왔다. 1948년에 선출된 제헌 국회의원의 임기가 2년이었음은 앞에서 말한 바 있다. 후보들이 난립하여 서로 당선되려고 안간힘을 썼다. 종로 을구는 결국 33인 중 한 분인 오하영(吳夏英, 6·25 때 납북됨) 선생이 당선되었다. 개표가 끝날 때까지는 선거전이 치열하였다. 제헌국회 때보다 여러모로 변별되는 선거였다. 세상의 모든 일이 첫 번째보다 한번 경험한 후 겪는 두 번째부터가 한층 열기가 있는 것이 아니겠는가.

선거전에 들어가기 전인 4월에 누님이 다녀갔다. 그때, 그러니까 작은할아버지께서 출마를 준비하고 계실 때 누나는 장마철을 전후하여 남한도 해방이 될 터인데 입후보한 저 사람들, 그때 가서 어쩌려고 저 야단이냐고 야유 섞인 걱정을 하는 것이었다. 그러면서 작은할아버지께 제발 뜻을 접으시라고 간곡히 말씀드리던 장면을 지금도 기억하고 있다. 그 말투가 확신에 차 있었으며, 아주 '단정적'이었다. 이젠 확실한 남로당의 아내가 되었구나라고 결론을 내렸다. 그 말을 친정집 우리 가족은 일소에 부쳤다. 어른들은 미친 소리 하지 말라고 핀잔을 주었다. 그러나 지나고 보니 누님의 그 말은 헛말이 아니었다. 그대로 적중한 것이다. 북으로부터 비밀리에 전달받았음이 분명하고 그래서 해방군을 맞이하라는 지령을 받았음이 확실하다.

한동안, 특히 1980년대 민주화 투쟁 당시 괴상한 학자들의 괴상한 논문과 또한 괴상한 자료에 근거하여 '6·25 북침설'이 광포(廣布)되어 동란을 직접 겪은 세대를 비롯하여 뜻있는 대부분의 국민들을 격분케 한 일이 있었지만 그것이 거짓임은 구소련이 멸망하고 얼마 가지 않아서 6·25 당시의 기밀문서가 옐친 러시아 대통령에 의해서 공개됨에 따라 여실히 판명되었다. 그런 외교적인 해명이 아닐지라도 누님의 발언에 따른 우리 집의 토막 가족사로도 '6·25 남침'은 명료하게 증명된다. '북침'이라면 개전 초 3일 만에 어떻게 서울이 함락되는가. 일요일 새벽에 전쟁이 터졌는데 '북침'하려는 남한의 군인들이 토요일인 그 전날에 어떻게 그토록 편하게 휴가와 외출을 나올 수 있다는 말인가. 육군 참모총장 이하 고위급 장교들이 그 토요일 저녁 육군회관 개관식 기념파티에 참석해서 곤드레만드레 취하여 나가떨어진 그런 황당한 작전 개시 전야가 세계 전사(戰史) 어디에 있단 말인가. 전쟁을 직접 체험한 남북의 숱한 사람들이 시퍼렇게 살아 있는데, 학문이라는 이름으로 신뢰할 수 없는 기록과 당시 정황에 대한 임의적인 추론에 입각하여 사실(史實)을 왜곡하는 이런 일이 어떻게 가능한가. 그런 억지 강변이 어디 있는가. 다 알고 있는 사실을 극소수의 사람들이 우기는 까닭은 무엇인가.

나중에 남침이 부동의 사실로 재확인되니까 저들은 "누가 먼저 전쟁을 일으켰느냐가 문제가 아니다"라고 시치미를 뗐다. 이런 후안무치한 얘기가 또 어디 있는가. 몇 년 전부터 대한민국 수립 이후 근년까지의 역사를 통째로 비하시키거나 삭제해 버리는 이른바 '자학사관'이 일부 세력에 의해서 자행되고 있음을 우리는 잘 알고 있다.

나는 평소 이렇게 생각한다. 만약 6·25를 남한 정부가 일으켰다면 대한민국이라는 나라는 벌써 소멸되었을 것이라고. 같은 민족인 북한을 향해 총을 겨눈 반민족, 반동분자들의 집단을 그냥 놔둬서는 안 된다는 그악스럽기 그지없는 남한 내 좌파 세력의 계속되는 등쌀을 무슨 힘으로 당해내는가. 따라서 대한민국이 존재하는 그 자체가 6·25는 남침이다. '직접 체험'은 학문을 능가한다. 학문은 실수에 의한 잘못은 용서될 수 있을지라도 의도된 악의적 해석은 용납되지 않는다는 점을 나는 염두에 두고 살고자 노력하고 있다. 사실을 받아들이기 싫으면 함구하고 있으면 된다. 그러면 최소한 죄는 면할 수 있다. 요즘 날뛰는 친북좌파(이 글을 처음 쓸 때와 달리 지금은 '종북'이라 한다)의 무리들은 팩트(事實-史實) 자체를 임의로 비틀어 놓고 그걸 방송 등 언론과 집단

행동을 통해 담론거리로 부각시킨다. 토론에서 져도 문제화시켰으니 반은 성공한 것, 한동안 잠잠하다가 다시 거론하여 자기들의 의도를 관철시킨다.

화제를 바꾼다. 38선에서 잦은 충돌과 선거로 어수선한 가운데 그나마 기뻤던 일은 함기용(咸基鎔) 선수가 서윤복 선수에 이어 그해 4월 보스턴 마라톤 대회에서 우승하였다는 사실이다. 마라톤 열기는 지속되었다. 신문에서도 대서특필하였다. 국제 스포츠에서 우승을 하면 마치 국가 전체가 업그레이드되는 것처럼 반기면서 감격하던 그런 시대였다. 지금도 그렇지만.

5월에 중학교 입시가 있었다. 6학년 말에 한 달가량 학습 효과가 다소 떨어지긴 하였으나 그래도 나는 자신이 있었다. 하지만 원래 목표로 삼고 공부하던 학교는 포기하고 그보다 한 단계 낮은 학교에 하향 지원하였다. 안전하게 들어가기 위해서였다. 예비소집 날 아버지를 따라 화신백화점 꼭대기 층(?)에 있는 식당에 가서 맛있는 음식을 먹었다. 그 시대에 화신백화점 식당은 쉽게 가는 곳이 아니었다.

그리고 그 이튿날 시험장에 갔다. 첫째 시간의 시험지를 받아 보고 나는 당황했다. 문제가 까다로운 것이 여럿이었다. 그전 해의 그 학교 문제는 그렇듯 어렵지 않았는데 이번에는 그게 아니었다. 첫 교시 시험을 시원치 않게 친 결과는 그다음 시간에도, 또 그다음 시간에도 영향을 주었다. 그날의 모든 일정을 마치고 나올 때 나는 합격률이 반반이라고 스스로 결론을 내렸다. 예상했던 것보다 못 치렀으나 아주 망친 것은 아니므로 내 평소 실력을 감안한다면 반쯤은 기대할 수 있다고 은근히 희망을 걸었다. 그러나 승패를 결정하는 마당에서 '반쯤의 희망'은 엄밀히 말하자면 실패의 전조일 뿐이라는 사실을 그 후 인생을 살면서 깨달았다.

역시 불합격이었다. 자전거를 타고 발표장에 갔다 오신 아버지의 표정을 집 밖에서 기다리며 멀리 본 나는 순간적으로 간파하였다. 그런 실망이, 그런 불명예가 또 있을까. 나도 가족도 담임 선생님도 모두 침통한 가운데 2차 시험을 기다릴 수밖에 없었다.

2차에서 갈만한 학교는 양정(養正)·중동(中東)·동성(東星) 중학교 이 세 곳이었다. 1차의 괜찮은 학교에서 떨어진 수험생들이 이곳에 몰려서 경쟁률이 높았다. 나는 내키지 않는 마음을 가라앉히고 중동중학을 지원하였다. 이번에는 아주 쉽게 시험을 마칠 수 있었다. 워낙 막힘 없이 문제를 풀어서 내심으로 내가 전체 몇 등은 족히 될 것이라고 생각하였다. 역시 합격 ― 이리하여 나는 1950년 6월 1일 중동중학생이 되었다. 그때는 각급학교의 새 학년도가 6월에 시작되었다.

그때의 실패는 뒤에서 기술하게 될 늦은 군 입대와 더불어 내 평생의 교훈으로 작용하였다. 신중을 기하여 첫 번째 목표에 도전한 이상 절대로 실패해서는 안 된다는 삶의 방식, 무슨 일이든 완벽하게 준비하여야 한다는 처세관, 이것은 그 후 나에게 뿐만 아니라 나의 자식들에게도 그대로 적용시키려고 노력하였다. 주위 사람들은 나를 완벽주의자라고 한다. 그것이 칭찬인지 또는 마땅치 않다는 뜻의 비꼬기인지는 경우에 따라서 달라진다. 어떤 것이든 내가 그렇게 된 것은 그때의 겪은 뜻밖의 실패가 작용된 것이다. 그만큼 10대에 체험한 좌절의 아픔은 참으로 충격적이었다.

5. 명륜동 집과 청년단, 그리고 육군 장교

1

나는 앞의 절을 시작하면서 2년가량 살았던 명륜동 집이 몇 가지 일로 잊을 수 없는 집이라고 하였다. 그렇다. 그 집에서 우리 가족은 견겨내기 어려운 일을 겪었다. 사연도 많은 그때의 일을 가감 없이 풀어 놓기로 한다.

이사 간 지 얼마 되지 않아서(정부 수립 직전) 40대 초반쯤 되는 중년 신사가 우리 집에 찾아왔다. 아버지보다 몇 살 더 위인 듯이 보였다. 자기는 ○○청년단 명륜동 지부장인데 사무실이 없어 동회 한구석에 책상을 놓고 군색하게 지내고 있노라면서 우리 집의 응접실을 써야 되겠으니 내놓으라는 것이었다. 예상치도 않았던 일이었다. 아닌 밤중에 홍두깨 격이었다.

해방 이후 정부가 수립되기 전후까지 남한에는 민족진영의 청년단이 여럿 생겨서 주로 공산당과 싸우는 일을 하였다. 당시 미군정 치하에서는 좌익도 합법적으로 활동하도록 인정을 해 주었는데 이들은 민족진영을 교란키 위해서 파업이며, 테러와 폭동을 시도 때도 없이 일으키며 사회를 혼란으로 몰아가는 일을 서슴지 않았다. 그들의 목적은 남한까지도 북쪽과 함께 공산화하는 것이고 따라서 민족진영이 추진하는 대한민국 정부 수립을 극구 저지하는 것이었다.

이에 맞서 등장한 것이 바로 우익진영의 여러 청년 단체들이다. 그 중에서 가장 세력이 강한 단체가 청산리전투의 영웅이며 정부 수립 후 초대 국무총리를 역임한 이범석(李範奭) 장군의 '민족청년단'(약칭하여 '族靑'이라 하였다)이다. 이 단체 이외 공산당이 싫어서 월남한 청년들이 결성한 '西北청년단'이 있고 그 외 광복군 총사령관을 지낸 지청천 장군의 대동청년단 등 여럿이 있었다. 그들은 우익진영의 전위대임을 자임하면서 공산당을 때려 부수는 기동타격대 역할을 담당하였다. 그 공로가 대단하였음을 아는 사람은 다 안다. 아버지를 찾아온 그 청년단 지부장이 어느 청년단 소속인지는 알 수 없다. 어쨌거나 남의 집 응접실을 자기들의 사무실로 써야 할 터인즉 무조건 내놓으라고 겁박하며 강요하니 이런 무례·무법이 있을 수 없었다. 앞에서도 잠시 언급한 바와 같이 명륜동 그 집은 요컨대 고급주택이었다. 지하에는 그때 벌써 보일러 시설이 갖추어져 있었고 응접실도 넓고 깨끗하였다. 스팀 시설도 다 되어있었으며 각종 실내 장치도 으리으리하였다. 이사 가서 나는 그 응접실 소파에 앉아서 책도 읽고 공부도 하면서 호사스러운 한때를 보냈다.

아버지는 당연히 거부하였다. 그러나 여러 번 찾아와서 협박하는 그들 앞에서 아버지의 완강한 저항도 무모한 버티기에 불과하였다. '적산 가옥' ― 이 불명예스러운 이름 앞에 청년단 사람들은 한없이 당당하였고 아버지는 한없이 밀릴 수밖에 없었다. 당시 적산가옥은 민간인에게 불하되지 않은, 장차 나라의 재산이 된 후, 불하가 될 부동산이었기 때문에 매매 여부와 상관없이 법적으로 인정을 받지 못하고 있었다. 이런 사정을 알면서도 작은할아버지께서 경상도 출신의 친구분의 요청을 받아들여서(그분은 아마도 인연이 있는 일본인에게서 그냥 넘겨받은 것이 아니었던가 싶다. 광복 직후 그런 일이 적지 않았다) 사들인 까닭은 후일 정부가 수립되면 반드시 '불하'의 법적 처리 과정이 있을 터이고, 그렇다면 선점(先占)하여 살고 있는 가구가 다른 원매자보다 분명코 유리할 것이라고 판단하셨기 때문이다. 이것이 실책이었다. 사서는 안 되는 집이었다. 일본 사람이 살던 집을 왜 산다는 말인가. 우리 집 역사에서 지울 수 없는 오점을 남긴 사려 깊지 못한 일이다. 불하받는 일은 미래의 일이고 그때 당장은 불법 점거에 해당되는 터, 그러니 청년단 쪽의 강압적인 요구는 시간이 흐를수록 거셀 수밖에 없었다. 따지고 보면 그들의 요구도 불법이었다. '적산가옥'인데 정부 기구도 아닌 민간단체가 무슨 자격으로 내놓으라 할 수 있는가. 우리 집이 법적으로 보호받을 수 없다면 비정부의 임의단체인 그들도 자격이 없는 것은 매일반이었다. 그러나 똑같은 조건에서 개인과 단체가 맞설 경우 현재시간의 거주 여부를 떠나 누가 유리한 입장에 서게 되는지는 묻지 않아도 자명하다. "집을 다 내놓으라고도 할 수 있거늘 사정을 봐줘서 응접실 하나만 쓰겠다는데 웬 말이 많으냐"라고 성을 내면서 연일 압박하니 온 집안이 공포에 떨지 않을 수 없었다. 그럼에도 계속 불응하자 어느 비 오는 날 늦은 저녁, 그들은 귀가하신 아버지를 그들의 임시 사무로 쓰고 있던 명륜동 4가 동회(성균관대학 입구 큰길에서 창경궁 쪽으로 약 50m쯤 내려간 지점의 길 건너 서울대 병원 방향 쪽, 지금도 그 동회는 옛날과 크게 다르지 않다)로 강제 연행해 갔다. 정부 수립 전에는 민간 청년단체가 이런 불법행위를 자행해도 시빗거리조차 되지 않는 무법천지였다.

아버지께서 되돌아오실 때까지 우리 가족은 그야말로 좌불안석이었다. 두 시간가량 흘렀을까. 아버지의 안색이 어두운 것은 물론, 끌려가실 때와는 전혀 다르게 몸을 제대로 가누지 못한 상태로 귀가하신 것이 아닌가. 자리에 누우시면서 하시는 말씀 "동사무소에 들어가자마자 무릎을 꿇으라고 한 뒤 몽둥이로 마구 때리면서 미리 작성해 놓은 문서에 지장을 찍을 것이냐, 아니면 여기서 병신이 되든지 죽든지 할 것이냐 양자택일하라고 종주먹을 들이대는데 견뎌낼 재간이 없어서 항복하고 말았다"는 것이다.

이리하여 우리 집 응접실은 그다음 날부터 청년단 사무실이 되었다. 강제로 빼앗긴 지금까지의 얘기는 어찌 보면 단편 삽화에 불과하다. 진짜 본론은 이제부터 시작된다. 그들에게 출퇴근은 없었다. 하루 24시간 번갈아 가면서 상시 근무요 일요일도 없는 연일 근무다. 이틀 혹은 사흘 간격으로 집 앞 골목에 20명쯤 되는 청년단원들이 이른 새벽에 집합하여 조회를 하였다. 애국가와 단가(團歌)를 부른 후 단장의 훈화, 지시 사항이 이어지는데 군대와 다를 바 없었다. 어린 눈에도 무서우리만큼 기강이 엄중하다는 점을 느낄 수 있었다. 하나밖에 없는 대문과 현관문을 그들과 함께 쓰니 그 불편함과 불쾌함은 이루 형용할 수 없었다. 조용한 가정집의 분위기가 온데간데없이 사라진 것은 차치하고 동네가 한순간에 마치 병영(兵營)을 끼고 사는 공간으로 변한 것 같아서 스산하다 못해 살벌하기까지 하였던 것을 지금도 기억하고 있다.

이것까지는 약과였다. 주야를 가리지 않고, 특히 야심한 시간에 어디서 잡았는지 빨갱이 혐의자를 데려다 놓고 몽둥이찜질을 해대는데 그 소름끼치는 비명소리에 가족들은 잠을 이루지 못하기 일쑤였다. 붙잡혀 온 자가 심한 구타를 당하다가 혼절했는지 물통을 확 붓는 소리에 우리 식구들도 함께 까무러칠 지경이었다.

그들의 계속되는 횡포(?)에 우리 가족과 2층에 거처하던 외갓집 식구들은 매일 불안과 공포에 떨며 살았다. 그런 진저리나는 삶이 따로 없었다. 나는 그 당시에 활약하던 여러 청년단들의 공헌과 기여를 높이 평가하는 자다. 그들이 있었기 때문에 해방 이후 정부 수립 때까지 여러 가지 형태로 악랄하게 날뛰던 빨갱이 공산세력의 기를 꺾고 어지간히 제압할 수 있었음을 알고 있다. 대한민국 건국에 그들은 물불을 가리지 않고 몸 바쳐 충성을 다하였다. 그 공훈을 어찌 모른다고 할 수 있겠는가. 얼마 전 〈야인시대〉라는 대하드라마를 시청하였거니와 내용이 과장되었다고 가정하더라도 거기서 접할 수 있는 그때 그 당시 반공청년들의 목숨을 건 대공(對共) 투쟁은 역사에 남을만한 활약상이 아닐 수 없다. 이처럼 청년단의 순기능을 인정하면서도 우리 가족이 고통을 당했던 바가 웅변하듯이 저들이 적산가옥이라는 이유로 한 가정은 말할 것도 없고 조용히 살고 있는 이웃 주민들에게까지 극심한 민폐를 끼쳤다는 점은 아무리 너그럽게 이해하려고 해도 쉽게 받아들여지지 않는 일이었다. 뿐만 아니라 시도 때도 없이 잡아다가 족쳐댄 남로당 혐의자 가운데는 억울하게 끌려온 양민도 없지 않아 있었다고 보는데 아무리 공산당원을 색출하여 민주주의 국가 건설에 이바지하였다손 치더라도 그것은 결코 잘한 일은 아니라고 생각한다. 미군정 치하의 느슨한 치안행정을 비공식 라인에서 보완해주는 기여도를 백번 감안하여도 그렇다. '적산가옥'이라는 점이 만만해서 자기들 멋대로 하였지만 가정집과 민가(民家) 동네의 한복판에서 할 일이 아니다. 재정 문제가 있었겠지만 어렵더라도 민폐를 끼치지 않을 다른 곳을 물색했어야 마땅한 일이었다.

　하루하루 살기가 힘겹고 불안하던 차 마침내 구세주가 나타났다. 얼마나 기뻤는지 모른다. 저간의 사정은 이렇다. 그때 나이 20대 초·중반의 아주 가까운 친척 아저씨(왕고모의 아들)가 있었는데 청년단이 들어오기 수개월 전까지 우리 집에서 일 년 넘게 살면서 아버지와 함께 동대문시장에 나가 장사를 하였다. 아저씨의 본가는 대구에 있었다. 머리가 아주 좋고 심성도 착한 분이었다. 그 아저씨가 어느 날 결단을 내렸다. 장사꾼으로 사느니 직업군인의 길을 택하는 것이 자신의 전정(前程)을 위해 최선이라고 결론을 내린 뒤 자원해서 입대하였다. 그때는 의무병 시대, 곧 개병(皆兵) 시대가 아니었다.

　군인이 된 아저씨는 가끔 주말 외출을 나오면 으레 집에서 하룻밤을 자고 귀대하곤 하였다. 그때마다 청년단이 소란을 피우는 광경을 보았음은 물론이다. 어느 토요일 오후였다. 아저씨는 부대 상관인 육군 대위와 함께 집에 왔다. 부모님이 극진히 대접하였음은 다시 말할 여지가 없다. 그 장교의 이름은 60여 년이 지난 지금까지도 잊지 않고 있지만 밝히지는 않겠다. 이북 출신으로 8·15 이후 남하하여 육군사관학교 또는 군사영어학교(정확한 명칭은 알 수 없다)에 입교해서 초창기 장교에 임관한 사람이다. 단신으로 월남한 총각인지라 외출이나 외박할 때면 딱히 갈 곳이 없는 것을 아저씨가 알고 그날 우리 집에 초대하는 형식으로 동행한 것으로 알고 있다. 미리 얘기해 두거니와 6·25사변이 일어난 첫날 의정부 방면에서 그는 전사하였다. 아저씨도 그랬다.

　술상을 앞에 놓고 아버지와 그 장교가 대화를 나누는 중에도 밖은 여느 때와 마찬가지로 소란스러웠다. 대위는 우리 집에 들어올 때부터 웬 청년들이 득실거리기에 이상하다고 생각했는데 저 시끄러운 소리는 또 뭐냐고 물었다. 이에 아버지가 그동안에 있었던 일을 말씀하시고 아저씨 또한 부족한 부분은 보충해서 설명하였다. 대위는 매우 놀라는 표정이었다. 임의로 결성된 단체가 가정집 일부를 강제로 점거하여 저토록 횡포를 부리다니 놀라운 일이 아닐 수 없다고 하였다.

그날 우리 집에 왔던 대위는 그다음 주 토요일 오후에도 아저씨와 함께 다시 방문하였다. 부대에 들어가서 곰곰이 생각해보니 '공분감'이 치밀어 올라와서 가만히 있어서는 안 되겠다는 결론에 도달하였다는 것이다. 그러면서 자신이 청년단장을 직접 만나 저들을 쫓아내겠으니 혹 작은 방이라도 하나 있으면 사용할 수 있도록 배려해 주었으면 고맙겠노라고 아버지께 도움을 청하였다. 토요일 외출 때면 갈 곳이 없어서 부대 안에 주로 있는 형편인데 주말에만 나와서 하룻밤 자고 갈 터이니 신세 좀 졌으면 좋겠다고 하였다. 신세는 무슨 신세? 그때 우리 식구 모두는 기뻐서 어쩔 줄 몰랐다. 청년단만 처리해 준다면 까짓것 방 하나 내주는 것쯤이야 아무것도 아니었다. 그것도 주말에만 1박 2일이라니 숙고할 필요조차 없었다. 마침 화장실에서 약간 떨어진 곳에 한 칸 반쯤 되는 방이 비어 있어서 금세라도 입주할 수 있었다. 아버지는 쾌히 수락하면서 다만 화장실과 가까운 방인데 그게 좀 마음에 걸린다고 하니 대위 말인즉 아무러면 어떠냐면서 일주일에 하룻밤만 자는데 아무 상관이 없다며 그도 만족해하는 눈치였다. 이 대목에서 확실히 밝힐 것이 있다. 대위가 우리 집을 방문한 것은 우연일 뿐, 아버지와 아저씨가 청년단을 쫓아내기 위한 목적에서 이루어진 것이 아니라는 점이다. 장교 한 사람이 저들을 임의로 다룰 수 있는 능력이 있는 것 자체를 아버지는 모르셨다.

각설하고 청년단 몰아내기 작전은 일사천리로 진행되었다. 미남형에 똑똑해 보이는 대위는 그다음 주 토요일 오후에 왔을 때는 우리 집 안방을 거치지 않고 막(맞)바로 응접실 청년단 사무실로 직행하였다. 자기보다 10여 년쯤 연장인 청년단장에게 자신을 우리 아버지의 친척 동생이라고 거짓 소개한 뒤 불문곡직하고 다음 주 외박 나올 때까지 응접실에서 깨끗이 나가라고 명령조로 말하는 것이었다. 갑자기 기습(!?)을 당한 중년 나이의 단장은 머뭇머뭇하면서도 당신이 뭐길래 나가라 말라 하는 것이냐고 그도 지지 않고 대항하였다. 그도 그럴 것이 거기서 쫓겨나면 그 많은 단원들과 당장 갈 곳이 없은즉 단장의 반격도 만만치 않았다. 그로서는 국가와 민족의 앞날을 위해서 헌신하고 있는데 자긍심과 체면을 생각해서도 굴복할 수는 없었을 것이다.

그러나 군대(군인)는 역시 무서웠다. 그 사실을 나는 어린 나이에 일찍이 체험으로 알았다. 민간 애국 단체가 맞서서 싸울 그런 만만한 상대가 아니었다. 말이 조금 길어지려는 듯하자 새파란 젊은 대위가 결정타를 날리고 말았다. "너희들이 뭐냐, 장교 앞에서 이렇게 무례를 범해도 되는 거냐. 철수하라고 '명령'을 내리면 알겠습니다 하고 곧 수행할 일이지 웬 말이 이렇게 많냐, 적산가옥? 그렇다고 너희들이 점거하라는 법이 어디 있느냐. 이미 이 가정에서 먼저 들어와 살고 있으면 그런 양 이해를 하고 범접하지 말아야 할 일이지 남의 약점을 잡아 쳐들어와서 낮밤 가리지 않고 매일 난장판을 벌이니 누가 너희들에게 그런 권한을 주었냐, 이 집의 소유권은 후일 정부 수립 이후 법에 따라 결정될 것이고, 그때까지는 먼저 살고 있는 이 가정이 관리하는 것이 상식적으로 타당한 일이니 다음 주 내가 나올 때까지 짐을 싸야 한다. 만약 그때까지 나가지 않으면 내가 부대원을 인솔해 와서 강제로 내보내겠다. 그러니 서로 기분 나쁜 일이 발생하지 않도록 알아서 철수하기를 바란다."

이렇게 딱 부러지게 말한 후 상대방의 얘기는 다시 듣지도 않겠다는 표정을 지으며 응접실에서 나왔다. 방 안에서 숨을 죽이며 엿듣고 있던 1층 우리 가족과 2층 외할아버지 내외분을 비롯한 외갓집 가족들은 통쾌감을 감추지 못하면서 향후 이 '사건'이 어떻게 귀결될지를 지켜보기로 하였다.

청년 장교의 일갈(一喝)은 그 위력이 실로 대단하였다. 설령 민간인 열 명 스무 명의 대항이 있을지라도 장교 한 사람의 군대식 말 한마디를 당해낼 수 없다는 사실을 다시금 말하거니와 나는 그때 확실히 알았다.

그 직후 며칠 동안, 오래간만에 청년단 사무실은 조용하였다. 자기들끼리 숙의(熟議)를 하는 것이 분명하였다. 그러더니 토요일을 하루 앞둔 금요일 그들은 집기를 싣고 응접실에서 철수하였다. 만세! 만세요. 해방! 해방이었다. 그 소름끼치는 비명소리도, 이른 아침 집 앞 골목에서의 조회 소리도, 하루에 수십 명이 제집 드나들 듯 출입하며 떠들던 그 소리도 이제는 듣지 않고 보지 않으며 살 수 있다는 그 평화·자유 그리고 자존심의 탈환, 그것이 그렇듯 기쁘고 고마울 수가 없었다. 대위가 참으로 고맙기 그지없는 은인이요 구세주인 양 그렇게 보였다. 육군 대위 만세였다.

2

그다음 주에 그는 지프차에 트렁크 몇 개를 싣고 입주하였다. 약속대로 매주 토요일에 나와서 1박하고 부대에 들어가곤 하였다. 몇 번 아버지와 술자리를 갖곤 하면서 나이 많은 형님과 막냇동생인 양 서로 그렇게 친한 사이가 되었다. 집 안이 그렇듯 조용할 수가 없었다. 그러던 어느 날, 그러니까 입주한 지 한 달 남짓 경과한 어느 날, 20세 초반의 예쁜 아가씨를 데려와서는 월남한 동향(同鄕)의 친척 여동생을 우연히 만나게 되었다면서 함께 기거하겠으니 양해해달라고 하였다. 뜻밖의 일이었다. 굳이 반대할 이유가 없어서 생각대로 하라고 수락하였다. 그렇게 받아들이면서도 아무리 인척이라고 하나 젊은 남녀가 한방을 쓴다는 것이 과연 괜찮은 것인지, 동네 사람들의 이목이 있을 터인데… 하는 우려를 하지 않을 수 없었다. 1940년대 후반만 해도 남녀 간의 연애가 지식인 사회에서 가끔 있었으나 '정조' 관념은 의연 살아있었다. 그런 시대인데 두 남녀가 한방을 쓴다니 남 볼썽사납고 남우세를 받기에 딱 좋은 일이 아닐 수 없었다. 뿐만 아니라 대위 그는 일주일에 한 번 나오겠지만 그 아가씨는 붙박이로 거주할 것이 자명한데 이건 약속 위반이므로 찜찜하기 이를 데 없었다. 그렇게 되면 식사 준비는 우리 집 부엌에서 할 것이 분명한 일, 그 또한 불편하기 이를 데 없는 것이었다. 그렇지만 골칫덩어리였던 청년단 문제를 해결해 준 그이라서 내키지는 않지만 그의 양식을 믿기로 하고 양해하기로 한 것이다.

그녀가 들어온 지 얼마 되지 않아서 대위의 거짓말은 서서히 드러나기 시작하였다. 그와 아가씨의 관계는 친척 오누이가 아닌 연인 사이였고, 또한 거의 매일 지프차로 출퇴근하면서 그녀와 사실혼 관계로 들어가기에 이르렀다. 2층의 이모(6·25동란 중 수녀가 됨, 지금도 생존해 있음)가 그 여인과 동갑쯤 되는 또래라 한집에서 사는 관계로 가끔 대화를 나누곤 하였는데 인척은커녕, 그렇고 그런 사이임이 그녀의 고백을 통해 판명이 되었다. 얼마 가지 않아서 그 아가씨가 임신이 되어 낙태를 하는, 당시로는 있을 수 없는 불륜마저 대위는 저질렀다. 우리 식구 또한 창피하고 부끄러움을 느낄 지경이었다.

여기까지가 구세주 같은 그가 우리에게 보여준 실망스러운 연극의 제1막이다. 작은 도둑 쫓다가 큰 도둑맞는다는 옛말이 틀리지 않은 것임은 이후의 사건이 입증해준다. 시간이 흐를수록 그의 뻔뻔하고 가증스러운 행위는 참으로 가관이었다. 철면피가 따로 없었다. 아버지에게 그는 응접실을 자기가 썼으면 좋겠으니 허락해 달라는 것이 아닌가.

쓰고 있는 방은 비좁아서 생활하기에 불편하다면서 밤에 잠은 거기서 자고 낮에는 응접실에서 지낼 수 있도록 배려해 달라는 것이다. 아시다시피 식구라고 해야 달랑 두 사람밖에 안 되며, 그것도 자기는 저녁 늦게 귀가하는 터, 아주 조용히, 그리고 깨끗이 사용할 것이니 그 점은 안심해도 좋다고 하면서 간청하는데 말하기가 좋아 간청이지 실인즉 강요와 다를 바 없는 말투였다. 청년단을 내쫓을 때의 표독함은 내비치지 않았지만 속내로는 그도 저들과 마찬가지로 '적산가옥'이라는 약점을 손에 꽉 잡고 결판을 내겠다는 강한 뜻이 역력하였다.

  할아버지 형제분과 아버지를 비롯하여 우리 가족은 실망을 넘어 분함에 치를 떨었다. 인간에겐 저런 가식도 있구나 하는 생각을 1·2층에 살고 있는 모든 식구들은 실감하지 않을 수 없었다. 거절하면 상황은 불을 보듯 뻔하게 진행될 터, 심사가 사나워지는 것을 억제하면서 아버지는 좋을 대로 하라고 수락하시고야 말았다. 목적을 달성한 그는 새로 산 가구를 들여놓으며 자기 취향에 맞게 응접실을 새로 꾸미더니 불과 며칠 후에 마침내 그의 악한 본색이 더욱더 확연하게 드러나는데 그 잘생긴 인물이 아까울 지경이었다. 조용히 지내겠다고? 평일 퇴근 이후, 그리고 토요일 오후부터 일요일까지 노상 축음기를 틀어놓고 두 남녀가 음주가무를 즐기는데, 내가 어른이 된 이후 그때 그 광경을 되짚어보니 가정집에 차려놓은 '카바레'라고 규정하는 것 외 달리 견줄 데가 없었다.

  그와 그녀만이 그 놀이에 빠졌다면 그나마 다행이었을 것이다. 앞에서 언급한 바와 같이 1948년부터 1950년, 그때만 해도 요즘과 달리 우리 사회는 풍기가 문란하거나 도덕적인 타락에 거의 빠지지 않았고 특히 서울 사람들은 조선왕조 시대 이래 다져진 한양인(漢陽人)의 긍지를 이어받아서 체면과 경우를 매우 중시하는 데 체질화되어 있었다. 그런 환경 속에서 살고 있는 민가에 그는 동료 장교 여러 명을 수시로 불러다가 야심토록 양주를(그때 미군이 주둔하고 있어서 장교 사회에 양주와 춤바람이 불었던 것으로 알고 있다. 미군에게는 일상적인 것이었으나 우리나라 입장에선 군대에서나 통하는 특수한 현상이었다) 마시면서 노래하고 춤추면서 난리굿을 치는데 예의 청년단의 소동과 성격만 다를 뿐, 당하는 우리 가족의 고통은 매한가지였다. 그때 할아버지 연세가 만 61세, 신식교육을 받은 외할아버지가 57세, 당시로선 두 분이 다 상노인네였다. 그런 어른들이 살고 계시는 집이라는 것은 눈곱만큼 고려치 않고 불상놈의 짓거리를 거의 연일 해대니 할 말조차 잊어버리고 말았다.

　나는 지금도 당시에 우리 국방경비대 ― 국군의 대다수가 군기가 잘 잡혀있고 군인정신이 투철했다고 믿고 있다. 그런 군인이요 군대이기 때문에 6·25동란 초기 극히 불리한 전황을 기적적으로 극복한 뒤 3년간의 전쟁을 잘 감당해낸 것이 아니겠는가. 그러나 어느 집단이든 망나니 또는 쭉정(쟁)이는 있기 마련, 그가 바로 그 부류에 해당되는 인간이었음은 위의 진술만으로도 익히 짐작할 수 있지만 아래에 적은 사실을 접하면 누구나 아연실색하며 수긍치 않을 수 없을 것이다. 여러 가지 중에서 웃기는 장면을 하나만 든다면 이른 아침에 그를 태우고 갈 출근 지프차가 몇 분 늦게 도착하면 대문 앞에 서서 고래고래 소리를 지르면서 운전병을 닦달질하는데 그처럼 사나울 수가 없었거니와 우리 눈에는 동네 사람 앞에서 폼을 잡으려는 연극인 양 보였다. 상황이 이쯤 되고 보니 우리와 그 사이는 냉랭해질 수밖에 없었다. 서로 마주치면 굳은 얼굴로 겨우 아는 체하는 정도였다. 처음에 아버지를 장형(長兄)처럼 모시겠다는 말은 목적을 달성하기 위한 거짓말로 이미 판명이 되었고, 아버지 역시 한집에 살고 있으니 마지못해 대할 뿐 그를 관심권 밖에 밀쳐놓았음은 다시 말할 여지조차 없다. 여기까지가 2막이라 하겠다.

6·25사변이 일어나던 해인 1950년 4월에 명륜동 집을 팔게 되었다. 작은할아버지께서 정치판에 뛰어드는 바람에 값나가는 집을 처분하기에 이르렀다. 정치자금이 필요하기 때문이다. 그분께서 정치판에 뛰어든 것은 당신이나 우리 가족의 뜻이 아니라고 생각한다. 당시 서울에서 자동차 공업회사(지금의 현대자동차 주식회사의 초기 형태쯤으로 생각하면 보통 착각이 아니다. 회사를 가보지 않아서 자세히 알 수 없으나 아마도 자동차 수리 및 재생을 주로 하는 소규모의 회사가 아니었던가 싶다. 그때 우리나라의 형편으로는 그 이상의 자동차 관련 회사가 존재하지 않았다. 지금의 현대자동차도 그때로부터 20여 년이 지난 1970년대에 설립된 것이 아닌가)를 운영하던 작은할아버지는 정치를 하실 분이 아니었다. 또 외람된 얘기지만 정치를 해서도 안 될 분이다. 나라를 사랑하는 애국심은 남에게 뒤지지 않으셨지만 그러나 '정치'에 대해서 식견이나 경륜을 두루 갖춘 분은 아니었다. 조부께서 그토록 반대하였던 것도 다 아우님의 모든 것을 알고 계셨기 때문이다. 시집가서 불행하게도 공산주의자가 된 나의 누나가 저 위에서 말한 바와 같이 전쟁이 곧 일어난다고, 당시로는 말도 안 되는 얘기를 하면서 "작은할아버지, 정치하지 마세요. 큰 일 당하세요"라고 읍소에 가까우리만큼 적극 만류한 것은 조부님의 저지와 성격이 다른 반대였다. 당신께서 한때나마, 곧 6·25 직전까지 수개월 동안 그 세계에 몸을 담은 것은 족친들을 비롯하여 주변사람들의 강권을 뿌리치지 못하였기 때문이었다. 결국 실패로 끝났거니와 그 후로는 그쪽에 발길을 끊으셨다.

각설. 집을 파는 것과 대위 그와는 아무 관계가 없는 것은 상식이다. 매매가 성립되어 집을 내놓을 때, 우리도 그도 각기 다른 곳에 이사를 가는 것뿐이었다. 그렇듯 경우가 명료한데 참으로 기가 막히는, 황당하다는 말로도 부족한 '사건'이 또 예고 없이 발생하였다. 계약금이 오고 갈 무렵, 돌아가는 분위기를 예의 주시하고 있던 그가 아버지를 만나자고 하였다.

　그동안의 일 때문에 아주 서먹한 자리가 아니었던가 싶다. 인사치레 격의 말이 몇 마디 오고 가더니 그의 입에서 나온 말인즉 집값의 3분의 1을 내놓으라는, 실로 놀랍기 그지없는 요구였다. 집주인인 우리 집을 포함하여 자기까지 세 가구가 살고 있으니 3등분하여 나눠 갖자는 것이다. 약 2년 동안 돈 한 푼 내놓지 않고 공짜로 산 것도 성에 차지 않았던지 집 판 돈의 일부를 내놓으라니 칼만 안 든 강도였다. "이 집은 '적산가옥'이다"라는 생각을 줄곧 자신의 머릿속에 저장해 두었다가 이윽고 때가 찾아오니 "너만 먹기냐, 나도 먹자"는 막가는 쪽으로 방향을 잡았다고 본다. 그의 호통 한마디에 수십 명의 단원과 함께 물러났던 청년단장이 그 장면을 목도했으면 뭐라고 했을까. 청년단장도 단 한 번의 겁박으로 물리친 그를 우리 집이 무슨 수로 뿌리칠 수 있으랴. '협상' 끝에 4분의 1을 주기로 매듭지었다. 그 돈이 요즘 가격으로 치면 얼마나 될까. 고급 주택이었으므로 3~4억쯤은 족히 되지 않을까 짐작된다. 어쨌거나 한옥 한 채 값이었으니까. 그에게 그 돈을 주고, 또 일부는 서울대학교 문리대 뒤편 조용한 동네인 동숭동의 전셋집을 얻어서 이사 가는 외갓집 방값 전액을 내고 우리 집은 당시로는 외진 곳인 문밖 청량리의 왜정 때 경성제대 예과 건물(그때는 서울대의 일부 건물이었는데 아마도 교양학부쯤이 아니었던가 짐작된다. 현재는 미주아파트가 들어서 있다) 뒷동네에 대지 30평쯤 되는 값싼 한옥으로 옮기고 나머지 적지 않은 돈은 정치 자금으로 충당하였다. 여기까지가 3막이 된다.

　얘기는 아직 끝나지 않았다. 후일담(後日談)이 몇 남아 있다. 그처럼 명륜동 집은 우리와 질긴 인연을 맺고 있었다.

　후일담 하나 : 1950년 4월 그때, 곡절 많던 그 집을 판 것은 정말 잘한 일이었다. 그에게 적지 않은 돈을 떼 주는 등 억울한 일을 당할 때

는 분하기 짝이 없었으나 그 바로 뒤에 뜻밖의 대사건이 일어난 것을 감안하면 실로 하늘이 도운 일이라 아니할 수 없다. 이런 전화위복이 또 있을 수 있을까? 거슬러 올라가면 작은할아버지께서 잠시 정치와 악연을 맺은 것 자체가 역설적이지만 참으로 잘하신 일로 귀결된다. 9·28수복 이후 우리 집을 산 새 주인에게서 들은 얘기를 토대로 풀어서 설명하면 이렇다. 그해 6월 28일 서울이 함락된 지 며칠 지나자 완장 찬 젊은 패 몇이 그 집에 들이닥쳤다. 그 패거리들이 누구인지 굳이 설명할 필요가 있을까. 그들은 새 주인에게 우리 집이 어디로 이사를 갔느냐고 거칠게 묻더라는 것이다. 동대문 밖 어디로 옮겼다는 사실만 알 뿐 어느 동네인지는 모른다고 딱 잡아뗐다고 한다. 번지수까지는 아니더라도 '청량리동'임은 그분도 익히 알고 있었다. 바로 뒤에서 그분에 관한 얘기가 다시 잠깐 나오겠지만, 어린 내가 보아도 선량하고 신실한 분이었다. 우리 가족을 위해서 그는 공포감을 느끼면서도 심문하듯 여러 가지를 꼬치꼬치 캐묻는 저들을 거짓말을 하면서 잘 대응해주었다. 6·25 당시 서울에서 '人共시절'을 체험한 사람이면 그게 얼마나 어렵고 무서운 일인지를 잘 알고 있을 것이다. 명륜동 4가동 인민위원회원과 청년단체원(단체명이 떠오르지 않는다. '女盟'은 알고 있는데…)이 왜 우리 아버지를 찾으려 했겠는가. 자명하지 않은가. 이승만 괴뢰정부의 수립을 측면에서 도운 청년단에게 응접실을 내주고, 그것도 모자라서 국방군 장교를 끌어들인 전 주인 朴아무개는 반드시 처단해야 할 악질 반동분자였기 때문이다. 만약 그 집에 그냥 살았다면 어찌되었을까. 60여 년이 흘러간 지금에 와서도 상상하기조차 싫은 끔찍한 일이 벌어졌음은 두말할 나위도 없다. 천우신조로 '인민재판'을 아슬아슬하게 모면한 아버지의 무사행운은 결과론적으로 말하자면 종조부의 정치참여와 새로 집주인이 된 그분의 고마운 도움이 있었기에 가능한 것이었다.

후일담 둘 : 세상의 일, 참으로 예상하기 어려운 것이다. 1·4후퇴 때 우리는 대구로 피난을 갔다. 그때 피란민들의 생활이 얼마나 처참(!)한 것인지는 겪어본 우리 세대는 지금도 생생하게 기억하고 있다. 먹고살기 위해서 애 어른 할 것 없이 못 하는 일이 없었다. 우리 집 또한 장삿길에 나섰는데 '염매시장'에서 노점상을 하며 호구를 겨우 해결하였다. 1·4후퇴 그다음 해인 1952년 어느 날이었다. 학교 수업이 파한 후면 나도 매일 시장에 나가서 부모님을 도와 물건을 팔곤 하였는데 어느 예쁜 양공주가 미군과 함께 시장을 보러 나왔다. 얼핏 보아도 그녀가 바로 명륜동 집에서 우리를 애 먹이던 바로 그 대위와 동거하던 아가씨임을 알 수 있었다. 그녀는 나를 보지 못하였으나 나는 곁눈으로 몇 번이나 보고 또 보았다. 틀림없는 그 아가씨였다. 대위가 전사한 뒤 혈혈단신이 된 그녀는 살기 위해서 양공주가 되었음이 분명하였다. 야단스럽게 화장한 그녀를 바라보는 나의 심정은 감당할 수 없는 참담함 바로 그것이었다. 옛날 일은 다 잊어버리고 측은하고 불쌍한 생각만 들었다. 전쟁의 참혹함은 실로 그와 같았다.

후일담 셋 : 1953년 휴전 직후 피란지에서 상경한 이후의 일이다. 어느 날 아버지께서 종로거리를 걷다가 우연찮게 사변 전 우리 집을 산 그분을 만나셨다. 앞의 '후일담 하나'에서 소개한 바로 그분의 계속된 얘기다. 3년간의 전쟁을 겪으면서 다행히 살아남아 서로 얼굴을 마주하게 되었음을 기뻐하면서 다방에 들어가 그동안의 고생한 얘기를 주고받던 중 기가 막힌 소식을 들으셨다. 피란 갔던 그분이 가족을 거느리고 명륜동 '자기 집'에 당도하니 웬 낯선 사람들이 거주하고 있더라는 것이다. 남의 집에 왜 들어와 있느냐고 따졌더니 뭐가 남의 집이냐! 우리 집이다라고 되받아치더라는 것이다. 일이 이렇게 되자 당연히 시비가 붙게 되었는데 그쪽의 말인즉 불하가 나지 않은 '적산가옥'은 먼저 들어와서 사는 사람이 임자라고 하면서 괜한 시비 걸지 말고

냉수 먹고 속 차리라고 하더라는 것이다. 그 집을 점거한 장본인은 이번에는 장군인 육군 준장(准將)이었다고 한다. 기이하게도 명륜동 집은 군인과 운명적으로 연관이 있었던 모양이다. 민간인이 어떻게 장군을 상대할 수 있으랴. 그 몇 년 전에 대위도 이겨낼 수 없었는데… 두 눈 뜨고 강탈당한 나머지 반쯤은 걸인이 되어서 의정부 쪽 어느 허름한 집에 거처를 정하고 일자리를 찾아 헤매며 다니노라고 하더라는 것이다. 사변 전까지만 해도 잘 살던 부자가 집 때문에 비참한 신세가 된 이 허망한 얘기를 듣던 때가 나의 고등학교 1학년 2학기 시절, 세상에는 별별 희한하고 괴기한 일이 벌어진다는 사실을 나는 불행하게도 이른 시기에 이미 알아버리고 말았다.

3장

6·25사변과
인공(人共) 치하 90일

6·25사변과
인공(人共) 치하 90일

1. 서울 함락과 난생처음 보는 시체

　5월 말에 우리 집은 청량리로 이사를 하였으나 작은댁은 계속 연건동 집에 살았다. 앞에서 말한 바와 같이 문안에서 문밖으로 옮긴 우리 집은 강등(降等)으로 치자면 이만저만한 강등이 아니다. 당시 청량리는 앞에서 말한 바와 같이 문밖 동네로 마포·왕십리와 더불어 서울에서 가장 낙후된 변두리 동네의 하나였다. 청량리 모기와 왕십리 모기가 싸워서 청량리 모기가 이겼다는 우스갯소리가 나올 정도로 주변 환경이 좋지 않았다. 이런 식으로 얘기를 하면 모기 몇 마리에 고통스러워하는 요즘 사람은 실감하지 못한다. 몇 마리가 아니라 몇십 마리가 방에서 방으로 옮겨 가면서 사람을 괴롭히는데 모기장을 치지 않고서는 전혀 밤잠을 이루지 못하였을 정도라고만 언급해 둔다. 마포는 새우젓 냄새가 물씬 풍기는 동네로 통했다. 이런 동네 이외에 사대문 밖 취락지로는 뚝섬·정릉·세검정·용산과 노량진 등이 알려져 있는 곳이다. 그 외 요즘 서울 동네로 통하는 수많은 동(洞)은 6·25사변 이후 서울이 확장됨에 따라 수십 년에 걸쳐서 시나브로 새로 생겨난 동이다. 그 대표 격의 동네가 이른바 '江南三區'임은 서울 토박이가 아닌 사람들도 다 알고 있는 사실이다.

청량리 시대부터 우리 집의 가난은 시작되어서 후일 내가 30대 중반에 이를 때까지 20여 년 동안 계속되었다.

나는 매일 아침 일어나서 책가방을 들고 청량리 전차 종점에 나갔다. 거기서 전차를 타고 동대문 환승장을 거쳐 종로에서 하차하였다. 걸어서 10분쯤 가면 수송동이 나오고 거기에 학교가 있었다. 중동중학교 바로 옆에는 명문 숙명여중이 있었고 국민학교로는 수송국민학교가 있었다. 또 그 바로 근처에는 조계사(曹溪寺)가 있었는데, 그때에는 '태고사'로 불렸다. 나중에 안 일이지만 1950년대 중반에 '조계사'로 개명하였다고 한다.

국어 첫째 시간에 「무궁화」라는 글을 배웠는데 '함초롬히'라는 부사어가 지금도 기억난다. 세월이 한참 흐른 뒤에 알고 보니 조지훈(趙芝薰) 선생의 수필이었다.(혹시 다른 분의 글이 아닌지 모를 일이다. 『조지훈 전집』이 책장에 꽂혀 있으면 금방 확인할 수 있는데…) 그때에도 누구의 글이라는 것을 담당 선생님에게서 들었을 터이나 무심하게 듣고 한쪽 귀로 흘려보냈을 것이리라. 영어며 수학, 기타 다른 과목도 제1장이나 제1과에 들어갔다. 중학교 입학 후 가장 생생하게 남아있는 기억으로는 등교하면 급우끼리 '악수'를 한 일이었다. 남들이 하니까 나도 따라서 했는데 아직 어린이 때를 벗지도 않은 1학년짜리가 어른들이나 하는 인사법을 흉내 내는 것이 시건방을 떠는 것 같아서 속으로 웃곤 하였다. 지금에 와서 생각해 보니 그때는 중·고교로 분리된 학제가 시작되기 직전이었고 그래서 한 캠퍼스 안에 1학년부터 6학년까지 함께 있었다. 그런 상황이기 때문에 상급 학년인 형들이 서로 악수하는 것을 어린 것들이 보고 제 분수도 모르고 따라서 한 것이 아닌가 싶다.

입학한 지 두 주일가량 지났는데도 통 정을 붙일 수가 없었다. 학교에 가기가 영 싫었다. 원래 일차로 지망했던 학교가 아니기 때문이었다. 어른들은 중동중학교의 역사·전통··배출된 각계 저명한 인사들, 일제 때의 반일정신이 투철했던 교풍 그리고 동향인 성주 출신 최규동 선생이 세운 유명한 사학임을 거론하면서 빨리 적응하기를 다그쳤으나 정작 나는 쉽게 학교 품 안에 안겨지지 않았다. 일차에 낙방한 충격이 너무 컸기 때문에 그랬었다.

그렇게 시큰둥한 기분으로 다니던 어느 날, 6월 25일 일요일 새벽에 북한군의 남침으로 난리가 터졌다. "점심은 평양에서, 저녁은 신의주에서"를 노상 외치면서 북진통일이 곧 실현될 것인 양 선전하던 신성모(申性模) 제2대 국방장관을 비롯한 군 당국의 호언장담이 소년인 우리 또래들의 뇌리에도 꽉 박혀 있었던 터라서 처음에는 누구도 믿지 않았다. 특히, 6·25 전년인 1949년에 개성 속악산에서 우리 국군 용사 10명이 육탄을 들고 돌격하여 적진지를 무너뜨리고 장렬히 산화한 이른바 '육탄용사' 사건이 있어서 국민들까지도 사기가 충천해 있었다. 그런 국군이 이 땅을 철통같이 지키고 있는데 감히 북한군이 쳐들어오다니 도무지 이해가 되지 않았다. 무엇보다도 이런 일이 섬광처럼 머리를 스쳐갔다. 즉 제2대 국회의원을 뽑는 5·30총선 이전 체포된 거물 남로당원 이주하(李舟河)·김삼용(金三龍)을 이북에 묶여 있던 민족주의자요 온 국민의 존경을 받고 있던 고당(古堂) 조만식(曺晩植) 선생과 6월 중 교환하자고 북한 정권이 제의해 온 것이 불과 2주일(?) 전의 일이었다. 워낙 예상치 못한 제안이라서 온 매스컴이 크게 보도하면서 꼭 실현되기를 고대하고 있던 중이었다. 그런데 북쪽의 남침이라니 아마도 오보라고 믿었다.(나중에 곧 판명된바 북의 제의는 남한 정부를 작전상 교란시키려던 계책이었다.) 앞에서 이미 말한 바와 같이 6월 24일 토요일 저녁 육군 수뇌부와 고위 장교들은 '육군회관' 개관식을 갖고 밤늦도록 취할 정도로 마셨다고 한다. 몇 시간 뒤면 전쟁이 터지는 줄도 새까맣게 모르고 그랬단다.

어른이나 아이 가리지 않고 쉽게 믿지 않던 "괴뢰군 남침"은 그러나 그날 오후쯤 경기도 북부지방에서 줄지어 내려오는 피란민의 행렬과 외출 또는 휴가를 나온 국군장병들이 트럭에 가득 타고 북쪽 일선 지방으로 황급히 귀대하는 것을 보고 확실히 믿기 시작하였다. 새로 이사 간 청량리가 양평과 남양주·가평·춘천 지방으로 향하는 길목이라서 그때의 정황을 내가 누구보다도 잘 알고 있다. 걱정도 하고 낙관적인 기대도 하면서 첫날은 그렇게 보냈다.

이튿날인 월요일 아침에 평일처럼 전차를 타고 등교하였다. 교문에는 평소와 달리 목총을 들고 학생모의 태를 목에 걸고, 다리에는 각반을 찬 5·6학년 중심의 규율부 상급생들이 긴장된 표정으로 서 있었다. 교정 곳곳에서도 그런 모습이 보였다. 평일에는 구경조차 할 수 없는 장면이었다. 수업이 시작되었다. 매 교시마다 들어오는 선생님들의 표정은 다소 굳어 있는 듯하나 크게 표가 날 정도는 아니었다. 몇 마디 어제의 일에 관해서 언급한 뒤 곧 수업으로 들어갔다. 그날 수업은 아마 오전에 모두 끝난 것으로 기억한다. 교문을 나서니 시내는 더욱 뒤숭숭하고 시민들은 수심에 가득 차 있었다. 북한군은 이미 의정부를 점령하고 이제 창동 지역으로 내려오고 있는 중이라는 긴박한 소식이 파다하게 퍼져 있었다. 그럼에도 방송은 물론 국방부 지프차(그렇게 알고 있는데 혹시 다른 기관, 예컨대 경찰국의 차인지 확실히는 모르겠다. 그러나 전자인 가능성이 훨씬 높다)들은 거리를 누비면서 용감무쌍한 국군장병들이 승승장구하고 있으니 시민들은 안심하고 생업에 종사하라고 선전을 해댔다. 27일 저녁에도 그랬다. 이런 희극이 또 있을까. 서울 중앙방송, 곧 KBS를 통해서도 같은 내용의 소리가 흘러나왔다. 후일에 안 일이지만 모윤숙(毛允淑) 시인은 관계기관의 요청에 따라 방송국에 나가서 역시 같은 내용을 되풀이하기를 28일 새벽녘까지 하고 나왔단다. 그때 KBS는 조선일보사 뒤편에 있었다. 방송국을 나와 광화문 네거리를 바라보니 텅 비어 있는데 전세는 기울어져서 인민군이 시내를 장악했다는 낌새를 느낄 수 있었다고 한다. 그것도 모르고 "서울 시민 여러분, 국군을 믿고 안심하세요"라는 방송을 했으니 그 자신이 얼마나 기가 막혔겠으며 또한 얼마나 배신감에 젖었을까. 그때 대한민국의 실정은 그 지경이었다. 상황을 파악한 그녀는 급히 남산 쪽에 있는 집으로 가서 내 나이 또래의 외동딸을 데리고 피신하였다. 그 이후 그가 경기도 일원의 이집 저집을 거치며 구사일생한 전말은 『중앙일보』의 장기 연재물인 『민족의 증언』에 자세히 기록되어 있다. 그녀는 북한 정권 입장에서 볼 때 '인민재판 1호감'이었다. 민간인으로서 그렇다. 그런 점에서 공산당과 완력으로 맞선 김두한(金斗漢)도 마찬가지다. 정치가도 아닌 시인인 모윤숙 그녀가 왜 저들이 그토록 증오하고 저주한 악질 반동분자인가, 대한민국 정부 수립의 숨은 공로자였음을 아는 사람은 다 안다. 분단된 한국을 통일된 나라로 만들기 위해서 광복 이후 미군정 때 UN에서 여러 나라 대표로 구성된 위원단을 파견하였다. 그들은 남·북 총선을 통해 이 땅을 하나로 된 나라로 만들고자 노력하였다. 그러나 남·북 지도자들이 각기 뜻을 달리하는 바람에 위원회의 활동은 성과를 거두지 못하고 있었다. 이때 이승만 박사는 우선 남한만이라도 단독 정부를 수립해야 되겠다고 방향을 잡은 후 여러 방면에 걸쳐 위원회를 설득하였다. 그중에 하나가 毛 시인을 통해 인도 출신 위원장에게 접근하여 남쪽 민족진영에 유리한 결론을 이끌어내는 것이었다. 그녀는 이 박사 등 여러 인사들의 부탁을 받고 실로 힘을 다하여 민간외교를 펼쳤다. 짧지 않은 기간을 그는 대한민국 정부 수립을 위해서 기여하였고 그래서 다른 계통 사람들의 노력도 합해져서 마침내 UN한국위원회로 하여금 총선을 통해 남한만의 단독정부를 세운다는 결정을 이끌어냈다. 이렇기 때문에 그는 북이 지명한 공공의 적으로 낙인찍혀 있었다. 9·28수복 이후 그녀가 경무대에서 이 대통령에게 통곡하며 분풀이를 한 얘기도 위『민족의 증언』에 기록되어 있는 것으로 알고 있다.

겁에 질린 나는 발걸음을 재촉하여 집으로 뛰어 들어갔다. 그리고는 가족들과 함께 6월 27일 아침까지 공포에 떨며 지새웠다. 27일이 밝아왔다. 그리 멀지 않은 곳에서 대포 소리가 들려왔다. 하룻밤 사이에 전황은 더욱 악화되어 누구의 지시가 없어도 시민들의 대부분은 출근이나 등교는 생각조차 할 수 없었다. 불과 이틀 사이에 서울이 전장(戰場)의 가까운 외곽으로 빨려 들어갔기 때문이다. 이날이 나와 중동중학교와의 마지막 인연의 날이 될 줄은 꿈에도 생각지 못하였다. 불과 25일 동안의 신입생 생활, 마음에 들고 안 들고를 떠나서 전쟁과 그 이후의 숱한 굴곡 때문에 적(籍)을 둔 학교와 관계를 끊게 된 것은 폐일언하건대 인생의 비극이 아닐 수 없다. 학교는 다르지만 나와 같은 이력을 공유하고 있는 그 시대의 불운한 사람들이 우리 주변에 적지 않게 있다. 일류 중학을 다니다가 전쟁통에 이리저리 쫓긴 끝에 나중에는 그보다 못한 학교로 옮겨서 졸업을 한 사람도 드물지 않다. 모두가 전쟁의 피해자다. 휴전 이후 복교코자 학교에 갔더니 사변 전의 학년으로 다니라고 하는 통에 포기하고 듣도 보도 못한 학교에 제 학년으로 편입해서 학업을 마친 경우, 그때는 그런 식의 비공식 입학이 드물지 않게 있었다. 이를테면 비공식 보결입학인 셈인데 따로 입학금을 내지 않고 등록금(월사금)만 납입하면 수속이 끝났다.

그날 늦은 저녁에 할아버지와 부모님을 비롯한 우리 집 식구 여섯 명은 봇짐을 싸 들고 시내 연건동 작은댁으로 긴급 대피하였다. 큰집 작은집이 죽어도 같이 죽자는 뜻에서다. 대학가 뒤편, 앞에서 말한 '문화당' 가까이에 있는 충신동 파출소 앞을 지나는데 순경 두 명이 수심에 가득 차서 우리를 향해 어디서 오느냐 하면서 전황이 어떤지를 묻는 기막힌 코미디가 있었던 일도 잊지 않고 있다. 우리를 경기도 북부

지역의 피란민으로 착각한 모양인데 누가 누구에게 돌아가는 정세를 물어야 옳은 것인가.

27일 밤과 28일 이른 새벽까지는 시가전이 전개된 공포의 시간, 총소리 대포 소리에 가족들 모두가 이불을 뒤집어쓰고 밤을 꼬박 지새웠다. 처음 겪는 전쟁이니 그 공포가 어떠했겠는가. 새벽 3시경이었으리라. 식구들 모두 공포에 떨고 있는데 갑자기 대문을 두드리는 소리가 들렸다. 남자의 다급한 목소리가 귀청을 때렸다. 그 와중에 사람의 소리라니 크게 놀라지 않을 수 없었다. 나중에 어떻게 되든 일단 문을 열어주기로 어른들은 의견을 모았다. 불과 30초도 채 안 되는 시간이었다. 대문을 열어주자 황급히 뛰어 들어온 주인공은 쫓기는 국군 졸병! 부대는 풍비박산이 나고 자기 혼자 헤매던 차 더는 어쩌지 못하고 무작정 우리 집 대문을 두드렸다는 것이다. 온 식구가 극진히 대하였다. 만약 빨갱이 집에 들어갔다면 어찌 되었을지 모골이 송연하다고 하면서 감사 또 감사의 말을 거듭하였다. 그의 말에 의하면 전쟁은 이미 끝났고 인민군은 아마 한강 근처까지 갔을 것이라고 한다. 그는 그렇게 해서 죽지 않고 살았다. 9·28수복 이후 어느 날 그가 그의 누님과 함께 작은할아버지 댁을 찾아와서 죽을 목숨 부지해 주어서 고맙다는 인사를 거듭했다. 6월 28일 아침 우리 집을 나갈 때 군복을 벗게 하고(그 군복은 당일 아궁이에 넣어 태워버렸다) 대신 작은할아버지의 여름옷을 입혀 보냈는데 그것을 내놓으며 흐느끼더라는 것이다. 인공 치하 3개월을 숨어서 살았는데 곧 부대에 복귀하겠노라고 하였단다. 아… 우연찮게도 한 생명을 구할 수 있었던 그때의 절박했던 극적인 순간이여.

28일 아침이 되니 밖은 훨씬 조용하였다. 가끔 총소리가 간헐적으로 들릴 뿐이었다. 방 안에 쪼그리고 앉아 있어도 승패가 끝난 것을 충분히 짐작할 수 있었다. '서울의 함락'은 이렇듯 눈 깜짝할 사이에 현실로 찾아왔다.

　오전 10시쯤 되니까 골목길에서 사람들의 소리가 비로소 들려왔다. 나는 두려움을 꾹 참고 어른들을 따라 원남동 네거리로 나가 보았다. 광복 때 달려 나갔던 바로 그 장소다. 장소는 같았으나 상황은 전혀 딴판이었다. 전차(電車)는 아예 보이지 않았고 전차 궤도는 엉망이었다. 전선(電線)은 모조리 끊겨져 전차 선로 위에 축 늘어져 내려 있었다. 인근 건물은 다행히 온전하였으나 총탄의 흔적이 곳곳에 남아 있었다. 처음 보는 둔중한 탱크 몇 대와 그 안에 몸체를 숨기고 얼굴만 내민 인민군 병사들의 날카로운 눈초리… 그리고 인민군 탱크 쪽으로 가까이 오는 완장 찬 무리들의 열광하는 환호 소리… 열두 살 중학교 1학년생은 그만 압도되고 말았다. 전쟁의 결과, 승자의 세계가 바로 이런 것이로구나 하는 것을 순간 절감하였다.

　대학병원은 멀리서 엿보아도 지옥과 아수라장을 연상케 하기에 충분하였다. 후송된 다수의 국군 부상병들이 겪고 있을 딱하고 참혹한 현장을 멀리서라도 볼 수 없어서 급히 발걸음을 재촉하여 5분 거리에 떨어져 있는 연건동 집으로 돌아왔다. 며칠 후에 들은 소식 ─ 대학병원과 그 앞 창경궁에 있던 국군 부상병들은 모조리 총살당했다는 것이다. 휴전 후 몇 년 지나서 그들을 추모하기 위한 위령비가 지금 병원 구내 장례식장 근처에 서 있음을 부기해 둔다.

　28일 저녁, 우리 식구는 걸어서 다시 청량리 집으로 돌아왔다. 전차는 모두 운행 중단이었다. 동대문 쪽 상황도 원남동이나 다를 바 없었다. 그러나 기가 막히는 다른 하나가 있었다. 어느 틈엔가 동대문 누상에는 인공기(人共旗)가 걸려 있었다. 세상은 이렇듯 단숨에, 또한 낯설게 뒤집혀 있었다. 신설동 경마장(1960년 전후로 혹은 1950년 말경 없어짐) 근처에 오니 10여 명의 사람들이 빙 둘러서서 야단스럽게 떠들고 있었다. 가까이 가서 보았다. 육군 소위 한 사람과 그의 당번병 겸 통신

병인 듯한 졸병 한 사람(그땐 그런 직책의 사병인지를 전혀 알 수 없었다. 후에 군에 입대하여 교육계를 맡아보면서 소대장과 당번 역할을 겸한 통신병이 함께 움직인다는 군의 작전체제를 안 것을 토대로 이렇게 추정한다)이 충격을 맞고 쓰러져 있었다. 시체를 난생처음 보았다! 소스라치게 놀라고 있는데 저들 무리는 "반동은 죽여야 해! 국방군은 한 놈도 빠짐없이 싹 쓸어버려야 해!"라고 외치면서 발길로 두 시체를 차고 짓밟기도 하는 것이었다. 군중 가운데는 여자도 섞여 있었다. 그들 또한 시체를 처음 보았을 터인데 조금도 두려워하지 않고 살기등등하기만 하였다.

  6월 28일, 세상이 바뀌자마자 나는 모아 둔 『소학생』·『어린이』 잡지를 아궁이에 넣고 불로 태워버렸다. 어린 나이이지만 그 잡지들이 혹시 화근이 될지 모른다는 두려움 때문에 그랬는데 실소할 일이지만 그때는 겁에 질려서 그렇게 행동할 수밖에 없었다. 내가 두 눈으로 보고, 또한 몸소 겪은 '서울 함락' 첫날의 뚜렷한 기억은 이런 것이었다. 문득 누님의 모습이 떠올랐다.

2. 생지옥 같은 '인공 치하 90일'의 서울(1)

  6월 30일로 알고 있다.(혹은 7월 1일 수도 있다) 집에서 라디오 방송을 들었다. 며칠 전의 방송과는 내용은 말할 것도 없고 아나운서의 음성부터 사뭇 달랐다. 얼마쯤 진행되더니 "이승만 괴뢰 정부의 내무부 장관인 김효석(金孝錫)도 과거의 잘못을 뉘우치고 위대한 조선민주주의인민공화국 품에 안겼다"라고 보도하는 것이 아닌가. 그 며칠 뒤쯤에는 "괴뢰정부하의 꼭두각시인 국회의원들도 속속 '조국'의 품으로 돌아오고 있다"라고 보도하였다. 거명되는 여러 명의 국회의원 중에 종로 갑구에서 2대 국회의원으로 당선된 박순천(朴順天) 여사의 이름이 들어 있었던 것을 지금도 기억하고 있다. 나중에 판명된 일이지만 국회의원 제씨(諸氏)들이 저들에게 굴복한 것이 아니고 체포되어서 갇혀 있었던 것을 점령군이 악용하여 거짓 보도한 것이다.

어쨌거나 이런 뉴스를 듣는 순간에 나는 나라를 책임진 사람들이 어떻게 그처럼 신속하게 변신할 수 있는지 놀라지 않을 수 없었다. 속사정도 모르고 그랬었다. 특히 전자 내무부 장관의 표변은 큰 충격이었다. 워낙 오래된 일이라서 자신 있게 확언키 어려우나 뉴스보도에 이어 그는 육성으로 서울에 남아 있는 전 괴뢰정권의 모든 공직자들에게 자신과 같이 자수하기를 권고하는 방송을 한 것으로 안다. 세월이 지나서 깊이 생각해 본 결과, 그도 미처 피신치 못해서 잡혔고 그래서 저들의 강압에 못 이겨 방송국에 끌려 나와서 본의 아니게 성명서를 발표한 것이 확실할 것이라고 판단한다. 고위 관직에 있던 행정부의 요인들, 수십 명의 국회의원들, 판검사, 경찰간부, 학계, 교육계, 예술계 등 각계 저명한 인사들 수백 명이 만약 '북침'이었다면 피란도 가지 못하고 그렇게 속절없이 잡힐 수 있었단 말인가. 거짓말도 어지간해야지…

어쨌거나 국회의원이 아닌 '장관'의 투항 소식은 군사적으로뿐만 아니라 정권적 차원에서 이젠 완전 패망하였고 대한민국은 마침내 소멸되었다는 생각을 갖기에 충분하였다. '서울시 인민위원회'라는 처음 듣는 기관명이 나오고 또한 처음 듣는 이승엽(李承燁)이라는 사람이 인민위원회 위원장으로 서울 시민의 대표자가 되었다는 뉴스도 흘러나왔다. 남한의 '서울시장' 격임을 며칠 뒤에 알았다.

잠시 숨을 고르면서 말하거니와 나는 지금 묻혀 있는 자료를 찾아내어서 거기에 근거하여 쓰고 있는 것이 아니다. 이 기록물을 기필(起筆)할 때부터 지금까지 내용의 모두를 그때의 기억을 더듬어서 기록하고 있는 것이다. 이러한 글쓰기는 이 기록물이 끝날 때까지 계속된다.

서울이 함락되고 방송뉴스가 저런 이상, 이제는 싫든 좋든 우리는

'조선민주주의인민공화국'의 인민이 되었음을 인정하지 않을 수 없었다. 비록 나이 어린 중학교 1학년짜리 소년이지만 그만한 생각은 넉넉히 할 수 있으리만큼 성장해 있었다. 그리고 저들이 그토록 반민족·반인민의 반동 착취 정권이라고 매도하는 '이승만 괴뢰정부'의 정치를 청산하고 살기 좋은 세상을 만들어 주기만을 기대하기로 하였다.

그러나 '인공(人共) 치하 서울의 90일'은 그러한 기대와는 완전히 거리가 먼 '굶주림과 공포와 죽음'의 피눈물 나는 세월이었음을 가감 없이 증언한다. 10여 년 전, 어느 사석에서 내 나이 또래의 이름 있는 골수 좌파 사학자가 나에게 물었다. 자신은 시골에서 6·25를 겪었는데 들은 바에 따르면 서울 시민들이 상상을 초월한 기아에 허덕이고 탄압에 시달렸다는데 그게 사실이냐고 하면서 확인해 주기를 요청하였다. 나는 음성을 낮추어서, 그러나 분명하게 "사실입니다. 그렇지 않고서야 1·4후퇴 때 왜 서울 시민들 거의 모두가 집을 버리고 그 추운 겨울에 그 고생을 하면서 피란길에 올랐겠습니까? 그때 서울은 완전 공동화(空洞化)되었음은 세상이 다 알지 않습니까? 6·28 서울 함락 이후 겪어본 결과 그게 아니라는 것을 알았기 때문이지요. 내가 듣기로는 6·25 직전까지만 해도 대학생들의 상당수가 좌파 또는 회색분자였다고 합니다. 그건 당신도 알고 있지 않습니까. 그들조차 인공 치하 90일을 직접 체험하고는 대부분이 우익으로 돌아섰습니다. 나는 공산주의 이론의 좋고 나쁘고를 따지는 일과 별도로 단지 당신이 묻는 6·25 그때 서울 시민이 겪은 고통에 대해서 말하는 것입니다. 생지옥이 따로 없더군요"라고 응답하였다.

'인공(人共) 치하 90일'을 무슨 말로 묘사하며, 무슨 말로 진술할 수 있을까. 나의 필력으로서는 온전하게 표현할 수 없음을 탄식한다. 1970년대 여러 해에 걸쳐 『중앙일보』는 「민족의 증언(證言)」(위에서 언급한 바 있음)이라는 제목의 논픽션 기사를 일주일에 한 번씩 여러 해

동안 연재하였다. 후에 그것을 5권(?)의 전집으로 출판하였다. 그 연재물은 6·25 이전의 한반도 정세로부터 시작하여 6·25의 전 과정과 휴전될 때까지를 군사·정치·외교·사회적인 측면에서 다룬 것이다. 많은 자료와 수다한 증인들이 등장한다. 거기에 한 부분으로서 인공 치하 서울의 모습과 시민들의 생활상이 그려져 있다. 내가 아는 범위 내에서 평가한다면 그 부분의 기록은 객관적이요 사실에 어긋남이 없다. 이 기획물이 참고가 된다. 다만 여러 방면의 여러 사람들의 목소리를 많이 다루지 못한 것이 흠이다. 군사·정치 등 다른 것을 중점적으로 기술하자니 불가피하였을 것이다. 그러므로 서울 시민들의 인공 치하 생활상은 따로 정리한 책이 필요하다. 그런 책 중의 하나를 아래에서 곧 소개하겠다. 나는 이 기록물이 앞으로 약술할 나의 부족한 체험담을 다방면에서 보완해 주리라 확신한다.

『민족의 증언』을 두고 일부 삐딱한 식자들은 보수 언론의 의도되고 편향된 연재물이라고 하면서 외면한다. 요즘 세상은 정파를 초월하여, 아무리 거짓과 과장이 없는 진실을 증언해도 자신의 비위와 사상에 맞지 않으면 배격한다. 그렇다면 동란 당시 서울대학교 문리대 사학과에 재직했던 故 김성칠(金聖七) 교수의 『역사 앞에서』를 나는 다시 권하고 싶다. 그는 문자 그대로 좌·우도 아닌 중도 지식인으로 정릉에서 난리를 겪었는데 참으로 용케도 매일의 생활을 일기로 남겼다. 그것을 1990년대에 책으로 펴낸 것이 바로 『역사 앞에서』다. 나도 사서 두 번이나 읽었다. 정말 중도적인 입장에서 객관적으로 쓴 값진 책이다. 다만 그분은 교외인 정릉에 살면서 텃밭을 가꾸었기 때문에 우리처럼 아사(餓死) 직전까지는 가지 않았다. 그것만 제외하면 서울 시민들(좌익을 제외한)이 고생한 경우와 다를 바 없다. 이 책에 굶주림과 관련된 것으로 불문학자인 손우성 교수(6·25 당시 성균관대학에 재직했던 것으로 알고 있음)가 식량을 구하러 경기도 일원을 헤매던 참담한 기록이 적혀있는데 그것을 아직도 기억하고 있다. 나의 부족하기 짝이 없는 기술을 이 책이 또한 완벽하게 보충해 줄 것이다. 기타 그때와 관련된 기록 및 증언들이 다수 있으므로 나는 여기서 내가 겪은 전란체험의 극히 일부를 구색만 갖추는 식의 서술로 만족하겠다. 당시 양심적인 중도파 학자의 생생한 증언을 읽고도 만약 악질 반동 지식인의 악의에 찬 모함이라고 비난한다면 나는 참으로 할 말이 없다.

돌이켜 보건대 아주 늘려 잡아서 7월 10일 전후까지는 그런대로 버텨낼 수 있었다. 두렵기도 했지만 저들의 선동선전에 기대도 했기 때문이다. 식량만 해도 그때까지는 쌀독과 뒤주 밑바닥을 박박 긁어내서 끼니를 해결하였고 없으면 일가친척, 혹은 동네 이웃들끼리 나눠 먹으면서 연명할 수 있었다. 극빈자를 제외하면 그렇다. 그러나 그 후로는 급전직하였다. 1990년대 북쪽 인민이 겪었던 '고난의 행진' 바로 그것이었다. 그보다 더하면 더했지 결코 못 하지는 않았다.

우선 '사람 잡아가기'부터 말하겠다. 내가 학생이었으니 소위 '의용군'부터 거론하기로 하자. 저들은 '조국해방전쟁'을 하루빨리 종결시키기 위해서 7월 20일을 전후하여 중학교 3·4학년 이상의 학생과 청년을 '의용군'으로 잡아가기 시작했다. 8월에 접어들어서는 더욱 본격화, 노골화되었다. 인민군은 낙동강까지 진격하여서 이제 한반도는 완전한 적화통일이 목전에 와 있다고 언론 매체는 연일 보도하였다. 그것은 사실이었다. 그런데 대구와 부산이 떨어지지 않고 정비된 국군과 유엔군의 반격이 아주 골칫거리였던 모양이다. 추가 병력의 투입이 그래서 긴요하게 되었다. 이를 해결하는 방법은 오직 하나, 현지 충원이었고 그리하여 의용군이라는 이름의 급조 병력을 꾸려서 전선으로 내려 보내는 것이다.

일부 좌익 학생과 청년들이 자진해서 의용군에 입대한 사실마저 부인치 않겠다. 그러나 대부분은 잡혀가고 끌려간 것임을 확실히 증언한다. 수업도 하지 않으면서 학생들을 등교하라고 빗발같이 독촉했다. 불이익을 당할까 봐 겁이 나서 등교한 순진한 학생들을 본인의 의사와는 상관없이 그 자리에서 잡아갔다. 징집영장이고 뭐고도 없었다. 경기 상업 중학교(보통 '道商'이라 칭함) 6학년생인 외가 오촌 아저씨도 그래서 끌려갔다. 그 아저씨는 낙동강 전선에서 국군과 총질을 하다가 인민군이 밀려날 무렵 친하게 지내던 의용군 한 사람과 함께 도망을 쳐서 다행히도 생환할 수 있었다. 살아 돌아온 그분은 국군 장교(영관급)로 복무하다가 제대 후 1990년 중반에 운명하였다. 이런 행운(?)의 예는 극히 드물다. 길거리를 가다가 잡혀간 수가 또한 얼마인지 알 수 없다. 이렇게 끌고 간 청년학생들의 집합소로 수송국민학교와 충무로 현 대한극장 건너편 부근에 있던 일신국민학교(日新國民學校, 이 학교는 없어진 것으로 알고 있음)였음은 내 눈으로 직접 보아서 알고 있다. 근자 친구들 모임에 나갔더니 당시 서울에서 고생하던 벗들도 그곳을 다 알고 있었다. 그만큼 공공연한 장소였다. 뿐만 아니라 친구들은 위에서 말한 조만식 선생과 이주하, 김삼룡의 교환제의도 소상하게 기억을 하고 있었다. 의용군의 경우, 초·중등학교의 젊은 교사도 그 대상의 하나였다. 그런 식으로 자식을 빼앗긴 부모의 심정이 어떤지는 당사자가 아니면 어느 누구도 헤아릴 수 없으리라.

사람 잡아가기의 또 하나의 유형은 노무자로 끌고 가기다. 전선에 배치시켜서 탄약상자며 주먹밥이며 기타 전투수행에 부수되는 온갖 잡일을 지원케 하는데 노무자가 필요하였다. 이들을 잡아가는 방식은 노상에서뿐만 아니라 특히 야심한 밤에 각 가정을 급습하여 끌고 가는 것이 주로 활용되었다. 전투 병력으로 쓸 수 없는 30대 장년층이 그 대상이었다. 가정을 이루고 있던 세대주들이 많이 잡혀갔다. 생과부는 이래서도 양산된 것이다. 나의 아버지는 그해에 만 37세였다. 당연히 저들이 노리는 대상자였다.

의용군과 노무자로 끌려가지 않기 위해서 학생·청년·장년층은 외출을 극히 자제하고 그 무더운 삼복더위를 다락이나 마루 밑에 기어들어 가서 숨어 지냈다! 상상해 볼 일이다. 다락은 또 그렇다 치고 한옥의 마루 밑이 얼마나 협소한 공간인가. 벌레는 또 얼마나 많은 곳인가. 그런 데서 거적을 깔고 '인공 치하 90일' 중 두 달가량을 수시로 들어가서 보내야 했으니(매일 24시간 그럴 수는 없었다. 낌새가 이상하다고 싶을 때면 그랬었다) 그런 생지옥 같은 고생이 또 어디 있는가. 조국 해방 전선에 동참할 의무가 있다고 아무리 떠들어대도 이걸 수용할 동족은 없었다. 최소한 법적 절차도 밟지 않은 잡아가기가 어떻게 통할 수 있다는 말인가.
　우리 앞집(모퉁이 집이다)에는 어느 대학교 상과대학에 재학 중인 기혼의 대학생이 있었다. 20대 중·후반쯤 되는 늦깎이 학생이었다. 의용군이나 노무자감이었다. 그의 아내는 연건동 소재 창경국민학교 교사였다. 그 집과 우리 집 사이에는 담이 없었다. 그 집 마루의 큰 창문에서 사뿐 뛰어내리면 우리 집 장독대였다. 그때 보통 가정집에는 장독대에 크고 작은 옹기가 수십 개 놓여 있기 마련이다. 그 기혼 학생은 밖의 기미가 조금만 이상하면 자기 집 마루 밑은 피하기가 부적절하다고 하여 그 창문을 통해 잽싸게 우리 집 장독대로 뛰어내리곤 하였다. 나의 부친과 인공 치하 반 이상을 함께 우리 집 마루 밑에서 보냈다. 여기서 증언할 것이 하나 있다. 시골에서는 '지방 빨갱이'가 설쳤다는 얘기를 후에 들었다. 머슴·옛날의 종 출신을 비롯하여 양민 중의 공산주의자들이 왕년의 지주계급과 대한민국 시절에 지방 공직에 있던 사람과 그 가족들을 처단하거나 못살게 굴었다고 한다. 그러나 서울은 내 기억이 틀리지 않는 한 그런 일은 없었다. 이웃끼리 그런 짓은 하지 않았다. 아마도 오랜 세월에 걸쳐 있는 자 없는 자가 확연하게 구분되고 피해자에 대한 앙심과 복수심을 가슴에 품고 살던 농촌의 사정과 개인주의로 살던 서울살이는 다르기 때문이었으리라.

　야밤에 우리 집에 인민군 장교와 동 인민위원회 당원이 한 조가 되어서 두 번 급습하였다. 마침 그때마다 운 좋게 아버지와 기혼대학생은 저녁 식사 후 마루 밑에 숨어 있었다. 살아남으려니 어떤 영감이 작용하였던 모양이었다. 저들은 들어와서 집 안을 뒤지려고 하였다. 그때 62세의 상노인이셨던 할아버지께서 가로막으셨다. 점잖은 노인 말씨로 깊은 밤에 이게 무슨 무례한 짓이냐고 일단 꾸짖은 뒤 내 아들은 행방불명이 된 지 여러 날 되었고 그래서 이 늙은이가 난리 중에 며느리와 어린 손자 손녀를 데리고 어렵게 살고 있는데 지금 같아서는 죽기 일보 직전이니 어서들 나가라고 좋게 타일렀다. 그때에도 나는 노인의 힘이 얼마나 큰지를 깨달았다. 아무리 무도한 저들일지라도 노인 앞에서는 무력하였다. 이렇게 말하지만 실인즉 우리 할아버지가 어디 보통 노인이신가! 저 앞에서 기술한 바와 같이 창씨개명도 물리친 분 아닌가. 나는 평생 살면서 우리 할아버지처럼 '대가 센' 분을 한 번도 본 적이 없다. 단언컨대 그렇다. 그런 분이 떡 버티고 경상도 말씨로 점잖게 일갈(!)을 하니 저들은 무력함을 넘어 당황해하기까지 하였다. 아 — 우리 할아버지의 위엄이 대범 이와 같았다. 또 그때만 해도 아주 허술한 시대라 평소 주민등록 같은 것이 제대로 정비가 되어 있지 않아서 저쪽에서 서류철을 넘기면서 사무적으로 꼬치꼬치 따질 수도 없었다. 그러니까 그들의 급작스러운 가택내습(!)은 무조건 무계획 무작정이었던 셈이다. 그 덕도 보아 우리 집은 무사했다. 강원도 출신인 그 全(혹은 田씨)씨 성을 가진 늙은 대학생은 그가 고백한 바에 의하면 6월까지만 해도 좌익 쪽에 가까운 회색분자였다고 한다. "이런 게 공산주의인지는 정말 몰랐다"고 입버릇처럼 말하더니 9·28수복 이후 자진 입대하여 국군 장교가 되었다.

　전쟁터의 노무자를 잡아가는 것과 마찬가지 방식으로 앞에서 언급한 바와 같이 항일 독립지사·정계와 관계의 인사, 학계·문화계·법조계·언론계·교육계·종교계 등의 저명인사들을 저들은 본인의 의사와는 전혀 관계없이 끌고 올라갔다. 〈단장의 미아리 고개〉라는 가요가 그래서 생겼다. 선량한 민간인 동족들을 이런 식으로 무지막지하게 다루는 전쟁이 이 지구상에 또 있을까 싶다.

이렇듯 여러 가지 명목과 유형에 의한 '사람 잡아가기' 그물에 걸리지 않기 위해서 노인층과 아녀자를 제외하고는 누구나 집 밖으로 나가려 하지 않았다. 아니, 나가서는 안 되었다. 나가면 끌려가서 죽는다는 사실을 모르는 서울 시민은 없었다. 멀리 시골로 몰래 피신하는 경우도 있었다. 따라서 시내 거리는 한산하였다. 사람들이 활동할 수 없었으니 화폐가 돌아가는 시장경제와 생활현장이 제 기능을 발휘하기를 바라는 것은 연목구어(緣木求魚)였다. 서울은 죽은 도시였다. 모든 것이 정지된 상태였다. 직장이며 일터가 어디 있는가. 어느 가정에도 돈이 들어오지도 않았고 그러니까 돈을 쓸 수도 없었다. 이렇게 말하면 전후세대를 비롯하여 지금의 젊은이들은 비록 전쟁 중이지만 그래도 사람 사는 세상인데 설마 그렇기야 했겠느냐고 고개를 갸우뚱하겠지만 어쩌겠는가 사실이 그랬었는데… '조선민주주위인민공화국'이라는 집단의 본질과 생리를 전제로 내세우고 재차 생각하면 의문은 쉽게 풀린다. 평등한 배급? 속된 말로 배급 좋아하네다. 지금의 북한을 보면 알 수 있지 않은가.

하지만 한 군데 살아 있는 곳이 있었다. 이른바 반동분자를 잡아서 족쳐대고 처단하는 인민재판의 현장, 거기만은 열기가 넘쳐났고 생기가 충만하였다. 아 — 그 악명 높은 인민재판! 그곳에는 살기(殺氣)가 번뜩거렸다. 북한 정권의 대표적인 상표라 이를만한 이 공포의 인민재판에 걸려서 얼마나 많은 사람이 처형되었는지 우리는 모른다. 나도 동네에서 있었던 인민재판을 한두 번 직접 가 보았다. 그곳에 가고 싶어서 간 것이 아니다. 무슨 악취미가 있기에 그런 끔찍한 광경을 일부러 찾아가서 보겠는가. 한 가정에 남자 한 사람은 꼭 참석하지 않으면 그것 또한 '반동'으로 간주할 터이니 알아서 하라는 엄중한 지시가 있었기 때문에 싫어도 참석할 수밖에 없었다. 우리 집은 나까지 포함하여 남자가 셋. 그러나 아버지가 그 자리에 어떻게 나타날 수 있나. 환갑 넘은 노인이신 조부께서 어떻게 그 험한 꼴을 보실 수 있는가. 결국 어린 내가 그 일을 대행했다. 애 어른 가리지 않고 숫자만 채우면 되었으니 그것이 다행이었다.

  인민재판에 오른 '반동분자'는 물어볼 것도 없이 대한민국의 여러 공직자들. 특히 법조인과 공무원, 군경, 잘 살던 부자들, 자신들의 잣대에 의해서 지목된 사람들, 그리고 이북에서 월남한 북쪽 출신들(6·25가 터지자 월남민 1세대들은 사태가 심각함을 재빨리 눈치를 채고 6월 27일 이전에 일부가 한강 이남으로 피신하였다. 잡히면 누구보다도 먼저 처형당할 것을 알았기 때문이다. 하지만 정부의 말만 믿었던 다수는 숙맥처럼 남한 주민과 마찬가지로 눌러앉아 있다가 변을 당했다) 등이었다. 재판은 짜인 각본대로 신속하게 진행되었다. 수백 명의 군중 앞에 잡혀 나온 '죄인'에게 명색 검사역을 맡은 자의 기소장이 낭독된다. 그리고는 군중의 판결이 내려진다. 곳곳에 자리를 잡고 있던 '준비된 선동자'들이 "옳소, 처단하시오", "죽이시오", "강제 노동에 보내시오" 하고 외치면 거기에 있던 모든 사람들은 박수를 쳤다. 생명을 부지하기 위해서 꼭두각시 노릇을 할 수밖에 없었다. 워낙 악명이 높은 군중재판인지라 요즘 우리 사회에서도 근거도 없이 시민들의 여론에 의해 명예가 실추되고 망신을 당하거나 심하면 억울하게 법의 심판을 받게 되면 "인민재판을 하기냐?"라고 항변한다. 아직까지도 이 말이 사람이 사는 사회에서는 가장 꺼려하는 몹쓸 말의 하나로 통한다. 이런 점을 보아서도 저간의 사정을 대강 짐작할 수 있으리라.

저들의 입장에서는 '이승만 괴뢰정권의 앞잡이나 하수인'들을 처단하지 않을 수 없었을 터이다. 이렇듯 그들의 뜻을 존중하여 너그럽게 생각할지라도 그야말로 소수의 '악질'만을 본보기로 처단하되 말도 안 되는 그런 방식이 아닌 최소한의 법적 형식과 절차를 밟고 처리했어야 그나마 수용이 되었을 것이다. 그러나 저들은 그런 식의 미적지근함을 싫어했고 화끈하고 빠른 것을 좋아했다. 쓸어버림만을 알았지 다른 것은 전혀 몰랐다. 그래서 그들 정권의 토대인 무산 계층마저 등을 돌렸다.

이와 관련하여 지금의 서울시 의사당 앞에서 인민재판을 받고 죽었다가 기적적으로 살아나서 9·28수복 직후 자신의 체험담을 책으로 낸 문학평론가 팔봉(八峰) 김기진(金基鎭) 선생의 수기를 소개해 놓기로 한다. 그는 1930년대 초반까지 카프문학을 이끌다가 전향한 경력을 가지고 있다. 그렇기 때문에 저들에게는 처단대상 제1호급에 해당된다. 그의 책은 국립도서관, 국회도서관 등에 분명히 있을 것이다. 책 이름은 기억나지 않는다.

3. 생지옥 같은 '인공 치하 90일'의 서울(2)/ 9·28수복

1

학습과 세뇌, 그리고 김일성과 스탈린에 대한 숭배, 이런 것들이 또한 사람을 미치도록 못살게 굴었다.

세뇌교육, 이것은 그들 입장에서는 마땅히 수행해야 할 과제였다. 기존의 사상을 제거하고 새로운 이데올로기를 주입시키는 일은 필수적인 것이기 때문이다. 하지만 방식과 그 강압의 정도가 인민들을 여간 괴롭힌 것이 아니었다. 시도 때도 없이, 주로 저녁 식사 후에 주민들을 모아 놓고 한 시간쯤 공산주의의 기초 이론과 조선민주주의인민공화국의 통치이념을 학습시키는데 그 공포 분위기 속에서의 교육은 인내의 한계를 늘 넘었다. 암기할 것을 강요한 적도 몇 번 있었다. 왜정 때 가끔 있었던 반상회를 지긋지긋하게 여기면서 반감을 가진 경험이 있는 주민들을 세뇌라는 명목으로 그토록 강제적으로 교육을 시키니 어느 누가 따르겠는가. 무서워서 추종하는 척하면서 돌아서서는 모두들 욕을 했다. 도대체 저들은 융통성·유연성이라고는 눈곱만큼도 없는 사람들이었다. 자기들이 짠 무리한 계획을 그대로 밀고 나가는 것만 투철하게 인식하고 있는 사람들이었다. 참석자는 주로 노인들과 부녀자, 그리고 우리 같은 중학교 초급학년 학생들이었다. 청장년 남자들이 그 장소에 왜 가겠는가. 끌려 나가려고 가겠는가.

노래도 가르쳤다. 이 부분은 초·중등 학생인 우리 나이 또래가 주 대상이었다. 동네를 한 바퀴 돌면서 부르곤 하였다. 세뇌를 위한 학습의 일환이었다. 그때 배운 노래 중 "아침은 빛나라 이 강산…"으로 시작되는 저들의 국가, "장백산 줄기줄기 피어린 자욱…"의 김일성 노래, "원수와 더불어 싸워서 죽은 우리의 죽음을 슬퍼 말아라…"로 시작되는 전사의 노래(제목은 미상) 등은 지금도 대충 부를 수 있다. 나는 대한민국의 육군 병사로서 33개월을 복무하였다. 알다시피 매일 조석으로 군가를 부르며 지내는 것이 군대의 일과다. 그런데 그토록 몇 년씩이나 부른 군가도 지금은 세월이 지나서 한 곡도 완창하지 못한다. '논산훈련소의 노래'의 앞부분만 알고 있다. 그와는 달리 불과 석 달 동안 배운 저들의 노래는 하도 닦달을 받으며 배웠기 때문에 적어도 첫머리 부분의 얼마쯤은 부를 수 있다. 얼마나 당했기에 이토록 익숙해졌을까. 그러고 보니 이런 성과를 노린 저들의 교육이 그들의 입장에선 효과를 본 모양이다. 하지만 가슴 속에 응어리진 반감은 그런 효과로 상쇄가 되지 않는다.

김일성의 우상화, 여기에 대해서는 굳이 상설하지 않겠다. 그의 선대(先代)도 숭배의 대상으로 떠받들라고 극성이었으니 시민들은 아연실색하지 않을 수 없었다. 내가 이 부분을 자세히 서술하지 않는 이유는 지금도 저 북쪽에서 종교처럼 현재진행 중인 것을 이쪽의 모든 사람이 너무나 잘 알고 있기 때문이다. 다만 삽화 하나만 첨가한다면 뒤에서 다시 얘기할 기회가 있겠지만 어느 날 누님 집에 갔을 때 우연찮게 또한 아무 의도 없이 김일성의 사진이 크게 실려 있는 그 날짜 『해방일보』던가 지금은 제호가 생각나지 않은 신문을 찢어서 코를 풀었다. 이에 대경실색한 누님은 처녀 시절 그토록 사랑한 나를 심하게 꾸짖으며 이승만 정권 때와는 다르게 살아야 한다고 엄히 학습한 일이 있었다. 김일성 장군을 깍듯이 모셔야지 그래서는 안 된다는 것이다. 기가 찰 노릇이었다. 이와 관련하여 수년 전 남쪽에서 개최된 어떤 스포츠대회에 북쪽 선수들을 응원하기 위해서 내려온 그쪽 여성 응원단 수십 명이 연출한 '비 맞은 김정일 사진'을 보고 울며 항의하던 소동도 새삼 되살아난다. 국민 대다수가 어안이 벙벙하여 쓴웃음을 지었다. 현수막 속 김정일 얼굴이 빗물에 젖어 있는 것을 보고 위대한 지도자가 모욕을 당했다고 인식하는 저들의 강고한 사상에 아마 세계가 놀랐을 것이다. 어떻게 사람이 그렇게 될 수 있을까. 학습과 교육의 효과가 어떻게 그런 불가사의의 경지에까지 도달할 수 있을까.
　소련의 스탈린 숭상도 크게 다를 바 없었다. 소련은 조선민주주의인민공화국의 사상적 뿌리요 동지요 은인에 해당되는 나라이며 그러므로 소련의 최고 지도자인 스탈린 원수는 우리가 영원히 잊어서는 안 될 위인이라고 선전하였다. '세기의 두 거인'인 김일성과 스탈린의 초상화를 동대문·남대문을 비롯하여 각 기관 큰 건물에 빠짐없이 걸어 놓았음은 물론 동네마다 실내마다(단, 일반 가정에는 강요하지 않았다. 좌익 집 안에는 집주인의 의사에 따라 걸렸다. 과장되게 진술하지 않고 있음을 밝히기 위해서 이를 명기한다) 모시다시피 걸어 놓았다.

작년이던가. 반핵반김(反核反金) 단체에서 친북반미세력 규탄대회를 서울시청 앞 광장에서 가졌다. 그때 태극기와 함께 성조기가 휘날리는 가운데 대회가 진행되었다. 3·1절 날로 기억한다. 그 얼마 뒤 유신시대에 유럽에서 택시운전을 하며 망명생활을 하다가 귀국한 어느 인사가 TV에 나와서 그날의 성조기를 문제 삼으면서 이게 말이 되냐고 열변을 토하는 것을 시청하였다. 주권 국가의 자존심에 먹칠을 하는 것이라고 성토하였다. 그렇다면 그에게 묻거니와 겨우 두세 시간 성조기를 흔든 것은 반민족 행위이고 인공 치하 90일 내내 국보 1호인 남대문과 보물 1호인 동대문을 비롯하여 시내 곳곳에 스탈린 초상화를 걸어 놓은 것은 반민족 행위가 아닌가를. 반핵반김 단체에서 3·1절 날 성조기를 흔든 것은 반미친북의 구호만 아니었다면 그렇게 하지는 않았을 것이다. 요즘 뭣도 모르고 천둥벌거숭이로 날뛰는 사람들을 보고 있노라면 한숨이 절로 나오면서 이 나라의 장래가 심히 걱정된다. '반정부'의 선을 넘어 '반국가'도 마다 않으니 큰일이다.

'미제의 앞잡이 이승만 괴뢰정권'의 포악한 정치로 인해 신음하고 있던 남반부 인민들을 구제하기 위해서 내려온 해방군의 자비로운 통치의 실상은 대범 위와 같았다.

그러나 증언은 아직 끝나지 않았다. 끝으로 굶주림·기아선상의 배고픔이 남아 있다. 본론으로 들어가기 전에 한 가지 분명히 해둘 것이 있다. 그때의 굶주림이야 전쟁을 수행 중이던 비상시국이고, 폭격 때문에 식량 수송에 적지 않은 지장이 있었을 것이며 또한 보릿고개를 겨우 넘기고 햅쌀이 나오기 전인 8·9월 때였으니 불가피한 것이 아니었겠느냐고 반문하는 이가 있을 수 있다. 이런 동정론적인 변호에 대한 나의 답은 아주 단호하다. 묻거니와 그렇다면 평화시이고 수송체제가 비록 열악하다고 치더라도 6·25 때보다는 수십 배 낫고 보릿고개와도 무관한 지금 북한 정권하에서 굶어 죽고 기아에 허덕이는 불쌍한 주민들의 생활상은 무슨 논리로 변명할 것인지를 전제삼아 따지고 싶다. 요는 그때나 지금이나 통치의 문제라는 뜻이다. 핵 개발 때문에 UN안보리의 제재하에 있음을 굶주림의 이유로 들고 있으나 말도 안 되는 소리다. 묻거니와 UN의 제재 이전에는 왜 기아로 수많은 인민이 아사하였는가.

공산 치하에서 서울과 농촌의 큰 차이점은 바로 식량의 유무, 연명할 수 있었느냐의 여부에 놓여 있었다. 농민들은 폭압 정치에 시달릴 지언정 최소한 끼니는 그런대로 때울 수 있었다고 한다. 햇보리쌀이 있고 잡곡 감자·고구마 등이 있었기 때문이다. 농촌으로부터 주부식을 들여와서 먹고사는 서울 사람들은 그렇지 못하였다. 거의 아무것도 들어오지 않았다. 배급? 거듭 말하거니와 웃기는 얘기다. 따라서 서울의 기막힌 사정을 여러 경로를 통해서 알고 있던 경기도민(지금의 수도권의 토박이 원주민이다. 그러나 세월이 60년이나 흘러서 당시의 사정을 아는 농민은 겨우 소수 남아있을 것이다)을 제외한 그때의 他道 농민들은 서울 시민들이 배고픔에 시달리고 지치고 마침내 죽어간 지옥 같은 삶의 세계를 전혀 모르고 있다. 자신들처럼 호구는 하였다고 알고 있다.

서울을 기아에 허덕이게 한 것은 공산정권의 돌이킬 수 없는 최악의 실정이었다. 서울이 어떤 곳인가. 이곳에서 인심을 잃으면 어떻게 되는가. 위에서 열거한 몇 가지만으로도 민심은 등을 돌렸는데 그것도 모자라 인민을 굶기다니 그러고서야 누가 그들을 지지하겠는가. 국가도 사상도 배를 채운 뒤에 존재하는 것이다. 좌파나 회색분자마저 저들의 짓거리에 질색하였다는 사실은 결코 거짓이나 과장이 아니었다. 배고픔에 지쳐 있던 그때의 서울 시민들의 모습을 문자나 말로서가 아니라 영상으로 접하고 싶거든 TV에 자주 비쳐지는 1990년대 이후 북한 주민들의 밥그릇과 몰골을 보라고 권하고 싶다. 유니세프에서 TV

를 통해 보여주고 있는 아프리카 어린이들의 죽어가는 모습을 보라고 간곡히 부탁하고 싶다. 심하게 표현한다면 굶어서 뼈만 앙상하게 남은 어린아이들의 눈이 휑한 모습을 읽으라고 당부하고 싶다. 그와 유사했다고 간주하면 틀림없다.

　차근히 그때를 더듬어 보기로 한다. 다시금 말하거니와 곡식을 비롯한 각종 먹을거리가 서울로 거의 반입되지 않았다. 앞에서도 잠시 언명한 바와 같이 폭격 운운한다면 그건 말도 안 된다. 폭격이 매일 있었던 것도 아니었다. 설사 자주 있었더라도 그처럼 유입이 안 될 수는 없는 노릇이다. 낮에는 운송이 불가하다면 밤에는 얼마든지 가능한 것이 아니던가. 도대체 정권은 왜 존재하는가? 전쟁 승리에만 골몰한 저들의 행정이 시민들의 최소한의 식생활 조달에도 관심을 두지 않았기 때문이다. 조금만 기다리고 참으면 전 국토가 적화될 터, 배가 고프더라고 끽 소리 말고 기다려! 이런 발상이었다. 저들의 경제가 계획경제요, 배급제임은 천하가 다 아는 것이다. 도탄과 기아에서 헤매는 남조선인민을 구하기 위해서 내려왔다면 당연히 전시하에 먹을거리의 배급을 어떻게 실시할지에 대해서 계획을 세웠어야 했을 것이 아닌가. 그런데 저들은 그저 싸움에만 이기려고 했던 것이다. '땅 따먹기'에만 주력하였다는 말이다.

　설령 식량이 얼마쯤 들어왔다고 치자. 배급제가 실시되지 않았으니 6·25 이전처럼 시장경제에 맡길 수밖에 없었을 것이다. 그런데 시장이 무너져 있었다. 동대문·남대문, 우리 동네로 말하자면 청량리 시장 등 큰 곳 여러 군데의 시장이 서긴 했으나 거죽만 그렇고 속은 텅 비어 있었다. 입에 풀칠이나 하려고 어머니와 함께 내가 청량리 시장에서 되지도 않는 채소 장사를 여러 날 해봐서 안다. 알아도 건성 아는 것이 아니라 속 깊이 안다. '설혹'이라는 전제어를 또 붙이자. 시장이 활력 있게 움직이고 먹을거리가 상품화되기에 충분하였다고 가정하자. 화폐가 있어야 사지 않겠는가. 모두들 돈이 없었다. 직장이 완전하게 무너졌고 상인들도 돈벌이가 안 되니 돈이 있을 리도 없고 돌 리도 없다. 이 지경이었다. 시장은 물물교환 위주로 겨우 유지되었다.

그러면 어떻게 입에 풀칠을 하였는가. 그때 식량을 구하는 유일한 방법은 집 안에 값나가는 물건을 자전거에 싣고, 혹은 손에 들고 또는 지게에 실어서 지고 인근 경기도 일대 농촌을 찾아가서 곡식으로 바꿔 오는 방법이 있었을 뿐이다. 값나가는 물건은 패물, 재봉틀, 여자의 '뉴똥' 치마, 남자의 신사복 등이었고 기타 보리쌀 한 됫박이라도 바꿔 올 수 있는 것은 모두 들고 나갔다. 많으면 보리쌀 닷 말, 혹은 감자 반 가마나 한 가마, 밀가루와 밀 어느 정도이고 적으면 그 이하 깜냥하기 심히 어려울 정도였다. 이렇게 구해온 먹을거리를 아끼고 아껴서, 겨우 연명할 정도로 절약하고 또 절약해서 끌 때까지 끌다가 떨어지면 또 집안 구석구석을 뒤져서 다시 나가는 것이 그때의 죽지 못해 살아가는 생존의 방법이었다. 그렇게 사는 것이 언제까지 지속될지도 모르고 체념한 채 살았다.

누가 구하러 나갔던가. 이 일만은 어쩔 수없이 청장년들과 중년의 가장들이 해냈다. 잡히면 끝장인 줄 알지만 식구들을 굶길 수는 없어서 밀짚모자를 푹 눌러쓰고 왕복 야음을 타서, 또는 낮에는 인적이 드문 한적한 곳을 택해서 '생사를 걸고' 식량 구하기에 나섰다. 붙잡혀서 의용군이나 노무자로 끌려갈 각오를 하고 나섰다. 지금 얘기하는 것은 그나마 물물교환을 할 무엇인가가 있는 집의 경우이고 그것조차 없는 일부 가정은 가령 더러운 개천가에서 뽑을 수 있는 풀, 우리가 어릴 때 그 놈을 뽑아 뿌리를 계속 만지작거리면서 "신랑 방에 불 켜라, 색시 방에 불 켜라"라고 노래하면서 가지고 놀던 그 풀, 동물도 먹지 않는 그런 식물 등을 캐다가 삶아서 고추장, 된장으로 버무려서 허기를 채웠고 그러다가 명이 다하면 속절없이 저세상으로 갔다.

아… 나의 외할아버지, 지금 대학로 뒤쪽 동숭동 골목 전셋집에 사시던 나의 외조부, 1893년(혹은 1892년?)에 태어나셔서 일찍이 1910년대에 휘문의숙(徽文중고교의 전신)을 졸업하신 당시로는 드문 인텔리였던 나의 외할아버지, 평생을 직업도 없이 '샌님'으로 늙으셨던 현대의 처사(處士)요 일민(逸民)이셨던 나의 외조부 김좌한(金佐漢). 그분께서 마침내 굶고 굶다가 8월 중순경 아사(餓死)하셨던 것이다. 때에 연세 만 57세. 묻거니와 이 죽음에 대해서 누가 책임지며 용서를 구해야 하는가. 자손들이 자신들의 못남과 불효를 자책하면서 땅에 엎드려 대죄를 자복해야 하는가. 이 물음에 저들은 답해야 한다. 장례식? 그 시대 그런 호사가 어디 가당키나 한 일인가. 문상객? 모두가 죽지 못해 겨우 목숨만 유지하고 있는 세상에 부고며 문상객이며 가당키나 한 것인가. 장례차가 가당키나 한 것인가. 가까운 집안 인척이 모여서 곡하고 울었을 뿐이다. 허름한 관에 시신을 모시고 자손들이 리어카(손수레)로 끌고 미아리 공동묘지 한 귀퉁이에 묻고 돌아와야 했다. 매장허가 같은 것은 그때 다 건너뛴 것으로 안다.

다시 앞의 화제와 연결시키자. 생명을 걸고 어렵게 구해온 양식으로 꽁보리밥을 지어 먹으면 그건 특식. 가끔 맛볼 수 있었을 뿐이다. 쌀은 쉽게 구할 수도 없고 분수도 모르게 구할 생각도 하지 않았다. 맷돌로 보리를 갈아서 쑤어 먹는 그 멀건 보리죽, 듣도 보도 못한 그 보리죽, 밀기울로 쑨 역시 듣도 보도 못한 그 밀기울 죽, 삶은 감자, 수제비와 칼국수 이런 음식을 먹으면서 겨우 명맥을 유지하였다.

8월 중순 전후로 해서 청량리시장 노점상 밥집에 말고기 무침요리가 나왔다는 소문이 퍼졌다. 찾아가서 사 먹는 사람들도 있었다. 알고 본즉 그 며칠 전 중랑교를 막 통과하려던 인민군 군마 여러 필이 폭격을 맞고 죽어서 쓰러져 있었다. 이걸 기아선상에서 헤매던 그 동네 사람들이 몰려가서 칼로 도려다가 삶아 먹고 그 나머지를 시장에 내 놓았던 것이다. 삼복더위에 폭격에 맞은 상한 말고기를 귀한 음식이라고 사 먹었던 시대였다. 일본 사람들은 말고기를 먹는다던가. 우리나라 사람은 예나 이제나 말고기는 거의 먹지 않는다. 상한 말고기는 더 말할 나위도 없다.

2

내가 인공 치하에서 배불리 먹어본 적이 딱 한 번 있었다. 누님 댁에서였다. 역시 우리와는 달랐다. 쌀이 반쯤 섞인 보리밥에 자반고등어 구이! 포식을 하고 돌아왔다. 그날 위에서 말한바, 김일성 사진이 실린 신문지를 찢어서 코를 풀다가 혼이 났던 것이다. 내가 서울이 함락될 때 총소리·대포 소리에 너무 무서워서 혼이 났었다는 얘기를 했다. 그랬더니 누님은 나를 쳐다보며 "뭐가 무서웠니? 나는 그때 너무 기뻐서 27일 밤에 아리랑고개에 올라가서 해방군을 맞이했는데…"라고 하는 것이 아닌가. 원래 누님은 독한 일면도 있었다. 그렇지만 그 난리통에 집 밖으로 나가서 환호할 정도인 줄은 전혀 몰랐다. 서울 시민 모두가 이불을 뒤집어쓰고 꼼짝도 않았었는데. 그 말을 듣고 나는 놀라서 정신이 핑 돌 지경이었다. 요즘은 아리랑고개에 아파트와 집들이 총총 들어서 있고 또 고개와 연결된 지반을 높여서 고개 같지 않지만 그때는 과히 높지는 않았으나 고개는 고개였다. 그때는 크든 작든 그 일대에 건물이라고는 없어서 그 위에 서면 수유리 쪽이 훤히 보였다. 소풍 때나 누님이 결혼한 뒤 내가 수십 번 놀러가고 또 자고 온 경우도 있어서 그곳을 잘 알고 있다. 나의 기를 죽인 누님은 여맹(女盟)일로 분주다사한 모양이었다. 후일에 들은 바로는 그 동네뿐만 아니라 돈암동까지 가서 여성 지도자 노릇을 하였다는 것이다. 공산주의자 집에 시집가서 낙심천만이었던 신혼 초기의 우리 누나는 6·25를 맞아 더욱 철두철미한 김일성의 하부전사로 강고하게 거듭 태어났다.

영내에서 생활하는 군인들을 사흘만 굶기면 반은 탈영하고, 닷새만 굶기면 모두 도망간다고 한다. 군기가 엄격한 군대도 굶기면 무너진다. 군인도 아닌 민간인 무려 140만 명을 석 달 동안 아사지경에 몰아넣은 결과가 무엇인지를 저들 고위층이 더 잘 알 것이다. 차라리 이민족(異民族)인 일제시대가 더 낫다는 자조의 탄식이 터지고, 그런가 하면 모든 것을 다 버리고 월남한 이북 출신 동포의 심정을 이제야 절실히 알겠다는 소리가 입에서 입으로 소문 없이 퍼졌다. 사변 전까지만 해도 서울에는 도둑고양이가 정말 많았다. 6·25를 거치면서 한밤중의 부엌 침입자인 고양이들의 씨가 말랐다. 왜? 먹을거리가 없어서다.

남과 북을 가리지 않고 주민들은 자의에 의해서 대한민국 또는 조선민주주의인민공화국을 택한 것이 아님은 다시 말할 나위도 없다. 따라서 주민들 입장에서는 어느 정권이든 잘살게만 다스려주면 그런 정권을 택한다. 조선민주주의인민공화국의 입장에서 볼 때 6·25는 천재일우의 기회였다. 그런 절호의 기회를 그들은 자신들의 폭정으로 놓치고 말았다.

그런 와중에도 조상님의 제사는 어김없이 지냈다. 제상은 초라하기 짝이 없었다. 그때는 사대봉사(四代奉祀)가 엄격히 지켜지던 시절, 전깃불도 없는 깜깜한 여름밤에 촛불을 켜 놓고 절을 하면서 굶어 죽기 직전에도 숭조(崇祖) 사상만은 변하지 않았음을 새삼 느꼈다.

그 무렵 저들이 새로 찍어낸 고액지폐가 나왔다. 한국은행에서 나오는 화폐(후에 안 일인데 6·25 직전에 한국은행이 창설되었다. 지폐는 확실하게 단언할 수 없으나 그때까지 일제시대의 '조선은행권'이 통용되었던 것으로 알고 있다)와 함께 통용된다면서 인민군 등이 가지고 시장에 와서 물건을 사려했다. 누가 그 돈을 받겠는가. 죽을 각오로 받지 않았던 일도 기억이 난다.

하늘은 무심치 않았다. 절망과 체념 속에서 허덕이고 있던 중, 9월

16일쯤이던가 멀리서 쿵쿵 하는 소리, 대포 소리 '비슷한' 것이 아주 가냘프게 들려왔다. 하루이틀쯤 지나자 그 소리는 좀 더 크게 들려왔다. 먼 하늘에 간헐적으로 빛이 번쩍 또 번쩍 비쳤다. 비오는 날의 번개가 아니었다. 어른들의 입에서 "인천 쪽이다. 분명 뭔가 일어나고 있다"는 소문이 금세 돌았다. 18·19일쯤 되어서 사태는 완전 파악되었다. 숨어서 단파방송을 듣던 사람들에 의해서 국군과 유엔군의 인천상륙의 기적적인 사실이 알려졌다. 20일이던가 동 인민위원회의 동원령에 의해 나는 청량리 네거리에 나가서 한나절을 가마니에 모래와 흙을 담아서 쌓는 진지공사를 하였다. 시가전을 대비하는 것이 분명하였다. 그 노동을 하면서 나는 들떠 있었다. 반면 인민군들과 좌익들의 동태는 사뭇 풀이 죽어 있었다. 26일 오후에 '쌕쌕이'(제트기를 그렇게 불렀다)가 날아오더니 예의 경성제대 시절의 예과 건물을 폭격하였다. 그곳에 인민군이 주둔하고 있었기 때문이었다. 그 폭격 바람(風)에 우리 집 대문이 날아갔다. 그러나 집은 멀쩡했다. 나는 그 후 난립한 블록 집을 보고 6·25 때 저런 가옥들 천지였다면 폭격풍에 모두 무너졌으리라고 생각했다. 목재로 된 집은 불에 타지 않은 이상 비행기 폭격 바람에도 기둥은 끄덕하지 않았다.

그날 밤과 27일 이른 새벽 사이에 우리 집 앞을 지나 패주하는 인민군들의 군화 소리가 끊임없이 들렸다. 앞에서도 말한 바와 같이 청량리는 시내와 달리 북쪽과 가까운 동네이기 때문에 그때의 정황을 좀 더 실감나게 느꼈다고 생각한다. 이윽고 세상이 또 바뀌는구나 싶어서 가슴이 뛰었다. 잠이 올 리가 없었다. 28일 새벽 3시쯤이었을까. 동네에 군화 소리가 아닌 민간인 발자국 소리가 계속 들리고 사람들의 수군거리는 작은 목소리도 들렸다. 아버지가 조심스럽게 대문 틈으로 밖의 동향을 살펴보시더니 나를 향해 손짓을 하셨다. 부자가 용수철 튀듯 밖으로 뛰쳐나갔다.

우리 집에서 70m쯤 떨어진 동네 입구에 마당이 넓은 초가집(그 시대에는 문밖은 물론 문안에도 초가집이 뜸뜸이 있었다) 한 채가 외따로 있었다. 좌익 집이었다. 인민군 부대가 그 집을 빌린 모양이었다. 한 달 전부터 그 집 마당에는 군량미 100여 가마가 두꺼운 천('갑빠'로 통칭된 것)으로 덮여서 쌓여 있었다. 건빵과 피복도 사과상자보다 큰 상자 속에 담겨져서 방 안에 재여 있었다. 이 사실을 모르는 동네 사람은 없었다. 굶다시피 지내고 있으니 그렇지 않았겠는가. '환장'할 지경이었으니 그렇지 않았겠는가. 먹을거리밖에 보이는 것이 없었으니 그렇지 않았겠는가. 정세가 확실히 반전되는 것을 안 어느 집 남정네가 그 집을 습격하였고 이것이 순식간에 잠들어 있는 동네를 들썩거리게 한 것이다. 아버지와 나도 급히 뛰어가서 쌀 한 가마를 우선 끌어오고 건빵 한 상자를 또 들고 왔다. 죽을힘을 다해 옮겨 왔다. 굶어서 죽기 직전임에도 쌀가마를 보니 여력(餘力)이 되살아났던 것이다. 더 이상 할 수 있었으나 피골이 상접한 상태여서 기운이 완전히 소진되었고 또한 패잔병의 총격이 혹시 있을까 두려워서 그것으로 만족하였다.

그리고 그날 아침 '9·28수복'과 기쁜 입맞춤을 하였다. 동네 전체가 경사의 분위기로 빨려 들어갔다. 그날 저녁 우리 집은 '훔쳐온' 쌀과 건빵을 얼마쯤 갈라서 작은댁 몫으로 남겨 놓고 90일 만에 쌀밥을 해 먹었다. 실컷 배 터지도록 먹기로 했다. 그런데 어쩐 일일까? 참으로 웬일일까? 식구 모두는 반 그릇 남짓 겨우 먹고 수저를 놓았다. 아사 직전에 고통을 겪던 위장은 갑자기 들어오는 쌀밥을 힘에 겨운 듯 쉽게 받아들이지 못하고 사양의 손짓을 한 것이었다.

3

지금까지 '人共 치하 서울 90일'을 두 절에 걸쳐서 진술하였다. 이를 토대로 해서 그때 저들의 이른바 남조선 인민을 위한 통치를 간략하게 요약하면 이런 것이 될 것이다. 즉 어떻게 하면 인민들로 하여금 못 살도록 탄압하여서 실인심(失人心)을 할 것인가에 온 정신을 쏟았다고 압축할 수 있을 것이다. 아무리 악독한 저들일지라도 처음부터 그렇게 의도했을 리야 천만 없었겠지만 '결과론적으로' 말하자면 그렇게 언급할 수밖에 없다. 후일 모택동이 당시의 사정을 중공군 참모의 보고를 통해서 알고 김일성을 향해 "통일전쟁은 땅따먹기에 목표를 두어서는 안 되고 인민들의 마음을 사로잡는 데 신경을 써야 한다"라고 충고하였다는 소문이 세간에 돈 바 있다. 소문의 사실 여부는 확인할 수 없으나 그런 말이 나온 그 자체만으로도 저들의 살인적인 죄악이 어땠는지를 판단할 수 있으리라.

10월 초순경에 서울대 학생 두 명이 짝을 지어서 가가호호 방문한 일도 잊지 않는다. 예과 건물이 폭격되는 통에 도서관에 있던 책들이 일부 타고, 또 많은 책이 분실되었다는 것이다. 그러니 혹시 책을 들고 온 분들은 학교를 위해서 돌려달라는 간청이었다. 딱한 일이긴 하되 내가 알기로는 우리 동네 주민들은 그곳에서 책을 들고 오지 않았다. 그때 책이 무슨 소용이 있었다는 말인가. 허나 그런 식으로 분실된 도서를 다시 환수하려는 그 형님뻘 되는 대학생들이 내 눈에는 아주 훌륭해 보였다.

유엔군 사령관인 맥아더 장군의 진두 지휘하에 성공적으로 마무리된 '9월 15일 인천 상륙작전'은 좁게는 생지옥에서 고통을 겪던 서울 — 인천지역 주민의 생명을, 넓게는 대한민국 전체를 구해낸 꿈같은 역사적 사건이었다. 그리고 그것은 낙동강을 사이에 두고 일진일퇴를 거듭하던 전세를 일거에 반전시켜서 국군으로 하여금 인민군을 격퇴시킬 수 있는 계기를 마련해 준 전략적인 큰 사건이기도 하였다. 요컨대 대한민국의 오늘을 있게 한 감동·감격의 사건이었다. 성공 확률이 5천분의 일이라던가. 미국 대통령 이하 군 수뇌부가 강력 저지하였음에도 맥아더는 이를 묵살하고 결행하여 마침내 세계 전사(戰史)에 길이 남을 업적을 남겼다. 그때 그 사건이 없었다면 한반도의 운명은 지금 우리가 지켜보고 있는 북한의 모습으로 추락하였을 것임은 명약관화 하다. 베트남식의 통일을 남한의 좌파들은 꿈꾸고 있는 모양인데 어림 도 없는 소리다. 대를 이어 가면서 정권을 장악하는 것을 통치의 목표 로 정해 놓은 김씨 왕조가 그런 길을 택할 확률은 거의 없다. 그때 맥 아더 원수의 인기는 실로 하늘을 찌를 듯하였고 좌익을 제외한 모든 한국인은 그를 은인으로 알고 고마움을 표시하는데 인색하지 않았다. 그러기를 근년(近年)에까지 이어왔다. 지금도 나는 맥아더 장군을 잊지 않고 충심으로 기리면서 살고 있다. 그가 있었기 때문에 내가 여태껏 존재할 수 있다고 생각하며 살고 있다 4·19 때는 이승만 대통령이 하 야한다는 뉴스를 듣고 열광하던 시민들이 4월 혁명과 맥아더 원수와 는 아무 관계가 없는데도 그때 세종로 지금 정보통신부 근처에도 있었 던 맥아더 장군 동상에 꽃다발을 바치기도 하였다. 이 사실은 당시의 신문 기사로도 보도되었다. 그 동상이 지금 어디에 있는지 모른다.

   그런데 이 글을 탈고하기 며칠 전인 지난 7월 17일과 또 7월 27일의 뉴스를 보고 나는 경악을 금치 못하였다. 어떤 단체 1백여 명의 회원 이 인천 자유공원 맥아더 장군 동상 앞에서 맥아더는 한국전쟁 때 수 많은 민간인을 학살한 전쟁범죄자이며 한국의 현대사는 미국의 식민 지 노예 역사라고 규정하고 따라서 미군을 내쫓고 맥아더 동상을 철거 하는 것이 새로운 역사의 시작이라고 주장하는 데모를 벌였다는 것이 다. 27일에는 시내 모 대학교수가 그와 같은 연장선상에서 맥아더 장 군은 한국인의 원수이며 그가 한국전에 개입하지 않았더라면 1만 명 정도의 소수 사상자를 내고 북한 정권에 의해 통일이 되었을 터인데 난데없이 그가 미군을 끌고 들어와서 개입하는 바람에 수백만 명이 죽 는 등 통일의 길이 어긋나게 되었다는 내용의 신문기사가 보도되었다.

맥아더는 통일의 적이었다는 것이다. 아… 우리는 빨갱이가 곳곳에 있음을 실감하면서 이 혼란한 시대를 살고 있다. 언제쯤 저렇듯 말도 안 되는 소리가 없어질까. 아… 적막강산. 세상이 어떻게 이런 형편없는 수준으로 변할 수 있단 말인가.

 이 정부(노무현 정권)가 들어서고 난 뒤 실세로 등장한 젊은 정치인들의 사고와 역사관, 현실 인식과 언동에 자주 실망과 함께 우려를 금치 못하면서 살아오고 있는데 이제 마침내 소수의 지각없는 반역사적 분자들이 분탕질을 해놓은 사회적 분위기가 이 지경까지 이르렀음을 보고 나는 격분과 더불어 탄식치 않을 수 없다. 우리가 사는 세상이 그때 적화통일이 되지 않은 것이 그토록 원통한가. 그때 그 상황을 알지도 못하는 무리들이 함부로 지껄이고 있으니 이 노릇을 어찌하랴. 저들의 남침만 아니었다면 1만 명은커녕 단 한 사람도 죽지 않았을 터이다. 그런데 맥아더 장군 때문에 수백만 명이 죽었다니 이런 억지가 또 어디 있는가. 그때의 정황을 가감 없이 증언할 수 있는 우리 나이 이상의 세대가 시퍼렇게 살아있는데 이런 망언이 나오니 어안이 병병할 뿐이다. 비뚤어진 사관일지라도 최소한의 수준은 지켜야 수많은 이웃들에게 정신적인 피해를 다소나마 덜 끼칠 수 있다는 점을 강조해둔다. 남이 베푼 은혜를 누리고서도 그 고마움을 모르는 금수만도 못한 사람은 그 후손에게까지 나쁜 영향이 끼치리라는 옛 어른들의 가르침을 반추할 필요가 있다. '친미' '반미'의 차원을 떠나서. 이런 식으로 꼬집지만 이게 무슨 소용이랴. 내가 살면서 겪어본 바에 의하면 말도 안 되는 억지를 저들 좌파들은 일단 문젯거리로 올려놓고 여론이 따라주지 않으면 잠시 쉬었다가 다시 고개를 들고일어나 끝까지 우기는 것이 체질과 습성을 지니고 있다. 따라서 그런 터무니없는 주장을 하는 지금이 이제 그들이 전개시킬 이론투쟁의 시작일 뿐일 터이니 앞날이 참으로 걱정이 된다. 맨땅에 머리통을 처박듯이 투쟁해 온 저들의 싸움질을 무슨 수로 당해낸단 말인가.

4. 누님의 풀 죽은 모습/ 나의 신문팔이 생활

1

　우리 해병대를 비롯한 국군과 맥아더 원수의 미군들이 서울에 입성할 때만 해도 나는 'UN군'의 참전을 몰랐다. 미군만 우리를 도운 것으로 알았다. 그럴 수밖에 없는 것인즉 6·28 이후 그때까지 우리 정부와 국군이 남쪽으로 후퇴한 뒤의 자세한 소식을 접할 수 없었기 때문이다. 9·28 직후에야 비로소 미군을 중심으로 한 16여 개국(9·28수복 당시에는 16개국까지는 아니고 그 몇 개월 이후 여러 나라가 참전한 것으로 알고 있다)의 군대가 듣도 보도 못한 대한민국을 구하기 위해서 달려와 'UN군'으로 인민군과 싸우게 되었다는 사실을 알 수 있었다. 이렇듯 다수의 나라가 하나의 목표를 정하고 전쟁을 수행한 예는 2차 대전 때 영·미 중심의 연합군 이래 처음이다. 16개국에 깊이 감사할 따름이다. 그 고마움을 표하기 위해서 그때부터 얼마 전까지 몇십 년을 두고 매년 10월 24일을 'UN의 날'로 정해서 기념한 일을 지금의 장년 이상은 다 알고 있다. 법정 공휴일이기도 하였다.
　9·28수복 이후 보름가량 지났다. 그런데도 학교에서는 언제 수업을 재개할지 아무 소식이 없었다. 나도 신경을 쓰지 않았고 우리 동네에 사는 같은 학교 동기생 친구도 그런 것에는 전혀 관심을 두지 않았다. 학생 신분임에도 그랬다. 뿐만 아니라 나의 효제국민학교 같은 반 동기이면서 서울사대부속중학교에 입학한 친구가 같은 동네에 살았는데 그 동무도 나와 비슷한 태도였다. 학교며 학생들이며 모두들 그 난리를 겪었는데 무슨 정신으로 수업 운운할 수 있느냐는 눈치들이었다.

그 당시의 특수한 환경에서 빚어진 의식세계였다. 파괴된 학교도 있고, 교사와 학생들 중 자진 월북한 경우, 또는 의용군으로 붙잡혀 갔거나 사망한 경우, 가족 가운데 좋지 않은 일을 당한 경우 등 별별 흉한 일이 다 일어났는데 학교의 정상적인 운영을 바라는 것은 현실적으로 무리한 일이었다. 각급학교가 형식상으로는 교문을 열었으되 정상수업은 하지 못하고 1950년을 그냥 흘려보낸 것은 이러한 배경이 작용하였기 때문이다. 전쟁의 상처는 상상외로 컸다. 살아서 움직이는 것만으로 한동안은 군소리 말고 감사해야 할 판이었다. 간혹 들려오는 소식에 의하면 교장 선생님을 비롯한 선생님 여러 분과 학도호국단 간부 학생 일부가 나와서 학교를 정리한다고 하였다.

그러다가 10월 말경에 등교했다. 중동의 설립자이며 동란 전까지 서울대 총장으로 재임 중 납북된 최규동 선생의 시신을 요행히 평양에서 찾아서 운구해 왔는데 그 장례식이 학교 교정에서 있으니 출석하라는 통지가 와서였다. 운동장에서 거행된 장례식은 엄숙했다기보다 비통하였다고 표현하는 것이 낫다. 장례식이 끝난 후 집으로 왔다. 실제로는 6·28 서울 함락 때 학교와 인연이 끊어진 것이지만 마지막 작별을 위한 형식상의 의식은 그날 장례식 참석에서 이루어졌다.

서울은 다시 살아났다. 생기가 돌았다. 숨어서 살던 청장년층들이 시내를 활보하니 더욱 생동하는 것 같고 행인들도 사변 전보다는 적은 듯하였으나 크게 다를 바가 없었다. 시장들도 서서히 정상을 찾기 시작했다. 삶의 활기는 시장에서 여실히 나타났다. 중학 1년생이면 아직 소년일 때인데 사변통에 시장에 자주 나갔기 때문에 수복 이후에도 심심하면 그냥 들렀다. 사람이 사는 것 같았다. 곡식이며 각종 물자도 차츰차츰 늘어났다. 저런 것들이 없어서 죽을 고생을 하였는데 이렇게 쏟아져 나오는구나 하는 찬탄이 저절로 나왔다. 돈이 없어서 구입할 수 없을지언정 인공 치하처럼 물자가 없어서 고생하는 일은 없게 되었다. 생활에 필요한 물자가 얼마나 소중한지는 인공 치하 90일이 가르쳐 준 뼈저린 교훈이었다. 얼마쯤 지나니까 "전우의 시체를 넘고 넘어…"로 시작되는 노래도 나와서 많은 사람들이 부르며 오래간만에 고조된 정서에 빠지기도 했다. 이처럼 모든 환경은 호전되었으나 서민들의 생활이 순식간에 나아진 것은 아니었다. 기아(飢餓)는 면하였지만 워낙 빈털터리 신세들이 되었기 때문에 살림 형편이 금방 좋아진 것은 아니었다. 먹고살 일을 걱정하는 소리가 여기저기서 들려왔다. 직장에 복귀한 사람들도 당분간은 일거리가 없이 출근만 하고 노는 듯하였다.

시내에는 전쟁이 남기고 간 상흔이 여기저기에 남아 있었다. 큰 건물로는 중앙청과 화신백화점이 불타서 몰골이 흉측스러웠다. 부분적으로 파괴되고 총탄의 흔적이 보기 흉하게 드러나 있는 건물도 쉽게 찾아볼 수 있었다. 도로가 엉망이 된 곳도 군데군데 있었다. 그렇지만 도시 전체가 완전히 무너진 것은 아니라서 천만다행이었다. 국군이 후퇴할 때는 저항도 한 번 제대로 하지 못하고 내주었기 때문에, 인민군이 패퇴할 때는 비록 시내 여러 곳에서 시가전이 벌어졌으나 예상했던 것처럼 심하지 않았기 때문에 서울의 심한 붕괴는 면할 수 있었다. 서울의 극심한 파괴와 붕괴는 1·4후퇴 이후에 있었다.

회복 불가능할 정도로 무너진 것은 다름 아닌 민의요 민심이었다. 평소에는 '북진통일', 동란이 발발해서는 6월 27일 저녁부터 28일 새벽 사이까지 용감무쌍한 국군이 북한 괴뢰군을 무찌를 터이니 국민 여러분은 안심하고 가정과 직장을 지키라고 녹음방송을 틀어 놓고 대통령을 비롯하여 정부만 몰래 남으로 도망간 것에 대해서 시민들의 분노와 배신감은 극에 달했다. 시민들을 내동댕이쳐 놓고 저희들만 살려고 줄행랑을 친 저런 것도 정부냐고 항변하는 격한 목소리가 곳곳에서 범람하였다. 이에 대해서 대통령이나 정부 고위층이 정중하게 사과하였는지 여부는 내 기억에 남아 있지 않다. 아마도 어떤 방식으로든 유감의 뜻을 표했을 것으로 짐작한다. 입으로나마 그것마저 하지 않았다면 민심 수습이 어렵고 폭동이 날 정도였으니까.

그런데 근 60년이 지난 지금에 와서 이 문제를 재고해 보면 당시의 급박했던 사정으로 보아 대통령과 정부의 몇 수뇌의 피신만은 불가피한 것으로 이해할 수 있다. 왜냐하면 만약 대통령이 국민과 함께 생사를 같이하겠다는 각오로 서울을 떠나지 않았다가 저들에게 잡혔다고 가정하자. 전쟁은 그것으로 끝나는 것이고 대한민국은 종막을 고하고 마는 것이다. 대통령 한 사람의 신변이 국가의 운명과 직결된다는 점에 유념해야 할 것이다. 그러므로 후일을 도모키 위하여 전략상 잠시 피신하는 것이 결코 못할 짓을 한 것으로만 해석해서는 안 된다는 뜻이다. 그럼에도 그때 국민들이 격분한 것은 전쟁 당초부터 전황이 불리하고 후퇴를 거듭함에도 거짓말을 하였다는 점이다. 이것은 정말 잘못한 것이다. 오래 끌 것도 없이 하루가 지난 26일에 서울 시민들에게 사실대로 알리는 것이다. 그리되면 서울은 사상 미증유(未曾有)의 대혼란이 올 것이고 전국의 민심 또한 걷잡을 수 없이 동요될 것임은 명약관화한 일이다. 그 점을 크게 염려하여 전황이 극히 불리함에도 거짓말을 해댔으리라. 이것이 그 당시 정부 수뇌부의 돌이킬 수 없는 실책이었다. 정세 분석을 그렇게도 못 했단 말인가. 25일 전쟁 첫날 저녁, 북한 인민군은 의정부를 장악하고 27일 오후에는 서울 근교 창동·쌍문동까지 내려왔던 것으로 안다. 이렇듯 단시간 내에 영토를 상실하는 전쟁도 아마 드물 것이거니와 이쯤 되면 정부는 국민들, 특히 적진의 바로 턱밑에 놓여있는 서울 시민들에게 사실을 고해야 마땅하다. 대혼란? 좋다. 묻기로 한다. 대혼란이 걱정이 되어서 거짓말을 한 결과가 어땠나? 대혼란 정도가 아니라 서울 시민 거의 모두를 사지(死地)에서 석 달 동안 갇혀있게 하였지 않았는가. 그게 더 큰 죄였음은 천하가 다 아는 사실이다. 이래도 그렇고 저래도 그런 이상 눈 딱 감고 기습적으로 당한 난리인지라 도저히 막아낼 수 없음을 고하고 정부가 할 수 있는 일, 바꿔 말하면 시민들이 피란할 수 있는 길과 행동강령을 요약하여 급히 알려주는 최소한의 조치는 취했어야 마땅하다. 그러면 서울은 분명코 무질서의 카오스 상태일 터. 하지만 어쩌랴. 전쟁 초기의 대혼란은 기습적으로 공격을 당한 어느 나라나 있기 마련이다. 정무적 판단은 거기까지 미치지 않아도 된다.

그렇게 한 후 대통령과 정부 수뇌부는 적어도 27일 밤 자정까지, 가급적이면 서울이 떨어진 날인 28일 새벽 한두 시까지 시민들과 함께 있었어야 도리였다. 신변의 위험? 말도 안 되는 소리다. 일국의 대통령이요 정부수반이거늘 아무리 난리통이라 할지라도 평상시의 경호팀 이외 후퇴하는 군대가 또한 있거늘 그들과 운명을 함께하면 되는 일 아닌가. 6·25동란 초기 대통령과 내각은 정말 잘못했다.

기가 막힐 노릇은 국민에게 그런 대죄를 짓고서도 인공 치하에서 부역한 협력자를 가려낸다면서 시민들을 도강파(渡江派)·비도강파(非渡江派)로 갈라놓고 후자를 의심하기 시작하였다는 사실이다. 150만 서울 시민 거의 전부가 피란을 못 간 비도강파인데(금년 6·25와 관련된 자료가 방송에 공개되었는데 그때 피란 간 사람은 10여만 명에 불과했다고 한다) 이들을 준(準)부역자로 분류해 놓았으니 어느 누가 가만히 있었겠는가. 세상이 시끄러워졌고 민심이 들썩거렸다. 적반하장의 짓거리를 하려다가 심한 저항에 부딪치자 정부는 물러났으나 '빨갱이'를 색출하려는 근본 방침이 워낙 강했으므로 이면으로는 이 카드를 완전히 버리지는 않았다고 사료된다.

그때 사정은 정부가 나서지 않아도 시민들이 '빨갱이'를 그냥 놔두지 않은 상황이었다. 그동안 저들에게 당한 고통을 감안하면 보복은 불가피한 것이었다. 하지만 그렇게 하려고 해도 농촌의 경우는 모르나 서울은 거의 불가능했다. 우리 동네를 기준으로 헤아려 보면 정답은 쉽게 나온다. 9월 15일 국군과 유엔군의 인천 상륙 이후 저들은 북쪽으로의 후퇴를 이미 예견하였다. 그래서 10여 일에 걸쳐서 모든 적색분자들은 여유 있게 빠져나갔다. 6월 28일 서울이 함락될 때의 경우와는 완전히 판이하였다. 남아 있는 자들은 대개가 생존을 위한 부역자였다. 그들은 자기들이야 말로 공산주의가 좋아서 그런 것이 아니라 목숨을 부지하기 위해서 어쩔 수 없이 협력한 사람들이니 관용이 있겠지 하고 잔류한 부류였다. 이러니 알짜배기는 다 도망가고 피라미만 남은 꼴이다. 이들 쭉정이들도 소수 희생을 당하거나 곤욕을 치르고 요시찰 인물명단에 등재되긴 하였으나 격노한 민심을 화끈하게 풀어줄 대상은 못 되었다. 비도강파 운운한 정부의 판단력이 얼마나 잘못되고 빗나간 것인지는 이로써도 알 수 있다. 비도강파 속에서 악질 공산당을 잡아낸다고? 웃기는 일이었기 때문이다. 되레 저들이 도망가면서 위에서도 언급한 바와 같이 그 수를 헤아릴 수 없으리만큼 많은 남쪽의 각계 저명인사들을 납치해 갔으니 말이다.

되찾은 자유와 활기에 찬 일상의 삶, 그리고 무능한 정부 처사에 대한 격노와 항변, 이 두 기류가 맞물리는 가운데 세상은 어쨌거나 돌아갔다. 국민의 신상을 제대로 파악하는 일이 중요함을 알았는지 시민증과 도민증이라는 것이 처음으로 발부되었다. 현 주민등록증이 여기서 비롯되었다. 이를 계기로 한동안 서울 사람은 '시민증', 서울을 제외한 기타 시·도·군 이하의 시골 사람은 '도민증'이라고 부르는 새 풍속도가 생겨났다.

10월 중순경이었다. 아버지께서 트럭에 양잿물, 비누 등을 한 차 싣고 대구를 향해 떠나셨다. 아버지는 상인이셨다. 왜정 때와 광복 이후 6·25사변까지 한때는 과수원을 임대하여 경영하셨고 그 후로는 시장에 나가셔서 여러 종류의 생필품 장사, 혹은 빙과점·축산업에도 손을 대셨다. 먹고사는 일이면 닥치는 대로 하셨다. 그런데 아버지의 한계는 안정된 점포에서 한 가지 직종에 종사할 재정적인 능력이 없는 영세상인이라는 점이었다. 명륜동 4가 큰 집에도 살았으나 그 집은 작은 댁 집이라는 점은 위에서 말한 바다.

그때 마침 대구지방에 예의 물품이 부족하다는 믿을만한 소식이 들려와서(전쟁 중이었으니 제대로 공급·유통이 되지 않았을 것이다. 서울에는 사변 전의 재고품이 남아 있어서 이것을 지방 대도시에 처리해야 할 형편이었던 것으로 안다. 그런 까닭에 물품대금도 아주 저렴했던 것을 안다) 한밑천 잡으시려고 여기저기서 어렵게 자금을 마련하여 도매물건을 사서 그쪽으로 내려가신 것이다. 혹은 신용을 담보로 대금은 물품을 팔고 나서 지불하기로 하였지 않았는가 싶다. 재고품을 처리해야 할 서울 물주 입장에서 생각하면 그 가능성이 높다. 그때 현금거래는 어려운 실정인 것으로 짐작된다. 아무리 늦어도 닷새쯤 뒤면 오실 분이 엿새가 돼도 소식이 없었다. 그때는 전화나 전보 등의 통신이 불가능할 때고 또 대구 어느 도매점에 가셨는지도 전혀 알 수 없었다. 할아버지께서 대구에 내려가셔서 수소문하는 길이 있으나 열차와 버스 편이 전무했던 전쟁 시기인 그때는 그런 예사로운 일조차 할 수 없었다. 지금의 생활을 기준으로 판단해서는 안 된다. 열흘이 지났다. 이제 식구들은 큰 사고가 난 것만은 분명하나 부상당한 몸일지라도 제발 살아서 돌아오시기만을 학수고대할 뿐이었다. 그 기다림의 고통은 이루 말할 수가 없는 것이었다.

소식이 두절된 상태에서 차츰 체념하려고 할 때 대전 어느 병원에서 기쁜 연락이 왔다. 어떤 방식으로 연락이 왔는지는 기억이 없으나, 대구로 내려가던 중 조치원에서 트럭이 전복되었고, 지나가던 어느 고마운 운전사가 자기 트럭에 아버지 차의 운전사와 함께 부상자를 싣고 대전 시내 소재 큰 병원에 옮겨 놓고 갔다는 것이다. 집 안에서는 일시에 환호성이 터졌다. 그리고 그 며칠 뒤 아버지께서 '생환'하셨다. 앞

뒤의 어렵고 막막했던 얘기는 장황하므로 생략기로 한다. 운신조차 어려운 아버지는 치료비도 없어서 민간요법의 하나인 인분(人糞)을 몇 사발 마시고 기적적으로 일어나셨다. 그때가 11월 초순경. 살길이 막막하지만 그나마 천행이었다.

2

바로 그 무렵에 누님이 나타났다. 참으로 의외였다. 6·25 중에 보았던 기세등등한 그 모습은 다 어디 가고 보따리 하나만 들고 초라한 차림으로 친정집을 찾아왔다. 식구가 모두 반겼으나 너무나 딱해 보이고 안쓰러웠다. 차라리 보지 않았으면 좋겠다 싶었다. 매부를 비롯하여 시댁 식구들은 전부 북으로 갔다는 말을 듣고 할아버지와 아버지는 너는 왜 안 따라갔느냐고 책망을 해도 누님은 묵묵부답이었다. 동네에 처음 보는 사람이거나 이상한 사람이 나타나면 누구든 신고를 할 때라서 밖으로 나돌아 다닐 수도 없는 신세였다. 하루 종일 말도 없이 조용히 앉아 있던 누님, 나는 그때 절대의 고독과 적막 속에서 식구들 몰래 눈물을 줄줄 흘렸을 누님의 참혹한 모습을 잊지 못한다. 시집만 제대로 갔으면 저렇게 되지 않았을 터인데 하는 생각을 하면서 그 옛날 나와 그렇게 대화도 즐겁게 나누며 지냈으나 이제는 말 한마디 주고받지 못하고 서로 눈치만 보고 지내는 우리 오누이가 직면한 비극적인 현실이 못 견디도록 미웠다. 누님은 정감이 넘친 성격이되 앞에서 말한 바와 같이 또한 평소에도 독한 여인이었다. 도대체 이렇다 할 말이 없었다. 친정 식구에 대한 미안함인가, 아니면 그 지경으로 신세를 망쳐 놓은 친정에 대한 서운함의 표시인가. 알 수가 없는 노릇이었다. 왜 혼자만 남았는지 끝까지 밝히지 않았다.

그런데 그때는 물론 60년 세월이 지난 얼마 전까지도 알 수 없는 이 수수께끼를 나는 근자에 와서 풀 수 있었다. 홍일식(洪一植, 고려대 총장 역임) 형에게서 들은 얘기다. 육당(六堂) 최남선(崔南善) 선생의 아들 중 한 사람이 남로당 출신 좌익이었는데 6·25 때 '서울시 인민위원회 부위원장'(우리식으로 말하면 부시장)이었다. 9·28 때 자기만 월북하고 자기 처는 서울에 그대로 놔두었다는 것이다. 왜? 그때 이미 중공군의 참전, 그리고 서울 재점령이라는 시나리오가 작성되어 있었으므로 잠시 동안 피신하면서 '적진' 속의 거점 노릇을 하라는 당의 명령에 따라 그랬다는 것이다. 홍 형은 대학 시절 육당의 경해에 직접 접하면서 『六堂硏究』를 출판했던지라 그 집안의 사정을 엔간히 알고 있다. 지금도 육당의 장손과 연락이 있다.

아닌 게 아니라 북으로 쫓겨 갔던 육당의 아들은 1951년 1월에 다시 서울에 나타나서 그의 부인과 재회하였다는 것이다. 바로 이 케이스에 우리 누나도 해당되어서 잔류했던 것으로 해석하면서 나는 늦게나마 궁금증을 풀었다. 얘기가 나온 김에 삽화 하나를 더 적으면 6·25 때 남한의 각계 저명한 인사가 본인의 의사와는 전혀 상관없이 납북된 것은 세상이 다 아는 사실이거니와 어느 누구보다도 대상자 1호급에 해당되는 육당이 화를 면한 것은 전적으로 그 아들 덕분이라는 것이다. 육당은 그 후로도 6~7년가량 더 살다가 내가 대학 2학년 때인 1957년에 영면하였다. 이 대목에서 홍 형으로부터 나는 뜻밖에 얘기를 또 들었다. 장례 기간 중 어느 날 밤 자정 무렵에 동경을 거쳐서 북의 아들에게서 상가(喪家)에 전화가 왔다는 것이다. 당시로는 아주 이례적인 일인데 장거리 전화 내용은 간단한 것, 곧 부친의 임종과 장례식에 불참을 용서해 달라는 것이라고 하였다. 그 밤에 홍 형은 그 집에서 상가의 일을 돕고 있어서 이 사실에 접할 수 있었다고 하였다.

얘기가 잠시 옆길로 빠졌다. 다시 돌아와서 보름 남짓 그렇게 보내던 누님은 어느 날 결심한 듯 보따리를 들고 일어나면서 나가겠노라고 말하는 것이 아닌가. 아버지가 울면서 붙들자 누님도 흐느끼면서 걸어서라도 북쪽으로 시댁을 찾아가겠다는 것이었다. 한참 실랑이가 벌어졌으나 결국 누님은 사라지고 말았다. 강화 쪽으로 가겠다는 말을 남기고 힘없이 발걸음을 내디뎠다. 그때 친정집의 어려운 형편을 보아서 떠나기로 결단을 내린 것은 아닐까. 아니면 육당 댁의 경우에서 보았듯이 '거점'의 기능을 수행할 환경이 아니라고 판단한 끝에 북으로 향한 것은 아닐까. 그 직전에 작은할아버지가 '빽'을 동원하여 만들어 준 '시민증'이 있었기 때문에 누나의 결단이 가능했음을 적어둔다. 그 난리통에서 돈이면 안 되는 것이 없었다. 종손녀(從孫女)를 살리려는 작은할아버지의 불법행위를 나는 한 번도 부끄럽게 생각해 본 적이 없다. 혈육을 살리는 일이거늘… 그때 누나가 시민증용 증명사진을 야밤에 동네 사람 몰래 나가서 찍은 동대문 바로 옆 창신동으로 올라가는 입구의 사진관을 나는 알고 있다. 완성된 사진을 내가 찾으러 갔기 때문이다. 불쌍한 나의 누님, 그 후로도, 골백번, 골천번 허공에다 얼굴을 그려보면서 다시 만나기를 고대한 그 정든 누님, 오늘 이 순간까지 나는 누님의 소식을 모르고 지낸다. 큰아버지 내외분 제삿날이면 속으로 누님의 생사를 조상님께 묻곤 하는 것이 고작 내가 할 수 있는 일의 전부다. 그래도 누님의 흔적은 아직도 나의 호적부에 남아 있다. 결혼하고 호적을 파가지 않아서 처녀의 신분으로 우리 집 나의 호적에 지금도 남아있다. 이런 집이 한둘이 아닐 터, 6·25의 상흔은 곳곳에 남아서 지금까지도 우리를 슬프게 한다. 결혼식 때 찍은 사진도 우리 집 사진첩에 들어있다.

  누님이 떠난 직후 나는 '신문팔이 소년'으로 나섰다. 첫날은 물론 그 다음 날까지는 부끄럽기 그지없었으나 사흘째 되는 날부터는 창피고 뭐고가 없었다. 나 같은 중학생이 그때 점점 늘어나고 있었다. 광화문에서 신문 수십 부를 받아 쥐자마자 집이 있는 청량리까지 뛰면서 한 부라도 더 팔려고 젖 먹던 힘을 다 냈다. 사람이 한번 나서기가 어렵지 일단 시작하면 체면불구하고 그 세계 속에 빠지는 법인가 보다. 다른 상품과는 달리 신문은 한 장이라도 남으면 휴지가 된다. 그때는 반품이 없을 때였다. 어떻게 해서든지 팔아야 한다. 이런 독한 마음만 있을 뿐이다. 그때 시민들은 가판신문을 많이 사 보았다. 일선의 전황이 궁금했기 때문이다. 집에서 정기 구독하는 경우는 많지 않았다. 안정된 사회가 아니었기 때문이리라.

내가 신문팔이로 나선 것은 불가피한 일이었다. 비록 기사회생은 하셨으나 생활전선에는 나설 수 없으리만큼 운신하기에 어려운 아버지였으니 우리 집 식구의 호구지책을 나라도 떠맡을 수밖에 없었다. 나중에는 어머니도 그 추운 겨울에 국민방위군으로 징집되어가는 장병들의 집합장소에 나가 떡 장사를 했지만 잘되지 않아서 몇 번 했다가 그만두셨다. 그래도 사내인 내가 앞장 설 수밖에 없었다. 보통 밤 11시 30분경, 일찍 팔리면 9~10시쯤 귀가하는데 밤 시간에는 청량리역 구내를 돌면서 팔았다.(통금이 없는 것을 기준으로 삼으면 그렇다.) 그때 청량리역은 군인을 비롯해 승객이 밤늦게까지 북적댈 정도로 교통의 요충지였다. 지금도 그렇지만… 자연히 신문이 잘 팔렸다.

밤늦은 시간에 집에 들어가면 할아버지, 아버지, 어머니께서 반갑게 맞아주시면서 미리 차려 둔 밥상에다 아랫목에 묻어 둔 밥그릇을 올려놓고 고생하는 나를 향해 먹기를 재촉하셨다. 괴로운 표정을 지으면서 그러셨다. 고백하거니와 그때 어머니가 차려주셔서 먹은 그 밥이 내 평생 가장 맛있는 밥이었다. 잊을 수 없는 밥이었다. 그때 내가 내놓은 돈은 요즘 화폐가치로 치면 하루 평균 1만 5천 원쯤, 많으면 2만 원쯤으로 괜찮은 편이었다. 우리 집 식구가 최소한 밥은 먹을 수 있는 돈이었다. 그때는 호구만 해결되면 집안의 걱정거리가 없다고 치부하던 그런 시대였다.

신문팔이를 하는 동안 발바닥에 물집이 생겨서 애를 먹었다. 달리는

데 지장이 있었다. 광화문에서 청량리까지 거리가 얼마나 먼가. 그 먼 거리를 매일 뛰니 발바닥이 성할 수가 없었다. 그런데 친척 아저씨가 물집을 제거하는 방법을 가르쳐 주어서 큰 효력을 볼 수 있었다. 실을 꿴 바늘로 물집을 찔러서 죽 당긴 후 실밥을 조금 남긴 뒤 가위로 끊는다. 그러면 물집은 터지고 실밥만 발바닥 살에 붙어서 남는다. 달리는 데 지장이 없고 염증도 생기지 않는 상태에서 며칠 후 살은 굳게 되는 것이다.

전시여서 작전상 언론보도가 통제되었다. 중공군이 한국전쟁에 실제로 투입된 시기는 10월 중순 전후, 그러나 그런 사실이 신문 등에 에둘러 보도되기는 11월 중순 이후였다고 기억한다. 그로부터 얼마쯤 지난 뒤에는 우리 쪽이 고전한다는 소문이 퍼졌다. 그러더니 12월 5일경에는 비공식적으로나마 정부에서는 시민들에게 피란을 가도 무방하다는 식으로 말을 흘렸다. 6·25 때 저지른 엄청난 실책을 반복치 않겠다는 뜻이다. 우리 국군과 UN군이 38선을 돌파하고 평양을 거쳐서 압록강에 이른 것이 10월 20일 전후였다. 그래서 이젠 통일이 완수되는구나 싶어서 기뻐한 것이 불과 얼마 전의 일인데 느닷없이 피란이라니 기가 막힐 노릇이었다. 생활의 터전인 서울에서 석 달 동안 고생을 한 것도 부족하여 이젠 엄동설한에 낯선 곳에 피란까지 가서 살라니 막막하기 그지없었다. 역사 시간에 임진왜란을 배우면서 귀로 듣던 '피란'이라는 걸 실제로 실행에 옮기려니 두렵기도 하고 막막하기도 한 느낌을 떨칠 수 없었다.

많은 시민들이 조금씩 조금씩 서울을 떠났다. 그래도 우리 가족은 6·25 때처럼 그런 허망한 일은 없으려니 생각하고 버틸 때까지 버티기로 하였다. 하지만 들려오는 소식은 가망이 없었다. 신문 뭉치를 끼고 매일 시내를 달리는 나는 시국의 동향을 감지하는데 어른들에 못지않았다. 하루가 다르게 시민들의 움직임이 빠르게 진행되었다. 신문을 사보는 사람들의 숫자가 점점 줄어들었다. 그만큼 서울을 빠져나갔다는 뜻이다.

　마침내 우리 집과 작은집 식구, 큰 당고모댁 가족과 그 친척 등 대부대가 완전 결빙된 한강을 건너 영등포역에 도착한 때가 1950년 12월 26일, 역내 플랫폼에서 닷새(?) 동안 한겨울 추위를 견뎌내는데 지금에 와서 되돌아보니 그 혹한을 이겨내고 목숨을 부지한 것이 기적이라 하지 않을 수 없다. 인간에겐 이처럼 독한 면이 있다. 작은할아버지가 수완을 발휘하여 이른바 '와이로'(뇌물, 혹은 요령)를 써서 빈 휘발유 드럼통이 가득 찬 화물칸을 어렵게 얻어내는데 성공! 거기에 올라타서 대구역에 내린 때가 이듬해인 1951년 1월 2일(?) 오전.

　이렇게 해서 역사상의 용어로 남아 있는 '1·4후퇴'와 그 이후, 우리 가족의 서럽고 고단한 피란 생활은 시작되었다. 낯선 땅 대구에 떨어지기까지 그 과정을 나는 이렇듯 짧게 기술하였다. 하지만 그 피란길이 어찌 그처럼 간단할 수 있으랴. 상상조차 할 수 없는 고생과 간난의 길이었음은 그때를 살았던 65세 이상의 우리 국민들은 모두 알고 있다. 우리 집은 운이 좋아서 요즘으로 말하자면 비행기를 타고 여행한 격이다. 거의 대부분은 그 혹한에 걸어서, 또는 기차 지붕 위에 올라타고 정처 없이 피란길에 올랐던 것이다. 어디로 가는 차인지, 며칠 걸려서 당도할 차인지조차 모르고 그냥 몸을 맡겼던 것이다. 여객 열차? 그런 것이 어디 있었나. 전쟁통인지라 일선으로 군수품을 수송하는 화물차만 부정기적으로 경부선을 오르내렸고, 임무를 마치고 전방에서 내려온 화물차가 영등포역에 잠시 머무는 사이에(서울역? 작전상인지는 몰라도 시민들에게는 열리지 않은 것으로 안다) 역을 가득 메운 피란민들이 벌떼처럼 달려가서 허락도 없이 기어오르는 그 참경, 참으로 두 눈 뜨고는 볼 수 없는 광경이었다. 기차 꼭대기 지붕에 끼어 앉아 가다가 아이가 떨어지면 "아이고 이를 어쩌나!" 하고 외마디를 지르는 것으로 어미가 할 일은 다했다고 마음 정리를 하면서 내려가던 그 피란 열차… 아. 그 비극을 나는 차마 제대로 증언할 수 없다. 매년 6·25 때면 TV에 자주 방영되는 그때의 피란기차의 화면이 결코 특수한 것이 아니고 아주 흔한 사진임을 알 일이다. 그런 전쟁을 누가 일으켰나?

4장

1·4후퇴/ 대구 피란지와
서울에서의 중·고교 생활

1·4후퇴/ 대구 피란지와 서울에서의 중·고교 생활

1. 피란 생활 점묘(點描)/ 중학 과정 수학

1

　우리 집 대가족이 부산까지 내려갈 수 있었음에도 대구에서 중도 하차한 까닭은 그곳과 성주군 수륜면과의 거리는 100리에 불과하기 때문이었다. 대구는 선대(先代)의 고향이나 마찬가지인 대도시이고, 또한 그때 수륜면 오천리의 일가들이 그곳 대구시에 많이 옮겨와서 살고 있었다. 그 때문에 더 멀리 내려가지를 않았다.

　조부 형제분과 부친께서는 6·25사변 전 평소 일 년에도 한두 번은 다녀오신 아주 익숙한 도시이지만 나와 우리 가족 모두는 태어나서 처음으로 만난 대구 — 그 대구가 피란민으로 몸살을 앓고 있었다. 서울을 비롯한 각 지역에서 몰려온 사람들과, 이북 지역에서 남한으로 넘어온 월남민 2세대 등이 대구 시민들과 뒤섞여서 시내가 바글거렸다. 일찍 내려간 피란민들은 다행히 셋방을 얻어서 안도하고 있었으나 우리처럼 뒤늦게 당도한 난민들은 당장 거처할 곳을 구하지 못해서 허둥대었다. 대구는 당시에 남한에서 세 번째로 큰 도시였으나 1960년대 이후 도시계획에 따라 크게 확장된 지금과 같은 도시는 아니었다. 중앙로를 비롯하여 도로변에 짐보따리를 쌓아놓고 노숙하는 모습도 쉽게 볼 수 있었고, 대구역 주변은 아예 난장판 바로 그것이었다. 시일이 조금 지나서 도청과 시청의 주선, 그리고 대구 시민들의 협조로 방을 얻거나 방천을 비롯한 공지(空地)에 무허가 판자촌을 짓고 잠잘 곳을 마련하면서 그럭저럭 안정을 찾았으나 초기에는 혼란이 자심하였다. 임·병 양난 이후 모두가 처음 겪는 일이니 경황이 없었다.

우리 집은 연고지를 찾아갔기 때문에 처음서부터 집 문제로 큰 고생은 하지 않았다. 비산동(飛山洞) 대고모(大姑母, 아버지의 고모, 2장 5절에 나오는 전쟁 첫날 전사한 그 아저씨의 본가) 댁에 마침 빈방이 두엇 있어서 몇 달 신세를 지다가 종조부와 평소 아주 가까이 지내던 고마운 두 분이 요즘 말로 치자면 '불우 이웃 돕기' 차원에서 각기 방을 내주어서 그리로 옮겨서 정착하였다. 그곳이 남산동(南山洞)이고 두 집은 담 하나 사이의 아래윗집, 그러므로 우리 대가족은 서울에서의 청량리 — 연건동보다 더 가깝게 지낼 수 있었다. 피란 중에 이런 행운이 또 있을까. 그 남산동에서 나는 1953년 8월까지, 나머지 가족들은 좀 더 살다가 삼덕동(三德洞), 원대동(院垈洞)으로 이사를 다니면서 휴전이 되고도 근 4년이 지난 1957년까지 산 후 서울로 올라왔다. 나는 2년 8개월, 우리 집은 무려 7년 동안을 대구에서 살았다.

남산동에 가기 전, 그러니까 비산동 대고모 댁에 얹혀 있을 때 나는 서문시장에 장사치로 나섰다. 피란 전에 신문팔이 경력도 있었으니 못할 것이 없었다. 또 그때는 피란민 모두가 먹고살 일이 우선 해결해야 할 당면의 문제라서 어른은 물론 소년들까지도 생활전선에 나섰다. 과거의 직업이며 신분 따위는 문제가 되지 않았다. 초·중등학교 교사나 그럴듯한 직장의 사무직들, 심지어 명성이 있는 일부 학자·문인·예술가도 호구를 위해서 장바닥에 나서기를 꺼리지 않았다. 하물며 원래가 상업에 종사한 사람들이랴. 모두가 입에 풀칠하는 일이라면 어떤 고생도 마다하지 않았다. 피란살이란 곧 이런 것이었다. 굳이 이름을 밝히지 않거니와 그때 30대의 어느 저명한 화가는 부산에서 중고품 시계 장사를 했다는 글을 읽은 적이 있다. 뭐, 구차스럽게 그런 예를 들 필요까지 없다. 김수근 화백이 미군 초상화를 그리며 연명하였고 이중섭은 난리통에 굶다시피 하다가 어느 공립 병원에서 객사하다시피 하지 않았던가. 이 모두가 전쟁이 남겨놓은 비극이다. 학자나 예술가는 전쟁과 같은 난국에서 제일 먼저 무너지는 계층이다. 수완이 없을 뿐만 아니라 전쟁 기간에 예술품을 누가 사며, 학문이 뭐 그리 절실하겠는가를 생각하면 저간의 사정을 충분히 알 수 있으리라.

나는 일명 '큰 시장'이라고도 부르는 서문시장에서 '김' 장사를 시작했다. 미군 부대에서 나온 레이션 박스 좌우 양쪽 중간을 뚫어서 고무로프로 연결하여 균형을 잡아 조절해 묶은 뒤 그걸 목에 걸면 훌륭한 이동 상품대(商品臺)가 된다. 그 상자 위에 김 20톳, 곧 2천 장은 무리 없이 놓일 수 있었다. 이걸 하루 종일 목에 걸고 시장통을 오르내리면서 외치면 주부들이 10장도 좋고 20장도 좋고, 한 톳 100장도 좋고 이렇게 사간다. 앞에서도 말한 바와 같이 대구 사람들은 김을 쉽게 사서 먹었다. 값도 비싸지 않았다. 귀한 해초(海草) 식품으로 여긴 서울과는 영 딴판이었다. 왜 그런지를 지금도 모르겠다. 20톳쯤은 부지런하기만 하면 하루에 어렵지 않게 팔 수 있었는데, 저녁에 결산해 보면 이문이 요즘 화폐가치로 대략 2~3만 원쯤은 된다. 그 벌이를 누가 적다고 할 것인가. 우리 집 생활의 일부가 거기에 달렸거늘.

이후 채소 장사, 화장품 장사 등을 중학교를 마치고 고교 1학년 1학기 때까지 했다. 어머니는 소설『마당 깊은 집』의 어머니처럼 삯바느질로 생활에 보탰다. 일감 중에서 화류계 여성들의 저고리를 지을 때 가장 힘들어하신 일이 생각난다. 그들의 직업상 까다로웠으리라고 이해를 하였다. 서문시장에서는 나 혼자 수개월, 남산동으로 이사 온 뒤론 노점을 차리고 장사를 하는 부모님을 도와 인근 염매(廉賣)시장에서(서문시장에서처럼 왔다 갔다 하면서) 김 장사를 했다. 물건을 사는 주부들은 예나 이제나 물건 값을 깎으려 한다. 그 비위를 다 맞춰 주다가는 장사가 안 된다. 본전도 못 건진다. 그래서 10장을 팔든 50장을 팔든 혹은 한 톳을 팔든 김 팔이들은 누구나 할 것 없이 김의 장수를 속여서 팔아야 했다. 손님들 코앞에서 기막히게 장수를 속이는 방법을 나는 지금도 대충 숙지하고 있다.

장사 얘기가 나와서 첨기할 것이 하나 있다. 그때는 물론 1960년대 전후까지 모든 장사, 곧 식료품·의류·공산품·아동용품·기계류 등 모든 장사는 1할의 이문을, 많아야 2할을 보고 했다. 본전이 1천 원이면 1백 원을 버는 것이 그 당시 상거래의 통례였다. 그 이상 남기면 특히 3할 이상 남기면 그걸 폭리라고 했고 그런 장사꾼을 악덕상인이라 했다. 그러던 것이 산업사회로 접어들면서부터 두 배, 세 배 혹은 그 몇 배의 이문을 남기는 장사로 변한 것이다.

이 대목을 쓰면서 나는 평생 동안 돈 때문에 내가 다른 사람을 속인 일을 떠올려 보았다. 제일 먼저 기억나는 일로 1·4후퇴 이전에 신문팔이를 하면서 나보다 한 살쯤 어린 국민학교 6학년 학생 신문팔이를 속인 일이 떠오른다. 신문이 나오는 시간이면 신문사 앞은 마치 전쟁터를 방불케 하는 혼잡이 잠시 이어진다. 미리 돈을 맡긴 중간 도매상(20대 전후의 청년들이다. 몇 명이 신문사 밖에서 신문팔이 어린이들을 대상으로 자기 팀원을 매일 모집하였다)에게서 몇 초라도 신문을 먼저 넘겨받으려는 신문팔이 소년들의 손길이 여기저기서 난무한다. 어느 날 나는 그 와중에 중간 도매상에게서 내가 신청한 부수 이외 다른 소년의 것 일부를 받아 쥐고 뛰었다. 급해서였지만 그것이 나쁜 짓인 줄 알고 그랬다. 그날 나의 수입은 평일을 웃돌았다. 이것이 55년이 지난 지금까지도 내 양심을 건드리곤 한다. 대학교 2학년 때는 이런 일도 저질렀다. 나의 일가친척인 박원(朴垣, 당시 서울대학교 사범대 2학년생, 나와 같은 학년이었음. 나이는 두 살 많음. 현 인하대 명예교수)의 소개로 그가 잘 아는 대구 어느 목사에게서 크리스마스카드를 넘겨받아서 장사를 약 한 달 동안 했다.(그도 물론 따로 팔러 다녔다.) 밤이면 행인을 상대로 동대문 옆에 좌판을 펴고 팔기도 했고 낮이면 시내 중고등학교 구내매점을 찾아가서 몇십 장씩 도매형식으로 넘기기도 했다. 수입이 짭짤했다. 그런데 욕심이 발동하여 목사님께 보낼 원금의 일부를 가로채고 말았다. 나는 이문을 많이 남긴 셈이고 목사님은 손해를 보았다. 아니, 그게 아닐 것이다. 박원 그가 대납하였을 것이다. 반세기가 넘은 지금도 그 일을 생각할 때면 내 얼굴은 화끈거린다.(附記 : 이 기록물을 두 번째 쓰고 난 3년 뒤인 2009년 10월. 나는 그를 만나 오래전 그때 내가 욕심이 생겨서 원금의 일부를 떼어먹은 것을 사과하고 1백만 원을 주었다. 그 액수면 죗값을 치를 수 있다고 생각한 끝에 그렇게 하였다. 박 교수는 받지 않으려고 했으나 안 받으면 내가 괴로우니 나를 위해서 받아달라고 하여 마침내 되돌려 주었다.) 40년 전에는 동네 외과의사에게 줘야 할 돈을 주지 않고 떼먹은 일도 있었다. 사연인즉 이렇다. 그때 국민학교 1학년이던 큰아들 윤규(允圭)가 내가 어릴 때 자주 앓던 그 '생인손'을 앓았다. 며칠 동안 아파서 고생하더니 손가락에 노란 고름이 가득 찼다. 이럴 경우 바늘로 콕 찌르고 고름을 짜낸 뒤 '이명래 고약'을 부치면 그만인데 하도 징그럽게 곪아서 동네 의원으로 갔다. 별것도 아닌 걸 가지고 의사는 호들갑을 떨면서 사뭇 '수술'을 해야 한다며 매스를 가하더니 아이를 10분 동안 잡는 것이었다. 그리고는 간호사가 내미는 '수술비'가 예상 밖이었다. 그럴 줄도 모르고 갔으므로 지갑을 톡톡 털어도 반밖에 되지 않았다. 나머지는 이튿날 주겠다고 약속을 하고 귀가하였다. 집에 와서 생각해 보니 의사가 괘씸하기 짝이 없었다. 내 생각으로는 뻔한 것을 가지고 손톱까지 뽑은 일이 못내 미웠다. 그때 나는 대학교 초임교수 때였다. '숙고' 끝에 떼먹기로 하였다. 이 일 또한 후회되는 나의 죄이다. 군에 입대하기 전 동대문 근처에 있던 단골 술집의 외상값, 지금 돈으로 약 5만 원쯤을 갚지 못한 일도 생각난다. 첫 휴가를 나와서 찾아갔더니 주객으로 넘쳐나던 그 술집이 무슨 연고로 없어지고 말았다. 그 집의 외상값은 본의가 아니게 갚지 못한 일에 해당된다. 이런 일 외에도 약간 더 있을 터인데 기억이 나질 않는다. 이 기회에 고백해 둔다.

장사치로 나선 초기, 시장바닥을 오르내리는데 어떤 노점상 아줌마가 손님들을 향해 "콩기(지)름 사이소"하고 호객을 하기에 무심코 돌아보았더니 '콩기름'은 눈을 닦고 보려 해도 보이질 않았다. '콩나물'만 있을 뿐이었다. 알고 보니 그것이 '콩기(지)름'이었다. '콩을 길러낸' 것이므로 결코 틀린 것이 아니었다. 이런 식으로 피란 생활을 하는 동안에 들은 그 지방 언어로는 간장을 '지렁', 변소를 '통시'라고 가끔 썼는데 '통시'는 한자어 通屎를 우리말로 옮긴 언어로서 사투리가 아니다.

생활어 얘기가 나와서 지금도 생각나는 것이 있다. 아들이나 딸, 특히 딸들이 자기 어머니와 대화를 나눌 때 흔히 '너'라고 부르는 것이었다. 가령 "아무이(엄마)야, 늬 밥 묵었나?" 식이었다. 기절초풍할 노릇이 아닌가. 모녀간의 친압(親狎)의 뜻으로 그러는 모양인데 상식에서 크게 벗어난, 말도 안 되는 화법이다. 현재도 경상도 지방에서는 이런 쌍스러운 말버릇을 버리지 못하고 있다. 오랜 생활관습이라서 쉽게 고쳐지지 않는 모양이다.

그 지방 아이들이 서울 사람을 놀리는 노래도 아직까지 알고 있다. "서울내기 다마내기(양파) 맛 좋은 고래고기"라고 놀렸다. 서울 사람이 시골 사람을 놀릴 때 "시골뚜기 꼴뚜기 말라빠진 꼴뚜기"와 대구(對句)를 이루고 있어서 재미있었다.

문둥이가 그렇게 많은 줄은 정말 몰랐다. 서울에서는 1년에 한두 번 보는 정도였다. 경상도가 문둥이 지방이라는 얘기는 들어서 알고 있었으나 그처럼 많을 줄은 전혀 예상하지 못했다. 문 밖에만 나가면 골목이나 큰길에서 쉽게 만날 수 있었다. 시장에서는 짝을 지어 다니면서 동냥을 하는 문둥이를 하루에도 몇 번씩이나 접할 수 있었다. '경상도 문둥이'라는 말이 실감이 났다. 그들은 '문둥이'가 아니라 '文童'이가 음이 변해서 그리 된 것이라고 하는데 정말 어원이 그런지는 알 수 없다.

예부터 경상도 기질을 두고 태산교악(泰山喬嶽)이라고 했다. 몇 년 살아보니 옛말이 틀린 것이 아니었다. 우람하고 스케일이 크고, 또한 무뚝뚝하고 거칠다는 느낌을 강하게 받았다. 한번 사귀기가 힘들지 일단 친해지면 의리를 지키는 그런 기질이었다. 서로 보통 말하는 것인데도 음성이 크고 굵어서 마치 다투고 있는 것인 양 착각을 일으킬 때가 한두 번이 아니었다. 서울에서 살 때 우리 할아버지와 아버지 목소리가 동네에서 제일 컸음을 새삼 떠올렸다.

이 대목에서 약전 거리에 있던 '수성당약방' 얘기를 하기로 한다. 수성당약방은 나의 일가 어른인 박종문(朴鍾文) 님께서 운영하던 한약방이다. 그분은 연세가 나의 아버지보다 몇 살 위인데 항렬은 내 손자뻘이다. 그래서 중학생인 나에게도 이래라저래라 식의 반말은 하지 않았다. 반쯤은 경어로 나를 대했는데 그게 얼마나 나로 하여금 입장을 난처케 했는지 모른다. 성격이 화끈하면서 인정이 많은 분이었다. 왜정 때는 만주 생활도 여러 해 했던 풍류남아였다. 그 '수성당약방'은 한마디로 말해서 수륜면 오천리 출신 순천 박씨 판윤공파 일가들의 집합소였다. 낮에는 온돌방으로 된 한약방 안이 온통 일가들로 북적거렸다. 그 한쪽 귀퉁이에서 환자를 만나는 형국이었다. 그래도 영업은 잘되었다. 상상하기 어려운 장면이지만 사실 그랬다. 어디 그뿐인가. 가족과 헤어져서 혼자 피란 내려온 서울 사람이 대여섯 명 있었는데 생면부지의 그들에게 그는 방을 무료로 내 주었다. 그들은 아침에는 돈 벌러

나갔다가 손님이 없는 밤에만 잠을 자러 그곳에 '귀가'하곤 하였다. 오천리에서 공부하러 대구에 온 위의 박원(朴垣)도 끼어 있었다. 고생하는 사람들을 위한 배려가 그 정도였다. 훌륭한 분이었다. 그곳에서 기숙하던 사람 중에는 염매시장에서 장사를 하던 국민학교 교사도 있었고 대학생 몇 사람도 있었다. 그 대학생 중 두 명은 후에 대학교수가 되었다. 그중 한 사람의 이름은 나도 알고 있는데 그가 전공하는 학문 분야에 비교적 널리 알려진 분이다. 중학교를 다니던 박원도 대학교수가 되었고 지금은 정년퇴임하여 서울에서 잘 살고 있다. 수성당약방 출신 대학교수가 세 명 나온 셈이다.

  수성당약방을 화제에 올린 까닭은 이런 이유에서만이 아니다. 남산동 단칸방에 할아버지를 비롯해 나까지 3대가 산다는 것은 불가능한 일, 그래서 조부께서는 아침저녁 식사만 집에서 하시고 낮은 물론 밤에 주무시는 시간은 그곳에서 보내셨다. 집과의 거리는 불과 15분 정도였으니 가까웠다. 우리 집이 삼덕동 큰 집 사서 이사를 갈 때까지 3년 넘게 그렇게 하셨다. 연세도 높으시고 항렬로도 4단계나 높은 할아버지를 그는 '대부 어르신'이라고 깍듯이 대하면서 친 고조부를 모시 듯하였다. 여러 해 전에 서거한 그분의 고마움과 대범함 그리고 넘치는 인정을 나는 잊지 않고 있다.

  얘기는 여기서 끝나지 않는다. 할아버지께서『주역(周易)』공부에 푹 빠지기 시작한 것은 동란 전인 1948년 회갑을 맞이하던 해였다. 그로부터 돌아가신 해인 1973년까지 4반세기 25년 동안을 그분은, 놀라지 말지어다. 하루에 식사하고 주무시는 시간, 간혹 외출하시는 시간을 빼고 환경 여하를 불문하고 남이 뭐라고 하든 말든 오불관언하면서 평균 15~16시간을『주역』공부에만 몰두하셨다. 점치는 공부로서가 아니라 철학 공부로서『주역』에 그토록 탐닉하셨다. 지축(地軸)이 언젠가는 바뀐다고 주장한『정역(正易)』의 저자 일부(一夫) 김항(金恒, 1826~

1898) 선생의 학맥을 잇고 있는 할아버지는 여러 사람들의 합동 숙소인 수성당약방에 얹혀사셨다. 그런데 낮에는 환자와 일가 '아랫것들', 밤에는 고단해서 잠에 떨어진 동숙인들이야 뭐라든 작은 소리를 내어 『주역』을 외우고 또 외우곤 하셨다. 옛날 공부는 소리를 내며 하는 것 아닌가. 나는 평생 나의 조부님과 같이 학문 하나에 그토록 정성과 열의를 다한 분을 보지 못했다. 뒤에서 얘기할 나의 지인(知人) 두 사람도 공붓벌레로 유명하였는데 그들도 할아버지의 호학(好學)에는 미치지 못하였다. 손자인 나에게 "늬가 오십 줄에 들어선 이후로는 지구에 큰 해일과 지진이 잦을 터이며 육·칠십이 되면 이 나라가 세계의 중심 국가가 될 것이다. 또 앞으로의 세상은 영어나 공업을 하지 않으면 살기 어려운 세상이 될 터이니 그리 알고 명심하여라"던 할아버지는 1년이 360일이 되어야 마땅하다고 늘 강조하셨다. 1980·90년대 이후의 기상이변과 사회현상을 볼 때마다 할아버지의 예언이 적중하고 있음을 피부로 느끼고 있다. 우리나라가 장차 세계의 중심 국가가 된다는 그 말씀을 들을 때 나는 『주역』을 하면 자칫 돈다고 했는데 할아버지께서 결국 그리된 것이 아닌가 하고 걱정을 하였다. 1950년대 우리나라는 요컨대 세계에서 가장 못 사는 '乞人國家'였는지라 향후 중심 국가라니 말도 안 되는 소리였기 때문이다. 그러나 21세기의 한국은 어떤가. 세계가 놀랄 정도의 선진국이 되지 않았는가. 이만하면 그분의 말씀이 적중된 것이 아닌가. 다만 이런 점을 지적하고 싶다. 앞에서 말한 바와 같이 할아버지는 『주역』을 학문으로 공부하신 분이다. '점(占) 운운하면 불호령이 떨어졌다. 그런데 그분의 공부가 어디까지가 학문이고 또 어디까지가 점인지 그걸 지금도 모르겠다. 또한 할아버지의 학문 세계가 어느 정도로 심오하였는지도 나는 전혀 알 수 없다. 다만 누구도 따라올 수 없는 그분의 공부에 대한 열의와 끈질긴 천착만은 존경한다. 생각해 보면 알 일이다. 세상이 어떻게 될지 모르고 불안해하던 그 난

리통에 그 좁은 약국 안에서 7~8명이 함께 기숙하는데 어른이랍시고 새벽 1시까지 글을 읽어대시니 동숙인들의 고충이 어떠했겠는가. 처음 얼마 동안은 괴로워했으나 차츰 익숙해져서 숙면에 큰 지장이 없었고, 따라서 동숙인들도 마침내 존경해마지 않았다는 얘기를 들은 것은 반년쯤 지난 뒤였다.

【금년(2006년) 2월 말에 나는 대구에 내려갈 기회가 있었다. 다름 아니라 영남대학교 윤영옥(尹榮玉) 교수의 정년퇴임 기념 모임에 참석하기 위해서였다. 대구에 도착하니 행사 시간이 아직 두어 시간 남아 있었다. 잘 됐다 싶어서 55년 전을 회상하며 그 '수성당약방' 자리를 찾았다. 주인이 바뀌고 한약방 이름도 바뀌었으나 그 건물은 그 자리에 그대로 있었다. 감회가 무량하였다. 주인에게 그 옛날 박종문 씨를 아느냐고 물었더니 모를 리가 있겠느냐면서 고인이지만 참 좋은 분으로 약전 거리에 호가 나있는 분이라고 응대해 주었다. 그곳에서 나와 바로 그 옆에 있는 '한 많은 염매시장'을 빙 둘러보았다. 예상대로 예전 모습은 오간 데 없어서 다소 서운하였으나 오래간만에 나의 옛 삶의 자취를 찾기를 잘했다고 생각했다. 염매시장은 1·4후퇴 당시 특히 떡 장사로 유명했었는데 그 전통을 지금도 유지하고 있단다.】

2

3월이던가, 혹은 4월이던가 확실치는 않다. 피란민들이 대충 정착할 무렵이었다. 시내 곳곳에 경북도지사 조재천(曺在千) 씨 명의로 공고문이 붙었다. 서울에서 피란 내려온 중학교 학생 전원(1~6학년, 그땐 아직 중·고교가 분리되지 않았다)은 며칟날 몇 시까지 도청 광장에 모이라는 내용이었다. 조재천 씨는 전라도 출신, 그럼에도 경북지사를 할 정도로 그때는 영호남의 대립이 없던 때였다. 그는 후에 민주당의 명

선전부장이 되었고 4·19 이후에는 장면(張勉) 내각에서 내무장관과 법무장관을 지낸 당대의 이름난 중견 정객이었다.

정한 날에 나도 갔다. 광장이 학생들로 꽉 찼다. 소집한 까닭은 전란 중일지라도 학생들의 학업은 중단할 수 없으므로 대구 소재 각 중학교에 피란 학생반을 따로 만들어 배치토록 하겠다는 것이다. 나는 기쁜 한편 놀라지 않을 수 없었다. 일선에서는 장정들이 죽어가며 밀고 밀리는 싸움이 거듭되는 그런 백척간두의 시기에 학생들을 불러 공부를 하도록 조치한 정부 당국의 배려와 조치에 감탄하지 않을 수가 없었다. 알고 보면 이것도 부산·대구와 같은 대도시로 피란을 갔기 때문에 누릴 수 있는 혜택이었다. 농촌이나 시골 중소도시로 내려간 학생은 1953년 환도할 때에까지 거의 대부분은 줄곧 학교를 쉬어야만 했다.

학교를 가리지 않고 무조건 1학년생부터 6학년생까지 학년별로 열을 세워 놓고 앞줄부터 100여 명가량씩 끊어서 너희들은 대구의 ○○중 피란 학생반, 또 너희들은 ○○중… 이런 식이었다. 나는 영남중(嶺南中, 교장 주덕근)에 배치되었다. 같은 학년에는 서울의 각 학교 중학생이 혼재해 있었음은 물론이다. 여학생들은 여자중학교에 배치되었다. 반년쯤 지난 뒤인 1951년 2학기 때였던 것으로 기억한다. 서울에서 피란 내려간 여러 중학교 선생님들이 함께 모여서 '대구 피란 연합중학교'(정식 학교명이 정확치 않음)를 세워서 학생들을 모았다. 천막으로 된 학교였고 교장은 피란 때까지 동덕여자중학교 교장이었던 손정순 씨로 알고 있다. 이 학교가 생기자 대구 각 중학교 피란민 반에 배치되어 있던 서울 학생들이 그곳으로 많이 빠져나갔다. 나는 그냥 영남중학교에 남았다.

또 그때쯤 서울의 각 중학교·대학교가 판잣집을 짓고 피란 내려 온 자기네 학교 학생들을 모아 수업을 시작하였다. 그렇게 문을 연 학교가 부산에 치중해 있었고 대구에는 소수의 학교만 있었다. 대학은 고려대가 유일한 학교였고, 중학교는 동성(부산에서도 문을 열었다)과 양정뿐으로 기억하고 있다. 양정이 있었던 사실을 내가 안 것은 고등학교 입학 후였다. 부산이 임시 수도였고, 또한 인구도 대구보다는 훨씬 많을 뿐만 아니라 피란민도 그곳에 더 많이 있었기 때문에 임시 피란학교 또한 그 수가 대구와 비교가 안 되는 수십 개교에 이르렀다고 본다.

영남중 학생이 된 나는 3년 과정을 마치고 졸업장을 받았다. 3년 내내 나를 괴롭힌 것은 등록금 납부였다. 보통 서너 달은 밀리곤 하였는데 이런 고통은 대학 졸업 때까지 계속되었다. 지겹도록 겪었다. 물론 다른 학생들도 형편이 비슷하였지만 내가 좀 더 심한 편이었다. 영남중학교는 대명동(大明洞)에 있었는데 학교 건물 전체가 군의 징발령에 따라 포병사령부(사령관, 신응균 장군. 사령관 이름을 어떻게 기억하고 있느냐, 혹시 이 글을 쓰면서 조사해 써 놓은 것 아니냐고 물을 수 있다. 전혀 그렇지 않다. 이 글의 모든 것은 내 머릿속에 남아 있는 그대로를 기술하는 것이다. 위에서도 또 아래에서도 마찬가지다)가 사용하고 있었다. 따라서 원래의 그 학교 학생들과 피란민 반 우리는 임시 교사 또는 학교 근처 공터(그때는 그 부근이 거의 빈터였다)에서 천막을 치고 책·걸상도 없이 땅바닥에 쌀가마니를 거적으로 깔고 앉아서 간이 칠판을 바라보며 수업을 받았다. 선생님들은 물론 그 학교 교사들이 주류를 이루었고 서울서 피란 온 교사·혹은 대학교수가 운이 좋게 채용되어서 몇 분으로부터도 배웠다. 3학년 때던가 포병사령부가 학교를 반납하여서 건물 안 교실에서 책·걸상에 앉아 정식으로 교육을 받을 때는 딴 세상을 만난 듯했다.

학교에 다니면서도 하교 이후에는 늘 시장에 나가서 부모님의 장사를 도왔다. 피란민들의 생활은 참으로 고단하였고 궁핍하였다. 하루 벌어서 하루 사는 생활이 계속되었다. 피란민 대부분이 지금의 최극빈층과 유사한 수준의 생활을 하였다면 혹시 과한 표현일까? 그렇듯 고생하면서도 서울에서 피란 내려간 모두는 전쟁이 터지기 이전에는 부자였다고 큰소리를 치곤하였다. 사실을 확인할 수 없는 노릇, 속된 말로 '뻥'을 치며 그렇게 사는 것도 피란민의 삶의 방식이었다. 그런 가운데도 상술이 좋고 수단이 있는 사람들은 양키시장 등 여러 방면에서 큰돈을 만지는 경우도 없지 않았다. 사람 사는 세상은 전시라고 해서 그 근본 틀이 완전히 바뀌는 것은 아니다. 그때의 대구를 무대로 한 소설이 위에서 한 번 언급한 김원일의 『마당 깊은 집』이다. 이 작품을 읽고 나는 그 세세한 묘사에 감탄한 바 있다. 그렇게 리얼할 수가 없다. 당시의 피란민 생활이 고스란히 담겨져 있는 작품이다. 참고로 그렇듯 정확하고 치밀한 묘사에 성공한 소설로는 홍성원의 『D데이의 병촌』을 들고 싶다. 이 소설은 피란살이가 아니라 군대를 무대로 지은 작품이다. 그 정확하고 치밀한 면에서 『마당 깊은 집』에 못지않다.

　연애하고 결혼하는 젊은이도 있었고 전쟁터에서는 장정들이 죽어가는데 새 생명이 태어나는 일도 계속 이어졌다. 사기꾼과 불량배가 날치는가 하면 전쟁고아들을 모아 양육하는 등 남을 위해 헌신하는 선량한 사람도 있었다. 빈대떡 한 접시를 놓고 탁배기를 들이키면서 언제쯤이나 고향으로 돌아갈지를 놓고 한숨을 내뿜는 서민 주객들이 있는가 하면 댄스홀에 출입하는 제비족과 사모님 그리고 비밀요정에서 기생을 끼고 환락에 빠지는 팔자 좋은 남정네들도 있었다. 그 나이에 어떻게 비밀요정을 알았느냐고 물을 것이다. 남산동 우리가 세 들어 살던 그 집과 바로 옆집 둘이 바로 그런 기생술집이라서 자연스럽게 알게 되었다. 만경관이나 자유극장 송죽극장이 관람객으로 늘 만원인 한편으로 가난한 서민들은 그들의 동네를 찾아온 약장사의 재담에 웃음을 터뜨리곤 했다. 국민 방위군에 동원되어서 추위와 기아에 시달리다가 이른바 '국민 방위군 사건'이 터짐에 따라 생지옥에서 풀려나서 거지꼴로 경기·충청·강원·전라·경상도 등 자신의 고향으로 터벅터벅 걸어가는 귀환 장정들의 행렬은 보는 이로 하여금 눈물을 쏟게 하였다. 김동리(金東里)의 『귀환장정』이라는 소설은 이것을 소재로 지은 작품이다. 그의 또 다른 소설 『밀다원 시대』는 부산 어느 다방에서 시인이 시대고(時代苦)를 이기지 못하고 자살한 실제 사건을 다룬 것이다. 그런 시인이 있는가 하면 사무실이나 사랑채 역할을 대행하던 숱한 다방에서는 거간꾼이라고 불러야 마땅한 전직 공무원·기업가·상인들이 먹고살려고 상담(商談)과 계략과 '빽'을 총동원하며 진검승부를 벌이면서 '한 건' 올리려는 열기가 가득 차 있었다. 1953년 휴전 직전에는 현인(玄仁)의 "눈보라가 휘날리는 바람 찬 흥남부두에…"를 듣고 배우려는 수십 명의 무리들이 중앙로 레코드 가게 앞에서 진을 치고 있는가 하면 〈카츄샤의 노래〉와 〈전선의 달밤〉이 사람의 가슴을 울리곤 하였다. 세상살이는 원래 쉽게 변하는 것이 아니라서 비록 전쟁 기간이지만 그 유형만은 평상시와 크게 다를 바 없었다.

'국민 방위군 사건'을 떠올리는 내 마음은 지금도 실로 아프고 쓰라리기 이를 데 없다. 그 사건으로 무고한 장정이 얼마나 죽고 병신이 되었던가. 사건의 전말은 이렇다. 1950년 10월 말 중공군이 참전하자 정부는 그해 12월 중순경 '제2국민병 소집령'을 발동하여 만 17세 이상 40세 미만의 장정들(현역 군인이 아닌 장정) 약 50만 명을 전국 각지의 51개 교육 연대에 분산 수용하여 국민 방위군을 편성하였다. 전황 여하에 따라 그들도 현역으로 전선에 배치시키려고 했던 것이다. 그러나 이 군대는 여러 가지로 허술하기 짝이 없었고 간부급도 광복 직후에 활동하던 대한청년단의 단원으로 보충하였기 때문에 지휘관으로서 자질이 결여된 사람들이었다. 이런 사람들의 인솔에 따라 '1·4후퇴' 당시 서울과 각지의 방위군은 부산까지 약 15일 간에 걸쳐 도보로 후퇴하였다. 하루에 주먹밥 한 덩어리로 배를 채우고 가마니로 이불을 삼는 참상 속에서 아사자·동사자·병자가 1천여 명이나 발생하였다.

제대로 먹이지도, 입히지도 않았다. 남하하면서 매일 잠은 지역 학교 강당이나 교실에서 거적을 덮고 때우게 하였다. 이런 비인간적인 만행이 각처에서 공공연히 자행되었다. 이러자 1951년 1월 중순 임시 수도인 부산 피란국회에서 이 문제가 거론되기 시작하여 그 진상이 밝혀지면서 마침내 그해 5월 국민방위군은 해체되었고 장정들은 모두 귀가하기에 이르렀다. 엄청난 사건이었다. 모르는 사람이 없는 대형 사고였다. 국회 진상조사단이 밝혀낸 바에 의하면 간부들은 1950년 12월 중순부터 그 이듬해 3월 말일까지 105일 동안 유령 인원을 조작하여 당시 돈 24억 원 어치의 금품을 착복하고 5만 2천 섬의 양곡을 부정처분하였다. 이로 하여 이시영(李始榮) 부통령이 개탄하면서 사임하였다. 방위군 사령관 김윤근(金潤根, 제헌국회의원 선거 때 서울 종로 을구, 우리 동네에서 출마하여 낙선된 인물) 등 5명이 그해 6월 고등군법회의에 회부되어 재판결과 사형이 집행되었다. 대구에서 재판이 있었기 때문에 기억이 더 새롭다.(재판은 법원에서가 아니고 '희도국민학교'던가, 여하간 어느 국민학교 강당에서 진행된 것으로 안다. 워낙 대형 사건이어서 전 국민들의 관심이 실로 지대하였기 때문에 넓은 장소에서 공개적으로 열었던 것으로 안다.) 이상 요약한 바는 정확을 기하기 위해서『한국민족문화 대백과사전』의 해당 조항을 참고하여 간추린 것이다.

이와 관련된 참혹한 얘기가 하나 더 있다. 풀려나서 귀환하는 장정들을 피란지인 대구에서 우리는 한동안 지켜보았다. 거지도 그런 거지가 없었다. 몸 상태는 모두가 중환자였고 못 먹고 굶주려서 눈뜨고 보기가 어려웠다. 체면도 아랑곳하지 않고 이집 저집 찾아 들어가서 구걸을 하며 고향을 향해 터벅터벅 걸어가던 모습이 지금도 잊히지 않는다. 그런데 국도 갓길을 걸어가는 귀환 장정 행렬을 어느 육군 대령이 지프차를 타고 지나다가 보게 되었다. 한 무리의 거지 떼가 국도를 걸어가니 이상하게 생각한 나머지 차를 세워 "너희들은 누구며 어디로 가는 거냐?"라고 물었다. 그러자 장정들은 "국민방위군이다! 김일성에게 가는 길이다. 어쩔래?" 하더라는 것이다. 그만큼 그들은 악에 받쳐 있었다. 이 얘기는 1970년대『민족의 증언』(중앙일보 편)에서 읽은 것으로 아직도 내 기억에 남아 있는 대목이다. 민족의 운명이 백척간두에 놓여 있을 때임에도 그런 엄청난 군부대 비리가 발생했으니 국민 모두가 개탄해 마지않았다.

일선에서 싸우다가 휴가 나온 장병들이 흥청거리는 후방의 모습을 보고 내가 누구를 위해 왜 싸우는지 모르겠다고 울며 귀대하는 일이 자주 있었고, 그러기에 학생과 국민들은 각성해야 한다고 외치는 웅변대회가 대구 시내 '키네마'(서울의 시공관과 같은 곳) 등 각 처에서 수시로 열리던 것도 그 시절의 풍속도였다. 비록 전쟁 기간이지만 장병들의 사기를 고려하여 정기적인 휴가는 있었다. 휴가 나온 장병의 복장은 (철모를 쓴) 야전 전투복 차림도 있었다. 요즘의 군인들 휴가 스타일을 생각하면 큰 오산이다.

되돌아보건대 피비린내 나는 동족상잔의 전쟁을 치르고 있지만 일선은 일선이었고, 후방은 후방이었다. 이 말은 전선에서 우리 젊은이들이 생명을 걸고 싸우고 있는 전황에 걸맞게 후방의 국민들도 거기에 박자를 맞춰서 전시상태하의 경직된 생활을 매일 고수하지도, 그렇게 할 수도 없었다는 뜻이다. 피란민이든 현지 주민이든 '먹고사는 문제'를 피할 수는 없었기 때문이다. 사람 사는 사회의 기본적인 상태는 다소의 차이는 있지만 전시든, 평화시든 크게 다르지 않았다. 일어날 것은 다 일어났고, 있을 것은 다 있었고, 하고 싶은 것은 다 하고 살았다. 시장이 활발히 돌아가야 서민들은 먹고사는 법, 카바레·춤바람이 문제였으나 그 외는, 가령 '사바사바'며 '빽'과 같은 부조리·비리 등도 '먹고사는 방법의 하나'로 간주되어서 그런 양 통하던 시대였다. 되레 그렇게 해서라도 가족들 밥 굶기지 않는 사람을 부러워하였다. 웅변대회를 수시로 열고 일선에서 생명을 걸고 싸우는 국군 및 UN군 장병들을 보아서도 후방의 국민들은 각성하여 건전한 생활을 하라고 아무리 외쳐도 소용이 없었다. 입에 풀칠하기 위해서는 어느 정도의 부정한 행위는 어쩌면 필요악이었는지도 모른다. 1·2차 세계대전 때 유럽 각국도 그런 모습이었던 것으로 안다. 이것이 바로 전쟁의 민낯이었다.

문인들이 시민들을 위해 공연한 연극은 대성황이었고(그 문인연극에 만화가 코주부 김용환 씨가 배우로 나온 것이 이색적이다. 문인들과 화가는 '삽화'를 매개로 친숙한 관계였기 때문이다. 소설가 박영준·시인 구상… 등이 출연한 것으로 기억하는데 확실치는 않다) 문학의 밤도 만원으로 인기가 높았다.(박목월 선생의 시낭송이 특히 기억에 남아있다.) 워낙 문화 행사가 증발되어서 없던 때라 피란민을 비롯한 대구 시민들의 관심을 끌었던 모양이다. 키네마에서 있었던 두 행사를 보면서 살벌한 시대일수록 예술의 정서가 얼마나 소중한지를 깨달았다. 세상은 참으로 요지경이었고 사람의 삶은 천차만별이었다.

대구 시내 여러 곳에 세책점(貰册店)이 생겨난 것은 먹고살기에도 바쁜 비상시국임을 감안하면 사뭇 이색적인 풍경, 나는 중학교 1학년 말에 그곳에서 이광수(李光洙)의 『흙』을 빌려다가 호롱불 밑에서 밤을 새우며 읽었다. 이런 소설도 있었구나 하는 생각이 들 정도로 감동을 받았다. 그 후 대구에서 살던 2년 8개월 동안 중앙로에 있는 대형 서점 여러 곳을 번갈아 순방하면서 소설책을 뽑아 읽기를 자주하였다. 일주일에 두세 번 정도는 그랬었다. 길면 20분가량 서서 읽었는데 점원이 와서 조용한 목소리로 나가라면 그 근처 다른 서점으로 이동하여 계속 읽곤 하였다. 나중에는 서점 주인과 점원이 알아볼 정도였다. 요즘 교보문고 풍경의 초기 형태이리라. 서로 다른 것은 교보문고에서는 주저앉아서 장시간 책을 읽어도 용인이 된다는 점이다. 세상은 이처럼 너그러운 방향으로 변했다.

족친(族親)이며 나보다 두 살 많되 학년은 같은 박원(朴垣, 바로 위에서 소개하였음. 당시 계성중학교 재학. 그는 피란민이 아니었음, 고향인 수륜면 오천리를 떠나 대구에 유학하고 있었음. 현 인하대 명예교수)을 따라 조상님들의 세거지요 나의 본적지인 성주에 중학교 2·3학년 방학 때 처음으로 찾아가서 며칠씩 유숙하다가 나온 것도 기억에 남는다. 그곳 선영(先塋. 지금은 나의 명의로 되어있다)에서 벤 귀한 땔감이 GM트럭에 적재되어 두 해에 걸쳐서 빈한한 우리 집에 운반된 것은 가뭄 끝에 내리는 단비와 같은 것. 그 트럭에 일가들이 거둬서 함께 실어 보낸 된장, 고추장 등과 기타 밑반찬거리가 있었던 것을 지금도 기억하고 있다.

고단함과 서러움 속에서도 어떻게든 살아서 서울에 올라가려는 절절한 갈망을 품고, 또한 일진일퇴하는 전황에 일희일비하면서 시름을 달래는 가운데 대구의 피란 생활은 깊어 갔다.

2. 학제(學制) 개편에 따른 고교입학/ 피란 생활 청산

1953년 봄에 영남중학교를 졸업한 나는 서울에서 피란 내려와 천막학교로 운영하고 있던 동성고등학교(東星高等學校, 교장 全昌基) 1학년에 입학하였다. 남산동 우리 집에서 보행으로 20분쯤 떨어진 '성당 못' 근처에 학교가 있었다.

아마 우리보다 2년 선배들 때부터(피란 기간 중인 1951년) 중학 6년제가 중·고교로 분리된 것으로 안다. 중3을 졸업하면 시험을 치르고 입학금을 납부한 뒤 고등학교 과정을 시작하는 학제다.

동성고등학교는 나에겐 낯선 학교가 아니었다. 내가 국민학교 시절 2년여 동안 살았던 명륜동 4가 집 근처 혜화동 로터리에 있는 학교(현재도 그곳에 있다)라서 잘 알고 있었다. 천주교단에서 운영하는 학교요,

장면(張勉) 박사가 왜정 때 교장직을 맡았고 광복 이후 정계에 진출한 뒤에도 일정하게 관계를 유지하고 있던 학교였다. 김수환(金壽煥) 추기경이 그 학교 출신이라는 것은 그분의 명성이 세상에 널리 퍼진 뒤에 알았다.

입학시험은 아주 간단했다. 피란 내려온 초라하기 짝이 없는 학교인데 크게 공고를 하고 입시를 치를 형편이 전혀 아니어서 입학하기를 희망하는 학생이 개인적으로 알음알음으로 학교를 찾아가서 교무실 귀퉁이에 혼자 앉아 간단한 학과 테스트를 받고 적합 판정이 나면 입학이 허가되었다. 나도 그랬다. 당시는 전란 중이라서 임시 수도였던 부산에서도 피란 내려간 서울의 여러 고등학교가 그런 식으로 신입생을 선발했던 것으로 안다.

겨우 7백~1천(?) 평 미만밖에 안 되는 좁은 부지에 큰 천막 교실이 3개 동, 작은 천막 교무실이 하나, 손바닥만 한 운동장, 이것이 학교 전체의 전경이었다. 학생의 반쯤은 사변 전에 동성을 다니다가 대구로 피란 온 경우고 나머지 상당수가 나와 같이 현지에서 다른 중학교를 졸업하고 새로 입학한 학생들이었다.

우리 고1학년생은 모두 20~25명쯤. 같은 천주교 계통의 학교인 계성여고생과 한 반에서 함께 배웠다. 일찍이 남녀공학을 한 셈이다. 우리 1학년 반 여학생은 15명쯤으로 기억한다. 친구들도 실력이 일정한 수준에 올라 있었다. 이들 중 친하게 지내던 여러 명이 후에 소위 SKY 대학에 입학하였다. 가족 같은 분위기였고 선생님도 열심이었다. 전란으로 고생이 자심하지만 그럴수록 정신을 바짝 차려야 된다는 자각이 선생님이나 학생들로 하여금 더욱 분발케 하였다. 수학 선생님은 그때 고등고시 행정과에 합격하여 얼마 후면 공직에 진출하기로 예정된 상태였다. 그분이 학교를 그만두고 관계에 진출하여 외무부에 근무하다가 강원도 영월에서 국회의원으로 당선되어 의정활동을 한 엄영달 선생이다. 김 모 작가의 소설(작가명, 작품명「大野望」이던가? 모두 잊었다. 『한국일보』에 연재된 것으로 안다. 나이가 드니 기억력이 이 지경이다)의 주인공의 모델이었다는 얘기를 들었다. 나와 친구 3명(이들은 원래 동성중 출신이다)은 시험기간이면 방과 후 일단 귀가하여 저녁을 먹고, 학교에 다시 가서 교실에 촛불을 켜 놓고 밤을 새우며 공부를 하였다. 그리고는 새벽에 집에 가서 아침을 먹고 다시 등교하였다. 시험이 아닐 때도 가끔 그랬었다. 좁은 단칸 셋방에서 밤을 새우며 공부하는 일은 여간 불편한 것이 아닌 이유도 작용하였다. 학교 안에 조그마한 판잣집을 짓고 살던 교감 선생님(김성수)이 가상하다고 하여 가끔 수박이며 참외를 보내오곤 하였다. 공부뿐만 아니라 학급 친구 십여 명이 떼를 지어 성당 못에 먹을 감으러 갔고 전교생이 소풍을 갔을 때는 피란 중에도 한때를 즐길 수가 있어서 좋았다.

　전쟁 중임에도 정치판은 조용할 날이 없었다. 그 전해인 1952년에 피란 임시 정부가 있는 부산 쪽에서 별별 흉흉한 소식이 들려왔다. 어른들이 개탄하였고, 비록 나이는 어리나 알 것은 다 알고, 사리 판단력도 웬만큼 갖추고 있던 우리들도 나라의 장래를 걱정하곤 했다. 나는 저 위에서 진술한 이 대통령 저격 사건 외, 1952년에 실시된 정·부통령 직접선거를 특히 기억하고 있다. 대통령 이승만 — 부통령 이범석. 이 구도는 투표 전에 이미 굳어져 있었다. 모르는 국민이 없었다. 그런 불변의 틀이 투표 불과 며칠 전에 깨지기 시작하여 선거 결과는 부통령 함태영(咸台永)으로 결판이 났다. 이 대통령과 그의 추종세력이 이범석과 동행하다가는 차후 자신들에게 정치적으로 득 될게 없고 자칫 당할지도 모른다는 위기감에서 하부 친위세력을 급히 동원하여 국민들로 하여금 함태영 씨를 찍도록 한 것이다. 함태영 선생도 훌륭한 분, 3·1독립운동 때 기독교계의 막후 중심인물로 활약하였고 그 전 한말에는 한성재판소 판검사로 있으면서 독립협회 사건을 공정하게 처리하여 조정에 미움을 샀으며 그 후 목사로서 여러 방면에서 나라와 사회에 공헌한 분이다. 그런 점도 많은 국민들은 알고 있었는데 문제는 이범석 전 총리를 정권 실세들이 하루아침에 선거라는 공개적 방식으로 거세시킨 데 있다. 이른바 정치공작의 초기 형태였다.

내가 왜 이 문제를 거론하는가 하면 현대사의 한 부분을 통해서 신라시대 화랑도의 흥망성쇠를 아는 데 도움이 되기 때문이다. 세상사며 인간의 일은 시공을 초월하여 적지 않은 부분에서 유사점을 공유하고 있다. 풀어서 얘기하면 다음과 같다.

김좌진(金佐鎭) 장군 휘하에서 청산리전투를 승리로 이끈 이범석은 광복 후 귀국해서 민족청년단을 조직하여 이승만을 도와 대한민국 정부 수립에 큰 기여를 한다. 명륜동 4가 집을 거론할 때 얘기한 바와 같이 해방 공간에서는 좌·우를 막론하고 청년 세력이 전위대로 크게 활약하였다. 우익 쪽으로는 이범석의 족청(族靑, 민족청년단의 약칭) 세력이 가장 컸고, 서북청년단, 대한 청년단 등도 포진하고 있었다. 그 공로가 인정되어 이범석은 초대 국무총리 겸 국방장관이 되고 나머지 족청 세력의 일부도 중용된다. 이것으로 그들의 시대는 끝난 것, 한 번의 보상이면 족한 것, 그들을 계속 껴안고 가다가는 마치 집안에 호랑이 새끼를 키우는 것과 다를 바 없는 것, 그래서 사변 전에 그를 이미 총리직에서 물러나게 했고, 동란 중 권토중래하려던 그를 다시 내친 것이다. 청년운동은 정권이나 정치세력이 당초 목적한 바가 성취되면 그 활용가치가 상실되기 때문에 어떤 방식으로든 무대 밖으로 밀려나게 되어 있다.

신라의 청년단체인 화랑도도 그와 마찬가지로 봐야 한다. 신라가 멸망할 때까지 화랑도가 계속 득세했던 것으로 알기 쉬운데, 그것은 잘못된 이해다. 화랑도는 삼국통일 후 급격히 쇠락한다. 신라 조정에 의해서, 또는 임무가 끝난 자체 내의 붕괴로 인해서 내리막길을 걷는다.

제도상으로는 신라 말기까지 존속되었으나 그 본질은 변질되어서 권력 실세들의 사병(私兵)으로 추락한 사실은 역사 연구가에 의해서 밝혀진 바 있다. 그것이 세상사의 이치다. 나는 후에 향가 〈모죽지랑가(慕竹旨郎歌)〉와 〈찬기파랑가(讚耆婆郎歌)〉를 해석하면서 기록문의 분석과 함께 현대의 족청세력의 멸망도 심정적으로 참조하였다.

화랑도 얘기가 나왔으니 하나만 더 언급하겠다. 현대에 와서 화랑도와 그 정신의 선양은 6·25동란 중에 급속히 이루어진 것이다. 서울대 문리대 정치학과 교수이며 또한 사학자인 이선근(李瑄根, 후에 여러 대학 총장과 정신문화연구원장을 역임하였음) 선생이 1950년 2월 국방부 정훈국장에 취임하고 그 직후 6·25가 터지자 육군 정훈감이 되면서 국군장병의 사기를 드높이는 방법을 고안하던 중 신라의 화랑도를 재생시키는 것이 좋다는 결론을 얻었다. 그래서 사변 전에 관창·사다함 등 용맹을 떨친 화랑의 얘기를 묶은 자신의 저서인 『화랑도 연구(花郞徒研究)』(1949)라는 책(연구서라기보다는 화랑의 무용담을 수록한 책)을 널리 보급하여 정훈교육의 자료로 활용하였고 육군사관학교를 '화랑대'로 칭하는 등 운동을 크게 벌였다. 이것이 순식간에 확장되었는데 그 자체는 적절한 대응이었으나 이로 인해 배우는 학생들은 화랑도가 신라 당시는 물론 그 이후 왕조를 초월하여 현대에까지 꾸준히 계승된 것으로 잘못 아는 착오를 낳게 하였다. 대한민국 정부 수립 초기에 정권이 내세운 표어와 정신은 문교부 장관 안호상의 주창에 의한 일민주의(一民主義)였지 화랑도 정신이 아니었다. 사변 전에는 일민주의 배지도 있어서 일부 중학교 학생들이 패용하였음을 나는 잘 알고 있다.

각설하고 1·4후퇴 이후 두 달쯤 지난 뒤인 1951년 3월 중순경(혹은 3월 말~4월 초순경)에 서울이 재탈환되었고 그 후 2년 넘게 전선은 지금의 휴전선을 가운데 놓고 피아가 공방을 계속하였다.

여기서 꼭 기록에 남길 두 미군 장성이 있다. 리즈웨이 UN군 사령관과 벤플리트 미8군 사령관(리즈웨이 후임으로 나중에 UN군 사령관이 됨)이 바로 그 인물이다. 전자는 1951년 초에 트루먼 미 대통령에 의해 UN군 사령관에서 전격 해임된 맥아더 장군의 후임으로 부임한 장군이다. 맥아더 장군이 군복을 벗은 까닭은 원자탄을 써서라도 만주를 폭격해야 한국전이 종료될 수 있다고 강하게 나오자 제3차 세계대전으로 확대될 위험이 있다고 판단한 트루먼 대통령이 급히 그를 예편시켰기 때문이다.

짧게 얘기한다. 두 장군은 명장일 뿐만 아니라 특히 후자 벤플리트 장군은 '친한파'라는 말로도 부족한 한국 팬이었다. 이 두 장군은 1·4후퇴 이후 더 이상의 물러남은 없다는 각오로 UN군을 독려하여 마침내 짧은 기간 동안에 서울 탈환→38선으로의 북진 작전을 성공시켰다. 인민군은 물론 중공군의 인해전술을 두 명장이 잘 막아냈고 그리하여 지금의 휴전선의 초기 형태를 형성해 놓았다. 이 두 장군도 맥아더와 함께 한국의 은인이다.

전쟁이 발발한지 1년이 조금 지난 그해 7월에 개성에서 휴전회담이 개최되었으나 양측이 합의점을 찾지 못하다가 마침내 2년이 지난 1953년 7월 말경에, 내가 고1 때, 협정서에 조인하고 지리했던 민족상잔의 비극적인 전쟁은 일단 정전 체제로 전환되었다. 그것이 50여 년, 실로 반세기를 넘게 지금도 지속되고 있는 것이다.

각지에 산재(散在)해 있던 피란민들은 1951년 3월 서울 재탈환 직후부터 당국의 엄격한 통제에도 불구하고 슬금슬금 숨어서 한강을 건너 서울로 올라갔다. 피란지에서의 하루하루가 얼마나 견뎌내기 힘들었으면 비록 서울이 탈환되었다고 할지라도 軍에서 철저히 막고 또한 언제 또 밀릴지 짐작할 수 없는 마당에 그처럼 성급하게 몰래 귀경했겠는가. 다시 후퇴가 없어서 천만 다행이었다. 휴전이 되기 1년 전쯤인 1952년에는 서울 시민의 상당수가 거의 공개적으로 옛집을 찾아서 갔다. 정부도 8·15 등 중요 행사는 부산 임시수도가 아닌 서울서 거행할 정도였다. 후에 들어보니 그때쯤이면 시내는 1·4후퇴 직전 상황에 거의 근접할 정도였다고 한다. 그러니 휴전이 공식으로 성립되자 남아있는 피란민들은 합법적으로 서울로 향했다. 남인수의 〈이별의 부산 정거장〉이 히트를 치고, 서울 사람의 귀경에 덩달아서 지방의 도시 및 농촌 사람들도 삶의 터전을 서울로 옮기는 일이 벌어지자 그 무렵에 나온 노래가 "서울이 좋다지만 나는야 싫어…"다. 휴전을 반년쯤 앞둔 1953년 초에 화폐개혁이 있었음을 적는다. 화폐명이 '원'이 아닌 '환(圜)'으로 바뀐 개혁이다. 숨어있는 부자들, 특히 중국 화교들의 자금을 끌어내어 산업자금으로 활용할 목적으로 단행되었는데 실패로 끝났다. 예상과 달리 큰돈이 잠겨 있지 않았다.

대구 바닥이 들썩였다. 당연한 일이다. 하루가 다르게 피란민들의 귀향이 늘어났다. 피란 와서 경제적으로 뿌리를 깊이 내린 사람과 어딜 가도 타향인 이북 월남민의 일부를 제외하고는 서둘러 서울행 길을 재촉하였다. 동성고등학교도 천막학교를 철거하고 9월 2학기부터 서울 본교에서 수업이 시작된다고 정식으로 공고문을 냈다. 불가피하게 상경할 수 없는 학생은 재학증명서를 발부받아 희망하는 대구 소재 학교로 전학하라고 하였다.

나 또한 서울로 돌아가는 것이 당연한 일, 나뿐만 아니라 우리 집 전체가 마땅히 택해야 할 길이었다. 그러나 사정은 전혀 그렇지 않은 방향으로 빗나갔다. 조부님 형제분의 완강한 고집 때문이었다. 사연인즉 간단하다. 성주 고향을 떠나 객지인 서울에서 산 지 20여 년 만에 전쟁 덕으로 다시 고향과 다름없는 대구에 내려왔겠다, 요행히 종조부께서 큰돈을 벌어서 직물 계통의 공장도 인수하여 사업이 시작되었겠다, 그러니 뭣 때문에 다시 서울에 갈 필요가 있겠느냐는 것이다. 아버지께서 아무리 반대해도 막무가내였다. 나중에는 식구들에게 나의 동태를 살피라는 어른들의 엄명이 어머니께 떨어졌다. 아버지께서 조부의 영을 거역하고 단신으로 서울에 올라가신 이후였다.

　나는 도저히 그런 식으로 대구에 주저앉기는 싫었다. 내가 앞으로 살아갈 무대는 누가 뭐라고 해도 서울이었고 그것은 결코 변할 수 없는 것이었다. 그런 이유로 고등학교 진학을 비록 판자촌 학교지만 피란 내려온 동성고교를 택한 것이 아닌가.

　8월도 다 끝나갈 무렵 나는 어머니의 은밀하고 용의주도한 지원 아래 새벽, 사방이 적막한 시간을 틈타 남산동 전셋집을 몰래 빠져나왔다. 그리고 애환이 깃들어 있는 대구와 작별했다. 나의 피란 생활은 이로써 막을 내렸다.

　할아버지에게 어머님이 얼마나 꾸중을 들었는지는 그해 겨울 방학 때 하구(下邱)하여 들었다.

3. 서울 자가(自家)에서의 자취생활/ 휴전 직후의 서울/ 친척집 더부살이

1

　나는 연건동 종조부 댁(위에서 말한 바와 같이 원래는 우리 집이었다. 그렇기 때문에 몇 년 만에 돌아왔으나 전혀 이상스럽지 않았다)에서 아버지와 자취를 하였다. 그때도 역시 큰집·작은집 개념이 희박하였다. 대가족제도의 오랜 관습은 쉽게 사라지지 않았다. 자취는 태어나서 처음 해보는 일이다. 아버지는 석유 장사를 하셨다. 그때 석유풍로가 새로운 상품으로 등장하여 크게 보급되었다. 자연히 석유 소비가 늘어나서 잘 팔렸다. 신상품으로 등장한 석유풍로는 그러나 제품에 따라 사용하기에 위험한 것도, 혹은 조악한 것도 많았다. 성악가 이인범(李仁範)

교수가 질 나쁜 풍로를 사용하다가 폭발하여 무대에 서기 어려울 정도로 얼굴에 화상을 크게 입어서 화젯거리가 되었다. 당시 언론에 크게 보도되었다. 그럼에도 석유 수요는 줄지 않았다. 그러나 석유풍로 시대는 얼마 가지 않았다. 그 뒤를 19공탄이 이었다. 실로 놀라운 변화다. 1954년 가을로 기억한다. 덕수궁에서 소규모 유사(類似) 산업박람회가 열렸다. 그 박람회에 학교에서 단체로 관람을 갔다. 고궁(古宮)에서 그런 성격의 행사를 열다니 말도 안 되는 일이지만 전쟁을 치르면서 서울은 적지 않게 파괴가 되었던지라. 마땅한 장소가 없어서 그렇게 한 것으로 알고 있다. 참고로 한 가지를 더 보탠다면 그 2년 뒤던가 유럽의 이름난 음악 단체(어느 나라 소속인지, 정식 명칭이 있는데 떠오르지 않음)가 내한하여 바로 그 고궁에서 '요한 슈트라우스'의 여러 왈츠곡을 1시간 반가량 연주, 장안의 큰 화제를 모으기도 하였다. 전후의 삭막하고 메마른 정서를 한때나마 희석시키려는 의도에서 연주회를 가졌는데 아마『한국일보』장기영 사장의 아이디어가 아니었던가 싶다. 후에 박정희 정권에서 경제기획원 장관을 지낸 그는 수완이 좋은 사람으로 호가 나있었다. 이승만 정권 때인 1950년대 중반쯤 한국일보사 주최로 지금 문화체육관광부가 있는 공터에서 사라져가는 전통놀이를 되살린다는 취지로 매년 겨울이면 '연날리기' 행사를 대대적으로 거행하였거니와 그 행사에 이 대통령도 몇 번 참석한 것을 지금도 기억하고 있다. 아이디어맨이라고 할만하다.

박람회에 다수의 신제품이 전시되어 있는데 그중의 하나가 바로 19공탄이다. 이것으로 석유는 물론 장작땔감 시대를 마감해야 한다고 주최 측은 열변을 토했다. 역사적인 대전환은 거기서 시작되었다. 그 직후 서울의 각 가정은 장작불 아궁이를 모두 19공탄 아궁이로 개조하였고, 이 바람이 지방 대도시 ― 중소도시 ― 이윽고 농촌에까지 이어져서 전국화되었다. 오랜 세월 동안의 장작불 시대와 단기간의 석유풍로 시대를 마감하고 우리나라 살림의 땔감 형태가 대전환되는 초기 단계는 이때부터였고 이와 연관되어 10년쯤 뒤에 박정희 정권이 대대적으로 실시하여 큰 효과를 거둔 것이 바로 산림녹화사업이다. '덕수궁의 19공탄'은 아는 사람이 거의 없어서 내가 기록으로 남긴다.

나는 전에 명륜동에서 효제국민학교를 다닐 때의 행로와는 거꾸로 대학가를 거쳐서 혜화동 학교를 다녔다. 아직도 전쟁의 여진이 그대로 남아 있는 때라서 뒤숭숭하였으나 피란지 대구의 학교생활과는 비교가 되지 않을 정도로 편했다. 새로운 친구들과도 사귀면서 학업을 계속했다. 제 집이지만 식구가 없어 자취를 하며 학교를 다니니 아무래도 불편한 것이 많았으나 6·25 이후 갖은 고생을 한 것과 견주면 그것은 불평할 거리가 되지 않았다.

자취를 하면서 확실하게 안 것이 하나 있다. 음식은 장맛에 달려 있다는 점이다. 예전의 어른들이 간장·된장 담그는 일에 그토록 신경을 쓴 이유를 알았다. 뒤꼍에는 6·25 그해 이른 봄에 담가서 먹지도 못한 채 놔둔 큰 장독들이 3년 넘게 그대로 있었다. 얼마나 많았는지 모른다. 아래채에 전세를 살던 심 씨 아저씨네가 우리보다 1년 정도 먼저 돌아와서 살았다. 내가 자취를 시작하자 그 댁 할머니가 미안한 표정을 지으며 말하기를 자기네 장은 다 먹고 부족해서 우리 집 간장·된장·고추장을 좀 퍼다 먹었으니 이해하여 달라면서 장맛이 기가 막히더라는 것이다. 장맛은 묵을수록 좋다는 단서를 달면서. 아닌 게 아니라 꿀맛이었다. 살림하는 여자가 아닌 내가 감탄할 정도였다. 그 간장으로 무슨 음식을 요리해도 맛이 기가 막혔다. 발효식품인 장을 중히 여기는 우리 민족의 지혜를 알 수 있었다. 한두 달쯤 지나니까 김치 담그는 것이며 두부 넣고 된장찌개 끓이는 것이며 나물 무치고 생선 졸이는 것이며 못 하는 것이 없게 되었다. 다만 설거지와 빨래하는 일은 왜 그토록 싫었던지….

먹는 음식과 관련하여 증언코자 하는 것은 그때 동네나 학교 근처에 '자장면·우동집'(중국집이 아님)이 생겨나서 인기를 끌었다. 값도 저렴하여 특히 중·고교 학생들이 애용하였다. 딱히 간식이라는 것이 없을 때였으니 그랬거니와 전후(戰後)에는 어느 나라를 막론하고 '먹고 입는' 장사가 성행한다는 예가 우리에게도 적용된 셈이다. 왜 그런 전후 현상이 나타났을까. 전쟁 중에는 '춥고 배가 고픈 경험'을 질리도록 했기 때문이란다.

서울은 1·4후퇴 이후에 심각할 정도로 파괴되었다. 폐허의 도시라고 해도 과언이 아니었다. 시내를 나가면 성한 곳이 별로 없을 정도였다. 공동화된 서울을 놓고 양쪽이 밀고 밀리면서 마음 놓고 총격과 포격을 가했던 것이 분명하였다. 그런 거리를 오가는 시민들의 발걸음은 쫓기듯 바빴다. 역시 전후, 안정을 찾지 못한 세상에서 일거리와 일자리를 찾아다니며 먹고살자니 분주하게 움직이지 않을 수 없었다. 그때 무슨 변변한 회사가 있었던가, 무슨 기업체라는 것이 있었던가. 있다면 조그마한 사무실 하나 차려 놓고 사업을 합네 무역을 합네하는 식, 그런 수준의 업체만 난립해 있을 뿐이다. 전후 복구사업도 초기 단계라서 노동자들의 일자리가 많지 않을 때였다. 지금 생각해보면 그런 시대를 어떻게 견뎌냈는지 신기할 정도다. 하긴 생지옥 같은 '인공 치하 90일'과 3년 동안의 피란살이도 이겨냈으니 그쯤이야 극복할 수 있었으리라.

상이군인, 전쟁미망인, 돈 벌어서 출세하겠다고 무작정 상경한 농촌 출신 제1세대들 그리고 거지가 된 무수한 고아들… 그들의 불쌍하고 딱하고 가련한 모습은 목불인견(目不忍見) 바로 그것이었다. 부모 잃은 고아나, 고아는 아니지만 입에 풀칠할 수 없는 가난한 집의 계집아이들, 겨우 10세 안팎 정도 밖에 안 되는 아이들이 형편이 조금 나은 집에 '식모'로 들어가는 일도 비일비재하였다. 월급? 그런 것이 어디 있는가. 죽도록 일을 하고 밥만 먹여줘도 고마운 세상이었다.

그 아이들이 커서 시집가고 아이를 낳고 하더니 이산가족 찾기(1983. 6.30~11.14) 때, KBS 방송에 나와서 모두 누구집 '수양딸'로 있으면서 어릴 때와 처녀 시절을 보냈노라고 흐느끼며 진술할 때 나도 눈물을 흘렸다. 수양딸은 무슨 수양딸, '식모'라고 토설하기에 부끄러워서 둘러댄 경우가 거의 다인 것을 우리는 잘 알고 있다. 고생 참 많이, 또한 오래도록 한 계층이었다.

나라를 위해 싸우다가 팔다리를 잃은 수많은 상이군경들이 깡통을 들고 종로통 을지로통의 상점을 찾아가서 구걸하는 그 기막힌 모습, 그들을 구해줄 정부는 무얼 하고 있었는지… 말도 안 되는 현상이 매일 반복되었다. 그들 때문에 우리가 살았다는 사실은 까맣게 잊고 다방이며, 음식점이며 양복점 등에서 그들 대하기를 마치 걸인 보듯 하였으니 이게 말이 되는 것인가. 전후(戰後)에 우리 정부는 물론 국민들까지도 가장 잘못한 일을 꼽으라면 나는 이것을 들겠다. 그들이 세운 공훈을 그런 식으로 대하다니 이런 뻔뻔한 죄악(!)이 또 어디 있는가. 다행히 1961년 이후 박정희 군사정권 초기에 원호처(현 국가보훈처)라는 정부기관이 생겨서 비로소 상이군경을 체계적으로 관리하고 원호해주기 시작하였다.

'종삼(鍾三)'과 청량리 588, 서울역(양동?), 후에 미아리텍사스 등으로 대표되는 사창가가 시내 여러 곳에 생겨나서 전쟁이 내동댕이치고 간 불쌍한 여인들의 비참한 생활터전이 되었다. 이 기록 모두에서 일차 거론한 청계천변 판자 집촌 작부들의 술집도 그 계열의 하나였다. 많은 남자들이 위의 여러 곳을 드나들며 문란해진 전후 성도덕의 실습현장으로 애용하였다. 전후의 성 모럴 타락은 동서고금을 막론하고 의당 찾아오는 불청객이 아닌가. 그런 점에서도 전쟁은 절대로 일어나선 안 된다.

3대 국회의원 선거 때(1954) 주먹세계의 우두머리인 김두한 씨가 우리 선거구인 종로 을구에 입후보하여 점잖은 신사이며 강력한 라이벌인 한근조(韓根祖) 변호사를 물리치고 당선된 것도 불우한 '종삼' 여인들의 '오라버니 의식'에 크게 편승한 것을 아는 이는 다 안다. 나도 그의 유세장에 몇 번 가 보았는데 언변이 좋아서 청중을 웃기는데 일가를 이룬 사람이었다. 기왕 3대 국회의원 선거 얘기가 나왔으니 삽화 하나를 더 보태자. 한근조, 김두한 후보 외에도 여러 명이 더 출마했는데 그 가운데 양조장을 경영하는 당시 50대 전후쯤 되어 보이는 사람도 출마하였다. 그는 합동연설회던가 혹은 개인연설회에서 전후의 불쌍한 고아들, 전쟁미망인들 얘기를 꺼내면서 그들이 불쌍하다며 눈물을 흘렸다. 그리고는 자기를 당선만 시켜주면 그런 불우한 계층을 위해서 사재를 털어 정성을 쏟겠노라고 다짐을 하였다. 그의 눈물 섞인 호소를 듣는 청중의 반응은 아주 싸늘하였다. 값싼 눈물로 유권자의 표를 구걸하는 치사한 방법이라는 것이다. 그 후보자가 이전에 불쌍한 사람들을 얼마나 도와주었는지를 묻고 싶다는 사람이 있는가 하면 저런 사람일수록 국회의원이 되면 금세 태도가 돌변한다고 외면하는 이도 있었다. 결국 그는 큰 표 차로 낙선되었다.

　그로부터 반세기 50년이 지난 2002년 대선 때 나는 참으로 오래간만에 TV선거광고를 통하여 '노무현의 눈물'을 만났다. 오래전 3대 국회의원 때에도 '당선을 위한 유치하고도 가식적·허위적'이라고 평가를 받은, 그래서 그 이후 어느 때 어느 선거에서도 입후보자들이 거의 써먹지 않았던 그 눈물을 다시 보게 되었다. 그 순간 나는 "저 사람 정신 나갔군! 떨어지려고 몸부림치네! 역효과가 나는 눈물을 왜 흘려…"라고 중얼 거렸다. 그런데 결과는 그게 아니었다. 내 판단은 빗나갔고 그의 참모들이 만들어낸 눈물의 호소는 노 후보를 당선시키는 데 결정적인 기여를 하였다는 평가가 나왔다. 유권자들이 그 감성에 그만

넘어갔다는 것이다. 특히 젊은 층이 더욱 그랬단다. 아… 세상사 참으로 모를진저. 1950년대에도 통하지 않던 그 저급의 신파조 눈물이 21세기 벽두, 그것도 대통령 선거에서 효과를 거두다니… 예전 1950년대의 사리판단이 분명한 이성적인 유권자들은 세기가 바뀜에 따라 인간미, 인정미조차 없는 목석과 같은 존재로 추락하고 만 셈인가.

춤바람이 일어나서 마침내 정비석(鄭飛石)의 『자유부인』(1954)이라는 소설이 공전의 히트 작품으로 많은 독자를 휘어잡았다. 『서울신문』에 연재가 되고 영화로도 상영되었다. 석간인 『서울신문』을 받아보려고 많은 독자가 그 시간을 기다리던 모습이 생생하다. 대학교수와 그 부인을 모델로 전후 추락한 성 모럴을 극대화시켜 놓은 소설. 이것이 빌미가 되어서 당대의 저명한 법학자요 후일 제4공화국 때 문교부 장관을 지낸 황산덕(黃山德, 당시 서울대 교수) 씨가 『대학신문』(서울대) 지상을 통해서 작가에게 시비를 걸었고, 마침내 일간신문 지상으로까지 옮겨 논쟁이 치열하게 벌어져서 소설 읽기 이상으로 흥미를 끌던 것도 바로 환도 1년 후의 일이다. 지금도 구전되어 오는 '박인수 사건'은 그 당시 세태를 실제로 대변해 주었던 엽색행각의 결정판이었다. 희대의 돈 환인 박인수라는 실존 인물이 70여 명의 여인과 정을 통했다는 사실 자체가 세상을 놀라게 해도 충분하였는데 그중에 처녀는 단 한 명뿐이었다는 그의 진술에는 세상이 아연실색하였다. 말세라고 다들 한탄하였다. 그러나 법정으로 옮겨진 이 사건의 클라이맥스는 "법은 보호할 만한 가치가 있는 여인의 정조만 옹호해준다"라는 판사의 뜻밖의 판결문. 휘청거리는 세상이 뒤통수를 맞은 격이었다.

이 대통령이 제기한 '한글 파동'이 한동안 세상을 들끓게 하였다. 우리글의 맞춤법이 까다롭기 그지없으니 소리 나는 대로 표기하자는 그의 주장이 국어학자들의 반대에 부딪쳐서 국회에까지 비화되어 정치 쟁점화된 것도 바로 환도 이후의 일이었다. 이 문제는 이 대통령의 후퇴로 마무리되어서 천만다행이었다. 그가 제기한 또 하나의 문제는 대처승을 승단에서 내쫓는 일이었다. 중이 처를 거느린다는 것은 교리에도 맞지 않을 뿐만 아니라 일본에서나 통하는 제도이니 바로잡아야 한다는 것이 그의 주장이었다. 이로 하여 비구승과 대처승의 물리적 충돌이 일어났다. 쌍방 태고사(당시 이름)를 장악하려고 안국동에서 종로 입구, 그 큰길에서 수시로 투석전을 벌이며 사생결단 싸우던 모습을 보고 탄식하지 않은 시민은 없었다. 결과는 비구승의 승리로 마무리되었다. 현재의 조계종 승단은 이때에 뿌리를 깊게 내렸다.

서울의 교통수단으로서 정규노선을 왕래하는 시내버스가 환도 이후 처음 생겼다. 사변 전에는 없었다. 그 버스라는 것은 주로 망치와 용접기로 만들어낸 것이라고 해도 과언이 아니었다. 그만큼 우리는 손재주가 비상한 민족이다. 그전에는 전차가 주종을 이루었고 인력거와 역마차가 간혹 다녔다. 역마차는 교외, 예컨대 공동묘지가 있던 미아리와 같은 지역에서 볼 수 있었다. 그런데 전차 이외 버스가 생겨서 한결 편해졌다. 서서히 전차의 세(勢)를 잠식하더니 이윽고 1960년대 후반에 버스가 전차를 밀어내는 지경에까지 이르렀다. 신기한 직물! 석탄에서 빼냈다는 사실만으로도 한때 경탄케 하기에 충분한 '나일론' 상품이 나온 것도 바로 그 무렵. 이로 하여 식구들의 면양말을 거의 매일 밤늦게 전구를 넣어서 꿰매던 우리나라 어머니들의 수고가 사라졌으니 세상은 비록 살기에 어렵다지만 살다 보면 좋은 시절도 만나는 모양이었다. 나일론과 함께 특기(特記)할 것이 또 하나 있다. 삼성재벌의 모체인 '제일모직'에서 나온 양복 직물이다. 그전까지는 마카오에서 들여온 천으로 옷을 해 입었는데 제일모직의 질 좋은 양복감이 나와서 이를 압도하기 시작했다. 선풍적인 인기였다고 언급해도 과언이 아니다. 소금으로 양치질을 하다가 '럭키치약'이 나와서 좋아하며 환호하던 일, 그리고 우리 손으로 만든 '금성 라디오'를 들으며 즐기던 일도 바로 이 무렵이었다.

　동란 중에도, 그리고 휴전 이후에도 우리의 먹고사는 일과 경제회생에 미국의 원조가 또한 크게 기여하였다. 요즘 세상에서는 사실 그대로 미국의 고마움을 말해도 '반통일 친미분자'로 낙인을 찍는 판이니 참으로 세상 요상하게 변해버리고 말았다. 그러나 사실인데 어떡하랴. 그들의 경제원조는 1970년대 초·중반(?)까지 계속되었고 그 덕분에 대한민국이 재기의 기반을 닦았던 것이다. 훌라후프가 한동안 크게 유행했던 것도 휴전 직후의 진풍경, 그러나 오래가지 않았다. 허리 운동에 좋기는 하나 '늑막염'이던가, 자세히 기억나지 않으나 어쨌든 신체에 좋지 않다는 소문이 확 퍼져서 일시에 사라져 버리고 말았다. 세책점(貰冊店)이 또한 성황을 이루기도 하였다. 주로 월간잡지를 빌려주었는데 단행본으로는 소설이 주류를 이루었다.

　2학년이 되었다. 자취를 하면서 학교를 다니는 생활에는 변화가 없었고 학업에도 지장이 없었다. 국어가 참 좋았다. 그때 학교장님이 아주 파격적인 결정을 하였다. 학생들의 학업 의욕을 높이자는 뜻에서 몇 과목을 대학교수님과 교섭하여 어렵게 성사시켰다. 그리하여 국어는 박목월(朴木月), 역사는 이해남(李海南, 당시 가톨릭계 대학교수, 후에 한양대 교수와 잠시 총장 역임), 독어는 대학교수는 아니나 일찍이 왜정 때 독일에 유학하여 박사학위를 취득한 분(성함은 잊었다. 연세가 환갑을 앞두고 있었지 않았는가 싶다) 이렇게 세 분에게서 2학년을 배웠다. 결과는 별로 좋은 편이 아니었다. 세 분 모두 개인적인 사정이 있어서 일주일에 하루만 출강하여 몇 시간을 몰아서 한꺼번에 강의하였으니 학습 효과가 좋을 수가 없었다. 무엇보다도 고고 교육은 교사가 맡아서 해야지 대학교수급이 담당할 것이 아니었다. 방법론·교수법이 서로 맞지 않았다. 차라리 명성과 무관한 고교 선생님의 수업이 우월하였다. 교장선생님의 취지와 배려는 고마웠으나 효과는 없었다. 1년으로 끝났다.

영어도 좋았고 수학은 기하 과목이 영 취미가 붙지 않았으나 대수는 할 만했다. 미적분(微積分)은 대개 어렵다고 하는데 나는 그 반대였다. 졸업 후에도 평생 잊지 않고 풀 수 있다고 자신하였다. 그러나 쉽기는 했지만 대학 입학 후 1~2년쯤 지나니까 죄다 까먹어서 영 알 수가 없었다. 암기 과목은 누구에게도 지고 싶지 않았다. 그런데 물리 화학 생물은 왜 그렇게 하기 싫었는지, 이것 때문에 나중에 대학 진학 때 영향을 받았다. 세 과목 모두 과학 분야이고 이 학문이 발전한 나라가 선진국임에도 어렵다는 이유로 외면을 당하곤 한다. 나의 조부께서도 일찍이 영어와 더불어 이 분야에 관심을 두라고 하셨지만 그렇게 되질 않았다. 요즘도 학생들은 자연과학을 기피하는데 좀 재미있게 가르치고 배울 수는 없을까. 과연 없을까?

2

 2학년 2학기도 반쯤 지나려는 10월쯤 우리 집에 큰 변환이 찾아왔다. 그때 아버지께서는 효제국민학교와 이화동 네거리 중간, 좀 더 좁혀서 말하자면 왜정 때 불로양조장과 빵 공장이 있던 그 사이에 점포를 세(貰)로 얻어서 빙과점을 차렸다. 이 장사로 그해 여름 큰 수익을 올렸다. 워낙 더운 날씨에 그때만 해도 이렇다 할 얼음 음료가 없었는데 그 틈새로 뚫고 내가 보기에도 양심적으로, 사카린이 아닌 설탕을 사용하여 위생적인 빙수를 갈아 팔고 한편으론 고급스러운 빵과 과자류도 받아서 판매하였다. 이것이 동네 사람들의 폭발적인 인기를 얻게 되었고 그래서 여름 한 철 장사로 큰 재미를 보았다. 그리하여 그 자리에서 가을과 겨울철 기호에 맞는 것 같은 업종의 다른 장사로 전환하려고 궁리 중이었다.
 마침 외할머니께서 그해 초여름부터 우리와 함께 지내시면서 살림을 맡아 해주셔서 더욱 안정된 상태에서 장사를 할 수 있었다. 외할머니를 생각하면 나는 지금도 가슴이 뭉클하고 눈물이 난다. 그런 성인이 또 있을까. 마더 테레사 수녀를 연상케 하는 분, 말로 형용할 수 없는 온갖 고생을 평생 동안 하시면서도 늘 부처님처럼 웃으며 사시다가, 항상 온유하게 사시다가 1970년에 선종한 아, 나의 외조모. 정말 고맙고 그리운 분이시다.

그때, 뜻밖의 일이 벌어졌다. 종조부께서 상경하시어 연건동 집은 물론 청량리 집 이렇게 두 채를 모두 팔아버린 것이다. 대구의 조부와 의논이 다 되어 있었다. 집 판 돈을 대구에서 경영하던 섬유 공장에 투자하기 위해서였다. 두 어르신 앞에서 나의 아버지는 발언권조차 없었다. 집안의 큰 어른이 주장하면 군소리 없이 따라야만 되는 그런 엄한 가정이었다. 거듭 말하자면 집 한 채는 젊은 시절 아버지께서 산 우리 집이었다. 법적으로나 내막적으로나 소유권은 당연히 아버지에게 있는데 대가족 제도하에 어른 중심 집안인지라 처분권은 없었다. 그 처분권은 두 어른의 몫이었다. 요즘 세상에선 아예 말도 안 되는 일이고 그 당시에도 우리 집에서나 통할 수 있는 아주 이례적인 일이었다. 또 공교롭게 그때 아버지는 건강에 적신호가 왔었다. 여름 장사에 지친 관계로 간이 나빠져서 대구 본가에 내려가 쉬지 않을 수 없는 상태였다. 저항하고 싶어도 건강이 허락되지 않았으니 집 처분은 순풍에 돛단 격이 되었다. 이 처분이 차후 큰집·작은집 두 가정 모두를 몰락으로 내모는 첫걸음이 될 줄을 두 분은 전혀 예상치 못했다. 그때의 잘못 판단한 결과가 자손들의 앞날에 얼마나 어두운 그림자를 드리게 되었는지는 그로부터 3년 뒤인 1957년 쫄딱 망해서 서울로 올라오신 후에나 깨달으셨다. 현대적인 사업 경영의 무지가 빚은 비극이었다. 1927년(?) 성주에서 몰락하여 살기 위해서, 서울로 올라온 것이 '1차 폭망'이라면 1950년대 말의 이것이 우리 집의 '2차 폭망'이었다.

멀쩡한 집이 하루아침에 날아갔으니 나의 거처가 문제로 남았다. 나마저 대구로 끌고 내려가시지는 못하고 어느 친척집에 맡기셨다. 그곳이 내 평생 잊을 수 없는 중학동(中學洞), 아버지의 고종사촌 동생 제수씨 댁(앞에서 명륜동 집에 얽힌 얘기를 할 때 한 번 나온 친척 아저씨의 형수 댁), 그러니까 할아버지의 누이의 며느리 집이었다. 이렇게 설명하면 좀 복잡하지만 그분은 나의 가까운 친척 아주머니로서 나도 어릴 때부터 잘 따랐고 나의 어머니와는 형님 아우 하면서 그렇게 친할 수가 없는 사이였다. 참 좋은 아주머니였는데 청춘과부로 아들 하나만 데리고 평생을 수절하셨다. 지금은 『한국일보』에 흡수되었으나 그때는 그 바로 옆 2층 단독주택, 원래의 집주인은 아주머니인데 혼자된 몸이므로 친정 부모와 결혼한 남동생 내외, 그리고 나보다 세 살 위인 남동생 하나와 함께 살고 있었다. 살림살이의 경제권은 친정집이 쥐고 있었다. 그 친정집이 또한 우리 집 어른들의 성주 동향이라서 인척관계를 떠나서도 잘 아는 사이였다.

나는 그 댁 2층 다다미방에서 대학교 1학년 1학기까지 신세를 졌다. 일본 집 다다미방인지라 군불도 땔 수 없고 그렇다고 요즘처럼 난방시설이 되어 있는 것도 아니어서 겨울철에는 지내기가 퍽 어려웠다. 솜이불 두 채는 덮고 자야 그나마 잠이 올 정도였다. 겨울 내내 책상 위의 잉크병이 얼어서 글씨를 쓸 때마다 철필대로 꼭꼭 찔러서 액체로 만든 후에 찍어서 사용하였다. 처음 한동안은 하숙비 조로 얼마 냈으나 대구의 우리 집이 파산한 후 1년쯤은 공짜로 지냈으니 감수성이 예민한 시절 경험한 그 미안함과 어려움은 이루 형용할 수가 없었다.

그곳에서 혜화동까지 걸어서 학교를 다녔다. 지금과 달리 버스노선이 없을 때였다. 운현궁 앞을 지나 창덕궁과 구름다리를 거쳐 창경궁쯤 가면 학교는 코앞에 있는 셈이다. 조금 지나면 국민학교 시절 가끔 놀러간 성균관 들어가는 입구. 이렇게 적어 놓고 보니 한때 나는 옛 왕조시대의 자취를 따라 고풍스러운 정서를 만끽하며 호사를 누린 셈이 된다.

고3에 올라가서는 누구나 다 그렇듯이 나도 대학 입시 준비에 더욱 박차를 가하였다. 그런데 문제가 생겼다. 고2까지는 영어·수학의 경우 시험 때면 풀기 어려운 부분들은 가끔 외워서 임했다. 그것이 통하던 시절이었다. 그러나 대학 입시에서도 그런 식의 실력이 아닌 미봉책의 어설픈 공부가 통할 리가 없었다. 엉성하기 짝이 없는 피란학교의 교육과 제자리에 정착되지 않았던 환도 이후의 교육을 거치면서 나를 포함하여 많은 학생이 체계적으로 기초를 제대로 닦아 놓지 못했던 것이다. 그렇다손 치더라도 전쟁통에 체계 없이 대충 배운 지식이니 이를 고려해서 적당하게 입시출제를 하겠다는 대학은 한 군데도 없었다. 기(旣) 입시문제를 보니 대학은 원칙을 그대로 지키고 있었다. 그리하여 미흡하고 불안한 부분을 급히 보완하여야 된다는 생각을 고3에 진급해서 절실히 느꼈다. 방법은 하나, 학원에 다니는 것인데 그때 영어는 안현필(安賢弼), 수학은 서원찬(徐元燦) 이 두 분이 잘 가르치기로 장안에 이름이 나 있었다. 수강생도 늘 만원이었다. 나는 꼭 3개월 수강했다. 그 후로는 더 들을 필요가 없었다. 나 자신이 깜짝 놀랄 정도로 기초가 튼실해졌고 학교의 수업도 훨씬 이해하기에 빨랐다. 3학년에 때 두 번째 본 모의고사 수학과목에서 나는 높은 점수를 받았다. 그다음 주 수학시간이었다. 선생님(이겸재)께서 교실에 들어오자마자 칠판에 미적분 문제를 적고 내 이름을 부르면서 나와서 풀어보라고 하는 것이 아닌가. 짐작컨대 그전 모의고사 성적은 별로였는데 이번 시험은 급상승했으니 이게 웬일인가 싶으셨던 모양이다. 나는 학원에서 배운 실력을 발휘하여 당황하지 않고 풀었다. 최종 해답을 내리기 직전, 선생께선 고개를 끄덕거리면서 그만 자리에 돌아가라고 하셨다.

잠시 낙수(落穗)거리 하나 ― 지금 나는 위장에 좋다는 '초콩과 다시마 환(丸)'을 섞어서 10여 년을 매일 두 번 복용한다. 다른 사람이 아닌

안현필 선생이 생존 시에 고안해낸 식품이다. 이렇게 장복하는 까닭은 콩이 몸에 좋다는 일반적인 이유 이외 고교 시절 학원 강의를 들으면서 그분을 신뢰하였기 때문이다.

한 달에 한 번 보는 국·영·수의 모의고사 성적도 좋았다. 그때 공부는 모의고사 중심이었다. 그래서 학생의 실력은 정기 시험, 곧 중간 및 기말고사 성적과 반드시 일치하지 않았다. 모의고사 성적은 늘 우수한데 학적부(생활기록부)에 오르는 정기시험의 성적은 그보다 못한 경우도 적지 않았고 그 반대의 경우도 많았다. 물론 두 가지가 다 좋거나 다 나쁜 경우도 적지 않았다.

모의고사 성적이 별로 흔들리지 않았기 때문에 자신감이 붙었다. 그러나 골칫거리는 역시 물리·화학·생물의 괴로운 삼각편대였다. 이것이 나를 줄곧 궁지에 몰아넣었다. 1학기가 지나면서 포기하기로 했다. 이 말은 고등학교 교과 과정의 전 과목을 수험과목으로 과하던 서울대학교 도전을 포기한다는 말에 다름 아니다. 그렇게 작심하고 보니 시원했다. 까짓것 서울대만 학교냐 거기에 버금가는 명문 사립대도 있다고 생각하면서 자위하였다. 학교가 파하면 집에 와서 식사 후 일단 잠을 잔다. 한두 시간 숙면한 뒤 일어나서 블랙커피를 마신다. 잠을 쫓기 위해서인데 실제로 큰 효과가 있었다. 그 후론 새벽 2~3시까지 책상에 앉아 집중해서 공부를 했다. 몇 시간 눈을 부친 후 아침을 먹고 예의 '조선시대의 유적'이 즐비하게 늘어선 길을 걸어 학교로 간다. 틀에 박힌 생활이지만 나의 장래가 걸려 있는 일과였다.

그렇듯 긴장된 시간을 보내면서도 나는 『학원』지를 정기 구독했다. 고2 때부터 그랬었다. 한때 『학생계』라는 것이 나왔는데 그 잡지도 사 보았다. 얼마 후 폐간되는 바람에 자동적으로 구독이 중단되었다. 담임 선생이기도 한 시인 황금찬 선생님이 학생들 몇을 불러서 앙드레 지드의 『좁은 문』과 도스토옙스키의 『죄와 벌』을 권하기에 사서 읽었다. 황금찬 선생님은 우리가 고3에 진급할 때 다른 학교(인창고)에서 새로 전근해 오신 분이다. 인창고 이전에는 강릉에서 교편을 잡으신 것으로 안다. 그분은 강원도 출신이다. 그때 선생은 박목월 선생의 시 추천 1회를 마치고 머지않아 시인으로 등단하기 직전이었다. 그 당시 다른 학교의 국어선생들 대부분이 그랬듯이 선생도 대학의 정규 국어국문학과 출신이 아니었다. 1945년 광복 이후 1955년 그때까지 10년, 그사이 3년 동안은 전쟁 기간이었으니 이를 빼면 7년이 된다. 그 짧은 기간에 요즘처럼 많지 않은 소수의 대학 국문학과에서 제대로 교육을 받고 졸업한 학생이 과연 얼마나 되었는지를 상상해 보면 누구나 그 당시 실정을 알 수 있을 것이다. 전국적으로 계산하여도 몇백 명 남짓 아니었을까. 그분들 중에는 대학교수가 된 분도 있으니 이를 빼면 중·고등학교 국어선생이 수는 실로 극소수에 불과하다는 계산이 나온다. 이는 비단 국어 국문학뿐만 아니라 영어, 수학 등 모든 학문 분야 역시 같은 형편이었다. 근현대 학문의 시작이 모두 늦었기 때문이다. 선생께서 정규교사 자격증을 소지하고 있지 않았던 까닭이 바로 이런 데 있었다. 그럼에도 참 잘 가르치셨다. 자신의 부족함을 짬짬이 독학으로 공부하면서 채우시곤 하는 것 같았다. 고3 지도가 어려움에도 학생들은 전혀 부족함을 느끼지 않았다. 그분의 특장은 뛰어난 교수법! 얼마나 재미있게 수업을 이끌고 나가는지 늘 한 시간 수업이 아쉬울 정도였다. 내실도 있는 50분 수업에 두세 번은 반드시 학교가 떠나갈 듯한 폭소가 터지는 것이 상례였다. 학생들은 열광하였다. 지금 생각해도 그분처럼 잘 가르치는 교사는 많지 않다고 본다. 아직 생존해 계신데 구순(九旬)을 앞두고 있다.

몇 시인의 시집도 읽었다. 시인들의 시 낭송회도 가 보았다. 중구 소공동에 있던 서울대학교 치과대학 소강당(혹은 큰 교실?)에서 열린 문인들의 발표회에 참석하는 등 여러 군데에 가 보았다. 이러한 접근을 통해서 문학의 세계를 '쬐금' 엿볼 수 있었고 무엇보다도 입시 준비의 강행군으로 인해 지친 정신적 피곤을 다소 풀어버릴 수 있는 실용적인 효과도 얻을 수 있었다.

수학은 왜정 때 연희전문을 나온 이겸재 선생, 영어는 서울대 사회학과를 졸업한 장기선 선생, 이분은 후에 정계에 진출하여 어느 때던가 국회의원(비례대표)을 한 번 하셨다. 두 분 다 실력이 있고 또한 잘 가르치셨다. 역시 고3 담당 선생은 달랐다.

희한한 책 읽기도 했다. 추운 겨울밤 이불을 뒤집어쓰고 공부를 하고 있는데, 그 집 막내아들, 나보다 세 살 많으나 사변 때문에 학교가 늦어서 나와 동기인(학교는 경복고등학교) 아주머니의 친정 남동생이 책 한 권을 휙 던져주며 읽어보라는 것이었다. 나는 그를 형이라 불렀다. 표지에 제호도 없는 프린트본 책이었다. 첫 장을 읽자마자 나는 아연 긴장하였다. 말로만 듣던『고금소총(古今笑叢)』이었다. 그때만 해도 그 책은 음서라는 이유로 정식 출판이 금지되어 있었다. 밤을 새워 읽었다. 한 번으로도 부족하여 그다음 날 밤에도 또 읽고… 공부에 지장이 있을 정도였다. 4~5일째 되는 날 그 형이 빼앗아갔기에 망정이지 큰일 날 뻔했다. 후에 이것이 나의 논문인「사설시조와 에로티시즘」중 작자계층을 성찰하는 데 도움이 되었다.

KBS 방송에서 흘러나오는 〈마음의 샘터〉를 듣는 일도 꽤 좋았다. 많은 사람들이 들었던 인기 프로였다. 동서고금의 금언·잠언·인생담 등을 짧은 시간에 들려주는 이 교양 프로가 우리 같은 수험준비생뿐만 아니라 전란에 시달렸던 전국의 성인들에게도 정신적인 자양분으로 기능하였다. 최초의 연속방송극인 〈청실홍실〉도 고2 혹은 고3 때 청취하였다. 드라마의 줄거리는 잊었으나 그 주제가의 리듬은 지금도 내 가슴에 남아 있다.

돌이켜 보건대 나의 고등학교 시절은 참 좋았던 것으로 안다. 전쟁을 치른 후라서 교육환경은 열악하였으나 학교에서의 '인간교육'은 살아 있었다. 이것이 얼마나 값지고 중요한 교육의 궁극적인 목표인가. 우리 세대는 궁핍함 속에서도 정신교육을 받으면서 컸다. 고2 때까지는 보충수업도 없었다. 고3에 올라가서나 아침 1시간 일찍 등교하여 입시를 위한 보충수업을 받았다. 요즘 말로 하면 0교시 수업인 셈이다. 방과 후에 학교에 남아서 또 보충수업을 받은 기억은 없다. 각자 귀가하든 학원에 가든 마음대로였다. 방학 때는 문자 그대로 방학이었다. 학교에 나가서 수업을 받은 기억이 나지 않는다. 학생들 자신이 알아서 공부를 하면 된다. 대개는 학원에 등록하여 부족한 부분을 채우는 것이 통례였다. 고액과외라는 것은 듣도 보도 못했다. 당시 선생님들은 각과를 막론하고 대학 졸업 여부를 떠나 학문 2세대였는데 열의가 대단하였고 무엇보다도 품격을 갖추고 있어서 존경의 대상이었다. 인간교육은 이래서 가능했다.

3

고2 때 '사사오입(四捨五入)'이니('사사오입' 때는 학교가 파한 후 가방을 들고 세종로에 있던 국회의사당 앞에 가서 나도 마이크로 중개되는 회의를 노상에서 들었다. 회의장 방청석이 모자라서 다수의 시민들이 밖에 서서 회의 중개를 들었다) '김창용 암살사건'이니 하는 험악한 정치사건 등이 터져서 세상이 시끄러웠다.

중학동 친척 아주머니 댁에 기숙하던 2년 동안 나는 단 하루도 빠지지 않고 바로 옆 『한국일보』 게시판에 가서 당일 신문을 읽곤 하였다. 조간이었으므로 보통 아침 6시쯤이면 나가서 20분가량 보고 들어왔다. 그때 『한국일보』의 성가는 대단하였다. 주로 대학생과 지식인들이 애독하는 신문으로 정평이 나 있었다. 창업주 장기영(張基榮) 씨는 마치 신문을 위해서 태어난 사람으로 통했다. 창간한 후 단기간 내에 유력한 신문으로 만들어 놓아서 주위를 놀라게 했다. 주필은 오종식(吳宗植) 씨, 그도 언론계의 거물이었는데 『한국일보』는 '사설'로 승부를 건다는 얘기가 나올 정도로 논설위원진이 탄탄하였다. 이러니 지식인이나 대학생들이 선호하는 신문으로 부상한 것이다. 20대 중반의 신진기예인 이어령(李御寧) 씨의 「우상의 파괴」던가, 어쨌든 그의 초기 평문을 접한 것도 『한국일보』였다. 그때만 해도 그가 후에 그렇듯 저명한 평론가가 될 줄은 미처 몰랐다. 전례가 없는 파격적인 거액의 현상금을 걸고 모집한 장편소설에 홍성유의 『비극은 없다』가 당선되었는데 매일 연재되던 그 글을 보면서 6·25의 참극을 새삼 떠올린 것도 『한국일보』지상을 통해서였다. 내 기억이 틀리지 않으면 창간 당시의 연재소설은 박화성(朴花城)의 「고개를 넘으며」이다. 한 시대를 풍미하던 그 신문이 10여 년 뒤인 1960년대 중반 이후부터 점차 영향력을 잃게 된 까닭은 내가 판단하기론 사주인 장기영 씨가 박 대통령의 발탁으로 경제 부총리가 된 후부터가 아닌가 싶다. 독자들은 권력과 인연을 맺은 신문은 외면하기 마련이다. 하루의 면수(面數)는 8면이었던 것으로 기억하는데 거듭 말하거니와 눈이 오나 비가 오나 추우나 더우나 단 하루도, 실로 단 하루도 빠지지 않고 나가서 읽고 들어왔다. 습관이 되니까 새벽에 눈을 뜨면 자연히 대문을 열고 그쪽으로 발길을 옮기게 되었다. 나의 이런 일상을 보고 아주머니를 비롯하여 그 댁 식구들 모두가 감탄, 또 감탄하였다. 아마도 할아버지의 DNA가 나에게도 있기 때문이 아닌가 싶다.

  1956년 2월이 왔다. 방과 후 교감 선생님이 상담실 중앙에, 그 양쪽에 담임 선생님들이 앉아서 여러 날에 걸쳐 학생 한 사람씩을 불러 지원대학과 학과를 정하는 날, 모두들 긴장한 얼굴로 그 시간을 맞았다. 학생이 먼저 가고 싶은 대학과 학과를 말하면 이걸 놓고 선생님과 줄다리기를 하는데 아주 짧아야 7~8분쯤, 보통은 10분, 접점을 못 찾으면 그 이상 20~30분 걸리기도 하였다. 그래도 결론이 나지 않으면 다음 날로 미루는 일도 적지 않았다. 나는 쉽게 끝났다. 한 3분쯤 걸렸을까. 지망학과는 국어국문학과, 이것은 변동이 없었고 지원 대학만 남았는데 이것도 고려대학교 이외 선택의 길이 없었다. 서울대는 이미 제외시켰고, 남은 대학은 연희대학교(그다음 해인 1957년일 것이다. 세브란스와 합해져서 연세대학이 되었다)인데 그 대학은 고등학교 2·3학년의 성적, 지금의 내신 성적만으로 합격자를 뽑는 무시험으로 이미 1차 시험이 끝났기 때문에 갈 수도 없었다. 연세대의 이 선발제도는 그 1년 후인 1957학년도에(또는 1958년 학년도) 폐지되었다. 의욕적인 입시제도였으나 예상치 못한 허점이 드러났던 모양이다.

3월 2일이던가 입시가 있었고 3월 중순경 합격자 발표가 있었다. 국어국문학과의 경쟁률은 7.5:1이었다. 운동장은 인파로 넘쳤다. 환호성과 한탄의 소리가 교차되는 가운데 나의 수험번호도 있었다. 솔직히 말해서 썩 잘 본 시험이 아니어서 걱정이었는데 붙어서 기뻤다. 그때의 대학 입학시험 문제는 왜 그리도 어렵게 출제되었는지 알다가도 모를 일이다. 어느 대학이나 마찬가지였다. 각 과목 1백 점 만점에 60점만 받으면 최상위급에 속한다. 보통 40점 안팎이면 합격권 내에 들어갔다. 물론 주관식 문제였는데 수험생들로 하여금 가급적 못 쓰게 하는데 주안점을 둔 듯하였다. 입시 문제가 그랬기 때문에 고교에서의 모의고사도 그런 식으로 출제되었다. 이런 식의 출제는 내가 고등학교 교사로 근무할 때도 변하지 않았다. 어떻게 하면 어렵게 내나, 이걸로 고심했다면 좀 과한 표현일까. 어쨌거나 대학입시 문제가 난해하니까 일선 교사들도 모의고사 출제를 그 수준에 맞출 수밖에… 지금처럼 수험생들의 부담을 덜어준다는 명분하에 각 과목 만점이 무수히 나올 정도로 너무 쉬워도 안 되지만 수험생을 골탕 먹이기 위한 출제도 교육적으로는 옳지 않은 것이다.

합격은 하였으나 입학금 내는 일이 걱정이었다. 대구 집은 몰락했으니 앞이 캄캄하였다. 요즘 사람들은 이해가 잘 안 되는 일이지만 우리 때만 해도 입학금, 등록금 내는 일이 정말 어려웠다. 금액 자체도 지금보다 다소 많았던 것으로 알고 있는데, 그러나 많고 적고가 문제가 아니라 돈 장만하기가 참으로 힘든 때였다. 사채를 얻는 일도 결코 쉽지 않았다. 꾸어줄 사람의 절대수가 극히 제한되어 있었다. 각 가정의 생활수준이 요즘과는 판이하게 달랐다. 파탄이 난 우리 집은 더 했다. 오죽해야 나의 입학금을 대기 위해서 6대 조부터 내려오는 선영(先塋)을 급히 내놓았겠는가. 그때 논 이외 누가 산을 사는가. 요즘은 밭과 산도 투기의 대상이 되고 있지만 그때는 그쪽으론 전혀 눈길조차 주지 않았다. 종조부께서 운영하던 공장은 인수할 때부터 희망이 전혀 없던 사업체였다. 일거리도 없고 그렇다고 새로운 상품을 개발하여 시장에 내놓을 기술도, 자본도, 주변 환경도 없던 그런 기업이었다. 휴전 직후의 우리나라 중소기업은 성공할 확률이 거의 제로에 가까웠다. 거기에다 근대식 경영방식도 전혀 모르는 분이 덜컥 의욕을 앞세워 인수해 놓고 보니 초장부터 악전고투로 이어졌고, 거액의 자본금만 날리고 마침내 몇 년 버티다가 부도가 나고 송사가 벌어지고 하여서 문자 그대로 패가망신만 하고 빈털터리가 되어서 철수하고 만 것이다.

가난하기 짝이 없었으나 나는 물론 집안 어른들도 내가 대학 진학을 못 하는 것은 생념(生念)조차 하지 않으셨다. 공부는 무슨 수를 쓰든 마쳐야 된다는데 누구도 이의가 없었다. 식자인(識字人)이 집안에 없다는 것은 수치라고 생각하였다.

내일이 등록금 마감일인데 대구에서는 소식이 없다. 제 날짜까지 납부하지 못하면 합격취소였다. 거의 절망상태로 중학동 다다미방에서 뒹굴고 있는데 대구 피란 학교 때부터 같은 반 짝꿍인 임도종(林道鍾, 자동차공업협의회 부회장 지냄, 재미) 군이 찾아왔다. 내가 궁금해서다.

그는 1·4후퇴 때 그의 아버지와 형과 함께 세 식구만 남쪽으로 피란을 내려와서 갖은 고생을 하며 고교를 졸업하였고 마침내 고려대 정외과에 합격하여 진작 등록을 마친 상태였다. 정치가로 대성할 수 있는 큰 인물이었는데 어폐가 있는 표현일지 모르나 머리가 지나치게 비상하고 또한 대학 재학 중에 서둘러 출세코자 성급하게 정계인사와 가까이 한 나머지 망해가는 자유당 정권 시절, 경무대의 어느 비서관과 접촉해서 무슨 운동인가를 한 것이 그만 그의 인생을 망쳐 놓았다. 주위로부터 촉망을 받던 그는 4·19 이후 여러 사람의 지탄의 대상이 되었다. 참 불운한 사람이다. 대학 3학년 때는 전국적으로 이름이 나 있는 '고려대 모의국회'의 의장을 하면서 이름도 날렸는데… 많은 사람이 여러 가지 이유를 들어 그를 지금도 비난한다. 나도 저간의 사정을 알고 있으나 고교시대의 절친한 벗이기 때문에 나만은 그렇게 하지 못한다.

그가 찾아와서는 남의 속도 모르고 "너 임마, 이렇게 태평해도 되는 거야?"라고 말하면서 내 손을 끌고 모교 염의박(廉義博) 선생님께 가자는 것이었다. 그분은 독어 선생님, 서울대 문리대 출신으로 '미학(美學)'을 전공하셨다. 대구 피란 학교 다닐 때부터 우리를 가르치신 분으로 감성적이면서 또한 지적이고 선(善)한 좋은 선생님이셨다. 그분 사모님이 고려대 사무처 직원이니 가서 사정을 말씀드리면 길이 있으리라는 것이다.

나는 평생 살아오면서 염의박 선생님과 사모님, 그리고 임도종의 은혜를 잊지 않고 있다. 후에도 고비 때마다 도움을 받은 여러 은사와 벗들과 함께 그분을 잊을 수가 없다. 학교로 찾아뵈었더니 사모님과 통화한 후 우리가 부탁한 '입학금 연기'는 안 되고 사모님이 무슨 수를 쓸 모양이니 저녁 무렵에 보성고등학교 근처에 있는 당신 댁으로 '가 보라는' 것이다. 그때 선생님은 입시채점 중이라서 밤늦게 귀가하니 우리들더러 그렇게 하라고 지시하는 것이었다. 뭔가 희망이 보이는 듯하여 기대하면서 임도종과 하루 종일 시내를 걸어 다니며 시간을 보내다가 밤 7시쯤 댁을 방문하였다. 그때 사모님은 퇴근하여 식사를 마친 후 한 살 되는 아들에게 젖을 먹이고 있었고 세 살이던 딸은 외할머니가 돌보고 있었다. 사모님은 아까 낮에 선생님의 전화를 받고 궁리하다가 당신의 월급을 가불하여 대납키로 결정했다면서 내일 아침 고려대로 와서 영수증을 받아 가라는 것이 아닌가. 순간 감격해서 눈물이 핑 돌았다. 스승님의 이런 고마운 배려가 또 있을까 싶었다. 임 군과 함께 선생님 댁을 나오면서 둘이 얼마나 좋아서 기뻐했는지.

그 이튿날 아침 10시경에 갔더니 마감 날이라서 열이 길게 늘어서 있는데 나는 열도 설 필요가 없어서 창구 앞으로 직행했다. 전날 밤 사모님께서 그렇게 하라고 하셨다. 수납중이시던 사모님께서 웃으시면서 입학금 납부 영수증을 내주셨다. 아, 그 고마움. 평생 잊을 수 없다. 그날 오후 아버지께서 다행히 급전을 구하여 상경, 당일 곧 갚아드렸지만 무조건적으로 베푸신 은혜와 그게 무슨 상관인가.

슬프고 또한 안타까운 일은 내가 대학 2학년 때인 1957년 여름방학 때 선생님께서는 암으로 세상을 떠나셨다는 사실이다. 그때에 연세는 30세가 채 안 되셨다. 살아계셨으면 하는 마음이 복받쳐 이 글을 쓰면서 나는 목이 멘다. 선생님과 마찬가지로 사모님도 독실한 천주교 신자. 경기여고 출신. 15년 전까지 자주는 아니나 뜸뜸이 연락이 되었는데 요즘은 소식을 모른다. 사모님께서 의논할 일이 있다고 전화가 오면 제백사하고 다방에서 만나 뵙고 조언해 드린 적이 여러 번 있었다. 그때마다 나는 사모님이 나를 신뢰하고 있음에 대하여 기뻐했다. 죽기 전에 뵙고 싶다.

동성고등학교 동기 동창으로서 임도종과 함께 고대 정외과를 나온 김기덕(金基德, 노동부 국장과 황해도지사 역임) 군이 또한 나와 친하게 지낸 벗이다. 그의 집은 돈암동이었는데 자주 드나들곤 하였다. 그의 어머니가 가끔 수제비국을 끓여 주면서 '뜨덕국'이라고 하기에 처음서부터 알아들었다. 밀가루 반죽을 손으로 뜯어서 끓인 것이니 형상을 그대로 묘사한 명칭이라 하겠다. 황해도 또는 평안도 사투리다. 고등학교 때는 물론, 대학을 다니면서 우리 셋은 참 가까이 지냈다. 사회에 나와서는 가는 길이 서로 달라 만날 기회가 좀처럼 없었다. 이제 늙어 가니 참으로 보고 싶다. 마침 금년 여름에 미국에 있는 임 군이 잠시 한국에 다니러 온다니 오래간만에 해후할 기회가 있을 것 같아서 지금부터 기다려진다.

회고컨대 고등학교까지의 나의 삶은 남루함 그 자체요 지리멸렬함 바로 그것이었다. 나뿐만 아니라 우리 세대는 모두 그런 누추한 삶을 살았다. 10대 소년 시절이 인생에서 얼마나 소중한 기간인가. 그럼에도 나와 우리 세대는 파릇파릇한 꿈 한 번 꾸어보지 못하였다. 또래에 맞는 정신적인 성장에서 분비되는 감미로운 즐거움도 제대로 체험하지 못하고 그 아까운 10대 시절을 빼앗기고 말았다. 꿈이며, 정신적인 체험이 아닌 그 반대의 무엇, 예컨대 10대의 이유 없는 반항이라는 것, 어른들이 보기에는 철없는 짓거리로 간주하는 것이지만 자신에게는 크기 위한 성장통 따위 같은 사춘기 병도 제대로 겪어보지 못하고 세월에 짓눌려서 그 시절을 흘려보냈다. 왜일까. 임·병 양란이후 처음 겪는 민족상잔의 전쟁, 그리고 피란살이, 이 감당하기 어려운 시대적 비극이 세대를 초월하여 개인과 집단을 모두 파괴해버렸기 때문이다. 그런 폐허의 상태에서 꿈을 찾고 정신세계를 탐방하고 또는 일부러라도 정신적으로 방황해보는 일은 원천적으로 불가능한 일, 그것마저 사치였던 시대가 나의 중·고등학교 시절이었다. 단지 동물적인 감각만 최고도로 발달하여 굶지 않고 존명하는 일, 전화(戰禍)를 피해서 생명을 부지하는 일, 나와 내 가족 이외 다른 이웃에게는 관심조차 가지지 않는 극단적인 에고의 처신, 이런 것이 나의 그 시절 삶의 내면이었고 또한 겉에 드러난 무늬였다. 이 얼마나 불행한 일인가. 더욱 불행한 것은 그때 그런 식으로 형성된 소망스럽지 못한 삶의 기본자세가 그 이후 내 평생에 적지 않은 영향을 끼쳤다는 점이다. 불모이다시피 한 삶, 그것을 절실히 느끼면서 나는 1956년 봄에 고등학교 교문을 나섰다.

【故 염의박 선생님의 사모님을 마침내 만나 뵈었다. 그분의 딸이 고려대학교 문과대학을 졸업한 사실은 내가 진작부터 알고 있었다. 작년(2005) 가을에 문과대학 동창명부가 나와서 찾아보니 '염경화'라는 이름이 있고 전화번호도 나와 있었다. 즉시 연락하여 그날로 사모님과 통화를 하였다.

11월 어느 주일날 혜화동 성당에서 나와 아내는 그분과 반갑게 해후하였다. 얼마나 기분이 좋았는지 모른다. 젊은 시절, 청초한 미녀의 모습이 70대 중반의 연세임에도 거의 그대로 남아 있었다. 함께 미사를 봉헌한 후 성당 건너편 '목동'이라는 음식점에서 점심식사를 하며 지난날의 얘기를 긴 시간에 걸쳐서 나누고 헤어졌다. 안타까운 노릇은 가까운 일가로부터 사기를 당하여 몇 년 동안 고생을 하셨다는 것이다. 지금은 전세살이를 하는데 다행히 아들과 딸 모두 성가시키고 친손자, 외손자를 여럿 두고 마음의 평화를 누리며 살고 있다는 얘기다. 다시 뵙기를 또 기다린다. 하느님의 은총과 자비가 늘 그분과 함께 있기를 기도한다.

2014년 6월에 다시 적는다. 사모님 소식이 궁금하여 따님에게 전화를 걸었더니 작년에 돌아가셨다고 한다. 슬픈 일이로고. 전번 만나 뵌 후 한두 번 전화로만 안부 드린 것이 후회스럽다. 딸에게 왜 알려주지 않았느냐고 유감을 표했더니 "폐를 끼치기 싫어서…" 운운하기에 서운함을 다시 드러냈다. 그런들 무슨 소용이랴. 다만 천국에서 선생님 내외분의 영생복락을 빌 따름이다.】

5장

대학 신입생 시절의 스산함

대학 신입생 시절의
스산함

1. 입학 초기 목도한 두드러진 몇 장면

　1956년 4월 1일 오전 10시에 본관 앞뜰에서 입학식이 거행되었다. 이날부터 나의 고려대학교 신입생 생활은 시작되었다. 지금과 달리 그때는 각급학교의 새 학년도가 4월부터였다.

　49년 전의 일이니 입학식 당일의 세세한 일은 기억에 남아 있지 않다. 겨우 몇 가지 장면만 떠오를 뿐이다. 당시 고려대학교는 법과대·상과대·문리과대(한두 해 뒤에 문리과대는 문과대·이과대·정경대로 분리되었다)·농과대 등 4개의 단과대로 편성되어 있었다. 신입생 수는 850명 내외로 기억된다. 여학생은 전체 학생의 1%가 조금 넘은 10명 안팎이었다. 그나마 국어 국문학과에는 한 명도 없었다. 1년 뒤인 1957학년도부터 남녀 공학의 취지를 살린다는 뜻에서 학교 당국은 여학생 수험생에게 유리하도록 '가정'을 선택과목으로 지정하였다. 그 후로부터 여학생 수가 대폭 늘어났다. 또 그해에 2학년 편입생 입학 제도가 생겨나서 입학 당시 여학생이 없던 우리 학과에도 한 명이 들어와서 모두가 기뻐하였다.

　입학식장 단상에 앉아 있는 선생님들의 표정이 모두 근엄해 보였다.

하지만 학·처장급 선생님들의 그때 나이가 30대 후반에서 40대 중반이었으니(평균 수명 연령이 워낙 낮은 때였기 때문) 대학의 전체 규모와 더불어 이 또한 요즘과는 비교조차 안 되는 먼 옛날의 흑백사진과도 같은 그림이라고나 할까.

현민(玄民) 유진오(兪鎭午) 총장의 식사를 들으면서 줄곧 생각한 바는 대학에 입학하니 당대의 저명한 분도 바로 눈앞에서 만날 수 있구나하는 뿌듯함이었다. 원고 없이 그냥 담화 형식으로 진행된 그분의 식사는 열여덟 살의 풋내기가 듣기로도 군더더기가 없고 논리가 정연하여서 그대로 받아써도 완결된 문장이 될 정도였다. 대중을 상대로 한 연설조가 아닌 학자의 강의 혹은 강연을 듣는 기분이었음이 기억으로 남아있다. 인촌(仁村) 김성수(金性洙) 선생 이전에 보성전문(普成專門)의 설립자인 이용익(李容翊), 그 계승자인 손병희(孫秉熙) 선생 두 분이 있었음을 현민의 식사를 듣고 그때 비로소 알았다.

학·처장과 각 부장을 소개하는데 '문리과 대학장 이상은(李相殷) 교수'라고 총장이 호명하기에 나는 순간 시조 시인 '이은상(李殷相)'을 떠올렸으나 그가 아닌 사실을 알고, 바꿔 말하자면 저명인사가 아닌 것을 알고 잠깐 실망한 일도 생각난다. 그러나 실망은 잠시였다. 학교를 다니면서 이상은 학장이 동양 철학의 태두로서 대학을 초월하여 모든 대학인들로부터 존경을 받는 꼬장꼬장한 선비라는 사실을 알고는 일반인에게 그 이름이 널리 알려져 있는 문단인과 상아탑의 학자는 서로 다르다는 점을 알았다. 그분은 후에 4·19 때 대학교수단 데모를 초기에 발의하여 성사시킨 분으로 그 명성이 길이 전한다. 우리가 입학한 지 2·3년 뒤에는 '아세아 문제 연구소(亞細亞問題 硏究所)'를 창립하여 김준엽(金俊燁, 고려대 총장 역임) 교수와 함께 국내 최고의 연구기관으로 키운 공로도 그분의 것이었다.

원래 입학식이라는 것은 의례적인 것이라서 별도의 행사가 이어지지 않는 이상 특별히 기억에 남을만한 것이 없다. 요즘처럼 축제 분위기를 조성하며 야단스럽게 부산을 떨던 시대가 아니었기 때문에 더욱 그렇다. 오히려 입학 초기의 아주 인상적인 기억은 입학식장에 있지 않고 거기서 벗어난 다른 데 있었다. 내가 대학에 입학해서 가장 충격적으로 받아들인 희한한 장면은 3·4학년 선배들의 복장과 후배인 신입생들에 대한 그들의 평소 말투, 그리고 손에 쥐어진 각 봉투(서류봉투)였다. 불과 한두 달 뒤에는 나도 거기에 익숙해져서 아무렇지도 않은 일로 치부하였지만 처음 접할 때는 당황스러울 정도였다. 거의 예외 없이 복장은 그때 사회에 진출한 어른들이 즐겨 사 입던 국산 제일모직의 신사복, 그리고 머리에는 중절모가 얹혀 있었다. 요컨대 겉모습만으로는 학생이 아니었다. 옷차림에 걸맞게 나이도 그 학년의 적령보다 많아서 젊은 교수님과 외모만 보아서는 전혀 분별이 되지 않았다.

그렇듯 '연만하신 분'들이 책가방 대신 노트 한두 권 들어있는 봉투 하나 달랑 쥐고 1학년짜리 신입생 후배인 우리들이나 2학년생들에게 '朴兄·金兄…' 하면서 존칭을 붙이고 시종 높임말을 쓰는 데는 실로 놀라움을 금할 수 없었다. 난처하여 어찌할 바를 모를 지경이었다. 하지만 우리가 왜 그와 같은 엄청난 예우를 선배들로부터 받게 되었는지를 알기까지에는 많은 시간이 필요하지 않았다. 대학이 상호 존중의 지성인 사회이기 때문에 그런 환경이 조성된 것은 아니었다.

요컨대 6·25동란이 그 원인이었다. 전쟁의 여진은 대학 선후배 사이의 경계마저 허물어 놓은 것이었다. 저간의 사정을 풀어서 설명키로 하자. 1950년 6월 25일 민족 상쟁의 비극적인 전쟁이 발발하자 젊은 사람들은 속속 군문에 입대하였다. 전시 하에 이러한 의무병제도는 휴전이 되던 1953년 7월 이후 오늘까지도 계속되고 있다. 학생의 신분이던 고등학교(당시는 중학교 6년제였음) 고학년과 대학 재학생들의 상당수가 군에 자진 입대하거나 징집되어서 전쟁터에 출전하였다. 학도병으로 나가기도 하였다. 그 일부가 휴전되자 천우신조하여 전사하지 않고 살아서 복학하기에 이르렀다. 학교에 돌아와 보니 군에 나가지 않은 일부 동기생과 선배는 이미 졸업한 뒤였다. 거기까지는 예상한 바이나 그다음이 문제였다. 각 학년마다 군에 나가지 않고 정상적으로 진급한 전쟁 전의 고교생과 대학의 아래 학년 학생, 참전 후 복학한 선배·동기·저학년 학생, 비록 군에 징집되지 않았으나 피란지에서 전시 학교를 다니지 못하고 몇 년 동안을 허송(虛送)한 후 복학한 학생 등이 한데 뒤섞여서 뒤죽박죽의 전후 현상이 벌어져 있었다. 이러니 신입생부터 4학년까지 전쟁 전의 선후배 관계를 엄격히 따질 형편이 아니었다. 우리 동기생 가운데에서도 나를 비롯하여 몇 명만이 제 나이에 정상적으로 입학하였고 그 나머지는 모두 한두 해, 많은 경우는 서너 해나 위인 선배 신입생도 수두룩했다. 그들은 사변만 일어나지 않았으면 당시의 3·4학년과 동기 혹은 대학을 졸업했어야 할 나이들이었다. 같은 학년에 후배가 있고 아래 학년에 선배가 포진해 있는 무질서의 현상을 그나마 원만하게 극복하는 방법은 학년 파괴요 무조건 상호 존댓말 사용이었다. 내가 입학하기 전부터 그랬었단다. 전쟁이 가져다준 이런 기이한 관계는 내가 대학을 졸업한 1960년 이후 한두 해쯤 더 계속된 것으로 안다.

아래 학년들에게 존댓말을 사용하는 고학년 선배들을 이해하게 되고 학생 신분임에도 중절모에 신사복 차림을 한 모습을 더 이상 놀란 눈으로 바라보지 않게 된 연유가 바로 여기에 있었다. 잠시 뒤에 설명하겠지만 책가방이 아닌 각봉투를 들고 교실을 출입하던 그 단출한 모습도 노트 한두 권이면 대학 수업을 받는데 아무 지장이 없던 그 당시의 특수한 사정이 원인이었음은 우리도 직접 체험한 바로 충분히 알 수 있었다.

기왕 학생의 군 입대 얘기가 나왔으니 후대를 위하여 이참에 한 가지 꼭 밝히고 넘어갈 것이 있다. 전쟁이 한창이던 1·4후퇴 이후, 피란지에서 정부는 대학 재학 중의 학생은 졸업 시까지 군 입대를 연기해 주는 결단을 내렸다. 전쟁에 이기는 것도 중요하지만 나라의 앞날을 책임질 인재를 양성하는 것도 소홀히 해서는 안 된다는 것이 정부의 방침이었다. 이 때문에 각처에서 많은 고등학교 졸업생들이 논과 밭, 황소를 팔아서 대학에 적을 두려는 '사태'가 벌어졌다. 졸업할 때까지는 4년의 세월이 흘러가야 할 터, 그때까지는 전쟁이 끝날 것으로 믿었고 그렇기 때문에 대학 입학은 곧 생명을 보장해 주는 증명서와 같은 것이었다. 이런 연고로 일부 사립대학의 비공인 인원이 늘어나고 새로운 대학이 우후죽순처럼 들어섰다. 그리하여 대학을 일컬어 '우골탑(牛骨塔, 농촌에서 황소를 팔아서 입학금·등록금을 충당하였기 때문에 생긴 시니컬한 造語)'이라고 조롱조로 명명하기 시작한 것도 그때부터였다. 대학 재학 중 병역 연기의 특혜는 세계 전사(戰史)에서 거의 찾아볼 수 없는 우리나라만의 전시(戰時) 제도라는 말을 나는 대구 피란 시절 중학교를 다닐 때 들었다. 이런 제도가 있기 전인 전쟁 초기, 혹은 중반까지는 많은 대학 재학생, 고등학교 고학년 일부가 정규 군인 또는 학도병으로 참전하였다. 그들 가운데 살아남은 학생이 휴전 후 복학하여 새까만 후배 '아랫것들'과 같은 학년으로 학교를 다녔다는 얘기를 다시금 기록으로 남긴다.

　입학 초기의 생생한 기억으로 또 이런 것이 있다. 주로 선배들이 강조하였으나 내막인즉 유 총장을 비롯한 학교 당국의 방침이라고 들었다. "날뛰는 고대에서 사색하는 고대로"라는 구호가 바로 그것이다. 일제 치하 이후 휴전될 때까지의 고대는 "행동하는 고대"로 자임하였다. 그런 교풍으로 많은 기여도 하였으나 개교한 지 50주년이던 그 전 해, 곧 1955년부터 "사색하는 고대"로 학교의 교육방침과 지향하는 바가 전환되었으니 모든 학생은 이 점을 각별히 유의하라는 것이었다. '민족 고대'를 항상 잊지 않으면서 또한 지성인의 본분인 학구적인 자세를 견지하는데 '사색하는 고대'는 시대의 과제라는 뜻이었다. 보성전문 이후 반백 년의 고대 역사를 신입생인 내가 알 리 없지만 구호만은 마음에 들었다. 지난날에 얼마나 행동 위주였으면 "날뛰는 고대…" 운운하는 말이 나왔을까 하는 생각도 들어서 웃음을 참을 수가 없었다. 그런데 사색을 강조한 이 구호가 그 후 4월 혁명 직전에 비판의 대상이 되고 또 그로부터 10년이 지난 1970년대에 접어들면서 김상협(金相浹) 총장에 의해 "지성과 야성"으로 바뀌게 되는데 그 배경과 경위에 대해서는 뒤에서 다시 쓰기로 하겠다.

선배들에 의한 오리엔테이션(그때는 이런 용어를 사용하지 않았다. '학과 설명회'쯤으로 통하지 않았던가 싶다) 시간에 받은 『국문학』(창간호), 『文理大學報』(창간호) 그리고 『高大文化』(창간호)에 관한 기억도 생생하다. 대학에 들어오니 이런 것도 한 보따리 공짜로 주는 후한 인심이 있구나 싶어서 뿌듯한 느낌을 받았다. 이 세 권의 책을 들고 집에 와서 목차를 일별하고 건성으로나마 책장을 넘기면서 살펴본 나는 사뭇 당황하지 않을 수 없었다. 그 수준이 이제 갓 고등학교를 졸업하고 막 대학문에 들어선 나로서는 도저히 엄두조차 낼 수 없는 높은 차원이었기 때문이다. 특히 『고대문화』는 당시 지식인의 교양 종합지인 『思想界』를 연상할 정도였다. 아무렴, 교수들의 글이 주류를 이루고 있으려니 하고 다시 훑어보았으나 필진의 거의 대부분이 학부 졸업반 또는 대학원생들임을 알고 다시금 놀라지 않을 수 없었다. 내가 상급 학년이 되고 대학원생이 되면 과연 이런 높은 수준의 글을 쓸 수 있을까 싶은 생각이 들어서 한참을 두고 의기소침해 있던 기억이 난다.

예의 학회지와는 별도로 구내 서점에 꽂혀 있는 『李箱全集』은 나로 하여금 부러움과 더불어 고대에 대한 자긍심을 심어주는 데 부족함이 없었다. 입학식이 있은 후 3개월가량 지난 그해 7월에 '高大文學會' 이름으로 간행된 전3권의 이 전집이 겉으로만 그렇지 실은 나보다 4년 선배요 나이는 9년이나 연장인 임종국(林鍾國, 정외과. 당시 휴학 중이었음) 형의 단독 편찬이라는 사실은 나중에 알았다. 어쨌거나 놀라운 일이었다. 현대문학사의 기념비적인 인물인 이상의 문학전집을 현대문학을 전공하는 학자나 문단인이 아닌 일개 대학생이 펴낸 획기적인 발상 그 자체가 놀라웠다. 설사 자료를 다 모아서 편집을 완료하였다고 하더라도 대학교수의 저서마저 간행하기 극히 어려운 당시의 영세한 출판계의 어려운 사정을 뚫고 장정도 화려한 양장본의 책자를 세상에 내 놓았다는 사실에 또한 놀라움을 금치 못하였다. 나의 놀라움이 조금도 과장된 것이 아니었음은 그 당시 각 대학가와 학계, 문단, 그리고 출판계에 이 책이 한동안 화제가 되었다는 사실로도 입증이 된다.

『고대문화』와『이상전집』, 이것은 나의 대학 생활 초년기에 잊을 수 없는 선망의 영상으로 늘 내 머릿속에서 맴돌았다. 전쟁으로 인해서 발생한 학년간의 현재적 혼란과 행동하는 대학이라는 과거적 잔재를 청산하려는 노력의 일환으로 '사색'이라는 새 시대의 표어가 등장하였고 그 '사색'의 첫 결실로서 인문학과 분야에서는『고대문화』와『이상전집』이 모습을 드러냈다고 해석할 수 있으리라.

인생은 참으로 기묘한 인연의 긴 장정인 모양이다. 후에 내가『고대문화』2집 편찬에 참여하고, 또한 임종국 형과 가까운 사이가 되어서 몇 가지 일을 함께할 줄은 그때로서는 전혀 예상하지 못하였다. 인생은 그렇듯 안개가 자욱한 미지의 세계를 향해 마냥 걸어가는 것인가. 잠시 머물렀다가 저세상으로 가는 역려과객(逆旅過客)의 짧은 행로에는 무수히도 많은 우연과 의외의 일이 잠복해 있는 모양이었다.

2. 부실한 대학 강의/ 학문 제3세대의 잉태

  수강신청을 마치고 강의실을 찾아다니며 수업을 받기 시작했다. 모두가 새로운 제도요 방식이라서 낯설고 서툴렀다. 듣고 싶은 과목만 골라서 신청하는 것이 대학의 강의라지만 1학년은 교양 필수가 위주라서 선택의 여지가 별로 없었다. 한 과목은 대개가 3~4학점이었던 것으로 기억되며 한 시간 강의는 100분, 그래서 한 과목은 일주일에 도합 두 시간 200분 듣는 것으로 되어 있었다. 졸업하기까지 취득해야 할 학점은 총 180점인 것은 분명하고 혹 210학점이었지 않았는가 생각이 들기도 한다. 오래전의 일이라서 자세히 알 수 없는바, 그러나 이 점은 누구에게 물어볼 필요도 없이 당장 나의 과거 대학 시절의 학적부를 발급받아서 보면 금세 알 수 있는 일이다. 그러나 이 나이에 일부러 그렇게 하자니 쑥스러운 노릇이라서 미상인 채로 남겨 놓는다. 이런 것쯤은 미상인 상태로 비워 두는 것이 더 재미있지 않은가. 모든 것을 다 밝히는 것도 미덕은 아니리라.

  어쨌거나 지금의 취득학점보다 훨씬 많았던 것은 사실인데 내가 대학 초임교수 시절인 1970년대 초에는 50년대와 마찬가지로 계속 180학점이었고, 그것이 1976년경이던가 이른바 실험 대학 제도의 도입에 따라 160학점으로 줄어들었으며 1990년대 중반쯤에 소위 학부제·복수 전공제의 실시와 함께 다시 140학점으로 줄어들었다. 학점을 늘려서 더 가르쳐도 시원치 않은 판에 이 무슨 무모한 짓인지 알 수 없다. 그럴듯한 변설과 명분을 내세우고 있으나 나는 퇴임하고 난 지금까지도 이 부분에 대해서는 계속 불만이고 앙앙불락(怏怏不樂)이다.

  그래도 요즘의 학생은 행복한 편이다. 우리 때는 솔직히 말해서 졸업할 때까지, 그리고 대학원 석·박사 과정을 마칠 때까지 들은 강의는 엉성하고 부실하였다. 지금처럼 취득학점은 적되 휴강이 없이 내실 있게 진행되는 강의와는 비교조차 되지 않고 이보다 다소 느슨한 1970년대 그러니까 우리보다 20년가량의 후배요 또한 나의 제자들 세대의 강의와도 도저히 견줄 수 없는 그런 만족스럽지 못한 수업을 받았다.

우선 교재가 거의 전무한 상태여서 강의가 알차지 못하였다. 국어와 영어 등 교양과목과 전공과목의 교재 겨우 몇 권이 졸업할 때까지 접할 수 있는 책의 전부였다. 학술서적이 넘쳐나서 즐거운 비명을 지르는 요즘과는 하늘과 땅 사이 그 이상이라고 해도 지나친 말이 아니다. 사정이 그렇다 보니 노트 받아쓰기가 그때의 일반화된 수강형식이었다. 한 학기 수강하면 그 양이 대학노트 불과 30쪽 많으면 40쪽 내외이고 휴강이 잦은 과목은 20쪽 안팎인 경우도 있었다. 요즘 받아쓰기 강의가 어디 있는가. 그럼에도 대학 강의의 부실 혹은 교수의 학문적·교육적 성과의 미흡을 꼬집을 때면 아직도 "몇 년씩 고치지도 않은 묵은 노트를 그냥 쓰고 있다" 운운하는 까닭이 바로 우리가 대학을 다닐 때의 일이 빌미가 되어서 생긴 말이다.

잦은 휴강, 이것 또한 당시 대학의 만연된 풍속도였고 그래서 습득하는 지식의 양이 절대적으로 부족한 강의가 학년을 불문하고 지속되었다. 한 학기에 3분의 2 이상쯤 강의하는 경우는 상급(上級)에 해당되는데 그런 과목은 그렇게 많지 않았다. 대개는 그 이하, 반쯤을 조금 상회하여 강의하면 수준급이었다. 어느 시간이나 보통 10분 남짓 늦게 시작해서 10~20분가량 일찍 끝난다. 그러니 말이 100분 수업이지 실제로는 평균 70~80분쯤의 강의가 정형화되어 있었다. 대학 교육이 튼실하기는 기대하기 어려운 시기였다.

거기에다 참으로 다행히도(?) "대학공부는 학생 스스로가 알아서 하는 것이다. 교수는 다만 방법론만 제시하면 된다"라는 학언(學諺)이 학생과 교수 사회에 두루 통하고 있을 때이므로 교수의 권위가 손상될 리도 없고 학생들 또한 강의문제로 불만을 표시하는 일은 거의 없었다. 대학 사회는 의당 그런 것이려니 하고 치부하였다.

대학 강의가 만족치 못한 또 다른 중요한 원인은 전후의 특수한 환경에서 찾을 수 있다. 폐허화된 서울의 거리, 불타버린 자료, 학문할 수 있는 제반 환경과 조건의 미비, 전쟁이 할퀴고 간 가족사의 비극, 이런 것들은 교수들의 연구 의욕을 상실케 하고 좌절시키는 데 충분하였다. 학생인 우리들이 봐도 그분들의 입장이 넉넉히 이해되었다. 학생들 자신 또한 유사한 성격의 어수선함과 어려움 속에서 근근이 살고 있었기 때문이다.

내가 받은 대학의 공교육은 대범 이러했으므로 우리는 어느 면에서 볼 때 불행한 세대다. 하지만 강의실 밖, 이를테면 잦은 선생님 댁 방문 시나(우리 때는 '교수님'이라 하지 않고 '선생님'이라고 불렀다. 호칭의 변화가 우리 세대 이후에 있었음을 증언한다. 겸해서 기록하건대 우리 때는 '1956년 입학생'이라 했지 요즘처럼 '56학번' 식으로 말하지 않았다) 술집에서 선생님과 술잔을 마주한 자리 등 그런 기회만은 요즘 학생들은 상상조차 할 수 없으리만큼 자주 있었고 또한 화기가 넘쳐흘렀다. 좌주문생연(座主門生宴)도 겸한 교문 밖에서의 강의, 이것이야말로 1950년대의 대학생들이, 특히 인문학 전공 학생들이 누린 행복한 변형된 수업이었다. 그런 기회마저 없었다면 우리는 정말 불행하기 짝이 없는 대학생이었을 것이다. 노트 받아쓰기에서는 도저히 맛볼 수 없는 학식과 인생 공부를 철저히 받았다. 앞에서도 말한 바와 같이 빈약한 출판계의 사정 때문에 저서로 드러내지 못한 선생님들의 호한한 학식을 그분들의 근엄함도 곁들인 풍류와 함께 섭취하였다. 우리를 키워준 자양분과 지적 양식의 8할은 '바람'이 아니었다. 교실 밖의 비정규적인 특수한 교육이었다.

그런 식의 교육이 아무리 의미가 있는 것일지라도 한계가 있는 것임은 두말할 나위도 없다. 그러므로 1950년대의 대학 교육은 역시 썰렁한 것이었음은 부인할 수 없다. 그런데 그때 그토록 허술한 교육을 받은 세대들이 그 후 인문학 분야는 학계·교육계·언론계·문단 등에, 사회과학 분야는 정·관계와 법조계에, 공대를 비롯한 자연과학 분야는 1960년대 경제개발현장에 대거 진출하여 괄목할 만한 실적을 남겼다는 점은 주목할 만한 대목이다. 그들이 오늘의 우리 사회를 있게 한 중심 세력이 되었다는 점을 기록해 둔다.

인문·사회·자연과학의 어느 분야이든 근대 학문의 시발을 1920년대 중반 전후로 잡는데 큰 이론이 없다. 이를 기준으로 하여 셈을 해보면 1900년대를 전후해서 출생한 분들이 학문 1세대가 된다. 그들은 황무지를 개척한 선구자다. 그분들의 훈도를 받은 세대가 2세대인데 대체로 1920년대를 전후해서 태어난 분들이다. 계몽기의 학문을 계승하여 일정한 수준에까지 끌어올리는 공적을 남겼으나 철저한 분석을 통한 연구에까지는 진전시키지 못한 세대다. 학문 1·2세대의 분들에게 두루 배운 세대를 나는 2.5세대 및 3세대로 규정한다. 1956년에 대학에 진학한 나를 기준으로 6~7년 위인 1950년 무렵에 입학한 선배 세대, 곧 지금의 나이로 75세 안팎의 세대, 그리고 나보다 7~8년 뒤인 1960년 4월 혁명 전후로 해서 대학생이 된 세대, 곧 현재의 나이로 환갑을 맞이했거나 눈앞에 둔 세대를 하나로 묶어서 여기에 포함시킬 수 있다.

이들이 1·2세대의 뒤를 이어 학문을 비롯한 우리 사회 각 분야에 대거 진출한 것을 표피적인 관점에서만 판단한다면 당연한 결과라고 할 수 있다. 능력과 무관하게 할아버지 대를 기준으로 '祖→父→孫'으로 이어지는 장자 상습제의 가정제도의 관습 안에서 따진다면 당연한 일이라 아니 할 수 없기 때문이다. 하지만 학문을 비롯한 사회 모든 분야의 경쟁 집단은 가정의 장자상습제와 반드시 일치하지 않는다. 무엇보다도 능력이 중시되어서 중간 세대를 뛰어넘어 '祖→孫'으로의 계승이 얼마든지 가능하다. 이런 점을 고려할 때 지난날의 우리 사회가 어느 한 세대를 뛰어넘지 않고, 예컨대 父代가 子代에, 孫代가 曾孫

代에게 추월당하지 않고 정상적으로 연결된 것은 그만큼 2.5~3세대인 孫代가 제 기능을 다할 수 있는 능력을 갖추었기 때문이라고 단언한다.

국문학계의 경우를 놓고 보자. 저들 2.5 및 3세대의 저력과 성취의 원인은 어디에 있는가. 첫째, 연구 인력의 현저한 증가를 들 수 있다. 앞 세대와는 비교가 안 되리만큼 전공 인구가 늘어났다. 이들 중에서 정예화된 일부가 학계를 이끌어가는 데 크게 기여하였다. 둘째, 불리하고 열악한 환경을 이겨내려는 강인함이 이 세대들에게 팽배해 있었다. 싸움에서 지면 끝장이라는 절박한 의식, 가난한 집안에서 인재가 배출되던 이 땅의 전통적인 풍토와 정신이 우리 세대의 세포 속에 그대로 용해되어 있었다. 셋째, 같은 맥락에서 얘기될 수 있는 것이지만 워낙 드문 체험이었는지라 별도로 언급하고 싶은 것은 전쟁의 고통을 겪으면서 축적된 불굴의 자립정신을 들지 않을 수 없다. 10대의 어린 시절부터 부모세대와 함께 생활 전선에 뛰어 들어가 온갖 고생과 역경을 극복하면서 성장하였다. 그 값진 체험이 본업인 학문의 길을 가는 데 큰 동력으로 작용하였다.

넷째, 이 또한 간과할 수 없는 원인으로서 윗대로부터 물려받은 학문 세계의 빈자리가 무한히 넓었다는 점을 꼽을 수 있다. 어찌 보면 불리할 수도 있는 이 불모지가 우리에게는 새로운 도전의 세계였다. 어디를 파고 들어가도 광맥은 있었다. 미개발의 방법론과 해석법을 찾아내고 묻혀 있던 많은 자료들이 발굴되었다. 부지런하지 못함을 탓할지언정 학문 연구의 질료와 재단하는 방식이 없음을 불평하는 것은 말이 되지 않았다. 내가 겪은 수다한 예 중에서 가장 비근한 것 하나만 든다. 1968년에 나는 향가 〈안민가(安民歌)〉 연구로 석사학위를 받았다. 늦은 군대 생활 때문에 동기들보다 몇 년이나 지체하여 과정을 마쳤던 것이다. 그런데 그때까지도 〈안민가〉에 관한 독립된 논문은 한 편도 없었다. 개론서와 시가문학사류의 서적에 단편적으로 몇 줄 논급해 놓은 것만 있을 뿐, 심도 있게 분석한 독립된 작품론은 없었다. 그 사실을 알고 놀란 기억이 아직도 새롭다. 요컨대 손길이 닿지 않은 미개척지가 도처에 산재해 있었고 이것은 곧 연구의 대상으로 전환되었다.

다섯째, 논문 평가가 우리 세대부터 실시되었다. 그러니 얼렁뚱땅할 수 없었다. 이 부분은 요즘과 달리 훨씬 허술하고 형식적이며 또한 온정적이었지만 그래도 명색이나마 논문 심사를 통한 전임교수 임용과 승진·승급이 이루어졌다는 사실은 학문 전반에 걸쳐 큰 파장을 일으킨 계기가 되었다.

자화자찬 격의 서술이 되었지만 우리 세대가 살아온 시대를 통찰하면서 공정성에 어긋나지 않게 객관적으로 진술하였다고 자임한다.

역사는 어쨌거나 발전하기 마련이다. 50년 초 부산정치파동과 여야의 싸움을 보고 "한국에서 민주주의의 발전을 기대하는 것은 마치 쓰레기통에서 장미꽃의 개화를 꿈꾸는 것과 같다"는 당시 영국 어느 신문의 독설이 있었지만 결국 우리나라의 민주주의와 경제는 영국인 저들이 경련을 일으킬 만큼 크게 성장하였듯이 학문 또한 어설프기 짝이 없는 환경 속에서도 괄목할 만큼 발전하였다. 취약하고 엉성한 것과 역경을 기어이 이겨내려는 끈기와 의지 사이에 우리 세대는 놓여 있었다. 1952년 부산 피란 시절, 언제 어떻게 될지 모르는 절망적인 시대에 우리의 앞 세대인 2세대 국어국문학자들은 '국어국문학회'를, 역사학자들은 '역사학회'를 창립하여 학회지를 발간해 냈다. 그 놀라운 정신을 우리 세대는 계승하였다.

3. 정신적인 방황과 궁핍에 시달린 1학년 시절

그해 늦가을까지 나는 학교에 정을 붙이지 못하고 스산함과 실망감

속에서 보냈다. 돌집으로 된 본관과 도서관의 웅장한 위용, 교가에서 "저 넓은 벌판은 우리 힘의 소망"이라고 묘사한 대 운동장(개교 100주년을 맞은 지금 지하에는 층에 따라 주차장과 편의시설이 들어선 광장으로 변했다. 운동장은 없어졌다), 이런 거대한 시설물에 푹 안기고 싶었으나 주눅이 들어서인지 쉽게 되지 않았다. 차가운 돌에서 온정을 느끼기까지는 한동안 기다려야만 했다.

그때는 지금과는 달리 붙임성이 워낙 없어서 동기생들과 어울리지도 못하였다. 다른 친구들은 서로 생전 처음 만난 사이임에도 한 달쯤 지나자 끼리끼리 잘도 친하게 지내는데 나만 외톨이로 겉돌았다. 그래서 외로움은 쌓여갔다. 사람과의 관계 속에서 정은 싹트기 마련인데 그렇지 못하니 학교에 다니는 일이 재미가 없었다. 고교 시절과는 사정이 영 딴판이었다.

넘치는 자유와 남아도는 시간도 또한 나에게는 오히려 주체하기 어려운 짐으로 작용하였다. 그 때문에 무료함과 지루함 속에서 한동안 견뎌야만 했다. 대학에서의 자유와 여유 시간이 얼마나 소중한지를 자각하게 된 것은 2학년 때부터였다. 고교 시절 그 지겹던 간섭이 그립기만 했다. 누가 좀 이래라저래라 하는 것이 낫지, 마치 방목하는 가축인 양 팽개쳐진 신세가 되레 부자유스러웠다.

등교하면 우선 교무처와 학생처 게시판의 공지사항을 보는 것이 그날 일과의 첫 시작이었다. 그것이 너무 기계적이고 사무적이라서 정이 통 들지 않았다. 썰렁한 느낌만 받았다. 왜 대학에서는 선생님들의 육성을 통한 지시와 훈육은 없는 것인가, 강의만 입으로 하는 교육이 제대로 된 것인가, 이런 불만에 가득 차서 지내자니 생활은 단조롭기만 했고 학교에 대한 실망은 더 커져갔다. 그렇게 운영되는 것이 대학의 본모습인 줄은 정말 몰랐다.

게다가 오전과 오후 강의 사이에 빈 시간을 거의 그냥 흘려보내는 일도 고역이었다. 도서관의 빈자리가 있으면 그나마 다행이나 그렇지 못한 때가 더 많았으므로 하는 일 없이 나 혼자 교정을 몇 시간 돌아다니다가 오후 수업에 출석하는 것이 상례였다. 뒷 강의까지 기다리기가 지겨울 때면 오전 수업만 받고 교문 밖으로 나오는 일도 적지 않았다. 헐렁하고 느슨한 신입생 생활은 그때에 내가 생각하기에도 한심하였다. 기대와 꿈을 품고 출발한 대학 생활이었으나 불행하게도 나는 초장부터 정을 붙이지 못하였다.

  나는 차츰 나태하기 시작하였다. 실망감을 느낀 나머지 그 역반응으로 건방져지고 교만해지기도 하였다. 그 결과는 수업시간의 잦은 결석으로 표면화되었다. 교양과목의 강의 수준은 심한 경우 고3 수업에도 미치지 못한다고 판단하여 결강하기 일쑤였다. 그때는 출석을 부르는 과목이 거의 없던 시절이었다. 나에게는 참으로 다행히도 앞에서 말한 바와 같이 선생님들의 휴강마저 빈번(!)하던 시절이었다. 게다가 수시로 수업을 빼먹는 나쁜 버릇은 2학년 이후 전공과목을 수강하면서 다소 호전되었으나 학부 4년 동안 크게 고쳐지지 않았음을 고백한다. 설사 성에 차지 않는 강의일지라도 범상함 속에 숨어 있는 귀중한 학문세계의 진수를 나는 들으려 하지 않았다. 나만 손해를 보았고 나만 더 고독하였다.

  학교생활에 매력을 느끼지 못한데다가 경제적인 궁핍마저 포개져서 나는 정신적인 공황에 빠지기에 이르렀다. 학교에 다니는 일조차 귀찮을 지경이었다. 휴전된 지 3년이 지났으나 우리 집은 피란지 대구에 그냥 눌러앉아 있었다. 할아버지 형제분의 고집은 꺾일 기미가 전혀 없었다. 폐허 속에서도 서울은 농촌인구의 유입으로 인구가 계속 늘어나는데도 집 떠난 나만 홀로 내동댕이쳐진 상태에서 나그네 신세로 살아가는 형국이었다. 서울 출생임에도 무작정 상경한 농촌 출신과 다를 바 없었다.

중학동의 바로 그 집, 그 친척 집을 나는 잊을 수 없다. 고마움과 서러움이 뒤엉켜 있는 추억의 집, 대학에 입학한 직후부터 나는 친척 할아버지와 착하고 어진 아주머니의 배려로 한 학기 동안 더 기숙할 수 있었다. 그러나 그 이전과는 달리 잠만 자는 조건이었다. 객식구 하나를 더 이상 공짜로 먹여줄 수 없는 그 댁 형편을 누구보다도 내가 잘 알고 있었다. 잠만 재워주는 것만도 고마웠다.

아침에 일어나면 나는 곧장 그 집을 나선다. 수업이 없는 날에도 그랬고 눈비가 오는 날에도 그랬다. 공휴일에도 그랬다. 약속만은 철저하게 지켰다. 이것이 나의 체질이라고 감히 말한다. 안국동 로터리를 지나 관훈동, 인사동을 거쳐 수표교다리를 통과할 때면 대체로 7시 10분경이 된다. 수표교는 나의 대학 시절 애환의 발자국이 아로새겨진 다리다. 골백번 건너던 다리다. 명보극장(그 무렵을 전후해서 들어선) 바로 뒤 큰당고모 댁에 도착하면 대충 7시 반쯤 된다. "노준이 왔구나" 하면서 늘 반겨주는 나의 큰 당고모는 내가 지금까지 살아오는 동안 어느 누구에게서도 느껴 보지 못한 인정과 자비가 넘쳐나는 그런 여인이었다. 나에게만 그렇게 대한 것이 아니라 가난하고 불쌍한 다른 이웃들에게도 늘 따스하게 대해주던 보살과 같은 분이었다. 그때 나의 큰당고모부는 산업은행의 직원이었으므로 먹고살기에는 지장이 없었다. 그러나 식구는 아이들까지 모두 일곱이나 되는데 방은 둘밖에 없어서 친정 조카인 나에게 밥만 먹여주고 잠잘 방을 내주지 못하는 것을 그토록 안타까워하던 모습이 지금도 선하다. '고봉'으로 담은 밥을 먹고 일어나면 아주머니는 으레 도시락을 손에 쥐어 준다. 대문을 나서서 다시 잰걸음으로 안암동까지 걸어서 등교하면 대충 1교시 무렵이 된다. 학교가 파하고 다시 인현동 당고모 집에 올 때가 나는 가장 괴로웠다. 다른 친구들은 버스를 타는데 나는 그때 교통비마저 없는 빈민급의 가난뱅이 학생이었다. 눈치를 챈 친구들이 자주 내 손을 끌며 버스비를 내주곤 하여 고마웠으나 매번 신세를 지는 일 또한 염치없는 노릇이라서 대개는 같이 강의실을 나오다가 슬그머니 뒤로 처지곤 하였다. 잠시 교정을 빙빙 돌다가 나 홀로 등교할 때의 역순으로 걸어서 아주머니 집에 당도하여 저녁을 먹고 중학동으로 가는 것이 그때 나의 틀에 박힌 일과였다. 매일 걸은 그 거리가 몇십 리쯤 될까. 일요일이나 공휴일, 강의가 없는 날은 인현동에서 안암동까지의 보행만은 생략되는 편안하고 행복한(?) 하루를 보낼 수 있었다. 이렇듯 궁핍한 학창생활은 2학기가 시작된 가을에 접어들면서 요행히 얻은 가정교사 자리가 나올 때까지 계속되었다. 모두가 궁핍하던 시절인 그때는 가정교사 자리도 쉽게 얻을 수 없었다.

거울에 비친 그때 나의 얼굴은 궁기(窮氣)에 찌들어 있었고 의복은 1학기가 거의 다 끝날 때까지 고등학교 때의 교복 차림 그대로였다. 남들은 입학식 당일, 천일백화점(종로 4가와 을지로 4가 사이에 있었음. 현재는 광장시장 순복음교회 그 일대 자리일 듯. 후에 1960년 4·18 때 고려대 데모대가 정치 깡패들에게 습격을 당한 장소가 바로 그 백화점 앞임)에서 맞춰 입은 고대 교복을 모두 입고 참석했는데(우리보다 1년 선배 때부터 교복 제도가 실시되었다) 나는 그 옷을 살 돈이 없어서 창피함을 무릅쓰고 몇 달 동안을 까까머리 시절의 때 묻은 고등학교 교복을 그냥 입고 다녀야만 했다.

모두가 가난하게 살던 시절이었지만 나처럼 동가식서가숙(東家食 西家宿)하는 경우는 적어도 내 주변에는 없었다. 6·25 이후 우리 국민의 거의 모두가 끼니 걱정을 하는 빈곤한 삶에 지쳐 있었지만 버스비가 없어서 줄곧 서울 시내를 걸어 다닌 대학생을 나는 적어도 내 주변에서는 본 기억이 없다.

하루해를 보내는 일이 참으로 지겹고 고통스러웠던 터에 학교에서조차 온기를 느끼지 못하였으니 나의 정신적인 방황은 쉽게 멈춰지지 않았다. 그렇다손 치더라도 학교를 작파하겠다는 생각은 추호도 해 본 적이 없었다. 그때 내가 가장 가지고 싶었던 것은 '집'이었는데 나도 죽을힘을 다해 고생을 이겨내고 대학만 마치면 그런 기회가 찾아오리라는 낙관적인 전망만은 포기하지 않으려고 안간힘을 쓰곤 하였다.

미로를 헤매다 보니 그나마 황량한 마음을 추스를 방도를 찾아낼 수 있었다. 고3 시절 방학 때 대구에 며칠 다녀올 기회가 있었는데 그때 그곳 YMCA에서 함석헌(咸錫憲)이라는 분의 강연이 있다는 소식을 접하고 고종사촌 형과 함께 들은 적이 있었다. 함 선생의 강의는 그 후 점점 소문이 나서 내가 대학에 입학하던 해에는 당시 서울역 앞에 있던 세브란스 병원 강당(현 연세빌딩)에서 매주던가 혹은 한 달에 한두 번이던가 지금은 확실한 기억이 없으나 어쨌든 주일 날 오후 자주 열리곤 하였다. 참석 인원은 70명 내외였고, 주제는 종교 전반과 동양사상의 해설이었다. 지식인들의 인기를 끌었던 자유스러운 집회였다. 강연이 끝나면 후원금을 조금씩 내곤 하였는데 의무적인 것은 아니었고 형편에 따라 자진해서 내곤 하였다. 나중에 『사상계』의 간판격 필자로 등장하여 한 시대를 떠들썩하게 살았던 그분의 강연장에 나는 가끔 참석하여 허전함을 채우려고 하였다. 함 선생뿐만 아니라 명동에 있던 시공관이나 낙원동 근처의 천도교 교당, 혹은 큰 교회 등에서 자주 열렸던 저명인사들의 교양 강좌에도 찾아가서 듣곤 하였다. 그 재미가 쏠쏠했던 것으로 기억한다.

그런 식으로 쏘다니는 한편, 특기할 사실은 영화관, 특히 삼선교와 돈암동 네거리 중간에 있던 동도(東都)극장을 자주 찾았던 점이다. 나에게도 노상 궁하게 살라는 법은 없었던지 가정교사 전에 가끔 친척들이나 지인(知人)들이 용돈을 주곤 하였는데 그렇게 생긴 돈이 극장 출입을 하는 데 요긴하게 활용되었다. 지금은 없어졌지만 당시 동도극장은 시내 대학생들의 단골 영화관으로 인기가 높았다. 입장료가 아주 저렴하였기 때문에 늘 만원이었다. 정원은 아예 지켜지지 않았고 그래서 좌석에 앉아 보는 이보다 대나무가 임립(林立)하듯 빽빽이 서서 관람하는 인원이 더 많았다. 수업이 없는 날이나, 있어도 가기 싫은 날은 조조할인(早朝割引)으로 들어갔다. 오전 오후를 막론하고 한 번 입장하면 영화 두 편을 연달아 보는 이본동시상영(二本同時上映)이 또한 매력적이었다. 개봉관이 아닌 이류 상영관이던 동도극장, 그곳은 나의 무료한 신입생 시절의 고달픔을 달래주던 문화공간이었다. 〈로마의 휴일〉이며 〈바이킹〉·〈칠인의 신부〉·〈하이눈〉 등의 명화와, 로버트 테일러, 엘리자베스 테일러, 게리 쿠퍼, 그레고리 펙 등의 명배우를 만난 곳도 바로 그곳이었다. 두 편의 영화를 보고 나오면 일상생활에서의 결핍과 갈증이 엔간히 풀리는 듯하였다.

정당 집회와 유세장에 뻔질나게 쫓아다닌 것도 이때였다. 장차 정계로 진출하려던 꿈이 있었기 때문에 그랬던 것은 전혀 아니었다. 그건 천만의 말씀이었다. 그러면 왜 그랬을까. 1956년은 정치의 해라고 말해도 과언이 아니다. 내가 입학한 그해 5월에 정부통령선거가 있어서 새해 벽두부터 정가는 후끈 달아 있었다. 국민적인 관심에 나도 동참하였고 또 재미도 있었다. 이승만(李承晚)·이기붕(李起鵬)의 자유당 후보에 맞서, "못 살겠다 갈아보자"라는 기막힌 구호를 내걸고 도전한 신익희(申翼熙)·장면(張勉) 민주당 후보의 대결은 언필칭 건곤일척의 한 판 싸움이었다. 민주당의 구호는 선거사상 가장 잘된 구호로 지금까지도 회자된다. 자유당의 독단과 실정에 지쳐있던 국민들, 특히 서울을 비롯한 도시민들의 대부분은 야당이 집권해주기를 열망하였다. 하루가 멀다고 정치집회가 열렸다.

4월 어느 주말 수송국민학교 교정에서 개최된 민주당 후보의 유세에는 수를 헤아릴 수 없이 많은 군중이 몰려들었다. 그 인근 중학동에 숙소가 있던 나도 물론 찾아가서 들었다. 두 후보의 선거연설은 가위

사자후에 다름 아니었고, 참조연사로 등단한 조병옥(趙炳玉), 곽상훈, 박순천(朴順天) 여사의 연설 또한 민심을 잡기에 충분하였다. 나는 지금도 그 무렵의 유세야말로 진짜 '정치연설'이라고 생각한다. 연사들이 조리 있게, 설득력 있게 연설하면 청중들은 조용히 경청한다. 그러다가 공감하는 대목이 나오면 열광하면서 박수로 응수한다. 이러기를 여러 번 반복하면 누가 선도하거나 시키지 않아도 분위기는 열기를 더해간다. 외부 세력의 방해가 없는 한 끝날 때까지 질서가 유지된다. 선거 유세장이 아닌 정치 연설장에서 이재학(李在鶴, 자유당), 조병옥(趙炳玉, 민주당) 선생의 정견(政見) 발표와 함께 들은 혁신계 정객인 조봉암(曺奉岩) 선생의 강연도 또한 일품이었다. 고려대 정치학과 초청으로 교내 운동장에서 개최된 연설회에서 들었다. 해박한 지식과 논리정연한 연설에 모두가 감탄하였다. 그 시대의 정치연설은 그렇듯 호소력이 있었고 품격을 갖추고 있었다. 열광하되 광분과 광란이 없고 격조가 있는 정치연설과 선거유세는 그때에 절정에 이르렀다고 본다. 그 후론 점차 수준이 떨어지더니 특히 1980년대 중·후반 이후로는 각급 선거 모두가 알맹이도 없고 정견도 제대로 제시하지 못하면서 소리만 꽥꽥 질러대는 저질의 난장판·광란판이 되고야 말았던 것이다. 지금 생존해 있는 은퇴한 원로급 정객 중 연설 솜씨가 좀 있는 사람으로 꼽히는 유명 정치가도 반세기 전의 저분들과 비교하면 실로 족탈불급이다. 은퇴한 원로든, 현역의 중견이나 신진이든 모두가 그렇다. 그저 '악다구니쟁이' 수준에 불과하다. 정치연설·건강한 선거유세는 정치선동과는 본질적으로 다르다. 단언커니와 나는 1950년대를 지나 1960년대 4·19 이후로는 정치연설다운 경세(經世)의 포효(咆哮)를 단 한 번도 들어본 경험이 없다. 단언커니와 그렇다.

신익희·장면 진영의 지지율은 날로 치솟아서 급기야 5월 초 저 유명한 한강 백사장에서의 야당 유세에는 10만~20만의(이렇듯 어중간하게 적는 까닭은 신문과 경찰 쪽의 통계가 서로 다르기 때문이다. 신문도 각기 그 숫자가 서로 달랐다. 최고 20만으로 기억한다) 시민이 대거 운집하는 집회 역사상 초유의 사건이 일어났다. 당시 서울의 인구는 어린이와 노인층을 포함해 150만~200만쯤이었다. 그런데 그때는 태어나지도 않은 지금의 40대 나이의 어느 누군가는 어디서 주워들었는지 100만 인파 운운하면서 호언하는 것을 듣고 나는 놀라움과 함께 고소를 금치 못하였다. 워낙 대사건이라서 후세인들에 의해 마치 전설처럼 과장되어 전해오는구나 하는 생각을 하지 않을 수 없었다. 이런 유의 부풀리기는 정치판 이외 각 부분에 걸쳐 헤아릴 수 없이 많아서 우려할 정도다. 과장되거나 왜곡된 사실이 대를 이어서 전해지면 어떻게 된단 말인가. 더군다나 의도된 과장 또는 과소일 경우는 더욱 심각하다. 이런 현상은 과거보다 지금이 더욱 심해졌다. 정치 관련 집회를 비롯해 시민단체·노동자단체의 대정부(對政府) 항의집회의 경우, 으레 주체 측은 참가 인원을 몇 배 이상 터무니없이 부풀려서 선전·선동한다. 딱한 일이다. 그러므로 모든 사실과 사건은 정확하게 사실 그대로 전승되어야함을 절감한다.

그렇듯 승기를 잡았는가 싶었던 야당은 불과 며칠 후 해공(海公) 신익희후보의 급작스러운 서거로(유세차 전라도 이리로 가던 열차 안에서) 정권 탈환에 실패하고 장면의 부통령 당선으로 만족해야 하였음은 다 아는 사실이다.

신익희 선생의 급서(急逝)는 누구도 예상치 못한 비극이었다. 평소 그는 혈색도 좋고 건강도 아주 양호하였다. 그런데 그때 전국을 누비며 사자후를 터뜨리면서 선거유세에 임한 것, 특히 한강에서의 역사적인 집회가 그를 흥분케 하여 심장을 비롯해 전신에 부담을 준 것으로 안다. 정말 슬픈 일이었다. 그 소식을 듣고 도시·농촌을 막론하고 비통과 허탈함에 잠긴 국민들의 모습이 지금도 선하다. 그의 죽음에 의문을 품은 鄭某(?)라는 고려대생이 다수의 시민을 부추겨서 경무대로 향하다가 체포되어 감옥살이를 한 불상사가 있었는데, 사실인즉 권력이 개입되지 않은 자연사였음을 국민들은 의심하지 않았다. 정권교체의 열망이 하늘을 찌를 듯 충천하던 때 그야말로 돌발한 사건인지라 일부 시민들의 동요가 마침내 항의행진으로 이어졌다고 본다. 만약 지금 그와 똑같은 사건이 발생한다면 우리 사회는 어떻게 될까, 난장판이 되고 각종 루머가 전국을 뒤엎으며 '현직 대통령 하야! 특검·국정조사 즉시 실시'를 외칠 것이 뻔하다. 경위나 사실을 알려고도 하지 않고 나라를 쓰러트릴 기세로 연일 과격한 시위를 하며 끝장을 보려고 할 것이다. 나는 그때가 개교기념일이 끼어있던 주간이라 수업이 없어서(위에서 말한바 평소에도 강의에 충실하지 않았다) 대구 본가에 며칠 기한을 잡고 내려가 있다가 비보를 접하였다. 그 즉시 민주당 대구 지부에서 시민들을 위하여 문상소를 차린 사실을 알고 찾아가 분향재배하였다. 선거 결과는 대통령은 물을 것도 없이 이승만, 부통령에 다행히 장면 박사가 당선되었다.

　장면 박사 얘기가 나왔으니 한 가지 사실이 떠오른다. 그로부터 4년 뒤인 1960년 정부통령선거 때 야당인 민주당 부통령 후보로(대통령 후보는 조병옥 박사) 그분이 다시 출마하였다. 자유당정권은 그를 떨어뜨리고 이기붕을 당선시키고자 어느 날 서울 시내 곳곳에 왜정 당시 동성중학교 교장으로 재직 중 일제의 강요에 따라 머리를 박박 깎고 국방복 차림을 한 그의 사진을 어디서 구해다가 인쇄를 하여 벽보를 만들어서 부쳤다. 치사하기 짝이 없는 선거운동이어서 오히려 사람들로부터 욕만 잔뜩 먹는 결과를 낳았다.

　거듭 말하거니와 나는 그때 선거 유세만 있다면 거의 빠지지 않고 달려갔다. 장충단 공원에서의 정치 집회에도 가보았다. 그래서 당시 민심을 휘어잡던 고수(高手)들의 이름을 지금도 줄줄이 외우고 있다. 위에서 말한 바와 같이 정부 수립 이후 처음으로 맞이하는 뜨거운 정치계절에 정권이 바뀌기를 열망하던 국민적인 관심사에 방외인인 양 외면하기가 어려웠다는 이유 이외에도 연사들이 토해내는 열변을 듣고 나면 속이 후련하고 통쾌 무비한 정서를 만끽할 수 있었기 때문이었다.

함석헌 선생을 비롯한 저명한 학자와 언론인 그리고 종교인들의 각종 강좌에서 얻어들은 교양 — 영화 감상의 재미와 미학 — 정객들의 정견 발표장에서 맛보는 시원함, 이런 교문 밖에서의 체험이 가난한 생활의 피곤과 캠퍼스 안에서 흥미를 느끼지 못하며 세월을 소비하던 신입생 시절 초기의 나를 그나마 지탱케 해준 작은 버팀목이었다.

4. 적응과 휴학

1

11월 초순경이었다. 다른 학과 학생들과 함께 듣는 합동 강의가 본관 2층 큰 교실에서 있었다. 수업이 끝난 뒤 나는 우리 과 동기생이 확실한 어느 학생에게 갔다. 서로 인사도 나누지 않고 지내는 사이였다. 내가 그에게 건넨 첫 마디는 "노트 좀 빌려 줄 수 없습니까? 지난번 수업에 빠졌거든요"였다. 교복을 단정히 입고 얼굴도 잘생긴 그는 잠시 머뭇거리더니 그러자고 하면서 나에게 그 과목 노트를 넘겨주었다. 그때는 결석하는 일이 잦아서 노트 빌려보기가 일반화되어 있었다.

집에 와서 펼쳐 보니 보통 잘 쓰는 글씨가 아니었다. 내 글씨도 국민학교 때부터 수준급은 넘는다고 평을 받아 왔지만 그에게는 미치지 못함을 금세 알 수 있었다. 이틀 뒤, 그에게 빌린 노트를 되돌려 주면서 나는 "같은 국문과이니 앞으로 서로 알고 지냅시다"라고 먼저 친교하기를 청했다. 그도 선뜻 그러자며 손을 내밀었다. 그가 바로 나의 평생

지기가 된 국사(菊史) 인권환(印權煥, 고려대 명예교수) 군이다. 그날 이후 나는 그를 통해 운정(雲亭) 이기서(李起墅, 고려대 부총장 역임), 포남(浦南) 윤장근(尹長根, 재미), 정봉(晶峰) 조세용(趙世用, 건국대 교수 역임), 故 김기현(金基鉉, 순천향대 교수 역임, 2001년 작고), 故 조주현(曺周鉉, 1967년 작고) 형 등과 인사를 나누게 되었다. 이들 또한 내 평생의 벗이 되었음은 물론이다. 우리 일곱 사람은 겨울방학이 시작되기 전에 급속도로 친해져서 서로 말을 놓고 지내는 사이가 되었다. 나이는 내가 제일 어렸다. 나보다 세 살 위로는 김기현·조주현·윤장근, 두 살 위로는 조세용, 불과 4개월 먼저 태어났지만 나이로는 한 살 위인 인권환·이기서 등이 있었으나 나이의 많고 적음을 따지지 않고 서로 트고 지냈다. 동기생임에도 이렇듯 나이에 차이가 난 것은 앞에서 말한 바와 같이 6·25동란 탓이었다. 1980년대 이후 보편화되다시피 한 '재수(再修)'와는 무관한 친구들이었다.

알고 보니 고등학교 때부터 그들 모두는 문학 방면에서 '한가락' 하던 친구들이었다. 나와 조주현 형만 제외하고 그랬다. 대학에 입학하기 전, 그들의 문학적인 전력(前歷)을 여기에 소개하자니 장황스러울 것 같아서 피하거니와 우리는 서로 뜻을 합하여 문학 동인회를 만들어서 수시로 만나 대화를 나누기로 했다. 그렇게 해서 출범시킨 것이 '청탑회(靑塔會)'였다. 처음에는 7명의 회원으로 시작하였지만 그 후 1년 후배이며 입학 당시 문과대 전체 수석이었던 변영림(卞榮琳, 국문과, 鄭鎭圭 시인의 부인), 2년 후배인 정진규(鄭鎭圭, 국문과, 시인, 현대시학 주간), 최홍규(崔洪奎, 국문과, 경기대 교수 역임), 故 홍선희(洪善憙, 철학과, 1982년 혹시 1981년? 작고) 등이 가담하였고 또한 타 대학에 재학 중이던 몇 명도 들어와서 우리의 모임은 더욱 활기를 띠었다. 과문의 탓인지는 모르나 같은 과 학생들이 '사사로운' 차원에서 동인회를 만들어 교내·외에서 문학활동을 한 것은 1946년 고려대 국어국문학과가 창설

된 후 처음 있는 일이었다. 전교 차원의 '고대문학회'를 제외하고 그렇다. 우리가 졸업한 뒤로는 학내에 여러 종류의 서클(동아리)이 생겼고 그리하여 요즘에 와서는 실로 범람할 정도로 우후죽순처럼 난립하는 현상이 벌어지고 있지만 그때는 인문·사회과학의 어느 분야든 그런 모임의 존재가 아주 희귀하던 시절이었다.

수삼 년 동안 '청탑회' 동인인 우리는 셈할 수 없으리만큼 자주 만났다. 만나서 각자 쓴 작품의 품평회를 가졌다. 그걸 묶어서 프린트본(本) 동인지를 여러 권 펴냈다. 지금 우리가 생각해도 대단히 치기(稚氣)가 넘치는 일이되 또한 가상스러운 것은 명동 소재 기성 예술인들의 사랑방 격인 '동방싸롱'(그때는 전란 직후라 문인을 비롯한 예술인과 학자들은 서로 만나서 대화를 나누거나 신문사 문화부 기자들을 접할 마땅한 장소가 없었다. 요즘처럼 가정집에 안온한 서재나 넓은 거실과 같은 공간도 없는 때라서 사람을 만나기가 여간 곤란스러운 때가 아니었다. 그런 일을 대행해 준 공간이 바로 '동방싸롱'이었다. 이곳을 모르는 문화인이나 언론사 기자가 없었다. 그 꼭대기 층은 제법 넓은 강당이었다) 등 시내 몇 군데 장소를 빌려서 '문학의 향연'이라는 이름으로 작품 발표회를 가졌다는 사실이었다. 한 번쯤 청중도 적고 진행과정도 매끄럽지 못하여 실패한 경험이 있고 그 나머지는 큰 성황을 이루었다.

문학이 무엇인지도 제대로 모르던 시절, 동인들 각자가 자신의 향후 진로가 어느 방향으로 귀결될지도 모르던 시절, 그러나 현대문학이든 고전문학이든 '문학'에 대한 열정만은 넘치도록 풍부하던 시절, 우리는 한때 '문청(文靑)' 시절을 그렇게 보냈다. '청탑회'가 서서히 그 막을 내리기 시작한 것은 학부를 졸업할 무렵이었다. 각자 가는 길이 정해지자 열기는 식어갔다. 인생이란 원래 그런 것 아니겠는가. 어느 한 대목과 부분이 영원히 남아서 존속될 수는 없는 것이 아니겠는가. 다만 아쉬운 것은 우리 중에 시인이나 소설가 두서너 명쯤은 나왔으면 좋았을 터인데 모두 다 학문으로 빠지고 딱 한 사람 정진규만 『동아일보』 신춘문예를 통해 시단에 데뷔하였다는 점이다. 겨우 한 사람이니 매우 안타깝고 섭섭하기까지 한 일이나 그래도 자위하는 바는 일당백이라고 그의 시가 현대시사에 남을만한 것이 많고, 뿐만 아니라 오래전부터 권위 있는 시 전문 월간지인 『현대시학(現代詩學)』을 운영하면서 한 번도 결(缺)함이 없이 잘 이끌어나가고 있다는 사실이다.

  2학년에 올라가자 전공과목 강의가 비로소 시작되었다. 내가 대학교수 노릇을 하면서 절감한 바는 교양 교육의 중요함이다. 이럼에도 불구하고 예나 이제나 학생들에게 있어서 1학년 때의 교양과정 강의는 형식적으로 거치는 내용이 부실한 과목으로 통한다. 뭔가 잘못되어도 크게 잘못되어 있다. 그때 나도 교양과정을 마치고 전공과목을 들으니 강의내용의 질 여하를 떠나서 그것이 '교양과목이 아니라는 그 자체'가 좋았다.

  일오(一梧) 구자균(具滋均)·운정(云丁) 김춘동(金春東)·지훈(芝薰) 조동탁(趙東卓) 선생님을 비롯해 국어국문학과 소속 전임교수들의 강의를 들으면서 이제 고등학교 '국문학사' 수준을 벗어나 좀 더 깊은 데로 들어가는구나 하는 느낌을 받았다. 역시 경청할 만하였다.

  특히 운정 선생님의 한문강독은 국민학교 때 할아버지에게서 새벽 한문 공부를 한 이래 처음 접하는 강의, 그때 공부를 한 경험이 오버랩되면서 귀를 기울였다. 그런데 그분의 훈도는 나의 조부와 비교가 안 될 정도로 훨씬 우월하였다. 그분 가문에는 일중(一中), 여초(如初) 등 명필 서예가가 포진해 있었는데 선생님 또한 그 글씨의 수준이 대단하였다. 칠판의 판서임에도 그냥 쓰시는 법이 없다. 그렇게 모양 좋게 한 편 문장을 칠판에 가득 써놓고 그 걸걸한 탁성(濁聲)으로 건물 한 층이 쩡쩡 울리도록 풀이해 나가는데 요컨대 철저한 '직역(直譯)'이었다. 한문의 문리는 그래야 제대로 트인다고 강조하셨다. 운정 선생이야말로 결강이 없는 분이었다. 아주 드문 예다. 그만큼 학생들에게 한 문장이라도 더 가르치시려고 노력하셨다. 4학년 졸업 때는 물론 석·박사 과정까지 매 학기 그분의 '한문강독' 과목이 개설되었는데 참으로 열강을 하셨다. 구자균, 조지훈 선생과 함께 고려대학교 국어국문학과 초창기의 터전을 튼튼하게 마련해 놓으신 분으로 돌아가신 지 4반세기가 된 지금까지도 졸업생들은 선생을 포함한 세 분 스승의 가르침을 회고하며 기린다.

나는 그분의 교실 강의를 듣는 것으로 끝났지만 많은 제자들은 댁을 방문하여 사적으로 직접 경해에 접하면서 술도 마시고 오고 가르침도 받고 하여 사제의 관계를 더욱 돈독히 하는 모습을 보았다. 그분의 술 실력도 대단하여 일오, 지훈과 더불어 고대 국문과의 술 풍토를 일찍이 잡아놓았다. 선생으로부터 아호를 받은 제자가 적지 않은데 한시의 대가인 그분이지만 호 짓는 일만은 내가 보기에는 평가할 만한 것이 못된다. 너무 고박해서 현대감각에 맞지 않기 때문이다. 그러나 내 생각이 그럴 뿐 스승으로부터 호를 받은 당사자들은 황감해서 마냥 좋았을 것이다.

선생께서 옛 문헌에서 뽑아 우리들에게 가르친 문장들은 우리가 학부를 졸업한 후에 『한문수(漢文粹)』(1960)라는 이름으로 출판되었는데 이 책이 여러 대학의 교양한문 교재로 사용되었다는 얘기를 들었다. 옛 문장을 그분 안목으로 고선(考選)을 잘했다는 사실을 입증하는 것이 아닌가.

나는 한문학 전공이 아니므로 그분의 호한한 학문 세계는 모른다. 다만 근엄한 옛 한학자이지만 선생의 현대문장 또한 만만치 않은 수준에 도달해 있었음을 말하고 싶다. 이규경(李圭景)의 『오주연문장전산고(五洲衍文長箋散稿)』의 정리작업에 선생께서 심혈을 기울인 사실은 한문학계에 종사하는 학자들이면 다 아는 사실이다. 이 작업을 완료하기까지 전 과정과 그 문헌의 가치 등을 기술한 글이 고려대 민족문화연구소에서 발간한 『민족문화연구』 창간호(내 기억으로는 그렇다. 지금 내 집에는 근년에 출판된 책 얼마가 있을 뿐이다. 정년퇴임하던 2003년 여름에 모든 장서를 한양대 도서관에 기증을 하고 나와서 고증할라치면 가끔 어려움을 겪는다)에 실렸는데 그 글이 또한 조리가 있고 국한문의 문장이 한학자가 썼다고 보기에 의심이 갈 정도로 현대적이다. 그런 점에서 나는 운정 선생이야말로 古와 現을 모두 아우르고 있던 학자라고 판단한다.

앞에서도 말했지만 그분을 나는 개인적으로 가깝게 모신 일이 없다. 그런데 1971년 가을이던가 그때 나는 고려대 강사로 출강하고 있었는데 어느 토요일에 국어국문과 전임교수와 제자인 강사들(교·강사 모두 15명쯤 참석했던 것으로 알고 있다)의 야유회가 우이동 골짜기에서 있었다. 운정께서는 정년을 1년 앞둔 때였다. 개울을 끼고 참석자들이 무리를 여럿 지어 술을 마시면서 담소를 나누는데 내가 앉아 있는 장소로부터 조금 떨어져 있는 곳에서 풍류를 만끽하시던 선생께서 무슨 연유인지 손짓을 하며 나를 부르시는 것이 아닌가. 영문을 모르나 어쨌든 스승께서 오라고 해서 그 옆에 가서 앉으니 선생께서 나에게 술잔을 건네며 하시는 말씀인즉 "자네가 몇 달 전에 자당상(慈堂喪)을 당했는데 내가 문상을 못 했어. 마음에 걸리던 차 오늘 만나게 되어 늦게나마 인사를 드리네" 하시는 것이 아닌가. 너무 감사하고 또한 당황하여 어찌할 바를 모를 지경이었다. 그때 내가 무슨 말씀으로 응답했는지는 모른다. 폐일언컨대 선생은 그런 분이었다. 그분의 논문 『상례고(喪禮考)』가 새삼 떠오르는 순간이다. 이렇게 선생에 관한 회상을 먼저 적고, 일오·지훈 두 분에 관한 나의 추억은 뒤로 미루기로 한다. 세월이 한참 흘러간 2015년 전후쯤, 동기이며 수도여고 교장을 역임한 김기회 형으로부터 들은 바에 의하면 당시 그가 선생님을 모시고 문상을 하였다고 여러 번 내게 말하였다. 그게 사실이라면 야유회 때 선생께서 나를 가까이 부르신 것은 재차 위로하신 것이리라. 상중의 일은 워낙 경황이 없어서 기억하지 못한 것이 많다.

강의 스타일을 일별하면 일오 선생과 박병채(朴炳采) 선생은 또박또박형(型), 지훈 선생은 유연자재형, 그리고 박성의(朴晟義)·김민수(金敏洙) 선생은 교과서형, 정한숙(鄭漢淑) 선생은 좌담형이라고 할까? 내가 보기에는 그랬다. 어느 선생님이든 다 특성이 있기 마련인데, 그런데 나는 솔직히 고백하거니와 그분들의 강의보다 학문·인품·풍류·올곧은 정신을 더욱 좋아하고 평가한다. 그때도 그랬고, 지금도 그렇다. 송민호(宋敏鎬), 정규복(丁奎福) 선생은 대학원 박사과정에서 만났다. 그전에는 그분들과 우리와는 강의로 연결될 기회가 없었다. 뒤늦게 전임교수로 부임하였기 때문이다. 두 분 모두 학문의 일가를 이룬 분들로서 훌륭한 인품을 지니고 있었으며 또한 학문적인 성과도 간과할 수 없는 학자들이다.

게시판으로 대변되는 학사행정의 기계적인 전달방식, 간섭보다 되레 부자유스럽던 대학의 자유정신, 돌집이 주는 둔탁함, 넓은 운동장의 허허로움, 초기에 나를 정신적으로 떠돌게 했던 요인들이 신기하리만큼 긍정적인 인자로 급속도로 바뀌기 시작했다. 이런 것이 바로 대학의 특질인 것임을 인식하였다는 뜻이다.

대화를 나눌 수 있는 벗이 있고, 선생님들을 존경하게 되고, 대학의 독특한 분위기에 적응하다 보니 학교에 오고가는 발걸음이 서서히 가벼워졌다.

그럴 즈음에 1년 후배인 신입생 전체를 위한 환영회가 교내 농구장(현 인촌회관과 국제관 그 근처쯤)에서 있었다. 야외이지만 계단식 좌석이 있었다. 입석까지 포함하면 몇백 명가량이 편안하게 즐길 수 있었다. 그날은 입석 학생까지 합하면 천수백 명은 되었을 것이다. 가설무대에 나타난 인물은 당시 인기 가수였던 이금희와 이름이 기억나지 않는 가수, 이렇게 두 사람이었다. 나는 깜짝 놀랐다. 성악가라면 몰라도 유행가 가수라니 전혀 예상치 못한 일이었다. 더욱 놀라운 일은 특히 이금희의 격렬한 몸동작과 입에서 쏟아내는 국내외 최신 유행가였다. 학생들이 열광하였다. 대학은 이런 대중문화도 포용할 수 있는 넓은 곳이로구나 하는 생각이 들면서 처음의 느낌과는 달리 기분이 좋아졌다. 한 번으로 끝나는 단발성 행사였지만 텅 비었던 나의 가슴을 채우기에 충분하였다. 몸 전체를 마구 흔들어대는 이금희가 아니고 그 무렵 유행했던 노래인 "꿈이여 다시 한번…"이나 "나 혼자만이 그대를 사랑하고…" 또 "사랑해선 안 될 사람을 사랑하는 죄이라서…"(아마 현인이 부른 것이 아닌지?)와 같은 노래를 부른 고즈넉한 대중가수나 더 나아가 성악가가 왔을지라도 나의 감흥은 같았을 것이다. 우리가 입학한 해에는 이런 행사도 없었다. 대학이 한 해 사이에 그만큼 여유를 찾았다고 풀이할 수 있는 대목이 아닐까 싶다. 속박과 억압(?) 속에서 살았던 고교 시절을 떠올리면서 그 엄청난 간격에 놀라움을 금할 수 없었다.

대구에 정착하려던 우리 집이 마침내 올라왔다. 식구들은 고생에 지치다 못해 쓰러지기 직전의 모습이었다. 작은댁은 거기에 그대로 남아 있기로 했다.(그러나 얼마 되지 않아 서울로 돌아왔다.) 나는 일단 가족이 6·25 전에 살던 서울에 다 모인 것이 다행이라고 생각했다. 비록 고생되고 빈곤 속에서 허우적거릴지라도 가족이 함께 산다는 것이 그렇게 좋을 수가 없었다. 그때 마침 경복궁 내 민황후(閔皇后)가 시해되었던 건물이던가 또는 다른 건물이던가, 매년 가을이면 국전(國展) 작품이 전시되어서 한 해도 빠지지 않고 가보던 바로 그 건물에서「인간가족」(?)이라는 제목의 대규모 사진전이 열렸다. 세계적으로 유명한 외국의 어느 사진작가가 인간의 다양한 모습을 담아낸 백여 장의 작품이 전시된 것이다. 전시회의 주제는 '가족'이었다. 그중의 하나는 남편과 성교하면서 오르가슴에 도달한 여인의 얼굴 모습을 찍은 사진도 있었다. 국내에서는 전혀 볼 수 없는 장면이라서 놀라운 눈으로 감상한 기억이 난다. 전시회의 여러 작품을 보고 나는 많은 것을 느꼈다. 그중의 하나가 '가족의 소중함'이었다. 전쟁을 겪고 많은 가정이 파괴되어서 이리 찢기고 저리 찢겨서 한숨마저 나오지 않을 때, 또 우리 집처럼 다행히 가족의 이산과 피해는 없으나 파락호 신세가 되었을 때, 종당에는 삶의 가장 기초적인 기반인 '가족'의 존재와 핏줄의 진함을 그 사진전은 깨우쳐 주는 상징성이 있었다.

이제 가족은 다 모였다. 그러나 집이 없으니 살길이 막막하였다. 하지만 하늘은 우리에게 길을 열어 주셨다. 아버지와 사변 전에 장사를 함께한 윤씨 아저씨(창희네 아저씨라고 불렀음) 댁이 낙산 꼭대기에 있었는데 그 허름한 초가집의 방 하나를 세(貰)도 받지 않고 내주어서 염치 불구하고 들어갔다. '서울에서의 피란 생활'이 시작된 셈이다. 이때를 나는 우리 집의 '2차 폭망'의 시대라고 부른다. 1년 남짓 이어졌다. 할아버지는 대구의 '수성당약방'에서 기숙하신 것처럼 조석끼니만 집에서 드시고 주무시는 곳은 계동(桂洞)에 사는 친구분의 사랑을 이용하셨다. 멀쩡한 집을 날려 보내고 이 무슨 꼴인지 기가 막힐 지경이었다. 그래도 좌절하지 말고 이겨내야 한다는 생각뿐이었다.

나는 지금도 창희네 아저씨를 잊지 못한다. 무학(無學)이지만 배운 사람이 따라오지 못할 인정·경우 밝음·낙관적인 삶, 남의 집 애경사(哀慶事)라면 발 벗고 나서는 그 성격 등. 우리 시대의 '착한 서민'이었다. 그때로부터 한참 뒤 1971년에 내가 모친상을 당했을 때 그 아저씨가 포천 소재 천주교 혜화동 성당묘지에 가서 어머니 산소를 정해 놓고 오셨다. 그 자리가 명당자리임은 그 직후 내 일이나 자식들 일이 순조롭게 풀린 것으로 알 수 있다. 묏자리를 보는 눈이 밝았던 분이다. 또 그로부터 얼마 뒤에 경기도 안산으로 이사한 그분은 매년 정초면 댁에서 손수 띄운 메주를 짊어지고 우리 집에 놓고 가셨다. 그 고마움을 잊을 수 없다. 그런 분에게 나는 실로 돌이킬 수 없는 대실수·결례를 했다. 1972년이던가. 그분께서 환갑을 맞이하여 아버지와 나를 안산으로 초청하였다. 그때 나는 거리도 멀고 또 그 직전부터 환갑잔치는 건너뛰는 풍조가 일어나기 시작해서 가볍게 생각한 끝에 아버지만 가시고 나는 불참하였다. 굉장히 섭섭하셨던 모양, 그 후로는 우리 집에 발을 딱 끊으셨다. "네 놈이 대학교수라고 사람을 이처럼 무시해!" 아마도 이런 생각을 하셨을 것이다. 아저씨는 우리 집의 은인, 고인이 되신 그분에게 용서를 빌며 하늘나라에서 영생복락하시기를 기원한다.

2

바로 그 무렵, 곧 대학 2학년 때인 1957년에 미아리 공동묘지에 묻혀 있던 여러 조상님(우리 집이 서울로 이주한 뒤 돌아가신 분들) 묘를 파서 수습하여 성주군 수륜면의 선영으로 이장하는 큰 일이 있었다. 왜정 때부터 지금 미아리 삼거리에서 신일고등학교 부근과 길음시장 뒤는 망우리와 함께 서울의 양대 공동묘지였다. 그런데 대구에서 올라오신 할아버지는 무슨 생각에서인지 아버지, 외삼촌, 윤씨네 아저씨 등을 채근하여 이장을 서둘렀다. 서울시 당국에서 철거하라는 지시도 없었고, 또 입에 풀칠하기도 어려운 때임에도 그렇듯 그 일에 정성을 쏟으셨다. 곡괭이와 삽을 들고 어른 몇 분이 수고한 끝에 큰 비용 들이지 않고 이장을 마쳤다. 그로부터 5년쯤 뒤 망우리를 제외한 미아리 일대 공동묘지는 정부의 도시계획에 따라 강제로 철거되었다. 수많은 집에서는 이장을 하느라고 야단법석이었을 때 우리 집은 한가하게 구경을 할 수 있었다. 할아버지께서 그렇게 하신 까닭은 무슨 정보를 얻었기 때문이 아니라 전쟁을 겪고 보니 자칫하다가는 친족의 묘도 잃을 듯하여 가장 안전한 선영으로 이장하는 것이 상책이라고 판단하셨기 때문이다. 성주의 묘를 나는 내년쯤 다시 파서 화장하여 한곳에 모을 예정이다. 육대조(六代祖) 이하 백부모님의 묘 열아홉 분이다.(낙수거리 하나, 6·25사변 전 추석과 한식 때 성묘 시에 돈암동 전차종점에서 미아리 묘지까지 주로 걸어서 이동하였는데 역마차가 운행되어서 나도 아버지와 함께 한두 번 탄 적이 있다.)

낙산에 5년 동안 살면서 우리는 집을 세 번 옮겼다. 윤씨 아저씨네에서 1년가량, 그 몇 집 건너 전셋집에서 또 1년가량, 그리고 낙산 성벽에 딱 붙여서 무허가 판잣집을 짓고 3년을 살았다. 판잣집이 헐리자 왕십리로 세를 얻어 옮겼다. 고단한 삶이었다. 성벽에 기대어진 판잣집에서 살던 어느 날 배달된 『동아일보』를 받아 보니(그 동네 20여 가구에서 신문을 정기 구독하는 집은 셋 밖에 없었다. 대학생이 있는 집은 그 동네뿐만 아니라 가까운 인근 일대에는 나 이외 없었다) 1면 가운데 우리 집을 찍은 사진이 실려 있지 않은가. 제목은 「문화재가 파괴되는 현장」— 뭐 이런 것으로 기억한다. 웃음도 나오지 않았고 그렇다고 엄청나게 미안한 생각도 들지 않았다. 감각마저 마비되어 있었다고 해석함이 옳을 터이다. 그때 우리 같은 빈민들에 의해서 몸살을 앓던 그 낙산 성벽 일대가 근자에는 문화재 탐방코스로 깨끗이 정리된 것을 재작년에 권오만 형과 함께 올라가서 보고는 잠시 깊은 감회에 젖은 바 있다. 어찌 만감이 교차되지 않았겠는가.

낙산에서의 생활 중 가장 힘든 일은 평지 공동수도에 내려가서 물을 길어 오는 일이다. 물지게를 지고 하루에 세 번은 그 노역을 해야 생활을 할 수 있었다. 정말 힘들었다. 주로 낙산 꼭대기에서 충신동까지 내려갔다. 월탄(月灘) 박종화(朴鍾和) 선생 댁 들어가는 골목 바로 입구에 공동수도에서 길어 올렸다. 몇 년을 그곳에서 물을 길었으나 월탄께서 출입하는 것은 한 번도 볼 수 없었다. 주로 새벽이나 이른 아침, 간혹 저녁때에 물을 길었기 때문에 시간상 그럴 기회가 없었으리라.

그로부터 10년쯤 지난 뒤에 시인 홍사용(洪思容) 선생에 관해 알아볼 것이 있어서 그분을 방문해서 처음 뵈었다. 감회가 없을 수 없었다.

물지게를 지고 평지도 아닌 가파른 산길을 오르는 일이 얼마나 힘든지는 경험해 본 사람만 안다. 사변 전까지 있었던 '북청 물장사'도 산을 타면서 물을 길어 나르는 그런 노동은 하지 않았다. 가난뱅이가 사는 동네에는 삯을 지불하면서 북청 물장수를 부릴 수 없는 노릇이 아닌가.

만약 월탄 댁 그 골목 입구 수도에 단수·절수가 되면(그런 일이 가끔 있었다. 서울이지만 수도 사정이 그처럼 좋지 않았다) 방향을 바꿔서 창신동 쪽으로 한참 내려가 동대문이 보이는 어느 곳의 공동수도에서 길어 날랐다. 나중엔 이골이 나니까 물만 있는 곳이면 원근을 가리지 않고 물지게를 지고 찾아갔다. 물이 없으면 살 수 없으니까 비가 오나 눈이 오나 그랬었다. 나뿐만 아니라 아버지도, 누이동생도 교대해 가면서 물지게를 졌다. 5년 동안의 그 고생이 가장 힘들었다. 물지게에 익숙해지니까 평지에서 산꼭대기까지 오르는데 한 번도 쉬지 않을 뿐 아니라 물 한 방울 흘리지 않는 경지에 이르렀고(매번 그렇게 하려고 用心하였다) 나중에는 독에다 물을 부을 때 물통을 땅에다 놓은 뒤 그걸 손으로 들어서 붓지 않고 물지게를 진 채 한쪽 물통을 비우는 기술(?)까지 터득하게 되었다. 그 산동네에서 물지게를 지며 같이 고생한 친구가 故 김주욱(金柱旭, 정보문화센터 정보문화 본부장 역임) 형이다. 대구에서 올라와 그의 형 집에서 서울 생활을 하며 무척 고생을 하였다. 그는 사변이 터지기 1년 전인 1949년 대구의 명문인 경북중학교에 합격하였다. 특차에는 경북대학교 사범대 부속 중학교에도 합격한 수재다. 그러나 입학금을 내고 학교에 들어간다 할지라도 그 후의 학자금 마련에 도저히 자신이 없다는 그의 형의 반대로 결국 입학을 포기한 친구다. 하도 슬퍼서 어린 나이에 가출하였으나 배가 고파 며칠 뒤에 귀가하였단다.

그때 입학을 하여 학교를 다녔다면 그의 인생행로가 어떻게 되었을지는 충분히 짐작하고도 남을 일이다. 학자금이 없어서 명문학교의 입학마저 포기할 수밖에 없으리만큼 참으로 가난한 시절이었다. 그는 나중에 급사노릇을 하며 그 자신이 돈을 벌어서 허술한 야간 중·고등학교를 나와 경북대학을 2년 중퇴한 뒤 나와 낙산에서 처음 만났던 것이다.

한동안 건강을 해치신 부친께서는 대구에서 요양도 하고 치료도 꾸준히 하셔서 이제 활동하는데 지장이 없으셨다. 다시 시장에서 장사를 시작하셨고 나는 시간제 가정교사를 계속하면서 살림에 보탰다. 쪼들리는 살림에도 매달 받는 사례비의 얼마를 떼어서 국문학 관련 서적을 몇 권씩 사서 모았다.

이렇게 부자(父子)가 벌어서 먹고는 살았지만 많든 적든 저축할 여유는 없었다. 2학년 2학기 등록 때가 찾아왔다. 도저히 어떻게 해볼 도리가 없어서 나는 한 학기를 휴학하기로 했다. 여기서 다시금 잠깐 증언하고 넘어갈 것은 요즘 대학생들이 등록금을 낼 때의 경제적 심리적 부담이 우리 때와는 엄청나게 차이가 있다는 점이다. 지금의 화폐가치로 그때 한 학기 등록금 액수 또한 비슷하게 400여만 원 내외라고 치자. 이 돈은 지금 큰 기업체에 다니는 30대 중반 평사원의 한 달 봉급 액쯤이나 또는 그 3분의 2쯤으로 나는 요량한다. 그러니 요즘 등록금 대기는 한 달 월급으로 감당할 수 있으므로 살림이 휘청거릴 정도로 부담이 되는 것은 결코 아니다. 1950년대의 사정은 어떠했는가. 도대체 월급쟁이 직장인이 드물었다. 부모나 형이 장사를 하거나, 대부분은 농촌의 가난한 농부들이었다. 앞에서 언급한 바와 같이 당시로는 금싸라기 같은 논밭 팔고 소 팔아서 자식의 등록금을 대는 형편이었다. 논밭과 소 값이 요즘보다 훨씬 비쌀 때였다. 한 학기 등록금과 학비를 대기 위해서는 농촌의 부모는 논 한 마지기나 황소 한 마리는 팔아야 했다. (그때 논이나 황소 값은 지금과는 견주기 어려울 정도로 비쌌다.) 가계(家

計)에 충격이 갈 정도였다. 그럼에도 부모들은 자식들의 교육을 위해서 헌신했다. 요컨대 요즘 학부모가 실제로 느끼는 경제적 심리적 부담의 몇 배는 된다고 보아야 한다. 과장하지 않고 말해서 그렇다.

한 학기를 쉬는 동안 나는 많은 책을 읽었다. 학교 친구들과 가끔 만나는 시간 외에 나는 주로 독서하는 일로 소일하였다. 시간제 가정교사를 하면서 그랬었다. 우리 집에서 한쪽 길로 내려가면 창신동과 동대문, 그 반대쪽으로 내려가면 충신동 또는 이화동 네거리였다. 그 네거리 못 미쳐서 서울대학교 법과대학이 있고 교내에 도서관이 있었다. 또 문리대와 마주하고 있는 의과대 안에는 숲 속에 음대가 있었다. 나는 이 두 곳을 임시 학교로 삼고 도시락을 싸 들고 찾아가서 책을 읽었다. 그때는 국문학 서적이 많지 않을 때였다. 연구서는 전무한 상태(!)고 국문학의 윤곽을 거시적으로 조망해 놓은 책 얼마가 나와 있을 뿐이었다. 출판된 책 중 필독서는 찾아서 읽었다. 국문학사류·개론류·문예사조사·문학개론·현대문학사 등의 책을 읽었다. 음대 쪽으로 가서는 건물에서 조금 떨어진 숲속으로 들어가서 나 혼자 가끔 따분한 생각도 하면서 책장을 넘겼다. 건물 안에서 들려오는 학생들의 성악소리가 싫지 않았다.

그 무렵 나는 무척 지쳐 있었다. 여러 해 동안 누적된 삶의 피곤을 더 이상 감당해 낼 힘이 없었다. 모든 것이 소진되어 있었다. 사정이 이쯤 되면 절망과 타락의 길이거나 도피성 방랑의 길 중 어느 하나를 택해야만 제격이었을 터이다. 그래야만 '문학적'일 수 있었으리라. 그러나 나에게는 또 하나의 길이 늘 열려있었다. '미련함의 길', 그것이야말로 내가 궁지에 몰릴 때면 항상 선택한 운명의 길이었다. 남이야 뭐라든 미욱하게 참아보자는 것이다. 타락이며 방황이며, 이런 것들조차 나에게는 사치였다. 나를 위해서, 우리 집을 위해서 미련하게 살자 이 길 만이 구원의 길이다 이렇게 치부하고 나는 다시 텅 비어 있는 현실에 더 바짝 다가서곤 하였다.

　겨울철, 그러니까 3학년을 앞둔 몇 달은 추위서 집 안에서 주로 있었다. 마침 동네에 세책점(貰册店, 그때 유행이었다)이 있어서 국내외 소설을 빌려다가 읽었다. 나는 그때처럼 소설을 많이 읽은 적이 없다. 평균 이틀에 한 권씩 두 달가량 계속되었으니 상당량을 독파한 셈이다. 주로 러시아 작가인 도스토옙스키·고리키·체호프의 소설(톨스토이의 소설은 왜 읽지 않았는지 지금 그 이유를 모르겠다)을 읽어 나가면서 그 둔탁한 세계에 매료되었다. 역시 소설은 러시아 것이 뛰어나다는 점을 실감했다. 우리나라의 작품, 예컨대 이태준(李泰俊)·박태원(朴泰遠)의 것과 1920~1930년대 작가의 장·단편을 읽었다. 李·朴의 소설 및 홍명희(洪命憙)의 『임꺽정』(6·25사변 전 을유문화사판)은 정한숙(鄭漢淑) 선생에게서 빌려다가 읽을 수 있었다. 이태준의 작품은 구성이며 문장이 단편의 전범 같았고, 박태원의 『천변풍경』은 시정(市井)소설로 백미였음을 확인했다. 『임꺽정』 전6권 중 3권까지만 구할 수밖에 없어서 그것만 읽었는데 역시 대작이었다. 토속 어휘의 구사가 가위 일품이라서 대학노트에 중요한 어휘와 구절은 적으면서 읽었다. 그 노트를 이사를 여러 번 다니면서 잊은 것을 늘 아깝게 생각한다.

　휴학 후 복학한 뒤의 일을 쓴다. 김선기(金善琪, 서울대 언어학과 교수로 재직 중이었는데 고려대에 출강하셨다) 선생의 「언어학」 시간에 우리나라 어휘가 부족하다는 얘기가 나와서 내가 선생님께 "벽초(碧初)의 『임꺽정』에는 7만 단어가 나오는데 하나의 장편 소설에 그만큼 많이 나온다면 국어의 어휘가 부족하다고는 볼 수 없지 않습니까?"라고 반론을 제기했다가 "자네가 『임꺽정』 '전권'을 다 읽고 '조사'해 보았느냐?"는 말에 그만 백기를 든 기억이 난다. 이와 연관하여 손명현(孫明鉉, 김선기 선생께서 "자네들이 이분 강의를 듣는 것만으로도 행복한 줄 알아야 한다"던 서양철학의 대가) 선생께서 「철학개론」 시간에 '인식론(認

識論)'을 강의하던 중 가령 지금 부산의 국제시장에 불이 나서 타고 있다는 라디오뉴스를 듣고 이것을 그대로 수용한다면 그것은 정확한 인식이 아니며 직접 현장에 가서 눈으로 보고 확인하여야 착오가 없는 인식이 된다고 설파한 사실도 떠오른다. 학문을 하면서 그때 이 두 분의 말씀을 잊지 않으려고 노력했다.

김준섭(金俊燮, 서울대 철학과 교수로 그때 고대에 출강) 선생의 「논리학」 강의도 생각난다. 여러 과 학생들이 들은 대단위 강의였는데 그분이 매주 강의할 때마다 예로 드는 것이 '논리'에 맞지 않아서 학생들이 웃으면서 따진 기억도 난다. 논리학의 대가도 많은 사람들 앞에서는 그렇듯 실수하게 된다. 그때의 경험이 후일 내가 논문을 쓰는데 교훈이 되었다.

『현대문학』지를 비롯하여 『자유문학』, 『문학예술』 등과 기타 잡지에 매달 발표되는 여러 작가의 작품들 김동리·황순원 등의 중진들과 당시로는 신진급인 오영수·손창섭·김성한·이범선·전광용·정한숙·한말숙·서기원·오상원 제씨와 작가명을 잊은 1950년대에 활동하던 몇 분의 작품들도 당연히 독서의 대상이었다. 1920~1930년대 시인의 세계를 성찰한 평론도 여러 편 읽었는데 고전문학은 고소설이든 고시가이든 개별 작품에 거의 관심을 두지 않았다. 그저 개설서와 국문학사류의 서적을 통해서 윤곽만 접했을 뿐이다. 마땅한 책도 없을 때였다. 세책점에 없는 작품집은 학교 도서관에서 관외대출을 받아서 읽었다. 휴학생이지만 학적이 있기 때문에 대출이 가능했었는지, 아니면 불가능했기 때문에 친구들의 신분증으로 빌려 보았는지는 분명치 않으나 어쨌든 여러 권 대출했던 기억은 확실하다. 월북 문인인 임화(林和)와 김동석(金東錫)의 책도 빌려서 읽었는데 후자의 독설은 지금까지도 잊히지 않는다.

하는 일이 따로 없었으므로 이렇듯 다독의 시간을 가졌지만 그러나 지금까지도 후회로 남는 일은 정독(精讀)이 아닌 남독(濫讀)이었다는 점이다. 남독이었으므로 세월이 지나니까 스토리의 줄거리마저 잊어 버린 것이 한둘이 아니다. 남독의 폐단을 나중에 알았으나 좌우간 문학의 세계에 한동안 빠졌으므로 그 향취와 정서만은 내 혈관에 녹아 들어간 것은 부인할 수 없을 것이다. 휴학의 상처는 남았으되 보람 있게 보낸 6개월이었다.

그 무렵에 학보병(學保兵) 제도가 신설되었다. 대학 재학 중의 학생은 일반병 복무기간의 반인 1년 6개월만 군 생활을 마치면 제대시키는 특전을 누리는 병역 제도였다. 왜 이 제도가 생겼는가 하면 휴전 후 의무병제도가 그대로 유지되고 있음에도 군 입대를 기피하는 풍조가 만연하였다. 전쟁이 끝났는데 무슨 군 입대냐 하는 생각들에 많이 젖어 있었다. 특히 지식인인 대학생들이 더욱 그랬다. 그리하여 병무 당국은 그들을 입대시켜서 일반인들에게도 파급시키기 위하여 이런 특전을 마련하였다. 이 대목에서 요즘 사람들은 그런 불평등한 병역제도에 일반병들나 국민들이 반기를 들지 않았느냐고 물을 것이다. 해답은 전혀 그런 일이 없었다이다. 그때만 해도 대학생인즉 나라를 이끌어갈 장래의 인재로 인식한 사회적 분위기가 조성되어 있어서 모두들 수용하였다. 이는 전쟁 중에도 대학에 입학만 하면 재학기간 중 병역 연기가 된 전례가 있었던 고로 더욱 시비의 대상이 되지 않았다. 다만 1년반만 복무하는 고로 학보병은 예외 없이 최전방 말단 소총소대에 배속되어서 고생하며 군 생활을 하도록 병역법에 정해 놓았다. 선배들과 동기생 중 나이가 많은 친구들이 징집영장을 받고 속속 입대하였으나 나는 나이가 차지 않아서 2학년 휴학 당시에는 기회를 얻지 못하였다. 만약 학보병으로 입영할 수 있는 적령기였다면 나도 그때 휴학 사유를 군에 들어가는 것으로 대치시켰을 것이다. 그냥 휴학하는 것과는 손익 차원에서 성격이 다른 것이다.

6장

3·4학년 시절의 학창생활과 그 성취

3·4학년 시절의
학창생활과 그 성취

1. 복학, 그리고 여러 학형에 대한 회상

1

1958년 4월에 나는 복학하였다. 한 학기를 쉬었으니 그냥 2학년인 줄 알았는데 교무처에서는 그래도 3학년으로 셈하는 것이라고 알려 주었다. 졸업만 한 학기를 늦게 할 뿐이라는 것이다.

까짓것 어떻게 계산하거나 참으로 기뻤다. 어렵게 등록금을 마련해서 학교로 돌아온 것이 그렇게 좋을 수가 없었다. '대학의 맛'을 조금 맛보려고 할 즈음 휴학을 한 후 이제 다시 복학했으니 굶주림 끝에 성찬을 마주한 셈이었다. 친구들과 어울리기도 하고 선배 후배들과도 친하게 지냈다.

그때 동기로는 '청탑회' 동인 외에 이화형(李和珩)·유구상(柳龜相, 한남대 명예교수)·최강현(崔康賢, 홍익대 명예교수)·임환(任桓, 전 중앙중학교 교사. 나보다 12년이나 연상이다. 만학도였다. 그의 동생이 오히려 우리과 3년 선배였다. 형제간에 우애가 좋기로 호가 나 있는데 형인 임환이 국민학교 교사로 동생인 임광을 먼저 대학을 마치게 하고, 동생이 졸업하여 풍문여고 교사로 취직이 되자 형을 대학에 입학토록 하였다. 아주 드문 일이다)

등이 있고 선배로는 3년 위의 성오(省吾) 소재영(蘇在英, 숭실대 명예교수, 당시 대학원생) 형, 2년 위로는 진동혁(秦東赫, 전 단국대 교수, 작고) 형이 있었다.

　진 형이 졸업을 앞두고 고향인 경기도 광주에서 혼인할 때 나와 인권환·이기서·이화형·윤장근 등이 전차와 시골버스를 타고 저녁에 도착해서 축하해 주었다. 한나절이 걸렸다. 구식으로 식은 저녁에 올렸고 피로연은 밤새 계속되었다. 부농의 집이었다. 경기도지만 서울에서 꽤 먼 시골이었는데, 세상이 실로 변화무쌍하여 예측하기 힘들다는 것이 이를 두고 한 말인가. 강남 지역 개발바람을 타고 그곳이 충무로에서 전철을 타면 불과 20분 거리에 있는 '도곡동'이 될 줄 누가 알았으랴. 그때의 얘기를 비롯하여 그를 회상하는 글을 나는 진 형의 1주기를 기념하기 위해서 펴낸『지음별곡(知音別曲)』이라는 추모 문집에 게재한 바 있다(2000년).

　진 형과 최강현 형이 우리 고전문학의 경계를 넓힌 공적은 실로 크다 하지 않을 수 없다. 이 두 사람이 발굴해낸 국문학 자료가 얼마나 많은가. 여럿 중에서 진 형의 이세보(李世輔) 시조의 발굴, 최 형의 기행가사의 발굴과 주석은 고전시가문학 연구에 크게 보탬이 된 업적이 아닐 수 없다. 그런 면에서 소재영 형의 공적도 특기하지 않을 수 없다. 예컨대 신광한의『기재기이』를 찾아내어서 연구한 끝에 한국의 고소설사를 다시 쓰게 한 점은 순전히 그의 노력의 결과였다. 그는 고소설 연구에 평생을 바쳤는데 논저 또한 다수이며 그 질 또한 높다는 것이 학계의 평가다. 세 사람 다 인품도 훌륭해서 어디에 내 놓아도 자랑스러운 고려대 국어국문학과가 길러낸 학자들이다. 다만 진 형의 작품분석력은 다소 미흡한 면이 있다. 세 사람 다 술과는 거리를 두고 살았던 것이 못내 아쉽다.

　1년 선배로는 가석(可石) 홍일식(洪一植, 고려대 총장 역임, 동교 명예교수) 형과 보당(甫堂) 박용식(朴湧植, 건국대 부총장 역임, 명예교수), 정재호(鄭在皓, 고려대 교수 역임) 형이 있는데 가석은 내가 3학년 때에 혼례식을 올렸다. 그날 학교 앞 제기동 그의 집에서 잔치를 할 때 역시 나, 인권환 그리고 기억나지 않는 한두 명의 동기가 참석하여 축하도 하고 취하도록 마셨다.

홍일식 형에 관한 얘기는 뒤에서 다시 하기로 한다. 후배로는 이중흡(李重洽, 전 동아일보 부국장, 작고)·이수진(李洙振, 전 고대 출판부 편집장, 작고)·이규항 등과 특히 가까이 지냈다. 내가 대학을 졸업할 무렵에는 낙산에 이사 온 4년 후배인 목정균(睦貞均, 수원대 교수를 거쳐 세계일보 편집국장 역임) 형과도 친하게 지냈다. 그가 『고대신문』 부주간으로 있고 내가 강원대 교수(1970년대)로 근무할 때에는 신문 지면을 나에게 개방하다시피 하여 쓰고 싶을 때 언제나 쓰게 한 적이 있다. 그의 동서가 '비목' 작사가요 국립국악원장을 역임한 한명희 교수다. 권오만, 성기철 형과 아주 친한 관계인데 그들을 통해서 알게 되었다. 몇 번 술자리를 같이하였거니와 인품도 훌륭하다. 자주 만나지는 못하나 서로 잊지 않는 사이로 지내고 있다. 김종균(金鍾均, 한국외대 명예교수)·이동환(李東歡, 고려대 명예교수)·박을수(朴乙洙, 순천향대 명예교수)·서연호(徐淵昊, 고려대 교수) 형을 비롯해 오탁번(吳鐸藩, 고려대 교수)·김인환(金仁煥, 고려대 교수)·서종택(徐宗澤, 고려대 교수)·최동호(崔東鎬, 고려대 교수)·김흥규(金興圭, 고려대 교수) 형 등의 고려대 출신 학계와 문단의 많은 교우들은 내가 대학원 재학 중이거나 그 이후에 친하게 사귄 동문들이었다. 이들은 대개 나와 무슨 일을 함께했거나 술자리를 자주 한 사람들이다.

거명한 위 학형들의 면모를 간략하게나마 살피기로 한다. 이중흡 형은 작년에 작고하였는데 한참 더 살 나이에 뭐가 그리 바빠서 그토록 일찍 갔는지 참으로 아쉽다. 깔끔하고 경위(涇渭)가 바른 사람인데 재학시절에는 시를 창작한다고 하였으나 등단하지 않았다. 뜻만 있었다면 시인으로 데뷔할 수 있으리만큼 문재(文才)가 있는 사람이다. 그와 나는 학부 시절부터 가까이 지냈는데 술도 참으로 많이 마셨다. 그를 말할 때면 고려대 민족문화연구소(이하 민연으로 약칭)와 연관시키지 않을 수 없다. 조지훈 선생이 초대 소장으로 부임하여 편집원으로 제일 먼저 부른 사람이 이중흡이었다. 그만큼 지훈도 믿었던 제자였다. 초창기 민연에서 그는 고생만 죽도록 하고 빛도 보지 못하였다. 민연의 첫 사업인 『한국문화사대계』 제2권까지가 그의 손에 의해서 출판된 것이다. 그때의 민연은 자금 사정으로 존폐의 위기에 놓여 있었으니 소장인 지훈 선생은 물론 이 형 또한 마음고생이 심했고 월급조차 제대로 받지 못한 것으로 안다. 그럼에도 그 고생하면서 봉사(!)를 마다하지 않은 점을 아는 사람은 다 알고 있다. 민연에서 더 이상 버틸 수 없어서 『동아일보』로 자리를 옮겨 기자생활을 하다가 부국장까지 승진한 후 퇴임한 바 있다. 그 후에 건강을 해쳤던 모양이다.

 이동환 형을 처음 만난 것은 1964년 혹은 1965년이었다. 늦은 편이다. 나이는 나보다 한 살 아래인데 학교는 4년 후배다. 고려대 국문학과 출신 동창들의 대부분은 내가 졸업한 후 선후배 사이로 만난 경우이기 때문에 교유시기의 넘나듦이 있을 수밖에 없다.

 이 형으로부터 처음 받은 책이 『대학·중용』의 번역본이다. 현암사에서 출판된 것인데 조지훈 선생이 그의 한문 능력과 문장력을 알고 비록 무명의 학구(學究)요, 20대 중반의 새파란 젊은이였지만 출판사에 천거하여 세상에 빛을 보게 한 것이다. 이 책을 통독하고 나는 전율을 느낄 정도로 감탄과 충격을 받았다. 번역도 뛰어나거니와 원문에 대한 해설은 가위 완벽한 학술논문의 수준을 방불케 하였다. 중국 고전을 훤히 뚫고 있음이 역력하고 그 바탕에서 원문을 해설하는 솜씨가 한학의 대가를 연상케 하였다. 또 하나는 현대문장이 그처럼 유려할 수가 없었다. 원전을 정확히 알면 무엇 하는가. 옛날 한학 하는 분들은 오늘날의 독자들에게 현대문장으로 전달하는 데는 거의 손방이다. 그런 점에서 이동환 형은 옛날 선비는 물론 현대의 한문학 전공자들이 따라갈 수 없는 능력을 구비하고 있었다. 큰 학자가 되리라는 믿음을 그에게서 받은 나는 그를 좋아하며 기대하기 시작했다. 자주 만나던 중 1972년 혹은 그다음 해 가을이던가 지훈 선생 댁 가족과 그와 나는 마석 지훈 묘에 성묘할 기회가 있었다. 돌아오는 경춘선 기차 안은 만원이어서 그와 나는 어쩔 수 없이 열차와 열차를 연결시켜주는 공간에 서서 올 수밖에 없었다. 이런저런 얘기 끝에 그가 빙긋이 웃으며 하는 말인즉 "박 선배, 아마 몇 년 뒤인 1970년대 중반 이후로는 나 보기 힘들 겁니다"라고 하는 것이 아닌가. 나는 그 말의 뜻이 무엇인지를 금방 간파할 수 있었다. 그 당시만 해도 한문학을 천대하고 외면하지만 1970년대 중반 이후로 우리나라의 학문 동향이 한문학에도 눈길을 돌릴 수밖에 없을 터이고 그러면 자신도 자연히 연구와 학회활동으로 분주다사할 터이니 자주 만나기가 어렵다는 농담 섞인 진담이었다.

그의 예상대로 그때부터 한문학 연구의 기세가 서서히 달아오르더니 얼마 가지 않아서 전국 규모의 여러 학회가 창립되고 대학원 석·박사 과정에 한문학 전공 학생들이 부쩍 늘기 시작했다. 오늘에 이르러서 한문학 연구의 위상이 실로 어느 정도인지 국한문학 전공자는 익히 알고 있다. 마침내 그는 한문학계의 중심에 좌정하여 많은 제자·후배들을 이끌고 있으니 경하해 마지않을 일이다. 그가 발표한 논문을 나는 여러 편 읽었는데 빈틈이 없는 글들이요, 견해와 주장이 설득력이 있어서 늘 무릎을 치곤 한다. 박사학위를 일부러 취득하지 않은 몇 안 되는 학자로서도 특이한 존재다. 학문이 높고 낮은 것이 문제지 그까짓 박사학위가 뭐 대단한 것이랴는 그 나름대로의 자신감과 소신을 그는 끝까지 지켰다.

한때 그와 나는 같은 동네에서 살았다. 1960년대 말 경에 나는 삼양동 꼭대기, 그는 그 인근 빨래골이라는 동네에서 전세살이를 하였다. 두 곳 모두 달동네로 통하는 빈민촌이다. 그만큼 서로 가난한 시절이었다. 또 그 이후 한 번은(1970년대) 수유동에서 살았다. 삼양동 — 빨래골에서 살던 어느 추운 겨울날 늦은 저녁에 그가 우리 집을 찾았다. 그의 집에서 우리 집까지는 십 분쯤 걸리는 거리였다. 손님이 왔으니 술이 없을 수 없는 노릇, 그런데 그때 이상스럽게 집에서 마시기가 싫어서 동네 구멍가게에 가서 소주병을 따기로 하였다. 말이 구멍가게이지 한 평쯤 되는 판잣집에 상품진열이라는 것도 초라하기 그지없는 그런 가게였다. 가게 가운데 구공탄 화로가 있어도 주인은 추워서 담요를 무릎에 덥고 있었는데 장정 둘이 들어가서 어깨를 부치고 앉았더니 과장되게 말하자면 바늘 하나 꽂을 공간이 없을 지경이었다.

소주에 안주는 오징어와 아이들 과자였는데 처음에는 나를 찾아온 손님이니 내가 술값을 내고 서너 병 마신 후 헤어질 작정이었다. 그런데 일이 그렇게 계획대로 되지 않았다. 한 병을 마시니까 이 형은 그다음은 자기가 산다는 것이고 이런 식으로 내가 사고 그가 사고 하면서 마신 결과 모두 8병쯤을 마셨다. 그때의 소주는 25도였다. 취기가 도는데 나는 버틸 만하였다. 취안으로 그를 보니 그 또한 상태가 염려할 정도는 결코 아니었다. 그래도 마음이 안 놓여서 그리고 또 그의 집으로 가는 초입에 낭떠러지기를 낀 좁은 길이 약 20미터쯤 있는지라 자칫 떨어지기 쉬우므로 그 골목길 끝까지 내가 부축한 후 헤어졌다. 일이 이것으로 끝났으면 얼마나 좋았으랴. 열흘쯤 지난 후 들려오는 소식인즉 나와 헤어진 그 시간 이후 다시 새로 좁은 골목으로 접어들었는데 대취하여 정신을 잃은 그는(거듭 말하지만 내 눈으로는 그렇게 보이질 않았고 말도 취객답지 않게 비교적 괜찮았다. 상태가 그럴 줄 알았다면 그의 집에까지 내가 동행했을 것이다) 이리 비틀 저리 비틀 갈지자걸음을 하였는데 한 발짝 띨 때마다 이쪽 담에, 또 한 발짝 옮길 때마다 저쪽 담에 머리를 부딪쳐서 독두(禿頭, 대머리)인 그의 머리는 온통 상처투성이가 되었고 그래서 창피하여 털모자를 쓰고 다닌다는 얘기가 아닌가. 그 추운 겨울에 통금을 넘어서 사람의 내왕도 없는 시간에 골목에 쓰러져서 동사(凍死)를 안 한 것이 그나마 천만다행이었다는 소식이다. 정신을 잃은 상태에서 집을 찾아간 것이 천우신조한 것, 그 얘기를 듣고 나는 얼마나 미안했는지 모른다. 몇 달 뒤에 만나서 위로 겸 사과를 하면서도 말끝에 왜 그렇게 고집이 세냐고 나무라기도 했다. 그날 그냥 내가 술값을 내도록 놔두지 당신이 꼬박꼬박 반을 내지 않았어도 그렇게 많이 마시고 대취는 하지 않았을 것이 아니냐고 원망 섞인 말로 했더니 그 특유의 빙그레 웃음을 지었다. 과거 혈기방장하고 객기가 넘칠 때 그와 내가 겪은 명정기(酩酊記)다.

학자로서 구비할 모든 덕목을 두루 갖추고 있는 그이지만 원고를 기한 내 쓰지 않아서 출판사나 함께 일하는 동료 편집위원들에게 애를 먹이는 일은 흠결은 아니로되 그가 고쳐야 할 습관이다. 그렇게 시간을 끌면서 그는 글자 하나하나에 신경을 쓴다. 그것만은 장점이다. 그것도 원고 마감일을 어느 정도 넘기는 수준에서 끝내야 한다.

2

김인환 형에 대해서는 할 얘기가 너무 많아서 버거울 지경이다. 줄여서 몇 가지만 얘기하기로 하자. 그는 나를 제일 많이 알고 있는 후배다. 또 내가 뭐 그렇게 대단한 선배라고 자기가 가르치는 제자들에게 수십 년에 걸쳐서 내 얘기를 한다고 하니 송구스럽지만 고맙기 그지없다. 그는 전통과 내력을 중시하는 데 그런 관점에서 그러는 모양이다.

외모가 지극히 선량하여 모범생을 연상케 하는 그의 호는 회송(懷松), 근년에 이동환 형이 지어 주었다고 한다. 고향이 송도(松都) 개성이라서 그 점이 작호(作號)에 작용하였는데 아주 잘 지은 호다. 소나무의 근성을 품고 있다는 글자 뜻도 살만하지 않은가. 그의 공부는 전공인 현대문학에 국한하지 않는다. 고전문학도 두루 꿰고 있고 영미문학도 잘 알고 있다. 어디 문학뿐이랴, 文·史·哲 모두가 그의 학문 세계 안에 있고 놀라운 것은 수학을 비롯하여 과학 분야도 일정 정도 알고 있어서 논문을 쓰는 데 원용하고 있다. 종교와 동서(東西)의 이데올로기에 밝고, 그것도 부족한지 근자에는 주역 공부를 하여 이걸 책으로 냈다. 박학 그 자체인데 그런 점에서 그를 따라갈 국문학자는 별로 없으리라. 이런 점에서 그는 '제2의 조지훈'이다. 고려대 현직 교수로서 지훈 선생의 학문과 정신을 계승한 이는 김인환이다. 그 또한 지훈 선생을 늘 사표로 삼고 살아오고 있다. 인간성이 원만하고 늘 독서를 게을리하지 않으면서도 호주가다. 나는 그와 셈할 수 없이 많이 술자리를 했는데 도무지 취하는 것을 보지 못했다. 지금 환갑 나이에도 밑 빠진 독이니 체질상 경음(鯨飮)의 주객이다. 거기에다 호방함만 보태면 딱 지훈 선생인데 그 점이 다소 부족한 것이 조금 유감이다.

 그가 고려대 학생처장으로 있을 때인 1980년대 중반, 지금과 비교가 안 될 정도로 교내가 시끄럽고 혼란하였다. 그때 나는 고려대 대학원에 한 강좌를 맡아 출강하였는데 고생이 얼마나 자심한가 싶어서 그를 찾아 잠시 위로해 주었다. 그때 그가 학생들에게 대응하는 방법에 경탄하였다. 학생들이 이데올로기가 깔려있는 대자보를 부치면 그도 이를 논리적으로 조목조목 논파하는 대자보를 만들어 직원을 시켜서 부친다는 것이다. 여러 번 그렇게 하니 학생들도 이론가인 그의 논리에 그만 질려버리더라는 것이다. 전국 어느 대학 학생처장이 그런 방식으로 학생들의 주장을 격파하면서 교훈을 얻게 하겠는가. 김인환의 그런 면모가 대학사(大學史)에 기록되기를 바란다. 그는 결혼을 앞두고 아내가 될 여인을(고대 영문과 졸, 65~66학번) 데리고 우리 집에 와서 나에게 인사시켰다. 그만큼 나와의 관계가 각별하다. 그에 관한 얘기는 뒤에서 또 이어진다.

오탁번 형은 재주가 뛰어난 사람이다. 자존심도 대단히 강한 문인이다. 어느 누구도 그를 쉽게 대하지 않는다. 그만큼 자신의 위상을 높은 자리에 올려놓고 있다. 실력이 그럴 만하다고 나는 인정한다. 일간신문 신춘문예에 시·소설·동화 이렇게 세 장르에 걸쳐서 당선되었으니(1966~1968년) 그 어렵다는 3관왕을 해낸 문단의 기린아이다. 창작뿐만 아니라 학술논문도 잘 쓰는 데 몇 편 읽고 나는 오탁번이야말로 문학과 학문을 위해서 태어난 사람이라고 결론을 내렸다. 여러 해 전에는 창작만으로 성에 차지 않았던지 자비(自費)와 여러 사람의 후원금을 받아 『詩眼』이라는 시 전문 계간지를 펴내고 있다. 작품의 수준을 중시하여 시원찮은 것은 싣지 않는 것을 편집의 기준으로 삼고 있다. 이게 실인즉 쉬운 일이 아니다. 문단에는 지인이 많을 터, 인정에 끌리다 보면 잡지의 질이 떨어지기는 여반장인데 그는 지금까지도 냉정성을 지키고 있다. 기획물 특징을 보면 전혀 예상치 못한 주제를 다루는 것을 보고 역시 머리가 좋다는 생각을 하곤 한다. 창간호에 나에게 향가에 관해 무엇인가를 써달라고 청탁이 왔다. 그때 마침 향가와 속요를 현대시로 변용한 작품을 연구하던 참이라서 〈헌화가〉를 현대시로 재창작한 시를 여러 편 골라 논문으로 써 준 적이 있다. 그때 그가 전화로 내게 한 말 "최고의 문인이며 편집자가 최고의 학자에게 부탁하는 겁니다"라고 하는 것이 아닌가. 전반은 맞는 얘기이나 후반은 틀린 말이다. 그도 가끔 그런 식으로 오류를 범한다.

다른 사람과도 술로 인해 이런저런 사연이 적지 않으나 오 형을 떠올릴 때면 으레 생각나는 명정(酩酊) 일화가 있다. 1971년이던가, 어느 날 점심때였다. 예고 없이 그가 그의 부인 김은자(한림대 교수)와 동부인하여 삼양동 꼭대기 우리 집에 놀러 왔다. 그때 같은 동네에 황문수

(黃文秀, 경희대 명예교수, 철학 전공, 2014년 작고) 형이 살고 있었다. 내 집에서 셋이 소주를 퍼마시기 시작했는데 워낙 가난한 시절이라서 안주라고 해야 김치와 나물 그리고 위에서 말한 구멍가게 같지도 않은 구멍가게에서 사 온 오징어와 땅콩이 전부였다. 그렇게 마셔대기 시작하여 몇 시간이 지나자 그의 부인이 그만 끝내고 가자고 간청(!)을 하였다. 그래도 마셨는데 주량은 역시 나와 황 형에게는 미치지 못한지라 그만 정신을 잃고 말았다. 그 혼자만 왔다면 잠시 재워서 보낼 터인데 부인까지 동반한지라, 또한 부인도 어떻게 해서든 부축해서 집으로 가야 한다고 하는지라 그렇게 할 수밖에 도리가 없었다. 나와 황 형이 부축해서 집 밖으로 나왔다. 산길 밑까지만 내려가면 택시를 잡아 태울 수 있어서 아무리 대취해도 가능하리라 믿었다. 그런데 웬걸. 몇 걸음 걷더니 우리 집 대문 밖에 엉성하게 만들어 놓은 계단에 털썩 주저앉아서 그대로 쓰러지는 것이 아닌가. 그때 부인의 날카로운 눈이 그에게 꽂히는 것을 보고 내가 얼마나 미안했는지… 어쨌든 그날 집에 무사히 도착했으니 그나마 다행이었다. 이 소문이 퍼져서 지금도 그와 나를 말할 때면 그때의 일을 끄집어내는 사람을 몇 번 보았다.

또 하나는 신일고등학교 건너편에 있던 대폿집 '충남집' 사건이다. 때는 1974년 5월 어느 토요일로 기억한다. 나는 강원대학 전임교수가 되어서 모교에 하루 출강을 할 때였고 오 형은 세종대 전임교수 초년 때(?), 황 형은 강사로 있을 때였다. 토요일 오전 강의만 있어서 끝나고 나오려는데 마침 두 사람을 만나게 되었다. 비가 촉촉이 내렸는데 술 마시기에는 딱 좋은 날이다. 우리 셋은 의기투합하여 술집으로 가기로 하였다. 그 얼마 전쯤, 내가 딱 한 번 가서 마신 적이 있는 '충남집'으로 향했다. 그 집을 어떻게 알았느냐 하면 인권환 형이 불광동에서 그쪽 동네로 집을 옮길 때 그와 함께 복덕방 주인을 앞세우고 집을 보러 다니다가 저녁 무렵 출출해서 들어가 막걸리 몇 되를 마신 바 있어서 기억하고 있던 집이다. 그게 전부니 단골도 아니고 아무것도 아니다.

인연을 맺으려고 했던지 그곳으로 가게 되었는데 눈치를 보아하니 두 사람 다 무일푼이고 나 또한 빈 주머니였으나 한 번 가 본 집이니 통하리라 믿었다. 셋이 들어가니 주인 내외가 얼마나 반기는지 그런 대접이 없었다. 알고 보니 그럴 수밖에 없었다. 남편이 체신부 공무원으로 있다가 병으로 조기 퇴직하고 자식들 데리고 먹고살기 위해 허술한 대폿집을 낸 지 불과 두 달, 개업 초라서 단골도 없고 가끔 지나가는 손님이 잠시 들어오는 그런 영세 주점이었으니 말이다. 우리 일행은 호기롭게 방에 들어가서 맥주(소주, 막걸리가 아님)를 시키고 쇠고기 구이 안주를 청했다. 주인의 눈이 둥그렇게 커지는 것을 역력히 느낄 수 있었다. 이런 고객이 어디 있는가 싶은 표정이었다. 여주인은 그 앞의 정육점에 가서 쇠고기 몇 근을 사 오고, 남자 주인은 급히 맥주 한 상자를 주문하고 야단이었다. 나중에야 어떻게 되든 우리는 맥주 한 박스, 그러니까 4홉짜리(그때 맥주는 요즘처럼 3홉, 2홉들이가 없었다) 24병을 마시고 대취하였다. 그럼에도 세 사람 다행히 필름이 끊어지진 않았다.

마침내 계산해야 할 순간이 찾아왔다. 밤 10시쯤이었을 것이다. 그 사이 다른 손님은 하나도 없었다. 나는 두 사람에게 밖에 나가 있으라고 하고 주인과 담판을 짓기로 하였다. 외상으로 달아 놓으면 월요일에 와서 꼭 갚을 터이니 양해해 주기를 바란다고 하니 그 순간 두 내외의 태도가 표독하게 변하는데 난감해지지 않을 수 없었다. 당신들을 언제 보았으며 뭘 믿고 외상을 주느냐고 마치 싸울 듯이 대드는 것이 아닌가. 그럴만한 일을 우리가 저질렀는데 나는 평소 술집에 처음 가서 외상으로 마신 일도 적지 않았고 그런 뒤 꼭 약속을 지키곤 하였으므로(이것은 거짓말도 과장도 아니다) 사람을 좀 믿어 보라고 그들 못지않게 큰 소리로 대꾸하였다. 그때 술값이 요즘 돈으로 20만 원은 족히 되었을 것이다. 나는 밖을 향해 눈짓으로 빨리 가라고 두 사람에게 신호를 보냈더니 혼자 어떻게 감당하려느냐는 표정을 지었으나 염려 말라고 하여 그들은 슬슬 현장에서 사라졌다. 여럿 있어 봐야 문제가 빨리 풀리는 것이 아니지 않은가.

그날의 결론을 내리자. 돈이 없는 데야 어쩌겠는가. 결국 주인이 지고 말았다. 나는 미안하나 약속은 꼭 지킬 터이니 염려하지 말라고 좋게 얘기를 하고서는 집으로 왔다. 이틀 뒤인 월요일에 들러서 외상값을 갚으니 주인이 몇 번이고 감사하다고 고개를 숙이면서 인사를 하였다. 그날의 일이 인연이 되어서 나는 일주일에 한두 번은 꼭 찾았고 나의 친구들 수십 명이 그 집을 출입하였다. 대학교수들이 단골로 다닌다는 소문이 퍼져서 인근의 은행지점 직원을 비롯하여 여러 손님들이 찾게 되어 성황을 이루는 술집이 되었다. 사오 년쯤 지났을까. 저녁 무렵에 나 혼자 들렀더니 주인 내외가 방으로 들어와서 나에게 새삼 깍듯이 인사를 하면서 하는 말 "선생님 덕분에 우리 집 살림이 좋아졌을 뿐만 아니라 그 인근에 대지 30평짜리 아담한 단독주택을 샀습니다"라고 하지 않는가. 그 말을 듣고 나 또한 얼마나 좋았는지. 그날의 술은 주인이 대접한다고 우겨서 공짜로 마시고 나왔다.

술 얘기 때문에 오탁번 형에 관한 기록이 상대적으로 길어졌다. 이제 서종택 형과의 교유를 쓰기로 한다. 그는 어눌하다. 그래서 어질고 착하다. 공자께서도 눌변은 '近於仁'이라고 말하지 않았던가. 언제 만나도 상대방을 편하게 해준다. 나와 사귄 이후 지금까지 수십 년이 지났음에도 초심에 변화가 없다. 다른 누구에게도 그렇다. 따스한 정을 그에게서 느낀다. 그는 나와의 인연을 잊지 않고 전화로 가끔 불러내어서 술을 산다. 내가 정년한 뒤 더욱 그러하다. 외로울 줄 알고 그런 식으로 배려하는 그 마음씨에 나는 늘 고맙게 생각한다. 나도 조만간 이기서 형까지 불러서 고려대 근처 술집에서 한잔 낼 작정이다. 이기서

형만 분당에 살고 나와 그는 고려대 인근에 살고 있으니 장소로는 여기가 딱 좋다.

그는 문학만이 아니라 미술에도 조예가 깊다. 그에 따르면 고등학교 시절에는 한때 국문과보다 미술과로 진로를 정하려고까지 했다고 하니 그림 솜씨, 또는 이론과 감상법이 수준 이상인 것만은 분명하다. 몇 년 전 서양화가의 평전을 책으로 출판하여 나에게도 한 권 보내왔다. 변시지 씨에 관한 책이다. 그에게 아쉬운 것은 대학교수가 된 뒤로 소설 창작이 뜸하다는 점이다. 쓰면 호평을 받을 수 있는 능력이 있는 작가인데 교수직을 겸해서 두 가지 일을 하기가 쉽지 않은 모양이다.

그의 석사학위 논문은 「작중인물을 통해서 본 근대인의 형성과정」이다. 1971년이던가, 아마 그때였을 것이다. 「허생전」의 허생을 분석한 바탕에 근대소설의 주인공과 연결시킨 내용이 정곡을 뚫고 있어서 나는 이걸 가지고 학생들에게 여러 해 강의한 바 있다. 근자에는 문학선 『원무(圓舞)』를 받았는데 책머리에 「나에게 문득」이라는 자전적인 글을 올려놓았다. 10쪽이 채 안 되는 길지 않은 글에다 자신의 60년 생애를 압축해서 담아내었다. 그 글을 읽고 나는 그의 문장력과 표현 기법에 경탄하지 않을 수 없었다. 어떻게 이렇듯 잘 쓸 수 있을까. 살아오는 동안의 중요한 대목들이 맛깔스럽게 다 수용되어 있어서 역시 문장가로구나 하는 생각을 하지 않을 수 없다.

김흥규 형은 언행을 함부로 하는 법이 없다. 그만큼 자신에게 엄격하다. 작년(2004) 5월 나는 최진원(崔珍源, 성균관대 명예교수, 작고) 선생과 함께 1박 2일로 강릉에 다녀온 바 있다. 그때 그분과 이런저런 많은 얘기를 하였다. 그중에서 기억해 둘 만한 그분의 언급은 후배학자 가운데 김열규(金烈圭, 전 서강대 교수, 작고), 조동일(趙東一, 서울대 명예교수), 김흥규 이 세 사람을 가장 업적이 큰 학자로 꼽는다고 하였다. 앞 세대의 학자에게서는 찾아볼 수 없는 새로운 방법론에 따라 우리의 고전 문학을 해석했다는 점을 높이 평가하지 않을 수 없기 때문이라는 것이다. 나도 공감하는 바라고 맞장구를 쳤다. 내가 김 형의 논문 중에서 가장 먼저 읽은 것이 한용운을 논한 글이다. 불교와 연관시켜서 똑 떨어지는 소리가 날 정도로 쓴 것을 보고 그 재능을 금방 간파할 수 있었다. 그 후 그를 대표하는 저서이자 학위 논문인『조선 후기의 詩經論과 詩意識』을 통독하고 내가 결론을 내린 것은 이것으로 그는 자신이 할 일을 다 했다고 평가하였다. 그때가 그의 나이 30대 중반, 그 후에 나오는 그의 논저도 그것을 능가할 수 없다고 단정을 내렸다. 역시 내 예견이 맞았다. 그 책이 하도 좋아서 나는 몇 번인가 내가 근무하는 대학의 대학원 학생들에게 강의한 적이 있다. 평론가로『동아일보』에 등단하기도 한 김 형은 그러나 역시 학자의 체질이다.

바둑도 아마추어로는 굉장히 잘 둔다는 얘기를 들었는데 일설에 의하면 고등학교 시절 프로기사로 진출하려다가 포기하고 대학에 입학하였다는 것이다. 그만큼 바둑 실력이 지금도 대단하다고 한다. 나는 잡기는 일절 하지 않아서 바둑 두는 재미를 전혀 모르나 다만 그걸 잘 두는 사람이 머리가 좋다는 것쯤은 알고 있다. 컴퓨터를 워낙 잘해서 컴퓨터 전공 교수와 거의 맞먹는다는 얘기도 들었다.

학자로서 김 형의 불행은 고려대 민족문화연구원과 인연을 맺은 일이다. 부소장에 이어 원장에 이르기까지 아마 15년가량 더 되었지 않았는가 싶다. 연구원으로서는 적임자를 만나서 득이 되었을 것이나 그에게는 손해가 이만저만한 것이 아니다. 시간을 뺏겨서 학문을 하는데 적지 않게 지장을 받았고 지금도 받고 있으니 학자로서 이런 불행이 어디 있는가. 국문학계의 모든 사람이 이를 안타까워하는 것을 나는 잘 알고 있는데 10여 년 전부터 나는 그에게 그 직책을 그만두라고 권유했으나 뜻대로 되지 않은 모양이다.

그와 술도 참 많이 마셨다. 그럴 수밖에 없는 것이 그가 지도하는 학생의 학위 논문 심사에 나는 거의 빠짐없이 심사위원으로 참여하였다. 정확히는 모르나 아마 10명 내외는 될 것이다. 그럴 때마다 회식이 있고, 그것이 끝나면 그와 별도로 마시는 것이 거의 정례화되었다. 뿐이랴, 학회가 끝난 뒤 집 방향이 같은지라 도중에 단둘이 술집에 들렀던 일도 몇 번 있었다. 주량이 대단한데 고대 국문과의 '애주, 호주가'로 김인환 형과 그를 꼽는바 그의 말에 따르며 천천히 시간을 두고 마시면 자신이 김 형에게 적어도 지지는 않을 것이란다. 빨리 많이 마시는 경우는 김인환 형을 따를 수 없고… 그 또한 내가 믿고 좋아하는 후배다.

이상 몇 명의 고려대 학형들에 대한 나의 생각을 피력하였다. 학부 및 대학원 시절을 함께하지 못하였고 또한 같은 직장에서 근무한 적이 없어서 그들의 다른 국면, 이를테면 결함 같은 것을 지적하지 못하였다. 그들에게도 미흡한 점이 왜 없겠는가, 있을 터이나 알 수가 없어서 언급치 못한다.

【김흥규 형 ─ 2012년에 정년퇴임하면서 그는 대단한 업적을 내놓았다. 여러 제자들과 함께 4반세기, 20여 년 동안 정성을 쏟으며 편찬한 『고시조 대전』과 그 부편인 『고시조 문헌해제』가 간행된 것이다. 현전하는 작품 외에 묻혀있던 시조작품을 거의 다 발굴하여 한 권의 큰 자료집을 만들어낸 그 업적, 그것도 재래의 편찬방식에서 벗어나 디지털시대에 맞는 전혀 새로운 방법으로 엮어낸 그 참신성, 그 공로는 바로 그의 것임은 췌언이 부질없다. 출판기념일에 학계의 많은 인사가 모인 가운데 나는 축사로서 그의 수고와 빛나는 공적을 치하하였다. 또 하나 적을 것이 있다. 금년(2014) 4월에 나는 『향가여요 종횡론』을 상재하였다. 책을 받아 본 그는 그냥 있을 수 없다고 하면서 정우봉·이형대·김명준·서철원 등과 함께 술자리를 마련, 즐겁고 고마운 한때를 누리게 하였다.】

3

　다시 원줄기로 돌아가서 이때부터 나의 술은 제법 마신다 하는 말을 듣게 되었다. 학교 앞 막걸릿집, 시내 대폿집 등 가리지 않고 편력하였다. 어느 술자리든 국사 인권환 형은 거의 동석하였고, 또한 그의 집에 여러 벗들과 수시로 출입하면서 통음하였다. 그는 결혼한 둘째 형(印能煥)의 집(관훈동→삼청동)에서 살았는데 그 집이 우리 여러 친구의 시내 아지트(?)였다. 마셨다 하면 2차 혹은 3차의 집으로 들락거리기를 여러 해, 국사 그 친구도 풍류객이거니와 그의 형과 형수·미혼의 누나(후에 고려대 정외과 金河龍 교수의 부인이 됨)가 인심, 인정이 그렇게 좋은 분들일 수 없었다. 흘러간 옛일이 참으로 그립다.

　복학을 해서 쉽게 접한 바는 우리 동기생들의 상당수가 신사복 차림이었다는 점이다. 자기 아버지나 형에게 '불하'(물려받은 경우를 이렇게 표현하였다) 받은 경우도 있었지만 양복점에서 새로 맞춘 경우도 많았다. 그런 차림에 서류봉투 하나를 달랑 들고 있으니, 내가 입학 초에 선배들의 모습을 보고 기절초풍한 바로 그 행색이었다. 그때 광통교와 종로 2가 일대의 나사점(羅紗店)이 호황을 누렸다. 어렵다며 궁한 소리를 내도 세상은 조금씩 나아지는 모양이었다. 나는 교복 색깔이 바래져서 염색을 하여 입고 다니다가 4학년 때는 그것도 입을 수 없어서 미군 작업복을 검은색으로 염색해서 입고 다녔다. '작업복 차림의 대학생' 혹은 '염색한 유엔(UN) 잠바와 겨울날의 대학생' 그것 또한 우리 시대를 말해주던 코드였다. 그런 의복이 상징하듯이 그때는 이미 미국의 문화가 사회 구석구석에 침투되어 있었다. 지금까지도 우리가 미국의 문화와 가치관에 갇혀있는 것은 역사적으로 불가피한 것이다.

　『고대신보』(高大新報, 4·19 이후에 '고대신문'으로 환원. 그런 내력이 있다. 대구 피란 시절 이상은(李相殷) 선생께서 이승만 정권의 독재를 빗대어서 중국의 원세개를 끌어들여 우회적으로 비판한 논설을 '고대신문'에 발표하였다. 이것이 필화사건으로 번져서 학교와 필자는 곤욕을 치렀고 신문명도 일간지에서 쓰는 '○○신문'에서 강제로 '고대신보'로 강등되었다. 그러다가 4월 혁명 후 원래의 제호를 되찾았다)에 가끔 글을 게재하여 원고료를 받아서 벗들과 막걸리를 마시는 재미도 짭짤하였고 인권환·이기서·이화형·변영림·정진규 등과 함께 '고대문학회'(高大文學會, 지도교수 조지훈)의 회원으로 참여하여 이 일 저 일을 치러내면서 보람을 느꼈다.

그때 몇 대학의 문학발표회는 대학가의 인기를 끌던 행사였다. 대개는 「문학의 밤」이라고 칭하였으나 고대문학회는 「문학의 오후」라는 이름으로 작품 낭독회를 가졌다. 동화백화점(현 신세계백화점)의 음악궁전, 불타버린 종로 2가 YMCA 자리에 임시 가건물을 짓고 문을 연 음악 홀, 인사동 네거리 근처 골목 안에 있던 음악 전문의 대형 다방 르네상스(屋號가 맞는지 모르겠다. 세월이 워낙 오래되어서 이런 것 마저 아리송할 때가 있다) 등에서 발표회를 매년 가졌는데 보통 200~300명의 시내 대학생들이 몰려와서 만원을 이루었다. 입장료는 그 당시의 다방요금(요즘 돈으로 4천 원쯤)이며 나오는 차는 홍차였다. 그 낭독회에 나도 나가서 수상문을 읽었고 다른 친구들도 시나 산문을 발표하였다. 그걸로 끝나는 것이 아니라 행사준비 자체를 3학년 이후 우리 몇이 주도하였다. 발표회가 끝나면 막걸릿집으로 갔는데 지훈 선생께서도 가끔 동참하셨다. 문단에 데뷔한 졸업생 선배들도 이날에는 많이 와서 일부는 찬조 낭독도 하고 그 외는 요즘 말로 뒤풀이 장소에 와서 즐겁게 마시고 담소를 나누곤 하였다. 요즘에 어수선한 대학의 문학행사와 본질적으로 다른 것이었다. 품격이 있었고 분위기도 사뭇 문화적이었다. 이 행사 또한 당시 대학가의 풍물지에 꼭 기록해 두어야 할 이벤트였다. 정치학과 학생회에서 전국 규모로 개최한 '모의국회(模擬國會)'와 함께 그렇다.

선배 문인과 관련하여 이런 일도 있었다. 박재삼(朴在森) 시인은 나이는 우리보다 네댓 살 위이지만 학교는 1년 선배였다. 삼천포 출신인 그는 재학 중에 시인으로 등단하여 현대문학사에 편집 사원으로 근무하고 있었다. 따라서 학교수업에는 뜸뜸이 출석하였는데 결국 직장 생활 때문에 졸업은 하지 못하였다.(후일 명예 졸업생이 된 줄로 안다.) 그가 학교에 나온 어느 날 인권환 형과 나는 교정에서 만날 기회를 가졌다. 그전에 두세 번 만난 일이 있어서 그날도 자연스럽게 수인사(修人事)를 나눌 수 있었다. 그때 우리 둘은 기간(旣刊)의『현대문학』지 가운데 여러 권을 사지 못해서 결본(缺本)이 있는데 팔다가 반품이 된 것이 있으면 주실 수 없느냐고 부탁하는 식으로 물었다. 1955년에 창간된『현대문학』은 조연현(趙演鉉) 선생의 뛰어난 편집과 기획에 힘입어 2년 반쯤 지난 그때 무렵엔 완전히 뿌리를 내려서 매달 기성의 시인, 소설가 등 문단인은 물론 문학 지망생과 일반 독자들로부터도 사랑을 받는 문학지로 인기가 매우 높았다.

우리의 청을 들은 그는 날짜까지 정해 주면서 그날 퇴근시간 무렵에 오라고 하는 것이 아닌가. 큰 기대를 걸지 않고 한 번 말을 걸어 본 우리는 여간 고맙고 기쁘지 않을 수 없었다. 지정한 그날 그 시간에 우리 두 사람은 그의 사무실을 찾았다. 그곳은 바로 내가 국민학교 2학년 초(광복되던 그해)까지 살았던 효제국민학교 뒤편 골목을 조금 지나서 있는 문화당(文化堂, 후에 대한교과서 주식회사) 바로 그 건물 건너편에 있었다. 사무실 문을 여니 조연현 선생을 비롯해 작가 오영수 선생과 김수영(金洙暎) 시인의 미인 누이동생, 그리고 박 선배가 조용히 앉아 일을 보고 있었다. 우리를 본 그는 눈짓으로 아래에 나가 기다리라는 사인을 보냈다. 건물 1층에서 약 5분쯤 지나자 그가 나와서 우리를 반갑게 맞이하였다. 그러더니 창고로 안내를 하였다. 그곳에는 반품된『현대문학』지가 연도별·월별로 나뉘어서 보관되어 있었다. 박 선배는 우리에게 결본된 것을 마음대로 찾아내라고 하였다. 그렇게 해서 그날 공짜로 얻은 잡지가 후일 아주 귀한 몸(?)이 된 창간호를 포함 두 사람 각기 열댓 권쯤 되었다. 이걸 새끼로 묶어서 감사, 또 감사의 인사를 하고 나오려는 우리를, 그 착하고 고마운 박재삼 선배는 황혼 무렵인데 그냥 갈 수 있느냐면서 자기를 따라오라고 하였다.

  찾아간 술집이 거기서 7, 8분 거리에 있는 빈대떡집, 좀 더 자세히 말하자면 지금 기독회관 앞의 골목을 지나 광장시장 쪽 방향으로 가다가 전찻길 못 미쳐서의 대폿집이었다. 해가 진 직후라 손님이 북적거리는데 우리도 한쪽 테이블에 앉았다. 그때 우리의 주량은 풋내기이지만 각자 막걸리 두 되쯤은 감당할 수 있었다. 선배는 마음대로 마시고 취하자면서 우리를 편하게 해주었다. 그의 주량은 우리를 능가하였다. 후일, 술로 인해서 건강을 잃었다는 소식을 듣고 마음이 퍽 언짢았던 일을 기억한다. 묵은 잡지지만 한 짐 공짜로 얻은 데다가 술까지 대접을 받으니 그런 횡재가 없었다. 박 시인 그는 그처럼 다정한 분이었다.

  그때로부터 30여 년이 지난 어느 때, 우리 둘이 대학 전임교수가 된 한참 뒤 인권환 형이 어느 모임에서 그를 만났더니 옛날을 떠올리면서 아주 반갑게 대하더라는 얘기를 들었다. 그러면서 그때 키 큰 후배는 지금 어디서 무얼 하느냐고 물었다는 말을 듣고 잠시 감동한 바 있었다. 언제 시간을 내어 우리 둘이 한번 거하게 대접해야 되겠다고 마음을 먹었는데 그만 기회를 놓치고 그분과 영결(永訣)한 것이 참으로 후회스럽고 또한 아쉽다. 그는 40대 이후 일간신문에 바둑 해설기사를 연재할 정도로 그 실력도 대단한 분이었다.

2. 『한용운(韓龍雲)전집』 편찬사업에 참여

  3학년 1학기는 나에게는 실로 중요한 의미가 있는 학기였다. 5월 어느 날이었다. 임종국(林鍾國) 형이 우리 몇을 찾았다. 임 형과는「문학의 오후」행사 때 몇 번 인사를 나누었던 사이다. 그것이 전부였다. 그는 정치학과 출신으로서 문학의 길을 택한 선배였다. 위에서 말한 바와 같이 나보다 아홉 살 연상이고 학교 입학은 4년 위였다.(그럼에도 그때까지 졸업을 하지 않고 장기간 휴학 중이었다. 그러다가 1969년 나보다 9년 뒤에 졸업한 사실을 이 기록물을 쓰면서 알았다. 그 이후 한때 나와 그토록 가까이 지내면서 이 사실을 그는 시종 함구하였다.) 조지훈 선생께서 몇 사람 만나자고 하시니 성북동 댁으로 함께 가자는 것이었다. 그 일이 있기 전에도 인권환·이기서와 함께 댁으로 찾아뵌 바 있다. 맞다. 한 번이 아니라 몇 번이었다. 다른 것은 다 그만두고 양력 정월 초하룻날 선후배와 어울려 세배를 드리러 갔던 일만은 확실하니 말이다. 그때 우리는 학부 2학년 때부터 학과 선생님 댁을 순방하며 세배를 드렸다. 아침 10시에 시작하여 통금 직전에 귀가하는 '큰 행사'였는데 대취해서 집에 들어서면 쓰러지기 일쑤였다.

임종국 형을 따라 이화형·이기서·인권환 그리고 나 이렇게 몇 명이 찾아뵈었더니 그 자리에서 선생께서는 우리가 전혀 예상치도 못한 사업계획을 제시하면서 우리의 의향을 물으셨다. 제시하신 구상인즉 '만해 한용운전집(萬海韓龍雲全集)'을 고대문학회가 편찬하여 출판하자는 것이었다. 만해로 말할 것 같으면 지훈께서 특히 존경하는 분으로 시인·고승(高僧)·33인의 한 분으로 독립운동사에 길이 남는 분인데 그분의 글이 적지 않으니 이걸 수집하여 전집으로 내면 문단과 학계에 크게 기여할 것이라고 하셨다. 거기에 덧붙여서 전집을 출판하여 인세로 받는 돈으로는 첫째 만해시비를 건립하고, 둘째 남는 돈으로는『고대문화』2집을 복간하자고 하셨다. 여기에는 약간의 설명이 필요하다.『고대문화』창간호에 관해서 후에 안 바에 의하면 그때 지훈 선생 지도하에 학생 편집위원으로 참여한 어느 선배가 학교에서 내주는 발간비용 중 일부를 개인적으로 착복했고, 이것이 총장 이하 교무위원 선생님들 귀에 들어가서 그 학생은 퇴학당하고 『고대문화』는 폐간되어 이후 수년간 나오지 않았던 것이다. 앞으로도 학교의 지원은 기대하기 어려우니 지훈께서는 이런 점도 부차적으로 생각하셨던 것이다.

문단이나 학계의 어느 누구도 관심을 기울이지 않은 만해 선생, 그저 『님의 침묵』이나 33인의 한 분인 승려쯤으로 간단히 통하던 만해 선생, 그분의 전(全) 업적을 우리 손으로 정리하자는데 임종국 형 이하 우리 모두 깜짝 놀라지 않을 수 없었다. 지훈의 참신한 발상에 차탄을 금치 못하였다. 임 형은 이미 『이상 전집』을 엮은 경험자, 그로 하여금 선두에서 실무를 책임지게 한 것이다. 곧 작업계획을 짜서 착수하겠다는 말씀을 드리고 나왔다.

그러나 솔직히 고백컨대 나는 지훈 선생의 뜻과 취지에는 전폭적으로 찬성하나 이 사업이 성공할지에 대해서는 회의적이었다. 만해가 비록 현대사에 남을 거목이지만 다른 작고 문인들과는 달리 대중성이 약했고, 그러므로 상업성이 별로 없는 그분의 전집 발행을 맡아줄 독지가 형의 출판사가 과연 나타나겠는가 하는 의문이 들었기 때문이었다. 당시의 출판계는 영세하기 짝이 없었다. 저명한 학자의 저서 한 권 내는데도 출판사들이 쉽게 받아들이지 못할 때였다. 하지만 지훈의 형안은 우리보다 몇 수 위였다. 그 후 이 책이 출판된 뒤 학계와 문단의 이목을 받으며 판을 거듭한 사실이 이를 입증한다.

일반인들뿐만 아니라 국문학도까지도 지훈을 시인으로만 알고 있던 것이 그때였다. 그러나 그분은 국학(國學)을 비롯하여 학문 전체, 동서양의 사상과 철학까지도 통관하고 있던 학자이기도 하였다. 그래서 제자들이 부친 별명이 '지다(知多) 선생'이었다. 자유당 독재정권 이후 군사정권에 이르기까지 논객으로도 명성이 드높았던 지사이기도 하였다. 워낙 박학한지라 기획력도 뛰어나셨다. 후일 1960년대 초에 고려대학교 민족문화연구소장으로 재직 중 구상하고 틀을 짜서 출판한 『한국문화사대계』 전7권(?)과 서거 후 선생의 계획서에 준거하여 편찬된 『한국민속대관』 전5권(?)은 우리 인문학계가 일궈낸 가장 값진 성과로 꼽히고 있다. 특히 전자는 한글학회의 『한글 큰 사전』, 진단학회의 『한국사』와 더불어 광복 후 3대 대저(大著)로 꼽힌다. 이 기획물의 완간을 보지 못하고 돌아가신 것이 지금도 아쉽다. 누구도 예상 못 한 『한용운 전집』의 성공을 그분은 일찍이 점쳤던 것이다.

회의적이었지만 상업성을 떠나 일 자체는 지극히 보람된 것이므로 나와 벗들은 기꺼이 참여하였다. 변영림·정진규·최홍규·홍선희, 그 외 후배 학생 몇 사람 등도 뒤에 작업의 일부를 맡아 기여했다. 계획을 짜서 우선 고려대 도서관에 소장된 일제 때의 신문과 잡지, 기타 간행물을 샅샅이 뒤져서 목록을 작성하고 그 후로는 국립 도서관과 연세대 도서관으로 이동키로 하였다. 수업을 받는 짬짬이 조를 짜서 작업을 시작하였다. 본격적인 조사는 여름 방학에 하기로 계획을 세워 놓고 시동을 걸었다. 도서관 직원들도 협조를 아끼지 않고 사서실 안에 의자에 앉아서 일을 하도록 편의를 제공해 주었다.

이렇게 일을 하던 7월 초 어느 날, 만해 선생과 동고동락하며 아주 친하게 지내던 분이요 숨은 지사(志士)인 박광(朴洸) 선생을 견지동(堅志洞, 안국동 네거리와 옛 화신백화점 중간) 그분 댁으로 찾아뵙기에 이르렀다.

이쪽 학생들의 얘기를 들으신 남정(南丁, 박광 선생의 호) 선생은 낙루(落淚)까지 하시면서 이런 감격스럽고 고마운 일이 어디 있느냐며 우리들의 손을 잡으시는 것이 아닌가. 그때 그분의 연세가 팔순(八旬)을 몇 년 앞두고 있을 때였다. 이제야말로 지훈의 지도를 받고 있는 뜻있는 청년학생들을 만나 자신의 둘도 없는 벗 만해의 전집을 출간하게 되었으니 이 얼마나 기쁜 일이냐면서 연방 좋아하시는 것이었다.

우리는 금세 눈치를 챘다. 이분에게 역시 많은 자료가 있구나하는 판단이 스쳐갔다. 그래서 실인즉 기뻐하고 감사할 일은 우리 쪽이라고 말하고 싶었다.

사실이었다. 저간의 경위를 들어보니 만해 선생이 남긴 발표·미발표의 대부분의 자료를 그분이 모아서 간수하고 있다가 한때 6·25전란 통에 분실될 위기도 맞았던바, 그 모든 자료를 만해의 제자인 최범술(崔凡述, 당시 50대 중반, 제헌국회의원을 역임한 대처승. 해인사 주지, 해인대 학장 등 역임) 선생에게 맡겨 놓았으니 급히 가보라고 하면서 전화로 그쪽에다 연락을 취해 놓았다. 두 분 모두 잘사시는 편이라서 그때 벌써 전화가 있었다. 계동 중앙고등학교 못 가서 있는 효당(曉堂, 최범술 선생의 호) 댁으로 가니 그분 또한 반갑게 맞아 주었다. 그 즉시 안 일이지만 남정·효당 두 분은 옛 친구이며 또한 스승인 만해의 전집을 내기는 해야겠는데 그 많은 원고를 어떻게 정리해야 할지 엄두조차 안 나고 기초적인 방법마저 몰라서 허송세월하던 차에 우리를 만났으니 기쁘지 않을 수 없었다고 한다. 우리의 입장은 그 역(逆)이었으니 쾌재를 부를 지경이었고 그리하여 양측이 모두 만족·흡족의 순간을 동시에 맞게 된 것이다.

그 자리에서 얘기는 급속도로 진전되었다. 7월 중순(날짜는 기억나지 않음), 장소는 효당 댁, 참석자는 남정·효당 선생을 비롯하여 만해 생존 시 인연이 있던 분 10명 정도, 이쪽 고대문학회 측에서는 지도교수인 조지훈 선생과 임종국·인권환·이기서·이화형·박노준 등이 모여 앞으로의 일을 협의하자는 데 뜻을 모았다. 지훈께 급히 가서 말씀드리니 그분 또한 희색이 만면하여서 그리하자고 하였다.

회합 당일 오후 1시로 기억된다. 넓은 대청마루에 팔순 노인장에서부터 20대 초반의 젊은이들까지 모두 15~6명이 모였다. 회의는 남정 선생의 감격어린 낙루와 만해 선생에 대한 회고담, 원고를 고이 간수하기까지의 경위 설명으로 시작하여 몇 분의 거듭된 회고담, 지훈 선생의 말씀으로써 서막을 장식하였고 이어서 고대문학회가 참여하고 원고 정리 및 편집 실무를 전담하는 '한용운전집간행위원회(韓龍雲全集刊行委員會)'를 정식 발족시켰다. 위원장은 당연히 남정 선생이고 편집지도는 지훈 선생, 재정의 모든 지원은 효당이 맡으셨다. 책이 출판되어서 들어오는 인세로는 우리가 당초 계획한 대로 만해 선생을 기리는 시비를 건립키로 하였다. 『고대문화』 복간에 관한 얘기는 꺼낼 게재가 아니었다. 『고대문화』 2집은 1960년 9월에 학교의 지원금 일부를 받아서 나왔다.

곧 일에 착수하여 8월 5~6일경 효당 인솔하에 인권환·이화형 그리고 나는 경남 사천군 곤명면(昆明面) 소재 신라 고찰인 다솔사(多率寺)로 내려가 1개월 예정으로 원고 정리를 하고 임종국·이기서는 서울에 남아서 누락된 자료를 도서관을 찾아가서 정리하기로 결정하였다.

한용운전집 간행의 첫 출발은 이렇게 시작되었다. 그리고 우리 3명은 '韓龍雲全集刊行委員會'라고 인쇄된 원고지 1만여 장(지금도 나는 이 원고지 몇 장을 가지고 있다. 누렇게 바랜 볼품없는 원고지가 되었다)을 지프차(효당의 자가용. 당시 지프차는 장관·국회의원·대법관 등 고위직과 재력이 있는 소수의 사람들만 소유하였음)에 싣고 무척이나 더운 그해 여름, 작정한 날에 서울을 출발하여 당일 진주에서 하루를 묵고 다음 날 일찍 다솔사에 도착하여 곧 작업에 돌입하였다. 지금으로부터 47년 전의 일이다.

【『한용운전집』 간행을 위한 초기 과정과 이어서 곧 시작되는 다솔사에서 작업 진행 과정 그리고 책으로 나오기까지의 모든 경위는 금년(2006) 1월 『高大校友會報』 지상에 내가 쓴 '교우회 100년, 남기고 싶은 이야기'라는 연재 기획물 제1회로 활자화되었다. 신문이 나간 후 이기서 형의

증언에 의하면 우리가 남정 박광 선생을 찾아가게 된 계기는 그때 고려대 도서관 서고에 수시로 출입하던 우리의 작업을 지켜보고 있던 사서(司書) 한 분이 한용운 선생을 생전에 모시던 한 분이 있으니 그분을 찾아가면 도움이 될 것이라고 조언해 줘서 갔다는 것이다. 그분이 곧 김관호(金觀鎬) 씨인데 그때 성북구청 근처에서 사법서사 사무실을 운영하고 있었다. 이기서 형의 얘기는 계속되는데 김관호 선생을 찾았더니 자기보다는 박광이라는 노인장이 견지동에 건재해 있는바 그분이 만해의 유품을 보관하고 있을 터이니 그곳으로 찾아뵈라고 해서 우리 일행이 갔다는 것이다. 나로서는 처음 듣는 말이다. 내가 김관호 선생을 알게 된 것은 그로부터 7년 뒤인 1965년 초『흘러간 星座』(뒤에서 기술하겠음)라는 연재물을 쓸 때 만해 선생의 일화를 수집하기 위해서 그분 사무실을 방문한 것이 최초였다. 한용운전집 간행위원회가 발족할 당일에도 그분은 참석치 않은 것으로 알고 있다. 그러나 이기서 형이 없는 말을 지어내서 할 리도 없는 것, 그리하여 그의 증언을 기록해 놓는다.】

3. 다솔사 생활 25일

다솔사(多率寺)는 큰길에서 약 8리쯤 들어간 곳에 있었다. 낮은 산자락을 배경으로 평지에 조용하고 아늑하게 자리를 잡고 있었다. 절집의 규모는 과히 크지도 작지도 않게 아담하였다. 당시 다솔사의 소유권은 효당에게 있었다. 그러니 자유롭게 지낼 수 있었다. 조그마한 강당이 있는데 개화기 신여성이며 최초의 여류 서양 화가였던 나혜석(羅蕙錫)의 그림이 거기에 걸려 있었다. 다솔사의 근경을 그린 것인데 인상적이었다. 그녀도 이른 시기에 그곳을 거쳐 간 사람이었다. 근자에 그곳에 다녀온 나의 제자인 이정선(한양대 강사, 후에 호서대학 교수) 군의 말에 의하면 다솔사도 관광지가 되어서 사람들로 북적댄다고 하니 그 그림이 그때 그 위치에 걸려 있을 리는 만무하리라.

다솔사는 근현대 불교계 인사들 다수가 거쳐 간 곳으로도 소문이 나 있다. 김법린(金法麟, 문교장관 역임)·허영호(許永鎬, 동국대 총장 역임)·김범부(金凡夫, 동양철학자)·오종식(吳宗植, 한국일보 주필 역임) 등이 그들이다. 소설가 김동리(金東里)도 그곳에 한동안 머물면서 그의 초기 작품을 집필하였다. 만해의 회갑연이 광복되기 몇 년 전 여러 제자들에 의하여 그곳에서 베풀어졌는데 술에 취한 선생께서 계속 마시려 함에 제자들이 걱정이 되어 술잔을 치우려 하자 "이 사람들아, 세상이 이 지경인데 내가 술에 취하지도 않고 어떻게 사나. 나 몇 잔 더 줘"라고 울음을 터뜨리며 술회했다는 일화가 거기에 전해오고 있었다. 서울에서도 원고 정리가 가능한데도 굳이 그곳으로 장소를 정한 속사정을 알 수 있었다. 만해는 1944년 광복 1년 전에 눈을 감았다. 향년 65세였다. 애통하기 이를 데 없는 일이다. 회갑연 잔칫상 앞에서 여러 제자들과 함께 촬영한 사진을 그때 보았는데 그것도 지금 어디에 잘 보관되어 있는지 모르겠다. 다솔사는 대처승이 운영하는 절이라서 술자리가 가능했다고 한다.

도착한 즉시로 앞으로 일하게 될 작업장인 강당에서 효당과 우리 일행이 마주 앉았다. 차에 싣고 온 자료상자 여러 개가 효당에 의해서 마침내 개봉되었다. 순간, 인권환·이화형 그리고 나는 실로 경악하지 않을 수 없었다. 책 몇 권과 스크랩 얼마 정도가 아니라 '더미'로 쏟아져 나오는데 '보물'이 따로 없었다. 그곳에 오기 전 고려대 도서관에서 두 달 정도 여유 시간을 내어 잠시 검색한 우리의 초기 작업은 요컨대 '아이들 장난'에도 못 미칠 수준이었다. 발표된 글 거의 모두와 미발표 유고가 그 모습을 드러내는데 『님의 침묵』이야 당연한 것이고 신문에 발표된 장편소설 몇 편, 유고로 남아 있는 소설, 미발표 시와 한시 번역물, 불교관계 논설과 단행본, 수필류, 감상문… 한동안 벌어진 입을 다물 수 없었다. 그 유명한 「조선독립선언 이유서(朝鮮獨立宣言 理由書)」(후에 각종 서적에는 '조선독립의 書'로 改題하여 실렸다. 원래의 제목은 그런 것이 아니다)의 친필 원고(두 편이었다. 한 편은 초고인 듯하고 다른 한 편은 일인 검사에게 정식으로 제출하기 전의 원본인 듯하다)도 나왔다. 3·1 운동 당시 옥중에서 몇 동지와 함께 지은 친필 한시 유고집도 자료 속에 있었다. 놀라지 않을 수 있겠는가.

소설은 거개가 『조선일보』에 연재된 것을 스크랩해 놓았는데 그 외에도 조선일보 전용 원고지에 쓴 미발표의 글이 여러 편 있었다. 만해와 『조선일보』와의 관계가 범상치 않았던 듯하여 효당에게 물었더니 역시 짐작이 맞았다. 『조선일보』 사주인 계초(啓礎) 방응모(方應謨) 선생과 만해와는 아주 친한 사이였다고 한다. 1930년대에 접어들어서 만해의 생활이 더욱 궁핍해졌다. 계초가 그에게 시를 잘 지으니 소설인들 왜 못 짓겠느냐고 하면서 지면을 내줄 터이니 한 번 연재물을 발표해 보라고 권유했고 만해도 여기에 응하였기 때문에 그 신문과 인연이 깊었다는 증언이었다. 연재소설의 원고료로 생활비에 충당하라는 계초의 배려였던 것이다.

기준을 정해 놓고 25일가량 강행군을 계속하였다. 3명이 하루에 정리한 원고 분량은 평균 200매 정도. 일을 모두 마치고 서울에 오기 전 계산해 보니 7천 매 내외였다. 정리하지 못한 것은 상경하여 모두 마쳤다. 피곤함을 무릅쓰고 쉬지 않고 일한 까닭은 서울에 올라가면 2학기가 시작되고 그렇게 되면 학교에 다니느라고 많은 시간을 할애할 수 없기 때문이었다.

하루의 일과는 아침 8시 30분에 시작하여 저녁 6시에 끝났다. 이 시간표만은 칼날처럼 엄수했다. 하루 종일 강당 마룻바닥에 앉아서 지난 시대의 구활자를 읽어내는 일과 미발표 원고의 글자를 뜯어보는 일 등이 결코 쉬운 일이 아니었다. 욕심을 내어 무리를 하면서 더 정리할 수 있었으나 그렇게 하면 비록 젊은 나이들이지만 건강을 해칠까 우려되었기 때문에 적당한 선에서 하루의 일과를 끝냈다. 그 산속에 약국이나 병원이 있을 리 만무하였다.

기상 시간은 늘 6시. 늦으면 6시 30분, 그전에 새벽 4시 주지스님이 대웅전을 돌며 염송하는 예불소리가 참으로 청아하여 듣기에 좋았다. 음악적인 감각이 뛰어난 인권환 형은 그때 「반야심경(般若心經)」을 외워서 스님들 버금갈 정도로 잘 읊었다. 매 끼니 공양은 스님들과 함께 하였다. '발우(鉢盂) 공양'이라고 해서 이제는 도시의 현대인들도 아는 사람이 많으니 긴 설명은 하지 않는다. 다만 그 시절에 일반 속인으로서 그런 경험을 한 사람은 우리가 초기 인물이 아닌가 싶다. 자주 빈대 냄새와 똑같은 향기를 내는 부침개가 나와서 처음에는 먹기가 참 힘들었는데 며칠 지나니 그것도 입에 익숙해졌다. 절집의 어느 누구에게 은근히 물었더니 남자의 생식기능을 저하시키기 위해서 그런 냄새가 나는 풀을 섞는다고 했다. 이 글을 쓰는 동안 이형대(고려대) 교수가 이르기를 그것은 '고수'라고 하는 미나리과의 식물로 호유실 또는 빈대풀이라고도 부른다고 하였다. 주로 절에서 많이 재배하여 김치·쌈 등으로 먹는데, 성기능의 억제에 효과가 있다고 하여 궁중의 내시나 절집의 승려들이 애용하였다고 알려주어서 자세히 알게 되었다. 공양이 끝난 후 자기 바리때(발우의 다른 명칭)를 자기가 설거지하는 일이 처음에는 참으로 역겨웠는데 며칠 지나니까 괜찮아졌다.

다솔사 생활에서 빼놓을 수 없는 것 하나를 든다면 '차마시기'(茶道라고 말하면 건방지기 짝이 없는 일, 草(艸)衣禪師께서 지하에서 실소할 일이다)를 배웠다는 사실이다. 효당이 첫날부터 우리에게 권하는 차는 생소하기 짝이 없는 '바싹 마른 풀을 끓인 물'이었다. 쓰고 떫고… 커피 맛에 익숙한 우리 입엔 맞지 않았다. 그럴 줄 미리 알고 효당은 옆에 알사탕 통을 마련해 주고 이걸 빨면서 마시라고 했다. 마뜩찮은 표정을 지으며 그런 식으로 며칠 마셔보니 그게 아니었다. 쌉쌀한 맛에 그윽한 향기… 알사탕을 물지 않고도 그 차 맛을 알 수 있었다. 효당이 또 그럴 줄 알았노라는 듯 옆에서 빙긋이 웃었다. 효당은 다도(茶道)의 대가. 이 점은 사계(斯界)에서 다 아는 사실이다. 그걸 우리는 몰랐었다.

맛을 알게 되자 하루에도 10여 잔씩 마시면서 원고를 써 나갔다. 담소를 나눌 때나 글을 쓸 때는 원래 그렇게 하는 것이라고 효당이 거들었다. 후에 서울에 와서도 그분 댁에 출입하였는데 그때마다 가면 차를 마시면서 그분과 대화를 나누었다. 그러나 그 후로 나는 커피 맛에 중독되다시피 해서 그 차는 거의 들지 않는다. 누구를 방문할 때 내놓으면 마실 뿐이다. 마시면서 속으로 빙긋이 웃는다. 당신들보다 내가 훨씬 앞선 선배요라는 생각을 하면서… 요즘 그 전통차를 얼마나 즐기는가.

경주를 거쳐 서울에 9월 초에 돌아왔다. 지훈 선생을 찾아뵙고 보고드렸더니 역시 만족해서 흐뭇한 표정을 지으셨다. 임종국 형과 이기서 형과도 만나서 그들이 서울서 정리한 것을 전부 수합해서 한 군데 모았다. 나머지 얼마와 도서관을 찾아서 베껴야 될 것은 개학 후 시간을 내어서 정리하였다. 연세대학교 도서관은 통문관 이겸로 선생이 그쪽에 협조를 부탁하여 나와 정진규 형이 며칠 가서 일했고, 변영림·최홍규·홍선희 형 등은 아마 국립도서관을 찾아가서 필사해 온 것으로 기억한다.

이렇게 집중적으로 '공략'한 끝에 『한용운전집』의 원고 정리는 사실상 그 이듬해인 1959년 2월에 끝을 맺었다. 대기 중이던 통문관으로 원고 일체가 넘어가면 전집은 그해 안에 나오게 되어 있었다.

그런데 이게 웬일인가. 전집은 그로부터 장장 14년의 세월이 흘러간 1973년에, 그것도 당초 수지타산은 아랑곳하지 않고 흔쾌히 맡기로 한 통문관이 아닌 신구문화사(新丘文化社)에서 출판되었으니 세상일, 참으로 모를 노릇이다. 그 긴 세월을 보내면서 위원장인 남정 선생께서 빨리 일을 진척시켜야 된다고 독촉하고, 지훈 선생 또한 왜 늦는지 모르는 상태에서 심히 불쾌감을 감추지 않으시면서 전집의 간행을 고대하셨다. 우리는 특히 직접 원고를 정리한 입장이라서 다른 분 못지않게 책이 나오기를 갈망했다. 그사이 남정·지훈 두 분은 타계하셨으니 지금 생각해도 안타깝기 그지없는 일이다.

왜 그토록 지연되었는지 우리는 그 상세한 내막은 잘 모른다. 다만 무슨 피치 못할 사정이 있어서 전집 출판에 장애요인으로 작용했으리라고 막연하게 짐작할 뿐이다. 그 '피치 못할 사정'이 외압, 가령 전집 출판을 마땅치 않게 생각하는 어느 불순한 세력에 의해서 조성된 것이 아닌 것만은 확실히 말할 수 있다. 그런 세력을 용인할 시대는 아니었다.

1972년 어느 날 사정이야 어떻든, 또 처음에 약조된 바와 같이 통문관이 아닌 다른 출판사에서 나올지라도, 또한 인세로 만해를 기리기 위한 시비를 결국 세우지 못한 안타까움이 있을지라도 마침내 전집 원고가 출판사에 넘어간다는 소식을 받고 우리는 기뻤다.(곳곳에 서 있는 만해를 기리기 위한 석물은 그때의 인세로 된 것이 아니다.) 이것저것 따질 여유도 기력도 없었다. 출판사와 계약을 맺으니 참석해 달라는 전달을 받고 청진동 어느 한식집에 나갔다. '한용운전집간행위원회' 측에서는 효당과 재정 등 실무를 관리했던 이철우 씨, 그리고 인권환과 나(그 외 한두 사람 더 있었는지 기억나지 않는다), 신구문화사 쪽에서는 사장 이종익(李鍾翊, 작고)과 신동문(辛東門, 시인, 작고), 염무웅(廉武雄, 평론가, 영남대 교수) 등이 합석했다. 그리고 그 이듬해에 전집이 나왔다. 실로 유감스러운 것은 출판당시 서거하셨다는 이유로 남정과 지훈 두 분의 존함은 편집위원명단에서 빠진 것이다. 전집 편찬작업과는 전혀 무관한 국문학계 및 여타 방면의 여러 인사들을 편집위원으로 넣고, 정작 핵심 인사인 두 분은 누락시키는 말도 안 되는 결례를 저질렀다. 신구문화사에서 꼼수를 썼다고 밖에 볼 수 없다. 지훈은 특히 최초의 발의자임에도 말이다. 나는 지금까지도 수도 없이 이 점을 떠올리면서 두 분 선생님께 죄송한 마음을 품고 살아왔다.

　책 한 질을 받는 것으로 끝났으며 초판 2천 질이 나오고 또 재판이 나왔다는 얘기를 들었을 뿐, 계약한 그 시간 이후의 일은 지금까지도 모르고 지내고 있다. 이제 와서 알 필요도 없다. 다만 이 전집이 나와서 한용운 연구가 수다한 연구자들에 의해서 실로 급작스럽게 또한 꾸준히 진행되었고, 지금 이 시간에도 성찰의 대상으로 계속 주목을 받고 있다는 점에 흡족할 뿐이다. 매년 여러 곳에서 만해를 기리는 행사 또한 전집 출판 이후 그 영향에 힘입은 바였음도 부인할 수 없으리라.

　다솔사에서 서울로 올라오는 기차 안에서, 아니 절집 강당에서 원고를 정리하면서도 자주 걱정했던 바는 2학기 등록금 문제였다. 집안 형편으로 보아 한 학기를 더 휴학하기가 십중팔구였기 때문이었다. 단 하나 가느다란 희망은 장학금 수혜자를 겸한 특대생(特待生)으로 선발되는 것이었다. 지금 대학생과 대학원 학생들은 참 행복한 사람들이다. 교내외의 장학금제도가 수도 없이 많고, 졸업한 뒤 갚는 장기 저리의 대여학자금 등 혜택이 실로 여기저기 널려 있으니 말이다. 우리 때는 전혀 그렇지 못했다. 교내외를 막론하고 장학금은 단 하나, 학과 전 학년 통틀어 전체 성적 1등, 그러니까 1학년부터 4학년까지 전 학생 중에서 1등한 사람에게 주는 등록금 전액 면제의 '특대생'제도가 있을 뿐이었다. 운도 따라야만 탈 수 있는 문자 그대로 '특대'의 큰 혜택이었다. 이것 이외는 어떠한 성격, 이를테면 등록금의 일부라도 보태주는 등과 같은 것도 전무였다. 혹시 이름을 밝히지 않은 독지가가 사사롭게 지급한 것이나 종교 또는 자선단체에서 극히 소규모로 수여하는 식의 장학금제도가 있었는지는 알 수 없으나 학교에서 전교학생에게 공식적으로 혜택을 주는 교내 장학금은 이것밖에 없었다. 특대생 발표는 학기가 시작된 며칠 뒤 등록마감 직전에 발표되는 것이 상례였다.

상경하여 학교에 나갔더니 그날 오후에 마침 학생처에 방(榜)이 붙었다. 내 이름이 있었다. 어찌 쾌재를 부르지 않을 수 있으랴. 친구들이 잘되었다고 악수를 청해올 때 정말 고마웠다. 이튿날 여학생회관 2층 교수 회의실에 수혜자 집합이 있어서 갔더니 유진오 총장의 격려사가 있었고 그런 뒤 학과의 한 사람씩 호명하여 상장과 등록금 납부 영수증을 주었다. 기념사진도 찍었다. 이래서 3학년 2학기를 다녔고, 운이 좋아서 4학년 1학기 등록 때도 연달아 특대생으로 뽑혀서 도합 두 학기를 학교의 배려로 공부를 할 수 있었다. 학부 마지막 학기 때 또 휴학의 위기에 봉착했다. 그때가 1960년 4월, 정상적으로 학업을 마친 동기들은 3월에 이미 졸업을 하였고 나처럼 중간에 휴학을 했던 학생이나, 학보병으로 나갔다가 제대한 동기들만이 등록을 할 때다. 나의 딱한 사정을 누구보다 잘 알고 있던 인권환 형이 효당 선생께 말을 슬쩍 흘린 모양, 그래서 그분이 등록금을 내주는 바람에 한 학기 늦은 9월에 졸업을 하였다. 국사 인권환 군은 그가 졸업하던 날 술이 거나하게 취하여 나의 어깨를 부여잡고 울었다. 같이 입학해서 함께 나가야 하는 건데 너를 놔두고 나만 먼저 나가니 슬프다고 울며 푸념하면서 나에게 술잔을 권했다. 아 — 그래서 친구가 좋은 것이 아닌가. 그때 성동역(그 후 1970년대 중·후반 경에 없어졌음) 근처 술집에서의 그 장면을 나는 아직 잊지 않고 있다. 국사 그는 잊었을지 몰라도.

특대생과 관련하여 한 가지 첨언하고 이 절을 마감키로 한다. 내가 특대생으로 선발된 것은 물론 성적이 1등이었기 때문이었던 것은 사실이나 그렇다고 그것이 내 공부의 진짜 실력은 아니라는 점이다. 단지 등록금을 타기 위해서 죽기살기(!) 식으로 각 과목 시험지를 남보다 요령껏 작성한 결과일 뿐이라는 것이다. 작년에 나보다 11년 후배인 김흥규(金興圭) 형과 한잔할 때 마침 특대생 얘기가 나와서 그도 재학 중에 한 번 받았다면서 지금 내가 한 말과 똑같은 얘기를 하기에 나 또한 맞장구를 친 바 있다. 그는 학생시절 받은 특대생 장학금을 지금의 후배이자 제자들의 학자금으로 사용해달라고 작년에 학교에 반납하였다. 그렇게 하지 못한 나는 그가 부럽고 또한 부끄럽다. 평생을 궁기(窮氣)를 털어내지 못하고 살고 있는 내가 처량하다.

4. 젊은 날의 번민과 『한용운 연구』 출판

1

성공한 학자나 예술가들이 말년에 쓴 자전적(自傳的)인 기록 등을 보면 그들도 대개는 젊은 시절에 정신적으로 번민하고 방황했던 일을 숨기지 않고 고백하고 있다. 경제적인 여유 여부와 관계없이 고뇌의 한때를 보냈다고 회고하고 있다. 그러한 정신적인 체험이 그들을 성장케 한 밑거름이 되었음을 독자들은 쉽게 간파하기 마련이다. 그런데 내가 보기에 그들의 번뇌와 방황은 아주 고차원적인 것, 예컨대 학문과 예술의 본질은 무엇이며 그것이 인간에게 무엇인가, 인생의 본체는 어떤 것이며 궁극적으로 지향하는 바는 무엇인가, 생존과 생활의 이상적인 가치는 무엇인가, 학문은 왜 하는 것이며, 어떤 방법론이 유용한 것인가, 계획표는 어떻게 짤 것인가 등 사뭇 철학적이며 심각한 과제로 채워져 있는 것이 보통이다. 거기에 유려한 문장의 분식이 가미되고 보면 당사자의 의도와는 무관하게 독자의 입장에서 그들의 괴로움은 순전히 아름다움으로만 느껴질 때가 많고 그래서 쓴 사람은 한때 괴로웠을지 모르나 나로서는 오히려 그들의 행복한 고뇌가 사치스러움으로 느껴질 때가 한두 번이 아니다. 그런 사치스러운 정신적 체험이라면 나는 자진해서 몇 번이고 감당해내겠다는 생각을 할 때가 많았다.

속물이라서 그런가, 나는 그런 고상한 정신적인 체험의 세계에서 노닐어 본 적이 없다. 나도 젊은 한때 현재와 미래의 실용적인 삶, 그리고 세상의 일과 인생의 앞날에 대해서 몸부림치면서 자문하고 회의에 빠지고 골똘히 생각에 잠겨 보았지만 그 이상의 멋진(?) 명상에 잠겨 보지는 못했다. 학교 운동장에 계단식으로 된, 잔디풀이 잘 자란 자리에 나 혼자 앉아서 또는 누워서 먼 창공을 우러러보며 고뇌하고 깊은 생각에 빠진 일이 한두 번이 아니었다. 이제 참말을 말하거니와 나의 친구들이 나처럼 캠퍼스 안에서 그렇게 괴로움과 고독에 빠진 모습을 나는 본 적이 없다. 심할 때면 풀을 쥐어뜯으면서 몸부림치곤 하였다.

모든 것이 다 파괴된 전후(戰後)의 황폐 속에서 그래도 정신적인 자세만은 무너뜨리지 않으려고 사르트르며 카뮈의 실존주의 철학을 탐독하는 젊은이들이 많았고, 톨스토이의 『인생독본』과 임어당(林語堂)의 『생활의 발견』에 심취하는 축들도 여기저기 있었다. 그러나 그렇게 탐닉해도 당장 속 시원하게 영육 간 삶의 바른길과 해결의 비방을 얻어내는 경우는 많지 않았던 것 같다. '실존'이 무엇인지 철학적으로 아무리 정제된 설명을 접했을지라도 그 당시 대다수 한국인의 '실존'은 코앞에 놓여있는 먹고사는 문제, 삶의 끈을 놓치지 않고 어떻게 해서든지 '현실적으로 존명(存命)'하는 지극히 세속적인 수준 그 이상의 것이 될 수 없었던 것이 사실이다. 고백하거니와 그때 유행처럼 읽힌 실존주의 철학자들의 여러 작품들이며 톨스토이와 임어당의 저서를 나는 거들떠보지도 않았다. 일부러 그랬었다. 오만한 생각인지는 모르나 대학에 입학한 후 생존의 갈림길에서 허둥거리며 버틴 내가 사르트르와 카뮈보다 우월하다고 자임하였다. 톨스토이와 임어당의 가르침? 그런 건 안 읽어도 다 아는 내용, 인내하여라. 겸손하여라. 궁지에 몰려서도 제정신을 차려라. 하늘을 두려워하여라. 세상을 살며 패악을 저지르지 말아라, 뭐 이런 것일 터일 거 늘 시간을 낭비하며 굳이 책장을 넘길 필요가 없다고 단정을 내렸기 때문이다. 그런 책을 읽기보다는 고등학교 2~3학년 때 라디오 방송에서 흘러나오던 『마음의 샘터』에서 들은 몇 토막 인생교훈을 상기하는 것이 훨씬 효과적이라고 생각하였다. 누가 나를 무지하고 수준이 낮은 인간이라고 폄훼하여도 그때 나의 거짓 없는 생각은 그런 정도밖에 되지 않았다. 우스운 노릇은 내가 그때 그처럼 무모(?)하게 살고 있는 동안 철학적인 사색에 잠겨 있던 몇 지인(知人)이 얼마 가지 않아서 직장을 가지고 있던 나에게 생존을 위한 일터를 소개해 달라고 찾아왔다는 점이다. 현실파와 철학파의 어색한 괴로운 만남, 그런 시대를 지금의 젊은이들은 상상이나 할 수 있을까.

그때 나의 화두는 내가 먹고살아 나갈 앞길은 열릴 것인가, 대학을 나와도 모두가 실업자 신세인데(그때 고등룸펜이 얼마나 많았는지 당시를 살던 사람이면 다 알 것이다) 나도 직장을 구하지 못하고 백수가 되는 것이 아닌가, 우리 집은 언제나 판잣집 신세를 면할 것인가, 외아들의 고독과 책임은 이토록 큰 것인가. 나 하나만 믿고 사는 우리 집 가족의 운명은 어떻게 될 것인가… 이런 것들이었다. 좋게 말하면 실용적인 것이지만 요컨대 젊은 나이의 정신적인 체험치고는 수준 이하였다. 학문을 어떻게 할 것인가, 인생의 본체는 무엇이며 지금 내가 읽고 있는 문학의 궁극적인 것은 무엇인가, 이런 것은 내 머리에 떠오르지 않았다. 그럴 겨를이 없었다.

1990년대에 강원대학교 총장을 역임하였고 나와 가까이 지낸 문선재(文善在) 교수는 그 이전 1980년 신군부의 무지막지한 핍박의 희생이 되어 여러 날 보안사에 끌려가서 고생을 하다가 강제로 교수직 사퇴서를 내고 겨우 풀려나서 3년 동안 실직자로 고통스러운 세월을 보낸 바 있다. 그가 근자에 만났을 때 이런 말을 하였다. 쌀이 떨어지니까 기도 제목이 바뀌더라는 것이다. 그래서 자신도 모르게 "하느님 제발 식구들 살아야 하니 쌀 좀 주이소"라고 간절하게 기원하였다는 것이다. 기도발이 신기하게 먹혀들어 가서 서울의 친한 친구가 이튿날 집 주변을 지키고 있던 경찰의 감시망을 뚫고 용하게도 쌀 한 가마를 놓고 돌아가더라는 것이다. 또 하나 소설가 김훈 씨가 TV 인터뷰를 하는데 제작진이 소설을 쓰는 목적이 무엇이냐고 물으니 "먹고살자고 쓴답니다"라고 짧게 대답하는 것을 내가 시청한 바 있다. 이 두 사람의 얘기가 나에게는 더 솔직하고 더 절실하게 들려온다.

이후 지금까지 평생 명색 학자로 살아오면서 절실히 느낀 바는 학인(學人)은 안이함과 나태에 빠지지 않기 위해서는 경제적 풍요를 누려서도 절대 안 되고 또한 학문 그 하나만을 끝까지 붙들고 몰두하기 위해서는 지나치게 빈한해서도 안 된다는 점이다. 적당한 수준의 재정적 밑바탕은 조성되어 있어야 한다는 사실이다. 어디 공부를 업으로 삼고 있는 학자뿐이랴. 모든 사람에게는 최소한의 의식주는 마련되어야 하지 않겠는가. 우리가 젊었을 때는 그렇게 구비되지 않아서 참으로 힘들었다.

지극히 현실적인 삶의 과제를 놓고 타개할 방도를 찾다가 결국 미로를 헤매는 것으로 귀결되고 그렇게 되면 사색(思索)(?)은 저 밑바닥으로 '추락'하기가 일쑤였다.

　　세상 태어난 것을 후회하지 않고
　　세상 산 것을 후회하지 않고
　　세상 버린 것 또한 후회하지 않은 사람
　　그 사람 여기 누워있다

이것이 그때 내가 나의 머릿속에 써 놓은 '묘비명'이다. 순간적으로 머리에 떠오른 것이다. 진짜로 내 무덤 앞에 그런 식으로 돌비를 세워 달라는 소망에서 지은 것이 아니라 그냥 상상의 세계에서 떠올려 본 글일 뿐이다. 이런 걸 창피스럽게 세워 놓고 어떻게 지하에 묻혀 있을 수 있는가. 그만한 지각은 있는 나다. 그때 친구들과 함께 마시는 술자리에서 가끔 읊었는데 인권환 형은 이걸 잊어버리지 않고 자신의 수필에 인용한 것을 보았다. 일견 인생을 달관한 사람의 일생을 간추려 놓은 것 같은 문장이지만 실은 데카당적인 글이요 역(逆)의 심리에서 나온 시건방진 글이다. 후회가 없다는 것 자체가 거짓말이 아닌가. 뒤집어서 생각하면 풀린다. 내가 불행하게도 세상에 태어나서 험난한 세상을 힘들게 살아가는 것이 견뎌내기 어려워서 역설로 그렇게 술회한 것이다. 다만 한 줄만은 진심이 조금 담겨 있는데 세상을 버리고 그만 사라지고 만다면 그것만은 감수하겠다는 심정을 토로한 대목이다. 이런 역설의 진술, 데카당적인 글의 장난은 각박하고 여유 없는 삶, 앞이 내다보이지 않는 비관적인 인생관에서 비롯된 것임을 반복해서 말해 둔다.

비록 수준이 낮고 속물적인 걱정일지라도 그런 사색과 회의와 번뇌에 빠지는 것 자체가 여유 있는 공상이던가. 곧 나는 삶의 현장으로 돌아온다. 그때 하늘이 나에게 말하기를 쓸데없는 생각은 그만 접어두고 이런 거나 한번 해보라고 하면서 휙 던져주고 간 것이 바로 한용운에 관한 연구였다. 공연히 심각하게 살아갈 생각 말고 일이나 하면서 잡념을 차단해 버리라고 꾸짖는 듯하였다.

『한용운 연구』는 국사 인권환 형과 내가 이심전심으로 서로 통해서 시작한 공동의 작업이다. 전집의 원고 정리가 거의 다 끝나갈 무렵인 1958년 12월 어느 날 관훈동 그의 집에서 이 책은 잉태되었다. 그때까지 만해의 모든 글을 완독한 사람은 우리 이외는 없었다. 학계와 문단의 모든 인사는 말할 것도 없고, 원고를 수십 년 동안 끼고 살았던 남정·효당 두 분과 만해의 계승자라고 자타가 공인하는 지훈께서도 자료의 섭렵 면에서는 우리에게 미치지 못하였다. 그와 나는 전집을 펴내어 남 좋은 일만 할 것이 아니라 우리가 먼저 연구의 선편을 잡자고 의견을 나눈 후 곧 작업을 시작하였다.

목차는 쉽게 작성되었다. 이미 원고 일체를 필사하면서 일별하였기 때문이다. 그가 만해의 불교·소설·일화에 관해서, 내가 생애와 사상·시·독립운동 분야에 대해서 집필키로 하고 일정한 분량이 된 초고는 여러 차례 서로 교환하여 읽고 수정·보완하면서 책 전체의 통일을 기하기로 하였다. 그렇게 해서 탈고된 때가 1959년 8월경으로 기억된다. 우리 둘은 원고를 들고 지훈 선생 댁을 방문하여 교열을 부탁하였다. 그때 선생의 모습이 아직도 생생하다. 상기된 표정으로 전집 편찬만으로도 큰일을 해냈는데 뜻밖에 이렇게 연구물까지 쓰다니… 하면서 크게 흡족해하셨다. 약 2개월에 걸쳐서 읽고 고쳐 주셨는데 설사 동의할 수 없는 논지일지라도 우리의 주견(主見)인 것은 그냥 놔두셨다. 이것을 어떻게 알 수 있느냐 하면 책이 나온 이후 그분의 논문(『한국민족운동사』)에서 만해에 관해 우리의 책 일부를 인용한 후 반론을 제기한 것을 읽고 확인하였기 때문이다. 이런 점, 곧 당신의 생각과는 맞지 않을지라도 글쓴이의 주관적인 학설이라면 수정하라고 강요하지 않는 이런 점이 지훈의 미덕이었다.

원고는 이제 완성되었고, 출판하는 일만 남았다. 허나 일개 무명의 대학생의 책을 어느 출판사가 나서서 자선사업을 하는 셈 치고 내줄 것인가, 위에서도 언명한 바 있듯이 명성이 높은 대학교수의 학술저서도 상재되기가 힘들 정도로 출판계는 어려울 때였다. 따라서 출판사도 만나기 지난할 뿐만 아니라 또한 문제가 되는 것은 전집이 나오기 전에 연구서가 먼저 출판되어도 과연 괜찮은 것인가 고민거리였다. 우리 둘이 연구서를 구상할 때만 하더라도 전집은 늦어도 1959년 말 또는 1960년 초에는 햇빛을 보리라고 전망하였다. 그러한 전망은 계획대로 순조롭게 진행되었다면 전혀 무리한 것이 아니었다. 그런데 그것이 좌초에 부딪힌 것이다. 따라서 전집 간행 이후 연구서를 펴내려던 우리의 당초 구상도 미룰 수밖에 없었다. 한동안 관망한 결과 전집의 출판은 상당한 시간이 경과된 뒤에야 가능하다는 결론에 도달하였다. 실제로 그렇게 된 것이 아니던가. 그렇다면 연구서라도 세상에 내놓는 것이 현명한 선택이라고 판단한 우리는 서둘러 이곳저곳에 문의하였다. 예상했던 대로 반응은 차가웠다.

그때 옆에서 지켜보던 순인(醇人) 임환(任桓, 나보다 12년 연장의 대학 국문과 동기다. 2012년 작고) 대형(大兄)이 발을 벗고 나섰다. 그의 노력이 주효하여 명동에 있던 삼덕문화사(三德文化社, 그때 월간지 『自由公論』을 내면서, 또한 단행본 출판도 시작하였다) 사장 이원팽(李源彭, 임환 형의 고교 은사, 작고) 선생이 선뜻 맡아 주어서 조판이 완료되고 교정을 보아 지형까지 떠 놓기에 이르렀다. 얼마나 기뻤는지 모른다. 무명의 젊은 사람들의 책을 기꺼이 받아주신, 오래전에 돌아가신 이 선생님과 마치 자신의 일인 양 뛰어다니며 성사시켜준 순인 대형의 고마움을 우리는 지금도 잊지 않고 있다.

이제 한 달쯤 뒤면 저서 출판의 기쁨을 맛보게 될 즈음, 출판비 전액 중 그 반을 부담키로 계약서상에 약조한 우리의 재정 후원자 모(某)씨께서 계약 시에 일부 소액만 내고 무슨 사정이 있었던 모양인지 그만 주저앉고 마는 사태가 일어났다. 어렵사리 이루어진 일이 중단될 위기에 봉착했다. 나머지 잔액까지 삼덕문화사에서 떠안고 책을 내면 되겠지만, 적지 않은 비용을 들여서 젊은 학구(學究)의 책을 선뜻 맡아서 편집과 최종 교정까지 완료하여 지형을 떠 놓는 성의를 보내준 그분에게 비용을 전담하여 책을 내달라는 것은 실로 염치없는 짓이다. 이 선생이 그렇게 하고 싶어도 회사 직원과 편집진이 동의하지 않았을 것이다. 회사 나름대로 권위가 있고 또한 재정문제도 고려치 않을 수 없지 않은가.

그러나 지형까지 떠 놓았으니 우리는 크게 걱정하지는 않았다. 언젠가는 햇빛을 보리라고 확신하였다. 아닌 게 아니라 이 소식을 들은 통문관 이겸로 선생이 나머지 비용 일체를 자신이 부담하기로 하고 인수하였다. 전집을 내려고 기다리다 지친 차에 우리 책이라도 먼저 내야 되겠다고 판단한 것이다.

2

1960년 9월 20일을 하루 앞둔 날, 이겸로 선생으로부터 연락이 왔다. 내일 책이 나오니 오후쯤에 책방으로 나오라는 것이다. 그때의 통문관은 지금 그 자리가 아니라 그로부터 약 50미터쯤 관훈동(인사동과 연결되어 있음) 길로 내려와서 왼쪽에 한옥단층으로 있었다. 흥분을 가라앉히고 그날 찾아가니 평소의 온화한 표정 그대로 우리를 대하면서 잠시 뒤면 견본책 20권이 먼저 당도할 것이라고 귀띔해 주었다. 그때 책방 안에 학자인 듯한 중년의 어느 점잖은 손님 한 분이 꽂혀 있는 고서들을 열람하고 있었다. 고서점의 손님은 늘 있는 법, 그런가 보다 하고 범상하게 보아 넘기면서 우리는 어서 빨리 우리의 저서가 도착하기만을 기다렸다.

마침내 실려 왔다. 그리고 책을 받아 보았다. 목차를 살펴보고 책장을 넘겼다. 이 선생도 우리처럼 그렇게 하였다. 그다음 일은 전혀 생각이 나지 않는다. 기억을 더듬어서 애써 떠올리려 해도 끝내 생각이 나지 않는다. 다만 기쁨을 주체할 수 없었던 일만 생각난다. 바로 그 순간, 중년의 신사가 이쪽으로 오더니 우리 책을 보고 "이제 나왔군요" 하고 이 선생에게 말을 건네는 것이었다. 『한용운 연구』가 나온다는 사실을 소문으로 이미 알고 있었음이 확실하였다. 책을 한 권 들어서 살펴본 그분은 정가대로 책값을 지불하고는 책방을 나갔다. 우리 책의 '첫 번째 구매자' 그는 다름 아닌 사학계의 태두 홍이섭(洪以燮, 당시 연세대 교수, 작고) 선생이었다. 그분이 나간 후 이 선생이 우리에게 말해주어서 알았다.

고맙습니다, 감사합니다라는 인사말을 이 선생께 여러 번 되뇐 우리 둘은 책방을 나섰다. 그냥 어떻게 헤어질 수 있으랴. 그때 국사의 혼인하기 전 누님(위에서 소개했음)이 광통교 조흥은행 본점 기획실이던가 어느 부서엔가에 근무하고 있었다. 무일푼인 우리로서는(그때 국사는 대학원에 입학하여 2학기 재학 중이었다. 나는 학부를 9월에 졸업한 지 불과 며칠 안 되었다) 그분 이외 자금줄이 따로 없었다. 느닷없이 찾아갔더니 그 누님께서도 진심으로 축하해 주셔서 지금의 화폐가치로 거금 20만 원쯤 내주면서 실컷 자축하라고 등을 떠미는 것이었다. 그날 우리 둘만의 술판이 어떻게 되었는지를 여기서 굳이 기술할 필요가 있을까.

10월에는 구자균(具滋均)·조지훈(趙芝薰) 두 분 은사가 청첩인이 되어 교수회관에서 출판기념회를 열어 주셨다. 그때의 초청장·사진 여러 장과, 앞서 삼덕문화사와의 계약서를 나는 지금도 보관하고 있다. 저서 판권에 찍은 국사와 나의 합동 인장은 국사가 가지고 있는 것으로 안다. 국문과 교수·강사·대학원·학부생들로 성황을 이루었고 사학과 약전(藥田) 김성식(金成植) 선생께서도 참석해 주셨다. 이분과는 후에 아주 깊은 인연을 맺게 되는데 뒤에서 다시 쓰기로 하겠다. 2차는 우리 둘이 냈다. 화신백화점 옆 골목에 있던 중국 음식점에서다.

그 음식점은 몇 달 전 『고대문화』 2집을 복간할 때 인쇄소가 그 바로 인근에 있어서 자주 들러서 잘 아는 집이다. 그때의 중국 음식점은 거의 중국인이 운영하였다. 차후 한국인 운영의 중국집이 대세를 이루기 시작한 것은 1970년대 전후로 박정희 정권이 화교들에게 세금을 과도

하게 부과하는 바람에 수지타산을 맞출 수가 없어서 대다수의 중국 상인들이 외국으로 빠져나가면서부터다.

교수회관 모임에 참석했던 인원 중 일부인 30여 명이 시내로 진출하여 요릿집에서 '취차포(醉且飽)'의 지경까지 갔다. 그 중국 음식점에서 있었던 일 하나가 아직도 잊히지 않는다. 요리접시가 계속 들어오는데 종업원이 실수하여 지훈 선생의 상 위에다 엎지르고 말았다. 그 순간 선생은 호탕하게 웃으면서 "배반(杯盤)이 낭자(狼藉)로고"(잔과 쟁반이 흩어져 뒤섞였구나 곧 술과 안주가 그득하구나의 뜻) 하니 좌중이 그 기지에 감탄하면서 웃음을 터뜨렸다. 소동파(蘇東坡)의 〈적벽부(赤壁賦)〉의 일절이 실감나게 느껴지는 순간이었다. 구자균 선생은 벌써 만취가 되어서 그 장면을 느끼지 못하는 듯하였다. 3차는 조지훈·정한숙 두 분이 우리 둘을 포함 10여 명을 데리고 명륜동 성균관대 입구에 있던 '일취옥(一醉屋)'으로 가서 그분들이 내셨다.

통금 직전에 나온 우리 둘과 몇 벗들이 다시 차를 잡아타고 삼청동 국사 집에 당도하였다.(책이 나올 때까지만 해도 관훈동 통문관 옆 골목에 살다가 그 직후 삼청동으로 이사했다.) 모두들 대취하였으나 젊은 나이들이라서 '필름'이 끊긴 사람은 없었다. 나 또한 그랬다. 그런데 임도종 형이 인권환의 뒤를 따라 허리를 굽히고 쪽문으로 들어선 뒤 문밖에 있는 나의 손을 잡으면서 안으로 끌어들였다. 나를 부추겨 주려는 뜻에서였다. 그 순간 나의 발이 문턱에 걸리면서 집 안으로 그냥 넘어졌다. 바닥은 세면으로 포장되어 있었다. 그 바람에 위의 앞니가 동강이가 났고 피는 줄줄 흘러내렸다. 술김에도 통증이 오는데 감내하기 힘들 정도, 그럼에도 새벽녘까지 술을 마셨으니 죽기로 작정하지 않은 이상 객기·만용으로도 흉내 낼 수 없는 일, 제정신이 아니었다. 그로하여 몇 달 동안 이루 형용할 수 없이 고생한 일은 적지 않기로 한다. 1960년 10월 어느 야심한 밤이었다.

『한용운 연구』를 자평하라면 예나 이제나 나의 말은 한결같다. "만해에 관하여 문단의 몇 분이 쓴 짧은 인물론은 있었으나 학문적인 선행 연구가 전무한 상태에서 참고할 논저도 없고, 방법론도 갖추지 않은 채 쓴 책이라서 부실한 부분이 많음을 자인한다. 서술 과정에서 각주를 전혀 달지 않은 것도 미숙한 점이다. 각주라는 것에 대부분 익숙하지 않을 때였기 때문이다. 다만 아무도 몰랐던 만해의 윤곽이 그나마 학술적인 측면에서 논의되고 체계화된 점, 이 책의 출판을 계기로 최초로 많은 자료가 학계와 문단에 알려진 점과 이것이 촉매가 되어 그 후 만해 연구의 길이 열렸다는 연구사적 의의는 충분히 있다고 본다" 이것이다.

거의 반세기가 지나간 지금에 와서 생각해도 20대 초반 그 나이에 설사 만용이라 할지라도, 또는 임종국 형의 말처럼 그 많은 원고가 설사 전부 거짓말로 구성되었을지라도 어쨌든 책으로 내겠다는 발상을 한 것 자체가 우리 스스로 회상해도 놀랍다는 느낌이 든다. 지금도 학계 인사들을 만나면 『한용운 연구』를 꼭 거론한다. 자랑하려고 이런 말을 하는 것이 아니라 소회가 남다른 바 있어서 피력하는 것이다.

이와 함께 이 기회에 미안한 말을 적기로 하겠는데, 다름 아니라 전집 편찬에 함께 참여했던 임종국·이기서·이화형 형들과 정진규·최홍규·변영림 형 등에게 사전에 알리지 않았던 점, 가급적이면 이 중 몇 사람이 더 가담하였다면 좀 더 내실이 있는 저서가 되었을 터인데 우리의 짧은 생각으로 그렇게 하지 못한 점, 늘 부담으로 안고 살아왔다. 그들에게 거듭 사과의 뜻을 표하기로 한다.

낙수(落穗)거리 하나, 『한용운 연구』가 나올 무렵 나와 인권환은 성북동 심우장(尋牛庄)을 찾았다. 또 1962년 내가 군복무 하던 중 휴가를 나와서는 역시 인 형과 망우리 공동묘지 소재 선생의 묘소를 참배하였다. 우리 집에서 제사 때 쓰는 놋 술잔을 들고 가서 선생 묘 앞에서 절을 올렸다. 이 두 곳은 그 당시만 해도 찾는 이가 전무할 때였다. 지금과 전혀 달랐다.

호사다마라던가.『한용운 연구』가 나오기 전후로 하여 나는 심하게 앓았다. 죽거나 병신이 되는 줄로 알았다. 과장이 아니다. 낙산 판잣집에서였다.

첫 번째는 뇌병(腦病)이었다. 잠을 자던 중 갑자기 골이 쪼개지듯이 아팠다. 간헐적으로 그러기에 방치하였더니 책이 나오기 한두 달 전 매일 밤마다 그렇게 아팠다. 그럴 때면 잠결에도 이제 나는 죽는구나 하고 수도 없이 단념하였다. 한용운 연구의 원고를 집필하는 과정에 무리한 작업이 뇌를 손상시켰을 확률 이외에도 그 원인을 나는 그때 이렇게 추정하였다. 즉 대학 1·2학년 두 해 동안 나는 심한 불면증에 걸려서 이틀에 하루는 잠자리에서 꼬박 밤을 지새웠다. 새벽녘에 30분쯤 토끼잠을 잤을 정도였다. 장래에 대한 고민 탓에 그랬었다. 내가 처한 환경과 미래에 대한 불확실성이 나를 심한 정신적 고통으로 몰고 가서 그랬었다. 이 때문에 뇌병이 발병했다고 나는 지금도 믿고 있다. 고3 대학입시 준비 때 매일 저녁 진한 블랙커피를 마신 것도 혹 작은 원인이 되는지는 잘 모르겠다.

아파서 밤을 꼬박 지새우다 보니 학교도 한 달가량 결석했다. 낮에 조금 자는 것이 고작이었다. 병원에 갈 돈이 없어서 '뇌신'이라는 약만 계속 사서 먹고 버텼다. 아주 저렴한 약이었다. 그때를 살던 세대들은 잘 알고 있는 약이었다. 계속 복용하였다. 그러다가 우연찮게 괜찮아졌다. 허나 그게 나은 것이 아니었다. 나는 이로 하여 10여 년 뒤인 30대에 큰 고통을 겪게 된다.

그보다 몇 달 앞선 여름에 갑자기 오른쪽 다리를 펼 수 없는 병을 앓았다. 나중에 안 일이지만 그 직전에 학교에서 영문학과와 학과 대항 1만 미터 달리기를 하였는데 그걸 내가 완주한 것이 원인이었다.

그라운드를 25바퀴 도는 게임이었다. 걷는 데는 누구보다도 자신이 있었으므로 1만 미터쯤이야 하고 나선 것이 잘못된 것이다. 그 후 10여일 뒤부터 통증이 이만저만이 아니었다. 이 병은 초기에 동네 병원을 다니면서 치료를 받았으면 그렇게 고생하지 않을 병인데 두 번 다녀보니 그만하기에 또 방치한 결과 며칠 뒤 참기 어려울 지경에 이르렀다. 공연히 동네 병원만 탓하고 여기저기서 돈을 구해가지고 서울대 병원과 메디칼센터(현 국립의료원. 을지로 5가 소재) 극빈자 전문 의료실, 침놓는 용한 집 등 안 가본 데가 없으나 다리는 펴지지 않고 잠을 잘 수 없으리만큼 통증은 여전하였다.

  병원에 갈 때면 지팡이를 짚고 절뚝거리며 다니는데 그때 나는 다리 병신이 되는 것은 면할 길이 없고 다만 발가락 끝만이라도 땅에 닿을 때 아프지 않게만 해주십사고 천지신명에게 빌었다. 두 달가량을 그랬음에도 여전하였다. 나중에 안 일이지만 낙산 집으로 병문안을 온 친구들도 내가 다리병신이 되는 것은 기정사실로 쳐 놓았다고 한다. 지팡이를 짚고 병원이나 침을 놓는 한의원에 갈 때, 나는 다리가 불편한 불구자가 거리에 그토록 많은 것을 보고 놀랐다. 내가 그 지경이 되니까 비로소 나와 같은 사람의 모습이 눈에 들어온 것이다. 인간은 자기 본위의 존재임이 그토록 미울 수가 없었다.

  종조부께서 마지막으로 김형익(金衡翼) 의원이 원래 왜정 때부터 명의로 유명하고 그 또한 고학으로 고생한 사람이니 마지막으로 가보라고 해서 체념한 상태에서 찾았다. 빈민층임을 금세 알아본 그분은 작업복 차림에 학교 배지를 보고 "고대생이구먼, 내일부터 내가 적어주는 주사약을 약국에서 사가지고 와. 놔 줄게. 간호사 주사료만 받는 거야" 이 말에 나는 얼마나 감동하였는지 모른다. 예상하지 못한 파격적인 대우였다. 역시 고학생 출신의 의사가 다르구나 싶었다. 그런 한편, 메디칼센터(당시 최고의 의료기관이었다. 전쟁을 겪은 한국민을 돕기 위해서 스칸디나비아반도 3개국이 출연해서 지은 종합병원이었는데 각과 의료진의 책임자는 그쪽 나라의 의사들이었다)에서도 못 고친 병을 저런 식으로 해서 과연 낫게 해줄까 하고 잔뜩 의심하였다. 그런데 열흘 만에, 꼭 열흘 만에 깨끗이 나았다. 병신이 되지 않고 성한 사람으로 살게 되었다. 이로 보아 발병 초기에 찾아갔던 동네 병원의 진료가 제대로 맞았던 것이 거의 분명하다. 의사의 지시대로 이틀, 사흘쯤 더 다녔으면 그 고생하지 않고 나았을 터인데 돈이 아까워서 가지 않다가 병만 키워서 큰 병원을 찾아다니며 사서 고생을 한 셈이다. 지금쯤 저세상에 가셨을 김형익 선생 그분께 감사하면서 명복을 빈다.

그때 마침 시민증 갱신이 있어서 산동네를 찾아다니며 증명사진을 찍어 주는 카메라맨이 있었다. 안색은 파리하기 짝이 없고 눈이 푹 들어간 몰골로 집 앞에서 쪼그린 상태로 찍은 얼굴 사진을 지금도 나는 가지고 있다.

그때 동네 어느 집에서 가난한 대학생이 고생을 너무 한다고 보신탕을 큰 냄비에 담아 가져 왔다. 감사하였으나 역겨워서 도저히 먹을 수가 없었다. 나 대신 할아버지께 드렸다.

5. 구자균 선생, 그리고 이겸로 선생과 인권환·이기서에 대한 회상

이야기를 앞으로 끌고 나가는 일을 잠시 멈추고 위에서 거명된 몇 분에 관한 나의 회상을 남기기로 한다.

먼저 일오 구자균 선생이다. 선생은 고려대 국어국문과를 창설한 분으로서 제자들로부터 늘 추앙을 받았다. 인품이 개결하였고 제자들 사랑이 극진하였다. 정이 많은 분인데 군대에 간 제자들이 편지를 하면 받는 즉시 답장을 보내는 것으로 소문이 나 있다. 며칠쯤 기다려서 보내도 될 터인데 지체함이 없이 받는 그 자리에서 써서 보내곤 하였다. 댁이 바로 학교 앞에 있어서 제자들이 수시로 드나들면서 뵙곤 하였다.

개성 출신으로 경성제국대학 조선어문학과를 1936년에 졸업(8회)하고 곧 대구사범 교유(敎諭)로 근무하시다가 광복 후 보성전문 교수를 거쳐 1946년 고려대 국문과 교수로 임명된 분이다. 일제 치하에 조선 문학을 전공한 것 자체가 그분의 민족정신을 헤아릴 수 있는 대목이라 하겠다.

선생의 대표적인 저서인 『조선평민문학사』는 대학 졸업논문인 「서리(胥吏) 시인을 중심으로 하여 본 近代委巷文學」을 개제하여 1948년에 펴낸 책이다. 국문학 연구 초창기에 벌써 이런 논문을 구상했다는 데서 선생의 시각을 높이 평가하지 않을 수 없다. 왜냐하면 국문학 전사(全史)에서 어느 한 시기의 특정계층 문학을 연구의 주제로 삼는다는 것이 당시로서는 쉬운 일이 아니기 때문이다. 이 책에서 선생은 조선 후기 중인, 서얼, 서리계층의 한시를 다루었는데 그들의 문학에서 근대성의 연원을 구명코자 하였다. 평민문학은 마침내 개화기 이후의 근대성과 연결된다는 것이 선생의 지론이다. 외국 문학 사상에 의해서만 우리 근대문학의 잉태를 주장하는 일반화된 학설에 제동을 건 견해라 하겠다. 이 논문을 집필하기 위해서 원용한 자료만 근 120종에 달하는 것으로 알고 있다. 특히 장혼(張混)에 관해서는 작고하시기 1년 전에 별도의 논문으로 다루어서 계속 관심을 보였다. 조선 후기에서 출발한 선생의 학문은 다시 20세기 초의 신문학과 광복 이후의 문학계의 현상을 다루었다. 고전문학 전공자이면서 신문학 이후 카프문학, 「문장」지의 순수 문학 등에 대해서도 언급함으로써 넓은 시야를 과시하였다. 『조선평민문학사』뿐 아니라 개화기 우국경세의 가사 및 「옥루몽」 등의 고소설에 대해서도 새로운 학설을 제시하였다.

우리가 대학을 다닐 때만 해도 『조선평민문학사』의 존재는 두루 알고 있었으나 누구 하나 이 업적을 논의하고 계승시키려는 학자는 전무하였다. 그러다가 선생 서거 후 근 20년쯤 지난 1980년대 초를 전후로 하여 긴 세월동안 관심권 밖에 놓여 있었던 한문학 연구가 비로소 시작됨에 따라 몇 한문학 전공자 및 근대문학 연구자들에 의해서 이 책이 거론되면서 그 가치를 비로소 인정받기에 이르렀다. 옆에서 보기에 얼마나 좋은지 모른다.

나 또한 1992년에 『한국학논집』(21·22합집 한양대)에서 「1930년대 시가문학 연구의 두 성과 - 조선시가사강과 조선평민문학사」라는 제목으로 도남(陶南) 조윤제(趙潤濟) 선생의 저서와 함께 선생의 업적을 성찰한 바 있다. 선생의 공적을 새삼 부각시키면서도 자료집 성격에 머물게 됨에 따라 문학의 실상을 효과적으로 전달하는 데는 실패하였다는 식으로 논급하였는데 외람되고 죄송한 마음이나 그렇다고 무조건 상찬하는 것도 도리가 아니라고 지금도 생각한다. 논의한 것 자체가 선생에 대한 나의 변함없는 존경의 표시라면 과한 얘기가 될까.

선생을 말하면서 '술'을 빼놓을 수는 없다. 술병 때문에 불과 52세로 생을 마감하셨을 정도다. 가족의 증언에 의하면 1·4후퇴 전까지만 해도 그렇지 않으셨다고 한다. 대구에 피란을 가서 그곳 대구사범의 옛 제자들이 스승께서 고된 피란 생활을 하신다며 자주 주석에 모시고 이에 그분 또한 전쟁에 시달린 몸인지라 나중에야 어찌 되었든 통음, 장음하신 것이 마침내 알코올 중독에까지 이르게 된 것이다. 환도 후에 더욱 음주행각이 심해져서 내가 대학, 대학원을 다닐 때쯤에는 장기간의 휴강도 불사하면서 아침부터 연일 과음을 하셨다. 제자들이 그룹을 짜서 댁으로 찾아가 술을 못 들게 한 일도 있으나 다 부질없는 짓이었다. 선생의 장남 구본형(具本瀅) 형은 고려대 법과 출신인데 나와 동갑이면서 학년도 같아서 서로 이놈 저놈 하며 지내는 사이다. 그에 의하면 야밤에 가족들이 잠든 사이에 살며시 대문을 열고 동네 술집을 찾는 일을 막기 위해 대문 안쪽으로 각목을 X자 형태로 못질을 해 놓았으나 어떻게 그걸 뜯어냈는지 귀신처럼 대문을 살짝 열고 나가서 새벽녘에 대취하여 들어오시더라는 것이다.

선생의 술은 약 보름 동안 연음이시다가 수삼일 쉬고는 다시 시작하는 스타일. 완전중독인데 마침내 1963~64년에 병원에 입원하시기에 이르렀다. 저명한 대학교수이시지만 인분 푸러 온 사람, 동네 노인네나 아저씨들과 대작하는 일도 자주 있었다. 돌아가신 후 그들이 문상객으로 온 것을 보고 모두 놀라면서 평민문학을 전공하신 분답다고 코멘트하는 것을 내가 들어서 안다. 돌아가시기 전 어느 땐가 인권환 형과 내가 댁을 방문하였더니 그때는 술을 마시지 않으신 상태였다. 그러나 한잔 생각이 굴뚝같은 눈치라서 그렇다면 굳이 만류하는 것도 미덕이 아니라고 생각한 나머지 안암동 네거리 쪽 일식집으로 모신 바 있다. 몇 잔 드시더니 낙루(落淚)를 하시는데 그 의미가 무엇인지 지금도 요량할 수 없다.

서울대 병원에 입원해 계실 때 문병 차 찾아뵈었더니 3학년 이상의 학생들의 시험지 한 뭉치와 선생의 도장이 찍힌 성적 전표를 주시면서 대신 채점을 하여 교무처에 제출해 달라는 부탁이었다. 그때 나는 군대에서 갓 제대하여 대학원에 복학하고 대광고등학교 교사로 재취직한 직후였다.

병원에 몇 번 가던 어느 날 그 아들 구본형 형이 청와대 비서관이 조금 전에 다녀갔다면서 봉투에 들어있는 편지를 보여주었다. 네댓 줄의 간단한 글인데 쾌유를 기원하는 박정희 대통령의 글씨였다. 또박또박 정성을 들여 쓴 편지가 들어있는 봉투에는 지금 화폐로 5백만 원쯤의 수표가 동봉되어 있었다. 박 대통령은 대구사범 제자, 그의 스승에 대한 관심과 존경은 호가 나 있다. 선생이 돌아가신 후 비서관을 보내 문상하였음은 물론, 그 후 한동안 제삿날과 명절 때가 되면 꼭 사람을 보내서 예를 갖춘 것을 그 당시 고려대 출신이면 거반 다 알고 있다.
 나는 선생 서거 후 2년 뒤 선생의 생애, 학문 그리고 일화를 모아 읽을거리로 글을 쓴 적이 있다. 그 첫머리의 얘기 한 토막을 요약하는 것으로 마무리 짓는다.

 정진규와 변영림의 결혼식이 1961년에 있었다. 그때 내가 함진애비 노릇을 하였고, 또한 주례인 구자균 선생을 결혼식장까지 모시는 일을 맡았다. 내 몫은 분명히 했음을 재삼 확인해 둔다. 신혼여행에서 돌아온 새신랑과 신부가 스승이자 주례선생인 일오댁을 방문하여 인사를 올리는 것은 당연한 일, 그 옆에 있던 구본형 형의 증언은 이렇다. 그때 선생은 이미 얼큰해 있는 상태였다고 한다. 인사를 받자 선생께서 하시는 말씀이 "자네들이 누구던가? 큰절을 하는 걸 보니 나한테 배운 사람들인 모양인데…" 이쯤 되면 신랑신부는 알아차리고 그러시려니 하고 태연할 수 있으나 아들은 손님에게 민망할 수밖에 없는 노릇이다. 당황해하면서 "아버지, 두 사람이 가까운 사이 아닙니까. 모르세요?" 식으로 어물쩍했다는 것이다. 그랬더니 선생왈 "그렇지 그렇지 그런데 결혼식은 언제 하나?"라고 하는 것이 아닌가. 점입가경이라 다시 아들이 "요 며칠 전에 혼인을 해서 인사드리러 온 것 아니에요, 기억 안 나세요?"라고 했더니 배꼽을 잡고 폭소를 터뜨려도 부족할 대답인즉 "옳지, 이제 알겠군, 나도 청첩장을 받은 기억이 나. 그날 내가 바쁜 일이 있어서 자네들 결혼식에 참석을 못 했어. 미안하이" 하더라는 것이다. 이 일화가 선생께서 서거하신 그 이듬해 1965년 설날 국문과 여러 스승 댁 세배를 돌 때 공개되어서 그해 신년은 모두가 폭소로 출발한 바 있다.
 이겸로 선생의 고마움을 다시 떠올리지 않을 수 없다. 선생은 단순한 고서상(古書商)이 아니다. 1930년대 중반 스물다섯 살쯤 되는 나이에 헌책방의 문을 열 때는 먹고사는 것에 중점을 두었으리라. 그러다가 차츰 옛 고서를 사고팔면서부터 우리 고문헌에 대한 애착이 전공학자 이상으로 높았을 터이고 그래서 마침내 옛 기록문서의 지킴이로 자임하였으리라고 사료된다. 각종 상과 훈장이 그래서 그분에게 돌아갔다.

환도 이후에는 고서적 판매 이외 출판업에도 손을 댔다. 초기에 간행된 몇 권만 보아도 학문하는 데는 꼭 필요하나 팔리지 않을 서적만 펴냈다. 그만큼 소신이 있는 분이다. 늘 온화한 모습을 하고 사람을 대했는데 동업의 사람은 물론 국학을 전공하는 저명한 학자들도 존경해 마지않았다.

『석보상절』·『월인천강지곡』·『시용향악보』 등 국어국문학의 국보급 또는 보물급의 고문헌이 그분에 의해서 발굴된 것은 다 아는 사실, 그 외 그분의 공적은 두루 알려져 있으므로 생략하고 다만 나와 인권환 형이 공저한 『한용운 연구』와 관련된 삽화 한두 토막만 소개하기로 한다. 우리의 책을 출판해 준 그분의 결단이 실인즉 궁금하다. 원고도 보지 않고 말이 나오자 그 자리에서 수락한 것이다. 스물두세살짜리 대학생의 책을 내주려는 그 결심을 아직도 모른다. 우리 둘을 신뢰해서였을까? 앞에서 말한바 『한용운전집』 출판이 늦어지니 연구서나마 펴내고자 한 것일까? 한용운 선생을 추모해 마지않아서 그랬던 것일까? 어쨌거나 그분은 그 시대 무명의 대학생이 저술한 학술서를 공간함으로써 그분 또한 보람과 함께 그 파격적인 결단으로 주변의 칭찬의 대상이 되었다. 고집이 어떻게 센지, 난처한 입장에 몰린 우리가 결국 질 수밖에 없었던 일을 공개한다. 인쇄 직전에 표지 제자(題字)를 지도교수인 조지훈 선생과 상의하여 시암 배길기 선생 댁을 찾아가서 받아왔다. 아마 정종 한 병 들고 가지 않았을까 싶다. 그것으로 인사를 대신한 것이다.

통문관에 가서 그걸 내밀었더니 이겸로 선생의 표정이 갑자기 굳어졌다. 그것만은 안 된다는 것이 아닌가. 당연히 당황할 수밖에 없었다. 상의하지 않고 우리 단독으로 행동한 것은 잘못이지만 기왕 어렵게 받아온 것이니 써준 분의 체면을 보아서도 사용해 달라고 몇 번이나 간청하였다. 소용이 없었다. 그분 말씀인즉 자기와 배길기 선생과는 아주 친하게 지내는 사이이나 그의 글씨만은 싫다는 것이다. 책을 안내면 안냈지 그것만은 안 되니 우리더러 결단을 내리라는 것이다. 그냥 하는 얘기가 아니라 제작비 전부를 날리더라도 출판하지 않겠노라고 다짐하듯 말하는 것이 아닌가. 이토록 고집이 셀 줄 누가 알았으랴. 설사 싫더라도 그때 상황으로 보아 수용하는 것이 옳은 일이 아니겠는가. 결국 우리가 지고 말았고 그래서 그분이 택한 숙종(肅宗)조 한구(韓構)자로 낙찰되어 출간되었다.

또 하나 기억에 남은 것은 책이 나온 지 두세 해 동안 종로에 있는 몇 서점에 내 놓았고 그 후로는 통문관에서만 놓고 팔았다. 1960년 그 무렵만 해도 현대문학, 불교, 민족운동사를 전공하는 독자가 극히 제한적이라서 판매 성적이 좋을 수가 없었다. 그런 걸 감안해서라도 계속 서점에 내놓아야 했는데 실적이 좋지 않아서 그런지 그 후로는 아예 내놓지 않았다. 고집이었다. 15년인가 20년쯤 경과해서 재판이 나왔는데 그 잔품이 지금까지도 통문관에 있는 것으로 안다. 사람들은 절판이 된 줄 알고 사기를 아예 포기했다는 얘기를 많이 한다. 부족한 책이지만 최초의 연구서이므로 적어도 3~4판쯤은 쉽게 돌파하지 않았을까. 불만이 있어서 하는 얘기가 아니라 그분의 고집을 부각시키기 위해서 하는 말이다.

【이 기록물을 작년 7월에 1차 초하고 1년 넘게 쉬다가 금년(2006) 추석을 지나 10월 15일부터 다시 첨삭 보완을 하고 있다. 그렇게 시작한 지 불과 며칠 지내서(혹은 하루 이틀?) 이겸로 선생의 부음을 접했다. 아,

고마운 분. 비록 향년 98(?)세이나 슬프지 않을 수 없었다. 서울 삼성병원 장례식장에 가서 정중하게 문상하고 차남인 이동향(李東鄕, 고려대 명예교수, 중어중문학 전공) 교수를 처음 만나 잠시 예를 갖추고 왔다. 고인의 뜻에 따라 조위금은 사양한다는 안내문을 보고 그분답다고 생각했다.】

국사 인권환 형, 이름 밑에 '형'이라는 접미사를 부치는 것이 실로 어색한 그. 그와 나는 반세기 동안 가장 친한 벗으로 살아왔다. 학부 때부터 관포의 관계요 늘 붙어 다녀서 누가 나를 만나면 그의 안부를, 그를 만나면 나의 근황을 묻는다. 예전에도 그랬고 지금도 그렇다. 워낙 쌍둥이 형제와 같은 벗인지라 지내온 얘기를 소소하게 할라치면 한도 끝도 없을 것이고 또한 지금까지의 기술에서도, 또 뒤에 계속될 기록에서도 그에 관한 얘기가 나올 것이므로 다른 사람보다 오히려 짧게 진술하는 것이 모양새가 좋을 것 같다.

그의 근황부터 소개한다. 금년 4월부터 내년 3월까지 그는 일본 메이지(明治)대학에 객원교수로 가 있다. 정년 이전부터 그는 정년 이후를 설계하였다. 외국어 감각도 뛰어난 그는 일본어 공부를 꾸준히 계속하였다. 2000년이던가 1년 동안 교환교수로 가서 강의도 하였다. 그것만으로 부족하여 다시 일본어를 유창하게 말할 정도로 계속 갈고 닦았다. 그 소식을 저쪽에서 알고서 그를 초빙하였는데 일본인 학생을 놓고 일본어로 한국문학을 강의하는 것이다. 쉽지 않은 일 아닌가. 뿐만 아니라 우리 고전문학을 위한 일본 내 학회에서의 강연도 하는 모양인데 은퇴 이후 이렇듯 학자적인 생활을 지속하는 예가 드문 일이라서 남들의 존경과 부러움을 사고 있다. 나 역시 똑같은 기분이다.

교수라고 다 똑같은 교수는 아닐 터이다. 그는 학자다운 학자, 교수다운 교수로 전 생애를 불태우면서 살아왔다. 그의 첫 단독 개인 저서는 『韓國民俗學史』이다. 이 책이 나온 이면의 사연을 나는 알고 있다.

우리 둘의 지도교수인 지훈 선생께서 민속학에도 조예가 깊어서 말년에 국사와 함께 민속학 계통의 저작을 공동으로 펴내기로 하였다. 자료수집이 한창일 때 스승께서 서거하셨다. 그렇다고 작업을 중단할 수 없어서 국사 그가 단독 저서로 낸 것이 바로 이 책이다. 겉모습만 보아서는 민속학과는 무관한 인상인데 그는 이 분야에 상당한 매력과 애정을 가지고 꾸준히 연구한 바 있다.

그가 고전문학을 전공하되 불교문학에 치중한 사실은 학계가 공인하는 바다. 『한용운전집-연구』가 계기가 되어서 이 방면에 권위자로 된 사실도 모두가 인정하는 바다. 학위 논문은 「高麗時代의 佛敎詩研究」. 선시(禪詩)를 비롯해 대표적인 승려들의 작품을 분석한 저작인데 그 논리전개가 정연한 바 있어 나도 대학원 강의에서 텍스트로 활용한 바 있었다. 이어서 한국의 불교문학 전반을 천착한 『韓國佛敎文學研究』를 내놓아 입지를 더욱 다졌다. 우리 고소설의 여러 작품이 불전(佛典)에 그 전거를 두고 있음을 밝혔는데 「적성의전(狄成義傳)」이던가 혹은 「토끼전」이던가 여하간 그에 관한 근원설화를 밝힌 1967년 어느 날 나와 광화문 근처 대폿집에서 술을 마시다가 "우리의 古小說史를 다시 써야 해!" 하면서 기염을 토한 장면이 새롭다. 그만큼 그는 자신감에 넘쳐 있었다. 저 위에서 언급한바 그때만 해도 고전소설이든 시가문학이든 처녀지 그대로 남아있는 것이 너무 많아서 손길만 가면 학설이 바뀌게 되거나 새로운 정설이 되는 경우가 참으로 많았다.

판소리 쪽에도 깊은 연구가 있었다. 그의 정년퇴임 때 이화여대 국악과 학생들이 판소리 어느 한 대목을 공연한 것으로 알고 있으며 또한 『중앙일보』에 그의 지도를 받은 제자 교수들 몇 명이 이 점에 대해서도 조명했던 것으로 기억한다. 퇴임식 기념을 위한 모임이 소공동 롯데호텔에서 성대하게 있던 날, 나는 그날이 마침 어머니 제삿날이라 얼굴만 내밀고 일찍 나온 것을 지금도 매우 미안하게 생각하고 있다.

당일, 모든 행사가 끝난 뒤 따로 그와 내가 한잔하는 것이 마땅한 일이 아니겠는가. 기념논총과 기념행사를 준비한 그의 제자들 대부분을 나도 알고 지내는 터, 그들이 원한다면 동석케 하여 운치 나게 한잔하는 것이 그와 나의 각별한 우정이 지시하는 바가 아니겠는가.

국사의 해학은 수준 이상이다. 어디서 들었는지 밑천도 탄탄하여서 매번 좌중을 폭소의 도가니로 몰아넣는데 내가 부러워하는 바는 그런 해학적인 이야기를 풀어가는 말솜씨와 또 노래 솜씨다. 노래는 가수 찜 쩌 먹을 정도로 뛰어난 것은 아니고 아마추어로서는 수준급인데 지독한 음치인 나는 늘 부러워한다.

미식가는 그를 두고 하는 말이다. 대중식당의 음식도 가리지 않고 잘 먹지만 고급스럽게 잘 차린 음식을 즐긴다. 양식, 한식에 제법 통달한 듯한데 특히 생선요리에 관한한 회든 찜이든 구운 것이든 여하간 그의 앞에서는 함구해야 하지 잘못 말했다가는 망신을 당한다. 그의 낙지(落地)는 충남 당진군 석문면이다. 서해를 끼고 있어서 인근 나루터에 가면 갓 잡은 생선을 얼마든지 살 수 있다. 어릴 때부터 생선을 좋아했기 때문에 많이 알고 있다. 생선이 없는 조석끼니는 그에게는 상상할 수 없을 정도다.

외모로는 후덕한 인상이 아니라서 남과 사귈 때 거리감을 느끼게 하는 것이 사실이지만 내가 수시로 놀라는 바는 그 포용력과 너그러움이 겉모습과는 전혀 반대라는 점이다. 그러나 성질은 요컨대 깐깐하고 꼬장꼬장한 축에 속하고 고집은 위에서 말한 이겸로 선생과 유사하다면 크게 틀리지 않는다. 그와 함께 누린 명정행각은 하도 많아서 생략한다. 다만 수주(樹州) 변영로(卞榮魯) 선생의 『명정사십년 무류실태기(酩酊四十年 無類失態記)』의 몇 장면의 얼마쯤은 우리 둘에게도 적용되지 않을까 싶다는 정도로 에둘러 말하는 것으로 끝낸다.

운정 이기서 형, 그에게도 '형' 자 붙이기가 어색하리만큼 그와 나는 서로 막역지우다. 국사와 마찬가지로 대학 1학년 때부터의 벗이니 그 연조만으로도 우리는 知己之友로 자임할 만하다. 내 친구들 가운데 大人長者를 꼽으라고 한다면 나는 우선 그를 들 것이다. 그만큼 운정은 인품이 훌륭하고 너그러우며 그 마음 씀씀이가 넓다. 정적이면서도 야성미도 갖추고 있는 미남, 이것이 대학 때부터 그가 지니고 있는 인상인데 고희의 나이인 지금도 그 본질에는 변함이 없으나 미남의 용모는 많이 훼손되어서 나와 별로 다름없는 상모(相貌)니 그 점이 안 되었다 싶은 생각이다. 呵呵. 강릉 선교장(船橋莊)이 그의 큰댁, 그러니까 조선조 거부(巨富)의 후손이다. 중고교 때인 전쟁 기간에 그는 그곳에서 성장하였다. 그의 동생 이기웅(李起雄) 형이 선교장의 건물 하나, 곧 주인이 손님들을 응대하여 음주가무와 시서(詩書)를 얘기하던 요즘의 응접실 격인 열화당(悅話堂)을 자신의 출판사 이름으로 써서 대성하였음은 많은 사람들이 다 알고 있다.

젊었을 때부터 운정 그는 누구와도 원만한 인간관계를 유지하면서 친하게 지냈다. 거기에다 행정력, 통솔력, 추진력도 구비하고 있어서 후일 고려대 서창 캠퍼스 부총장을 역임하고 정년퇴임한 바 있다. 그가 보직을 맡고 있을 때 고려대 박물관 소장 미술품 수백 점을 1년간 미국 몇 대학에 순회전시한 일은 내가 보기에도 그 발상이 기발했으며 또한 잘한 일이다. 그 자신이 아마추어 사진작가라고 이를 만큼 예술에 관해 관심과 이해의 폭이 넓은 사람이며 한때 시인으로 입신하려다 학문으로 돌아섰다. 그러나 그의 체내에는 예술의 강이 늘 흐르고 있음을 나는 잘 안다. 노년에 쓴 그의 문장 몇 편을 읽고 그 유려함에 내가 감복한 바 있다. 전혀 녹슬지 않은 글이었다. 다른 사람을 비방하거나 욕하는 일이 없는 것도 그의 자랑거리다. 나는 한때 그 점에 불만이었다. 살다 보면 남의 결점을 발견하는 일이 드물지 않고 그걸 들춰내기 십상인데 그는 그렇지 않았다. 그래서 나는 사람이 어째 저렇게 너그러울 수 있느냐고 꼬집곤 하였다. 그러나 그게 아님을 나는 늙어 가면서 절감하고 있다. 그의 그러한 처신이 나는 오히려 부럽고 나의 지난날, 남을 헐뜯는 일에 부지런했던 과거가 부끄럽기만 하다. 자신에겐 엄격하되 남에게는 너그럽자는 그의 군자다운 삶의 태도가 본받을만한 것이 아닌가.

6·25가 나던 해 그는 명문 서울중학교 1학년이었다. 그런데 사변이 터지자 위에서 말한 바와 같이 고향인 강릉으로 피란을 가서 그곳 강릉상고에 다니다가(강릉상고를 단순히 '商高'만으로 알면 큰 잘못이다. 요컨대 영동지방의 명문학교였다. 인문계 학급도 개설했던 것으로 안다) 고려대 국문학과에 입학을 하여 나와 만난 것이다. 그때 그런 친구들이 다수였음은 저 위에서 이미 언급한 바 있다. 조세용은 남쪽으로 난리를 피해서 내려갔다가 휴전 후 상경하여 복학을 하려 했으나 나이든 사람에게 사변 전 원래의 학년인 중학 2학년에 배치시키는 바람에 포기하고 대동상업고교에 편입하여 역시 고려대에서 나와 만났다. 참으로 시대의 희생양 들이다. 그에 관해서는 뒤에서 얘기할 기회가 있다.

운정이 평생 살면서 크게 실수한 것은 대학 3학년 때 공군 장교로 입대하여(그때 육군의 간부 후보생 격으로 공군에서도 대학 3년 수료한 학생에게 시험을 치게 해서 합격자를 장교로 임관시킨 제도가 있었다) 장기간 복무를 한 후 제대한 것이다. 그 바람에 동기는 물론 후배들보다 여러 해 뒤떨어져서 학부, 대학원을 마쳤는데 자연히 대학 교단으로 진출하는 기회도 늦어져서 마흔 살이 넘어 힘들게 교수직을 얻었다. 그때 고생을 할 때 그가 군에서 장기간 근무한 것을 후회하던 모습이 지금도 선하다. 어쨌거나 교수로 임명되고 하고 싶은 현대문학 공부도 하고 마침내 높은 행정직에까지 올랐으니 복이 있는 친구인 것만은 틀림없다. 늦깎이로 시작한 연구자로서의 삶이지만, 또 대학의 행정직을 맡아서 동분서주한 일상이었지만 워낙 바탕이 있는 친구인지라 꾸준히 연찬하여 학위논문『한국 현대시의식 연구』를 펴낼 때 그는 그 방면에서 두각을 나타낸 것을 내가 알고 있다. 그의 중심과제는 시와 시인의 '의식' 세계다. 정년퇴임 때 상재한『한국 현대시의 구조와 심상』도 이상, 정지용, 김광균, 김영랑 등 1930년대 시인과 1950~60년대 박재삼 시인 등 14명의 의식을 천착한 노작이다.

그가 공군 장교로 근무할 때 나는 육군 졸병이었다. 1962년 8월 삼복더위에 첫 휴가를 나온 나는 작은집(종조부댁)이 피란지 대구에 있어서 그곳으로 가기로 하였다. 마침 그도 대구에 내려갈 일이 있었다. 그의 배려로 함께 여의도 비행장에서 공군 비행기를 타고 40분 만에 대구에 도착하였다. 그러므로 나는 친구 덕분에 일찍이 비행기를 탄 초기의 사람이다! 이 점을 나의 주위 사람들은 알아주었으면 좋겠다!

교회장로로 신앙심이 깊은데 야단스럽게 믿지 않고 조용히 믿는 모습이 참 좋아 보인다. 아흔이 되는 노모가 지금 치매로 고생하는데 운정이 모시고 살고 있어서 내외가 얼마나 힘들까 하는 생각을 나는 가끔 하면서 마음속으로 기도를 바치곤 한다.

【그런데, 모친상 이후 ―2008년?― 그의 건강이 아주 나빠졌다. 전립선계통의 병이 심하고, 또 척추를 수술해서 지금은 와병중이다. 2014년 2월과 5월에 분당 서울대 병원에 문병을 하고 왔다. 5월에 갔을 때는 퇴원하여 많이 호전되었다. 더 나아지기를 빈다.】

6. 1950년대 중·후반의 세태/ 4월 혁명

1

화제를 바꿔서 그 무렵의 세태와 시국의 동향이 어땠는지를 간추려

보기로 한다.

　세상은 변하기 마련이라지만 특히 1960년대 중반 이후 우리나라의 변화는 괄목상대(刮目相對)라는 말로도 부족하다. 그런 변화의 바람이 불기 직전인 휴전 후 몇 년간, 곧 1950년대는 아직도 정체의 늪에서 벗어나지 못하였다. 그 몇 장면을 내가 생활했던 공간을 중심으로 더 듬어 보기로 한다.

　고려대 정문에서 미아리 삼거리(얼마 전까지 삼거리로 불렸는데 지금은 사거리라고 한다. 예전 이름이 익숙해 있는지라, 그냥 '미아삼거리'라고 하겠다) 쪽으로 조금 올라가면 국민은행 큰 건물이 나온다. 큰길 그 건너편 일대 곧 고대 교우회관 옆은 우리가 학교를 다닐 때는 지금과 같은 주택지가 아니라 중앙산업이라는 거대한 기간 산업체의 현장이었다. 그 옆에 1958~9년경 지금은 없어졌지만 4층 혹은 5층 아파트 2동(?)이 섰다. 그것이 바로 서울 및 수도권 일대를 통틀어 처음으로 들어선 아파트의 효시였다. 저 위에서 소개한 왜정 때에 지은 연지동 체신부 아파트를 제외하면 그렇다. 그 아파트가 초기에 관심의 대상이 되어서 극영화에도 종종 배경으로 나왔다. 서울과 수도권은 물론 전국이 아파트 천지가 되어버린 지금과 견주어 보라. 초라하지 짝이 없는 종암동의 아파트 두 채가 장안의 화제가 되리만큼 그때는 성장이 거의 없었다.

　이것만이 아니다. 중앙산업과 종암동 아파트가 서 있던 그 지대가 큰 도로의 끝이었다. 거기서 미아 삼거리까지는 숲이 우거진 평지 임야였다. 도로가 어디 있으며 집이 어디 있었는가. 그 일대가 전부 숲이었을 뿐이다. 1960년대 들어와서 개발이 되었다. 강남보다는 10여 년쯤 앞서서 도로가 뚫리고 취락지가 형성이 된 것이다.

　기왕에 시가지 얘기가 나왔으니 하나만 더 들기로 한다. 동대문에서 청량리까지, 서대문 네거리에서 마포까지, 동대문 운동장(당시는 '서울

운동장'이라 하였고, 1980년대까지 그 정문 건너편에 '고양군청'이 있었다)에서 왕십리까지는 서울에서도 가장 낙후된 거리였다. 도로는 넓게 뚫려 있었고 전차도 다녔으나 도로변은 지금의 지방 중소도시(광역도시가 아닌)를 연상케 할 정도로 한산하였다. 경동시장 네거리에서 마장동쪽 일대와 지금 쇠고기 도매시장이 있는 곳을 포함한 그 전역이 노적가리가 쌓여 있는 농촌 마을이었고(1954년 겨울, 마장동에 내가 아는 사람의 집이 있어서 '시골'에 가는 기분으로 가서 하룻밤 자고 온 적이 있다) 신설동에서 경동시장 방향으로 약간 걸어가서 오른쪽에는 넓은 경마장이 있었다. 이 경마장이 휴전 이후에는 한동안 미군의 헬리콥터장으로 활용되었다가 건물이 들어섰던 것이다. 그때 그 시절의 서울이 어땠는지를 이제 알만하지 않은가. 전쟁의 폐허를 얼마쯤 복구하였으나 발전하는 모습을 되찾기에는 좀 더 기다려야 할 때였다. 그 흔해빠진 집장사 집, 블록으로 쌓아 올린 단독주택의 붐이 일어나기까지는 아직 시간이 더 필요했었다.

  먹는 것은 또 어땠었나. 이것도 상징적인 것 하나만 들기로 하겠다. 농촌 출신 학생들(그땐 '지방 출신'이라는 말보다는 '농촌 출신'이라는 말을 더 썼다. 시골은 물론이고 지방 대도시에서 공부하러 서울에 올라온 모든 학생을 통칭하였다)을 상대로 한 하숙집이 각 대학이 있는 동네를 중심으로 곳곳에 있었다. '하숙을 쳐서' 생계에 일부 보태려는 부업형과 그걸로 생활 자체를 해결하는 본업형이 섞여 있었다. 어느 형이든 하숙생의 입장에서 겪는 남모르는 고충은 하숙집 밥이 시장할 정도는 아니로되 조석으로 먹는 그 양으로는 젊은 시절 쇠라도 녹일 수 있는 배를 채우고 포만감을 느끼기에는 미흡했다는 얘기다. 한 달에 몇 끼니쯤 주인아주머니에게 밥 좀 더 달라고 하지만 그것도 눈치를 보는 일이 항다반사(恒多飯事)였다. 하숙을 하던 내 친구들로부터 들어서 잘 알고 있다. 만일 친한 친구가 끼니 때 찾아오면 분위기를 살펴가면서 한 달에 두세 번쯤 밥 한 그릇만 더 달라고 할 수 있으나 사람이 '염치'가 있는 법, 그리하여 대개는 한 그릇을 놓고 친구와 함께한 사람은 숟가락으로, 또 한 사람은 젓가락으로 나누어 먹는 일 또한 하숙집에서 '가끔' 볼 수 있는 풍경이었다.

내가 왜 이런 얘기를 하는가 하면 하숙생은 하숙비를 다 지불한 떳떳한 '고객'이고, 하숙집 주인은 그걸 받아서 생계를 이어가야 하는 입장인데 그까짓 '밥 한 그릇'이 도대체 무엇이었기에 그 한 그릇 때문에 하숙생이나 주인이나 서로 상대방의 비위를 상하게 하지 않으려고 그렇듯 눈치를 보고 신경을 써야만 했는지 그 시절의 궁핍상을 되살려서 오늘의 풍요와 잠시 견주어 보고 싶었기 때문이다. 요즘에 그런 하숙집이 어디 있는가.

정리하면 하숙비를 주고받으며 거래된 상호 관계인지라 인정이 넘쳐야 할 밥상, 하숙집 주인아주머니도 학생의 어머니 심정으로 넉넉히 담으려고 애를 쓴 흔적이 역력한 그 밥상의 옹색함이 그러했거늘 가난한 서민의 식생활이야 더 말해 무엇 하겠는가. 끼니 걱정만이라도 하지 않고 사는 집이 그 시대에는 당당한 중산층 반열에 오를 수 있었다.

먹는 것과 관련해서 한 가지 보텔 것이 있다. 그 무렵에 유행한 음식점으로 '수타(手打) 자장면집'을 꼽아야 하겠다. 중국집 주방에서 일하던 종업원이 나와서 개점한 것이 시초였을 것이다. 자유당정권 말기, 그리고 화교가 본격적으로 한국 땅을 떠나던 박정권 시대가 오기 전의 풍경이다. 큰 골목에 한두 곳은 있었는데 손으로 국수 가락을 만들어 내는 솜씨가 화교(華僑) 못지않았다. 많은 사람들이 사 먹곤 했는데 요즘의 라면 삶아내는 집쯤으로 이해하면 과히 틀리지 않는다. 궁기가 돌던 시절의 풍경이었다.

먹는 얘기가 나와서 또 하나 좀 엉뚱하지만 곁다리로 기억이 나는 것을 적자면 1956년 전후로 해서 그 전의 감기 몸살과는 비교가 되지 않는 '인플루엔자', 이른바 '독감'이라는 괴질이 그때 우리나라에 상륙했다는 사실이다. 독감이 얼마나 지독한 병인지를 모르는 사람이 없거니와 이것이 왜 먹는 것과 유관한가 하면 기존의 감기 몸살과 달리 새로 들어온 이 독감은 그렇게 사람을 괴롭혀도 식사 등에는 별 지장을 주지 않는다는 사실이다.

도로의 상태를 배경으로 하여 아파트에 관해서, 그리고 밥에 관해서 얘기를 했으니 구색을 갖추려면 옷에 대한 회고가 없을 수 없다. 잠깐 더듬어 보기로 한다. '옷'이라고 일컫기보다는 차라리 '입성'이라고 함이 낫겠다. 입성은 옷을 비속하게 칭하는 어휘다. 그때의 옷은 나일론 바람을 타고 그나마 먹는 것과 거처하는 집보다 우월한 편이었다. '옷이 날개'라는 말도 있듯이 살림은 가난하지만 사회에 진출했거나 하려고 준비하는 남정네들은 옷만은 그럴듯하게 입고 다녔다. 여인들은 본성이 옷을 중시하는 체질이므로 더 말할 나위가 없다. 그래야만 상대를 해주었고, 그래서 돈벌이가 가능할 수 있는 세태였기 때문이다. 길을 가다가 뒤에서 누군가가 '사장님'이라고 부르면 앞서가던 여러 사람들이 자신을 찾는 줄로 알고 모두 뒤돌아본다는 식의 풍자가 유행하던 초기였다. 옷이 그런 풍자를 낳게 하는데 일조가 되었다.

그러나 이처럼 의·식·주 가운데 가장 낫다고 하는 의복 상태도 지금과 비교하면 그렇게 견주는 것 자체가 어불성설로 간주하면 과히 틀리지 않는다. 가지 수도 그렇고 질도 또한 그렇다. 그렇기 때문에 입성이라 한 것이다. 요즘 옷이 얼마나 질이 좋고 저렴하며 또한 넘치는가. 어른이나 아이, 남자 여자를 가릴 것 없이 옷가지가 남아돌아가서 처치 곤란한 집이 어디 한두 가정인가.

1950년대가 저물기 전일 것이다. 빠져서는 안 될 특기(特記)할 두 가지가 있다. 이 두 가지는 앞에서 거론한 '제일모직'과 등가(等價)를 이룰 수 있는 그 시대를 대변하는 총아(寵兒) 격의 특수품이요 앞날의 성장을 예고한 상품이었다. '럭키치약'과 '금성 트란지스타' — 이것을 빼놓고 휴전 이후의 생활상과 사회상을 말할 수 없다. 럭키치약이 나오기 전에 우리 국민은 소금으로 양치질을 했다. 간혹 분말로 된 치약이 있었는데 사용하는 사람이 별로 없었다. 그런 시대에 미군들이 쓰던 것에 뒤지지 않는 튜브로 된 치약이 나와서 짧은 시간 내에 전국을 압도하였다. 트란지스타 또한 대단한 발명품이었다. 라디오를 우리 손으로 만들었다는 사실, 이런 점이 우리로 하여금 미약하나마 자긍심을 갖게 하였다.

그러한 자신감과 자긍심이 드디어 후일 제일모직과 제일제당은 '삼성'이라는 세계적인 기업으로, 럭키치약과 금성 트란지스타는 합사(合社)하여 LG그룹(GS그룹과 分社되기 전)이라는 그 또한 글로벌 재벌기업으로 발전되었음을 우리는 지금 이 순간에도 감격하면서 회상한다.

집에서 최백호의 〈낭만에 대하여〉(2000년대에 진입해서 나온 노래)를 줄창 들으면서 '도라지 위스키'와 '그 소녀'뿐만 아니라 1950년대의 집과 밥과 옷을 떠올리면서 하염없는 회고에 나는 자주 빠진다. 가난하고 궁핍한 시절이었으나 남녀의 사랑은 마치 개화기 이후 전성기를 이룬 듯, 자못 번창 일로였고 유일한 오락으로 등장한 당구장은 성황이었다. 일부 지적인 젊은이들은 서양에서 수입된 실존주의 철학과 문학에 탐닉하고 있었다. 그래서 잠시 현실세계에는 관심을 두지 않은 사이 자유당 정권의 부패와 독재는 참으로 목불인견이었다.

2

이승만 초대 대통령, 관점에 따라 포폄이 엇갈리나 그래도 그는 애국자였다. 현실 정치면에서 식견을 가지고 있었던 인물이었다. 그의 독재정치와 실정은 지탄받아야 마땅하다. 그러나 광복 이후 다양한 정치적 주장과 노선을 극복하고 대한민국 정부를 수립한 그의 공로는 높이 평가하여야 옳다. 분단을 고착시킨 주인공이라고 해서 이 또한 그의 잘못으로 지적되기도 하나 그것이 어디 그에게만 책임이 있는가. 북쪽에도 책임이 있음을 외면해서는 곤란하다. 세월이 흘러간 뒤에 살펴본 결과 그의 선택과 결정이 맞았다는 것이 객관적인 평가라고 나는 생각한다. 남북이 하나가 된 통일정부를 세울 수 있는 환경이었으면 얼마나 좋았을까. 그렇지 못한 상황에서 남한만의 정권을 출범시킨 것은 그나마 차선의 방법이었다고 보기 때문이다. 지금 남과 북이 정치·경제·사회·문화·언론·인권 등과 주민들의 살림살이를 견주어 보면, 또한 구소련과 동구라파의 공산주의·사회주의 체제가 붕괴되어 세계사의 무대에서 퇴장당한 사실을 중시하면 모든 것은 자명해진다. 그때 외골수로 '민족'에만 집착하여 남북 단일 정권이 수립되었다면(가상일 뿐, 전혀 불가능한 일이었다) 상치된 이념과 사상의 극심한 대립과 갈등으로 다시 내부 분열(→내전)이 일어났으리라고 보는 견해가 많다. 남한만의 정권을 먼저 출범시키고 후일을 기약한 그의 정치적 결단은 당시로서는 불가피한 차선책으로서 정당한 평가를 받아야 한다. 거듭 말하거니와 그의 실정과 독재는 당연히 비판과 공격의 대상이 되어야 하지만 그런 이유로 그가 수립한 대한민국의 역사적인 정체성과 그 존재마저 부정되어서는 안 된다. 과오가 있다고 해서 국체(國體) 자체마저 무화(無化)시킬 수는 없지 않은가. 이런 점을 떠올리면 이승만 박사가 그저 상식의 수준에서 나라를 다스리기만 했어도 그는 초대 대통령으로 그 이름을 역사에 남겼을 것이라고 생각한다.

그런데 안타까운 일이다. 그와 그의 자유당 정부는 망하게 되어 있었다. 말로는 표현할 수 없는 부정 선거의 연속, 도탄에 빠진 백성의 삶, 곳곳에서 풍기는 부패의 악취, 반대파에 대한 모진 탄압, 공무원의 정치적 악용, 간신배들의 발호… 이러고도 망하지 않으면 그것이 차라리 이상한 것이었다. 이러한 실정도 용서할 수 없지만 특히 사사오입만은 하지 말았어야 했다. 헌법을 무시하고 종신대통령이 되려 한 그 순간부터 그는 비참한 운명을 자초했다. 우남(雩南), 1875년생. 사사오입 헌법이 통과될 때 그의 나이 팔순을 넘었다. 요즘으로 말하자면 百歲쯤이라 하겠다. 그 나이에 어떻게 나라를 다스린단 말인가. 자유당 졸개들이나 우남 그나 모두 제정신이라고는 도저히 말할 수 없었다.

그런 망국적인 현실을 보고서도 그 당시 대학생들은 조용하기만 했었다. 이것이 고려대의 경우 저 위에서 언급한 행동성을 버리고 '사색'에만 몰두하라는 구호의 허점이었다. 오죽하면 뜻있는 교수들은 강의실에서 혹은 강연과 교내신문, 『사상계』・『새벽』지 그리고 일간신문지상을 통해서 학생들의 역사의식 없음을 탓하고 은근히 그들을 자극했겠는가. 실로 그때 몇 신문과 잡지의 역할은 지대하였다. 그런 신문과 개념이 있는 몇 잡지가 없었다면 4월 혁명은 불가하였다는 얘기가 후일 나올 정도였다. 다른 대학은 모르겠으나 고려대에는 조지훈・김성식 이 두 분이 대표적인 인물이었다. 이종우・이상은・박희성・이항녕 교수 등 여러 분도 표가 나지 않게 반자유당정권운동에 기여하였다. 전국적으로는 함석헌 선생 등 위 두 잡지에 이름을 자주 올린 유력한 인사들의 논설이 지대한 영향을 주었다. 특히 인상이 깊었던 분은 〈내 마음은 호수〉의 서정시인 김동명(金東鳴) 선생이 『동아일보』에 한동안 매주 1회씩 자유당 정권을 맹공하는 논설을 썼다는 점이다. 당시에 그와 같은 독려도 있었고 또한 뒤늦게 각성한 용기 있는 대학생들이 움직이기 시작한 것은 방학 중인 1960년 2월 중순 이후, 그리하여 마침내 대통령 선거기간 동안 대구 지역 학생들의 항의 시위, 3・15부정선거에 대한 마산학생들의 궐기 ─ 김주열 열사의 비참한 죽음 ─ 우리 현대사에서 빛나는 자유 민주주의 수호를 위한 4・18고대학생의 데모와 그 이튿날인 4・19전국대학생의 궐기 ─ 젊은이들의 이러한 일련의 항쟁은 마침내 4・25대학 교수단 2백여 명의 반정권시위로 서울에서 마무리를 지었다. 일컬어 '4월 혁명' — 하야(下野)하여 경무대(景武臺, 현 청와대)를 떠나 사저인 낙산 밑 이화장(梨花莊)으로 노령의 '전직 대통령이 오던 날', 나는 바로 뒤 낙산 꼭대기에 살고 있었던 연고로 그날의 모습을 지근거리에서 지켜보았다. 역사의 패배와 승리의 순간을 동시에 지켜보았다.

고려대의 경우, 이런 과정을 거쳐 1970년대 김상협 총장에 의해서 이른바 '지성과 야성'이라는 새로운 가치관의 정립을 보게 된 것이다. '사색'만으로는 곤란하다는 자각이 있었기 때문이다.

'4·18'로 불리는 고려대 학생들의 데모가 있기 이틀 전, 나와 몇 동료는 개운사 근처 차동석 형의 하숙집에서 자리를 같이했다. 차동석은 나와 같은 동기로 생물과를 졸업하고 대학원에 막 입학한 뒤였다. 그는 부산 출신, 자기 전공 분야에서 두각을 나타낼 수 있는 재능을 갖추고 있었으나 석사학위를 받은 뒤 뜻밖에 출판인쇄업에 종사하다가 1993년 환갑도 못 채우고 세상을 떠났다. 문장력, 시국관 등에 밝아서 주로 『고대신문』에 칼럼을 졸업 이후에도 장기간 집필하였다. 나와는 막역한 사이다. 「4·18 고려대학생의 선언서」를 기초한 박찬세(朴贊世, 법과. 나보다 1년 선배이나 학보병 복무를 마치고 제대하였기 때문에 졸업은 자동적으로 늦었음. 그때 『고대신보』 학생 편집국장으로 있었음. 통일부 통일연수원장 역임) 형도 동석하였는데 그에게서 '함구'를 약속하고 이틀 뒤 고대생의 궐기가 있다는 극비의 정보를 그 자리에서 들었다.

그리고 바로 1960년 4월 18일, 『고대문화』 복간의 일로 2년 후배인 홍선희(洪善憙, 철학과. 1982년 작고) 형과 함께 오후에 시내로 나갔다가 고대생들이 몇 군데에서 경찰의 완강한 방어선을 뚫고 조금 전에 세종로 국회의사당 쪽으로 달려갔다는 시민들의 소리를 들었다. 순간 그쪽으로 발길을 재촉하였다. 연좌하여 함성을 터뜨리는 3학년 이하 학생 중심의 데모대를 경찰이 몇 겹으로 포위하고 있었다. 그때만 해도 어리숙한 시대요, 또 서울에서의 학생 데모는 처음 있는 일이기 때문에 큰 저항 없이 경찰의 방어선을 비집고 들어가서 그 데모대 뒤편에 합류하였다. 나처럼 (코스모스) 졸업을 몇 달 앞둔 4학년생은 눈에 띄지 않았다. 한참 뒤 유진오 총장의 설득에 따라 학교로 향하는 장면을 보고 나는 귀가하였다. 학교로 돌아가던 학생 시위대가 천일극장(현 광장시장 순복음교회 그 자리이거나 그 옆 건물자리쯤. 1980년대 초까지 있었으나 현재는 다른 건물이 들어섰음. 내가 고대에 입학할 때 신입생 교복을 그 백화점 내 지정 나사점(羅紗店)에서 맞췄음) 앞에서 정치깡패들의 습격을 받고 수십 명이 쓰러진 사진이 그 이튿날 조간신문에 크게 나오고 그리하여 마침내 4월 19라는 혁명의 날짜가 역사에 기록되기에 이르렀다. 그리고 정권은 마침내 무너졌다.

  4월 혁명 이후 개인적으로 이런 일이 있었다. 3월에 졸업한 동기생 차동석(車東奭, 생물과, 작고)·이현희(李炫熙, 사학과, 성신여대 명예교수, 작고)·윤장근(尹長根, 국문과, 군 제대 후 『고대신문』 문화부장으로 근무 중이었음. 후에 편집국장, 재미)·구자균 선생의 장남인 구본형(具本瀅, 법과, 당시 대학원 진학)·인권환(당시 국문과 대학원 진학), 나 등과 후에 동참한 조항언(趙恒彦, 당시 『고대신문』 사회부장, 뒤에 편집국장, 동아일보에 근무함. 이 글을 쓰는 오늘은 2005년 6월 16일 밤 그의 부음을 듣다)·이남국(李南國, 고려대 기획처 차장 역임)·여훈근(대학원 진학·후에 고려대 명예교수) 등은 평소 『고대신문』에 글을 자주 발표하면서 뜻이 통하던 벗들인지라 위 박찬세 형과 함께 모임을 만들어서 오늘에 이르기까지 실로 반세기 동안 변치 않은 우정을 나누고 있다. 모임의 이름은 '가자회', 공부하러 도서관에 갈 때, 술 마시러 주점에 갈 때, 그 당시 열병처럼 번진 통일운동에 우리 모두 함께 갈 때 등에 공통으로 들어가는 어휘가 '가자'이므로 '가자회'라 칭하였다. 이것이 내가 대학 시절을 마무리하면서 참여한 마지막 친목모임이었다.

이쯤에서 그 무렵 지훈 선생과 '가자회' 우리 몇 사람이 관련된 일화를 소개할 차례가 되었다. 그분도 우리의 모임을 알고 있었다. 4월의 열기가 차츰 진정되어 가던 6월 말에, 나는 석악(石岳) 박찬세 형과 포남(浦南) 윤장근 형을 만나기 위하여 조선일보사 근처에 있던 '고대신문사' 분실을 찾아갔다. 소관 사무가 있어서 그들을 만나러 간 것이 아니라 그냥 만나서 술이나 한잔하려고 간 것이다. 그때 『고대신문』의 조판은 조선일보사에서 맡아 했는데 매주 목요일(?)이면 그 옆 빌딩에 전세를 얻어 쓰던 사무실로 학생기자 모두가 나가서 교정을 보며 신문이 나오기까지 일련의 작업을 하였다. 그날이 바로 그런 날이었다. 5층이던가 여러 번 찾아간 바 있어서 익숙한 분실의 문을 열고 들어가니 오주환(吳周煥) 주간교수(3공화국 때 국회의원 역임, 작고)를 비롯해 모두가 오후의 일을 마치고 근처 '이화식당'(그들의 단골식당이었다)으로 저녁을 먹으러 가려던 참이었다. 그때 참으로 예상치 않던 일이 일어났다. 5분쯤 지났을까. 뜻밖에 지훈 선생께서 홀연히 나타나신 것이다. 그 근처에 볼일이 있어서 나왔다가 우연히 들렀다는 것이다. 오 선생은 즉각 식당행을 취소하고 학생 두 명을 시켜서 큰 물통 둘을 들게 하여 근처 그들이 단골로 다니던 술집으로 가서 막걸리 몇 말과 안주 얼마를 사 오도록 지시하였다. 그렇게 해서 사무실 안은 순식간에 질편한 술자리로 바뀌고야 말았다.

그러나 고대신문사 분실에서의 술판은 서곡에 불과한 것이었다. 한두 시간이 흘러간 뒤 박찬세, 윤장근, 나 이렇게 세 사람은 지훈 선생과 오주환 주간을 모시고 종로로 진출하였다. 종로 2가 골목 안에 위치한 '경주집'에서 밤 열 시경까지 마신 우리는 그곳을 나와 만취한 오 선생은 귀가하시도록 하고(그분 댁이 그 근처 낙원동에 있었음) 지훈을 모시고 다시 화신백화점 옆 골목에 있는 술집으로 가서 정확히 통금직전인 밤 열한시 사십분까지 대취토록 마셨다. 지훈 선생은 천하가 다 아는 고수의 주객, 두주불사임에도 자세를 무너뜨림이 없고 시종 호방하게 마시며, 즐겨 고담준론을 토해내는 풍류객이셨다.

시간에 쫓겨 술집을 나온 우리는 나의 제안으로 종로 네거리에서 택시로 5분가량 떨어져 있는 삼청동 인권환 군 집에 예고도 없이 쳐들어가기에 이르렀다. 지훈께서는 몇 번 사양하였으나 우리들의 고집을 꺾지는 못하셨다. 스승이 제자 집에, 그것도 술에 취하여 야심한 밤에 불쑥 찾는 것이 말이 되느냐는 표정이었으나 결국 우리가 하자는 대로 몸을 맡기셨다.

잠시 뒤 친구 집 대문에 들어선 후의 일을 여기서 굳이 장황하게 설명할 필요가 있을까. 다만, 실로 역사에 남을(?) 사제 간 전대미문의 좌주문생연(座主門生宴)이 새벽 동이 틀 때까지 심야 습격을 받은 어느 교수의 제자요 어느 친구들의 동료인 국사 인권환 형의 집에서 즐겁고도 호쾌하게 열렸던 사실만은 분명히 밝혀 두기로 한다.

7. 전공 분야에 관한 고심과 대학원 석사과정 진학/ 1960년대 전후의 대학과 학계의 양상

지금까지 기술한 바와 같이 대학 생활의 가장 중요한 시기이며 어쩌면 인생의 황금기라 할 수 있는 3·4학년을 나는 온전히 만해와 관련된 일로 보냈다. 이로 하여 나는 후회해 본 적이 한 번도 없고 오히려 남이 경험할 수 없는 특별한 삶을 살았다는 점에서 지금도 보람으로 생각한다. 허나 아쉬운 점이 전혀 없는 것은 아니다. 그것은「한용운」이라는 하나의 과제에만 매달리다 보니 한국 문학의 폭넓은 세계를 들여다볼 기회를 거의 갖지 못하였다는 사실이다. 이것은 분명 나의 손실이다. 입학할 때와는 달리 현대문학에서도, 그리고『국어국문학』지를 비롯한 학술지와 약간의 연구서에서도 진전된 고전문학 계통의 논문이 점차 나오기 시작하였는데 그런 학문적 성과를 나는 간과하고 말았다. 여러 해 지난 뒤에 접하고는 당황하였다. 그리고 뒤쫓아 가느라고 한동안 애를 먹었다. 얻는 것이 있다면 잃는 것도 있다던가. 그것이 인생사의 이치라던가.

만약 내가 그때 만해의 전집과 그에 관한 연구에 관여하지 않았다면 무엇을 전공으로 택했을까. 아마도 평론 쪽으로 나갔지 않았을까 싶다. 창작은 나의 소질과 능력이 미치지 못하는 분야이니 엄두를 못 내겠고 그렇다면 '문학 연구'의 길이 남았을 뿐이다. 그 길로 접어들기 위해서는 평론을 택할 수밖에 없었다. 되든 안 되든 그 분야를 붙들고 씨름을 하였을 것이다. 그런데 이런 얘기도 실은 나의 무지를 고백하는 것에 다름 아니다. 즉 평론이 아니고 학문으로서의 현대문학 연구의 길도 얼마든지 열려 있고 그래서 후에 알고 보니 많은 사람들이 그 방면에서 일가를 이루었다는 것을 알았다. 그때 나는 그런 세세한 것을 몰랐다. 오로지 평론가로 등단하는 사람만이 현대문학을 연구하고 강의할 수 있는 자격을 갖춘 것이라고 치부하고 있었다. 요컨대 이래저래 나는 현대문학 연구자나 평론가의 길을 택할 수 있는 시간을 놓치고 말았다. 이것은 숨김없는 사실이다.

풀어서 말하자면 3·4학년을 하나의 논제만 가지고 씨름하다 보니 평론은 저 멀리 가버렸고, 학문으로서의 현대문학은 그런 길이 있는지조차 몰랐다. 만약 그것을 숙지하였다면, 『한용운 연구』 이후에도 「한용운」을 다시 붙잡고 '학문적으로' 천착하였을 터이고 그렇게 했다면 나는 한용운 시의 초기 연구자로서뿐만 아니라 아주 유리한 입장에서 이를 크게 성취시킨 사람으로 남았을 것이다. 몰랐던 것이다. 고전시가를 전공한 지 15년쯤 지난 1980년대 이후 나는 향가와 고려속요를 성찰한 논문에서 여러 번 만해의 시를 인용하여 우리 시의 맥락 연결을 시도한 바 있다. 나의 내면에 그분은 여전히 살아 있음을 문득 깨닫곤 한다.

혹자는 후에라도 평론의 길, 학문의 길 중 어느 하나를 전공으로 택해서 정진할 수 있었지 않았느냐고 반문할지 모른다. 그러나 그건 모르고 하는 말이다. '늦깎이'가 없는 것은 아니나 전공을 결정하고 거기에 몰두하는 것도 다 때가 있는 것이다. 더군다나 나를 비롯하여 1950년대를 살았던 사람들의 대부분, 어느 학문을 전공하였든 상관없이 거의 대다수의 청년들은 때를 놓치지 않고 빨리 사회에 진출하는 것이 초미의 과제였다. 여유를 가지고 시간을 끌면서 인생을 설계할 그런 환경에 그들은 있지 않았다.

졸업을 앞두고 나의 길을 결정할 때가 점점 다가오고 있었다. 캠퍼스를 뒤로할 시간이 빠른 속도로 찾아오고 있었다. 그렇다고 『한용운 연구』를 출판한 것에만 도취되어 노상 들떠 있을 수도 없는 노릇이었다. 내가 살아가야 할 길을 찾아야 했다.

위에서 나는 나의 장래에 대해서, 먹고살아 가야 할 문제에 대해서, 직업에 대해서 걱정하며 많이 고민하였다고 진술하였다. 이와 관련하여서 분명히 밝히고자 하는 것은 생존과 생활도 나의 전공과 연관시켜서 생각했지, 전공과 관계가 없는 어떠한 직업이나 인생행로를 나는 한 번도 상상해 본 적이 없다. 국문학을 해서 어떻게 밥을 먹고살겠느냐는 주변의 걱정과 만류는 진작 겪은 바이나 그것까지 감안해서 국문학을 택한 이상 죽으나 사나 이 동네에서 결판을 내자는 나의 견고한 각오는 변함이 없었다. 그 길이 얼마나 험난한지를 왜 모르나. 내가 대학교수가 된 후 어느 때던가 박목월(朴木月) 시인의 글을 읽은 적이 있다. 거기서 그분은 가족을 부양하고 가정 경영에 늘 신경을 쓰다 보니 좋은 시를 짓는 일에 적지 않은 지장이 있었다고 속내를 털어놓았다. 서정시인으로서 성공한 그분도 어쩔 수 없는 생활인이었다. 이 말을 뒤집어서 수용하자면 생활을 하면서도 시인으로 남을 자는 남을 수 있다는 뜻이 된다. 또한 이 말은 국문학이라는 전공과 결별하지 않고서도 생활이 가능하다는 말로 치환시켜도 무방하리라.

결국 나는 대학원 석사과정에 진학하기로 결정하였다. 전공을 더 '전공'하지 않으면 안 되겠다는 자성(自省)이 나를 그 길로 몰고 갔다. 「한용운」 이외 모르고 있는 학문의 부족한 부분을 채우지 않고서는 안 되겠다는 절박감이 나를 그쪽으로 가기를 강요하였다. 뿐만 아니라 고백컨대 미래에 대한 불확실성이 나를 그 길로 가기를 재촉하였다. 즉 졸업 후 취직이 안 되면 대학원에 적을 두고 기회가 오기를 기다려야지 아무것도 하지 않고 놀고 지낼 수는 없지 않느냐는 지극히 영악스러운 계산이 나의 마음을 움직이게 하였다. 입학금? 판잣집 빈민 신세에 대학원? 언제 내가 돈이 있어서 공부를 했으며 덩그런 내 집이 있어서 학업을 지속했느냐는 배짱이 그때 팽배해 있었다. 세파에 시달리다 보니 아주 노회해져 있었다. 나의 예상대로 입학금은 종조부께서 대주셨다. 이것 말고도 그분께 받은 은혜를 내가 어찌 잊으랴. 어찌 잊을 수 있으랴!

이리하여 1960년 9월에 학부를 졸업한 한 학기 뒤인 1961년 봄에 고려대학교 대학원 석사과정에 입학하였다. 학부 2학년 때 휴학했던 관계로 한학기가 늦었다. 그때는 후기 졸업이 8월이 아닌 9월에 있었다. 식도 없이 교무처에 가서 졸업증서를 받았다. 가을에 졸업하는 것을 '코스모스 졸업'이라 칭한 것은 한참 뒤의 일, 사람들은 말도 잘 만들어 낸다. 나와 함께 대학원에 입학한 인원은 타 대학 출신까지 포함하여 5명이었던가. 학부와 대학원 모두 우리 동기 때부터 좀 더 역동적으로 움직였다. 그렇듯 적극적이어서 그랬는지 학부 30명 동기 중 교수가 8명(그중 대학 총장 1명, 부총장 1명), 교장 4명, 교감 몇 명이 배출되었다.

이제 내가 학부를 졸업하던 1960년을 전후한 시기의 대학 사회와 고전문학계의 몇 모습을 소략하게나마 간추리기로 한다.

  먼저 대학의 변화에 대해서다. 입학할 때보다 대학 규모가 엄청나게 늘어났다는 점을 우선 꼽을 수 있다. 후일 이른바 '대학의 거대화(巨大化)'가 이루어지는데 아마 그 초기 단계가 1960년 전후가 아니었던가 싶다. 어느 대학교나 정원과 학과가 늘어나고 단과대학 수도 거기에 맞춰서 몰라보게 늘어났다. 이렇게 모든 면에서 예전과 달리 '팽창' 일로였으나 후일 1980년 이후 신군부 정권의 강압적인 지시에 따라 급자기 초(超)거대화로 변질된 것에 비한다면 그것은 또한 아무것도 아니었다. 그저 내가 입학할 때보다 훨씬 규모가 커졌다는 뜻이다. 그 무렵 대학과 대학생 수가 너무 많다고 하여서 '대학 망국론'이 줄기차게 제기되었다. 대학 망국론은 내가 대학을 다니던 초기에 이미 거론되었다. 아니, 휴전 직후에 벌써 대두된 우려 섞인 말이다. 지금의 대학과 대학생 수와 견주면 실로 아무것도 아닌데 그랬다. 대학을 엘리트 양성기관으로 간주한 시기였기 때문이다.

  이렇게 대학이 커졌지만 그러나 분위기는 정말 '조용'하였다. 요즘 어느 대학에서나 접할 수 있는 시장 바닥 같은 소란함은 찾아볼 수 없었다. 전후의 특수성과 재정의 빈곤이 겹쳐서 대학의 내실을 다지기에는 역부족이었으나 그래도 1953년 환도 직후의 썰렁한 환경에서 벗어나 조금씩 외양과 내면을 채워나갔던 것만은 부인할 수 없다. 거기에 보조를 맞추기나 하려는 듯 대학은 아카데미의 산실이라는 본래의 정신과 모습을 견지하려는 의지가 역력하였다. 대학 어느 구석에서도 어지러움·소란함·쌍스러움을 찾아볼 수 없었다.

  교수의 권위 또한 아마 그 시대가 가장 절정기가 아니었던가 싶다. 지금과는 달리 교수의 수가 적었기 때문에 희소가치의 이유도 없지 않아 있었으나 본질적으로 그 시대의 교수들은 학자·교육자로서 능력과 품위를 갖추고 있어서 쉽게 범접할 수 없었다. 유명 대학이면 으레 '괴짜교수'가 있어서 그분들의 명성은 많은 사회인들도 알고 있을 정도였는데, 기행 속에서 내뿜는 그분들의 지적인 향취는 학생들의 정신을 맑게 해 주었고, 그런 분들의 경해에 접하고 있는 자신들이 마냥 자랑스럽다고 여기기까지 하였다.

당시의 학생들 또한 대학생다웠고 순진하였으며 점잖고 어른스러웠다. 진중하였으며 경거망동하지 않았다. 전쟁을 겪은 세대인지라 참을성이 있었고 성실하였으며 또한 부지런하였다. 교수들에게는 언제나 순종하였고 스승으로 모시는 일에 소홀하지 않았다. 이런지라 당시의 사제지간은 조선시대의 좌주문생(座主門生) 관계에는 미치지 못하였으나 그 언저리에까지는 도달하였다고 나는 회상한다. 그만큼 돈독하였다.

대학원은 학칙상 박사과정이 개설되어 있었으되 입학하는 일은 거의 없는 형편이었다. 석사과정에 진학하는 것으로 대학원 교육은 끝나는 것으로 인식하였다. 교수님의 대개는 일제 때나 혹은 광복 후 학부 수료가 주류를 이루었으므로 학생들의 박사과정 입학만은 현실적으로 차단될 수밖에 없었다. 석사과정 입학생도 나의 모교인 고려대 국어국문학과를 기준으로 돌이켜볼 때 1960년을 전후한 시기부터 비로소 한 학기에 평균 5~6명 선발하였으니 오늘날과는 비교조차 하기가 어렵다. 그 인원도 국어학·고전문학·현대문학 전공 모두를 포함한 것임을 명기해둔다. 대학원 수업은 요컨대 엉성하였다. 학부 강의가 허술할 때였으니 한 강좌 평균 3~4명 놓고 하는 대학원 강의야 족히 짐작이 갈 터이다. 주로 학기 초 몇 번 강의 후 과제를 받아서 기말에 리포트를 내는 것이 주류를 이루었고, 격주 강의를 하는 경우도 있으나 흔하지 않았다.

당시의 대학을 얘기하면서 전국을 대상으로 크게 유감스러운 점 하나를 든다면 지방 각 도에 하나씩 있는 국립대학을 왜 집중적으로, 질적으로 높은 수준으로 이를테면 서울의 몇 명문대학에 버금갈 정도로 키우지 않았느냐하는 점이다. 정부 당국의 큰 실책이 아닐 수 없다. 그렇게 하지 못하였기 때문에 오늘에 이르기까지 우리나라 대학의 중앙과 지방의 불균형이 지속되는 심각한 사태가 발생하였음은 긴 설명이 필요 없다. 지방의 유명 국립대학이 서울의 중상류급 몇 사립대학에도 미치지 못하고, 졸업생의 사회진출에 있어서도 막심한 손해를 보고 있음은 누구나가 다 알고 있는 사실, 이걸 내다보지 못한 역대 정권의 단견을 꼬집지 않을 수 없다.

학계는 학문 2세대가 주도하고 있었다. 당시 국문학 1세대들의 연령은 40대 후반에서 50대 중반이었고, 매우 드물지만 몇 분은 환갑 전후였다. 이런 연로한 몇 분을 빼고 남은 분을 보면 한창 왕성한 학술 활동을 보여줄 나이였다. 평균 수명이 오늘날보다 훨씬 짧은 때였을지라도 그 나이면 뒷방 어른으로 물러나 있을 연치는 아니었다. 그런데 유감스럽게도 그분들은 너무 일찍 조로(早老)에 빠져서 연구 활동이 거의 정체된 상태에 머물러 있었다. 국문학 연구 초창기의 열정을 다시 되살려서 새로운 학설을 제시하거나 아니면 이미 일궈놓은 업적을 되새김질하여 재조명해 놓았으면 후학들에게 큰 도움이 되었으련만 안타깝게도 그분들은 그런 기회를 잡지 못하였다. 6·25의 상흔이 그 아래 세대인 제자들보다 더 많이 남아서, 뿐만 아니라 전쟁 통에 자료도 흩어지거나 없어진 연고로 학문 연구의 욕구가 상실되었기 때문이었을까. 어쨌든 1세대들의 학술 활동이 조용했던 것만은 분명하다. 그때 그분들이 못한 영역을 결국 후대들이 나중에 해냈지만 관점과 안목은 세대 간 서로 다른 것이므로 일단 1세대들이 운을 떼고 이를 이어받아서 2세대 학자들이 외연과 내면을 넓혔다면 더욱 충실한 학문 연구가 되었으리라는 것이 나의 생각이다.

이런 점은 국문으로 된 작품 연구도 그렇지만 특히 한국한문학(韓國漢文學)의 경우 더욱 아쉬움으로 남는다. 오늘날 한국한문학을 국문학에 포함시켜서 논의하는데 이의를 달 사람은 거의 없다. 당연히 국문학으로 간주한다. 그러나 1950년대와 1960년대까지만 해도 한국한문학은 국문학의 영역에 들어올 수 없는, 들어와서는 안 되는 이방의 문학인 양 간주하였다. 그런 시기에 국문학 1세대의 어른들이 그런 식으로 한문학을 홀대해서는 안 됨을 논파하고 김태준(金台俊)의 『한문학사』를 더욱 확장시키는 작업에 관심을 기울였어야 마땅하였다. 그런 일에 시종 무관심한 점이 국문학 1세대의 나태, 또는 잘못된 사관이 빚어낸 결과였다.

  그 당시 학계를 주도한 2세대의 연령은 대체로 30대 후반이거나 극히 일부는 40대 초반이었다. 그들의 스승인 1세대들로부터 국문학이 어떤 것이며 어떤 작품과 자료가 있으며, 어떤 관점과 안목으로 조명해야 하는지를 배운 그들은 국문학 연구의 토대를 더욱 튼실하게 다지는 일에 기여하였다. 묻혀 있는 자료도 일부 찾아내고 작품읽기도 새롭게 시도하여 학계에 활기를 살리는 일에 성력을 다 하였다. 오늘날과 비교하면 연구 인력의 수는 견주기가 민망할 정도로 적었지만 일부 학자는 이미 앞선 세대의 방법론을 극복하고 개별 작품을 심도 있게 천착하고 분석하는 지경에까지 이르렀다. 전에 볼 수 없는 진경이라 하지 않을 수 없다. 하지만 그들의 천착과 분석은 주로 배경론의 테두리를 벗어나지 못하였다. 작품의 문학성을 성찰하는 선에까지는 도달하지 못하였다. 작가의 생애와 사상, 작품의 창작 동기와 시기… 이와 같은 연구도 의당 진행시켜야 함은 재언이 필요 없다. 다만 그런 류의 연구에만 몰두하여 집중한 것은 문제점으로 지적된다. 2세대의 그와 같은 연구방식이 2.5세대와 3세대에까지 이어져서 한동안 국문학 연구의 본령인 양 통념화된 것은 학문 연구 발전에 저해요인으로 작용하었다.

  배경론에 편향된 것과 더불어 훈고 및 텍스트 고증에 연구력이 집중된 것도 1960년 전후까지의 현저한 양상이었다. 이 또한 초기 국문학 연구가 거쳐야 할 필수 과정으로서 충분히 이해가 되나 이와 더불어 작품론이 거기에 걸맞게 병행되지 못한 점도 그 시대 국문학계의 한계였다. 그런 가운데 몇 분의 분석에 의한 작품론은 돋보였다.

  어쨌거나 전후의 어수선하고 정돈되지 않은 상태에서도 국문학 2세대들이 정립해 놓은 훈고 및 고증과 배경론 위주의 연구 성과는 후학들의 공부에 바탕이 되었음은 부인할 수 없다. 그때 우리 3세대들의 학문하는 순서는 초창기 학자들의 저서를 읽으면서 국문학 각 장르의 윤곽을 잡고 2세대들의 주석서와 배경론 연구에서 개별작품과 작가의 실체를 좀 더 분명하게 파악하는 방식이었다.

7장

사회 진출 초기에 경험한
이 일 저 일

사회 진출 초기에 경험한
이 일 저 일

1. 고등학교 교사 취직 - 방용필 학형/ 5·16

1

　방용필(方用弼) 형은 나이는 나보다 여섯 살 더 많지만 학교는 동기 동창이다. 1·4후퇴 때 평안도에서 자기 형과 단둘이 월남, 곧 해군에 입대하여 참전한 경력을 가지고 있다. 제대 후 열심히 공부한 끝에 고려대학교 사학과에 입학했다. 만학(晩學)이었다. 그 나이, 그 형편에 대학공부를 하겠다고 결심한 그 호학(好學)의 열의가 놀라웠다.
　내가 그를 안 것은 대학 2학년 때였다. 국문과와 사학과는 합동강의가 많았는데 그래서 알게 되었다. 3학년 때 함께 특대생으로 선발되고 난 뒤부터는 더욱 친해져서 떨어질 수 없는 사이가 되었다. 그는 형과 같은 나의 벗이 되었다.
　방 형은 키도 크고 인물도 썩 잘생긴 준수한 미남이었다. 외모만 출중한 것이 아니라 인품도 훌륭하여서 사람들은 그를 군자, 또는 영국 신사인 양 대하였다. 독실한 기독교 신자였는데 소위 근본주의자적인 신앙인은 아니었다. 불신자들도 함께하는 모임에서는 맥주 한두 병쯤은 사양치 않았고, 가끔 자기 집에 친한 벗들을 초대하여 술잔을 나누는 자리를 마련하기도 하였다. 그렇게 하기는 요즘은 말할 것도 없고 그때도 쉬운 일이 아니었다. 그의 부인 박애자(朴愛子) 여사는 사학과 1년 후배, 요조숙녀가 따로 없을 정도로 이분 또한 훌륭한 아낙이다. 세심하면서도 대범한 분이었다. 요리 솜씨가 뛰어나서 그 집의 음식은 정갈하고 맛이 있는 것으로 호가 나 있었다.

방 형에게는 높은 인격을 포함하여 여러 장처가 있는데 그 가운데 하나가 호학의 자세였다. 20대부터 세상을 뜨던 해인 1994년 62세까지 그의 손에서 책이 떠난 적이 없었다. 그는 중국의 근대사를 전공하였다. 슬프게도 한양대학교 사학과 교수(1981~1994)로 재직 중 서거하였다. 아침 9시에 연구실에 당도하여 밤 10시에 나서기까지 실로 하루도 빠짐없이 책과 씨름하였고 논문 집필에 온 성력을 다 하였다. 그보다 앞서 대광고등학교 교사로 근무하던 10여 년(1960~1971?) 동안은 안암동 소재 개운사 근처에 있는 집에서 학교가 있는 신설동까지, 출근할 때나 퇴근할 때나 항상 길을 걸으면서 영어책을 읽고 다녀서 그가 지나가는 곳에 살던 사람은 그를 모르는 사람이 없었다. 영어는 물론 중국어에도 아주 능통하였다. 나는 이때까지 살아오는 동안 그렇듯 공부에만 열중한 사람은 나의 조부님과 뒤에서 거명할 임종국 형 이외는 달리 접해보지 못하였다.

젊은 사람도 힘들다는 유학을 불혹의 나이에 가족들 다 놓아두고 미국으로 떠나 혼자 꼬박 10년을 공부하여 학위를 받고 돌아왔다. 그때가 지명(知命)의 나이, 귀국 이후 나와 함께 한양대학교 문과대학 같은 건물에서 근무하다가 그 몹쓸 암에 걸려서 이승을 하직하고 말았다. 애통하고 절통하기 그지없는 일이다.

그는 나에게 큰 은혜를 베푼 은인이기도 하다. 재학 중 한 학기를 휴학한 나보다 먼저 졸업한 그는 곧 대광중학교 교사로 부임하였다. 나는 앞에서도 말한 바와 같이 4월 혁명 이후인 9월에 졸업하여 직장을 잡지 못하고 있었다. 3월에 졸업한 친구들도 대부분 놀고 있는 판인데 9월 가을 졸업생은 아예 취직할 꿈도 꾸지 못했던 것이 그때의 실정이었다. 그렇게 백수로 지내던 그해 겨울에 그로부터 급한 연락이 왔다. 혼인하기 직전인 그의 하숙집은 대광학교 근처에 있었다. 찾았더니 대광에서 국어 교사를 채용하기로 했다는 소식과 함께(처음엔 1명인 줄 알았는데 채용된 후 3명이어서 놀랐다) 안에서는 자신이 적극 힘을 쓸 터이니 김성식(金成植) 선생을 찾아가 뵙고 도움을 청하라는 고마운 '코치'였다. 김성식 선생과 교장인 이창로(李昌櫓) 선생과는 친한 사이이므로 일이 잘 풀릴 수 있을 것이라고 하였다. 그때 나는 사학과 교수이신 김 선생님에게 좋은 인상을 심어준 대학원 예비 신입생이었다. 원래 김성식 선생님은 문학을 전공하려다가 서양사로 방향을 바꾼 분이다. 그래서 문학에 대한 향수가 남달랐고 논문과 논설을 발표하면서도 시도 짓고 감상문도 써서 모아 놓곤 하셨다. 그런 분이 내가 학부 시절에 『고대신문』과 『고대문화』 복간호에 쓴 글을 보고 나를 칭찬해 주셨다. 특히 후자에 발표한 '선비론'이라는 나의 글이 그분의 마음을 움직였던 모양, 누군가를 시켜서 나를 보고 싶다는 전갈이 와서 연구실로 처음 찾아가 뵈었다. 그 후로 그분과 나는 아주 가까운 사제 간이 되었다. 그러니 그분을 움직이는 일쯤은 여반장(如反掌)이었다. 방 형도 이런 사실을 알고 우선 김성식 교수를 찾아뵙도록 하라고 말한 것이다.

그의 말을 들은 나는 기회다 싶었다. 웬만하면 가능성이 높다고 예단하였다. 이쯤에서 1950년대의 사회상을 소개할 겸 당시의 취직난을 잠시 얘기하고 넘어가기로 하겠다. 앞에서도 몇 번 언명한 바도 있고 또 그 시대를 살았던 사람들은 모두가 다 알고 있는 사실이지만 다시금 밝히거니와 대학을 나와도 갈 곳이 거의 없던 시대가 바로 그때였다. 어느 학과를 졸업해도 마찬가지였다. 도무지 자리가 거의 없다시피 한때였다. 삼성? 현대? 공기업? 연구소? 서비스업? 건설업체? 공무원? 그런 직종을 요즘과 비교하면 착각과 무지도 보통은 넘는다. "법과대학 나왔습니다 대서(代書)거리 맡기세요. 상과대학 나왔습니다 채권 파세요. 문과대학 나왔습니다 연애편지 써드리겠습니다. 공과대학 나왔습니다 두꺼비집 손봐 드립니다"라는 자학적인 노래가 '고등룸펜'(요즘에는 '백수'라고 하더군)의 입에서 술술 나올 때였다.

그렇듯 취직난이 극심할 때에 높은 경쟁을 뚫고 은행이나 중고등학교에 들어가는 사람은 '행운아'로 대접을 받았다. 가장 안정된 직업이면서 사회적인 예우도 받는 직종이었기 때문이다. 이 두 직업은 요즘과 달리 평생직장으로 통했다. 그래서 사윗감으로는 늘 상위에 올라 있었다. 허나 그런 신분인 은행원이나 교사로 취직하는 것이 보통 어려운 일이 아니었다. 교사의 경우 사범대학과 문과대학에서 2급 정교사 자격증을 받고 쏟아지는 졸업생과 교육 현장에서 필요한 정원은 불균형도 그런 심한 불균형이 없었다. 그렇기 때문에 서울에서 대학을 나온 졸업생들이 지방의 중소도시, 심지어 군청 지역에 있는 농촌 학교에 취직하는 일도 허다하였다. 그것도 감지덕지하여서 자리가 있으면 누구나 가고자 하였다. 하물며 서울 소재 학교야 더 말할 나위가 없었다.

대광은 신흥 명문으로 떠오른 학교, 양심적으로 학교를 운영하면서 선생에 대한 예우가 좋고 대학 진학률이 높은 학교로 명성이 이미 나 있었다. 광복 후 월남한 기독교계 교육자들이 세워서 갖은 어려움을 극복하고 단기간에 '학교다운 학교'로 만들어 놓은 교육기관이었다. 학교가 좋으니 마음이 동하지 않을 수 없었다. 한 과목에 선생 세 명을 동시에 쓰는 일은 예나 지금이나 아주 드문 일이다. 나중에 안 일이지만 그때 대광의 취약점은 국어교사였다. 깊은 얘기는 할 수 없고 어쨌든 영어·수학 교사진에 뒤지고 있었다. 그래서 교장은 그때 정규 대학

국문과 출신의 젊은 교사로 대폭 충원키로 결심을 했다고 한다.

이력서를 냈다. 그리고 김 선생님께서 교장 선생을 만나고 오셨다. 학교 안에서는 방 형이 동향을 지켜보면서 대처해 주었다. 과장인지는 모르나 수십 명가량의 이력서가 쌓였다는 소식이 들려왔다. 당시로서는 놀라운 수였다. 1961년 3월 10일경이던가. 그때가 중학교 후기 입시 기간이었다. 낙산집에 전보가 날라왔다. 무허가 건물이지만 어쨌거나 사람이 사는 집인지라 서울시에서 지번(地番)을 부여하였고 동적부에도 올려놓았다. 국회의원, 대통령선거 때 투표권이 나왔으니 말이다. 우편배달부도 매일 왔다. 전보의 내용인즉 즉시 교장실에 나와 달라는 내용이었다. 이만하면 된 게 아닌가 싶어서 기분이 참 좋았다. 다음 날에 교장 선생의 면담에 응했다. 몇 가지 묻더니 "박 선생을 우리 학교에 모시겠습니다. 잘해주시기 바랍니다. 우리 학교는 임명장 같은 거 없습니다. 내가 이렇게 구두로 말씀드리는 것으로 임용은 결정된 것입니다. 개학이 얼마 안 남았는데 그 사이에 서무과에서 수시로 연락이 갈 것입니다"라고 말하는 것이 아닌가. 아버지뻘 되는 분이(실제로 그분은 나의 부친보다 한 살 밑이었다. 아직도 생존해 계시다. 여러 해 전에는 『동아일보』에서 수여하는 인촌상(仁村賞) 교육 부분의 상을 받으셨다) 깍듯이 존댓말로 나를 흥분시키는 것이 아닌가. 정말 기뻤다. 경의를 표하고 교문을 나서면서 내 머릿속에 가득 차기 시작하는 것은 이제 우리 집도 그 지긋지긋한 생활고는 면하게 되었다는 안도감이었다. 방 선생을 그의 하숙집으로 가서 만나고 또한 김 선생 댁을 방문하여 감사의 뜻을 표했다. 모두 자신의 일인 양 축하해 주었음은 물론이다. 나 이외 두 사람은 연세대 출신의 최철(崔喆), 서울대 출신의 박동규(朴東奎)로 결정되었다는 사실을 그 며칠 뒤에 알았다.

3월 20일경 학교에서 연락이 또 왔다. 첫 교직원 회의에 참석하라는 통보였다. 그런데 그날 나는 엄청난 부담을 안고 귀가하지 않으면 안 되었다. 내가 맡을 학년을 통보받았는데 예상조차 하지 않은 고3 국어 각 반 일주일에 3시간씩 전체 5개 학급 도합 15시간과 고2 국문학사 각 반 일주일에 1시간씩 전체 6개 학급 도합 6시간, 모두 21시간이라는 것이 아닌가. 대학입시를 불과 10개월가량 앞둔 고 3학년 위주라니 정신이 번쩍 들면서 덜컥 겁이 났다. 이 노릇을 어쩌나. 내 나이 그때 23세. 고3 학생들 평균 나이 18세. 나와 다섯 살 차이니 그들에게 나는 선생이라기보다는 형뻘에 불과했고 그러니 교육이 제대로 된다고 보장할 확률은 지극히 낮았다. 이제 교단에 처음 서는 신출내기를 어떻게 고3, 고2를 맡긴다는 말인가. 과연 내가 온전하게 가르칠 수 있겠는가라는 우려, 그 학교에서 여러 해 근무하고 있는 선임자들과 어색해질 인간관계, 이런 무거운 생각들이 나를 짓누르면서 발걸음을 무겁게 했다.

그러나 이미 결정된 것, 회피한다고 될 일이 아니었다. 결과야 어떻든 최선을 다하기로 작심하고 남은 10일 동안 교재준비를 단단히 해두었다. 두 주 분량의 교과서와 교과서 이외 문장에서 입시에 출제될 만한 문제를 만들어서 프린트할 것 등, 철저히 준비를 끝냈다. 우리 모두 중·고등 과정을 겪은 바, 새로 부임하는 선생을 학생들은 그냥 놔두지 않는다. 어렵고 까다로운 질문을 던져서 선생을 테스트하며 곤경에 빠뜨린다. 이 과정을 통과하는 데 필요한 기간 2주. 시원찮게 수업할 경우 1주, 아주 빠를 경우에는 첫 시간에 결판이 날 때도 없지 않아 있다. 이 점을 상기하면서 우선 고3 첫째 주 각 반 3시간을 잘 넘기기로 계획을 세웠고 그것이 실패하면 나는 그 학교를 나올 수밖에 없으리라고 생각했다. 자신이 담당한 학년에서 학생들로부터 배척을 당한 교사가 아래 학년으로 옮겨서 가르친다는 것이 지난하다는 것은 중·고교의 풍토를 아는 사람이면 다 공감하는 바이다.

나의 교단생활이 시작되는 첫 시간, 고3 교실 문을 열고 들어갔다.

학생들에게 잡혀서는 안 된다는 각오를 단단히 하고 입실하였다. 60여 명의 눈이 나에게 집중되었다. 그들은 대학교 신입생보다 더 어른스러워 보였다. 출석을 부르고 수업을 시작하였다. 50분 수업 중 한두 번 정도 그들에게 과히 필요치도 않고 대학입시와는 거의 무관한 국문학의 지식을 현학적으로 설명해주었다. 고3, 고2 모두 그랬다. 학생들에게 신뢰감을 주기 위해서다. 첫날 4시간을 그렇게 보냈고 둘째, 셋째 날도 또한 그런 식으로 첫째 주 수업을 마쳤다. 2주되는 주간에는 현학의 요소를 빼버리고 고3 학생들에게는 프린트한 예상 문제지를 나눠준 뒤 25분가량을 할애하여 같이 풀었다. 첫째 주에 자신감을 얻었고, 두 번째 주에는 학생들 모두가 내 품 안으로 들어오는 확실한 느낌을 받았다. 이제 됐구나하고 안심하였다. 문제지는 매주 한 번 꼭 배포되었다.

 한 달이 지난 5월 1일(그해 그날이 만약 일요일이었다면 2일) 수업이 없는 빈 시간에 교장이 나를 부른다는 전갈을 급사로부터 받았다. 순간, 의아해졌다. 뭔가 잘못되었거나 만족치 못한 수업을 했기 때문에 그러는 것이려니 했다. 교장실에 들어서자 교장 선생은 자리에서 일어나 환한 얼굴로 나를 맞으며 손을 내밀었다. 그리고는 평안도 사투리로 "박 선생, 고맙수다, 고맙수다" 하지 않는가. 소파에 좌정한 뒤 교장 선생은 기분이 좋은 얼굴로 내가 전혀 몰랐던 저간의 경위를 들려주었다. 나를 고2·고3 학년에 배정한 후, 방학 기간임에도 학생들에게 자신이 얼마나 시달렸는지 모른다고 하였다. 여러 번 학생 대표 몇 명이 교장실로 찾아와서 나의 고3 학년 담당을 철회해달라고 사정도 하고, 위협(?)도 주더라는 것이다. 교단 경험이 전혀 없는 신출내기가 어떻게 고3을 가르칠 수 있느냐, 우리 신세를 망치려는 것 아니냐는 식으로 항의하면서 거듭 재고해 달라고 요구했다는 것이다. 그때마다 교장 선생은 너희들의 걱정은 이해하나 나도 숙고한 끝에 내린 결론이고,

또한 학사(學事)는 한 번 결정한 이상 바꿀 수 없는 것이므로 한 달 동안 수업을 받아 보고 정 안 되겠다 싶으면 그때 변경해 주겠다고 합의를 보았다는 것이다.

"박 선생, 그날이 바로 오늘이외다. 그런데 요새 나는 한동안 나를 괴롭히던 저 녀석들에게 감사인사를 받기에 정신이 없을 지경이오. 좋은 선생님의 수업을 받게 해 주셔서 감사하다는 인사외다. 그래서 이놈들 내가 입시를 코앞에 둔 너희들의 입장을 고려하지 않고 함부로 결정을 내린 줄 알았느냐고 하면서 으스대고 있습니다. 박 선생, 정말 고맙수다"라고 하는 것이 아닌가. 정말 기뻤다. 학생들이 만족해하고 교장 선생도 저렇듯 좋아하니 기쁘지 않을 수 있었겠는가.

자신감과 용기를 얻은 나는 더욱 열정적으로 가르쳤다. 풋내기인 나를, 생면부지의 나를 중용한 까닭은 아마도 『한용운 연구』가 크게 작용했으리라 짐작하였다.

대광에서 고려대까지는 버스로 5분 거리, 그럼에도 나는 직장관계로 대학원 수업은 듣지 못하였다. 첫 달 봉급을 받아서 그때 출판된 가람 이병기(李秉岐) 선생의 『국문학 개론』을 사고(내 기억이 틀린지 모르겠다. 혹은 김동욱 교수의 『한국 가요의 연구』(?) 여하튼 국문학 관련의 서적을 구매했던 것만은 사실이다) 전액 어머니께 드렸다. 교단 초기에는 누구에게나 즐거운 시절, 나는 더 말할 나위가 없었다.

2

매일 그렇게 지내던 어느 날, 5월 16일 아침 출근하려는데 방송에서 군인들이 들고일어났다는 뉴스가 흘러나오지 않는가. 깜짝 놀랐다. 학교까지 걸어가는 동안 동대문에서 신설동 간은 의외로 조용했다. 철모를 쓴 군인이 탄 지프차가 달리는 것을 두 번 보았을 뿐이다. 그리고 2~3일이 경과된 뒤 그들의 쿠데타가 성공하였음을 접했다. 나라의 운명이 어떻게 될지 걱정이 되지 않을 수 없었다. 학교는 정상적으로 돌아갔다. 계엄령이 선포되고 '재건복'이 등장하고 '혁명공약'을 암기하고, 정치깡패들이 체포되고, 교통법규가 엄격해지고, 의회정치가 중단되고, 이른바 구정치인과 사회 저명인사의 일부가 구속되고 '국가재건최고회의'가 입법과 행정을 장악하고… 숨 가쁘게 진행되었다.

그때 나의 생각을 요약하면 이렇다. 정치군인들이 역사에 큰 상처를 낸 것은 부인할 수 없는 사실이다. 이 점을 전제로 하고 다른 측면에서 냉정히 살핀다면 학생들을 비롯한 젊은이들의 피로 성공시킨 4월 혁명의 정신을 민주당 정권이 제대로 구현시키지 못한 책임도 물어야 한다. 신·구파의 지겨운 다툼, 내각의 무능과 실정이 없었다면 저들이 비록 오래전 곧 4·19 이전부터 획책한 일일지라도 실천에 옮길 수는 없었다고 본다. 전국 경향 각지에서 매일 데모가 일어나고 심지어는 국민학교 학생들마저 담임 선생을 바꿔달라고 길거리로 쏟아져 나오는 혼란이 거듭되었으니 정치하는 사람들이 자초한 면이 없지 않다고 생각한다. 요즘의 전투적인 데모의 상습화, 전국 네트워크화, 동시다발성 시위의 망국적 현상에 비하면 그때의 데모는 또 아무것도 아니었다. 유치원 수준이랄까. 그러나 당시의 관점에서 볼 때 예의 사회적 혼란과 정치의 무능은 국민들로 하여금 장탄식을 토해내기에 충분하였다. 매일매일을 희망을 잃은 채 그렇게 지내고 있었다. 지금 전국이 각종 데모로 매일이다시피 난장판을 이루고 있음에도 나라가 망하지 않고 있는 까닭을 나는 그동안 우리가 땀 흘려 닦아온 경제적 기반이 있기 때문이라고 판단한다. 그때는 먹고사는 삶의 기초적인 문제가 우선 풀어야 할 초미의 과제였는데도 호전될 기미가 없고 나라는 연일 소란의 늪에서 벗어나지 못하였다. 정말 실망스러운 시대였다. 4·19의 영령들에게 부끄럽기 짝이 없는 사회상이었다.

세상이 하도 어지러워서 일각에서는 '선의의 독재자'가 나와야 된다는 소리를 공공연히 하였다는 사실을 가감 없이 증언한다. 쿠데타를 일으킨 군대 못지않게 정치권의 잘못도 컸다는 뜻이다. 그럼에도 '내 탓'은 젖혀두고 '네 탓'이라고만 우기는데 정치꾼들은 아주 익숙해 있다. 그 시대를 대표하던 『사상계』도 권두언에서 4월 혁명의 정신과 5·16의 정신은 둘이 아니고 하나라고 언명하면서 군부의 등장을 부정적으로 보지는 않았다. 『사상계』가 5·16을 비판하기 시작한 것은 군사정권의 비리가 드러나고 약속을 지키지 않는 것을 보고난 뒤부터였다. 초기에는 그렇지 않았다. 박정희 군사정권을 어떻게 보아야 할 것인지에 대해서는 뒤에서 다시 생각해보기로 하겠다.

  6월에 접어들자 반갑지 않은 소문이 들려왔다. 모든 기관에 근무하는 직원 가운데 군복무 미필자는 사퇴시킨다는 얘기였다. 개인 기업체도 예외는 아니었다. 이것이 급속도로 현실화되어서 나는 취직한 지 꼭 3개월 만에 사직서를 내고 학교를 그만둘 수밖에 없었다. 나와 함께 취직한 동료 교사들 중 군대에 갔다 오지 않은 사람들도 물론 나왔다. 최철, 박동규도 나와 함께 사직서를 내고 나왔다. 이때 나는 중요한 교훈을 얻었다. 인생을 떳떳하게 살려면 거쳐야 할 과정은 그때그때 거쳐야 된다는 사실이다. 대학 재학 중 3학년 때부터 학보병으로 입대하라는 영장이 졸업할 때까지 3번 나왔다. 그때마다 연기했다. 그것은 합법적이었다. 졸업한 뒤 일반병과 같이 3년 복무제를 택하면 되는 것이기 때문이다. 그런데 나는 졸업 즉시로 입대해야 함에도 이에 응하지 않았다. 따라서 나는 '병역기피자'가 되고 말았다. 나의 동기며 후배들까지도 거의 대부분 복무기간 단축의 특혜가 있는 학보병에 다녀왔는데 나는 병역법을 어기고 교단에 섰던 것이다. 그때 나와 같은 기피자가 전국에 20~30만이나 되었다. 그들은 원칙상 어느 직장에도 취직이 되지 않는 것인데 자유당정권 때부터 제2공화국인 민주당 정권까지는 느슨한 법의 집행의 틈을 타서 직장에 들어가곤 했다. 직장의 장(長)도 그 문제를 심각하게 생각하지 않았다. 5·16 이후로는 쫓겨난 직장인 중 30세 이상의 '고령자'는 국토건설단에 들어가서 1년 동안 노역을 마치고 사회에 귀환하였다. 20대 장정은 현역으로 입영하여 약 3년간 군복무를 마쳐야 했다.

거듭 말하거니와 그때 나는 '건너뛰며 사는 방식'이 얼마나 어리석은 짓이며, 법을 어기면 언젠가는 대가를 치르고야 만다는 점을 뼈저리게 절감했다. 그리고는 평생을 그와 유사한 잘못을 저지르지 않으며 살려고 노력했다. 사직서를 내고 교문을 나설 때 나의 마음은 허허로웠다. 그리고 누구보다도 방(方) 형의 얼굴이 떠올랐다. 나를 위하여 그토록 마음을 써주었는데 좋지 않은 일로 나오게 되니 그에게 미안한 마음뿐이었다.

이 절의 첫머리를 방용필 형의 얘기로 시작하였는데 그 끝을 그에 관한 짤막한 삽화로 마무리를 짓겠다. 나와 함께 한양대학교에 재직하던 1980년대와 그 이후 그가 영면한 1994년까지도 학생들의 민주화운동이 치열하였다. 그도 전두환 정권을 인정하지 않았음은 물론이다. 그런 한편으론 일부 극렬한 운동권의 좌경화에 대해서도 드러내놓고 질타하였다. 1·4후퇴 이전까지 북한에 거주하면서 공산주의의 속내를 훤하게 꿰뚫고 있었으므로 청년 학생들의 급진이념과 사상에 그는 크게 우려감을 표시하였다. 이것이 빌미가 되어서 그는 운동권 학생들의 주 공격대상이 되었다. 재직 기간 내내 그랬었다. 정신적으로 얼마나 피곤하고 괴로웠는지는 불문가지다. 그때의 학생들이 좀 억셌던가. 그럼에도 그는 당당하였고 소신에는 전혀 변화가 없었다. 그때 나는 그와 대체로 생각을 같이하면서도 빈 말이라도 학생들에게 시달리는 그를 위로해주지 못했다. 모르는 채 외면하고 지냈다. 내가 의리 없는 나쁜 사람이었다.

뿐이랴. 그가 운명했다는 소식을 나는 나의 둘째 자식 혼인 식장에서 누군가의 전언으로 들었다. 당연히 식이 끝난 즉시로 조문을 함은 물론, 호상(護喪)의 역할까지도 내가 맡아서 해야 옳았다. 그럼에도 관습이 무엇인지 신혼여행을 떠난 자식 내외가 돌아온 후 문상을 갔다. 서거한 지 일주일 만이다. 나는 지금도 그때의 나의 불찰과 관습에 얽매인 사려 깊지 못한 처신을 가슴을 치며 반성하고 또 반성한다. 나는 이렇듯 그 고마운 친구에게 제 할 일을 못 한 부족한 사람이다.

2. 군대 생활 33개월/ 제대 후에 본 세태

1

학교를 그만둔 지 넉 달 보름이 지난 그해 11월 15일에 군에 입대했다. 하루라도 빨리 논산훈련소에 입소하려고 했으나 늦은 까닭은 나처럼 군 미필자 또는 기피자가 워낙 많아서 징집영장이 늦게 나왔기 때문이다. 병무를 담당하고 있는 사람에게 간단한 선물이나 급행료를 주고 재촉하는 경우도 적지 않았다. 군대를 가려고 '빽'을 쓰는 희한한 세상이었다.

논산 훈련소에서 군번을 받을 때 나는 큰 실수를 저질렀다. 스피커에서 안내 방송이 나오는데 초·중·고교의 교사로 있다가 온 장정은 교보(敎保) 군번을 받으라고 하였다. '교보'는 복무기간이 '학보병'보다 반년이나 더 짧은 1년 단기 근무병제도였다. 교사에 대한 예우가 이와 같았는데 특혜도 보통 특혜가 아닌 것이다. 그렇기 때문에 교보병과 학보병은 앞에서 말한 바와 같이 예외 없이 모두 고생이 자심한 최전방 복무가 규정으로 굳어져 있었다. 나는 안내 방송에 따라 교보 군번을 받고 훈련병이 되었다. 이것이 큰 실책이었다. 비록 교보병의 군번을 받았지만 그 혜택에서 제외되고, 따라서 일반병과 마찬가지로 근

3년 동안 복무를 해야만 제대가 된다는 것, 그리고 일단 그 군번을 받은 이상 일반병 군번으로 바꿀 수도 없음은 물론, 무조건 최전방에 배치된다는 사실을 내가 안 것은 훈련을 받던 기간 중이었다. 그로부터 나는 자대 배치 이후 줄곧 고민에 빠져 지내야만 했다. 나와 똑같은 병사가 전 육군에 적지 않아서 여러 사람이 육군본부에 탄원도 하는 것을 '국군의 시간' 방송 프로에서 들었으나 허사로 끝나는 것을 알았다. 그럴수록 낙담은 더욱 심해졌다.

교보병의 자격은 국립 사범대학이나 사범학교(지금의 교육대학) 출신으로 군 입대 관계로 (사직하지 않고) 휴직을 하고 나온 사람에게만 주어지는 것이었다. 나는 그 조건에 모두 해당되지 않았다. 이런 제한적인 병무제도인데 예의 안내 방송은 밑도 끝도 없이 '교사로 근무하다가 나온 장정, 운운하여 많은 사람들에게 판단 착오와 함께 큰 피해를 안겨주었다. 불만이 팽배하였으나 어쩔 도리가 없었다.

훈련소에서 한 이불을 사용하며 친하게 지낸 친구가 황문수(黃文秀, 경희대 교수 역임. 2014년 6월 별세), 김재홍(金載弘, 씨티은행 임원 역임) 형이다. 그들은 학보병으로 입대했는데 내 사정을 알고 많이 위로해 주었다.

훈련소에서 당한 황당한 일 하나를 적기로 한다. 입소한 지 열흘쯤 지나자 우리 소대 선임 하사의 본색이 드러나기 시작했다. 야외 훈련에 나가서 휴식시간이 되면 꼭 한두 훈련병과 농담하는 척하면서 돈을 뜯어내는 것이다. 말인즉슨 빌려 달라는 것이다. 그러기를 10명쯤 되었을 때 나와 황 형에게도 접근해 왔다. 어쩔 수 없이 요즘 화폐로 각기 10만 원가량을 뺏겼다. 기가 막힐 노릇이다. 그때가 어느 때인가. 사회 각계에 만연되어 있는 구악(舊惡)을 청산하겠다고 공약까지 한 5·16 때가 아닌가.

그 며칠 후 연대본부에서 '소원 수리'라는 것을 받는다고 장교와 사병 두 사람이 우리 중대에도 왔다. 비밀은 절대로 보장할 터이니 입소한 후 자신이 억울하게 당한 일, 고쳐야 할 점과 군의 발전을 위해서 건의할 사항을 익명으로 모두 적어서 내라는 것이다. 나는 옆자리의 황 형과 눈짓으로 합의를 본 후 금전을 착취당한 그 '사건'을 써서 냈다. 그리고는 잊었다. 그러나 그게 아니었다. 다시 며칠이 지난 아침, 식사를 마치고 막 야외 훈련장에 나갈 준비를 하는데 선임하사가 노기 띤 얼굴로 들어와서 우리 소대는 오늘 훈련이 없다고 선언한 후 소대원 46명을 내무반 침상에 부동자세로 서게 하는 것이 아닌가. 삽시간의 일이었다. 그리고는 어느 놈이 그따위 소원 수리를 써 냈냐며 나와 황 형이 적어낸 쪽지를 읽어 내려가는 것이 아닌가. 아… 이 노릇을 어찌하랴. 이런 속임수도 있는 것인가. 나와 황 형은 이제 낭패라고 생각했을 정도였다. 당사자가 나올 때까지 단체기합이 계속될 터이니 그리 알라고 협박을 하면서 50분 부동자세, 10분간 휴식, 이러기를 세 번 반복하는데 휴식시간 때마다 다른 훈련병들이 어느 놈이 했는지 빨리 자수하라는데 미칠 지경이었다. 결국 4교시 시작할 때 소대장에 이어 중대장까지 내무반에 들어와서 "나쁜 놈들" 운운하며 겁박하자 우리는 말없이 손을 들었다. 자백이었고 자수였다. 모두가 깜짝 놀라는 모습이었다. 소대원들이 평소 우리 둘을 점잖게 보았기 때문에 의외라는 것이다. 선임하사도 놀라자빠질 자세였다. 모든 것이 풀렸으니 이제 우리는 처벌만 기다리기로 하였다.

그런데 세상 참 모를 일이다. 그때가 마침 점심시간인데 소대원 모두 앉아서 식사 준비를 하라는 명령이 내리는 게 아닌가. 굶길 줄 알았다. 그런데 아니었다. 오후에는 훈련도 나갔다. 그다음부터 어찌된 줄 아는가. 훈련소 퇴소 때까지 약 20일 동안 소대원 46명은 우리의 반란 덕분에 다른 소대와 비교가 안 될 정도로 참으로 편한 내무생활을 누릴 수 있었다. 우리 두 사람을 그토록 원망하던 그들이 쉴 때마다 형들 때문에 지상 천국 같은 훈련소 생활을 하고 있노라며 고맙다는 인사를 수도 없이 하였다.

　더욱 놀라운 일은 취침시간에 잠이 들 만하면 그 무섭던 선임하사가 조용히 우리 두 사람에게 와서 사탕이며 과자 등 군것질거리를 슬그머니 주곤 하였다는 점이다. 처벌은커녕 중대장 이하 선임하사까지 우리를 왜 그렇듯 극진하게 대했을까. 군대 갔다 온 사람이면 누구나 다 이미 눈치를 챘을 것이다. '소원 수리'라는 것이 그 부대에서만 있는 것이 아니고 다른 부대, 훈련소에서의 경우는 옮겨갈 배출대에서 다시 있는 것인즉 거기 가서 우리가 또 그 짓을 할까 봐 두려워서 미리 회유해 놓겠다는 의도였다. 지레 겁을 먹은 것이다. 그러나 순진하게 구는 것도 한 번이면 족하다. 그런 식으로 대우해 주지 않아도 다시는 그런 바보 같은 짓을 안 하기로 하였는데 어쨌거나 남은 기간 편하게 보내서 다행이었다. 소대원 전체가 단체로 기합을 받을 때 선임하사가 내뱉은 '걸작' 급의 호통은 이런 것이었다. "이 새끼들, 아무것도 모르는 사회인을 이만큼 키워 놓았더니 '스승의 은혜'도 모르고 장난을 쳐!" 아, 나는 한때 스승의 가없는 은혜도 모르는 패륜아였다.

　훈련을 마친 나는 동부 전선 최전방인 향로봉을 지키는 연대의 말단 소대에 배치되었다. "아 ─ 향로봉 남강은 옛 산 옛 물이로되/ 눈보라 몰아치던 처참한 싸움터에/ 쓰러진 전우들의 모습은 간 곳이 없구나./ 육군 중장 오덕준" 향로봉 정상에 오르면 이런 글을 새긴 돌비가 서 있다. 지금도 그 글귀를 나는 외우고 있다. 진지 공사로, 혹은 완전 무장을 하고 진부령 평지에서 그곳까지 도보 행군을 하였기 때문에 여러 번 올라가 보았으므로 50여 년이 지난 지금까지도 내 머릿속에 남아 있다. 내가 국문학도이기 때문에 더 관심이 갔던 모양이다. 짧되 잘 지은 시구라고 그때 생각했다. 육군 중장이 직접 지었을 수도 있고 장병 중 어느 누가 지은 것을 군단장의 이름으로 새겨 놓은 것일 수도 있다.

나는 향로봉 밑의 소대에서, 그리고 얼마쯤 지나 장신리 소재 연대 본부 정훈과에 파견되어서 근무하였다. 그 일대 지역에서 20개월가량, 사단 이동으로 경기도 가평 지역에서 1년쯤, 군 생활을 하다가 1964년 8월 8일에 제대하였다. 군 생활 동안 나는 반전주의자인 버트런드 러셀의 사진을 군복 주머니에 넣고 지냈다. 마치 마스코트처럼 그랬다. 군 제대열차를 타고 왕십리역(지하철역이 아닌 기차역)에 내렸을 때의 그 시원한 기분은 말로 표현할 수 없었다. 세상에 꺼릴 것이 없었고 군 문제로 누가 나에게 시비를 좀 걸어왔으면 하는 심정이었다.

군에서 고생한 일과 즐거웠던 일 등을 굳이 설명할 필요가 있을까. 대한민국의 젊은이라면 누구나 겪어서 다 알고 있는 일, 오랜 세월이 흘러도 그 시절의 애환은 뇌리에 깊이 각인되어 있다. 초년병 시절의 배고픔과 득실거리는 물 것(이) 때문에 밤잠을 이루지 못한 일, 실수 때문에 기합 받던 일, 그 무거운 LMG(기관총)을 완전 무장한 배낭 위에 걸쳐 올려놓고 엄동설한에 며칠 동안 계속되는 부대 훈련을 한 일 등이 떠오른다. 이런 얘기를 하면 어폐가 있지만 내가 경험한 바에 의하면 최전방 생활은 서울 출신 장정이 감당해 낼 일이 아니었다. 훈련이야 도농(都農) 출신 가릴 것 없이 받아야 하지만 노동은 시골 출신 장정을 당해낼 재간이 없었다. 군대 생활의 반 이상은 노동이었다. 그 노동일 때문에 고생한 일도 기억에 새롭다.

그때 겪었던 일 가운데 중요한 몇 토막을 적는다면 우선 초년병시절의 배고픔이었다. 나는 그때나 고희를 앞둔 지금이나 평생 소식가다. 술은 '말술'이되 식사만은 몸체에 비해서 정도 이상으로 적게 먹는다. 그래서 청년시절부터 60대 초반까지 나의 체중은 늘 변함없는 65kg이다. 178cm 신장에 이 무게라면 음식 섭취량이 적다는 사실이 간접 증명될 것이다.

논산훈련소에서는 그렇지 않았는데 자대 배치 후 약 8개월 동안은 배가 고파서 정말 고생하였다. 고된 훈련과 사역이 초년병을 괴롭히다 못해서 마치 아귀(餓鬼)의 지경에까지 떨어뜨리고 말았다. 매 끼니 정량만 나와도 좀 낫겠는데 그때 살벌한 군사혁명시기에도 장교들의 '관습적인 부정'은 건재하여 사단에서 연대-대대-중대에 이르기까지 장교는 물론 인사계 몫으로 적지 않은 양의 군량미가 세 나갔던 것이다. 이 사실을 모르는 졸병은 아무도 없다. 정기적으로 사병들이 저들 사택에 쌀을 짊어지고 갖다가 줬으니 말이다. 그래도 항의할 수 없는 시대였고 만약 그런 것 가지고 따지는 졸병이 있다면 그 사람은 인간성이 나쁜 것으로 지목되었을 것이다. 나만 배고픔에 허덕인 것이 아니라 모든 초년병이 그랬다.

 1962년 성탄절을 앞두고 고성군 부녀회원 10여 명이 우리 대대에 와서 신병으로만 조직된 2중대 160명에게 떡국을 끓여서 봉사한 일이 있었다. 그때쯤 나는 첫 휴가를 다녀와서 허기에서 벗어나 있었다. 결론만 얘기하자. 그 아주머니들이 주방에서 일을 마치고 부대를 떠나면서 흐느끼고, 어느 분은 엉엉 울면서 차에 올랐다. 병사들이 마치 굶주린 짐승처럼 퍼먹는 것까지는 좋은데, 마파람에 게 눈 감추듯 먹어치운 수십 명의 신병들이 선임하사의 감시도 묵살하고 주방으로 들어와서 "아주머니 배고파요. 늘 그래요. 조금만 더 주세요"하며 식기를 내미는 바람에 자신들도 자식 생각에 그만 오열하고 만 것이다. 그 2중대 신병들은 모두 서울 출신 병력이었다. 중대 전체가 입대 동기로 구성된 예는 극히 드물다. 일종의 시험 중대로 만든 것으로 안다.

 '김일병 사건'을 나는 지금도 잊을 수 없다. 김 일병은 우리 부대 군인이 아니었다. 어느 사단 소속인지도 잘 모른다. 어떻게 생겼는지 얼굴도 모른다. 서울대 문리대 언어학과(?) 재학 중 입대한 학보병이었다. 그에게는 연인이 있었다. 자주 편지가 오고 갔는데 그에게 오는 편지를 선임 하사 둘이 뜯어보기를 여러 번 하면서 귀찮도록 놀렸다. 자존심을 보통 건드린 게 아니었다. 이것이 화근이었다. 줄곧 꾹 참아 오다가 사건이 터진 날에는 인내의 한계를 넘었던 모양, 소총으로 상관 두 명을 향해 난사했다. 두 사람은 죽고 김 일병은 체포되어 육군 형무소에 갇힌 몸이 되었다.

이 사건이 언론에 보도되자 세상이 발칵 뒤집혔다. 구명운동이 대대적으로 벌어졌다. 사회 각계 지명인사들이 국방장관·육군참모총장·1군사령관에게는 물론 청와대에도 탄원서를 냈다. 상관을 살해한 일은 처벌받아서 마땅하나 극형만은 면해 달라는 간곡한 호소였다. 언론도 그런 방향으로 여론을 몰아간 것으로 기억한다. 그러나 군의 형벌은 엄했다. 김 일병의 순간적인 행위의 심리적 배경은 이해하나 상관 살해는 군의 기강상 용서할 수 없다는 재판 결과가 나왔고, 얼마 지나지 않아서 그 아까운 청춘은 형장의 이슬로 사라졌다.

그 사건을 부대 안에 배달되는 신문을 통해서 여러 달 동안 읽으면서 나 또한 얼마나 슬퍼했는지 모른다. 제발 목숨만 부지할 수 있게끔 해달라고 속으로 기도하며 애원했으나 다 부질없는 짓이 되고 말았다. 그의 연인은 수녀가 되었다는 소문을 들었는데 맞는 얘기인지는 알 수 없다.

군대 생활에서 가장 힘든 일이 무얼까. 누구나 다 경험한 바이지만 고된 훈련이나 노역보다 내무반 생활에서 자주 발생하는 선임자의 조롱과 횡포다. 이것만 없어도 군대 생활의 고생은 반감된다. 이것이 어느 때나 군대 사회의 골칫거리요 풀어야 할 영구한 과제다. 선임자든 하급자든 모두가 고생한다는 동류의식만 있어도, 또 개구리 올챙이 적 생각을 늘 하고 있어도, 한편 군대라는 곳은 특수하기 이를 데 없는 집단임을 재삼 확실히 알고 어렵더라도 한순간만 꾹 참으면 옛말하고 살 수 있는 세월이 찾아온다는 낙관적인 기대감만 투철하더라도 어느 정도는 막을 수 있는 일이다. 이런 상식적인 처신을 지키기가 어려우니 예전이나 지금이나 군대는 참 어려운 곳이라고 하는가 보다.

　이 대목을 쓰고 있는 중에 참으로 우연찮게도 경기도 연천 최전방 GP초소에서 또다시 예전의 '김일병 사건'보다 훨씬 큰 사고가 발생하였다는 비보가 긴급뉴스로 보도되었다. 김 일병이라는 병사가 평소 유감스러운 일이 많았던지 자기부대 소대장과 선임 상병 7명, 모두 8명을 총과 수류탄으로 죽인 대형사고가 일어났다는 것이다. 놀라운 뉴스다. 참으로 안 된 일이다. 죽은 장병과 그 가족의 비통함을 어떻게 달랠 수 있을까. 날벼락도 이런 날벼락이 또 있을까. 망자에겐 명복을, 유가족에게는 깊은 위로의 말을 전하고 싶다. 씻을 수 없는 죄를 지은 김 일병을 꾸짖으면서 그의 비참한 운명도 어루만지고 싶다. 이번 사고는 깊이 파고 들어갈 필요도 없이 예전의 '김일병 사건'과 동격일 수 없다. 세상의 동정도 받기 어려운 대형 사고다. 아무리 신세대들의 군대라고 하나 이건 너무 심한 사고가 아닌가. 이해하기 힘든 사고가 아닌가. 한둘도 아니고 여덟 명을 총도 부족해서 수류탄으로 살해했다니 말이 되지 않는다. 한숨만 내쉬면서 이 끔찍한 대목에서 빨리 벗어나기로 한다.

　【2014년 6월, 이 기록물의 3차 수정·보완 작업을 하고 있는데 또 최전방에서의 동일한 사건이 발생하였다. 다른 곳도 아닌 내가 근무하던 강원도 고성군 GOP에서다. 제대를 3개월 앞둔 임 병장이라는 사병이 평소 주위로부터 따돌림을 당한 것에 분개하여 수류탄을 투척하고 총을 난사하여 사병 7명을 사살하고 10여 명의 부상자를 냈다. 나는 또다시 비통함에 잠긴다. 겨우 3개월 밖에 남지 않았거늘, 왜 참지 못했는지 한숨은 절로 나온다. 할 말이 없다.】

2

　미국의 케네디 대통령과 소련의 흐루쇼프 서기장의 기(氣)싸움 때문에 우리 군대 또한 초긴장 속에서 한동안을 보낸 일도 기억에서 지울 수 없다. 1962년 겨울의 일이었다. 미국의 바로 밑에 있는 쿠바에 흐루쇼프가 비밀리에 핵무기를 운반해 놓은 것이 케네디에게 발각이 되었다. 이에 철거를 요구하는 미국과 계속 버티는 소련의 기싸움은 일촉즉발의 위기 상황에까지 진전되었다. 미국은 숙적 쿠바로 이동하는 소련의 함정을 해상에서 봉쇄하는 등 초강경으로 대응했다. 이로 인하여 미·소의 충돌이 점쳐지고 마침내 3차 대전이 발발할 수 있다는 비관적인 전망이 온 세계를 떨게 하였다. 이러한 국제적인 긴장은 당연히 남북이 서로 대치해 있는 화약고 격의 한반도에까지 파급되었다. 휴전선 전투 사단인 우리 부대에 비상이 걸렸다. 보통 때와는 달리 단독 무장을 한 상태에서 탄환이 지급되는 준 전시상태가 여러 날 이어졌다. 일선이지만 평시에는 탄환이 지급되지 않는다. 군대 생활 33개월 동안 정기적인 사격 훈련 시 현장에서 지급되는 탄환을 제외하고 전투 대비의 휴대용으로 지급된 예는 이것이 처음이요 마지막이었다. 나는 쉽게 전쟁은 일어나지 않을 것이라고 전망하면서도 긴장 속에서 하루하루를 보냈다. 러셀의 사진을 만지면서 그렇게 지냈다. 천만다행으로 흐루쇼프의 후퇴로 긴장은 풀렸고 전방의 우리 또한 평상시 체제로 돌아갔다. 그때 나는 전쟁이 남북 간의 충돌에서만이 아니라 세계정세 여하에 따라 언제나 일어날 수 있다는 사실을 이론상으로서가 아니라 실제상황을 통해서 확인할 수 있었다.
　나는 군 생활에서 아주 특별한 경험을 한 사람이다. 제대를 불과 세 달가량 앞두고 한일 회담을 반대하는 데모가 확산되어서 이른바 6·3 사태가 일어나 계엄령이 선포되었다. 1964년 초여름의 일이었다. 그때 우리 사단은 가평에 주둔해 있었다. 서울에서 가장 가까운 곳에 있는 예비 전투사단이었다. 6월 3일 밤늦게 출동하여 4일 이른 새벽에 우리 연대는 서울중학교(당시 광화문과 서대문 네거리 사이에 있었음)에 진주하였다. 우리 사단 말고 서울 근교의 다른 사단도 출동하였다는 소식을 서울에 들어와서 알았다. 2개 사단을 빼낼 정도로 당시의 한일회담 반대시위는 대단하였다. 이렇게 시작한 나의 계엄군 생활은 덕수궁과 연세대학교로 자리를 옮겨가면서 약 1개월 보름가량 계속되었다. 그때 사단장은 김재규 소장, 박정희 대통령 시해사건의 바로 그 주인공이었다. 우리 연대를 방문했을 때 나는 졸병이었지만 직책관계로 지근거리에서 그를 보았다. 단구(短軀)에다 다부지게 생겼다.

　세상에 이런 드센 팔자도 있는가 싶었다. 내가 계엄군으로 서울에 출동했다니 그렇게 될 줄 누가 상상이나 했으랴. 내가 태어나고 자란 서울을 군화를 신고 들어올 줄 누가 알았으랴. 연세대에서 가장 오랜 기간 머물렀는데 그 대학 출신 졸병 몇 명은 그리로 옮기던 첫날 밤, 만취하여 울면서 탄식하였다. "내가 금의환향해도 시원치 않은데 철모 쓰고 총칼 들고 내 모교를 군화발로 짓밟다니 이게 말이 되는 거냐!"라면서 대취하여 흐느꼈다. 그들은 며칠 뒤 직속상관의 배려로 원대 복귀되었다. 내가 만약 그때 모교인 고려대에 진주하였다면(고려대는 다른 사단 병력이 들어갔다) 나 또한 대성통곡하였을 것이다. 말년에 그런 고약한 군생활을 하였으나 천만다행인 것은 격렬했던 학생들이 비상계엄이 선포된 후 전혀 움직이지 않아서 상호 충돌과 인명 피해가 발생하지 않았다는 점이다. 그때 만일 훗날 광주 사태처럼 상황이 악화되었다면 한일협정에 운명을 걸고 있던 정부와 이를 결사반대하던 학생들과는 돌이킬 수 없는 피의 대결이 전개되었을 터, 아 — 하늘의 도움이 있었음인저!

　평온이 유지되었으므로 출동한 장병들은 아주 편하게 지냈다. 훈련도 없고 노역도 없이 주로 낮잠을 자면서 서울 생활을 했다. 그런데 나를 비롯한 정훈과 소속 몇 명만은 최고로 고생을 했다. 장병들을 위로한다고 거의 매일 방송연예프로와 쇼단이 찾아와서 저녁에 공연을 하는데 이 행사를 정훈과가 담당하였기 때문이다. 영화도 여러 번 들어왔다. 그 준비에 나는 고생하고 2천여 명의 연대병력은 늘 즐거운 생활을 하였다. 이런 군대 생활도 찾기 힘들 것이다.

연대(聯隊) 본부에 파견 근무할 때(나의 군생활의 3분의 2는 연대에서의 생활이었다. 제대도 그곳에서 했다)는 박관용(朴寬用, 국회의장 역임) 형, 조병국(趙炳國, 농약회사 전무역임) 형과 친하게 지냈다. 박 형과는 1년가량 내무반(5~6명이 잘 수 있는 좁은 온돌방)을 함께 쓰면서 대화도 많이 나누었다. 그는 연대 정보과에 소속되어 있었고, 정보과 병사들은 시골의 골방과 같은 숙소에서 침식을 하였다. 거기에 나도 끼어서 함께 지냈다. 그와 관련하여 무엇보다도 잊을 수 없는 일은 일과가 끝나면 각기 노트에다 글쓰기를 한 일이다. 그때그때마다 주제를 잡아서 소감을 적는 일, 그 기록을 나는 잃어버렸는데 그는 아직도 간직하고 있는지 궁금하다. 그는 그때 이미 정계 진출을 꿈꾸고 있었다. 나는 지금도 그와 같은 수준의 정치가가 여럿 있다면 우리나라의 정치 풍향이 훨씬 좋을 것이라고 믿는 사람이다. 조 형은 인성이 곱고 착한 친구, 사회에 나와서 평생 농약회사 임원으로 근무하다가 지금은 평택으로 낙향하여 오류선생(五柳先生) 부럽지 않은 생활을 하고 있다. 조 형과는 제대 후에도 꾸준히 만나서 음주행각을 자주 하였으나 박 형은 그가 워낙 바쁜 정치인 생활을 했던 터라서 거의 만나지 못하였다. 두 달 전 박찬세 형 고희기념논총 증정식에서 잠깐 반갑게 만나 헤어졌다.

박 형 얘기가 나왔으니 하나만 더. 그는 나보다 한 달가량 제대가 빨랐다. 우리 부대가 덕수궁에 주둔하고 있을 때였다. 그의 제대축하 송별모임을 계엄군 복장 그대로 명동 대폿집에서 했다. 철모를 쓰고, 복장도 자주 보던 휴가병 군복과는 다른 옷을 착복한 계엄군 여러 명이 술집에 들어가니 주모가 기겁을 하고 놀라면서도 이쪽의 점잖은 태도를 보고 곧 친절하게 대해준 장면도 떠오른다. 평소의 제대파티는 부대 안에서 막소주와 간단한 안주를 놓고 하는 것이 상례였다. 철모를 쓰고 서울 바닥에서 술자리를 가졌다는 것이 지금 생각해도 희한한 일이 아닐 수 없다. 험악한 세상을 살다 보니 별 해괴한 경험을 한 셈이다. 그날 밤 연대장은 높은 사람이 수고한다고 마련한 요정에 가 있었다던가.

연세대에 머물러 있을 때는 연대본부 행정요원들이 연대장에게 밉보인 바 있어서 일과 후 완전무장을 하고 운동장(백양로 들어서면서 왼쪽에 있었음)을 열 바퀴 뛰어 달리는 단체 기합을 받았다. 제대 말년이라서 나와 몇 동료는 실실 웃으면서 즐거운 마음으로 뛴 기억도 난다. 사람은 이처럼 환경에 따라 심정도 달라지는 존재인 것이다.

그 몇 달 전, 계엄군으로 서울에 들어오기 전이다. 하는 일이라고는 후방에서 보내오는 위문편지와 위문품을 중대별로 나눠주는 일, 연예인의 위문공연(1년에 두세 번 정도)의 준비와 진행에 관한 일, 사단 정훈부에서 두 달에 한 번꼴로 연대에 내려와서 돌려주는 영화 상영 협조 등이다. 정훈과는 장병들을 즐겁고 편하게 해주는 일을 맡고 있는 부서이므로 그들로부터 늘 고맙다는 인사를 받곤 하였다.

가평에 있을 때 어느 날 오후 사단 정훈부에서 갑자기 연락이 왔다. 일과 끝난 후 저녁에 우리 연대로 영화 상영차 갈 터이니 준비하라는 것이었다. 연예인의 위문공연은 무대설치 등 준비할 것이 많아서 보통 1·2개월 전에 전통(電通)이나 공문으로 통고해 주고, 영화 상영도 최소한 일주일 전에 알려주는 것이 상례인데 그날은 그렇지 않았다. 상급부대의 지시이니 복종은 당연한 일, 그리하여 그날 해가 진 후 우리 연대 2천여 명의 장병들은 모두 연병장에 모여 영화 감상을 하였다.

그런데 뜻밖의 일이 벌어지고 말았다. 이튿날 아침에 출근한 연대장이 노발대발 화가 머리끝까지 올랐다는 소식이 정훈과에 들려왔다. 왜 보고도 없이 멋대로 영화를 돌렸냐는 것이 그 이유다. 보고라니? 당일 연대장은 서울에 출장 중이었다. 어떻게 보고를 한다는 말인가. 그때 핸드폰은 있지도 않았고, 다만 통화가 가능한 방법은 어느 곳에 있는지를 알고 그곳으로 전화를 거는 길밖에 없는데, 그걸 어떻게 알 수 있는가. 무엇보다도 연대장 부재시 훈련이 아닌 그런 연예행사는 정훈장교(곧 나의 직속상관)의 전결로 늘 해왔던 것, 그런 사실을 부임한 지 몇 달밖에 안 된 연대장이 알지 못하고 '분기탱천'하였다는 것이다. 결론은 실무자인 나를 연대 징계위원회에 회부하여 처벌하기로 했다는 것, 기분이 좋을 리가 없었다. 정훈장교도 나를 끝까지 보호하지 못해서 미안하다는 말을 여러 번 하였다. 징계위원회 결과 나는 5일간의 영창생활을 하는 것으로 마무리되었다. 불명예이되 제대 말년이라 그랬는지 실실 웃으면서 받아들였다.

영창에 있는 동안 점심시간이나 일과가 끝난 뒤면 연대 각과의 동료들이 면회(!)를 와서 나를 위로해주곤 하였는데 한 번은 벌칙으로 연대본부 변소청소를 하라고 해서 막 나가려는 순간 박관용(그도 제대 말년이었음) 형이 마침 나를 보러 왔다가 그 사실을 알고 간수(看守) 병사를 막 야단치면서 눈치껏 할 일이지 누구더러 인분을 치우라 하느냐고 호통을 치는 바람에 면제된 기억이 난다. 어쨌거나 그 사실이 나의 인사기록 카드에 기재되었는데 '근무태만 5일간 영창생활'이라고 적혔다. 그 기록 때문에 사회생활 하는 데 전혀 지장이 없었다. 만약 내가 총리나 장관 내정자로 국회 청문회에 나갔다면 꼼짝없이 불성실하게 군대 생활을 한 사람으로 매도당했을 것이다. 청문회? 가관임은 천하가 다 아는 사실이다.

군대 얘기 하나만 더 하고 끝내자. 우리 때는 '원산폭격'이니 '쥐잡기'니 하는 기합은 전혀 없었다. 후방에는 몰라도 전방에는 없었다. 6·

25 당시 성행했다고 구전되어 오는 소문은 들었어도 실제로 당해 본 적이 없다. 그런데 요즘은 아주 심한 모양이다. 특히 '원산폭격'이 그런 것 같은데 군대가 편해지고 할 일이 없으니까 그런 장난을 하는 것이다. '한따까리'라는 말은 듣지도 못했다.

3

제대 후 며칠 동안 서울 시내를 돌아다니며 살펴보니 그사이 많이 변해 있었다. 「서울은 만원이다」라는 소설이 신문에 연재된 바, 그 말이 실감나게 지방 도시와 농촌에서 올라온 사람들을 포함하여 서울은 인구 3백만 명이 넘는 거대 도시가 되어서 몸살을 앓고 있었다. 인구 천만 명 시대를 그때 이미 예고한 셈이었다. 경제개발 5개년 계획이 착수되어서 세상이 한결 활력 있게 움직이고 있음이 역력했고 시내에 높은 빌딩이 듬성듬성 서기 시작했다. (지금과는 비교가 안 되지만) 도로의 경우 안암동 쪽만 놓고 볼 때 옛 중앙산업 공사현장에서 미아삼거리 쪽 대로가 그때 뚫렸다. 블록을 사용해서 지은 이른바 집장사 집들이 곳곳에 들어섰고, 지금 재벌의 전신이랄 수 있는 대기업체 여럿도 등장하여 해외 수출이라는 드물게 듣던 사업에 시동을 걸기 시작했다. 그중의 하나가 '현대'다. '삼성'은 그 이전부터 이름은 알려져 있었지만 사세(社勢)가 확장되어서 나중에 재벌회사가 되는 기반은 아마 1960년대 중반인 그때 놓았지 않았는가 싶다. 이 두 회사가 세계적인 기업으로 성장하리라고는 어느 누구도, 심지어 사주(社主)인 이병철·정주영 두 분도 아마 내다보지 못했을 것이다. '삼성' '현대'가 있다는 것, 이것은 한국의 복이다. 뭣도 모르는 일부 '반대한민국파'들에게는 당연히 증오의 대상이 되겠지만.

막걸리 집이 꽤 장사가 잘되면서 한편으론 소주가 일반화되었으며 맥주도 그 뒤를 바짝 따라가고 있었다. 소주는 30도 시대를 거쳐 25도짜리로 지금보다 훨씬 독했다. 음식점에서 석쇠 대신 불판에 불고기를 해 먹기 시작한 것도 실은 1950년 말부터인데 1960년대에 들어와서는 이 또한 서서히 보편화되어서 많은 사람들이 즐겨 한일관이며 우래옥 등의 음식점을 찾았다. 룸살롱(지금의 호화 룸살롱이 아니었다. 물론 아가씨의 접대가 있었으나 여하간 지금처럼 기업화된 요란한 규모의 그런 룸살롱은 전혀 아니었다)이라는 곳에 아가씨들 인기가 높았고 맥주잔을 주고받는 (양주를 파는 룸살롱은 후에 등장하였다) 그 자리에 이미자의 〈동백 아가씨〉가 공전의 히트를 치고 있었다. 입대 전에는 한명숙의 〈노란 샤쓰 입은 사나이〉가 크게 유행 되었었다. 내가 입대 하던 해에 영화는 당시의 최고 스타인 김승호가 나오는 〈마부〉와 그 전 해의 〈박서방〉, 그리고 이범선 작 유현목 감독의 〈오발탄〉이 화제작이었는데 이 오발탄은 5·16 이후 작품의 어두운 줄거리가 군사정부의 마음을 건드려서 일시 시빗거리가 된 것으로 안다. 미니스커트는 상륙 바로 직전으로 기억되며 반도호텔에서의 패션쇼가 일부 상류층의 인기를 끌고 있는 가운데 메추리알을 키우는 일을 본업 또는 부업으로 삼던 사람들이 그것이 영양가가 없다는 발표에 쫄딱 망해버리는 딱한 일도 벌어졌다. 식량난은 여전히 좋지 않아서 쌀값의 등락이 계속되었다. 통일벼가 나올 1970년대(혹은 1960년대 말)를 한참 기다려야 했다. '삼양라면'이 본격적으로 국민들의 입맛에 가까이 접근하기 시작한 것도 이때부터다. 라면의 등장은 가히 식량의 혁명이라 할 수 있다. 처음에는 수프를 탄 국물이 느끼했었는데 점차 개선되어서 오늘날 우리가 즐겨 먹는 라면으로 정착했다. 참 좋은 먹을거리다.

 정치판은 여전히 여·야의 싸움판, 더군다나 한일협정을 눈앞에 두고 있는 시점이니 살벌하기 이를 데 없었다. 나는 여태껏 살면서 다른 분야의 발전은 지켜보았으나 정치 동네가 발전하는 장면은 한 번도 보지 못했다. 정치는 개떡같이 하면서 고위 행정공무원이나 기업체의 책임자를 불러서 불호령을 내지르는 국회의원들의 행태를 보면 "너는?" 하고 속으로 외친다. 부정 공무원이나 기업체 주인보다 국회의원으로 대변되는 저들 정치인이 더 사회에 패악을 끼친다고 생각하는 사람은 과연 나뿐일까. 위에서 정치연설과 관련하여 나는 자유당 말기에 유권자를 사로잡은 민주당 진영의 수뇌부들의 사자후 이후 제대로 된 선거 유세를 한 번도 들어보지 못했다고 진술한 바 있다. 혹자는 선동을 위주로 청중의 인기를 유도하는, 거명하지 않아도 알만한 몇 거물 정객을 꼽을지 몰라도 요컨대 그의 연설은 신익희·조병옥·조봉암·장면·박순천·김상돈 등 과거 정치인의 연설을 따라가려면 속된 말로 죽었다 깨나도 미치지 못한다. 이 점 거듭 확인하면서 한편 그때 이후 정상배는 수도 없이 보아 왔으나 정객다운 정객은 실로 몇 명 정도밖에 접해보지 못하였음을 또한 진술한다.

   교육계도 번성하는 듯했고 학계 또한 2세대를 중심으로 3세대의 일부가 가담하여 예전보다 활기에 찬 듯했다. 국어국문학회만 놓고 볼 때 그때와 그 후 20여 년간이 6·25사변 이후, 처음 접하는 절정기가 아니었던가 싶다. 『현대문학』과 『사상계』도 여전히 순조로웠다. 1990년대부터 『현대문학』이 재정난으로 존폐의 위기에 몰리게 되는데 그때 그러리라 예견한 사람은 아무도 없었으리라. 『사상계』가 1970년대를 전후하여 그 자취를 감출지는 더더욱 상상조차 못 하였다.

   나는 제대한 지 보름 남짓 된 8월 25일에 대광고등학교에 재취직하였다. 당시의 교장 선생은 장윤철 선생님(후에 건국대 교양학부장과 신일고교 초대 교장 역임, 작고), 교감은 송성찬 선생님(후에 영락상고 교장 역임, 작고)이었다. 군에 있을 때 전임 이창로 교장께서 편지로 내가 제대하면 결원 여부와 무관하게 다시 채용하겠다고 하였으므로, 또한 학교의 이런 방침이 후임 교장·교감 선생에게도 이어진 것으로 알고 부담감 없이 찾아갔더니 아닌 게 아니라 다시 돌아온 것을 환영해 주어서 고맙게 생각했다. 중3 몇 시간, 고1 몇 시간 이렇게 자투리 시간을 모아 전임 교사의 기준시간을 마련해 주었다. 한 학기를 그렇게 보냈다. 이때에 이상균을 만났다. 중 3일 때였다. 첫 인상이 참 좋았다. 그는 육사를 졸업하고 장기간 군에 근무하다가 육군 준장일 때 제대하였다. 덕성이 있고 온유하며 평소 열심히 하여 실력도 다방면에 걸쳐 탄탄하였다.

그다음 해인 1965년에 사정에 의해서 잠시 물러나 있던 이창로 교장이 다시 교장으로 왔고 나는 고3을 맡아서 입대 전과 같은 수업을 하였다. 담임도 맡았다. 처음 담임을 맡았는데 이들의 입학률이 썩 좋아서 모두들 기뻐서 날뛰던 일이 바로 몇 년 전 같은데 벌써 40년이 되었다. 요즘은 그때의 제자들, 나이가 나보다 아홉 살 낮은 58세의 초로의 제자들 10여 명과 번을 바꿔 가면서 만나 저녁을 함께하며 담소를 나누는 것이 낙이다. 1966년 2월 졸업생들에게만 제한하여 근자에 만난 제자들을 거명하면 변동걸, 황상철, 강익서, 김현직, 김수동, 홍성복, 이예균, 주천유, 민경희, 이삼열, 김광조(현재 대광고교 교장), 이윤희, 이건희, 고재용, 박영일, 최재윤, 유인희(연세대 철학과 교수, 우리 반의 반장이었음), 이상호, 홍민표, 소순영… 그 외 기억나지 않은 몇 사람이 더 있다. 특히 변동걸(서울 중앙지방법원장 역임, 현 대형로펌 '화우'의 대표변호사), 황상철(스포츠용품 회사 사장) 두 사람은 설날이면 꼭 찾아오는데 고맙기는 하나 내가 오지 말라고 해도 듣지를 않는다. 나는 약 15년 전인 1990년경부터 대학 제자들의 신년세배받기를 사양하였다. 그래도 오는 사람 몇이야 어쩌겠는가. 고마울 따름이다. 한 가지 아쉬운 점은 변동걸 판사가 서울 중앙지방법원장에서 대법관으로 승진하지 못한 점이다. 당연히 되는 것으로 다 알고 있었는데… 이 정부(노무현)의 코드인사에 그만 아깝게 희생당했다는 것이 세평이다. 오호라. 코드인사여…

변 판사 그는 大人長者의 風을 갖추고 있는 인물, 지혜와 덕을 두루 갖추고 있는 인재다. 용모도 준수한데, 법조계의 사정을 내가 알 수 없으나 대법원 판사가 아니라 대법원장이 되어도 손색이 없는 인물이다. 서울중앙지법원장에서 물러날 때, 곧 대법관이 되지 못해서 사표를 낼 때, 당시 대법원장이 사법연수원장으로 임명코자 하였단다. 당사자도 그 자리가 늘 가고 싶었던 직위지만 후배들을 위해서 사양하고 법복을 벗었다니 그 마음 씀씀이 아름답다 하지 않을 수 없다. 재작년(2012)에는 그 나이 그 신분에 방송통신대학 인문계 학과에 입학하여 열심히 공부를 하고 있는데, 역시 그릇이 큰 인물이라 하겠다. 이 점에서는 황상철도 뒤지지 않는다. 여러 해 전부터 로마제국의 학술 문화·종교 등 역사공부에 심취하여 변 판사에 의하면 조만간 저서 한 권을 낼 것 같다는 소식이다. 사업하는 사람이, 바꿔 말하면 서양사를 전공하는 학자도 아닌 사람이 그 경지까지 이르렀다면 그동안의 공부가 얼마나 치열했을까. 대견하지 않을 수 없다. 황 사장 그와는 대광시절 학교신문의 지도교사와 편집부 학생 관계로 인연을 맺은 이후 오늘에 이르기까지 근 반세기를 중단 없이 이어가고 있다. 나는 그가 언론계에 진출하여 대성하기를 기대하였다. 그 방면에 재질이 있었기 때문이다. 그러나 부친으로부터 이어받은 가업(家業)이 있어서 어쩔 수 없이 사업체를 이끌게 되었는데, 외려 그의 아내가 옛 경향신문 기자 출신 ― 그러니 어쨌거나 언론계와 관계를 맺었다고 봐야 한다. 하하.

우리 반의 반장 유인희 교수도 대광이 길러낸 출중한 인물이다. 그에 관해서도 할 얘기가 많은데 한 가지만 골라서 적는다. 입시를 앞두고 그는 동국대 불교학과를 지망하겠다고 고집을 부렸다. 나도 뜻밖의 일이라서 놀랬지만 그의 부친(이름을 잊었음, 몇 해 전 KAIST에 500억쯤 되는 재산을 기부한 한의학 박사 1호, 원래는 양의였음, 2012년 작고)은 더더욱 놀라서 충격이 컸다. 일부러 담임인 나를 학교로 찾아와서 말려

달라고 진정을 할 정도다. 나는 유군과 장시간 상담한 끝에 철학과에 들어가서 불교를 전공할 수도 있으니 연세대에 입학원서를 내라고 종용하였다. 승려가 되고 싶다니 그것도 연세대 철학과에 일단 입학한 후 결정해도 하등 지장이 없다고 설득, 결국 그렇게 하였다. 졸업 후, 승려의 길을 포기하고 학문의 길로 들어선 끝에 이른 나이에 모교 교수가 되어 평생을 근무하고 이젠 정년퇴임하였다. 인간의 인생행로가 대범 이처럼 곡절이 있을진저! 유인회·변동걸·황상철 이 세 사람과는 그들이 20~30대 시절에 자주 만나서 술잔을 나누며 정겨운 시간을 보냈다. 잊을 수 없는 추억으로 남아 있다.

한림대 총장을 지낸 이영선 군은 이창로 교장의 아들이다. 경기중학에 합격했는데 가지 않고 대광을 다닌 중심이 있는 인물이다. 경제학계의 거물로서 정·관계에도 영향이 있다는 소식을 들었다.

대광의 제자들은 기독교 교육을 받아서 모두가 착하다. 학계·관계·재계·법조계·문화예술계 등 각계에 진출하여 성공한 제자들이 그득하다. 일일이 거명하지 못하는 까닭이 여기에 있다. 특히 연세대로 진학하는 학생이 워낙 많아서 그 학교 교수가 된 대광 졸업생 숫자가 경기고 출신에 이어 전국 고교 중 세 번째 혹은 네 번째로 많다던가. 최소한 랭킹 3~5위는 되는 모양이니 대단한 성과다. 마침내 대광 출신 연세대 총장(김한중)이 이 글을 세 번째로 고쳐 쓰기(2014년) 몇 년 전에 나와서 얼마 전 4년 임기를 마친 바 있음을 나는 내 일처럼 자랑스럽게 생각한다. 그는 대광 19회, 역시 나의 제자다. 나는 대학의 보직에 무관심과 외면으로 일관한 사람인데 제자가 명문사학의 총장이 된 사실만은 열광적으로 환영한다. 18회 이영선(서울대 경제과 졸) 군도 연세대 교수로 재임 중 몇 년 전 한림대 총장을 역임한 점, 그렇게 기쁠 수 없다. 정계에 진출한 제자가 거의 없는 것이 나는 그렇게 좋을 수가 없다. 대광 제자들과는 말과 생각이 잘 통한다. 그런데 대학의 제자들인 40대 중년들과는 자주 불통할 때가 있다. 세대의 간극이 이처럼 심한 것인가. 나는 고교 교사로는 대광이 유일한 학교다. 학교다운 학교에서 근무한 것을 천복으로 생각한다. 대광고등학교만큼 양심적으로 운영하는 중등교육기관도 극히 드물 것이다. 재정과 인사 문제 등 깨끗하게 처리하는데 역시 기독교 정신이 크게 작용하였음은 물론이다. 학생들도 졸업 후 수십 년이 지난 지금도 대광에서 공부한 것에 크게 자긍심을 가지고 있다.

1960년대 중반, 그때의 '아카데미 하우스'는(강원룡 목사가 독일의 지원으로 세운 호텔형 대화 장소) 서울의 명소였다. 시내에 이름난 여러 호텔은 그 후에 생겼다. 강남은 개발되기 이전이다. 그렇기 때문에 학술, 종교를 비롯해 정치인의 중요 모임 등은 대부분 수유리의 이곳에서 열렸다. 비용 때문에 쉽게 드나들 수 없는 곳이었다. 그런 데를 몇 번이나 가서 1박 2일로 교사 연수회를 가지곤 하였다. 좀 더 질 좋은 교육을 베풀기 위해서 60여 선생들은 밤늦게 토론을 하면서 앞으로 어떻게 하면 교육의 수준을 높일 것인가에 대하여 고민하였다. 개인적으로는 이런 일도 있다. 송성찬 교감 선생은 한 달에 한 번꼴로 신설동에 있는 '돌' 다방으로 나를 부르곤 하였다. 교무실에서 대화를 나누기에 불편하므로 장소를 그곳으로 택한 것이다. 학교 운영에 관해서 의견을 교환하는 기회를 그분은 거의 정기적으로 마련하였다. 나는 그때마다 이런저런 것을 제시하며 개선할 것을 주저함이 없이 개진하였다. 내가 제시한 것 중 많은 것이 반영되곤 하였는데 참 기뻤었다. 나를 믿고 대화의 대상으로 대우해 준 것을 늘 고맙게 생각하였다. 장윤철 선생은 대광고교에서 물러난 뒤, 건국대 교양학부장으로 몇 년 재직하였다. 어느 날 냉면과 불고기로 유명한 '우래옥'으로 나를 부르셨다. 아버지보다 몇 년 연상이시다. 그날 선생은 나에게 건국대 교양학부 전임교수로 오라고 하셨다. 뜻밖의 초빙이다. 난들 왜 가고 싶지 않았겠는가. 나의 목표와 꿈이 교수가 되는 것이거늘…. 그러나 나는 선생님의 배려는 감사하나 갈 형편이 못 된다고 사양하였다. 석사과정의 학점 취득은 마쳤으나 학위논문을 제출하려면 1년쯤 되어야 한다고 사실 그대로 고하였다. 선생은 묵묵히 들으시더니 아쉽다는 표정을 지었다. 1967년의 일이다. 그때의 일을 후일 유병석 교수(강원대와 한양대 교수 역임, 작고)에게 말했더니 "아이고, 이 바보! 당신의 그런 사정도 모르고 장 교장이 스카우트하려고 했겠어? 학위 논문은 다음 학기에 제출하겠다는 서약서를 쓰겠다고 하면 되는 건데 그런 것도 모르느냐"라고 딱하다면서 나를 구박하듯 말하였다. 맞는 말이다. 고생 고생 끝에 강원대 교수로 취직하였더니 유 교수의 말처럼 그렇게 해서 전임교수가 된 예가 여럿 있었고 심지어는 학부 졸업만으로도 교수가 된 사람도 있었다. 서울의 대학에서도 특별한 경우에 통하였는데 내가 그 케이스에 해당된다고 유 교수는 말했다. "배려에 고맙습니다"라고 내가 말하지 않은 이상 장 교장이 먼저 방안을 제시할 수는 없는 일이라고 그는 토를 달았다.

【금년(2006) 11월 4일(토) 오후 6시에 대광 18회 동기들(1966년 졸업)의 졸업 40년을 기념하는 '홈커밍데이'가 강남 코엑스 인터컨티넨탈 호텔에서 있었다. 나도 당연히 참석하여 내가 담임을 맡았던 옛 제자들을 비롯해 140여 명의 많은 제자들을 만났다. 참 기뻤다. 330명 졸업생에 사망한 사람과 외국에 이민 간 경우, 그리고 사정이 있어서 불참한 사람을 빼면 거의 다 참석한 셈이란다. 이것이 대광의 힘이요 미덕이다. 옛 동료 교사도 20여 명 만났다.】

재취직 이후 첫 봉급을 받던 날 나는 왕십리 전셋집(그때 낙산 판잣집이 헐려서 우리는 내가 제대하기 전 왕십리로 이사해 있었다. 전셋집이지만 평지에다 근처에는 수도국이 있어서 물지게 신세 5년을 졸업하게 된 것이 참 후련했다) 근처 정육점에서 쇠고기 두 근을 사 들고 귀가했다. 그것이 어머니께서 건강한 몸으로 마지막 드신 성찬이었다. 어머니는 그 며칠 뒤 당뇨병 진단을 받고 7년 동안 고생하시다가 이승을 하직하셨다. 그 슬픈 얘기는 뒤로 미룬다.

3. 전공 분야 결정/『흘러간 성좌』 연재

1

대학원에 입학할 때 나는 세부적인 전공 분야를 결정하지 못하였다. 입학 후에 정해도 지장이 없으리라 믿었다.

제대 후 교단에 서는 한편 대학원에 일단 복학은 하였다. 그러나 강의시간에는 출석하지 못하였다. 꽉 짜인 교사 생활이 나를 쉽게 놔주질 않았기 때문이다.

강의를 듣지 못하는 대신 책은 열심히 읽었다. 수업이 없는 빈 시간을 활용하였고 귀가해서도 틈나는 대로 읽었다. 그때 내가 중점적으로 읽은 책은 진단학회 편『한국사(韓國史)』이고 곁들여서 이상옥(李相玉) 선생의『설화 한국의 역사』(전10권?)도 읽었다.

후자는 이야기식으로 되어 있어서 재미가 있었다. 저자 되시는 분이 친구인 이현희 형의 부친인데 그에게서 몇 권 얻어서 읽은 것이 계기가 되었다. 아마 전부 독파하지 않았는가 싶다. 밝히지 않아도 될 그때의 독서 얘기를 숨기지 않고 진술하는 까닭은 바로 이런 반론이 준비되어 있어서 당당하기 때문이다. 전문 학술 논저가 아닌 이야기 형식의 교양류 역사서가 학문에 무슨 도움이 된다고 일부러 시간을 내서 읽었느냐고 탓하는 사람이 있을지 모르나 그런 사람들에게 나는 우리의 고전문학 작품 거개가 당시에는 푸대접받던 변방의 문화였음을 상기시키고 싶다. 그런 걸 왜 학문으로 연구하면서 밥벌이를 하느냐고 반문하고 싶다. 설화식 기술물을 통해서 나는 오히려 한국사에 쉽게 접근할 수 있었다.

이 두 전집 이외 이홍직(李弘稙)·이기백(李基白)·김철준(金哲埈) 선생의 신라사 관련의 논문을 몇 편 읽고 그 깊이에 감동을 받았다. 역사를 전체적으로 조망하는 방법과 그 일부를 심도 있게 천착하는 방식 모두가 필요하다는 사실을 알았다.

내가 제대하자마자 역사서를 섭렵하게 된 배경에는 군대 생활을 하면서 이어령(李御寧) 교수의 한국과 한국인에 관련된 에세이를 읽었기 때문이다. 제대를 하면 무엇보다도 한국의 역사를 탐독하겠다고 작심을 하였다. 역사서를 읽는 동안 나는 국문학을 잠시 잊었고 따라서 내가 무엇을 전공할지에 대해서도 거의 생각하지 않았다. 대학원을 급히 수료할 필요도 없다고 생각했다. 학부 동기 중 몇 명은 이미 대학 강의를 맡고 있었는데 그때 나는 좋은 논문을 쓰고 나가는 것이 중요하지 서둘러서 졸업하는 것은 큰 의미가 없다고 결론을 내렸다. 한두 해 뒤에는 늦은 것을 심히 후회했지만 그때는 그랬었다.

역사서 읽기가 대충 끝나자 나도 모르게 손이 간 책이 김동욱(金東旭) 선생의 『한국 가요의 연구』였다. 그것을 꼭 읽어야 된다는 생각도 없이 우연찮게 그 책에 눈길이 갔다. 두꺼운 그 책을 다 읽지는 못했고 몇 편의 논문을 읽으면서 내가 느낀 바는 여기서도 학문의 연구라는 것이 보통 깊은 세계가 아니라는 점이다. 논증의 치밀함을 거쳐 결론을 이끌어내는 과정을 나는 주의 깊게 살폈다. 그런데 불만도 없지 않아 있었다. 그때 나의 지적인 수준이 얕아서 그런지는 몰라도 지나치게 어려웠고 무엇보다도 불교의 자료와 이론이 연구 전체를 압도하고 있음이 마음에 들지 않았다. 불교 논문인지 향가 논문인지가 분간하기 힘들었다. 이것이 제일 큰 불만이었다. 그 몇 해 뒤에 읽은 김종우(金鍾雨) 선생의 『향가문학론』(研學社本)도 불교적 방법에 의한 고찰이지만 문학적인 고찰은 전자와 비교하면 다소 살아있다는 느낌을 받았다.(몇 편은 책으로 출판되기 전 개별 논문으로 먼저 읽은 것도 같다.)

그렇다손 치더라도 두 책 모두 나에게 큰 도움이 된 것만은 부인할 수 없다. 그 뒤를 이어서 나는 조지훈 선생의 「신라가요연구논고(新羅歌謠研究論考)」와 이 논문보다 10년가량 앞선 논문인 「신라국호연구논고(新羅國號研究論考)」를 연달아 읽었다. 이 두 편의 논문이 나를 흔들어 놓았다. 어학적인 고증과 당대의 문화적인 특성을 고려해서 논리 정연하게 결론을 유도해 낸 이 두 편의 글에서 나는 논문의 설득력과 논리적 타당성이 어떻게 성립되는지를 조금이나마 깨달을 수 있었다. 시인의 감각도 번뜩이는 한편 시종 학문적인 미시적 분석과 거시적 통찰이 돋보이는 연구임을 확인한 것은 나의 큰 소득이었다. 그 무렵에 출간된 고려대 민족문화연구소 간행 『한국문화사대계』 전집 중 『언어·문학』편과 『민족국가사』편에 실린 여러 논문을 읽은 것도 공부에 큰 도움이 되었다. 이런 식으로 여러 논저를 열독하면서 나는 서양의 문학이론 관련 서적은 읽지 않았다. 잘한 일인지 여부는 모르나 서구의 이론에 입각해서 우리나라 문학을 풀이한 논문 몇 편을 보고 공감하지 못한 것이 작용한 것만은 분명하다. 그 이후에도 나는 서양의 번역서를 계속 외면하였다.

곧이어 나는 국문학의 전체상을 파악하기 위해서 새로 나온 이병기(李秉岐)·백철(白鐵) 두 분의 공저인 『국문학전사(國文學全史)』와 학부 시절에 읽은 도남(陶南) 조윤제(趙潤濟) 선생의 『국문학사』, 『국문학개설』 등의 몇 저서를 다시 읽었고 『국어국문학』지에 발표된 논문도 열독하였다. 지금은 고전문학 관계의 논저가 수도 없이 많지만 그때만 해도 극히 소수라서 애써 찾아 읽으려 해도 제한적일 수밖에 없었다.

예의 논저들이 거의 다라고 하여도 과언이 아니었다. 어쨌거나 이런 과정을 거치면서 내가 깜짝 놀란 바는 우리 문학의 뿌리이며 원류(源流)인 향가 작품에 관한 연구가 활성화되지도 않았고, 전문 연구자도 소수로 제한되어 있다는 점이다. 다시 말하자면 향가의 어느 한 수에 관한 논의가 기껏해야 몇 편밖에 없고 아예 분석조차 되지 않은 작품도 여럿 있으며, 시가전공자든 소설전공자든 가리지 않고 이 사람 저 사람 한두 수 건드린 경우는 있으나 언필칭 '향가 전공자'로 학계에 이름을 올린 분은 양주동(梁柱東)·지헌영(池憲英)·이탁(李鐸)·김준영(金俊榮) 선생 이래 김동욱, 김종우 선생 등 몇 분밖에 되지 않았다는 사실이다. 이분들은 모두 국문학 연구 1·2세대들이었다. 그것도 어학연구에 치우쳐 있고 문학적인 해독은 미미한 정도였다.

이쯤 되자 나는 머뭇거릴 필요가 없었다. 고전문학이냐 현대문학이냐는 저절로 가려졌고, 고전문학을 전공하는 일만 남았는데 그렇다면 아직 문학적 해석의 초기 단계에 머물러 있는 향가를 택하는 것이 좋겠다는 결론을 내렸다. 이것은 나의 독서의 결과였다. 향가를 택함으로써 나에게 유리한 점은 「한용운」 이후 좌주문생(座主門生)의 관계가 더욱 긴밀해진 조지훈 선생의 지도를 받을 수 있다는 점이다. 주저할 필요가 없었다. 지훈 선생의 신라 관련 위 두 편뿐만 아니라 그분의 『한국문화사서설(韓國文化史序說)』이 또한 나에게 큰 도움이 되었으니 나의 공부가 느슨해지는 것을 경계하는 일이 남았을 뿐 지도받을 일의 걱정은 전무하였다. 그 무렵의 나의 정신세계를 밝힌 글을 아래에 옮기기로 한다.

조지훈의 『한국문화사설』 - 나를 이끈 이 한 권의 책

내가 조지훈 선생의 '한국문화사서설'을 처음 접한 것은 1964년 늦가을이었다. 뒤늦게 군대 생활을 마치고 다시 대학원 석사과정에 복학해 새로 공부를 시작할 때였다.

요즘은 전공서적의 출판이 자못 범람하고 있는 터이지만 그때는 학문 연구의 축적이 빈약하고 출판문화도 구멍가게 수준이어서 가뭄에 콩 나듯 어쩌다가 눈에 띌만한 책이 간헐적으로 모습을 드러내는 것이 고작이었다. 그렇듯 지성계가 제자리를 잡지 못한 시대에 '한국문화사서설'의 출간은 국학을 공부하는 학도들에게는 더할 수 없이 반가운 소식이었다.

그 무렵 고전문학을 보는 나의 시각은 지극히 단순하고 외통박이 형국을 벗어나지 못했다. 작품의 문학성만을 놓고 피상적으로 그 우열을 가리는 일에만 집착했을 뿐, 해석의 방법론도 정립하지 못했고 작품의 기저와 사상적 배경 등을 어떻게 탐색하는 것이 옳은지 길을 찾지 못하고 있었다. 이런 초입자의 미망을 이 책은 일거에 해소해줬다. 뿐만 아니라 정년을 코앞에 둔 요즘도 무엇을 성찰하다가 궁금하면 가끔 찾아보는 '현대의 고전'으로 나의 학문적 삶의 친근한 벗으로 남아있다.

'한국문화사서설'은 우리 민족문화의 고유한 성격과 그 전개과정, 민족신화의 정체와 유형 그리고 그 특질, 샤머니즘을 비롯해 불교·도교·유교의 한국적 특성, 정치·종교·철학·과학 등 여러 분야에 걸쳐서 나타나는 한국사상의 전거, 미술과 음악 및 문학에서 추출된 우리 전통예술의 원형과 그 전개, 실학사상의 대두 이후 동학혁명과 개화당의 삼일천하를 거쳐서 갑오경장에 이르기까지 우리의 선인들이 꿈꾸며 행동에 옮겼던 근대화 운동의 경위, 개화가사로부터 광복의 노래에 이르기까지 반세기 동안 걸어온 가요문화의 발자취 등 실로 한국 문화 전반에 대해서 다각도로 규명한 기초 인문과학서다. 주제별로 모두 18편의 논문이 6부에 나뉘어 실려 있는 이 책은 요컨대 한국 정신사를 개관한 책이거니와 이전까지 인문학계에 이와 같은 도서가 없었다는 사실을 떠올린다면 이 책의 시대적 가치와 의의는 스스로 자명해진다. 나의 경우 고전작품을 문학의 관점에서만이 아니라 사상과 종교 및 철학의 시각에서도 접근해야 그 온전한 모습을 찾을 수 있다는 점을 재삼 깨달은 것도 이 책을 통해서였다. 앞선 논문인 '신라國號연구논고'와 '신라가요연구논고'를 찾아서 읽은 것이 또한 계기가 돼서 마침내 향가와 고려속요를 전공하기에 이르렀으니 인연으로 말하자면 이렇듯 깊을 수가 없다. 한 권의 책이 지니고 있는 힘은 이렇듯 컸다.(下略)　　　　　　　　－『교수신문』265호, 2003.4.7

　향가를 전공 장르로 결정하기까지 과정은 이와 같거니와 지금 생각해도 기이한 바는 무애 양주동 선생의 『고가연구(古歌硏究)』에서 나의 전공이 발원되지 않았다는 사실이다. 그렇게 된 까닭은 그때 나의 독서 경향 때문이며, 이 말은 또한 처음서부터 향가를 지목치 않고 책과 논문을 읽다가 전공이 정해졌다는 말에 다름 아니다. 양주동 선생의 저서는 전공이 결정된 후에 읽기 시작하였다. 어찌 보면 갑자을축(甲子乙丑)이 아니라 을축갑자(乙丑甲子)가 된 셈이다. 무애 선생의 저서를 비롯하여 몇 권의 어학적 연구서를 읽으면서 나는 그 결론적인 풀이에만 관심을 두었고 문법적인 해독의 과정에는 주목하지 않았다. 이 점이 나의 결함이다. 어학적인 면을 중시하지 못하였기 때문에 아직까지도 이 방면에는 자신이 없다. 그때 단순한 생각으로는 어학은 국어학 전공자가 책임지고 할 작업이고 문학 연구자는 그들의 풀이를 인용하면 되는 것이라고 간단히 판단하였다. 또한 그것이 당시의 국문학 연구의 전반적인 풍토이기도 하였다.
　무애 선생 얘기가 나와서 기억이 떠오르는 일이 하나 있다. 내가 학부 3학년(?) 때였다. 향가의 어학적 풀이 문제를 놓고 그분과 심악(心岳) 이숭녕(李崇寧) 선생 간에 논쟁이 벌어져서 학계를 떠들썩케 한 사건이 있었다. 학계의 거두가 맞붙었으니 관심을 끌기에 족하였다. 처음에는 학술지에서 시작한 것으로 알고 있거니와 이 논쟁이 『조선일보』로 옮겨져서 몇 달을 계속된 것은 의외의 일이었다. 학문의 이슈가 상업지인 신문지상에 실린다는 것은 격에 맞지 않기 때문이다. 그러나 싸움이 워낙 화젯거리였고 또 두 분의 문장들이 흥미를 끌기에 족하여서 그리된 것으로 안다. 나도 재미있게 읽었는데 나중에는 감정싸움으로 번져서 학문적인 논쟁에서 크게 벗어난 것은 참으로 유감스러운 일이었다. 그때 두 분이 건전한 논쟁의 본을 보여주었으면 얼마나 좋았을까.

문장은 무애 선생이 단연 우월했다. 지금도 내 머릿속에 남아 있는 것은 "심악, 당신의 주장은 이를테면 태산 밑을 지나가는 가랑비 소리에 지나지 않는다"고 비아냥거린 것이다. 태산은 자기 자신을, 가랑비는 심악을 지칭하는 것은 재언을 요치 않는다. 그때 심악 선생은 고려대 우리 학과에 출강하였는데 선택과목이라서 나는 듣지 않고 수강한 친구들로부터 전해들은 바에 의하면 일주일에 한 번 있는 3시간짜리 강의의 대부분을 논적인 무애 선생을 치는 데 할애하여 배운 것이 거의 없다는 얘기였다. 어느 친구는 남의 대학에 와서 그 양반 너무 심한 것 아니냐고 하면서 불쾌함을 감추지 않았던 모습도 떠오른다. 그때 심악께서는 "외솔(최현배 선생)은 아주 고집쟁이야, 그래서 상대하기가 쉽지 않아. 그런데 무애는 물캥이라고. 별로 힘들지 않아" 하더라는 것이다. 밖에서 벌어진 논쟁이 강의실에 들어와서 한 학기를 망쳐 놓은 예다. 그런 식의 강의가 통하던 아주 인심 좋은 시대였다. 요즘에는 접해 볼 수 없는 진풍경이다.

향가를 어떻게 접근할 것인가를 놓고 나는 그렇게 많은 시간을 소비하지 않았다. 개별 작품론이 시급함으로 그런 방향으로 작업에 착수키로 하였고 첫 작품의 선택은 충담사(忠談師)의 〈안민가(安民歌)〉, 그다음으로는 신충(信忠)의 〈원가(怨歌)〉로 연구계획을 세웠다. 전자는 석사논문의 제출용으로, 후자는 그 이후 후속되는 작업의 연구 과제로 삼았다. 이 두 노래가 동시에 떠오른 까닭은 작품의 성향으로 보아 모두 신라 중대(中代)의 정치사적 관점에서 성찰할 수 있는 노래였기 때문이다. 문학 작품을 이런 식으로 풀이할 줄은 나는 예상치 못했다. 문학과 정치가 무슨 상관이 있다는 말인가. 그런데 나의 이런 소박한 생각은 예의 역사서 읽기를 통해서 교정되었다. 얼마든지 그런 관점에서 투시할 수 있고 〈안민가〉와 〈원가〉는 그 좋은 텍스트가 되리라고 확신하였다. 그때까지 〈안민가〉를 단독으로 연구한 논문은 없었고 〈원가〉의 경우는 김열규(金烈圭) 교수의 「원가의 수목(樹木)상징」이라는 글 한 편 이외 달리 없었다. 이러니 내가 갈 길은 처녀림과 다름없다고 판단하였다.

여기까지 오는데 나는 2년 반이 걸렸다. 향가를 전공으로 결정하는 것 자체는 쉬웠지만 거기에 이르기까지 독서의 과정을 밟는데 시간이 걸렸고, 다시 특정 작품을 선정하는데도 일정한 시간이 필요하였다. 뿐만 아니라 졸업반을 지도하는 고등학교 교사로서의 빡빡한 일상생활이 또한 나에게 쉽게 여유를 주지 않았다.

2

그뿐이 아니었다. 1964년 12월 초, 제대한지 반년이 경과되지 않은 때에 『서울신문』 문화부에 근무하는 박성용(朴成龍) 시인에게서 나의 직장으로 전화가 왔다. 이름과 그의 시 한두 편만 알 뿐 인사를 나눈 일이 없는 분이었다. 전화의 요지는 이런 것이었다. 한용운 선생과 단재(丹齋) 신채호(申采浩) 선생의 생애·업적·사상·일화 등을 읽을거리로 쉽게 써서 『서울신문』 문화면에 각 15회 정도 게재하자는 것이었다. 어려운 일이 아니었다. 쾌히 수락하였더니 뜬금없이 조지훈 선생에게서 연락을 받지 않았느냐고 물었다. 전혀 없었다고 하였더니 그다음 날 저녁 6시에 '프레스센터'(3층 건물이던가? 현 신문회관 자리) 지하다방에서 만나자는 것이었다. 『서울신문』은 그때 그 건물 바로 뒤편에 있었다.

약속된 날짜에 나갔더니 뜻밖에 임종국(林鍾國) 형이 먼저 나와 있지 않은가. 『한용운전집』 편찬 완료 이후 약 6년 동안 만나지 못하고 지낸 관계로 여간 반갑지 않았다. 인사를 나누고 그가 몇 마디 말하는 것을 들어보니 그도 박 시인과 약속이 되어서 나온 것이 확실해 보였다. 나 또한 『서울신문』으로부터 연락을 받고 나왔다고 말하였다. 임 형은 5년여 동안을 정신적으로 방황하며 고통스럽게 지냈는데 그 사실을 나는 이미 소문을 듣고 알고 있었던 터라서 지난 세월에 대해서는 일부러 묻지 않았다. 조금 있더니 박 시인이 나와서 처음으로 인사를 나누었다. 임 형과 박 시인은 진작 아는 사이라 수인사가 필요치 않았다. 커피를 마시면서 그로부터 구체적인 설명을 기다리고 있는데 또한 예상치도 않게 지훈 선생께서 나오시는 것이 아닌가. 박 시인은 우리에게 그분이 나오신다는 얘기를 해주지 않았다. 도대체 어떻게 되어가는지 모를 지경이었다. 만해·단재를 나에게 부탁하였다면 임 형에게도 몇 인물에 대해서 집필해달라고 청탁한 것은 분명한 일일 터, 그런 일로 지훈께서 거동하신 모양인데 그것이 도무지 이해가 되지 않았다.

차를 다 마실 때까지 침묵이 흐르더니 박 시인이 "이제 들어가 보실까요" 하는 것이었다. 갈수록 미궁이었다. 시인들의 언행과, 처신이 '멋대가리-맛대가리 없이' 싱겁다는 점을 새삼 느꼈다. 일행이 편집국 중앙 통로를 걸어갈 때 많은 기자들이 이쪽을 바라보았다. 그 시간이 기사를 마감하기 직전쯤이었으므로 외근기자까지도 있어서 편집국이 부산하다는 느낌을 받았다. 편집국 끝에 국장실로 안내된 나는 또 한번 놀랐다. 불문곡직하고 갑자기 사진기자가 들어오더니 지훈은 소파 가운데 자리에, 우리 둘은 그 좌우에 앉게 한 뒤 사진 여러 장을 연방 찍는 것이 아닌가. 그때야 나는 아, 큰 것이로구나, 장기 연재물이구나

하고 직감하였다.

　직감은 적중하였다. 근현대를 살다간 명성이 드높은 인물, 또는 일사(逸士) 중에서 특별한 행적과 신념, 고집과 해학을 남긴 인사를 분야별로 선별하여 그분들의 학문, 예술, 사상, 일화 등을 각 인물당 15~25회, 매회 2백 자 원고지 13매 내외를 매일 연재하는 기획물이었다. 연재 대상 인물은 모두 21명으로 그 명단을 지훈께서 미리 메모해 가지고 오셨고 연재기간은 1년 내외로 하되 임 형과 나와 번갈아 가면서 실리고 교열은 조지훈 선생으로 명시하며 제목은 『흘러간 성좌(星座)』로, 사고(社告)를 연재소설 예고와 같은 크기로, 첫 회분은 나의 한용운 얘기 약 20회분을 싣기로 그 자리에서 결정을 보았다. 임 형은 이상(李箱)의 얘기를 내 뒤를 이어 두 번째로 싣기로 결정하였다.

　모두가 지훈께서 계획한 것을 우리는 까맣게 몰랐고 신문사 측에서만 알고 있었다. 지훈은 누구를 소개하거나 도울 때 성사되기까지 소리 없이 뒤에서 작용하시는 것으로 소문이 나 있다. 박 시인이 전화로 나에게 "조 선생께서 무슨 말씀이 없었던가요?"라고 물은 배경을 그때야 알았다. 원래 이 기획물은 선생께서 『사상계』지에 먼저 아이디어 차원에서 얘기를 꺼냈는데 장준하 사장이 좋다고 맞장구를 치면서 지훈 선생에게 집필을 부탁하였다고 한다. 그러나 문단과 학계에서 차지하고 있는 선생의 위상으로 보아 직접 쓸 소재가 아니라서 고사하는 바람에 얘기는 끝났다고 한다. 그 얼마 뒤 미련을 끊지 못한 선생께서 『서울신문』 편집국장 및 박 시인과 술자리를 함께했을 때 임 형과 나를 거명하면서 발설한바 신문사 측에서 즉각 수락하는 바람에 연재가 시작되었던 것이다. 임 형은 『이상전집』을, 나는 『한용운 연구』를 펴냈으므로 우리 둘을 적임자라 생각하고 신문사에 추천하셨다고 한다.

　한용운·이상은 쉬웠으나 나머지 20여 인물을 다루는 일은 쉽지 않았다. 여러 기록을 읽어야 함은 물론, 작고한 대상인물과 직간접으로 인연을 맺었던 인사를 일일이 찾아가서 증언을 듣고 연재물에 반영하는 등 어려움이 많았고 시간도 꽤 필요했다. 그때까지만 해도 대상인물과 친교를 맺었던 분들이 여러 명 생존해 있어서 큰 도움이 되었다. 임 형과는 일주일에 최소한 1회 만나서 각자 쓸 것에 대한 계획을 설명하고 연재물의 통일을 기하였으며 필요한 자료를 서로 교환하면서 읽는 등 이 기간을 포함하여 수삼 년간 그와 나는 마치 형제처럼 지냈다. 임 형의 전 생애 중 이때의 사정을 나만큼 아는 사람도 없을 것이다.

임 형의 붓에 의해서 신문 지면에 등장한 분들은 이상(李箱)·윤심덕(尹心悳)·황석우(黃錫禹)·홍난파(洪蘭坡)·나운규(羅雲奎)·나혜석(羅蕙錫)·김동인(金東仁)·김구(金九)·박정현(朴晶鉉)·김소월(金素月)·김명순(金明淳)·배구자(裵龜子) 등이었고, 내가 다룬 인물은 한용운(韓龍雲)·이상재(李商在)·권덕규(權悳奎)·신채호(申采浩)·정인보(鄭寅普)·오상순(吳相淳)·변영만(卞榮晩)·장철수(張徹壽)·홍사용(洪思容)·변영로(卞榮魯)·염상섭(廉想涉)·이중섭(李仲燮) 등이었다.

"오늘을 살다간 한국의 奇人들"이라는 부제가 붙어 있는 이 연재물은 지훈의 언명처럼 뛰어난 재능과 능력 그리고 인품을 지니고 있으면서도 일제 강점기를 살았던 관계로 기행(奇行)을 통해, 혹은 풍자와 야유와 해학을 통해 시대의 아픔을 소화하지 않을 수 없었던 명인들의 삶과 고뇌를 담아내려는데 집필의 목적이 있었다. 근현대사의 아웃사이더의 이야기인지라 연재 도중 간혹 항의와 시비를 걸어오는 경우도 있었다. 특히 단재선생과 윤심덕 등의 경우가 기억에 남는데 크게 사건화되지는 않았다. 필자인 우리 둘도 충분한 자료가 있었다.

연재를 하는 동안, 나는 많은 것을 배웠다. 개항 이후 광복 이전까지의 역사를 '인물사'를 통해서 알았고, 그분들의 개결한 삶과 지조(소수의 인물은 여기에 해당하지 않는다. 그럼에도 연재물에 포함시킨 까닭은 특별한 생애가 눈길을 끌었기 때문이다), 지식과 지성, 민족에 대한 애정

등을 접할 수 있었다. 증언에 응해 준 분들 또한 우리의 연재물에 깊은 관심과 격려를 아끼지 않으면서 성의껏 도와주었다. 도움말을 해 준 분들만 놓고 볼 때 임 형과 내가 만난 분 모두를 합하면 근 100명은 족히 될 것이다. 그 가운데 나의 경우 국문학 연구자에 국한시킨다면 변영만 선생의 생애와 일화를 듣기 위해서 연민(淵民) 이가원(李家源, 당시 연세대 교수, 작고) 선생을, 친일문학 전반에 대하여 자문을 얻기 위해서 성산(城山) 장덕순(張德順, 당시 서울대 교수, 작고) 선생을 방문한 것이 특히 기억에 남는다. 그때만 해도 타 대학에 근무하는 국문학계의 대 선배이자 스승 격이 되는 분을 만나 직접 경해에 접하는 일이 쉽지 않은 시대였는데 나는 예의 연재물로 인하여 두 분을 만나 인연을 맺을 수 있었다. 연민 선생을 명륜동 자택에서 뵌 첫날에는 변영만 선생에 관한 도움말 이외에도 그 자리에서 "가산서옥(佳山書屋)"이라는 내 서재의 현판 글씨를 받는 망외(望外)의 소득이 있었다. 첫날부터 이렇듯 간격 없이 뵌 그분과의 인연은 그 후 계속 이어져서 서거하실 때까지 만나기를 수십 번, 내가 한양대에 근무할 때만을 국한하여도 논문 심사로 자리를 함께한 것이 10~15번쯤은 된다. 몇 번은 최철 형과 함께 저녁 무렵에 선생 댁을 불시에 찾아가 술도 마시고 나왔는데 방문객은 얼큰히 취하였지만 집주인은 거의 단주 상태인지라 별로 마시지는 않고 그럼에도 우리의 방문을 기뻐하셨다. 그날 나는 선생이 아끼던 난초를 손으로 수십 번 만졌는데, 나중에 선생께서 자네 때문에 난초가 죽었다는 말을 듣고 여간 미안하지 않았다. 그때는 마음이 편치 않았으나 세월이 흘러가고 선생께서 돌아가신 후에 옛날을 회상하니 이것도 추억거리가 되었다. 언젠가 〈춘향가〉를 한시(혹은 한문산문?)로 재창작한 선생의 작품을 받고 내가 감사의 편지를 보냈는데 이에 대하여 응답한 답서(원고지 10장 분량)를 받고 감격한 바 있다. 그 서한을 지금도 간수하고 있다. 말년에 평생의 노작을 자비로 25권 전집으로 펴내어서 후학들에게 무료로 배포한 일은 학계의 큰 사건이자 그분의 그릇됨을 알 수 있는 일이기도 하였다.

　장덕순 선생 댁을 두 번 방문하여 친일 문제를 놓고 묻고 답하는 형식의 만남을 가졌는데 큰 도움이 되었다. 그분은 애주가라서 두 번 모두 술상이 나왔었다. 몇 시간을 대담하다 보니 나는 매번 얼큰한 상태로 선생 댁 대문을 나오곤 하였다. 그때에 만남에서 나는 비록 장난기가 발동한 것이지만 큰 실수(혹은 죄)한 바 있다. 그것을 솔직히 고백하려 한다. 두 번째 찾아뵈올 때 술을 마시며 한창 얘기가 오가던 중 화장실에 가게 되었다. 소변을 보고 거실을 지나치려는데 탁자 위에 골동품 몇 점이 놓여 있었다. 술기운에 욕심이 발동하여 자기 한 점과 구멍이 뚫린(땅속에 파묻혀 있는 기간이 오래되었는지) 옛 숟가락 한 점을 양쪽 양복 호주머니에 넣고 방 안으로 들어갔다. 그만큼 소품이었다. 내 평생 남의 물건을 내 것으로 만든 것은 그것이 처음이자 마지막이다. 그때 내 소견으로는 그것이 도둑질이라고는 생각지 않고 공부꾼이 스승 댁 서가에 꽂혀 있는 책 몇 권 슬쩍하는 행위쯤으로 간주하였다. 그렇기 때문에 그런 돌발적인 짓거리를 한 것이다. 그런데 하늘은 무심치 않아서 내 방에다 갖다 놓은 그 귀한 옛 물건을 이름을 알 수 없는 어느 누군가가 놀러 왔다가 내가 선생 댁에서 그리 한 것처럼 답삭 들고 가버리고 말았다. 장난기가 섞인 행위의 결말을 통해서 나는 문득 값진 교훈을 얻었다.

　몇 년 뒤 종로의 유명한 술집 '낭만'에서 선생을 또 뵐 기회가 있어서 지난 일을 사죄할 겸 이실직고했더니 그분 왈 "악동이 누군가 했더니 바로 자네였구먼. 괜찮아. 아무 데 있으면 어때. 잘 보관하라고" 하시는 것이 아닌가. 그 도량에 감복하면서 나 또한 어느 악동에게 당했다는 말은 차마 고할 수 없었다. 참 좋은 분이었다. 선생 또한 평생 쓴 논저를 10권 1질의 전집으로 모아서 후학들에게 배포하는 쾌사를 실천하여 학계의 미담으로 전해오고 있다. 그때 선생 댁에서 잔치를 했는데 참석하여 술도 마시고 책도 가져가라는 초청이 왔다. 나는 그날 그 자리에 가면 대취할 것 같아서 일부러 불참하고 이도흠(李都欽)으로 하여금 대리 출석케 해서 책 한 질을 받았다. 그 후 얼마 안 되어 선생은 돌아가셨다. 아 ― 지금도 그날을 후회한다. 생전에 그분은 '성산학술상'을 몸소 제정해 놓고 타계하셨는데 1997년 제2회 때 심사위원이 되어 이상택(서울대 명예교수), 이혜순(이화여대 교수), 김태준(동국대 교수), 조희웅(국민대 교수) 교수 등과 심도 있게, 그러면서 즐겁게 수상 논저를 고르는 일을 한 적이 있다.

각설하고 『흘러간 성좌』에 등장하는 인사들은 동어반복 하거니와 우리 근현대사의 보물과 같은 인물들이다. 그들의 삶과 정신은 나 같은 위인은 흉내조차 낼 수 없는 드높은 것이다. 그렇기 때문에 나는 『한용운전집→연구』를 거쳐 이 연재가 끝난 이후 함부로 항일이니 애국애족이니 하는 얘기를 하지 않는다. 그 시대를 살았던 소수의 인물들쯤 되어야 자신 있게 얘기할 수 있기 때문이다.

연재가 끝난 후 1966년 10월에 이를 3권으로 묶어서 책으로 펴냈다. 연재 중에 몇 출판사에서 교섭이 왔으나 나의 고려대 국문과 대선배인 박인식(朴潾植, 작고) 선생이 국제문화사를 경영하고 있었으므로 그분의 요청에 응하여 거기서 출판되었다.

나는 그 이후 학문의 세계에 몸담고 있으면서 이 책에 관해 일체 입을 다물고 지내오고 있다. 순수 학문에서 이런 종류의 저서는 별로 환영을 받지 못하기 때문이다. 학문 세계에 들어온 이후에 냈다면 더욱 그러하다. 그러나 이제 나의 삶 전체를 기록하는 마당에 숨길 것이 없고, 뿐만 아니라 이런 성격의 책의 가치를 이제는 나 스스로가 밝힐 필요가 있다고 단정을 내렸기에 그 경위와 성격을 간추린 것이다. 지훈께서 나와 임 형에게 이를 권한 연유도 숨은 뜻이 있었기 때문이라고 확신한다. 그렇기 때문에 오히려 의미 있는 작업을 했다는 자긍심이 새삼 돋는다. 가령 17세기 홍만종(洪萬宗)의 『해동이적(海東異蹟)』, 18세기 황윤석의 『해동이적보』, 성해응(成海應)의 『일민전(逸民傳)』, 19세기 이우준(李遇駿)의 『몽유야담(夢遊野談)』 중 「방외고도(方外高蹈)」, 서유영(徐有英)의 『금계필담(金溪筆談)』, 장지연(張志淵)의 『일사유사(逸士遺事)』는 대개 이인일화(異人逸話)를 기록한 책으로 근자 조선 후기 방외인 문학의 좋은 자료로 학문 연구에 활용되고 있다. 윤주필(단국대) 교수의 노작 『한국의 방외인 문학』을 보면 이를 알 수 있다. 뿐만 아니라 조선왕조 말기 위항문학(委巷文學)에서 자주 접할 수 있는 평민출신의 한시인이나 예술가를 다룬 '전문학(傳文學)'의 문학사적 가치도 학계에서 주목한 지 이미 여러 해 되었다.

 『흘러간 성좌』는 현대의 그와 같은 서책이고 여기에 등장하는 인물들은 18·9세기 작자들이 다룬 인물들 이상으로 역사에 큰 발자취를 남긴 명인들이다. 그리고 이 『흘러간 성좌』도 금세와 후세에 누군가에 의해서든 참고자료 또는 학문 연구의 대상이 될 것임을(이미 학술논문에 인용된 몇 경우를 알고 있다) 확신한다. 그 이후 여러 문사나 학자들에 의해서 '인물평전'이라는 단행본이 여러 권 나온 것도 입전문학(立傳文學)의 형태를 갖춘 것임은 다 아는 사실이다. 저승에서 영생중인 지훈 선생과 임종국 형의 뜻도 함께 담아서 나의 소신을 밝혀둔다. 고3 선생 노릇하면서 쫓기듯 쓰다 보니 몇 분에 관한 글은 엉성하게 다룬 점, 세월이 한참 흘러간 지금까지도 마음에 걸린다.

 1965~1966년 두 해를 꼬박 이 일에 매달렸던 관계로 나의 석사학위 논문 제출은 늦을 수밖에 없었다.

4. 임종국의 『친일문학론』/ 석사학위 취득/ 지훈 선생 서거

1

　임종국(林鍾國) 형에 관한 얘기는 아직 끝나지 않았다. 빼놓을 수 없는 사실 하나를 기록에 남기기로 하겠다. 『흘러간 성좌』에 등장하는 명인들은 몇 사람을 제외하고는 독립정신과 반일사상이 투철한 분들이다. 민족의 사표로서 추앙되는 분들이다. 이런 분들의 삶 전체를 조명하다 보면 친일 행각을 마다하지 않은 사람들의 과거를 들춰내는 일이 불가피하였다. 저분들의 행적을 좀 더 리얼하게 부각시키자면 상대적인 대비가 필요하기 때문이었다. 그래서 여러 자료와 구비 전승되는 얘기를 수집하여 집필에 활용하던 중, 광복 직후에 나온 『친일파 군상』이라는 책자가 국사편찬위원회에 소장되어 있다는 소식이 내 귀에 들려왔다. 그때 그곳에는 나의 친구 이현희 형이 근무하고 있었다. 옳다 됐다 싶어서 그를 찾아가서 협조를 요청했다. 그랬더니 그 친구 말인즉, 희귀 도서이기 때문에 관외대출은 불가하고 책상을 내줄 터이니 거기서 열람하고 가라는 것이다. 그의 말에 타당성이 있었다. 그렇다고 순순히 물러날 수는 없었다. 분실하지 않고 누구에게도 빌려주지 않을 것이며 단시일 내에 읽고 반납하기를 약속하고 기어이 관외대출에 성공하였다. 그도 나를 믿고 계속 고집을 부리지는 않았다.
　『친일파 군상』은 약 1백 페이지 남짓한 소책자(4·6판)였고 지질(紙質)도 광복 직후에 나온 책들이 태반 그렇듯이 좋지 않았다. 그러나 읽는 데는 전혀 지장이 없었다. 일제 때 각 분야에 종사하면서 친일 행위를 한 사람들을 인물별로 기록해 놓았다. 그 죄질이 무거운 사람은 1페이지(혹은 그 이상) 정도, 다소 약한 사람은 반 페이지쯤 그 행적을 요약해 놓았는데 이미 파악된 인물도 있으나 전혀 알지 못했던 사람도 나오고 짧은 기록이되 미처 몰랐던 내용도 실려 있었다. 좋은 자료로서 나는 중요한 대목들을 메모한 뒤 이 형과의 약속을 어기고 '나의 동지'인 임 형에게 넘겨주었다. 빨리 보고 되돌려 달라는 부탁과 함께.

임 형은 나의 당부를 어기고 장장 20여 일쯤 뒤에 반납하였고 나는 그 즉시 국사편찬위원회를 찾아가서 미안하다는 인사와 함께 이 형에게 돌려주었다.

그로부터 몇 달 지난 뒤, 늘 하는 것처럼 그날도 『흘러간 성좌』의 집필 관계로 만난 자리에서 임 형은 뜻밖의 얘기를 하는 것이 아닌가. 얼마 전 나에게서 넘겨받은 『친일파 군상』을 모두 베꼈다는 것이다. 귀중한 자료라서 그냥 되돌려 주기에는 너무 아깝더라는 것이다. 그때는 복사기가 나오기 훨씬 전, 참고가 될 만한 글은 품이 들더라고 필사하는 길밖에 다른 방도가 없었다. 그런데 그의 그다음 얘기가 내 귀를 번쩍 트이게 했다. 『친일파 군상』을 필사한 까닭은 그것을 토대로 하여 일제 당시 신문 잡지 등에 실린 문학 작품 가운데 친일 색채가 들어있는 모두를 검색해서 읽고 『친일문학론』을 쓰기 위해서라는 것, 마침 자기 세대는 일어를 알기 때문에 일본어로 쓴 작품도 해독하기 어렵지 않다는 것, 『친일문학론』을 집필하려는 까닭은 친일 작가를 매장하려는 불순한 의도에서가 아니라 불행했던 우리의 과거이지만 누구도 정리하지 않고 있는 터라 자신이 순수한 뜻에서 그 짐을 지겠다는 것, 조지훈 선생과 상의한 결과 그분도 찬성의 뜻을 표했는데, 다만 탈고하여 출판에 넘길 때까지 기밀을 유지하라고 하셨다는 것, 그 까닭은 소문이 나면 방해를 받을 확률이 높기 때문이니 신신당부하거니와 박노준 당신도 함구하라는 것 등이었다. 예상치 못한 얘기를 들었으나 나도 환영하면서 다만 『흘러간 성좌』의 원고 쓰기 하나만도 벅찬 일이긴 하되 서둘러서 완결시키라고 말하고는 나의 입은 염려 말라고 다짐하였다. 그때 그 얘기를 들은 장소가 삼선교 동구여자상업고등학교 근처에 있던 그의 송천동 전셋집이었고 우리 앞에는 술상이 놓여 있었다.

그날 이후부터 임 형은 두 가지 일을 동시에 하느라고 더욱 바빠졌다. 그 직전에 장덕순(張德順) 선생이 월간 종합지『세대(世代)』에 친일문학에 관한 글을 발표한 바 있으나 단행본을 구상하고 있는 임 형의 작업에 비한다면 그것은 극히 소품 수준의 글이었다. 그래도 의미 있는 글이었다. 한동안이 지나서『흘러간 성좌』연재가 끝나고 책으로 출판되기 조금 전에 임 형의『친일문학론』이 평화출판사에서 나왔다. 문단과 학계, 심지어 정계의 관심이 거기에 쏠렸다. 예상했던 일이다. 임 형에게 협박이나 위해사건이 일어나지 않을까 걱정했으나 그런 일은 없었다.

그 책이 출판된 이후 내가 임 형으로부터 들은 몇 토막의 삽화가 있다. 그중 하나는 평론가 최재서(崔載瑞, 전 연세대 교수, 작고) 선생의 친일 문장을 분석하면서 임 형 자신도 놀란 것은 그의 친일 문장이 모두 거짓이요 역사의 왜곡인 것은 뻔히 아는 일인데 막상 글을 읽어보니 '논리'만은 기가 막히게 정연하더라는 것이다. 그만큼 평론가의 자질이 뛰어난 분이라는 뜻이다. 또 하나는 평론가 이헌구(李軒求, 전 이화여대 교수, 작고) 선생의 경우인데 책이 나온 뒤 얼마쯤 지나서 그분으로부터 편지가 왔다는 것이다. 긴장해서 개봉하여 읽었더니 의외로 큰 일을 해서 감사하다는 인사와 더불어 자기의 친일적인 글 중에 다른 사람의 글이 잘못 들어가 있으니 재판할 때 보완하라는 당부더라는 것이다. 야유가 아니라 진정이 담긴 서한이었고 그래서 저자인 임 형이 송구스럽기까지 하였으며 또한 존경심이 우러나더라는 것이다.(분명히 이헌구 교수로 기억하고 있는데 반세기 전에 들은 얘기라서 혹, 다른 분일 수도 있다) 그 외에 몇 토막 더 있는데 공개할 성격의 것이 아니라서 생략기로 한다. 정리하면『친일문학론』은『흘러간 성좌』에서 파생된 임 형의 업적이다.

내가 아는 임종국 대형(大兄)은 순수하고 순박하고 깨끗하고 정직하고 정확한 사람이다. 흠이 있다면 실증주의에 지나치게 얽매어서 모든 기록을 맹신한다는 점이다. 그것이 나로서는 불만인데 그 책을 집필하는 도중 어느 깨끗한 문인에 대하여 과도하게 친일 시각으로 재단하는 것을 보고 나와 크게 논쟁을 벌인 일도 있다. 끝내 그는 나의 조언을 듣지 않았다. 하지만 그는 엄정하기 이를 데 없는 학구파다. 어느 정도인가 하면 『친일문학론』을 쓰면서 서문에다 자기의 부친이 친일파였음을 고백하였고, 보통의 사제 간이 아닌 조용만(趙容萬, 전 고려대 교수, 작고) 선생, 『이상 전집』을 낼 때 큰 도움을 받은 그분도 논외에 두지 않을 정도로 엄격한 필봉의 소유자였다. 그러나 그에게는 악의·보복·매장·정치적 의도는 처음서부터 배제되었고 위에서 언급한 바와 같이 역사를 학문적으로 정리한다는 순수한 취지 이외 다른 생각은 생념조차 하지 않았다. 어느 누가 자신의 부친을 매장하려고 서문에서 밝히겠는가. 조용만 선생은 책이 나온 그 뒤에도 늘 존경하면서 무슨 일이든 찾아뵙고 의논하였음을 내가 알고 있는데, 이것은 무엇을 말하는 것인가. 그의 순수한 면모다. 이런 점도 모르고 그의 사후 일부 편향된 인사들이 고인을 마치 운동권식으로 살다간 사람으로 규정하고 있는데 모르는 소리다. 어쨌거나 무릇 역사의 정리 작업은 살기(殺氣)를 제거한 임종국 형과 같은 사람이 해야 한다고 나는 강조하고 싶다.

 이와 관련하여 금년 봄에 출범한 '친일파 청산작업'(공식 명칭은 '친일 반민족 진상규명위원회')에 관해서 몇 자 소견을 남겨 두기로 한다. 이 일은 정부 수립 후 발족된 '반민특위'에서 결론을 내렸어야 했는데 기회를 놓친 것이 크게 유감스럽다. 그때 정리하였으면 얼마나 좋았을까. 독립운동에 헌신한 분들을 생각해서라도 친일청산작업은 필수였거늘 그때 실기(失機)하였음을 거듭 탄식한다. 이제 시작하려니 해당 인물 대다수가 이 세상 사람들이 아니라서 보통 지장이 있는 것이 아니다. 일단 과거사를 새삼 파헤친다고 하니 그나마 군소리가 나지 않기 위해서는 이런 점을 감안하여 더욱 세심하게 일을 처리해야 할 것이다.

그 큰 줄기를 나는 이렇게 잡아 보았다. 첫째, 현재의 정파 간의 정략적 관점에서 판단해서는 절대로 안 된다. 출발할 때부터 그런 불순한 동기가 드러나 있었으므로 양식과 지각 있는 국민과 인사들이 반대한 것이다. 역사를 감정적으로 다루는 일은 또 다른 죄를 범하는 행위다. 그런데 같은 얘기이지만 이번에 서두르는 형국을 보니 동기가 순수하지 않아서 걱정이 앞선다. 특정인 몇 사람과 일제 치하에서 운영된 한두 신문사를 망신주려는 의도가 아주 농후하다. TV화면에 등장하는 인물을 보면 저간의 사정을 훤히 알 수 있다. 그때 당시의 제반 사정으로 인하여 불가피하게 부일(附日)한 인사를 주로 부각시키고 자발적으로 친일 행각에 앞장선 진짜 매국노는 거의 제외시키고 있음은 어쩐 일인가. 둘째, 뒷시대에 태어난 세대의 근본주의적 사관만을 고집해서는 안 된다. 심판하는 오늘날의 사람들도 그 시대에 살고 있다고 한 번쯤 가상한 후 착수하여야 한다. 나는 여러 해 전 이와 유사한 작업을 하고 있던 민간 연구기관으로부터 동참해 달라는 취지의 서명을 요청 받고 고사한 적이 있다. 그 이유는 내가 그 시대를 살았다면 친일 행위를 하지 않았으리라는 보장을 할 자신이 없기 때문이었다. 위에서 잠시 언급한바 『한용운 연구』와 『흘러간 성좌』를 집필하면서 나는 항일저항이며 애국투쟁이 얼마나 어려운 일인지, 함부로 입에 올려서는 안 된다는 점을 익히 배웠다. 또한 당시 믿었던 민족의 지도자들이 줄줄이 훼절했던 것을 보고 그들을 탓하면서도 한편으론 그 시대가 얼마나 견뎌내기 어려웠던 시기인가를 절감하였다. 양식이 있던 많은 인사들이 힘없이 무너지던 암흑의 시대였음도 감안하면서. 이런 점을 깊이 곱씹고 진행해야 한다. 변명할 여지가 전혀 없는 친일 열성파마저 관대하게 다루라는 얘기가 아니다.

셋째, 이와 비슷한 맥락에서 견해를 밝히건대 일제 35년(햇수로는 36년)이라는 길고도 길었던 특수한 사정도 고려하여 경중을 가려야 한다. 잠시만의 식민지 지배시대가 아니었음을 생각지 않을 수 없을 것이다. 금년 광복 60주년 기념 특집방송 중의 하나인 KBS TV의 〈8·15의 기억〉이라는 프로를 보았다. 주로 70~80대의 여러 분이 그 당시를 증언하는 내용인데 어느 분야에 있었든지 거의 대부분의 사람들은 우리나라가 광복이 될 줄은 전혀 몰랐고 일본에 흡수된 상태가 계속 지속되어서 그렇게 살 운명으로 알고 있었다고 한다. 앞이 전혀 안 보이던 절망과 체념의 시대에 친일인지도 모르고 친일을 할 수밖에 없었던 당대의 특성을 고려하여야 한다는 뜻이다. 도시의 상인이나 시골의 농부라면 몰라도 면서기며 각급학교 교사며 혹은 각종 기관에 몸담고 살아야만 했던 다수의 사람들의 부자재(不自在)한 입장을 감안해야 한다는 뜻이다.

넷째, 공이 큰 인물, 특히 교육과 언론에 종사하였거나 운영한 인사들의 기여를 꼭 참작하여야 한다. 일제 치하에서 그런 기관을 운영하려면 싫어도 저들에게 협조하지 않을 수 없을 터, 그렇지 않았다면 문을 닫았을 것이다. 그 결과는 더욱 참담하였음을 왜 외면하려는가. 그렇게 해서라도 언론과 교육을 유지한 결과의 순기능을 인정해야 한다. 왜정시대 교육기관에서 학생을 가르치던 수천을 헤아리는 교직자를, 그분들이 있었기 때문에 우리 민족의 일부나마 무지몽매에서 벗어날 수 있었다. 그 공로도 무시하고 왜놈 교육에 앞장을 섰다고 타매한다면 올바른 역사관이라고 할 수 없다. 소수의 극렬 친일 교원을 제외하면 그렇다. 표면에 나타난 몇 가지 사안에 관심을 두어서는 안 되고 한 인물의 전체를 보아야 한다는 뜻이다. 끝으로 무엇보다도 중요한 것은 용서와 화해다. 도저히 용서할 수 없는 악질 친일 행위자가 있음을 나도 웬만큼은 알고 있다. 그런 인물에 대해서는 사후이지만 역사의 철퇴를 내리되 그렇지 않은 다수의 인물들은 우리 후손이 포용하고 용서하는 마음자세가 중요하다. 정부 수립 직후 출범한 '반민특위'에서 차라리 결론을 내렸다면(그때는 증인도 수없이 많을 때다) 객관적으로 정리하여 문젯거리가 되지도 않을 사람과 단체가 상당히 많았을 터인데 이제 와서 일제시대의 특수한 상황은 고려하지 않고 조그마한 단서만 있어도 족치고 말겠다는 서슬 푸른 선무당 수준의 세력들이 굿판을 벌이려고 잔뜩 벼르고 있기 때문에 하는 말이다. 친일파를 그냥 놔두었기 때문에 신생 공화국은 정통성이 없고, 태어나서는 안 될 나라가 건립되었다고 떠드는 살기 넘치는 '꼴통 얼치기 민족주의자'가 이 시대를 좌지우지하고 있기 때문에 하는 말이다. 그들의 계획대로 친일파 확대 재생산이 현실화되면 두고두고 웃음거리가 될 터이고 진짜 매국노들의 죄는 그 바람 덕분에 오히려 희석될 것이다.

현재 생존한 항일인사로서 그 이름이 널리 알려진 김준엽(金俊燁, 전 고려대 총장, 나는 이분께 학부 시절「문화사」를 배웠다. 작고) 선생도 "… 처벌은 악질분자에 한해야 해요. … 일일이 따지면 사람이 없어져요, 그 사람의 공과를 잘 따져서 총체적으로 봐야지. 썩은 사과가 있다고 해봐. 절반 이하가 썩었으면 도려내고 활용해야지. 이건 남북통일이 됐을 때도 마찬가지야. 이북에서는 거의 다가 공산당이었는데 이들을 공산당에 부역했다고 일률적으로 거부할 거야?"(『고대 교우회보』 제418호, 2005. 5. 10. 대담기사)라고 했고 정의채 신부는 자신의 백부(혹은 숙부?)가 독립운동에 적극 가담하는 바람에 가문 전체가 몰락했으나 과거 친일 행위자 전체를 무조건 처단의 대상으로 삼는 데는 반대한다는 강론을 한 바 있다. 이런 분들이 한둘이 아닌데, 부탁거니와 그들의 진정어린 조언을 경청하는 데 인색하지 말아야 한다. 정말 거시적으로 조명하여야 한다. 친일파 인사가 광복 후 각계에서 계속 활동하고 높은 벼슬자리에도 오른 일만 해도 그렇다. 원칙적으로는 그리되어서는 안 되는 일이지만, 쓸만한 사람이 없던 당시의 사정을 고려하고 또한 그들이 공산당과의 대결에서 대한민국의 토대를 놓는 데 공헌한 점도 감안해야 한다. 제발 넓게 보아주었으면 좋겠다.

이와 관련하여 사육신의 한 분이신 성삼문(成三問) 선생의 시조 한 수를 옮기면 이와 같다. "首陽山 바라보며 이제(夷齊)를 한(恨)하노라/ 주려 죽을 진들 채미(採薇)도 하는 것가/ 아무리 푸새의 것인들 그 뉘 땅에 낫더니" 성 선생이 수양산(여기서 수양산은 우리나라 황해도에 있는 산을 말함. 백이, 숙제가 숨어 산 중국의 수양산과 동명임)을 지나면서 지조의 고사(高士)로 널리 알려져 있는 은(殷)나라의 백이와 숙제를 비웃으며 지은 노래다. 주(周)나라의 곡식을 먹지 않는다고 수양산에 들어가 숨었으나 결국 그곳의 고사리를 캐먹었으니 웃기는 얘기라는 것이다. 당연히 굶어 죽어야 마땅한데 그렇게 하지 못한 처신을 매섭게 꼬집은 것이다. 백이와 숙제마저 성 선생의 눈에는 한갓 위선자로 비쳤으니 사람의 몸가짐이 이토록 어려운 것이다. 친일파를 청산하려는 세력들에게 성 선생의 완미무결(完美無缺)한 정신을 갖추고 있다면 마음껏 난도질하여도 무방하다는 점을 일깨워주고 싶다. 거기까지는 아닐지라도 위 시조에서 비판의 대상이 되고 있는 백이·숙제의 개결함의 극히 일부만이라도 지니고 있으면 그렇게 해도 함구하겠다고 말하고 싶다.

『친일문학론』 이후 임 형은 시인의 길은 접어 두고 개항 이후 근대사와 특히 일제 강점기의 불행했던 우리의 역사와 문학·문화를 연구하는데 오로지 전력하였다. 다행히 그는 직업이 없이도 살 수 있는 기초적인 재력이 있었다. 매일 국립중앙도서관과 고려대도서관 등의 서고를 뒤지면서 관련 자료를 노트와 카드에 필사하였다. 워낙 열심이고 또한 빠지는 날이 거의 없었던지라 국립중앙도서관에서도 호가 났었다는 얘기를 들었다. 그랬을 것이다. 안 보아도 내가 아는 임 형은 족히 그랬을 것이다. 나는 이때까지 '공부에 미친 사람'으로는 위에서 언명한 나의 할아버지와 방용필 선생 그리고 임종국 형 이상 가는 사람을 보지 못했다.『친일문학론』이외 여러 업적을 낸 그는 환갑을 겨우 넘기고 숨을 거두었다. 신문에서 부고를 본 첫날 나는 한남동 순천향병원 장례식장을 찾아가 문상하였다. 빈소는 쓸쓸하고 초라했다. 그러나 그의 업적과 그 많은 자료는 후배들에게 이어져서 '민족문제연구소'의 토대가 된 줄로 알고 있으니 그의 사후는 초라하지 않다.

향을 사르고 문상을 하면서 나는 크게 아쉬워했다. 더 살아야 될 나이에 서둘러 간 그의 삶이 안타까워서 그랬던 것만은 아니다. 위에서 말한 바와 같이 수삼 년간은 마치 친형제처럼 지내던 그와 나는 불행하게도 1960년대 말에 어색한 사이가 되었고 세월이 더해가자 소원한 사이가 되었다. 그의 죽음을 가족의 연락으로서가 아니라 신문 부고난을 통해서 알았으니 더 말해 무엇하랴.

왜 그렇게 되었나. 나는 대 선배인 그의 가정사와 신상문제에 관해서 심각하고 진지하게 의논의 상대가 된 바 있었다. 처음의 것은 매우 순조롭게 결실을 맺었고 두 번째 것은 그의 심정은 이해하나 그의 뜻에는 동의할 수 없었던 사안이었다. 적어도 내가 판단할 때는 그랬었다. 그래서 나의 뜻을 적극 개진하였으나 그는 오히려 나에게 섭섭해하면서 끝내 나의 만류를 뿌리치고 자기 고집대로 본처와 헤어지고 재혼하였다. 그런 일이 계기가 되어서 서로 서먹해지더니 종당에는 만나는 기회가 없어졌다. 이것으로 그와의 관계는 단절되었다. 인생사 이런 뜻밖의 일도 있다던가. 이렇듯 맹랑한 일도 있다던가. 주의·주장이나 사상 등에서 대립되어서가 아니라 개인생활 문제에 자문해 준 것이 동티가 나서 소원해지는 이런 일도 있다던가. 모두가 다 지나간 일, 오직 임종국 대형의 명복을 다시금 빌 따름이다.

【금년(2006) 9월, 어느 날 오후 '친일 반민족행위 진상규명위원회' 사

무처장 정운현(鄭雲鉉) 씨의 전화를 받고 YMCA커피숍에서 만났다. 임종국 형의 평전(評傳)을 집필 중인데 11월 12일 고인의 기일에 맞춰서 출판한다고 한다. 언젠가는 누군가에 의해서 나올 것이라고 예상했는데 마침내 그가 펴낸다니 기쁘고 감사하다고 하였다. 나를 만나고자 한 것은 물론 『친일문학론』에 얽힌 얘기를 비롯하여 내가 알고 있는 기타의 사실을 듣고자 함이었다. 처음 만난 사람이지만 임종국 형에 관한 정확한 증언을 위해서 1차 전화로 장시간, 2차로 직접 응대해서 또한 긴 시간 아는 대로 가감 없이 말해 주었다. 그 자리에서도 나는 위에서 천명한 친일 행위자 진상규명과 처리에 관해서 나의 견해를 잠시 밝혔다. 그는 임 형의 어릴 때부터 서거하기까지의 행적을 광범위하게 또한 소상하게 조사하여 많이 알고 있었다. 부디 객관적으로 기술된 책으로 나와 주기를 바란다.】

【정운현 씨의 『임종국 평전』을 받은 것은 그를 만나서 증언을 한 지 두 달 남짓 지난 뒤였다. 4·6판 크기의 630쪽가량의 두꺼운 책으로 나왔다. 며칠에 걸쳐 통독한 결과 평전으로서는 잘 된 책임을 알 수 있었다. 여러 기록과 직·간접의 증인을 만나 종합해 놓은 역저다. 다만 '친일문제'에 관해서 지나치게 경직된 관점이 유감스러우나 그것은 저자의 고착화된 사관이니 어쩔 도리가 없다.

그 책을 읽으면서 나는 어느 대목에 이르러 크게 괴로워하지 않을 수 없었다. 나의 이 기록물 1차 원고에서는 임 형의 개인적인 문제로 그와 거리가 멀어진 사정을 소략하게 썼는데 정 씨의 평전에서는 그것을 소상하게 밝혀 놓았다. 첫째 부인 이선숙 여사와의 이혼에 관한 것이다. 그들 부부는 결혼한 지 1년쯤 지나서 이혼을 하였고 『흘러간 성좌』가 연재되자 다시 만나 살게 되었다. 그렇게 재결합해서 잘 살더니 1968년에 다시 갈라서겠다고 하는 것이 아닌가. 나와 다방에서 여러 번 언쟁을 하였다. 왜 다시 이혼을 결심하게 되었는지를 나에게 설명하였으나 나는 극력 만류하면서 참고 살기를 간청하다시피 하였다. 그럼에도 임 형은 결국 이혼을 하고 둘째 부인을 얻었다. 그 혼인 자리에 나는 참석하지 않았다. 결혼식 날 나와서 이 일 저 일을 해 달라는 그의 요청을 매정하게 거부하고 남의 일인 양 외면하였다. 그 때문에 사이가 멀어진 것이다. 그런데 이번에 나온 책을 보니 임 형이나 이 여사, 어느 쪽의 잘잘못을 떠나 이혼할 수밖에 없는 사정이 자세하게 기록되어 있었다. 그렇게까지 절박한 줄은 나는 정말 몰랐었다. 내가 며칠 동안 괴로워한 까닭이 바로 여기에 있다. 내가 지나치게 몰인정으로 일관하였다고 후회하였으나 그렇게 미안한 마음을 품은들 이제 와서 무슨 소용인가. 혼인식장에 참석을 할 수 없었을지라도 기왕에 새로 가정을 꾸민 이상 그 후 짬을 내서 그의 집을 방문하였으면 좋았을 걸 하는 생각도 하였으나 이미 지나간 근 40년 전의 일이니 헛된 일이 아니겠는가.

이 문제 말고 이제 또 하나 밝힐 것이 있다. 1차 원고를 집필할 때 나는 그의 『친일문학론』과 관련하여 논쟁을 벌인 일이 있다고만 언급했을 뿐 그 자세한 내막은 진술하지 않았다. 그것도 정운현 씨의 『임종국 평전』에 기술되어 있으니 이제 언급해도 무방하리라. 다름이 아니라 임 형이 『친일문학론』을 탈고하기 직전, 나에게 이런 말을 하였다. 즉 자신의 저서 말미에 끝까지 지조를 지킨 문인의 명단을 밝혀 놓았는데 한용운 선생은 제외시켰다는 것이다. 내가 깜짝 놀라서 그게 무슨 말이며, 또 무슨 근거로 그렇게 처리했느냐고 항의성의 반문을 하니까 임 형 말인즉 중일전쟁 (1937) 직후 『불교』지에 「지나사변과 불교」라는 논설을 만해가 발표하였는데 그 글에 친일 색채가 나타나 있으므로 뺐다는 것이다. 나는 화가 나서 그런 식으로 재단하자면 일제 당시 국내에 있던 인사 중에 '친일'에 해당되지 않는 경우는 한 사람도 없을 것이라고 대들었다. '지나친 실증주의'를 운위하면서 그것도 전통적인 친일이 아닌 제목 그대로의 글임을 들면서 극렬하게 반론을 제기하였다. 지금도 나는 나의 생각이 옳다고 본다. 수많은 글 속에 어느 한 편의 글, 그것도 어떤 피치 못할 사정 때문에 썼는지도 모르는 상태에서 한 뛰어난 항일투사요 올곧은 지사를 매도한다면 이건 너무 심한 것이 아니냐는 것이 나의 지론이며, 그런 방식으로 조명한다면 동어반복이지만 일제 치하 35년 동안 국내에는 '한 사람의 인물'도 없었다는 결론이 나온다고 나는 생각한다. 이는 마치 임진왜란 당시 성웅(聖雄)인 이순신 장군의 어느 사소한 대목을 트집 잡아서 폄훼하는 것과 마찬가지라고 단언한다.(1990년대에 어느 사학자가 충무공의 일생 중 어느 한 부분을 문제 삼아 폄하하려고 시도한 일이 있다. 그때 그는 여론의 지탄을 받았다.)

　과도한 실증주의의 폐단을 지적하면서 재고하기를 바랐으나 임 형은 고집을 꺾지 않고 자신의 소신대로 책을 펴냈다. 그러나 이 일로 그와 거리가 멀어지지는 않았다.『임종국 평전』이 간행된 것을 계기로 내가 가슴에 묻어 두었던 두 가지 일을 비로소 털어놓는다.】

2

그 2년 동안을 나는 정신없이 분주하게 지냈다. 그리고 1967년을 맞았다. 대학원을 입학한 지 6년, 그 이듬해에 수료한다고 전제하면 7년, 그중에서 군생활 3년을 뺀다고 치더라도 4년, 너무 늦었음을 절감하였다. 제대 초기 결코 조급하지 않겠다고 작심하였으나 이를 감안할지라도 너무 지체했다. 이제 〈안민가〉를 고찰하는 작업에 더욱 몰두하였다. 신라 35대 경덕왕(景德王) 시대의 정치 및 경제적 상황을 역사 논문을 통해 다시 검증하고 텍스트와 연결시키는 과정은 어렵지 않게 되었다. 〈안민가〉는 교술시이면서 우리 시가문학사에서 처음으로 만나는 참여시다. 따라서 서정성은 전무하고 그렇기 때문에 시적 화자의 감성의 세계가 논의의 핵심이 되지 않고 외계, 곧 정치현상과 경제적 사회상이 중심축이 된다. 이것을 나는 텍스트와 컨텍스트 모두에서 찾아내어서 풀이하는 데 중점을 두었다. 끝까지 풀리지 않는 대목은 "왕의 남근이 길이 8촌(寸)이라서 아들을 얻지 못해 왕비를 폐하고(王之玉 莖 長八寸 無子廢之)" 운운한 대목이다. 이를 통해서 본 경덕왕의 성격과 정서, 그것이 당대 통치에 어떤 영향을 주었지 않았을까 하는 의구심, 이것까지 풀려고 나의 대광 제자(1962년 졸업생, 재미)로서 가톨릭 의대 정신과에 레지던트로 근무하던 박태수 군을 찾아보고 문의한 결과 시원한 답을 얻지 못한 점은 아쉽다. 별것도 아닌 것에 내가 너무 깊은 관심을 둔 것이 아닌가 싶으나 정신과 의사로 명성이 있던 최신해(崔臣海, 서울 청량리 정신병원장 역임, 작고) 박사가 그의 수필에서 이 대목을 소개하고 약간의 정신과적 진단을 내린 것이 있어서 한번 시도했던 것이다. 그 이상 캐고 들어가지 않은 까닭은 처음과는 달리 작품 해석과 그리 깊은 관계가 있는 것 같지 않고, 설사 있다 할지라도 내 능력으로 풀 수가 없기 때문이었다.

그해 여름과 가을에 걸쳐 원고를 써서 프린트 과정을 거쳐 제출하였다. 지도교수는 조지훈 선생, 그분의 대학원 지도로는 홍일식·인권환·김종균에 이어 내가 네 번째였고 또한 마지막이었다. 통과되어 1968년 2월에 졸업하였다. 이 논문은 약간 줄여서 곧 『어문논집』 11호(고려대 국어국문학 연구회)에 게재하였다.

그 2년 후던가. 황패강(黃浿江, 단국대 명예교수, 작고) 선생으로부터 전화를 받았다. 내 논문이 좋다는 주변의 얘기가 있어서 읽고 싶으니 며칠 뒤 국민대학교에서 개최될 국어국문학회 전국대회에서 만나 받았으면 좋겠다는 얘기였다. 그날 들고 나가서 그분께 줬고, 그분 또한 자기의 논문 별쇄본(논문 제목은 잊었음)을 나에게 주었다. 그때가 그분과 처음 만난 것이다. 얼마쯤 지나서 무슨 일로 다시 만났는데 그분 말을 그대로 옮기면 '명작'이라는 것이다. 과분한 칭찬이라고 나는 사양한 바 있다. 원래 황 선생은 남의 논문을 칭찬하는 일보다 비판하는 일에 치중(?)하는 학자다. 오죽하면 자신의 스승인 김동욱 교수의 처용가 논문도 논박하였겠는가. 워낙 누구의 논문이든 '까는 일에 명수'인지라 나는 "黃浿江筆下에 無完人"이라고 말한 바 있다. 이 말은 "梅泉筆下에 無完人"에서 따온 것이다. 그 이후에 나온 나의 향가논문 다수가 그의 비판대상이 되었는데 〈안민가〉를 비롯해 몇 편은 좋은 평가를 받았다. 그것만으로도 나는 만족한다. 1985년 그분과 임기중(林基中, 동국대 명예교수) 그리고 나 이렇게 3인이 『향가여요연구』(이우출판사)를 편저하는 기회를 가져서 더욱 가까워지게 되었다.

　졸업한 직후 〈원가〉를 성찰하기 시작했는데 이 작품 또한 33대 성덕왕(聖德王) — 34대 효성왕(孝成王) 두 임금 때의 미묘하고 복잡한 정치적 암투가 그 배경이 되어 있음을 간파하고 역시 역사주의적·문화사회학적 관점에서 풀었다. 컨텍스트에 잠복해 있는 숨은 내막이 텍스트 해석에 중대한 관건이 됨을 강조하고 당대의 정치현실과 연결시켜서 고찰하였다. 〈안민가〉와 달리 여기에는 서정성이 내재해 있는데 이것까지 분석하는 일은 마치지 못하고 활자화시켰다. 이 두 편이 나의 초기 향가의 연구이고, 이런 방법론에 의한 풀이의 결과가 그 후 동학들의 연구논문의 골격으로 수용되었음을 나는 보람으로 생각한다. 〈원가〉가 활자화된 지 얼마쯤 지나 고려대 교정에서 김정배(金貞培, 당시 고려대 초임교수, 후에 총장 역임) 형을 만났더니 그해 나온 『역사학보』를 구해 보라는 것이다. 이기백(李基白, 서강대·한림대 교수 역임, 작고) 선생이 내 논문을 간단하게 소개한 글이 나온다는 것이다. 나는 금방 떠오르는 것이 있었다. 『삼국유사』에는 〈원가〉의 창작연대가 효성왕 때로 되어 있는데 이 선생은 그다음 왕인 35대 경덕왕대로 내려 잡고 쓴 논문이 있었다. 나는 나의 논문에서 그의 주장을 몇 가지 각도에서 비판하고 기록 그대로 효성왕 즉위 초로 보아야 한다고 견해를 피력한 바 있었기 때문이다. 『역사학보』를 구해보니 이 선생의 글은 그해 역사학계의 중요 논문을 정리한 것인데 내 것도 몇 줄 언급하면서 국문학계 일각의 주장을 소개한 것이다. 나는 그 짧은 언급을 접하면서 그분의 학자로서의 엄정성에 경의를 표하지 않을 수 없었다. 자신의 글을 젊은 학자가 비판하였음에도 인용한 것이 쉬운 일은 아니다.

석사과정을 마친지 두 달 보름쯤 지난 1968년 5월 15일, 그날은 마침 토요일이라서 오전 수업을 마치고 서둘러 퇴근하려던 차, 인권환 형으로부터 전화가 왔다. 지훈 선생께서 위중하신 모양이니 같이 가보자는 것이다. 늘 건강이 좋지 않으셨기 때문에 크게 신경은 쓰이지 않았으나 친구가 그러자니 나도 동의하였다. 마침 〈모죽지랑가〉의 일부 문제에 관해서 전부터 선생의 고견을 듣고 싶었던 차에 잘되었다싶었다. 그때 인권환 형은 고려대 촉탁교수(전임교수 이전 단계의 직위)로서 거의 빠지지 않고 연구실에 나가 있었다. 자기가 택시를 잡아타고 대광 앞으로 가겠으니 나와 있으라고 해서 그렇게 하여 선생 댁을 찾았다. 그때가 오후 1시.

안방 문을 열고 들어간 우리 둘은 혼절할 뻔했다. 문자 그대로 위독이셨다. 자주 듣던 '불편하심'이 아니었다. 고의적삼 차림으로 자리에서 겨우 일어나 앉으셨는데 전신이 퉁퉁 붓고, 통증을 이겨 내시느라고 힘겨워하셨다. 선생님 이게 어찌된 일입니까 하고 여쭈니 생래의 지병을 근치하기 위하여 열흘 작정으로 한약을 쓰고 있는데 그날이 여드레째이고 이틀 지나면 낫지 않겠느냐고 하시면서 또 괴로워하셨다. 인내심이 강하기로 호가 난 분이 얼마나 고통스러우면 저러실까 하고 가슴이 저려왔다. 유소년 시절부터 달고 사는 병명도 이상한 기관지 계통의 병을 완치하려고 시도한 것이 더욱 분명하였다.

30분가량 지나자 우리는 더 이상 앉아 있을 수 없었다. 일어나려니 선생께선 사모님을 부르시며 "이 사람들 점심을 주어야지" 하시는 것이다. 점심은 먹고 왔으니 몸조리 잘하시라고 말씀드리고 서둘러 나왔다. 그것이 잊을 수 없는 스승 조지훈 선생과의 마지막 만남이었다.

토요일 오후 2시 무렵의 밖은 조용하고 따뜻했다. 대문 밖에서 수심에 가득 찬 사모님과 서서 20~30분 대화를 나눈 우리 둘은 성북동 골목을 빠져나와서 구멍가게에 들어가 소주 4홉짜리(그때 있었다)와 2홉짜리 각 1병 그리고 오징어 몇 마리를 사 들고 '심우장' 방향으로 걸어 올라가 수녀원 맞은편 야산에 들어가서 병뚜껑을 땄다. 그리고 비감에 젖어서 마셨다. "저분이 가시는구나. 오래 사셔야 될 분이 기어이 가시려고 하는구나"라는 생각을 하면서 대화도 별로 나누지 않고 마셨다. 그리고 내려왔다.

이틀이 지난 1968년 5월 17일 새벽, 지훈은 마지막 절창 〈病에게〉라는 시 한 편을 남기고 운명하셨다. 그리고 고려대 교정에서 장례식이 거행되었다. 거기에 인 형도 나도 없었다. 인 형은 장례식장에서 조금 떨어진 외진 곳에서 묵묵히 지켜보았단다. 나는 학교의 일 때문에 참석치 못했다. 조가를 연주할 밴드부 학생 네 명을 보내는 일로 대신하였다.

지훈(芝薰) 조동탁(趙東卓) 선생. 나는 그분을 나의 스승으로 모신 것을 천복으로 생각한다. 그 고매하고 훌륭한 인품, 호한한 학식, 개결한 정신, 그 곧은 지조, 그 큰 도량, 천하를 맡겨도 능히 감당할 수 있다는 평을 듣던 그 경륜, 문단에 등단할 때 이미 정상에 오른 그 빼어난 시, 동서와 고금을 꿰뚫고 있는 그 해박한 지식, 넘치는 풍류와 멋, 이 모두를 아우르면서 선비의 위의(威儀)를 지킴으로써 세인들의 사표가 되었던 스승 지훈 선생 그분의 훈도를 받으며 인생에서 가장 중요한 시기인 대학·대학원 석사과정 시절을 보낸 것을 나는 하느님께 감사한다. 그리고 그런 스승의 발밑에도 미치지 못하는 나의 미숙함을 자책한다.

선생께서 돌아가신 이후 오늘에 이르기까지 37년 동안 주로 고려대학교 제자들에 의해서 고인을 기리는 여러 가지 사업이 완료되었거나 진행 중에 있다. 그중 기억에 남는 큰 사업으로는 두 번에 걸친 전집간행의 일(제1차 一志社, 제2차 나남), 『조지훈 연구』 간행의 일(고려대 출판부), 『지훈 육필시집』 간행의 일(나남)과 두 곳에 세운 시비건립의 일(서울 남산 — 홍일식 형 주도, 영양 — 조동걸·이동환 형 주도), 「지훈상」에 관한 일(나남 출판사 출연), 그리고 2002년 6월 문화관광부 지정 「이 달의 문화인물」 기념행사(고려대 민족문화연구원 강당에서 지훈상 운영위원회 주최. 행사 비용 1천만 원은 홍일식·지훈상 운영위원장이 마련. 문화체육부에서 나온 정부지원금은 영양군에서 수령하여 전액 그곳 행사에 사용함) 등이 바로 그것이다. 이런 일련의 사업 대부분에 나는 참여하였다. 소명감과 보람을 가지고 최선을 다하고자 하였다.

그런데 일을 하다 보니 예상치 못하게 욕도 얻어먹었다. 특히 「지훈상」과 「이 달의 문화 인물」 행사 때 그랬다. 관여치 않으려 한 나의 심정도 알지 못하고 그러는 것이려니 하고, 사전에 이런 점을 충분히 이해시키지 못한 나의 사려 깊지 못함을 자책하면서 속을 풀고 있다. 내후년 봄이 되면 지난 몇 년 동안 진행되어온 선생의 고향 경북 영양의 '지훈문학관'이 개관될 예정이다. 이 사업 중 중요한 부분에 해당되는 진열품 선정과 그 해설 및 기타 실내 장치에 관해서 사업 초기부터 나는 영양군과 하청업체 '이너 아트'로부터 자문 요청을 받았다. 하도 말이 많은 세상이라서 처음부터 완강하게 고사했다. 그런데 이번에도 뜻대로 되지 않아서 지금까지 협조하고 있다. 이 일만 끝나면 나는 선생에 관한 기념사업에 일체 관계하지 않으려 한다. 참견할 나이가 아니다. 이제 후배인 김인환·오탁번·최동호·김흥규 형 세대로 넘어가야 한다. 너무 늦었다.

선생 서거 후 나는 그분을 기리는 글을 11편이나 발표하였고(전집 서문 등 포함) 언론기관과의 인터뷰와 대담을 3회 가졌다. 주로 청탁에 의한 것인데 다만 TV에 나와 달라는 것은 극구 사양하였다. 텔레비전 출연은 왜 그토록 싫은지. 선생을 말하는 프로는 물론 다른 주제에 관한 프로도 여러 번 사절하였다. 11편 글(전집 및 단행본 후기 포함) 중 임의로 한 편 뽑아 옮기면서 선생을 새삼 추모하는 기회를 갖는다.

完美하게 살다간 나의 스승 지훈 선생
권력에 굴하지 않은 시대의 高士

조지훈 선생을 생각할 때면 으레 만해 한용운 선생의 초상을 떠올리게 된다. 불과 17세의 소년 시절에 성북동 심우장으로 만해를 찾아뵙고 그분에게 경도된 바 있던 지훈은 후일 '韓龍雲先生'(1958, '사조' 10월호)이라는 글에서 이렇게 말했다.

"애국지사(혁명가)와 선승과 시인의 일체화… 이것이 한용운 선생의 진면목이요, 선생이 지닌 바 이 세 가지 성격은 마치 정삼각형과 같아서 어느 것이나 다 다른 양자를 저변으로 한 정점을 이루었으니 그것들은 각기 독립한 면에서도 후세의 전범이 되었던 것이다."

이 짤막한 인물평을 통해서 우리는 만해의 참모습을 쉬이 포착할 수 있다.

그러나 더욱 중요한 점은 만해에 대한 지훈의 이러한 평가가 바로 그 자신에게도 해당된다는 사실이다. '선승' 운운한 자리에 '국학자'라는 말을 교체시켜 놓으면 위의 글은 영락없는 '지훈론'이 된다는 뜻이다. 이런 식으로 말해도 무방하리만큼 지훈은 만해의 정신과 학덕을 충실히 계승한 우리시대의 高士였다.

시인으로서 그가 남긴 뛰어난 업적을 새삼 거론할 필요가 있을까. 세상이 두루 알고 있는 사실이니 재언을 피하기로 한다. 그보다는 학계의 소수 인사들만이 알고 있는 국학자로서의 지훈의 면모에 대해서 잠시 언급해 두는 것이 좋겠다. 시단에 데뷔하기 전부터 국학에 지속적인 관심을 두었던 그는 지금까지도 명저로 꼽히고 있는 '한국문화사서설'을 1964년에 간행했다. 이때를 전후로 해 국문학, 민속학, 종교학, 한국철학, 한국 민족운동사 등 다방면에 걸쳐서 값진 논문을 발표해 학계에 크게 기여했다. 학계에서는 '시인 조지훈'이 '국학자 조지훈'으로 변신하는 것을 지켜보면서 그에게 밝은 앞날을 기대했다.

지훈에게는 '知多'라는 별호가 있다. 동서고금에 두루 통달해 아는 것이 워낙 많아서 후생들이 지어낸 애칭이었다. "知多라고? 그 위에다 내 姓인 '趙'字를 올려놓고 부르면 어떻게 되나?" 하면서 호탕하게 웃던 모습이 지금도 선하다.

그러나 뛰어난 인물, 大人長者는 하늘이 시기한다던가? 1960년대 이후 몇몇 제자들과 더불어 詩作 활동보다는 학문 연구에만 몰두키로 하고 주제 선정과 자료 수집에 심혈을 기울이던 중 겨우 48세를 일기로 기세하였으니 그 슬픔과 아쉬움은 이제 환갑을 넘긴 제자들에게 아직도 아픈 한이 되어 때때로 추연한 심경에 빠지게 하고 있다. 더도 말고 덜도 말고 갑년만이라도 채우고 가셨더라면 국문학계를 비롯한 우리의 국학계가 한 단계 도약했을 것이라고 그를 알고 있는 인사들은 지금도 확신하고 있다. 그렇게 단언해도 좋으리만큼 지훈의 머릿속에는 국학의 큰 광맥이 자리를 잡고 있었다.

'논객 조지훈'의 기개와 용기는 가위 지사의 절의를 방불케 하는 것이었다. 필봉을 통한 자유당 정권과 목숨을 건 한 판의 싸움은 지금도 많은 사람들이 기억하고 있거니와 4월혁명 직전, 불의와 부정을 보고도 대학생들의 움직임이 없자 '고대신문' 사설을 통해 그들의 봉기를 독려해 마침내 '고려대의 4·18'을 이끌어 낸 공훈을 아는 사람은 다 알고 있는 사실이다. 경세의 大文章인 '志操論'도 바로 그 무렵에 발표한 글이다.

그의 현실 참여는 5·16 이후 군사정권이 들어선 뒤에도 계속되어서 저들의 회유와 협박에도 굴하지 않고 자유민주주의를 되찾는 일에 늘 선두에 서는 참된 지성의 면모를 보여주었다.

한일회담과 관련해 박 대통령을 직접 공박한 논설 때문에 이른바 '정치교수'로 몰려 대학 교단을 떠나야 할 위기에 봉착해서도 지훈은 의연한 선비의 자세를 잃지 않았다.

이런 일련의 지사적인 거동과 해박한 지식에 감동한 당시 고려대학교 학생들은 학과를 초월해 누구나 그를 참된 스승의 전형으로 규정하고 존중해 마지않았다.

신앙에 관한 한 그는 사교가 아닌 이상 모든 종교를 수용하는 입장을 취했다. 다만 어느 종교든 자신들의 교리만이 옳다고 주장하는 아집에 대해서는 결코 동의하지 않았다. 1950년대 중반 무렵, 저명한 성직자와 사석에서 '지옥' 문제를 놓고 설전을 벌인 적이 있었다. 그때의 일로 그의 왼쪽 손등에는 보기에도 흉측한 흉터가 생겼다.

지옥의 불이 얼마나 뜨거운지 자신이 증명해 줄 터이니 손등을 내밀라고 해서 담뱃불로 꼬박 1분 동안 지져서 생긴 흉터였다. 그 고통을 참아내고 자리를 박차고 나오면서 지훈은 "겨우 이 정도밖에 뜨겁지 않다면 내 지옥에 떨어지는 것도 사양치 않겠소!"라고 일갈했다는 일화가 있다. 그 장소에는 박목월 박남수 등의 시인이 동석했는데 그들에게 지훈은 성직자의 아집이 종교를 망친다고 개탄했다는 것이다.

지훈은 결코 강직하고 근엄한 성격의 소유자만은 아니었다. 주석에서의 풍류는 당대의 일류였고, 온유하고 관대함은 주변의 많은 사람을 포용하는 데 부족함이 없었다. '멋'을 제대로 체득한 이도 그였고, 국적 불명의 문장에서 벗어나 한국인의 정서에 걸맞은 명문을 남긴 이도 바로 지훈 그였다.

한 인물의 온전하고 객관적인 평가는 사후에나 가능하다고 한다. 그러나 지훈의 경우는 생전에 이미 걸출한 인물로 결론이 내려져 있었다. 그만큼 그는 完美한 삶을 살다간 우리시대의 대표적인 지성이었다.

-『교수신문』 116호, 1997.7.7

�장

대학 강사 시절의
고생과 피곤

대학 강사 시절의
고생과 피곤

1. 김성식 선생님/ 산동네 우물 파기에서 얻은 인생 교훈

1

앞에서 진술한 바와 같이 약전 김성식 선생과 나는 '글'을 매개로 하여 인연이 맺어진 사제지간이었다. 이어서 그분의 추천도 크게 작용하여 내가 대광의 교단에 서게 되자 그분은 마치 나의 후견인 격이 되었다. 그 도움만으로도 나는 그분에게 큰 은혜를 입은 사람이다. 그런데 이번엔 그야말로 생각지도 않은 은혜를 또 입게 되었다.

지훈께서 작고하시기 수년 전 어느 날이었다. 약전께서 대광 교무실로 전화를 하셨다. 1965년 이후 그분은 고려대학교 교수직을 박탈당하여 쉬고 계셨다. 한일협정을 반대한 전국의 교수 중에서 가장 극렬하게 앞장섰다는 이유로 이른바 '정치교수'(이 명칭은 그때 정부에서 만들어낸 것이다)라는 누명을 뒤집어쓰고 정권의 강요로 쫓겨나 있었다. 그때 고려대의 경우 처음에는 약전 이외 지훈 선생, 김경탁(철학과 교수) 그리고 지금은 성함이 기억나지 않는 몇 분이 더 거명되었으나 다행히 강제퇴임은 면했고 약전만 끝까지 문제를 삼아 처벌을 받아야 했다.

힘든 생활을 하고 계실 때인데 가끔 찾아뵙곤 하였으므로 전화가 걸려 오는 것이 새삼스럽지 않았다. 약속한 다방에서 만나 뵈었더니 당신께서 중매를 서시겠다는 것이 아닌가. 뜻밖이었다. 심란하기 짝이 없을 때인데도 제자인 나의 혼인 문제를 염려해 주시는 것이 정말 고마웠다. 나도 장가들 나이가 되었으나 교제하는 여자가 없었기 때문에 스승이 자진해서 중매쟁이 노릇을 하시겠다고 나서는 데야 마다할 이유가 없었다. 일은 빠르게 진전되었다. 그다음 주에 한 여인을 만났고 또 그 몇 주 뒤에는 이심전심으로 결혼까지 생각한 사이가 되었다. 나는 오로지 약전 선생의 소개만을 믿고 그 여인을 택했다. 스승이 소개하는 사람을 어찌 믿지 않을 수 있으랴. 또한 부족한 나를 한 여인의 지아비로 추천하는 그 스승의 은덕 입음이 어찌 영광이 아니랴.

 양가 부모님의 승낙이 있었고, 약혼식이 처가가 될 집에서 있었다. 그 자리에는 가족 외에 약전·지훈 두 분과 나의 벗 6~7명이 참석해 주었다. 그리고 곧 결혼을 했다. 예식 장소는 프레스센터(현 신문회관) 결혼식장, 주례는 약전, 청첩인은 지훈. 그때는 청첩장에 주례와 청첩인이 누구인지를 밝혀서 인쇄할 때였다. 결혼식의 백미는 약전 선생의 주례사, 원고지 10여 매에 정갈하게 쓰신 그 주례사를 듣고 식장에 온 하객들 모두는 감탄해 마지않았음을 나는 알고 있다. 말로 몇 마디 하는 의례적이고 고식적인 주례사가 아니었기 때문이다. 그 원고를 다 읽으신 뒤 신랑인 나의 손에 넘겨주시는 광경을 보고 탄성이 쏟아지던 그때 그 순간을 나는 잊지 못한다. "역시 김성식 교수야!"라는 소리가 내 등 뒤에서 들려왔음을 또렷이 기억하고 있다. 이 소문을 들은 어느 여성잡지에서(지금처럼 야한 잡지가 아니었다. 여성 교양지 시대였다) 자기네 지면에 공개하라는 것을 사양한바, 그 원고를 지금도 나는 잘 보관하고 있다. 그 여인이 이죽연(李竹淵), 학교는 나보다 고려대 5년 후배이며 출신 학과는 법과이다.

 그때의 결혼식장은 주로 낙원동 — 천도교 회관 일대와 인사동 근처 옛 3·1운동 때 민족대표들이 모여 독립선언을 한 장소인 태화관 부근, 그리고 종로 네거리 옛 전매청 인근 등에 몰려 있었고 신혼여행은 온양 온천행 시대를 거의 마감하고 대개는 부산 해운대로 갔었다. 그 후 제주도로 몰려가기 시작한 것은 1970년대 중반 이후일 것이고 그러다가 1980년대 후반 이후로는 해외로 빠져나가기 시작했다. 해외여행 자유화 및 경제부흥과 흐름을 같이한 것이다. 김성식 선생에 관한 얘기는 뒤에서 자주 나온다.

할아버지와 부모님을 모시고 왕십리 전셋집에서 우리의 신혼생활은 시작되었다. 누이동생 둘까지 합하면 식구는 일곱, 버는 사람은 나 혼자이니 호구는 하였으나 늘 쪼들리는 살림이었다. 첫아들 윤규(允圭)가 태어나자 생활비는 더 들어갔다. 모유를 먹었는데도 그랬다. 둘째 정규(定圭), 셋째 아들 상규(祥圭, 이 이름은 약전 선생이 지어주셨다)도 다 모유를 먹고 컸다. 분유를 먹고 크는 영아는 많지 않은 시대였다. 그래도 식생활은 그럭저럭했으나 셋방살이의 슬픔과 피곤함은 나를 지치게 하기에 충분하였다. 우리 집은 가족 구성으로 보아 방이 넷이 되어야 하나 최소한 셋은 필요한 집이다. 신혼 초에는 왕십리 산꼭대기에 마침 방이 셋 있는 온채 전셋집이 있어서 다행이었다. 그러나 6개월 뒤에 계약이 끝나서 같은 동네에 방 둘 있는 전셋집으로 다시 옮겨서는 고생이 심했다. 그래도 살길은 열려 있었다. 조부께서 반년가량 계룡산에 가시어 『주역』 공부에 더욱 심혈을 기울이는 바람에 방 둘로도 버틸 수 있었다. '계룡산' 운운하면 사교(邪敎)나 무속신앙과 연결시키는 것이 일반인의 관념이다. 그러나 나의 조부는 결코 그런 것들과는 무관하다. 그곳에 학문에만 침잠할 수 있는 장소가 있기 때문에 자주 내려가셔서 장기간 체류하고 오신다. 그분에게 '점(占)' 얘기를 하면 누구든 크게 봉변을 당한다. 앞에서도 말한 바와 같이 조부의 『주역』 공부는 철학 공부였다. 유승국 교수(성균관대 교수를 거쳐 정신문화연구원장 역임. 동양철학 전공, 작고)가 아직 30세 전후 젊은 때인 1954년, 곧 휴전 직후 할아버지는 그분과 한동안 교류한 바 있었다. 내가 고2 때 할아버지께서 주역을 나름대로 주석한 필사본 책자를 유 교수의 동숭동(대학로 뒤편) 거처에 가서 전한 바도 있다. 그분의 추천으로 할아버지는 스위스(혹, 다른 나라는 아닌지 확실치 않다) 소재 국제적인 철학연구학회에 입회하여 회원이 되셨다. 그때 연세가 몇 古稀였다. 영어를 비롯해 외국어를 전혀 모르시는데도 입회가 가능했던 것을 보면 동양철학 위주의 연구소가 아닌가 싶다. 특기할 것은 매년 몇 번에 걸쳐 팸플릿으로 된 회보가 멀리 유럽 대륙에서 우송되어 왔다. 그것을 할아버지는 고이 간수하셨다. 그런데 어느 날 10통쯤의 회보 묶음을 들고 나가셨는데(왜인지 그 이유는 모르겠다) 그만 전차 선반에 놓고 내리시는 통에 분실되고 말았다. 하차하신 후 알게 되어 전차 종점에 급히 가셨으나 허사였다. 그것이 전해왔으면 얼마나 좋았으랴. 첨언컨대 할아버지는 서울 시내를 원근 가리지 않고 늘 걸어 다니셨다. 이런 분도 아마 없으리라. 그런데 그날 그런 일을 당하시려고 하셨는지 전차를 타셨던 것이다. 세상에는 이변(!)도 있다.

 방 둘이 있는 전셋집에서 우리는 반년을 넘기지 못했다. 안채의 집주인은 그렇게 식구가 많은 줄 몰랐다면서 방을 빼달라는 것이었다. 계약할 때 우리 쪽에서 식구 수를 줄여서 말했던 것이 이사 간 첫날에 들통이 난 것이다. 여기서 잠깐 서울의 셋방 풍속을 얘기해야겠다. 원래 서울의 전세방은 반년이 기한이고 사글셋방은 한 달 단위가 기한이다. 오래전, 그러니까 왜정 때, 혹은 그 이전부터 그랬다. 하지만 말이 그렇다 뿐, 전세방은 보통 2년, 길면 5·6년짜리도 적지 않았다. 월세 또한 1·2년 살이가 보통이고 3·4년 살이도 있었다. 그것이 관행이었다. 적당한 시기에 주인이 셋 값을 올려달라면 상호 협의 끝에 금액을 정해서 올려주고 그냥 눌러사는 것이 예전부터 지켜온 풍속이었다.

'확정일자' 같은 것은 있지도 않았고 심지어는 계약서나 영수증 같은 것도 없이 서로 믿고 거래하는 경우도 드물지만 가끔 있었다. 셋방을 가지고 사기를 치거나 장난하던 시대가 아니었다. 참 순진한 때였다. 집주인은 가급적 값을 올리지 않았다. 전셋집의 경우 전셋돈으로 받은 그 돈이 결국은 언젠가는 갚아야 할 빚이기 때문이다. 은행 이자 타먹자고 방값을 많이 받는 예는 없었다. 전세비로 받은 돈은 대개가 주인집이 장사 밑천이나 여타 가사(家事)의 자금으로 사용하는 것이 보통이었다. 불가피할 때 조금 올리는 것이 상례였다. 후한 시대였다. 이것이 근년에 와서 인심이 사나워지니까 법으로 2년, 전세·월세비도 되도록 많이 받으려는 세상이 되었다. 셋방이 상품화되고 복덕방이 기업이 되고 인심이 삭막해진 시대가 되어버린 것이다.

　1960년대 중반경인 그때만 해도 후덕한 관행이 통하던 시대였으나 워낙 식구가 많으니 방을 내놓으라고 하는 데야 도리가 없었다. 우리 국민 대다수가 가난한 시절 셋방살이를 한 터라서 그 서러움을 다 안다. 얼마나 짧게, 또는 얼마나 길게 셋방살이를 하였느냐의 차이와 평지에서냐 산꼭대기에서냐의 동네 차이만 있을 뿐이다.

　그때 전셋돈에다 조금만 보태면 '내 집'을 살 수 있는 곳이 있다고 누가 귀띔을 해주었다. 그래서 찾아간 곳이 삼양동시장 뒤에 있는 산동네집('달동네'라는 용어는 1980년대 초에 생긴 신조어다)이다. 안방·건넌방 그리고 세간살이 없이 두 사람이 누우면 꽉 차는 쪽방 하나, 대지는 엄청 넓어서 60여 평, 시유지에 빈민층이 마구 지은 무허가 건물이요 땅이지만 그 많은 주민들을 정부에서도 어쩌지 못할 터이므로 언젠가는 합법적으로 등기 허가가 나올 것이라는 복덕방의 설명이었다. 후에 실제로 그렇게 되었다. 집값이 예상외로 쌌다. 서울에서 그처럼 집값이 헐한 동네가 없었다. 불광동이나 금호동도 그보다는 비쌌다. 한때 빈민들이 몰려 살던 상계동·신림동·봉천동·성남 등지는 나중에 생긴 동네다. 셋방살이에 하도 지친 터라서 식구들과 의논하여 매입키로 하고 매매계약서에 도장을 찍었다. 이제 나도 내 집을 갖게 되었다는 기쁨에 가득차서 1967년 10월에 이사를 했다. 그 산동네 집에서 둘째 아들 정규, 셋째 아들 상규를 낳고, 누이동생 둘을 시집보내고 1974년 여름까지 살았다. 그러니까 7년을 살았다. 그 동네에 이사 가던 무렵을 전후해서 약 70년의 서울 역사를 자랑하던 시내 전차가 자취를 감췄다. 전차차로가 철거된 것이다.(서울의 전차가 처음 개통된 때는 1899년으로 알고 있다) 버스가 계속 늘어남에 따라 전찻길이 교통소통에 오히려 걸림돌이 된 것이다. 서울의 큰 변화라 아니할 수 없다. 동서남북을 관통하던 전찻길이 완전히 사라지니 갑자기 도로가 넓어진 듯하여 일단 시원스럽기는 하나 역시 옛 교통수단의 퇴장이 주는 섭섭함도 함께 느낄 수 있다.

그런데 물지게와 나는 무슨 깊은 인연이 있는 모양이다. 내가 태어날 때, 전생에서 그것과 '자매결연'을 하고 이승의 몸이 되었던 것이 아닌가 싶다. 낙산 생활 5년여의 물 길어먹기도 기억조차 하기 싫은데 삼양동에서 또다시 물지게를 지게 되었다. 동네에 공동 수도가 하나 있었는데 식구들이 교대하면서 밤을 새워야 겨우 식수 두 통 받을 수 있었다. 그것도 고지대라서 자주 끊어지는지라, 아예 없는 것으로 치부하고, 밑에 평지로 내려가서 줄곧 길어 먹기 7년, 우리 집처럼 물고생한 가정도 또 있을까 싶다.

물이라면 진저리가 나서 더 말할 기분이 눈곱만큼도 없지만 그 당시 산동네의 사정을 기록으로 남기는 것도 의미가 있다 싶어서 회고 삼아 적기로 한다. 고생이 되더라도 식수는 평지에서 길어다 먹었지만 어디 물이 식수를 해결하는 것만으로 끝나던가. 세숫물이며 빨랫물 등에 소용되는 물의 양은 물지게 몇 번으로 끝날 문제가 아니었다. 그런 사정을 다 알고 '내 집'을 마련한다는 기쁨 하나로 이사를 했으니 누구에게 불평을 털어놓을 형편도 아니었다. 마침 우리 바로 옆집에 지하수를 끌어 올리는 펌프가 설치되어 있는데 가끔 길어다가 사용해 보니 식수로도 부족함이 없어서 수돗물과 진배없었다. 그래서 그 집은 물고생을 거의 하지 않고 살았다. 옳다 됐다 싶었다. 우리도 우물을 파기로 결정하고 업자와 계약을 맺었다. 그때 아랫동네 곧, 삼양시장 옆에는 우물을 전문으로 파는 상점이 있어서 영업이 꽤 잘되었다. 산동네의 우물 파기가 끊이지 않고 있어서 일감이 밀릴 정도였다. 계약 조건은 착수금으로 전체 비용의 3분의 1을 내고 나머지 3분의 2는 물줄기를 잡아서 펌프 설치가 완료된 뒤에 지불하는 것이 그 동네의 관행이었다. 파다가 실패하면 착수금으로 끝나고 잔금은 지불하지 않는 것으로 되어있으니 집주인은 물론 업자에게도 불리한 계약조건이지만 그 일대의 관행으로 굳어 있어서 누구나 다 알고 있었다. 전체 공사비는 요즘 화폐가치로 6·7백만 원은 되지 않았는가 싶다.

옆집 펌프와 담 하나 간격인 아주 근거리(약 3~4m 거리쯤)에 물줄기가 숨어 있다고 판단한 업자는 그곳을 파들어 갔다. 하지만 3~5일을 예상했던 공사가 한 달을 파도 물줄기는 나타나지 않았다. 낭패였다. 땅을 파서 나온 흙은 넓은 마당에 쌓여 지붕 높이를 넘어서 집채보다 훨씬 컸고 좌우 옆으로 퍼져서 그 무게 때문에 우리 집 블록 담이 넘어지는 예기치 않은 사태까지 벌어졌다. 고생만 하고 업자는 포기하고 손을 뗐다. 그에게 미안하였으나 나 또한 손해를 보았다. 계약이 그러했으니 어쩔 수 없었다. 그때 나의 실망감은 이루 형용할 수 없었다. 마치 우리 집에 암운이 깃드는 것이 아닌가 하는 불길한 예감마저 들었다. 무슨 일을 하다가 뜻대로 되지 않으면 미신처럼 그런 생각이 드는 게 아닌가.

넋을 잃고 쪽마루에 앉아 있던 어느 날, 웬 품삯 꾼이 등에 연장 배낭을 짊어지고 집 안으로 들어오면서 "물길을 잡지 못한 모양이로군요" 하면서 나에게 말을 건넸다. 산처럼 쌓인 흙더미를 대문 밖에서 보고 들어온 것이다. 현장을 살펴본 그는 더 파면 물줄기를 잡을 수 있다고 판단한 듯하다. 나는 아무래도 가망이 없다고 포기하였는데 그의 생각은 달랐다. 자기가 한번 시도해 보겠다고 하기에 밑져야 본전인지라 그렇게 해보라고 마치 남의 일처럼 그에게 맡겼다. 그와 약조한 바는 그곳을 다시 파서 물이 나오면 요즘 화폐가치로 약 2백만 원을 주고, 안 나오면 한 푼도 없는 것으로 구두 계약을 맺었다. 그때 가게를 차리지 않고 그런 식으로 동네를 돌아다니면서 펌프를 놓는 품삯꾼이 있었다. 이 또한 1960년대 후반과 1970년 초·중엽 무렵까지 시내 외곽 무허가 고지대 달동네에서 자주 볼 수 있는 풍속도였다.

10여 미터 되는 그 아득하게 깊은 곳을 그는 줄타기로 내려가서 공사를 다시 시작했다. 사흘 지난 날, 퇴근해서 귀가하니 집 안이 온통 야단법석이었다. 물줄기가 잡혀서 그야말로 '펑펑'이었다. 얼마나 기쁘고 안심이 되었는지 모른다. 우리 집은 결코 망하지 않는다고 다소 엉뚱한 생각마저 들었다. 그리고 앞선 업자가 며칠만 더 파고들어 갔으면 얼마나 좋았겠느냐 하는 안타깝고 미안한 생각도 들었다.

우물 파기는 이렇게 성공했다. 그러나 마셔보니 물맛은 그게 아니었다. 식수로는 도저히 사용할 수 없는 수질(水質)이 좋지 않은 물이었다. 끓여서 먹어도 떫었다. 그래도 세숫물 빨랫물이 해결되었으니 이 아니 경사랴 싶은 생각뿐, 물지게 한두 해 지어 본 경력도 아니니 그까짓 식수는 길어다 먹으면 된다고 아주 편하게 생각을 정리하였다.

그때 나는 중요한 사실을 깨달았다. 그 전 해인 1967년 1월에 어느 월간지의 명가(名家) 탐방기 청탁을 받고 '경주 최 부잣집'을 찾았었다. 그 집터가 신라시대 원효대사와 염문으로 이름난 요석공주의 궁터였다. 그것 이외 최 부잣집은 여러 가지로 유명한 것이 있지만 그 가운데 하나가 '법주(法酒)'의 원조집이라는 사실이었다. 내가 그 비법을 물었더니 주인인 최준(崔浚) 선생의 손자 최염(崔炎) 씨가 몇 가지를 들면서 그중에도 정성과 수질이 크게 좌우한다고 했다. 옆집의 물과 자기 집의 물은 질이 전혀 다르다면서 물의 질이 술맛에 크게 영향을 준다고 재삼 강조하였다. 나는 그 말을 별로 신뢰하지 않았다. 물맛에 따라서 술맛도 결정된다는 사실쯤은 알고 있었으나 서로 붙어 있다시피 한 두 집의 수질이 다르다니 말이 안 된다고 생각했다. 그러나 내 판단이 잘못이었음을 삼양동 집 우물을 파고 비로소 깨달았다. 지하의 수맥(水脈)은 옆집과 담 하나 사이밖에 안 되는 아주 가까운 거리임에도 근원이 달라서 그렇듯 차이가 난다는 사실에 동의치 않을 수 없다. 사람 또한 본바탕에 따라 겉에 드러나는 모양은 천차만별이라는 점을 새삼 터득하였다. 우물 파기에서 배운 큰 공부였다.

  우물 파던 얘기는 여기서 끝나지 않는다. 두 가지 삽화가 더 있다. 펌프질을 하면 허드렛물일지라도 펑펑 나와서 좋으나 마당에 쌓인 흙더미, 아니 흙산(山)의 처리 문제가 또한 고민거리로 대두되었다. 트럭으로 서너 대는 족히 되었다. 아마 그 이상이었는지도 모른다. 그 산동네 좁은 길에 트럭이 올라오기도 쉽지 않거니와 비용도 만만치 않아 보였고 또 차를 부른다고 해도 어디다 내버릴 것인지도 문제였다. 새로운 고민거리였다. 그렇게 걱정하고 있는데 어느 날 또 다른 품삯꾼이 배낭을 메고 집 안에 들어왔다. 이 좋은 석비레 흙을 왜 그냥 쌓아 놓고 있느냐는 것이다. 무슨 뜻인지 몰라서 물으니 자기는 블록을 찍으러 다니는 사람인데 시멘트만 사주면 이 흙으로 블록을 만들어 줄 터이니 팔아서 챙기고 자기에게는 품삯만 주면 된다는 것이다. 요즘 화폐가치로 하루 10만 원쯤 되는 돈이었다. 귀가 번쩍 트였다. 세상에 이런 일도 있던가. 나는 돈을 들여서 어떻게 하든 치우려고 고심 중인데 블록을 찍어서 돈벌이하는 길을 그가 터주다니. 실로 상상도 못 한 희소식이었다.

한 달가량은 족히 걸렸다. 찍어서 며칠 말린 뒤 마당 귀퉁이에 쌓고 또 찍어서 그렇게 하기를 여러 번 거듭하였다. 그때 그 동네에는 블록 소비가 꾸준히 이어졌다. 빈터에 무허가 건물이 쉬지 않고 들어섰기 때문이다. 우리 집 블록은 흙이 썩 좋아서 최상급, 게다가 평지에서 사오는 것보다 배달비용을 빼고도 약간 더 싸게 파니까 천 장은 족히 되는 다량의 물건이 단기간 내에 다 팔리고 말았다. 시멘트 값과 품삯을 빼고 남은 이문이 쏠쏠하였다. 고민거리가 횡재거리(!)로 바뀐 것이다. 살다 보니 연속극으로 치자면 이런 역전도 겪게 되었다.

2

이와 똑같은 경우를 나는 한양대학교 교수 재직 시인 1988년에 보았다. 『한양대학교 50년사』를 편찬할 때 나에게 할당된 부분은 '한양대 올림픽 체육관(배구장)'에 관해서 집필하는 것이었다. 싫지만 학교의 일이니 협조하지 않을 수 없었다. 공문 자료를 가지고 엮어나가는데 웃지 못할 희한한 대목을 접하였다. 당시 체육관이 들어설 장소는 개펄과 같은 습지대인데 시유지였다. 큰길에서 그곳까지 1.5km쯤 되리라. 넓이도 보통이 아니었다. 한양대에서 그곳에 교비를 들여서 체육관을 지으면 그 일대 넓은 대지를 무상으로 주기로 되어 있었다. 올림픽 조직위원회와 그렇게 약조되어 공사가 시작되었다. 한양대로서는 넓은 교지를 확보하는 것까지는 좋으나 막상 건물이 완료될 즈음 그 개펄과 같은 넓은 땅을 흙으로 메울 일이 난사 중의 난사였다. 석비레가 트럭으로 수천 대는 족히 필요한데 그걸 어디서 구할 것이며, 설사 구한다고 할지라도 그 어마어마한 비용을 어떻게 충당할지가 보통 큰 문제가 아니었다.

그런데 세상 참 요지경임을 그 일로 또 깨달았다. 바로 그때에 지하철 2호선 '한양대역' 구간의 공사가 진행되어 지하의 땅을 한창 파고 있었다. 거기서 나오는 석비레의 처리를 놓고 지하철공사를 맡은 건설회사가 골머리를 앓고 있었다. 일부는 건설 중인 아파트 공사에 소비시킬 수 있으나(그때 들은 바에 의하면 아파트 건설이 여러 곳에서 쉼 없이 이어졌고 그래서 지하철공사로 나오는 흙은 전량 그쪽으로 소비되었는데 간혹 아파트 공사의 규모가 줄어들면 흙이 남아서 처치 곤란일 때도 있었다) 태반은 때를 놓치지 않고 거액의 운반비를 들여서 내다 버려야 할 판이었다. 내다 버릴 곳도 쉽게 찾을 수 없었다.

이쯤 설명하면 일의 결말이 어떻게 났는지는 자명해진다. 한양대와 건설회사가 서로 누이 좋고 매부 좋다는 식으로 돈 들이지 않고 그 많은 흙을 한쪽은 전부 없애버리고, 다른 한쪽은 공짜로 확보하였던 것이다. 내가 팔자에 없는 블록 장사를 한 것과 마찬가지 사례다.

코드는 이렇듯 자연스럽게 맞아떨어져야 한다. 억지로 꿰맞춰서는 동티가 나는 법이다. 우물 파기를 하면서 나는 아름다운 끝장을 보기 위해서는 마무리 단계가 중요하다는 사실, 예상치도 않은 데에 길이 열려있다는 등 인생 공부를 많이 하였다. 사족(蛇足)을 단다. 그때 학교에서 원고료 1백만 원을 받았다. 그중 80만 원을 지불하고 정규의 컴퓨터를 사줬다. 비교적 이른 시기다.

물에 관한 얘기를 쓰는 나도 이젠 참으로 지겹지만 하나만 더 첨가토록 한다. 물로 인해서 극심하게 고생해서 그런 것만 아니라 요즘 사람들 물 쓰는 것을 보면 나는 자주 놀라곤 한다. 저렇게 펑펑 써도 되는 것인지, 아무리 물 사정이 좋은 세상이라고 할지라도 저렇게 낭비해도 '죄'를 받지 않을 것인지 자못 걱정이 된다. 조심하고 경계할 일이다. 정년퇴임하기 수년 전 학내 이발소에 가서 머리를 깎았다. 그때 이발소 주인으로부터 들은 얘기 하나 — 1980년대 이후 대학생들 가운데 모발이 빠져서 고민하는 학생이 그전보다 다섯 배는 늘었다는 것이다. 그 이유는 의사에게 물을 것도 없이 자기가 정확히 알고 있는데 과도하게 머리를 감기 때문이라는 것이다.

  여름철 더워서 샤워를 하는 것이야 정상이지만 시도 때도 없이 매일 몸에다 물을 퍼부어대는 것은 요컨대 몸에도 좋지 않고, 큰 자원인 물도 낭비하는 결과를 초래한다. 이제 좀 산다고 하니까 사람들이 온통 과도한 쪽으로 내달리고 있어서 큰 걱정이다. 나뿐만 아니라 어느 누구든 예전에는 정도에 차이는 있었으나 한 달에 대중목욕탕 한두 번 정도 가면 성적이 아주 우수한 편에 속한다. 그때를 생각해서 자중자애해야지 않겠는가. 귀족 출신도 아닌 마당에. 가정마다 목욕탕과 샤워 시설이 있다고 "펑펑" 써대니 "한숨"이 나온다.

  혹독한 인생 공부는 대학 강사 노릇을 하면서 더 많이 철저하게 배웠다. 석사학위를 받고 1년이 지난 1969년도부터 나는 대광에 근무하면서 고려대 강사로 출강하였다. 그 이듬해(1970)를 맞기 전 중대한 결단을 내렸다. 아버지 그리고 아내와 상의한 끝에 대광 교사직을 사직하고 강사 생활만 하기로 결정을 하였다. 그때 우리 집은 둘째와 셋째 아들이 태어나서 모두 열 식구, 어머니는 병환(당뇨병)이 깊어서 누워계신 상태, 그런 어려운 환경에서 고정 수입이 있는 교사직을 사퇴하고 춥고 배고프다는 강사직만을 선택한다는 것은 지금 내가 생각해 보아도 만용에 가까운 결단이었다. 그런 무지막지한 결단이 또 있을까. 그러나 내가 가고자 하는 길은 학문이고 내가 원하는 목표는 전임교수인데 이 고지에 도달하기 위해서는 독한 마음을 품고 배수의 진을 쳐야 되겠다고 생각하였다. 와병 중인 어머니를 비롯하여 전 가족이 겪어야 할 고생을 내다보면서 나는 냉혹한 결심을 하였다. 주변에서 극구 말리고 대광의 이창로 교장 선생이 세상 물정 모르는 행동은 안 하는 것이 좋다고 만류하면서 전임교수로 진출할 때까지 그냥 있어달라고 하였으나 나는 나의 결심을 굽히지 않았다.

  강사료로는 생활이 턱도 없는 일, 요즘의 강사와는 견줄 수 없으리만큼 달랐다. 지금 강사 생활만 하는 젊은이들은 여기저기서 연구비를 타고, 프로젝트를 정하여 수입을 올리고, 또 번역도 하고… 전임교수가 언제 될지 몰라서 마음고생은 하나 먹고사는 문제로 심한 고통을 겪지 않는다. 그때는 호구가 큰 문젯거리였다. 그러므로 그때 아버지와 내가 세운 계획은 5년여 근무한 퇴직금과 그동안 가난 속에서도 저축한 몇 푼, 사채 얼마를 합해 요즘 화폐가치로 약 4천만 원가량을 마련하여 아버지로 하여금 직물 중간도매상을 시작하게 하여서 거기서 나오는 수입을 생활에 보태기로 하였다. 아버지 연세 57세, 놀고 있는 것이 지겨웠던 차 장삿길이 트이니 그렇게 환영하실 수가 없었다.

 마침 새 학년도에 동덕여대 시간을 맡게 되어서 그것도 도움이 되리라 믿었다. 동덕여대에 출강하던 첫 학기는 교양국어 한 강좌였다. 그 다음 학기에는 그 대학 전임교수가 한 강좌 담당하는 것 이외 교양국어 전부를 내가 맡았다. 학과의 배려였는데 학생들로부터 나에 대한 평이 좋았다는 것이 도움이 되었다. 강좌 수가 많았으므로 일주일에 이틀 출강하였다. 그때 동덕여대 신입생 입학생 수는 300여 명 수준이었다. 원래 동덕여대 강의는 은사인 구자균 선생께서 1950년대 후반부터 전공과목을 가르치러 출강하시다가 1960년대 중반에 인권환 형에게, 그 후 몇 년 뒤인 1971년에 나에게 계승된 것이다. 지금과 달리 그때만 해도 모교가 아닌 타 대학 교양과목 출강도 그 기회를 잡기가 아주 힘들 때였다.

 그 대학에 나가면서 나는 정한모(鄭漢模, 서울대 교수와 문화부 장관 역임, 작고) 선생과 윤귀섭(尹貴燮, 동덕여대 교수 역임, 작고) 이 두 분의 도움을 많이 받았다. 정 선생은 젊었을 때 동덕여대 국어국문과 창립의 주인공, 그래서 서울대 전임교수로 재직하면서 동덕여대 교수도 겸임했던 특별한 경우의 분이다. 워낙 점잖아서 남의 흉을 보지 않는 분으로 널리 알려져 있다. 다른 사람의 허물을 입에 올리지 않는 것이 그의 허물이라는 세평이 있을 정도다. 언젠가 『동덕여대학보』에서 나에게 프론트 아티클을 청탁한 적이 있었다. 200자지 40매가량 써 줘서 게재되었는데 신라향가 작자명이 작품세계 또는 산문기록의 내용과 일치한 점을 거론하면서 그러나 설화 상의 가공인물은 아니고 실존했던 작가들이라는 것이 그 논문의 줄거리였다. 이를 읽은 정 선생께서 공감을 표시하면서 칭찬해 준 일도 있다.

윤 선생은 그 대학 국어국문학과 1회 졸업생이다. 그때 나이 40대 중·후반으로 알고 있는데 단정한 한복 차림에 학생들이 존경했던 것으로 안다. 가사문학 전공자였는데 내가 강원대학교 교수로 부임한 얼마 뒤 백혈병으로 이승을 떠났다는 소식을 듣고 잠시 슬퍼한 바 있다. 나에 대해서 은근히 관심을 두었다는 얘기는 후일 어느 누구로부터 들었다. 그분 말씀이 내가 조금만 참았더라면 자기 대학에서 전임 자리를 마련하였을 터인데 강원대로 간 것이 서운하더라는 것이다. 이런 얘기를 들으면 자신의 능력 여부와는 관계없이 어쨌든 기분이 좋은 것만은 숨길 수 없다. 정한모, 윤귀섭 이 두 분은 내가 어려울 때 도움을 주고 소리 소문 없이 격려해 준 분이다.

1970년 2월, 나는 그동안 정들었던 대광고등학교를 뒤로하고 교문을 나섰다. 내 평생에 단 한 번 밖에 거치지 않은 고등학교 교사 생활을 이것으로 마감하였다. 내 자리 그리고 억지로 그때 새로 만든 두 자리에는 교장 선생과 이동범(李東範, 후에 교장 역임, 작고) 교감 선생에게 잘 말하여서 나의 동기인 조세용(趙世用, 건국대 명예교수) 형과 대학 9년 후배이면서 평소 내가 아끼고, 학자로서 크게 기대를 걸고 있던 김인환(金仁煥, 고려대 명예교수) 형에게 물려주고 나는 새 길을 찾아 나섰다. 물러나는 사람의 청을 들어준 교장·교감 선생이 그렇게 고마울 수 없었다.

조세용 형은 고교교사를 하면서 나이 마흔에 대학원 석·박사과정에 입학하여 마흔 여섯에 박사학위를 받고 대학교수가 되었다. 대단한 친구다. 그는 원래 현대문학 지망생이었는데 국어 어휘에 관심이 남달라서 석사과정부터 국어학으로 전공을 바꾸어 학문적인 실적을 남겼다. 대학 1학년 때 만난 가까운 친구다. 그도 대학 시절에는 무척 가난하였다. 졸업 후 한때 출판사(국제문화사)에 근무하였다. 그때 나와 임종국 형이 공저한 『홀러간 성좌』가 그의 손에 의해서 편집되었다. 출판사를 그만둔 후 30대 중반 무렵 고등학교 교사로 근무하면서 서서히 안정된 생활을 할 수 있었다. 지금은 집값이 비싸다는 성남 쪽으로 이사하여 편안한 노후를 보내고 있다. 한양대 대학원을 다닌 후 학위를 받았다. 박사학위 논문은 「漢字語系 歸化語 연구」다. 15세기 이후 한자어에서 개주(改鑄)되어 국어 어휘로 정착된 귀화어를 자료에 입각해서 체계화시켜 놓은 노작이다. 반응이 좋았었다.

    대중가요보다 명곡 부르기를 즐기는 두 살 위의 나의 친구 정봉(晶峰) 조세용, 그가 요즘에는 다시 시 쓰기를 부지런히 하고 있는데 고어(古語) 활용을 의도적으로 시도하는 것은 역시 국어학 전공 탓이리라.

2. 대학 강사 시절의 공부/ 모친상

1

    대학 강사 생활만 하니까 시간의 여유가 생겼다. 그런 시간을 공부에 전념하자고 고정 수입이 있는 직장도 버리고 나온 것이 아닌가. 그런데 고백하거니와 2년 6개월의 강사 시절 동안 나는 생각했던 것만큼 큰 성과를 거두지 못하였다. 물론 바쁜 고등학교 교사시절 때보다는 읽고 쓰는 양이 많았던 것은 사실이나 그렇다고 괄목할 정도는 아니었다. 공부는 한가하고 시간의 여유가 있다고 해서 반드시 눈에 띄게 진척되는 것은 아니라는 점을 그때 깨달았다. 바쁘게 살지라도 마음을 어떻게 가지느냐에 따라 성과를 올릴 수 있고, 시간의 속박에서 벗어났을지라도 마음의 여유가 없고 무엇에 쪼들리며 걱정이 많고 잡념이 끼어들면 풍성하고 좋은 결실을 맺기가 쉽지 않다는 점을 터득했다는 뜻이다. 다만 배수의 진을 친 각오가 있어서 농사로 치자면 평년작 이상의 수준은 수확하려고 늘 용심하며 지냈었음은 공언해도 무방하리라.

향가를 전공하려는 사람답지 않게 초기에 나는 엉뚱하게도 '사설시조와 에로티시즘'이라는 논제를 가지고 씨름하였다. 그때까지 이 방면에 관한 논문이 없어서 그랬던지, 아니면 또 다른 동기가 부여되어서 그랬는지 자세히 기억할 수 없으나 어쨌든 이 문제를 풀기 위해서 정병욱(鄭炳昱, 서울대 교수 역임, 작고) 선생이 편찬한 『시조대사전(時調大事典)』을 몇 달 동안 붙잡고 지낸 일만은 생생하게 기억한다. 에로티시즘이 반영되어 있는 사설시조 작품을 골라내기 위해서인데 그 일이 보통 시간이 걸리는 것이 아니었으며 쉬운 일도 아니었다. 유관된 논문이 있다면 거기서 작품의 재인용이 가능하겠으나 과문의 탓인지는 몰라도 그런 본격적인 논저를 찾아볼 수 없었다.

사설시조의 장르적 성격을 제대로 공부하지도 않은 상태에서 그중의 어느 한 국면만을 분리시켜서 논의하는 것이 소망스럽지 못한 성찰이라는 것 자체도 모르고 나는 의욕만 앞서서 애를 쓴 끝에 반년 만에 한 편의 논문을 작성할 수 있었다. 이 논문은 곧 활자화되었다. 그러나 얼마 가지 않아서 마음에 들지 않은 부족한 글임을 느꼈다. 4반세기가 지난 1990년대 말에 나는 이것을 전면 개고(改稿)하여 학술지에 발표도 하고 나의 저서인 『조선후기 시가의 현실인식』(1998)에도 전재(轉載)하였다. 그래도 만족스럽지 못한데 언제 기회가 찾아온다면 지면을 넉넉히 잡아서 이 문제를 여러 각도에서 재론하고 싶다.

이 작업을 끝내고 나는 곧 본업인 향가로 돌아왔다. 이번에도 다소 엉뚱한 길로 빠졌다. 〈안민가〉·〈원가〉에 이어 개별 작품의 분석이 내가 정해 놓은 계획표인데 「신라가요 작자」 문제며 「일연(一然)의 신라가요 수용태도」 등 외곽 때리기에 먼저 나섰다. 이것은 그만한 이유가 있었다. 외곽이라고 할 수 있지만 거시적인 안목에서 조감할 때 이 두 논제는 향가의 장르 특성을 규명하기 위한 총론에 맞닿아 있다. 그것을 알아보자는 뜻에서 관심을 가진 것이고 다른 하나는 그때까지 '향가의 작가명 = 향가의 텍스트·컨텍스트의 내용' 도식에 내포되어 있는 중요한 몇 문제를 연구자들은 간과하고 있어서 이를 환기시킬 필요가 있기 때문이다. 『삼국유사(三國遺事)』를 기준으로 해서 따질 때 최초의 향가 향유자 혹은 수용자인 일연에 대해서도 무관심해 왔으므로 내가 '처음' 규명해 보겠다는 '개척의식'이 크게 작용하였다. 작업한 결과 신설(新說)을 내놓은 것에 나는 만족한다.

다시 제자리로 돌아와 작품 풀이에 들어가서는 화랑을 찬모한 〈모죽지랑가〉와 〈찬기파랑가〉를 화랑의 흥망성쇠와 연관시켜서 논의하였다. 그때까지만 해도 이 두 편의 노래가 문학성이 뛰어난 작품이라는 해석만 있었지 화랑의 역사적 변천과정과 연계시켜서 논의한 연구는 없었다. 나는 화랑도가 신라 멸망 시까지 성세(盛勢)를 누렸다고 보지 않는다. 이 점은 나의 확고부동한 역사관이다. 삼국통일 이후의 화랑도의 세력은 급격히 하락하였고 그 형세가 반영된 것이 이들 노래라고 보았다. 그런 관점에서 작품의 해석은 진행되었는데 논란의 여지가 없지 않아 있으나 지금도 그런 시각에는 변함이 없다. 근년에 윤영옥(尹榮玉, 영남대 교수, 작고) 형은 '기파랑'이 화랑이 아닌 당대의 위인으로 볼 수 있다는 학설을 내놓았는데 나도 일단 이 주장을 경청하고 있다. 앞으로의 연구과제가 되기에 충분한데 자료가 없는 것이 큰 장애다.

월명사의 〈도솔가(兜率歌)〉를 풀 때 나는 많은 고민을 하였다. 창작 배경이 되는 '이일병현(二日竝現, 두 해가 나타남)'을 어떻게 볼 것인가.

후일에 나온 여러 논문들의 주된 견해는 경덕왕대 왕당파·반 왕당파 간의 세력다툼의 상징적인 표현이라는 데 모아지고 있다. 그러나 나는 그렇게 보지 않았다. 하늘의 변괴를 당시 사람들의 착각과 오류에서 비롯된 인식의 표현일 뿐이라고 해석하였다. 이 점에서 내가 자신을 가지는 것은 나의 첫 번째 논문인「안민가」에서 경덕왕대의 정치세력 간의 다툼을 학계 처음으로 대입시켜서 성찰한 경력이 있어서 그런 쪽으로 〈도솔가〉를 몰고 간다면 논리적 바탕의 준비 면에서 나는 유리한 연구자가 된다고 자임했다. 그럼에도 그 해석법을 피한 까닭은 표면적인 수사에 지나지 않는 것을 본질에 결부시킬 수 없었기 때문이다. 자세한 내용은 여기서 말할 수 없고 나의 몇 논문에 미루기로 한다. 나는 이 원고를 완성한 후, 이를 여러 번 읽으면서 고치기도 하고 보태고 빼기도 하였다. 그러던 중 2020년 4월에 정우봉(고려대) 교수가 보내온『莊子 內篇』을 읽고 도솔가에 나온 "二日竝現"과 직결되는 대목을 보고 참으로 반가웠다. 실은 二日竝現뿐만 아니라 三日·四日·五日竝現의 현상이 나오는 예는 옛 문헌에 자주 나오는 일이라서 크게 놀랄 일이 아니다. 내가 日人 학자 후쿠나가 미쓰지(福永光司)의 책을 정우봉·박상영 두 사람이 번역한 위『장자 내편』을 접하고 매우 기뻤던 까닭은『장자 내편』에 나오는 "옛날에 열 개의 태양이 한꺼번에 떠올라 만물을 비추었습니다. 하물며 德이 태양보다 밝을 사람이겠습니까. 昔者十日竝現出 萬物皆照 而況德之追乎日乎!"라는 대목을 후쿠나가 미쓰지는 다음과 같이 풀이했기 때문이다. "열 개의 태양이 한꺼번에 떠올랐다는 것은 (중략) 기류의 변화로 인해 태양이 여럿으로 보이는 기상현상의 이변을 설화한 것으로 여겨진다. 오늘날의 몽고에서도 설화한 것으로 여겨진다. 오늘날의 몽고에서도 이따금씩 이런 현상을 볼 수 있다고 한다"(2020년 1월 12일, 문진, 122~124쪽) 인용하면서 다른 말을 보태지 않아도 좋을 것이리라. 〈도솔가〉에는 유리왕(儒理王) 대에 국가에서 제정한 가사부전(歌詞不傳)의 작품이 있다. 이것도 그때 써서 즉시 발표하였다. 그러나 엉성한 논문이라서 내놓기가 뭣할 정도다. 꺼림칙하여서 몇 년 전에 전면 개고하기로 하고 작업에 착수하였으나 이루지 못하였다. 몇 사람의 중요 논문을 읽어보니 내가 새로 논급하려는 줄기와 같았다. 그러니 쓸 흥미를 잃었다. 하지만 늘 찜찜하게 생각하는 글이라서 죽기 전에 고쳐놓고 싶으나 그럴 기회가 있을지 모르겠다.

향가의 컨텍스트를 여러 편 모아서 마치 서사문학 작품을 다루듯이 살펴본 논문이 바로 「신라가요 산문기록에 나타난 선악 두 세계」다. 고전소설의 선인과 악인의 대립적 인간 유형이 향가의 배경 기록에도 나타나 있음을 포착하여 그 양상과 의미를 찾아내려고 하였다. 그런대로 가치를 부여할 수 있다고 자평하고 있는데 고소설 연구자들에게도 참고가 되지 않을까 사료된다. 이 논문을 구상하면서 조동일(趙東一, 서울대 명예교수) 교수의「영웅의 일생, 그 문학사적 전개」라는 논문도 참고하였다. 조 교수의 저서로서 내가 처음 읽은 책은『서사민요연구』이고 논문은 아마도 위의 것이 이른 시기에 접한 글이 아닌가 싶다. 「신라가요 산문기록에 나타난 선악 두 세계」와 비슷한 작업을 하나 더 했는데 그것이 곧「화왕계(花王戒) 논고」다. 설총의 우화작품인「화왕계」에 향가 〈안민가〉와 〈원가〉의 요소가 있다고 판단되어서 대비시킨 연구물이다.

이상이 내가 강사 시절 2년 반 동안 완결시켰거나 골격을 잡아서 집필만을 남겨 놓은 것들인데 학술지에 발표는 대부분 후일에 했다. 대학에 입학할 때와 달리 1960년대, 특히 그 중반 이후에는 몇 대학 국어국문과를 중심으로 교지(校誌)가 아닌 학술지가 창간되어서 연간(年刊)으로 나오기 시작하였다. 또한 회갑기념 논총도 쉬지 않고 간행되었다. 그래서 강사급들도 전보다 발표지면을 얻기가 다소 쉬워졌는데 만족할 만한 수준은 아니었다. 위 나의 논문들이 완성되거나, 완성을 앞둔 때보다 한두 해 늦은 1972년 이후 차례로 활자화된 까닭이 여기에 있다. 써 놓거나 구상을 마치고 자료만 모아 놓으면 언젠가는 햇빛을 보리라고 확신을 했기 때문에 그 즉시의 발표 여부를 놓고 크게 괘념하지 않았다.

대학의 국어국문학 전문 학술지 얘기가 나와서 꼭 기록으로 남겨 놓아야 할 것이 있기에 몇 자 적기로 한다. 고려대의 '고려대 국어국문학 연구회'(현 '민족어문학회'의 전신)가 창립된 시기는 내가 군 복무 중이던 1962년이었다. 초대 회장에 송민호 선생, 간사에 인권환 형이 맡아서 수고했다. 1964년 가을에 제2대 임원이 선출되었다. 회장에 박병채 선생, 간사의 일은 내가 맡았다. 제대 직후의 일이었다. 박 회장과 내가 임원직에 있을 때 『어문논집』을 창간하였다. 그전까지는 교지성격의 『국문학』이라는 책자를 학부 학생회에서 펴냈다. 『어문논집』 2집을 간행할 때 호수(號數) 문제가 제기되었다. 『어문논집』은 곧 『국문학』을 발전적으로 승계한 학술지이므로 창간호를 낼 때 이를 합산하여야 마땅했다는 회원들의 여론이 만만치 않았다. 그러나 창간호는 이미 지나간 일이니 2집부터 폐간된 『국문학』지의 지령까지 합산하여 '8집'(혹은 9집?)으로 명기해서 내기로 결론이 났다. 『어문논집』 2~7집이 없는 것은 결본이라서 그런 것이 아니라 이러한 사정 때문인 것임을 밝혀둔다. 그 후 10년 뒤인 1974년에 나는 연구회 회장직을 맡아서 2년 동안 일을 보았다. 그때 얘기는 뒤로 미룬다.

그 무렵 읽은 향가 관련의 서적으로는 김열규(金烈圭, 당시 서강대 교수, 이후 인제대 석좌교수 역임, 작고)·정연찬(鄭然粲, 서강대 명예교수)·이재선(李在銑, 서강대 명예교수) 교수 공저 『향가의 어문학적 연구』가 특히 기억에 남는다. 많은 참고가 되었다. 일차로 연학사(硏學社)에서 나온 김종우(金鍾雨, 부산대 교수 역임, 작고) 선생의 『향가 문학론』도 기억에 남는 책이다.

 단단히 각오도 하고 정신 무장도 철저히 하고서 시작한 강사 생활이지만 막상 부닥치고 보니 여간 어려운 것이 아니었다. 우선 쌀과 연탄은 마련돼야 한다. 건건이는 다음다음 문제다. 궁핍하게 지냈던 옛날이 무에 그리 좋겠냐마는 그 시절도 지내놓고 보니 잊지 못할 추억이 된다. 하여 파적삼아 그때 내가 두 대학에서 받은 강사료를 요즘 화폐 가치로 치환시켜서 셈해 보았다. 주당 도합 14시간, 1시간 강사료 4만 원, 1개월 256만 원이 된다. 식구는 중환자 1명 포함 성인 7명, 아이는 한 살배기서부터 다섯 살 큰아들까지 3명이다. 여기서 특히 유의할 점은 한 달에 열댓 말을 소비한 쌀값을 지금의 시세로 계산하면 안 된다는 점이다. 50대 중년 이상은 다 아는 사실이지만 당시의 쌀값이 생활비에서 차지하는 비중이 가장 컸다. 흉년이 든 해는 널뛰듯 하는 쌀값에 서민들의 생활고는 더욱 심했다. 요즘의 쌀장사를 누가 치는가. 그러나 그때는 밥이 제일이요 쌀이 살림의 중심이었던 시대라서 동네 싸전(쌀가게)의 위상은 실로 대단하였다. 어쨌거나 현재의 화폐가치로 250만 원을 가지고 열 식구가 산다는 것은 그저 최저 생계를 겨우 꾸려나갔다는 사실에 다름 아니다. 수입이 전무한 방학 4개월을 고려하면 극빈자 생활쯤 되었을까.

 내가 왜 이렇듯 구질구질한 얘기를 지면을 허비해가면서까지 되짚어보는가 하면 앞에서 언급한바 그것도 이제 와선 추억거리가 되기 때문이라는 이유 이외 지금의 수많은 대학 강사들이 겪고 있는 기막힌 어려움을 오래전에 체험한 사람으로서 대변해주고 싶기 때문이다. 또 한편 이 시대의 강사들은 다시 말하거니와 이것저것 일감도 있고, 한국학술진흥재단 등의 연구비와 연구소의 연구원이 되어서 큰 고통은 없으나 내가 고생한 그 시대는 그런 것이 전혀 없던 때였음을 대비시켜서 부각시키고 싶었기 때문이다. 내가 그때 2년 반 동안 강사료 이외

손에 쥔 돈은 고려대 민족문화연구소에서 편찬했던 『한국도서해제(韓國圖書解題)』의 원고료 소액, 가뭄에 콩 나듯이 쓴 잡문 원고료 몇 푼, 그리고 1년 2번, 도합 2주 계절 학기(썸머·윈터스쿨) 강사료 거금(!), 1년에 3개월쯤의 대학 편입생 개인 지도비 거금(!) 이 정도였는데 이 부수입이 나로 하여금 포기하지 않고 버티게 한 재원, 간혹 전임교수가 뭐기에 내가 식구들 고생시키며 이 짓을 하고 있나하는 회의를 느낄 때 그때마다 나를 붙잡아 준 고마운 자금이었다.

  더욱 힘들었던 것은 아버지의 장사가 실패로 끝난 데에 있었다. 세상사 계획대로 안 된다는 사실을 그때 새삼 뼈저리게 느꼈다. 우리 아버지는 의욕만은 대단한 분이나, 돈 버는 데는 손방이었다. 평생 그러셨다. 장사하는 수준이 대구 피란 시절 중1 때 '김 장사'로 나섰던 내 실력을 능가하지 못했다. 장사꾼은 신상(紳商, 크게 속이지 않고 신사답게 장사하는 것)만 되어도 존경을 받는다. 그것이 훌륭하다고 평가받는 상인이 올라갈 수 있는 최고의 경지다. 선상(善商, 착한 장사꾼)은 동서고금 통틀어 없다. 세상에는 수많은 직업이 있고 그중에는 '착한 이'가 섞여 있기 마련이나 장사꾼 세계에서만은 착한 사람이 있을 수 없다. 크든 작든 이문을 남기려면 속이지 않고는 결코 되지 않는 일인데 이문을 바라보지 않고 장사하는 상인을 보았는가.

  우리 아버지를 굳이 분류한다면 신상의 경지를 넘어 선상을 지향했던 분이다. 그러니 무슨 장사가 되는가. 거기에 못된 젊은 일가를 만나(세상에서 사람이 가장 무섭고, 사람 중에서 친인척이 제일 무섭다) 이득은커녕 본전의 반을 떼었으니 더 말해 무엇하랴. 그걸 봉창하려고 어린 것들 놔두고 아내가 살림에 보탠다고 명동 소재 백화점에 나가 몇 달 동안 가게를 열어보았으나(그때, 대연각 호텔의 큰불이 났었다) 별로 도움이 되지 않아서 작파한 바도 있다. 장사? 그거 아무나 하는 것이 아니오, 정말 어려운 것이다.

폐일언하고 온 식구가 겨울에 두 번 굶은 일을 잊지 못한다. 봉지쌀('뒷박쌀'이라고도 칭함. 이걸 지금 젊은 세대는 모른다) 살 돈이 없어서 열 식구가 굶는 체험을 하였다. 어른은 참아냈으나 어린 것들 특히 젖먹이 상규가 배고파서 보채는데 두 눈이 뒤집힐 지경이었다. 공연한 짓거리를 시작했다는 자책이 나를 괴롭혔다. 독립운동을 하는 것도 아니고 대학교수 되려고 식구들 고생시키는 내가 정말 미웠다. 그렇지만 후회는 잠시였고, 금세 정신을 가다듬곤 하였다. 그때 마침 대학이 아닌 다른 교육기관의 장이 나에게 손을 뻗쳤는데 고맙지만 그 청을 뿌리친 것은 천만다행이었다. 시속의 말로 출세의 자리가 단단히 보장된 그런 자리였다. 하늘이 나를 버리지 않고 궁지에 몰릴 때마다 구해 주셔서 위기를 면하곤 하였다.

2

어머니의 병환은 이젠 돌이킬 수 없는 지경에 이르렀다. 요즘의 당뇨병은 흔한 병이요 아무것도 아니다. 나의 어머니께서 그 병을 앓으실 땐 환자가 드물었던 병이다. 그땐 변변한 약도 없었고 또 인슐린이 있었다 해도 병원에 꼭 입원해야 맞을 수 있었는데 네댓 번 들락날락하니 병원비를 더 이상 댈 수가 없었다. 의료보험? 그때 그런 것은 없었다. 듣지도 못했었다.

내가 불효다. 불쌍한 나의 어머니를 내가 돌아가시게 했다. 평생 고생만 하신 분을 내가 돌아가시게 한 셈이다. 1971년 5월 어느 날 아침에 어머니는 조용히 눈을 감으셨다. 향년 55세. 7년을 병마에 시달리시다가 운명하셨다. 울음도 나오지 않았다. 당장 장례를 치러야 할 터인데 돈이 없었다. 주머니에 있는 돈은 왕복 버스비 요즘 돈 2천 원. 미리 써 놓았던 『한국도서해제』 원고 250여 장을 들고 고려대 민족문화연구소를 향해 이른 아침에 집을 나섰다. 상주가 시신을 모셔 놓고 문밖을 나서는 이 기가 막힌 외출. 통곡을 해도 시원찮을 이 거동. 연구소에 당도하여 총간사인 홍일식(洪一植, 후에 민연 소장을 거쳐 고려대 총장 역임) 선배를 만나 "어머니께서 위독하십니다. 원고료를 주셨으면…" 말이 끝나지도 않았는데 직원을 불러 빨리 계산해 드리라고 해서 받아 쥔 돈이 요즘 돈으로 치면 200만 원 정도. 그때 출판계 관행은 책이 나온 뒤, 또는 원고 제출 후 일정 기간이 경과된 뒤에 원고료나 인세가 나왔다. 이를 염두에 둔다면 그날 나에게 지불된 원고료는 특별대우인 셈이다. 이만하면 우선은 됐다 싶어서 안도의 숨을 내쉬고 집에 도착한 후 비로소 친인척과 지인들에게 부음(訃音)을 전했다. 여러 문상객들의 도움을 받아 3일장을 치르고 돌아와서 저녁 상식을 올릴 때 그제야 울음이 터지고야 말았다. 대성통곡을 하여도 비통함을 진정시킬 수는 없었다. 내가 우리 어머니를 죽였다고 발광을 하면서 외쳐도 불효를 씻어낼 수는 없었다.

어머니의 선종(善終)을 적는 이 지점에 이르러서 15주기(1986) 때 어느 잡지에 발표한 후 한양대학교 『대학국어 작문』 교재(1980~1990년대)에 전재된 글이 있어서 뒤를 잇도록 하여 나의 서럽고 서러운 심정을 대신키로 한다.

어마님ᄒᆞ티 괴시리 업세라

'先妣 선비'라는 말이 있기는 하지만 그러나 돌아가신 어머니를 일컬을 때에는 그냥 '돌아가신 어머니'라고 해야 친근감도 나고 모정에 대한 그리움도 새로워진다.

어머니께서 세상을 떠나신 지 올해로 15년, 살아 계신다면 연세가 만 일흔이 된다. 지금의 내 나이보다 한두 살 아래인 40대 후반 무렵부터 중환에 걸리셔서 꼬박 7년을 신음하시다가 철쭉꽃 지는 계절에 조용히 눈을 감으셨다. 부모란 칠순 팔순을 넘기고 오래오래 장수하다가 별세를 하여도 서럽기 짝이 없는 법인데, 겨우 쉰다섯을 살고 일생을 마감하셨으니 그 안타까움은 지금도 한이 되어 나를 슬프게 한다.

나는 나의 어머니가 신사임당처럼 재주가 뛰어난 분도 아니고 한석봉의 어머니처럼 준엄한 분도 아닌 것이 결코 불만스럽지 않다. 이름 없이 살다간 아주 평범한 필부(匹婦)이되 모정이 지극한 우리 어머니를 나는 좋아한다.

돌아가신 어머니는 양반집 따님으로 태어나셨으되 글공부와는 인연이 없는 분이었다. 구식이고 신식이고 간에 교육을 받으신 일이 없어서 학문이라고는 전혀 없는 분이었다. 겨우 한글로 쓰여진 글이나 떠듬떠듬 읽을 수 있을 정도의 능력밖에 없었다. 그런 어머니를 나는 한 번도 부끄럽게 생각한 적이 없다. 뭣 좀 배웠다고 유식한 체, 똑똑한 체 뻐기는 여인에게서는 찾아볼 수 없는 소박한 지혜와 예의범절, 착한 심성과 후덕한 인심, 그리고 정숙하고 밝고 깔끔하고 규모 있는 성품, 하늘이 무너져도 참고 견뎌내는 인내심을 어머니는 두루 갖추고 계셨다. 이런 어머니를 학식만 높은 다른 어머니와 바꾸고 싶은 생각은 추호도 없다.

돌아가신 어머니는 또한 미인과는 아주 거리가 먼 분이었다. 어머니를 비하하는 꼴이 되어서 죄송스럽기 짝이 없는 노릇이지만 그렇다고 실상과 어긋나게 미화시키고 싶지는 않다. 외모는 다소 부족하여도 어머니는 마음의 아름다움을 지니고 있었고 그런 마음의 아름다움이 한 가정을 화목하게 이끌 수 있었던 크나큰 힘이 되었음을 나는 잘 알고 있다.

지금도 살아 계셔서 내가 만약 어머니에게 "어머니는 한국의 전형적인 여인입니다"라고 하면서 어쩌고저쩌고 너스레를 떨며 흔해 빠진 찬사를 올렸다면 어머니께서는 틀림없이 '전형적'이라는 말이 무슨 뜻이냐고 물었을 터이고, 내가 이러저러한 뜻이라고 설명해 드리면 그제야 말귀를 알아들으시고 "애, 당치도 않은 소리 말아라. 난 그런 사람 근처에도 못 간단다."라고 질색하며 겸손해하실 것이 분명한 진짜 한국의 옛 전형적인 여인이고 어머니였다.

돌아가신 어머니는 평생을 가난 속에서 고생만 하시다가 세상을 떠나셨다. 옛날의 모든 어머니들이 대개는 그러하였다고 하지만 나의 어머니의 경우는 특히 더하였다.

처녀 시절까지 겪은 심한 가난이 박씨 댁 가문으로 시집온 이후로도 그대로 이어져서 운명하는 순간까지도 그 지긋지긋한 가난의 너울을 떨쳐버리지 못하셨다. 고깃국 한 번 제대로 못 드셨고, 번듯한 옷 한 벌 제대로 차려입지 못하셨다. 금반지는커녕 싸구려 구리반지 한 번 끼고 있는 모습을 본 적이 없다. 끼니 걱정에서 풀려나신 날이 별로 없었고 아침밥을 굶은 채 학교로 공부하러 가는 어린 아들을 끌어안고 눈물을 흘리신 적도 한두 번이 아니었다.

어렵게 살던 옛날이라지만 그래도 서울 사람들은 대개 기름진 쌀밥을 먹고 살았다. 어머니는 쌀밥 먹는 이웃들을 부러워하지 않으셨다. 강냉이가 섞인 쌀밥이 아니라 쌀 몇 톨 섞인 강냉이밥, 감자가 반가량이나 차지하는 꽁보리밥, 혹은 밀가루 냄새가 역겨운 막국수, 수제비로 연명하면서도 가난을 탓하지 않았고 다만 동네에 소문이 날세라 쉬쉬하면서 집안의 체통을 지키려고 무척 애를 쓰셨다. 요즘처럼 막 되어먹은 서울의 풍토에서는 물론이고 예전 우리 집이 빈궁에 줄곧 허덕이던 때에도 어머니처럼 가정의 체면을 염두에 두고 가난을 남몰래 이겨낸 예를 나는 아직 보지 못하였다.

살다 보면 언젠가는 형편이 좋아질 날이 있으려니 하는 생각을 품고 사는 것만이 어머니의 소중한 자산이었다. 그러나 어머니의 기대는 끝내 이루어지지 않았고 가난의 그림자를 이끌고 저세상으로 가셨다. 지금도 밥상을 받으면 평생을 고생하시던 어머니의 모습이 떠올라 가끔 목이 멘다.

운명하시기 열흘 전부터 어머니는 곡기를 완전히 끊고 하루에 냉수만 두세 번 마실 뿐이었다. 미음이나마 드셔야 된다고 아무리 권해도 어머니는 눈을 감은 채 고개를 저을 뿐이었다. 단식하기로 작정한 것이었다. 당신 때문에 식구들 고생하는 것이 안쓰러워서 더 이상 살아남기를 거부하고 죽음에 순종하려는 어머니의 비장한 결심을 확실히 읽을 수 있었다. 그때 처연한 장면을 나는 영원히 잊지 못한다. 내 두 눈이 떠 있는 한 잊지 못한다.

삼 년 동안의 군대 생활을 마치고 제대한 뒤 얼마 안 되어서 발견한 일이었다. 어머니의 전신이 시퍼렇게 멍이 들어 있었다. 동상임이 분명하였다. 이게 웬일이냐고 물었으나 좀처럼 대답을 하지 않으셨다. 여러 번 따지듯이 묻자 그때야 그간의 사정을 털어놓는 것이었다. "애야, 니가 가 있던 부대가 휴전선이 있는 곳인데 거기가 좀 추운 지방이냐. 서울보다 훨씬 추운 데라고 하더라. 자식이 군대에 나가서 추위에 떨고 있는데 어미가 되어가지고 어떻게 따스하게 지낼 수 있겠니. 그래 삼 년 겨울 동안 내복을 입지 않고 냉방에서 지냈더니 그만 이렇게 되었구나. 곧 괜찮아질 터이니 염려하지 말아라." 이렇게 말씀하시는 어머니는 그때 아무렇지도 않다는 듯 웃고 계셨지만 지극하다 못해 지독한 모정에 감격한 나는 밖으로 조용히 나와서 그만 울음을 터뜨리고 말았다.

올해 대학 2학년이 된 맏손자가 태어날 때의 일이다. 아내의 해산이 임박하자 어머니는 장롱 속 깊이 간직해 두었던 두 주먹만 한 크기의 아주 쪼그마한 보따리를 내놓으면서 "옜다. 애기가 태어나거들랑 이걸 우선 입혀라"라고 말씀하셨다. 내가 궁금해서 "그게 뭔데요?" 하고 묻자 어머니는 "이게 삼십 년 전에 니가 이 세상에 태어날 때 처음 입었던 배냇저고리란다. 갓난아기는 지애비가 출생할 때 입었던 옷을 입으면 그렇게 좋다고 한다더라"라고 설명하시는 것이었다.

그 말씀을 듣고 나는 감탄과 놀라움을 금할 수 없었다. 내가 갓난아기 때 입은 옷을 애비가 될 나이에 대하니 감탄하지 않을 수 없었고 어머니 말씀대로 왜정 이후 이사를 수십 번하고, 1·4후퇴 때에는 다른 세간 다 놔둔 채 이 옷만은 품속에 지니고 서울을 떠나셨던 어머니의 신앙과도 같은 정성에 소스라치게 놀라지 않을 수 없었다.

이제 와서 돌아가신 분을 생각하면 무얼 하나. 추모의 글을 쓰는 이 짓도 다 부질없는 일이다. 생전의 불효가 그런다고 씻겨지겠는가. 모두 다 소용없는 노릇이지만 오늘따라 어머님 생각이 사무쳐 이 글을 쓴다. 내가 담당한 고려가요 강의 시간에도 자주 다루지 않는 〈사모곡〉을 속으로 읊조리면서.

저 위에서도 가석(可石) 홍일식 형이 거명되었으나 긴 얘기를 하지 않고 어머니가 돌아가실 때의 일을 기록할 때까지 미뤄두었다. 이제 그에 관해 기술키로 한다. 내 입에서 원고료 얘기가 떨어지자마자 사무원을 불러 즉시 지불하도록 한 것은 그의 '孝 思想'이 작용하였기 때문이다. 우리 세대에 그만큼 부모에 대한 효도를 중시하고 실천하는 사람도 드물 것이다. 얼마 전까지 효도사상을 전파하기 위해서 조직체를 만들어 활동한 일은 모두가 다 알고 있는 바다. 날로 무너져가는 윤리도덕, 특히 부모에 대한 불효가 젊은이는 물론 나이든 세대까지 확산되는 것을 안타깝게 여긴 나머지 사회운동차원에서 전개하였으나 워낙 타락해버린 세상인지라 크게 실효성을 얻지 못한 점이 옆에서 보기에도 안타깝기만 하다. 그와 나는 대학 시절부터 가까이 지냈는데 고희 나이인 지금까지도 선후배의 정의는 그대로 유지되고 있다. 30대에 한때는 아무것도 아닌 것을 가지고 잠시 소원하게 지낸 적도 있었으나 곧 툴툴 털어버리고 다시 친근한 관계를 회복하였다.

가석의 장점은 남의 험담이나 비난을 하지 않는 것이다. 쉬운 일이 아니다. 어쩔 수 없이 그의 입에 부정적으로 오르는 인물은 누가 들어도 욕먹을 짓을 하는 사람이다. 대인관계도 원만하여 그의 주변에는 사람들이 많이 모인다. 문장력이 뛰어나서 지금 나이에 쓴 글을 보아도 역시 유려하다. 어휘 하나하나를 범상하게 사용하는 법이 없다. 이른바 '정치적인 인물'이라는 평을 일찍이 받았거니와 물론 인문학을 전공하였으므로 학문의 길로 나가는 것이 정도이나 행정력이 뛰어난 이상 비록 정치적이라는 말을 들어도 대학 운영의 직책을 맡는 것 또한 좋은 일이라고 나는 생각한다. 그런 인물이 학문을 한답시고 굳이 행정의 소임을 기피하는 것도 대학의 발전을 위해서 마이너스 요인이 된다.

가석의 인생행로는 지훈 선생과의 만남이 결정적이었다. 1966년 무렵이던가. 지훈께서 운명하시기 1·2년 전부터 그분이 소장으로 있던 민족문화연구소는 존폐의 위기에 처해 있었다. 문제는 운영자금이었다. 학교에서는 보조금이 나오지 않아서(운영 기금은 자체적으로 충당하는 독립기관이기 때문에) 민연 단독으로 돈을 마련하여 그때 큰 사업으로 시작한 『한국문화사대계』 전6권을 연차적으로 간행하지 않으면 안 될 때였다. 첫째 권을 내고 두 번째 책을 내야 하는데 출판비며 원고료를 마련할 길이 막연하였다. 이미 출판된 책을 판매하는 문제도 쉽지 않아서 자금 회전이 어려웠다. 이 위기를 타개할 사람은 제자인 가석 뿐임을 안 지훈은 그에게 민연 총간사직을 맡겨서 어려운 국면을 해결토록 일임하였다. 이 인사(人事)야말로 지훈 선생이 이승에서 하신 모든 일을 통틀어 가장 성공한 것으로 나는 꼽는다. 그때 가석은 석사과정을 마치고 고려대의 강사직을 맡고 있었다.

긴 얘기를 할 수는 없으니 요약하여 기술하면 물고기가 마치 물을 만난 듯 가석은 이리 뛰고 저리 뛰면서 돈이 되는 곳이면 어디든 찾아가서 기금을 마련하여 지훈 작고 이후 『한국문화사대계』를 완간하였고 월부 판매원을 모집하여 전집을 파는 일에 큰 성공을 거두었다. 그의 증언에 의하면 돈이 들어오는데 마치 쌀가마니에 화폐를 집어넣는 형국이었다고 한다. 광복 이후 3대 출판물로 한글학회의 『큰 사전』, 진단학회의 『한국사』 그리고 민연의 『한국문화사대계』를 꼽거니와 어쨌든 그의 활약으로 민연은 위기에서 벗어나 한국학의 총본산으로 기틀을 다지게 되었던 것만은 부인할 수 없다. 지훈께서 운명하실 때 그의 손을 잡고 민연을 부탁했던바 그는 스승의 유언을 완미하게 실천에 옮겨서 큰 성공을 거둔 것이다.

이후 모교의 전임교수가 되고 이어서 연구소 소장이 되어서 지훈의 메모를 토대로 하여 『한국민속대관』을 전집으로, 『한국현대문화사대계』를 또한 전집으로 펴내어서 호평을 받았고 특히 중국과 국교가 없을 때 그곳 북경에 들어가서 중국의 학자들과 의논하여 마침내 『中韓辭典』을 낸 것은 특기할 만한 그의 공적이라 하겠다. 오늘날 그 사전이 꾸준히 판매가 되어서 민연의 운영자금의 역할을 톡톡히 해내고 있다는 얘기를 나는 듣고 있다. 우리 집 근처 고대 경내에 설립된 웅장한 한옥의 민연 건물도 그의 작품이다. 그러므로 민연을 떠나서 가석을 얘기할 수 없다.

고려대학교 총장에 선출된 것도 실은 민연의 성공이 있기 때문에 가능한 것이었다. 그가 총장에 취임하기 얼마 동안 고려대는 침체의 늪에 빠져 있었다. 졸업생, 재학생, 교직원 모두가 의기소침하던 우울한 시기가 근 10년 동안 계속되었다. 그가 총장이 되자 「바른 교육 큰 사람」 운동을 펼치면서 우선 학교의 분위기를 일신하는 데 손을 써서 역동적으로 탈바꿈시키는 데 진력하였다. 물론 구두선으로 끝난 공약도 있었으나 대체로 학교 발전에 전환기를 그가 마련했다는 것만은 부인할 수 없다.

『명심보감』을 모든 학생들의 교과목으로 지정하여 배우도록 한 것은 획기적인 발상인데 그것이 요즘 학생들에게 어필되지 않아서 유야무야가 된 것은 안타까운 대목, 현재 어윤대(魚允大) 총장이 추진하여 어느 정도 성공을 거둔 세계화 대학으로의 길도 가석이 추진했던 『명심보감』이 지속되었다면 동·서가 짝을 이루었을 터인데 그렇지 못한 것이 참으로 유감스러운 일이다. 세상을 투시하는 안목도 남달리 뛰어나서 미래의 일을 정확히 예견한 예가 적지 않은 것도 그의 장처이다. 그를 만나서 얘기를 나누면 각 방면의 비화를 포함하여 들을만한 일화가 아주 많은데 그 또한 자서전을 써서 책으로 출판하여 후세에 자료로 남기기를 나는 기대한다. 그를 위해서나, 고려대 민연을 위해서나 안타까운 일은 총장퇴임 후 민연 원장으로 일단 자리를 옮겼지만 곧 재단과 불화로 그 직을 사임하지 않을 수 없었다는 점이다. 민연의 재도약이 그를 통해서 가시화될 기회를 놓치고 만 것이 여간 아쉽지 않다.

요즘 나는 지훈 선생 기념사업으로 그와 자주 만나는 편, 지훈상운영위원회를 그와 김인환 그리고 내가 발족시킨 것과 2002년 6월 「이 달의 문화인물－조지훈」 행사를 그와 함께 성공적으로 마친 일, 그리고 선생의 고향인 영양군에 건립 중인 '지훈문학관'과 관련하여 여러 방면에서 자문에 응하고 있는 것이 아마도 내 평생 지훈 선생 관련 사업의 마지막이 될 것이다.

3. 서민생활의 변화/ 졸도/ 최철 학형/ 대학 전임교수로 취직

1

생각할수록 술은 묘한 것이다. 그렇듯 궁하게 사는데도 술만은 그렇지 않았다. 주머니의 돈이 있고 없고를 가리지 않고 술 마시는 기회는 언제나 열려 있었다. 그러니 묘하다는 것이다. 생활이 과학적으로 풀리지 않듯 술은 더 과학적으로 풀리지 않는다. 내남없이 술 인심 좋기로는 우리나라 사람을 따라올 세계인은 없으리라. 이제 주류 상품의 부침(浮沈)을 시작으로 시대의 변화를 짐작할 수 있는 몇 가지 현상을 일별키로 하겠다.

1960년대 중반 그리고 1970년 초는 막걸리의 퇴조, 소주의 정상 등극, 맥주의 약진시대다. 약주와 막걸리는 오랜 세월 동안 우리나라의 토속주로 그 명성을 이어 왔으나 시대 변화에 따라 그 기세가 꺾인 것이다. 이 통에 서울과 시골의 양조장 또한 쇠락의 길로 접어들었다. 정미소나 양조장을 소유한 사람은 그 농촌의 갑부로 통하던 시대가 막을 내린 것이다. 내가 어릴 때 서울의 구멍가게에서는 막걸리와 약주를 땅에 묻어 놓은 술독에 담아 놓고 팔았다. 어린아이들이 아버지나 할아버지의 심부름으로 주전자를 들고 가서 반 되 혹은 한 되를 받아들고 집 안으로 들어가곤 하였다. 어른이고 아이고 간에 여자가 술 주전자를 드는 법은 없었다. 이런 풍속도에 바탕을 두고 내가 속요 〈쌍화점〉을 풀 때 시적화자가 술집에 술을 사러 간 것으로 보아(4연) 그녀의 신분이 여종이었을 것이라고 추정한 것이다.

예전에는 소주를 여름 한철의 술이라고 했다. 과하주(過夏酒)라고 해서 약주며 막걸리가 무더위 때문에 상하니까 소주가 여름 한철 동안 그 대신 역할을 하였다. 그러던 것이 1960년대 중반 무렵부터는 사철 술로 본격적으로 등장하였다. 쉬지 않으면서 싸고 어느 때나 손쉽게 사 마실 수 있는 주류이기 때문이다. 농부들의 새참은 오랜 세월 동안 막걸리(농주)였다. 그러던 것이 1970년을 전후해서 소주로 바뀌었다. 쉽고 편하게 사서 마실 수 있기 때문이었다. 시대상은 이렇게 변했다. 나는 원래 청탁불구라서 아무 술이나 마신다. 그때 자주 갔던 주점으로는 종로의 '낭만', 길음동의 '뉴 OB홀'이다. 두 군데 다 교수·예술인들이 주로 드나들던 술집이다. 전자는 그 규모도 큰데 그런 집은 오래도록 남아 있었으면 좋은데도 1980년대에 없어졌다. 아쉽기 그지없다. 후자는 주로 고려대, 서울 문리대 등 대학교수들의 단골 술집이다. 선생님들을 따라가기도 하고 우리들끼리도 많이 다닌 집이다. 그 이외 대폿집들도 물론 자주 드나들었다. 맥주의 약진은 우리의 삶이 그만큼 나아졌다는 것을 의미한다. 그때의 중산층 또는 월급쟁이들이면 부담 없이 마시는 술이 되었다. 그전에는 좀 산다고 하는 사람들의 기호주 였다. 얼마 전까지만 해도 고급 음료로 치부하여 서민들은 꿈도 꾸지 못한 우유가 보편화된 것도, 그리고 그 비싼 귤을 제주도에서 양산함에 따라 값싸게 사서 먹기 시작한 것도 바로 1970년대 전후인 그 무렵이었다. 세상 참 많이 변한 셈이다.

　자본주의 사회니까 못사는 사람들도 허다하였다. 그것은 국민소득 1만 2천 불 시대라는 지금도 마찬가지다. 그렇지만 그들을 기준으로 사회발전·경제성장·서민생활의 수준을 계량한다면 불합리한 것이다. 중간계층을 표준으로 하여 가늠해보는 것이 무난하다. 그때의 중간계층이면 맥주를 '로스구이' 집에서 마셨다. 맥주와 더불어 로스구이시대가 온 것이다. 명동의 '신정'이 로스구이의 원조가 아닐까. 지금도 그 집은 그 장소에 있다. 1960년대 초·중반까지만 해도 불고기가 한식점의 주류를 이루더니 마침내 로스구이시대로 진입한 것이다. 그런가 했더니 어느 틈엔가 '통닭구이'가 많은 사람들이 즐겨 찾는 대중육류로 등장하여 로스구이와 경합하는 양상으로 표면화되었다. 명동과 종로통에, 그리고 시민들이 많이 왕래하는 거리에 통닭집이 들어서서 인기를 끌었다. 1960년대 중·후반까지만 해도 광교에서 을지로 쪽으로 조금 내려가면 오른쪽 골목에 '호수' 그릴이 있었고 신세계 인근에 있는 중앙 우체국 근처에 '미장' 그릴이 있었다. 또 시내 호텔과 수유리 아카데미 하우스에는 양식당이 있었다. 예컨대 그런 고급 식당에 가면 '치킨 후라이'라고 해서 양식인 양 닭고기 튀김(구이)이 고급스러운 접시에 담겨 나왔다. 그렇듯 고급 요리로 대우를 받던 것이 통닭구이라는 이름으로 대중음식이 되기 시작한 것이다. 1960년대 말 혹은 1970년 초반 경부터였다.

　귀한 전화가 일반 가정집에도 점차 놓이기 시작한 것도 이때였다. 내가 대광에 재직 중이던 1960년대 후반, 가끔(수삼 개월에 한 번 정도?) 토요일 오전 수업이 끝나고 퇴근할 무렵이면 운동장에 수많은 사람들이 모여들었다. 처음에는 뭔가 궁금했었는데 전화국에서 학교 운동장을 빌려 전화기 추첨을 한다는 것이다. 경쟁률이 매우 높았는데 서로 빨리 놓으려고 야단법석이었다. 매매 가능한 것과 불가능한 전화가 따로 있었다. 그래서 시내 복판에 전화기 판매상점이 한때 호황을 누렸다는 얘기를 들으면 휴대전화 스마트폰으로 별별 요술을 다 부리고 있는 지금의 젊은 세대들은 아마 놀랄 것이다. 당첨 확률이 낮았으나 어쨌든 전화기의 대중화시대가 그때 천천히 열렸던 것만은 사실이다. 내가 잘 아는 친구 중에서 그때 전화국에 하급 관리로 근무하던 벗이 있었다. 신혼을 앞둔 어느 날 국장이 부르더니 '판매가 가능한 전화' 한 대를 결혼 축하조로 내놓더라는 것이다. 그 친구는 그것을 팔아 단독주택의 방 한 칸을 전세를 얻어서 입주하였다. 그만큼 비쌌다. 다만 당시의 단독 주택 전세비는 요즘처럼 비싸지는 않았다. 아파트 세상이 '본격적으로' 오려면 적어도 10여 년을 기다려야 했던 시대다.

　TV는 더 빠른 속도로 보급되었다. 서민 생활에 다소 부담이 되는 가격이었지만 농촌과는 달리 서울의 경우는 1970년 초쯤이면 중간계층 이상의 가정에는 대체로 다 놓였다고 볼 수 있다. 동네 사람들이 TV가 있는 부잣집을 찾아가서 김기수 선수가 권투로 세계를 정복하고(1966년) 레슬링의 김일 선수가 박치기로 일본 선수나 미국 선수를 제압하는 통쾌한 장면을 지켜보면서 "대한민국 만세다"라고 외치는 것으로 만족하던 상태에서 자신의 집에도 TV를 들여놓는 것으로 세상이 조금씩 성장하고 있음을 눈치챌 수 있었다. 바로 그때 그 드라마, 〈아씨〉와 〈여로〉— 그 일일연속극을 아는가, 요즘 제 세상 만났다고 날뛰는 천둥벌거숭이들이 그걸 아는가. 정치에 시달리고 삶에 지치면서도, 우리나라가 공산주의를 이기는 바로 그 〈여로〉에서처럼 눈물을 줄줄 흘리면서 그래도 이북의 저것들보다 낫다고 환호하던 그 장안의 흥분을 지금의 철부지들이 알 리가 없다.

집장사 집이 도처에 들어서는 그 사이에 아파트시대가 점차 도래하리라는 징후가 마포 아파트에 이어 동부 이촌동에서 나타났다. 나는 1971년 소문만 듣던 그 두 동네를 가보고 내 눈을 의심하였다. 마치 영화나 TV에서 볼 수 있는 외국인 촌 같았기 때문이었다.

출판계의 전집시대가 호황기를 누린 것도 그 무렵이었다. '세계 문학 전집' '한국 문학 전집' '세계 사상 전집', 그런가 하면 '백과사전'이 쏟아져서 '할부' 판매로 고객을 끌었는데 할부 판매라는 상거래는 다른 상품에도 널리 퍼져 있었다. 대학의 규모가 거대화되어서 내가 입학할 때는 8백 명 수준이던 신입생이 2천 명 선으로 대폭 증원되었다. 여학생의 대학 입학도 현저하게 늘어났다. 여인네들의 옷차림은 시대를 초월하여 늘 새로운 유행을 쫓기 마련이다. 그때도 그랬는데 그 느낌이 훨씬 달랐다. 전쟁 통에 헐벗고 살다시피 하다가 날로 화려해지니 갑작스러운 변화에 당황스러웠다. 미니스커트가 상륙한 1960년대 중반에도 그랬고 그 이후 자꾸 무릎 위로 올라갈 때에도 그랬다. 매년 크리스마스이브가 되면 청춘남녀는 물론 중년신사들까지도 거의 전부(!)가 명동·종로 등의 다방과 술집으로 몰려나와서 술과 춤으로 하룻밤을 지새우던 그 기이한 세태풍속, 그것이 사라지기 시작한 시기가 아마도 1970년대 중·후반 이후였으리라. 가발 수출로 잠시 외화를 벌어들인 것은 옛날 일이 되었고 중공업 쪽으로 방향을 틀려고 몸짓을 하던 때로 기록하여도 좋을 것이다. 그러나 알고 보면 1960~1970년대 초는 국민소득 수백 달러 고지를 겨우 넘긴 시대였다. 각 방면의 변화나 성장의 기세와 너무 맞지 않은 기이한 시대이기도 하였다. 성장을 향해 발동을 걸 때 나타나는 초기의 잠시적인 현상이라고 할까. 봉급쟁이들은 여전히 직장 경리과에 자주 찾아가서 봉급의 일부를 미리 당겨쓰는 '가불'을 애용하였다. 나도 대광고등학교에 근무했을 때는 한 달에 평균 두 번은 서무과에 가서 가불을 하곤 했다. 월급날이면 어느 직장이나 외상값을 받으려고 찾아오는 영업집 주인들(주로 단골 술집과 음식점)이 여러 명 포진해 있기 마련이었다. 그런 풍경이 없던 직장도 있었을까?

요컨대 1960~1970년대 초에, 위에서와 같은 역동적인 발전상이 서서히 가시화되는 데는 독일에 광부와 간호사의 파견, 월남전 파병에 따른 경제적인 효과, 그 뒤를 이은 중동 국가 건설사업에 참여 등이 그 촉매작용을 하였음을 모르는 국민은 없다. 그 시대에 위의 세 가지 역사적인 사건이야말로 빈국(貧國)의 이 나라를 한강의 기적을 이루어낸 나라로 전환시키는 데 결정적인 역할을 하였다. 이 엄연한 사실을 역사는 반드시 기록해야 한다.

이와 관련된 낙수거리 : 1972년 2학기 혹은 그 이후던가. 강원대 전임교수가 된 직후였다. 나는 고려대 간호학과 1학년 교양국어를 강사의 신분으로 강의한 바 있다. 정원 50명으로 기억한다. 학생들 전원의 고교 성적과 입시 성적 모두가 그렇게 높을 수가 없었다. 뿐만 아니라 거의 모두가 외모도 출중하였다. 요컨대 '우수 학생들'인데, 간호학과 전임교수들에 의하면 1960년대 중반까지는 그렇지 않았다고 한다. 그런데 서독 파견제도가 생긴 이후 매년 그와 같이 실력 등이 뛰어난 학생들이 몰려온다는 것이었다. "고생이 되더라도 서독으로 가자"는 바람이 그처럼 대단하였다. 1972년 전후의 1학년생이면 4년 후 졸업했을 때는 간호사의 서독행도 종막을 내릴 무렵일 터, 그래도 인기는 줄지 않았다.

세상이 왁자지껄하게 들썩거릴 때인데도 나는 신명이 나지 않았다.

앞날은 안개에 쌓여서 보이지 않았고 생활은 날로 쪼들리고… 조급해지지 않을 수 없었다. 주량은 늘어나서 술자리에 앉는 기회가 잦았다. 나의 음주관습은 최소한 2·3일의 간격을 두고 마시는 것이다. 다만 한 번 마실 때는 경음(鯨飮)은 아닐지라도 그 근처에는 갔다. 이런 관행이 강사 생활 2년이 넘어서 1972년 봄쯤 되니까 2·3일을 연일 마시는 경우가 자주 반복되었다. 이걸 장음폭주(長飮暴酒)라고 했던가. 그렇다고 그때 그런 식으로 술 마시기가 자학·체념·포기의 심리적 상태에서 비롯된 것은 절대 아니었다. 그 점만은 확실히 말할 수 있다. 악전고투에서 오는 피로감을 씻어내고 흔들리기 쉬운 심지를 꽉 잡아두는 한편, 술 마시는 동안만은 모든 것을 망각의 세계(체념이 아닌)에 묻어버리려는 심사였다고 말하는 것이 정직한 진술이다. 초조한 심정을 어찌지 못해서 그랬다.

  이러한 바뀐 음주 관행이 나를 기어이 쓰러뜨렸다. 어느 날 출강하는 동덕여자대학에서 오전 강의를 마치고 과 사무실에 들어와서 점심으로 라면을 먹다가 나는 그만 혼절하고 말았다. 그 며칠 전부터 주야로 연일 계속 술을 마신 것이 화근이었다. 혼절한 사람이 그 순간의 혼절을 어떻게 아는가. 눈을 떠보니 내 앞에 라면 냄비가 엎어져 있었고 책상 위에는 면발과 국물이 지저분하게 쏟아져 있었다. 그때야 무슨 일이 있었구나 싶어서 조교에게 물었더니 겁에 질린 그녀가 내가 갑자기 정신을 잃고 책상에다 머리를 처박았다는 얘기를 하여서 전후 사정을 짐작하였다. 기가 막혔다. 그리고 두려웠다. 내가 쓰러지다니 이게 말이 되는 거냐고 속으로 외치면서 당황한 나는 그 길로 택시를 잡아타고 달렸다. 택시 안에서 속으로 외치면서 나는 얼마나 울었는지 모르겠다. 슬퍼서 울었고 억울해서 울었고, 나와 내 식구가 불쌍해서 울었고, 앞이 캄캄해서 울었고, 죽고 싶지 않아서 울었다.

  그럴 때 어느 병원으로 가야 하는 것을 내가 알 리가 없다. 순간 혼절했으면서도 신경정신과 병원일 것이라 판단하고 무작정 그런 병원을 찾아서 황급히 들어갔다. 그곳이 바로 돈암동 네거리에 있는 병원이었다. 내 나이 또래의 의사에게 조금 전에 있었던 일을 말했다. 의사는 차분하게 듣더니 나를 안심시키려는 듯 별것 아니며 걱정할 것까지는 없다고 하였다. 그러면서 내가 뭐 하는 사람인가에서부터 우리 집의 내력·가족 사항 등을 꼬치꼬치 물은 뒤, 혹시 머리를 다쳤거나 다치지 않았어도 아팠던 경험이 있었느냐고 덧붙여 물었다. 왜 없었는가. 그 경황에서도 나는 잘되었구나, 이제 기회가 왔구나 싶어서 대학 시절 한 달가량 골이 깨지도록 아팠던 일, 그럼에도 치료를 받지 못한 일을 상세하게 털어놓았다. 뿐만 아니라 그때로부터 5·6년 전쯤 왕십리에서 전세를 살 때 늦은 밤 취해서 귀가하여 대문 앞에서 다리를 헛짚어 그 바로 옆 2미터 남짓 밑에 돌바위에 떨어져서 머리를 크게 다쳤으나 밤알 크기로 부은 것 외에 통증이나 외상이 없어서 그냥 지났다는 사실도 밝혔다.

의사는 확실히 알았다는 표정이 역력하였다. 그러고는 내가 진술한 모든 것과 그동안의 지나친 장음이 복합적으로 작용하여서 일어난 일이라며 거듭 별일이 없을 것으로 확신하니 한동안 약물치료를 하자는 것이었다. 의사의 말에 따라 나는 치료를 받기 시작하였다. 약물치료를 받는 동안 나는 아무래도 그가 미덥지 못하였다. 사람이 쓰러진 큰 사건인데 환자의 문진(問診)만으로 가루약만 복용하여 병을 고치겠다니 안심이 되지 않았다. 그때 마침 나의 막내 이모님이 수녀로서 명동 성모병원 간호원장으로 있었다. 그 수녀 이모를 통해 뇌의 MRI 촬영을 하였다. 요즘은 흔해빠진 것이고 또한 의료보험도 되어서(?) 비용이 저렴하나 그때만 해도 귀한 의료기구라서 지금 돈 1백만 원(큰 것 '한 장'임을 기억한다. 아내가 어디서 돈을 꾸어왔다)을 내고 찍었다. 성모병원에는 아직 설치가 안 된 때라서 의사의 의뢰서를 들고 경희대에 가서 촬영하였다. 우리나라에는 경희대와 세브란스 병원에만 MRI 촬영기가 있다는 얘기를 그때 들었다. 결과는 내가 다니고 있는 병원의사의 진단과 같았다. MRI 검진 결과를 그 의사에게 고했더니 돈만 버리고 쓸데없는 일을 했다고 하면서 자신을 못 믿어준 나에게 서운한 내색을 한 것도 기억한다. 처음서부터 그는 자기를 믿고 사진 촬영 같은 것은 돈만 버릴 터이니 하지 말라고 하였었다.

내 느낌만으로 병이 다 나아가기에 또 폭음을 했더니 이번에는 집에서 쓰러졌다. 의사에게 혼이 난 것은 물론이다. 그 이후 30여 년이 지난 지금까지 자주 술을 마셔도 아무 일 없이 잘 지내고 있다. 병원의 약은 여태까지도 복용하고 있는데, 의사의 말은 뇌의 건강을 위해서 보약을 먹는 셈 치라고 해서 그렇게 하고 있다. 의사의 소견으로는 "이 사람은 술을 끊을 수 없는 자이니 이를 감안하여 약을 지어주자"라고 결론을 내렸기 때문이었으리라고 생각한다. 약값은 2개월에 2만 원밖에 안 되니 이렇게 저렴할 수가 없다. 그사이 일부에 소문이 나서 한동안 내가 악성 뇌 질환을 앓고 있는 사람으로 되어 있었다. 기분이 나빴으나 세월이 지나니까 그것도 아무렇지도 않았다. 나만 그렇지 않으면 잘못 퍼진 소문쯤이야 상관이 없기 때문이다. 세상 살다 보면 사실무근의 소문 때문에 마음고생 누구나 몇 번쯤 겪는 일 아닌가. 요즘은 특히 정보화시대라서 온갖 근거 없는 소문이 판을 치고 있어서 끝을 모를 지경이다. 실은 나도 혹시 뇌전증(간질)이 아닌가 걱정이 되어서 의사에게 정색을 하고 물었더니 그건 절대로 아니라고 하면서 정 의심이 나면 건강보험공단에 가서 자기가 처방한 약이 어떤 것인지를 확인하면 명쾌하게 알 수 있을 것이라고 하였다.

누구의 소개도 없이 무작정 찾아서 들어간 병원이었으나 나는 인복이 있어서 명의를 만나 병을 고칠 수 있었다. 언젠가 그 분야의 어느 의사를 만날 기회가 있어서 나의 주치의에 대해서 물었더니 임자를 잘 만났습니다라는 대답을 들었다.

　나는 방금 '인복(人福)' 운운하였다. 그렇다. 어려울 때마다 나는 좋은 사람을 만나 궁지에서 벗어난 일이 한두 번이 아니었다. 궁극적으로는 하느님의 은혜라고 나는 생각한다. 그런 맥락에서 이제 최철(崔喆) 형을 얘기할 차례가 찾아왔다. 그와 나는 대광고등학교에 같이 들어간 동기다. 제대 후에도 그 학교에서 몇 해 함께 교사 생활을 하면서 친한 벗이 되었다. 그가 대광을 그만둔 1968년까지 함께 고3을 맡아서 일을 했다. 그는 연세대, 나는 고려대 출신이라서 여러 선생들과 학생들조차 서로 충돌할까 봐 우려를 했다고 하나 우리 둘은 같은 학교 출신 이상으로 사이가 좋았다. 걱정했던 사람들이 놀라고 감탄할 지경이었다. 그와 나는 눈빛만 마주쳐도 상대방의 심정을 알아내는 정도였다. 집안 사정도 꿰뚫고 지내는 친구였다. 막역지우(莫逆之友)가 달리 없었다. 학교 측에서 눈치채지 않게 조심하면서 술도 같이 엄청나게 마셨다. 대광고등학교는 장로교 계통 기독교 학교라서 주초(酒草) 모두를 금했다.

2

　내가 쓰러지기 1년 전인 1971년 이른 봄에 고려대 정문 앞 대폿집에서 그를 만나게 되었다. 강의가 있는 날이었다. 그는 그 1년 전부터 강원대학교 사범대학 국어교육과에 전임교수로 있었고 장위동에서 살았다. 내가 고생하는 것이 퍽 안 되었고 괴로웠던 모양, 마침 국어교육과에 빈자리가 있는데 한번 시도해 보겠다고 하면서 곧 이력서를 달라고 하였다. 그 고마움은 이루 형용할 수 없었다. 그래서 대학교수직을 얻기 위해서 처음으로 강원대에 이력서를 제출하였다. 지금과 달리 그때는 어느 대학이든 공개채용이 아니고 학과 교수들이 추천한 여러 지원자를 놓고 학과 회의→적임자 한 명 선정→인사위원회 추천→총·

학장의 결재로 채용이 되었다. 대학교수의 공채제도는 1980년대 중·후반쯤에 본격화되었다.

이력서를 제출한 이후 1년 이상의 기간이 그렇게 어려울 수가 없었다. 신규로 채용할 사람을 놓고 학과 교수들끼리 의견의 일치를 보면 일단 문제가 되지 않는다. 그러나 합의에 도달하지 못하고 불행하게도 교수들끼리 두 패로 나뉘어져서 감정 대립에까지 이르면 일은 그때부터 꼬인다. 그 과정에서 최후로 이기는 쪽과 지는 쪽으로 판가름이 나기도 하나 이도 저도 아니면 그 빈자리는 1년 혹은 그 이상 공석인 채 남는다. 예나 지금이나 대학 사회에서 쉽게 볼 수 있는 인사철의 모습이다. 이 모든 것이 당사자의 학문적인 실력이나 잠재력을 중심에 놓고 논의하고 심사하는 것 이외 학맥·지연·기타 연고가 작용하고 있음을 누구도 부인할 수 없으리라.

최 형이 나를 추천한 것은 '기타 연고'이고 거기에 '깊은 우정'이 큰 무게로 얹혀 있었다. 여기까지는 방금 언급한바 대학 사회의 풍토상 문젯거리가 아니었다. 학맥으로 각을 세운 상대방 쪽도 곧 자기들 대학동창을 쓰려고 하는지라 그 점에서는 마찬가지였기 때문이다. 문제는 다른 데 있었다. 최 형이나 나에게 아주 불리한 취약점은 나의 전공이 고시가(古詩歌)라는 점이었다. 그때 국어교육과 전임교수는 국립대학이었지만(국립대는 사립대와 달라서 신규 학과 승인이 나오면 교수 정원이 법적으로 정해져서 연차적으로 채용하게끔 되어 있다. 사립대는 심한 경우 학과 창설 이후 여러 해 동안 1~2명 혹은 3~4명으로 버티는 예가 적지 않다) 학과가 창설된 지 겨우 3년을 넘어 4년 차였기 때문에 4명 재임하고 있었고 그중 2명이 고전, 각 1명이 국어학과 현대문학 전공 교수였다. 그러므로 고전문학 전공자를 또 뽑는다는 것은 명분상 성립되기 어려운 일이었다. 그때까지 서로 알지 못하던 유병석(柳炳奭, 강원대 교수를 거쳐 1985년 이후 한양대 교수로 재직 중 1995년 작고. 5·18사태 이후

보안사에 끌려가서 곤욕을 당한 끝에 강원대 교수직을 강제로 탈취당함. 그 후 4년 동안 무직 상태) 형이 앞장서서 나를 반대한 연유가 여기에 있었다. 언즉시야(言則是也), 그의 말이 옳았다. 그는 사생결단식으로 반대하였고, 그 바람에 평소에도 좋지 않은 사이였던 최 형과는 막가는 식으로 싸우기도 했다. 그럴 때마다 나는 괴로웠다. 이렇게 해서라도 대학교수가 되어야 하나 하는 회의와 그럴수록 꼭 되어야 한다는 절박한 생각이 나를 헷갈리게 했다.

　최 형은 어떻게 하든 나를 도우려고 '논리를 초월한 논리'를 폈다. 요컨대 급한 사람을 우선 초빙하자는 것, 고전이 둘이지만 고전시가는 없다는 것(그때 최 형은 고전산문 전임교수였고, 다른 한 사람은 범 국문학 내지 한문학 전공이었다) 내년 이후 연달아 몇 명 더 쓸 터인데 그때는 국어학·현대문학 전공자를 채용하자는 것이었다. 이렇게 주장하는 그 이면에는 평소 학과의 주도권을 잡으려는 쌍방의 계산과 갈등도 작용하였다. 그러나 무엇보다도 최 형이 무리하게 추진하려는 의도는 궁지에 몰려 있는 나를 구해 내자는 것이 가장 큰 목적임은 재언의 여지가 없다. 최 형의 판단으로는 이참에 나를 쓰지 않으면 국어교육과는 특정 대학의 부속학교가 될 것이 자명하니 학과를 위해서라도 이를 사전에 막을 필요가 있다고 생각하였다. 이 또한 일리가 있는 그의 견해였다. 전임교수 4명 중 2명이 특정 대학의 동문이었고, 이어서 그때 새로 써야 할 자리(곧 내가 취하고자 하는)까지도 고전문학이 아닐 뿐 그 특정 대학 출신으로 채우고자 하였다.

　심한 갈등과 감정 대립을 거친 끝에 나는 마침내 강원대 교수로 발령을 받았다. 1972년 8월 16일(?) 여름 방학 중이었다. 국립대학은 인사가 결정되면 방학 중에도 발령을 냈다. 그리고 월급도 지불하였다. 사립대학과는 이런 면에서 큰 차이가 있다. 그 과정에서 학장을 알고 있는 김성식 선생이 나의 모교 김상협(金相浹) 고려대 총장의 메모를 가지고 함인섭(咸仁燮, 함태영 전 부통령의 손자, 자유당 정권 때 농림장관 역임. 강원대 전신인 춘천 농과대 설립자, 작고) 학장을 만났고(김상협 총장은 그 이전부터 나를 알고 있었다) 학내에서는 최 형 이외 이춘근(李春根, 후에 강원대 총장 역임) 교수, 진작부터 잘 알고 지내던 김운용(金雲龍, 당시 강원대 법대 교수, 후에 성균관대 법대 학장 역임) 고려대 1년 선배가 마치 자신의 일인 양 발 벗고 나서 주어서 큰 힘이 되었다. 이춘근 선생이 나를 도운 이유와 명분은 역시 특정 대학 출신의 전임교수 독점을 우려했기 때문이다.

한 점 숨김없이 고백하거니와 나는 대학교수가 이런 식으로 될 줄은 꿈에도 생각하지 않았다. 요즘 세상에 늘 하늘을 우러러 한 점 부끄러움 없이 맹세한다고 하나 대개는 그 허위와 비리가 들통이 나기 마련이다. 그렇다면 나는 '땅을 짚고' 다짐하건대 내가 그 지경까지 누추하고 치사하게 될 줄 정말 몰랐다. 학과 회의를 무난하게 통과되는 정상적인 방법 이외 여러 어른들과 지인들을 비롯해 타 학과 교수의 힘을 빌리는 등 다른 길이 있는지도 전혀 몰랐다. 전임이 된 후에 나와 같은 경우가 가끔 있는 것을 알고는 씁쓰름한 기분을 지울 수가 없었다. 다시 숨김없이 고백하거니와 무리하게 진행되는 일이 괴롭고, 특히 나를 그토록 밀어주는 최 형을 비롯해 이춘근·김운용 두 분에게도 크게 미안한 생각을 품고 있었으나 기왕 시작한 일, 나도 이제 한계 상황에까지 몰린 이상 물러설 수 없다고 다짐하면서 끝까지 관철코자 하였음을 여기에 기록해 둔다. 나를 공식으로 추천한 김 총장과 내 일이라면 제백사(除百事)하고 도우려 하신 김성식 선생의 기대와 성원을 보아서도 더욱 그랬다. 들어가서 연구 열심히 하고 학생들 잘 가르치는 것으로 빚을 갚겠노라고 작심하였다. 다만 정·관계 인사의 힘을 빌리거나 금전을 사용하지 않는다는 평소 소신만은 어김없이 지켰다. 일이 다 끝난 이후 도와준 분들에게 술 한잔 사는 것으로 마무리 지었을 따름이다.

전임강사(문교 법전에 전임강사 이상을 교수로 칭한다고 하였고, 그 당시 국립대의 경우 경력과 무관하게 학위가 없으면 모두 '전임강사'로 발령이 났다) 발령을 받는 날, 나는 참으로 기뻤다. 이제 길이 열렸고, 집안 살림도 파경은 면했다는 생각으로 감회가 정말 컸다. 나를 도와준 몇 분과 다른 친구들도 진심으로 축하해 주었다. 후일 나와 떨어질 수 없는 친구가 된 유병석 형도 "박 형, 그때 당신이 그처럼 경제적으로, 심리적으로 고생하는 줄 내가 알았다면 이유 여하를 막론하고 나도 당신을 도왔을 거야" 할 때는 손을 덥석 잡고 싶었다. 그 훨씬 전에 나는 그에게 여러 가지로 미안하다는 말과 최 형에 대해서 원망심이 있으면 그걸 나에게 돌려달라고 하였다. 유형 입장에서는 나를 미는 최 형이 미웠던 것이다.

1972년 8월 이후 나는 심리적인 불안 없이 학문을 계속할 수 있었고 우리 집 살림도 안정되어 30여 년 동안 큰 기복이 없이 지금에 이르렀다.

최 형은 포폄(褒貶)이 엇갈리는 친구다. 이럴 때 '폄'은 거의 모두가 인사 문제 때문에 생기는 것이다. 친구를 도우려고 반대파에게 온갖 욕을 먹으면서까지 그렇듯 자신을 돌보지 않는 사람을 나는 아직 보지 못했다. 한두 번이 아니고 한두 사람이 아니었다. 그 덕을 본 사람 가운데 하나가 나다. 그래서 나는 인복이 있는 사람이다.

【평생을 막역하게 지냈을 뿐만 아니라 내가 대학 전임으로 진출하는데 그처럼 헌신적으로 도와주던 최철 형이 작년(2005) 10월 10일에 이승을 떠났다. 나의 비통함은 지금도 이어지고 있다. 부음을 듣던 그날, 나는 정말 슬펐고 당황하기까지 하였다. 평소 건강한 그였는데 수삼 년 전부터 몸이 나빠지더니 그걸 이겨내지 못하고 저세상 사람이 된 것이다. 운명하기 얼마 전 최 형은 그의 부인에게 우리 집에 전화를 걸어서 병원으로

와 주었으면 좋겠다고 전갈을 하라고 했단다. 부인이 전화를 여러 번 했으나 예전의 전화번호로 거니 연락이 될 턱이 없었단다. 마지막 손 한 번 잡아보지 못하고 그를 떠나보내다니 더욱 참담한 심경이었다. 문상을 가서 부인으로부터 그 얘기를 들으면서 나는 속으로 통곡을 했다. 슬픔을 이기지 못하여 고운기(高雲基, 2013년 2학기부터 한양대 교수), 윤성현(2014년 1학기에 배재대 교수) 군을 앞세워 세브란스 영안실 건너편 설렁탕집에 가서 통음을 하였다. 내가 거기에 있다는 소식을 듣고 김영수(단국대 교수), 윤덕진(연세대 교수), 조기영(서정대학 교수) 등이 찾아와서 슬픔을 함께했다. 장례식 날 나는 피치 못할 선약이 있어서 불참하였는데 그게 또한 마음에 걸린다. 그나마 49재가 월정사에서 있었는데 제백사하고 참석하여 고인의 죽음을 거듭 슬퍼하고 또한 추모하는 기회를 가졌다. 강릉 쪽에 있는 산소에도 가서 재배하면서 그를 기렸다. 그가 별세한 며칠 뒤 고운기 군이 그의 죽음을 애통해하면서 주로 나와의 우정을 줄거리로 하여 쓴 추모의 글이 『문화일보』에 실렸다는 얘기를 누가 전해주어서 읽었는데 가감이 없이 쓴 글이다. 세상을 뜨기 바로 직전 최 형은 그의 고향의 풍속과 변천사를 더듬은 『강릉, 그 아득한 시간』을 펴냈다. 그 책을 그가 가고 난 직후 그의 딸로부터 기증받아서 읽었는데 그의 얼굴이 자꾸 떠올랐다.】

9장

강원대 교수 시절의 명암

강원대 교수 시절의 명암

1. 전임교수 초기 직장 생활의 몇 장면/『향가』 연구의 진척

1

　임명장을 받은 이후 9월 개학할 때까지 나는 향후 내가 꼭 지켜야 할 몇 가지 조목을 마음속에 새겨 놓았다. 첫째, 보직을 맡지 않으며 평생을 평교수로 일관한다. 둘째, 평생을 월급으로 자족하며 일상생활비 이상의 이재(理財)에는 관심을 두지 않는다. 셋째, 대학교수인 체하면서 티 내며 거들먹거리거나 점잖은 체하지 않는다. 넷째, 나와 학문적인 견해가 다른 학생의 주장을 막지 않는다. 장사꾼이 호객하여 손님을 모으듯이 억지로 지도학생을 끌어들이지 않는다. 다섯째 "박 아무개가 있는 곳에 갈등과 대립이 없다"라는 말을 들을 정도로 학과 동료 교수와 원만한 인간관계를 유지한다.

　실천이 가능하다고 여겨지는 것을 이렇게 정리하여 가슴에 거듭 새겼다. 지금에 와서 자평해 보건대 첫째와 두 번째 그리고 세 번째 것은 잘 지켰다. 네 번째 것은 괜찮게 지킨 편이다. 끝의 것은 미흡하였다. 되레 내가 직접 대립과 갈등을 조성한 일도 있었다. 지인의 취직을 돕기 위해서 그랬다. 강원대에 몸담고 있을 때였다. 역시 인사 문제는 늘 '문젯거리'다. 또한 분쟁을 조정하는 일에도 성공을 거두지 못했다. 이

부분은 한양대학에 근무할 때에 해당한다. 열 명도 안 되는 학과의 교수 사회지만 왜 그토록 복잡하고 인간관계가 순조롭지 않은지 참으로 모를 일이다. 이 점에 관한 한 기업체나 공무원 사회보다 교수들의 공동체가 더 좋지 않다고 나는 해석한다. 논리와 이론을 생명처럼 귀하게 간주하는 직업이므로 서로가 자기중심이요 자존심을 고수하기 때문이 아닐까 헤아려진다.

내가 이 다섯 번째 항목에 깊이 유의한 까닭은 유감스러운 말씀이지만 우리의 전배(前輩)들인 스승의 사회에서 보지 못할 장면을 자주 보고 학창 시절을 보냈기 때문이다(일오, 운정, 지훈 선생 시대 이후). 지극히 조그마한 일을 가지고 우리의 선배이자 스승인 몇 분은 서로 감정적으로 맞서고 다투곤 하였다. 그 광경을 자주 보면서 나는 늘 실망하였다. 그로 인하여 제자들마저 파(派)로 갈라져서 서로 어색하게 지내던 과거가 그토록 싫었기 때문이다. 대학교수 사회에서 쉽게 볼 수 있는 장면이 아닌가. 우리의 제자들 시대에는 서로 반목하는 일만은 하지 말아야 하고, 그런 일이 있을 때는 내가 앞장서서 막겠다고 작심을 했던 것이다. 그러나 이제 와서 되돌아보니 나는 이 문제에 기여하지 못하였다. 그러므로 자성(自省)해 마지않거니와 여러 일 가운데 강원대 재직 중 앞에서 말한 바와 같이 누구의 취직 문제로 내가 동료 교수에게 한때 괴로움을 준 일을 가장 크게 뉘우치고 있다.

학교의 출근은 이런 식으로 했다. 즉 생활의 본거지가 서울이기 때문에 춘천으로 이사를 갈 형편이 아니었다. 그때 교수의 반 수가량이 나와 똑같은 형편들이었다. 대학 당국에서는 지역사회의 눈과 여론도 있으므로 이사를 권유하였으나 서울 거주의 거의 모든 선생이 응할 수 없었다. 그래서 하숙이나 숙소를 정해 놓고 3박 4일, 드물게는 2박 3일 그곳에 유숙하면서 교수 생활을 하였다. 청량리역 혹은 성북역에서 기차를 타거나 마장동에서 버스를 이용하여 오르내렸다. 청량리역이 어떤 곳인가. 6·25 때 그곳에서 신문팔이 노릇을 한 역이 아니던가. 그곳에서 차를 타거나 내릴 때면 옛날에 신문팔이 소년시대의 일이 떠올라서 지극한 감회에 젖곤 하였다. 잊고 싶은 청량리역을 성인이 되어서 밥벌이를 하려고 다시 그곳을 찾을 줄은 꿈에도 생각하지 않았다.

하숙보다는 월세로 방을 하나 얻어 잠만 자고 식사는 매식으로 해결하는 '숙소'의 경우가 훨씬 많았다. 나도 그랬었다. 강원대에 8년 반을 재직하는 동안 죽 그랬었다. 아침은 우리와 같은 사람들을 위한 밥집(음식점이 아니고 부업으로 하는 가정집)이 숙소 동네에 있어서 가서 먹었고 점심은 학교 식당에서 했다. 저녁 식사는 늘 여러 선생들과 어울려서 시내로 나가서 해결했다. 춘천은 어디서나 쉽게 택시를 잡을 수 있는 아담한 도시다. 사람이 택시를 잡지 않고 택시가 사람을 잡는 도시다. 그렇게 영업용 택시가 많은데 기사들에게 그래도 생활이 되느냐고 물었더니 먹고살 만하다고 하였다. 아마도 서울 등 외지에서 놀러 오는 승객을 태우고 소양댐이나 춘천댐 등 외곽으로 차를 모는 재미가 쏠쏠하기 때문이기도 할 것이다. 도청 소재지인데도 시내 중심가에서 외곽으로, 혹은 외곽에서 명동이 있는 중심가로 들고 나는데 10분도 채 안 걸렸다. 한 차에 몇 명이 타면 버스비보다 쌌다. 지금은 그곳도 자가용이 범람하여 예전과 전혀 딴판이라는 소문을 듣고 있으나 1970년대의 춘천은 정말 조용한 도시였다.

저녁에 시내로 나가면 어디 밥만 먹게 되나. 태반은 술자리였다. 식사가 아니라 음주행사(!)였다고 함이 맞다. 이것이 내가 강원대 교수 생활을 잘못 경영한 것의 첫 손가락에 꼽지 않을 수 없는 흠결이다. 조금 내려가서 재언하겠다.

호반을 끼고 있는 춘천은 참으로 아름다운 도시였다. 인구 20만을 밑도는 한적한 도시였는데 서정이 저절로 유로되는 그런 향기로운 도시였다. 과장되게 표현하면 도시 그 자체가 자연의 예술이었다. 의암·

소양·춘천 댐이 둘러 있기 때문에 아침 안개가 자욱할 때가 많아서 기분을 우울하게 하거나 눅진하게 만들기도 하였으나 안개 그 자체가 감상적이고 정서적인 면도 있었으므로 좋을 때도 많았다.

일주일에 한 번 오르내리는 경춘(京春)가도의 경치는 두루 알고 있는바 그대로 절경이었다. 한반도에 이런 경승지가 또 있을까. 외국 여러 나라에서 공부를 하다가 돌아온 많은 선생들의 증언에 의하면 우리나라의 경춘가도만 한 구간도 흔치 않다고 하였다. 그러므로 나는 한시절 30대 중반에서 40대 초반까지 아름다운 도시와 빼어난 경치를 순력(巡歷)한 사람으로 일단 자임할 수 있다.

그러나 그 짧지 않은 기간 동안 나는 그처럼 자연이 주는 아름다움을 제대로 음미해 보지 못했다. 심취해 본 경험은 더더욱 없다. 강촌·등선폭포·남이섬…, 그리고 인근의 명소… 한 번쯤 기차에서 내려가 봄직도 한데, 그런 일은 단 한 번도 없었다. 기껏해야 춘천댐과 소양댐에 몇 번 가서 쏘가리탕에다 소주를 마시고 얼근히 취해서 숙소로 돌아온 일밖에 없다.

왜 그랬을까. 첫째는 자연미를 즐기려는 기본자세가 나에게 갖추어져 있지 않았고, 무엇보다도 밥벌이를 하기 위하여 학교라는 직장에 출근한다는 의식이 너무 강해서 그 좋은 풍광이 눈에 들어오지 않았기 때문이었다. 불행한 일이었다. 산수경치도 마음의 여유가 있어야 누릴 수 있음을 그때 새삼 깨달았다.

여유가 그처럼 중요하거니와, 그렇다면 시간의 여유, 경제적인 생활의 여유를 얻은 뒤에 나의 공부와 학문의 성취는 과연 거기에 값을 했는가. 여기에 대해서 나는 시원치 않았다는 대답을 내놓을 수밖에 없다. 고생하던 강사 시절에는 전임만 되면 죽어라고 학문에만 열중하여 눈에 띌 정도로 실적을 올리겠노라고 마음속으로 늘 다짐하였는데 막상 되고 나니까 나사못이 풀리듯이 긴장이 풀리고 도전의식이 감퇴되면서 안이해지고 말았다. 공부는 하려고만 들면 불운 속에서도 얼마든지 할 수 있고, 그 반대로 적당히 책임량만 때우고 넘기기로 작정하면 여유가 있어도 한계선을 뛰어넘지 못하는 것인가 보다. 나의 조부께서 생활의 여유가 있고, 누가 시켜서 환갑을 넘긴 연세임에도 공부를 시작하여 86세에 서거하시기까지 사반세기 동안 그토록 학문에 몰두했던가. 내가 조상의 그 치열한 정신의 반의반만 물려받았다면 나는 대학자의 반열에 올랐을 것이다.

강원대 교수 시절의 학문적인 생활과 그 성취를 총평하면 이와 같거니와 그렇듯 썩 만족할 만한 성적을 올리지 못한 까닭은 한동안 저 위에서 언급한 바와 같이 부임 전에 써 놓았거나, 골격을 세우고 자료준비를 마친, 이른바 재고품을 곶감 꼬치에서 곶감 빼어 먹듯이 하나하나 빼내어 발표하는 데 재미를 붙였다는 것을 우선 들어야 하겠다. 그건 그것대로 처리하고 새로운 과제를 찾아 부지런히 풀어야 하는 일을 나는 소홀히 하였다. 안이한 자세가 아니랄 수 없다. 여기에 또한 역기능으로 작용한 것이 바로 '1년 1편의 논문 발표' 제도였다. 그것만 충족시키면 교수직을 유지하는 데 아무 지장이 없었다. 재고품만 가지고서도 여러 해를 견디낼 수 있었다. 영악스럽고 어리석은 계산법으로는 그랬었다. 하지만 그것은 학교에 보고되는 공식적인 논문의 최소한의 편수에 불과한 것이다. 논문의 작성과 발표가 어디 보고용으로만 끝나는 것인가. 명색 제대로 된 학자라면 그런 것과는 무관하게 1년에 2편, 3편도 쓸 수 있는 것이고 풀어도 진도가 시원찮거나 논제가 큰 것이라면 한 해에 한 편 만들어내기도 어려운 것이 아닌가. 이런 기본 되는 상식을 나는 외면하였다.

매식을 빙자한 저녁때의 술 마시기, 이것이 또한 학문 연찬의 저해 요인으로 크게 작용하였다. 위에서 잠깐 비친 바와 같이 여럿이 몰려나가면 대개는 술판을 벌이게 된다. 등심구이집과 도우미 아가씨가 있는 맥줏집이 늘 가던 곳이었다. 춘천의 명물인 닭갈비와 막국숫집에도 어쩌다 가끔 들러서 소주잔을 기울였으나 주로 가는 곳은 위의 두 영업소다. 외지에서 춘천을 찾은 사람들은 아무 집이나 닭갈비며 막국숫집으로 들어가지만 춘천을 잘 알고 있는 우리는 그런 서민들의 음식점 또는 주점도 명소가 어디 있는지를 잘 알고 있어서 단골로 출입을 하였다. 내가 앞장서는 경우도 많았고, 학과를 불문하고 친하게 지내는 다른 선생들이 분위기를 잡는 경우도 많았다. 춘천 출신 토박이 선생과 서울에서 오르내리는 선생을 가리지 않고 한데 어울리곤 하였다. 연구실에 불을 밝혀 놓고 늦게까지 공부에 전념하는 교수들도 있었는데(사실대로 진술컨대 그렇게 많지 않았다) 그런 소망스러운 주류(主流)에서 나는 벗어나 있는 주류파(酒流派)였다.

그때의 술 얘기가 나왔으니 이런 경우도 고백해야 하겠다. 춘천에서의 3박 4일이 끝나고 서울 집으로 올 때면 거의 대부분 열차 안에서 소주잔을 기울였다. 서로 동행하자고 약속을 하지 않았는데도 자연스럽게 일행 몇 사람은 꼭 있기 마련이었다. 그렇게 마시는 음주를 나는 '축지법'이라 명명하였다. 술잔을 얼마쯤 들다 보면 시간 가는 줄도 모르게 어언 성북역 또는 청량리역에 당도하니 언필칭 축지법을 쓴 폭이 된다. 기차 안에서 마신 술이 서울에 와서 계속되는 일도 가끔 있었다. 언젠가 초겨울이었는데 그런 식의 연음이 역에 도착 후 고려대 근처로 옮겨서 이어졌다. 얼마를 마셨는지 눈을 떠보니 다시 청량리 긴 의자에 나는 누워 있었다. 술에 대취하여 정신을 잃고 집으로 가야 하는데 청량리역으로 택시를 몰았던 모양이다. 직장으로 출근해야 한다는 잠재의식이 발동했음을 금세 깨달았다. 시계를 보니 새벽 2시. 통금시간이 있던 때라 역 대합실은 나 이외 아무도 없었다. 그때의 낭패감, 당혹감을 무슨 말로 표현할까. 그런 기막힌 상황인데도 담배 생각이 굴뚝같이 나서 못 견딜 지경, 그 순간 10대 소년이 와서 말을 걸길래 5천 원만 주면 자기가 사 줄 수 있다고 해서 믿거라 하고 돈을 건네주었으나 그 소년은 끝내 나타나지 않았다. 그때 최고가의 담배가 아마도 1천 원, 혹은 1천5백이 아니었을까. 2시간을 떨다가 새벽 4시 통금 해제 후 택시를 잡아타고 귀가하였다.

가족과 잠시 헤어진 3박 4일을 온전히 공부에만 전심한다고 작정하고 덤벼들었다면 그런 알차고 좋은 시간도 달리 없었을 터이다. 그것을 나는 허비하고 말았다. 학문의 진척이 이런 이유로 지체되었다.

학계의 동향을 정확히 파악하지 못한 나머지 경쟁의식이 거의 전무했던 점도 이유의 하나였다. 시가문학이든 산문문학이든 이미 선두에 나선 동학들이 몇 명 있었음을 잘 알고 있었으나 이를 쫓으려는 노력은 하지 않고 성급하게 그들과 어깨를 나란히 하기는 어렵다고 속단하였고 그 나머지 대다수는 속된 말로 표현하자면 나와 더불어 피장파장이라고 판단하였다. 특히 전공 분야인 향가의 경우는 전문 연구자가 극소하여서 부산의 김승찬(金承璨, 부산대 명예교수)·대구의 윤영옥(尹榮玉, 영남대 교수, 작고)·나와 함께 3박 4일을 하던 최철(崔喆)·서울의 임기중(林基中, 동국대 명예교수) 교수 정도가 내 눈에 들어와 있었다. 그들의 논문을 읽고 자극을 받았음을 부인치 않으나 크게 염려는 하지 않았다. 김승찬 선생은 서로 멀리 떨어져 살았으므로 서로 인사는 없었지만 논문 교환은 끊이지 않았다. 그가 『한국상고문학론(韓國上古文學論)』을 펴낸 해가 1978년이다. 윤영옥 형도 김승찬 형의 경우와 마찬가지로 인사가 없는 사이다. 그가 『신라시가(新羅詩歌)의 연구』를 상재한 해는 1980년이다. 그때야 정신이 번쩍 들었다. 그만큼 학계의 움직임에 나는 둔감하였다. 학문은 경쟁심의 발동으로도 업그레이드, 점프되는 것 아닌가.

끝으로 핑계 같지만 경춘선을 오르내리는, 이른바 뜨내기 생활, 한 곳에 정착하지 못한 8년 반의 출장식 생활이 적지 않게 영향을 주었다.

그렇다고 나는 그때의 그런 생활을 한 번도 탓해보지 않았다. 나와 나의 가족의 생활을 보장해 준 고마운 직장을 어찌 이러쿵저러쿵하랴. 공부고 학문이고 모두가 생활의 안정이 없이는 불가하다는 사실을 그토록 몸으로 체험했거늘 어찌 강원대 재직 시의 고마움을 잊을 수 있으랴. 하물며 안정된 직장이 마련된 지 꼭 1년 반 뒤인 1974년 봄에 우리 집은 은행 빚도 얻고 해서 무리는 했으나 삼양동 산꼭대기 생활 7년을 청산하고 같은 동네 평지로 하산하였거늘 어찌 군소리를 할 수 있으랴. 동명(洞名)은 같되 수돗물이 사철 펑펑 나오고, 시내에서 택시를 잡아타고 들어가면 집 대문 앞까지 차가 모셔다 주는 평지 동네, 비록 집장사 집이지만 물경 30평 대지에다 방이 넷이 있는 어엿한 기와집 단독 주택을 샀거늘 어찌 감사하지 않을 수 있으랴. 다만 뜨내기 생활로 인해 나도 모르는 사이 '애늙은이'가 되어 갔다는 점을 말하고 싶을 따름이다.

2

저간의 사정이 이렇거니와 그나마 내가 학문 세계에서 크게 낙오하지 않은 것은 여름·겨울 방학만은 아주 짭짤하게 활용하였기 때문이었다. 방학을 모두 합하면 장장 5개월, 결코 짧은 시간이 아니었다. 강원대에 부임하기 전의 것 이외로 〈처용가(處容歌)〉·〈혜성가(彗星歌)〉 등 풀기 어려운 몇 편을 빼고 〈원왕생가(願往生歌)〉·〈우적가(遇賊歌)〉·〈제망매가(祭亡妹歌)〉·〈헌화가(獻花歌)〉·〈서동요(薯童謠)〉 등의 텍스트를 해석하고 「충담사(忠談師)·월명사(月明師)론」을 썼다. 〈원왕생가〉와 〈제망매가〉는 불교와 관련이 있는 노래이지만 그쪽으로 치우치지 않고 서정성에 치중하여 논의하였다. 향가와 불교를 과도하게 결부시키는 방법을 나는 지금도 수용하지 않는다. 적절하게 혹은 그로부터 벗어나서 이해하는 쪽을 선호한다. 〈우적가〉에서 나는 사뭇 흥미를 느꼈다. 작자인 영재(永才)가 60여 도적 떼를 만나서 그들의 요청을 받고 노래를 지었다는 그 창작 동기가 실로 '세계적인 화젯거리'(?)가 아니겠는가. 그런 풍류가 넘치는 도적 떼가 어떤 부류의 사람들인지 그 정체를 밝히는 것은 연구자의 당면한 과제. 이 논문이 발표된 뒤 황패강 선생은 그런 걸 밝히는 것이 무에 그리 대단한 것이냐는 투로 평한 글을 보았으나 그러면 무엇이 연구의 대상인지 묻고 싶은 심정이었다. 그 후 누구도 그 문제를 놓고 시비를 거는 연구자를 나는 보지 못했다. 오히려 내가 처음으로 논의한 결론을 자주 원용하고 있다는 점에서 나는 학문의 보람을 느낀다. 도적 떼의 정체를 밝히고 신라 하대(下代) 초기의 정치계·화랑도 세력과 결부시켜서 성찰한 것이 이 논문의 주지다. 나는 향가를 가급적 쉽게 풀고자 하는 사람이다. 자료와 논거에 입각한 타당한 논리 전개는 꼭 필요한 것이지만 가당치도 않은 자료를 원용한다거나 지나치게 어렵게 풀려다가 작품의 본모습이 훼손될까 보아 우려하는 사람이다. 그런 점에서 〈헌화가〉를 풀 때 아주 쉽게 해석하였다. 중요 과제의 하나인 '견우 노옹'의 정체를 순박한 농부로, 헌화가를 짝사랑의 노래로 규정하였다. 견우 노옹을 농부로 해석키로 작정하고 윤영옥 형의 논문을 보니 그도 또한 나와 같이 조명해 놓았었다. 그걸 각주로 인용하였다. 견우 노옹을 이타행(利他行)을 실천한 보살로 규정한 학설이 학계의 관심을 끈 지 오래이거니와 문건대 미녀에게 꽃을 꺾어 바치는 그런 보살도 있던가. 그런 이타행도 있던가. 소를 끌고 있다고 해서 불교의 십우도(十牛圖)와 연결시키는데 농부의 소는 왜 논외에 두는가.

〈서동요〉는 쉽게 풀리지 않는 작품, 지금도 그렇게 생각한다. 김열규(金烈圭, 작고)·사재동(史在東, 충남대 명예교수) 교수의 해석이 뛰어났고 사학자인 이병도(李丙燾, 서울대 교수 역임, 작고) 선생의 고증도 가볍게 보아 넘길 수 없다. 나는 이 박사의 논문을 중심에 놓고 해석하였는데 만족스럽지 않다. 그러나 이 노래가 현대에 와서 아이들이 부르는 놀림의 민요인 "얼러리 꼴러리"의 원형 격인 노래라고 처음으로 밝힌 점은 지금도 흐뭇하게 생각한다. 작가론인「충담사·월명사론」은 원천적으로 집필 불가능한 것이다. 작품은 있으되 작가론의 자료가 전무하기 때문이다. 그럼에도 손을 댄 것은 형설출판사에서 펴내는 『한국작가론』에 빠져서는 안 된다는 편찬자의 요청이 있었기 때문이다. 엉성하게 써 넘겨서 늘 찜찜하였다. 그러다가 이를 전면 무화(無化)시키고 1990년대에「월명사론」을, 2000년대 초에「충담사론」을 재집필한 것은 잘한 일이다. 앞선 글보다 훨씬 낫다고 자평한다. 전자는 집문당본 『한국문학작가론』에 실려 있다. 후자는 『한양어문』 18집(2000)에 일단 발표한 후 전자와 함께 나의 저서 『향가여요의 정서와 변용』에 게재했다.

향가에 관한 연구는 나만 정신을 차렸다면 늦어도 강원대를 뜨기 전인 1970년대 말쯤에는 완료되어 책으로 나올 수 있었다. 유감스럽게도 지체되었지만 다행히 방학 중의 작업이 중단되지 않았고, 또한 1978년 대학원 박사과정에 입학한 것이 큰 계기가 되어서 1981년 2학기에 나머지 몇 작품의 연구도 끝내어서 학위 논문으로 제출함에 따라 마무리 짓게 되었다. 그 이듬해(1982) 초에 책으로 펴냈다. 열화당에서 출판하였는데 이기웅(李起雄) 사장은 내가 부탁하지도 않았는데 재교(再校)를 손수 보아 주었다. 그것만으로도 감동된 바 큰데 2쇄가 나올 때는 책값이 5천 원인데 1백만 원을 들여(실제로 그 돈을 지불했다는 것인지, 또는 그게 아니고 '1백만 원짜리'라는 얘기였는지 헷갈린다) 북디자이너인 정병규 씨에게 의뢰하여 표지를 갈았다. 책을 펴내는 공력이 이처럼 남다른 출판인이다. 1쇄 표지도 모두 좋았다고 호평했는데 그에게는 마음이 차지 않았던 모양이다. 『신라가요의 연구』가 나온 지약 10년 뒤에는 그의 부탁으로 일반인을 상대로 한 교양도서인 『향가』라는 얄팍한 책을 펴냈다. 이 책을 통해서 향가의 세계를 이해하였다는 대학원생들도 적지 않은 것으로 알고 있다.

나는 박사학위를 받는 일은 꿈에도 생각지 않았다. 내가 어떻게 박사가 된다는 말인가. 박사가 그렇게 가벼운 것인가. 기존의 관념에서 생각하면 그런 두려움(?)이 들지 않을 수 없었다. 그런데 우리 세대들은 두루 알고 있는 바와 같이 1970년대 중반에 들어서 박사과정의 문호가 넓게 열리고 대학 전임교수와 전임이 되려고 하는 사람들은 모두 이 과정을 통과하지 않으면 안 되게끔 문교부에 의해 교육정책과 제도가 변했다. 나도 '어쩔 수 없이' 내 제자뻘 되는 새파란 젊은 세대와 함께 입시를 치르고 입학하여 3년 과정을 마치고 외국어 및 전공시험을 거쳐서 논문을 제출하여 통과했는데, 굳이 긍정적인 평가를 내린다면 앞에서도 말한 바와 같이 이 과정이 있으므로 해서 공부의 속도가 빨라졌다는 점 정도다.

박사학위 과정을 밟을 때의 지도교수는 정규복(丁奎福, 고려대 명예교수, 작고) 선생이다. 그분의 전공 분야는 고전소설, 따라서 나의 지도교수로는 적임자가 아니다. 그러나 당시 고려대 교수진의 사정으로는 그분 이외 다른 사람을 지도교수로 모실 수 없어서 불가피하지만 정 선생이 맡아 주셨다. 전공 분야가 다르다고 해서 향가를 전혀 모르는 분도 아니고 무엇보다도 인격이 훌륭하고 나를 아끼는 마음도 남다른 분이라서 나는 그때나 지금이나 그분의 지도로 학위를 받은 것을 흡족하게 생각한다. 책이 나온 바로 직후 『아세아연구』지에 긴 서평을 써주신 것도 고마운 일이 아닐 수 없다.

정 선생은 평생을 『구운몽』 연구에 바친 분이다. 이본(異本)을 샅샅이 대조하여 『구운몽』의 원본이 한글이 아닌(통설) 한자로 표기되었다는 사실을 밝힌 것은 그분의 공적이다. 이 소설 이외 고소설 여러 편을 연구하여 학계에 기여한 공로로 몇 년 전에는 학술원상을 수상한 바 있다. 성격이 온유하고 겸손하며 누구에게나 친근하게 대하지만 시국과 사회현실에 대해서는 무섭게 비판하는가 하면 학자가 학내 보직을 좋아하고 나아가 정부 요직에 진출하는 사람을 늘 마땅치 않게 생각한 순백의 학자였다. 때론 흥분을 하면서 정치꾼들을 타매하는데 학자다운 개결성과 정의감에 나도 공감하면서 늘 죽이 맞았으나 수삼 년 전 이래 노무현 대통령에 대한 그분의 적극적인 지지 의사를 본 뒤로는 어쩐지 소원해지는 느낌이었다. 이것이 참 안타깝다.

정규복 선생을 생각할 때면 나는 으레 장효현(張孝鉉, 고려대 교수) 형을 떠올린다. 그는 나보다 19년 후배인데 누구나 지적하는바 외모는 완전 노인네다. 쉰 살 나이 같지 않고 사뭇 고희의 장로를 연상케 한다. 그야 어떻든 그가 정규복 선생의 지도를 받고 그분의 후임으로 고려대에 근무하고 있는 것은 학교를 위해서 천만다행이다. 성품도 스승을 닮아 착하고 온유하며 학문 또한 깊어서 고소설 학계의 중진으로 활약하고 있는 것이 그렇게 보기 좋을 수가 없다. 정규복 선생이 제자를 잘 키워서 그 뒤를 잇게 한 것 또한 그분의 일면을 보는 것 같다.

세대교체가 제대로 되어야 대학의 학과는 성장한다. 그 일에 실패하면 학과는 희망이 없다. 사람 하나가 그렇듯 중요하다. 대학은 다른 직장과 달라서 한 번 부임하면 대부분 65세 정년까지 근무한다. 그 긴 세월에 적임자가 부임하지 않으면 일은 심각하다. 장효현 선생과 개인적으로 만난 일은 없다. 논문 심사 때 또는 공적인 일로 여러 차례 대면했는데 저런 사람이 학자요 선인(善人)이라는 생각을 늘 하곤 한다. 나에게도 무슨 축하해 줄 일이 있으면 자주 만나는 사이가 아닌데도 잊지 않고 챙겨주어서 항상 고마움을 느낀다. 어디 나에게뿐이겠는가. 선배를 배려하는 마음의 표시는 다른 사람에게도 적용될 것이다. 사람은 무심한 듯하면서도 누구나 이런 대접을 받으면 어린아이처럼 좋아한다.

『신라가요의 연구』라는 책호(冊號)로 출판된 나의 향가 연구에 대하여 나는 1996년 대구의 모산학회(慕山學會)에서「향가의 역사·사회학적 연구에 대한 반성적 평의(評議)」라는 제목으로 그 공과 과를 스스로 밝힌 바 있다. 그때에 미흡한 부분을 진술할 때 미처 생각지 못하고 누락시킨 것을 보충한다면『삼국유사』전체의 차원에서 해당 작품을 거시적인 관점에서 조명하는 방법론을 채택하지 못하였다는 점이다. 하나의 텍스트가 놓여 있는 그 조목, 그 컨텍스트 안에서만 작품을 보았다는 뜻이다. 시야를 넓혀서 유사성이 있는 다른 여러 편목을 참조하는 길도 겸해서 궁구하였다면 훨씬 나은 결론을 얻었을 것이다. 그러나 학문 연구가 어느 한 세대의 독점으로 끝나는 것도 아니고 또 그럴 수도 없는 노릇이다. 내가 놓친 방법론은 1980년대 중반 이후를 전후해서 후학들에 의해 활발히 시도되고 있다.

이참에 내가 평생 견지해 온 연구방식을 간단히 요약한다면 텍스트의 뒤를 따라가며 풀이하는 방법론이다. 아주 범상한 것이다. 나는 특정의 해석방법을 미리 정해 놓고 텍스트를 읽지 않았다. 텍스트를 읽고 난 뒤 거기에 적절한 해석법을 찾아서 대입하였다. 내가 선호한 방법은 역사·사회학적 접근법이다. 이 방법론이 선행(先行)되고 거기에 맞춰서 작품을 논한 일은 하지 않았다. 이러한 풀이방식은『신라가요 연구』이후 여타 저서에도 일관되게 적용되었다.

2. 학생과 대학에 관한 몇 기억/ 유신 통치하 정보부의 경고를 받은 일

강원대 국어교육과 학생들의 수준은 높았다. 남녀 학생의 비율이 비슷하였는데 세월이 흐를수록 여학생 수가 많아졌다. 요즘은 아마 절대다수가 여학생이 아닐까.

우수한 학생이 입학하는 까닭은 지금은 몰라도 그 당시에는 국립 사범대학의 경우, 입학금과 4년간의 등록금이 전액 면제되었기 때문이었다. 성적으로 보아서는 서울의 유수한 대학에도 합격할 확률이 높은 학생들이지만 집안이 가난하여서 입학하는 학생이 거의 전부였다. 그런 이유 이외 서울에 유학하는 것을 꺼리는 학부모들의 뜻에 순종하여 들어오는 학생도 일부 있었다. 또 졸업과 동시에 강원도 내 중·고교 국어교사로 발령이 나서 취직 걱정을 하지 않아도 되는 것도 우수한 학생이 지망하는 이유였다. 요즘처럼 졸업하고서도 순위고사를 통과해야 하는 제도는 그때 없었다. 1970년대는 학생들의 성품이 얌전하고 참 좋았던 것이 인상적이었다. 입학 때부터 장차 교단에 서기로 작정된 학생들인지라 매사 신중하고 꼼꼼하였으며 폐일언컨대 '선생스러웠다'. 이렇게 표현하는 것이 정곡을 뚫는 것이 된다. 대학원에 진학하여 학자의 길을 택하려는 학생도 가끔 나왔으나 극히 소수에 지나지 않았다. 내 생각으로도 그들이 교사로 종신하기를 바랐다. 학문의 분야에서와 마찬가지로 교육계에 진출하여 거기서 보람을 찾고 성공하는 것도 의미 있는 삶이기 때문이다. 사범대학에 들어온 이상 더욱 그렇다.

졸업을 하면 강원도 지방 내의 중·고교 교사로 발령이 나는데 도청 소재지인 춘천은 아예 해당이 안 되고 원주·강릉·속초 등지와 같은 중소도시 지역에 각각 한두 명 임명되는 외에 모두 군·읍·면 단위 학교로 보내졌다. 그때만 해도 군 이하 시골 농촌에 인구가 상당히 많았던 시대였다. 1980년대 중반까지만 해도 그랬었다. 그런 궁벽진 곳에서 일정한 기간 동안 근무한 뒤 점차 중소도시로, 도청소재지로 옮기는 것이 인사 관행이었다.

내가 가르친 학생들은 1974년 졸업생(국어교육과 제2회)에서 그곳을 떠난 뒤인 1984년 졸업생(1980년 입학생들)까지이니 12회, 480명쯤 된다. 이들의 지금 나이가 45세 전후에서 55세까지. 듣자 하니 교감과 장학사가 많이 나왔고, 교장도 약간 명 배출되었다고 한다. 아, 세월의 빠름이여, 스무 살 전후의 학생들이 벌써 그렇게 되었다니… 내가 그곳에 근무할 때 강의실에서 종종 말하기를 자네들이 향후 강원도 중고등교육의 중심 세력이 될 것이라고 강조하곤 하였다. 이들이 교단에 서기 전에는 강원도 일대 중·고등학교 교사의 성향은 실로 각양각색·천차만별이었다. 대학에서 국어국문학과정(사범대 또는 문과대)을 정식으로 밟은 사람보다는 교사 임시 양성소 출신, 타 학문 분야를 전공하였거나 사업하다가 실패하여 급히 교사 채용 시험을 보고 합격한 사람 등이 더 많았다. 교직 사회의 이와 같은 혼잡스러운 양상은 매년 방학 때 2급에서 1급 정교사로 승격하기 위해 위탁교육기관인 강원대에 모여드는 현직 교사들을 교육하면서 자세히 알 수 있었다. 그래서 내가 강원대 사범대학생들에게 장래의 희망을 걸었던 것이다.

그런 꿈나무들을 가르치는 동안 애환이 왜 없었겠는가. 되돌아보면 가지가지 일들이 파노라마처럼 스쳐 간다. 그 가운데 강의 및 졸업논문과 관련된 것 한둘만을 들기로 하겠다. 4학년의 「국어교재연구」과목을 담당했을 때의 일이다. 이 과목처럼 강의하기 어려운 것도 없으리라. 누가 담당을 해도 유관 교재나 연구물도 전무하기 때문이다. 아주 애를 먹는 과목인데 운이 나빠서 이 과목을 맡은 담당자가 그냥 알아서 한 학기를 때울 수밖에 없는 그런 골칫거리 교과목이다. 지금은 어떤지? 매년 비슷한 내용의 강의를 하는 데 싫증이 나서 어느 해인가 국정 교과서인 『국어』중1~3학년 교재를 텍스트로 정하고 이를 세심하게 읽고 난 뒤 틀린 부분, 해당 학년에 적합지 않은 단원 등을 찾아내어서 시험지 한 장 분량으로 정리하여 매시간 발표토록 하였다. 과제는 매주 냈고 한 주 3시간에 해야 할 분량도 미리 정해 주었다. 그런데 이럴 수가! 예상 이상으로 수업은 매우 활기에 찼다. 40명의 학생들이 번갈아 가며 발표하는 내용에 나도 놀랐고 학생들 또한 놀랐다. 명색 국정교과서, 그것도 다름 아닌 『국어』책에 맞춤법과 띄어쓰기가 틀린 것은 말할 것도 없고 해당 학년의 수준과 맞지 않은 글, 도덕책에나 실려야 적절한 글의 의도적인 게재, 글의 내용과 컷이 엇갈리는 것 등 누가 보아도 잘못된 부분이 한둘이 아니었다. 그런 식으로 한 학기 동안 모은 자료를 문교부 편수국에 보내어서 참고하도록 학생들과 말을 맞춰놓았는데 시간을 끌다가 그만 그 대학을 그만두고 서울로 오는 과정에서 자료를 분실하고 말았다.

우리가 대학을 졸업할 때 있던 졸업논문 제도가 폐지된 것은 1960년대였다. 실효가 없다는 이유에서다. 이것이 부활된 것은 1976~1977년이 아닌가 싶다. 대학생들이 유신 반대 데모에만 열중하니 공부에 전념토록 하기 위한 조치로서 졸업논문제를 되살린다는 것이 당시 문교 당국자의 발표였다. 이 제도를 되살린 사람이 당시 문교부 장관인 유(柳) 모 씨였다. 이와 함께 교수들의 연구비를 대폭 증액한 것은 그의 업적으로 평가할 만하다. 그러나 그는 '둔마(鈍馬)장관'이라는 명예롭지 못한 별칭을 가지고 있어서 세인의 놀림감이 되었다. 누가 지은 것이 아닌 자기가 이끌어낸 별호였다. 별로 알려지지 않던 지방 국립대학 총장이 박 대통령에 의해 발탁되었을 때 모두 의아했다. 얼마쯤 지난 후 그는 대통령에게 자신은 둔한 말이지만 각하를 위해서라면 모든 충성을 다하겠노라고 다짐했다는 얘기가 신문에 실렸다. 이 바람에 그는 '둔마장관'이 되었고 아첨꾼으로 통했다. 그의 이런 처신 때문에 위 제도는 좋았지만 교수연구비 증액과 함께 결국 시국에 저항하고 있는 대학교수들을 잡아 놓으려는 불순한 취지에서 발상된 것이라고 해서 그것 또한 별로 환영을 받지 못했다. 유신시대의 씁쓰레한 한 단면이었다.

학과 교수들이 몇 명씩 분담하여 논문 지도를 하였다. 테마 결정은 물론 논문 쓰기 방법과 참고자료의 지정 등 서로 열심히 하였다. 학기 말에는 학과 전 학생 100여 명이 모인 자리에서 비교적 잘 쓴 논문을 몇 편 골라 발표회를 갖기도 하였다. 그중에서 기억나는 논문이 내가 지도한 학생의 〈헌화가〉에 관한 논의였다. 나와 견해를 달리하는 논문이지만 학부 4학년 학생의 글로는 우수하다고 보아서 국어교육과 학회지인 『語文學報』에 게재토록 하였다. 나의 〈헌화가〉 논의는 그 뒤에 이루어졌는데 나는 그 학생의 논문을 인용하는 것으로 지도의 보람을 느꼈다. 나의 논문에 그렇게 소개된 그의 글은 그 뒤 많은 연구자들이 재인용하였다. 그 학생만은 대학원에 진학하기를 기대하였으나 그 뒤 소식이 없었다. 황재남(黃在男) 군이 바로 그다. 당시 학생들의 논문 수준은 비교적 괜찮은 편인데 졸업논문 제도가 정권의 신뢰 상실과 속도를 같이하면서 유명무실하게 된 것은 서울로 직장을 옮기고 난 몇 년 뒤였다.

『語文學報』는 『江原語文』을 개제(改題)한 것, 내가 그 대학 전임으로 부임하였을 때 『강원어문』 창간호가 이미 나와 있었다. 그러나 출판 비용이 없어서 몇 년을 두고 2호를 내지 못하였다. 학과장을 맡으면서 실험실습비를 전용하여 복간호를 냈는데 아무래도 『강원어문』이라는 제호가 한정적이라서 넓게 잡아 『어문학보』로 고쳐서 펴내었다.

강원대에 있으면서 마광수(연세대 교수)·김하수(연세대 교수) 군에게 강사 자리를 마련해 준 것도 기억해 둘만한 일이다. 두 사람은 나와 최철 형의 대광 제자다. 그들은 강원대 교단에 서는 것으로 대학 강의를 처음으로 시작하였다. 그때 그들의 나이 25~26세, 아주 젊은 때였다. 석사학위를 받고 난 직후였다. 일찍 교직 경험을 쌓게 하는 것이 좋을 것 같아서 강사로 출강케 하였다. 마 군은 그 2년쯤 뒤인가 홍익대 전임교수를 거쳐 연세대로 갔고, 김 군은 1년쯤 뒤 독일로 유학을 갔다가 돌아와서 그의 모교인 연세대 교수로 취직이 되었다. 국어학 전공의 김 군은 조용한 성품, 그의 부친이 김관석 목사다. 연세대에 전임이 된 후 보직도 여럿 맡은 것으로 알고 있다.

마광수 군은 고등학교 때부터 문재(文才)가 뛰어났고 글씨가 달필이다. 성품이 아주 가녀린 사람이다. 일반 독자들은 작가의 이런 성격을 알 리 없으나 그를 가르친 선생은 잘 알고 있다. 지금까지 그가 펴낸 시집, 소설집, 평론집, 학술저서, 수필집 등을 모두 합하면 거의 70~80권은 족히 되리라. 책을 낼 때마다 보내주는데 문제의 『즐거운 사라』도 읽었다. 그 소설로 곤욕을 치른 것은 세상이 다 아는 일, 비속한 에로티시즘이 분출하고 문제점이 있는 것만은 확실하나 감옥살이까지 시킨 것은 법 집행의 과잉이었다고 생각한다. 성문학(性文學)을 소설로, 시로, 또는 학문으로 하는 것은 좋으나 『즐거운 사라』 식으로 나가는 것은 안 된다는 것이 나의 생각이고 또한 다수의 견해였다고 본다.
　그런데 요즘 나는 그렇듯 사회적으로 문제가 되었던 그의 소설만 마냥 탓하는 것도 공평한 것이 아니지 않은가 하는 소견을 가지고 있다. 그를 무조건 옹호하자는 뜻에서가 아니다. 정년퇴임 이후 케이블TV를 자주 보게 되었는데 야심한 시간에 채널을 여기저기 돌리다가 깜짝 놀라기를 수도 없이 한다. 몇 년 묵은 영화, 또는 드라마를 틀어주는데 이건 아예 음란물의 행진이다. 남녀의 성기만 가려졌을 뿐 알몸으로 성행위를 하는 장면이 예사롭게 방영된다. 영상예술이라는 이름으로 말이다. 모두 다 윤리위원회를 통과한 것이 이 지경이요. 또한 그런 것이 예술이라면 마광수의 일련의 작품들은 오히려 양호한 편이요 문젯거리도 되지 않는다는 판단을 하지 않을 수 없다. 그러나 이제 그도 나이가 육순을 바라보고 있으니 스승의 입장에서 바라는 바는 이제 성문학 계열의 작품은 그만 내놓았으면 한다. 그의 학위 논문은 『윤동주 연구』, 이것을 읽을 때가 나로서는 가장 마음이 편하였다. 학술논문이기 때문이리라.
　이제 유쾌하지 못한 일을 당했던 때로 돌아가기로 한다. 강원대학이 종합대학으로 승격한 해가 1978년이므로 그 전년도인 1977년일 것이다. 퇴근 무렵인데 각 학과 2~3학년 담당 지도교수회의가 긴급 소집되었다. 나는 3학년 담당이었다. 그때는 유신철폐를 외치는 전국 대학가의 움직임이 하루도 쉰 날이 없을 때였다. 긴급 조치가 내려진 상태였는데도 그랬었다. 강원대 학생들의 동향도 서울 소재 대학과 크게 다르지 않았다. 회의는 간단히 끝났다. 교수 1인당 지도비 얼마를 지급할 터이니 즉시 학생 연락망을 통해 여학생을 제외하고 남학생들에게만 알려서 시내 어느 음식점이나 술집에서 만나 대화를 나누면서 학생들로 하여금 자제케 하라는 것이었다. 그렇게 할 수밖에 없는 긴급한 사태가 정보 당국에 의하여 포착되어서 학교에 연락이 왔음이 분명하였다. 그때만 해도 1980년대 운동권과는 달리 여학생들은 학생 운동에 가담하지 않았다. 지도비라고 주는 돈을 받아보니 턱도 없었다. 나머지는 내가 내기로 하였다.

  3학년 대표 학생과 전화 연락이 되어서 그의 건의에 따라 시내 어느 닭갈빗집에 모이도록 조치하였다. 약속한 6시 반에 나갔더니 연락이 어쩌면 그렇게 잘되었을까, 40명 중 남학생 24명이었는데 퇴계원에서 통학하는 학생 한 명만 빠지고 전원 다 나와서 나를 기다리고 있었다. 규모가 작은 집이라서 처음엔 우리 모임 외, 세 사람 한 팀이 있었는데 우리가 건배할 무렵 시끄러웠던지 곧 나가버렸다. 그런 후에는 다른 손님이 없어서 밤 11시까지 우리가 그 집을 독차지 하게 되었다. 그날 춘천 시내 술집은 강원대생으로 빈집이 없었다고 한다.

  소주잔이 몇 번 돌아가자 지도교수인 나는 그날 갑자기, 그것도 술집에서 모이게 된 사유를 말하고 자중해 줄 것을 당부하였다. 상황을 보아하니 잘못하다가는 학생들이 희생을 당할 것 같다는 얘기도 덧붙였다. 처음에는 묵묵히 듣던 학생들이 소주 수십 병이 소비되자 얼큰해져서 한마디씩 하는 것이었다. 요지는 '유신'이라는 것이 말이 되는 것이냐, 희생이 좀 있더라도 가만히 있을 수 없다는 것이었다. 강의실에서 조용하기만 하던 학생들의 반응은 시간이 흐를수록 격해졌다. 23명이 따라주는 술에 나는 거반 만취해 있었다. 그러나 정신은 또렷하였다. 학생들도 많이 취해 있었다. 이런 일이 아니더라도 술값 걱정 말고 사제 간에 한번 허물없이 마셔 보자고 하였으므로 그들도 긴장을 풀고 한껏 마셨다.

마시는 중간중간 학생들은 계속해서 시국에 대해 강한 불만을 털어놓았다. 지도하러 나갔다가 내가 되레 지도받는 형국이 되어버렸다. 끝판에 나는 나도 모르게 "그래 알겠어, 하고 싶으면 자네들 마음대로 해. 세상이 틀렸으면 움직이는 거지!" 하고 내뱉었다. 그리고 모두들 크게 취해서 헤어졌다. 그날의 전말기를 적으면 이것이 전부다.

문제는 그것으로 끝나지 않았다. 이틀 뒤 학생 지도를 위한 전체 교수회의가 소집되었다. 이번에는 학년 지도교수만이 아니라 교수 전체가 참석한 교수회의였다. 회의가 끝날 무렵 학장이 무겁게 입을 열었다. 학생들을 만나서 지도할 때, 특히 술자리에서는 신중을 기할 것, 자신도 술을 좋아하지만 선생님들의 본의는 아니나 자칫 실수할 수 있다는 것, 앞뒤를 자르고 어느 한 대목만을 놓고 보면 문제의 발언이 될 수 있다는 것, 이것이 그 자리에서 학장이 전 교수에게 부탁한 발언이었다. 바로 나를 두고 한 얘기라는 것을 금방 간파하였다. 최철 형이 그때 학과장을 맡고 있었다. 그는 내가 학생들과 어떤 얘기를 하고 헤어졌는지 나를 통해 이미 알고 있었다. 회의장을 나오면서 걱정이 된 최 형이 나에게 눈치를 주더니 혼자 학장을 만나고 나왔다. 예상은 틀림이 없었다. 회의 전날 춘천지방 정보부 넘버 투 맨(그때 학장의 표현 그대로 옮긴다)이 학장을 찾아와서 나를 거론하면서 자신들과 국립대학 교수들은 시국관을 같이 해야 하는데 박 아무개는 오히려 학생들을 은근히 선동하고 있으니 이게 말이 되느냐고 한참 따진 후 갔다는 것이다. 학장이 백배사죄하고 원래 그런 선생이 아니니 전체 회의에서 변죽을 울려 주의를 주겠노라는 것으로 일단 봉합을 했다는 것이다.
 얼마나 불쾌했는지 모른다. 며칠 뒤, 그날 참석한 어느 학생이 정보부에 즉각 보고하여서 사건화되었다는 것을 알고 나는 질색을 하고 말았다. 무서운 세상이로구나, 제자가 선생을 고발하다니⋯ 그 학생이 정보부에서 부리는 프락치 격의 학생임을 알고는 더욱 놀랐다. 내가 유신 반대를 위하여 행동으로 나서지 않는 이상, 언동을 조심해야겠다는 교훈을 얻었다. 이렇게 결심은 하였으나 그날의 사건은 나를 늘 따라다녔고 마침내 5·18 이후 다시 문제가 되어 표면화되었다. 한 번의 작은 실수가 격변기, 정국의 흐름에 따라 다시 한번 문제화되어 나를 괴롭히게 된다.
 이런 얘기가 나온 김에 그 몇 년 전에 있었던 사건을 보태기로 하겠다. 월남이 패망하기 직전에 박 대통령의 유신정권은 큰 위기에 봉착하였다. 여당 이외에는 국민 누구도 유신체제를 지지하지 않았기 때문이다. 그런 과정에 월남이 공산화되어 버렸다. 박 대통령에게는 정국을 장악할 수 있는 절호에 기회였다. 잘못하다가는 우리나라도 월남처럼 적화될 수 있다는 점을 일깨우는 데 좋은 호재였다. 그 무렵 어느 날 오후 강원도청 및 춘천시청 전 공무원을 비롯하여 시내 각 기관의 요원과 각급학교 교직원을 체육관에 모아놓고 궐기대회를 열었다. 강원대 교수들도 전원 참석했음은 물론이다. 거기까지는 그나마 좋은데 대회가 끝난 뒤 안보 체제를 더욱 다진다는 굳은 결의를 표시하기 위해 참석한 수천 명 전원은 도청 앞까지 시가행진을 하였다. 시내 중심지를 관통하면서 그랬다. 도로 주변에는 학생도 있고, 식당 주인도 있고 단골집 술집 아가씨도 있고 시장 상인들도 구경삼아 지켜보고 있는데 그랬다. 아— 이런 해괴망측한 변이 있나! 대학교수가 시가행진을 하다니! 나는 그때 묵묵히 걸으면서 "어서 이 정권이 망해야 돼! 망해야 돼!" 하고 속으로 되뇌곤 하였다. 살다 보니 별 해괴망측한 일을 다 경험하였다. 내가 불쌍하였고 모두가 가련하였다. 그날 밤 춘천 시내 술집은 울분을 참지 못한 강원대 교수들로 만원을 이루었다.

화제를 잠시 바꾸기로 하자. 국립대학은 사립대학에서 볼 수 없는 장점도 많다. 반대로 사립대학이 지니고 있는 장점이 국립대학에 없는 것도 있다. 내가 겪은 바에 의하면 이 양자의 장점을 합칠 때 명실상부한 훌륭한 대학이 된다고 판단한다. 국립대학은 무엇보다도 법과 규정의 철저한 집행에 따라 운영되고 기능한다는 점이 큰 장처다. 사립대학이 불법적으로 경영이 되고 있다는 뜻은 전혀 아니다. 국립대학에도 허점이 있는 것도 부인할 수 없는 사실이다. 그러나 국가가 주인인 국립대학이 좀 더 엄격하게 운영된다는 뜻이다.

법과 내규에 따라 대학이 돌아가는 것은 장점이긴 하나 그 장점이 너무 규격화되고 고착되어서 대학 구성원을 불편하고 부자유스럽게 만드는 것은 자유의 전당인 대학의 흠결로 귀착된다. 일례를 들자면 법적으로는 방학을 인정할 수 없다는 식이다. 그러므로 방학 중에도 공무원인 이상 매일 출근해야만 공직 수행 규정을 위반하지 않는 것이 된다. 그런데 현실적으로 그게 가능한 얘기인가. 방학이 없는 학교가 동·서양 어디 있는가. 지금은 몰라도 내가 근무할 때는 확실히 그랬었다. 학생들에겐 방학이 있으나 교수들은 없는 것, 다만 법을 적용하지 않고 눈 감아 주는 것이기 때문에 방학 기간이 있다는 식이다.

방학을 이렇게 해석하는 판이니 평일은 더 말할 나위도 없다. 강의가 없는 날에도 정시에 출근하여 출근부에 도장을 찍게끔 되어 있었다. 이것이 선생들을 엄청나게 괴롭혔다. 나는 과거에 내가 근무했던 직장을 비방하는 일을 아주 금기시한다. 그건 교양이 있는 사람이 할 일이 아니다. 욕할 거리가 있으면 재직 중에 그 안에서 하라는 것이다. 찍소리 않다가 사직하고 나와서 그 학교의 흠집만 들춰내는 것은 인종지말(人種之末)이나 하는 비겁한 짓거리다. 그런데 강원대의 출퇴근 문제만은 내가 그곳을 떠난 직후, 새로운 총장에 의해서 폐지되었다는 말을 진작 들었으니 부담감 없이 지적해도 무방할 것이다. 교육과 연구의 성과가 어떻든 매일 출근하는 교수를 가장 높게 평가했던 것이 그때 그 시절 그 대학의 과장 없는 실정이었다. 따라서 서울에서 출퇴근하는 많은 교수들은 3박 4일을 하고서도 자주 주의를 받았고, 심하면 경고의 대상으로 리스트에 올라 있었다. 언제나 이 문제가 인사상의 불이익으로 될 수 있었다.

　웃지 못할 일은 서울의 선생들끼리 짝을 지어서 대리로 출근부에 도장을 찍는 일이다. 부정행위다. 시험을 감독하면서 커닝하는 학생들을 엄중하게 다루는 그 선생이 출근부 문제로 부정행위를 하다니 웃지 않을 수 없는 노릇이다. 대한민국 천지 어느 대학에 매일 출근하는 교수가 있는가. 그때도 없었다. 그 공포(!)의 출근 문제로 하여 나를 비롯한 서울 교수들은 그 학교를 그만둘 때까지 죄인인 양 전전긍긍하며 지내야 했다. 이런 것이 법의 취약점이다. 학생 지도를 명분으로 내세웠으나 그렇다고 학생들이 데모를 하지 않은 것도 아니다. 예나 이제나 학생들이 선생의 말을 듣기나 하는가. 그러므로 이 기회에 나는 앞으로 어떤 일이 있든 간에 교수가 학생을 불러 시국에 관해 '지도'하는 일은 절대로 없어야 한다고 강조코자 한다. 4·19 이후 45년이 지난 지금까지 수도 없이 많은 학생 데모가 있었고 그때마다 '지도'라는 명목으로 전국의 대학교수가 학생과 면담을 했다. 그렇게 해서 효과가 있었느냐고 묻고 싶다. 공연히 교수의 권위와 체통만 손상시켰을 뿐이다. 차라리 강의실에서 잠시 시간을 내어 시국에 관해 의견을 주고받으면서 교수의 입장을 천명하는 것이 낫다.

　법에 의한 학교 운영의 장점으로는 이런 것이 있다. 위에서도 말한 바 있지만 학과의 교수 정원이 법으로 정해져 있어서 반드시 충원하게끔 제도화되어 있다. 사립대학에서는 학교 재정 형편에 따라 들쭉날쭉이지만 국비로 운영되는 국립대학은 그렇지 않다. 교수 채용도 언제나, 즉 강의가 없는 방학 기간 중(위에서 언명한 바와 같이 방학 자체가 법으로 인정이 안 됨)에도 발령이 난다. 나의 경우가 그렇다. 강의를 준비토록 시간 여유를 주었기 때문에 매우 좋은 인사규정이다. 나는 9월에 첫 봉급을 받고 어리둥절하였다. 9월 한 달 봉급 이외 더 나왔기 때문이다. 알고 보니 강의도 하지 않은 8월 발령일부터 그달 말일까지도 계산하여 봉급이 지급되었던 것이다. 돈을 더 받아서가 아니라 그런 식의 제도가 마음에 들어서 기분이 썩 좋았었다.

국회에서 종합대학으로의 승격이 통과된 후 내가 사임하기까지 3년 동안의 일을 보고 나는 국가의 힘이 얼마나 크고 막강한지를, 또 법규에 의한 일의 처리가 얼마나 원칙적이고 체계적인지를 지켜보면서 입을 다물지 못하였다. 그 짧은 기간에 국가 예산이 투입되어 종합대학으로서의 기구가 즉각 갖춰지고 교수 정원의 증가·학과와 단과대학의 증설·실험기자재의 구입·학교 부지의 확장·여기저기 들어서는 건물들의 장관, 세상에 이런 일도 있구나 하고 감탄할 정도였다. 사립대학으로서는 상상도 할 수 없는 일이었다. 이것이 바로 국가의 예산과 사립학교의 재단 출연금과의 현격한 차이점이었다.

3. 10·26, 5·18의 혼란/ 박정권에 대한 평가/ 국보위의 경고 받은 일/ 강원대와 작별

1

1979년 10월 27일 새벽 4시 반쯤이었다. 전화벨 소리가 울렸다. 수유 3동에서 살 때였다. 그 시간에 전화라니 이상했다. 어느 취객이 다이얼을 잘 못 돌려서 걸려 온 전화인가 싶었다. 수화기를 드니 그게 아니었다. 인권환 형의 목소리가 들려오는 것이 아닌가.

"급한 뉴스가 있어서 전화하는 거야. 어젯밤 박 대통령 신상에 무슨 일이 생긴 모양이야. 저세상 사람이 된 게 거의 분명해. 우리 매형한테 들었어. 매형은 고위층에게서 들었대. 오늘 새벽에 춘천 가지? 공식발표가 언제 있을지 모르니 미리 알고 가."

약간 흥분된 그의 말소리가 끊어졌다. 이게 무슨 말인가? '박통'이 서거하였다니, 어제저녁 뉴스에도 나왔는데 이게 무슨 소린가. 경악과 동시에 의아해하지 않을 수 없었다. 잠시 어리둥절한 나는 곧 그의 말을 믿기로 했다. 어떻게 해서 그렇듯 갑작스러운 일이 발생하였는지 그 경위는 전혀 알 수 없었으나 사건 그 자체는 의심치 않기로 했다.

국사(菊史)의 매형은 김하룡(金河龍, 고려대 명예교수) 선생, 나도 잘 아는 분인데 당시 고려대 정외과 교수이면서 학생처장직을 맡고 있었다. 그분이나 국사 모두 평소 언행에 매우 신중한 사람, 더군다나 국가원수의 생사에 관한 엄청난 소식을 아무 근거도 없이 그 신새벽에 일부러 전화를 걸어 발설할 사람들이 아니었다.

같은 학과의 최철·유병석 교수에게도 급히 전화를 걸어서 함께 춘천으로 갔다. 그 후에 안 일이지만 26일 밤 김재규에 의해서 시해된 대통령 유고 사건은 27일 오전 3~4시경 정부 쪽에서 학생처장인 김 선생에게 알려왔다는 것이다. 국가적으로 워낙 충격적인 큰 사건이라서 대학가에 어떤 파장이 일어날지 알 수 없으므로 학생 지도에 만전을 기해달라는 뜻에서 급히 연락이 왔더라는 것이다.

"올 것이 왔구나"라는 말은 5·16 때 윤보선(尹潽善) 대통령이 한 말, 이 한마디 말을 놓고 한때 정가에서는 논란이 계속되었지만 내가 판단하기로는 우려했던 일이 발생하자 무심코 발설한 탄식의 소리라고 생각한다. 그런 말을 어디 윤 전 대통령만 하라는 법이 있는가. 나도 박 대통령의 시해 뉴스를 듣고 그 말을 중얼거리며 한숨을 내쉬었다. 진작 물러났어야 마땅한 일, 스스로 결단을 내리지 않고 그토록 극렬한 반 정권운동이 장기간 곳곳에서 일어났는데도 미동도 하지 않아서 나라의 앞날이 걱정되었던 터에 시해 사건이 일어났기 때문이었다. 그 자신은 물론 국민 개개인을 위해서나, 대한민국을 위해서나 참으로 안된 일이요 비극 중의 비극이었다. 나는 그 무렵 박 대통령의 유신통치와 독재정치에 대해서 극도로 격분해 있었다. 그러나 일국의 국가 원수가 비명에 간 마당에 그의 죽음을 애도하면서 명복을 빌지 않을 수 없었다.

박정희 대통령만큼 공과 과가 엇갈리는 국가 지도자도 없으리라. 그러한 공과를 모두 따져서 종합적인 평가를 내리는 일은 후세의 역사가에 맡기는 것이 온당하다. 그렇다손 치더라도 그가 다스린 시대를 살았던 사람들이 시종 함구로 일관하는 것은 옳지 않다. 각자의 관점에 따라서 평가를 내리는 그 자체가 후세의 역사가들에게는 아주 귀중한 자료가 되기 때문이다.

오로지 과(過)의 측면에서만 살핀다면 군사 쿠데타를 일으킨 것부터 그는 무조건 역사에 오점을 남긴 죄인이 된다. 그 이후 3선 개헌과 유신헌법에 의한 장기집권, 독재적 방법에 의한 국가 경영, 민주세력에 대한 탄압, 거기에다 요즘 새롭게 거론되는 일본군 장교 출신의 친일 경력 등은 그를 아주 나쁜 인물로 규정하는데 충분하다.

공(功)의 관점에서 조명한다면 4·19 이후 1년 동안 계속된 정치적 사회적 혼란을 극복(그가 군사 쿠데타를 일으키려고 한 시점이 혼란이 오기 전부터라는 주장도 있다)한 일, 그 이후 "하면 된다. 우리도 한번 잘살아 보자"라는 기치를 높이 들고 의욕적으로 경제 발전에 크게 기여한 일, 그 결과 보릿고개를 해결하고 산업사회로 국가의 기본 틀을 성공적으로 바꾸어 놓은 일, 요컨대 오늘의 경제적인 풍요를 가능케 한 일, 국가적인 정체성을 확립한 일 등은 그를 역사상 가장 많은 위업을 남긴 뛰어난 지도자로 꼽는 근거가 된다.

　나는 두 측면에서 각기 결론을 이끌어 낸 이 모두의 평가가 다 옳다고 본다. 어느 한쪽에만 편향되지 않는 일반 사람들의 생각도 그렇다고 알고 있다. 문제는 이렇듯 팽팽한 공과의 평가를 어떻게 객관적인 시각에서 하나로 묶어서 정리할 수 있느냐, 과연 그렇게 할 수 있는 길이 열려 있느냐 하는 것이다. 있다고 본다. 서로 상쇄시킨 후, 그렇게 해서 남는 좋은 점(그가 남긴 좋은 점은 워낙 '역사적'이다. 먹고사는 문제를 해결한 것 이외, 아주 비근한 예를 또 하나 든다면 산업사회의 기반을 놓은 일과 '산림녹화'다. 역사적인 업적이다)만 따서 미래의 역사 발전에 접맥시키고 나쁜 점은 역사의 교훈으로 삼는 것이 가장 현명한 판단이요 정리라고 본다. 현재 이 나라를 이끌고 있는 중심 세력이나 반박정희적 사관을 견지하고 있는 사람들은 박 전 대통령의 허물이 너무 커서 그의 공은 인정할 수 없다는 식으로 논리를 전개하고 있다. 그들은 박정희뿐만 아니라 대한민국이 출범한 이후의 모든 역사는 정의롭지 못한 것이라고 규정하면서 전두환 정권 시대의 '싹쓸이'와 성격이 다른 또 하나의 '싹쓸이'를 강행하려고 시도하고 있다. 지금까지 살면서 현재의 집권층과 그 추종세력처럼 오만방자하고 안하무인격의 정치인을 나는 보지 못했다. 자기시대 이전의 모든 사람들을 부도덕하고 청산해야 할 대상으로 몰아세우는 그런 독단을 경험하지 못했다. 그들 식으로 하면 나라의 뿌리와 정체성은 온데간데없어진다. 개인이나 공동체나 국가나 모두 명암이 있고 공과가 혼재해 있기 마련이다. 종교의 역사에도 옳은 것과 죄스러운 것이 함께 있지 않은가. 우리가 사는 세상의 일은 결코 단순한 것이 아니고 복합적이다. 박정희 정권이 특히 그러했다. 그런 양면적인 것에서 어느 하나만을 부각시켜서 전체를 부정하는 것은 아마 신(神)도 꺼려하는 바일 것이다. 현 집권층과 그 추종자들이 저렇듯 실패한 북한 정권마저 관용으로 대하는 자세의 반의반만 갖추고 있다면 박정희시대와 또 그 이전 시대를 평가하는 눈이 달라질 것이다.

이승만의 자유당 정권과 박정희의 공화당 정권의 비민주적 통치를 우리는 직접 겪은 세대다. 이점이 386세대와 도저히 견줄 수 없는 다른 점이다. '민족'이며 '통일'을 우리 세대와 그 이전 세대인 80~90세의 노년층처럼 갈망하는 세대가 또 있을까. 386들은 관념상의 명분과 이념상으로만 알고 외친다. 쓸데없는 책, 역사를 왜곡한 책, 대한민국을 증오하는 심정으로 쓴 소설과 시 등을 읽고 물이 들어서 헛소리를 낸다. 그러나 우리 나이 이상의 세대들은 직접 체험을 통해 민족과 통일의 귀중함과 필요성을 절감한다. 이러함에도 박정희시대를 부정적 시각으로 운위하지 말아야 하는 이유는 이승만이 정립해 놓은 국체를 단절 없이 계승함이 당연하기 때문이요, 순진한 민족주의에 빠져 가볍게 대응하다가 나중에 후회되는 나쁜 통일을 자초하는 어리석은 사태가 일어나서는 안 되기 때문이다.

그가 일궈낸 공적은 실로 거창한 것이고, 아무나 해낼 수 있는 것이 아니므로 허물과 맞바꿔도 좋은 것이라고 나는 생각한다. 별로 신선할 것도 없고, 결론적으로는 공과 과를 모두 수렴하여 병기(倂記)하되 업적에 더 치우치는 평가로 귀결된 셈이 되는 것이지만 이렇게 정리하는 것이 마땅하다고 나는 본다. 역사의 엄정하고 객관적인 평가는 인물과 사건에 대한 혹애(酷愛)도 없어야 되지만 증오와 살기도 배제되어야 한다. 오늘날 우리가 이와 같은 찬반의 쟁론을 벌일 수 있는 기반과 토대 그 자체를 마련해 놓은 것이 그였다는 사실에 나는 유의하는 사람이다. 그런 기반과 토대를 그가 마련하지 않았다면 그는 논의거리조차 되지 않는 독재자일 뿐이다. 이만큼 성장한 사회에 우리가 살고 있지 않는다면 그를 이러쿵저러쿵 논의할 바탕마저 우리는 가질 수 없다는 것이 나의 지론이다. 그런 여유를 그가 만들어 놓았다는 뜻이다. 역사에 길이 남을 인물이다 또는 아니다 역사적인 영웅이다 또는 역사의 죄인이다라는 식으로 시비의 대상이 되는 그 자체가 그를 간단하게 처리할 수 없다는 증거가 아니겠는가. 시비의 한마당을 다른 사람이 아닌 그가 만들고 갔으니 평가를 옹졸하지 않게 내려야 한다.

2

10·26 이후 사회는 거짓말처럼 조용했고 순조롭게 돌아갔다. 의외라 할 정도로 혼란도 없었고 국민들의 경제 활동과 생계를 이어가는 데 어떠한 지장도 없었다. 우리 사회의 기초가 그만큼 튼튼하였고 시민의식이 그만큼 성장해 있었다. 이제 '개발독재'라고 일컫던 박정희 시대를 청산하고 '민주적 개발'로 전환하여 계속 성장하는 과제만 남아 있었다.

그런데 난데없이 12·12 신군부에 의한 군사적 변란이 일어났고 이것은 급속도로 정치적·사회적 이슈로 진전되었다. 조용하던 대학가가 방학 중임에도 다시 움직였고 3월 개학 이후에는 하루도 잠잠할 날이 없었다. 주 공격 인물은 보안사령관이며 12·12의 주동자인 '전두환(全斗煥)'. 이 사람이 정권을 장악하려고 혈안이 되었다는 소문이 확산되면서 그의 퇴진을 요구하는 데모의 물결이 가위 노도(怒濤)를 방불케 하였다. 한편으로는 유신시대에 빌붙어 지내던 어용교수의 처벌을 주장하는 강한 목소리가 대학가를 긴장케 하였다. 총학생회에서 어용교수 명단이 작성되어 학내에 소문이 확 퍼졌다. 처음에는 두세 명 교수가 거명되더니 4월 말경에는 아홉 명인가 열 명으로 늘어났다. 교내는 그로 하여 더욱 살벌한 분위기였다. 지목된 교수들은 연구실에서 거의 나오지 않았고 출근도 삼가는 것 같았다. 얼마나 기분이 상했을까. 대학가의 이러한 현상은 전국의 거의 모든 대학이 겪었던 그 시대의 진통과 같은 모습이었다.

　나는 4월 초에 교수협의회장을 맡고 있던 문선재 선생을 춘천 시내 호텔커피숍에서 만났다. 대학 사회가 걱정이 되어서다. 문 선생은 교육학 전공 교수. 사람이 무게가 있고 진중하기가 이를 데 없다. 교수협의회장도 그가 하고 싶어서 한 것이 아니라 교수들의 여론에 밀려 맡은 것이다. 나는 그가 분별이 없이 과격일변도로 일을 처리하는 것을 보지 못했다. 내가 부탁하여 마련한 그 자리에서 나는 그에게 학생대표를 만나 교수들의 신상 문제에 대해서 함부로 거론하지 말 것을 신신당부하라고 하였다. 교수의 진퇴는 결코 학생들의 의사에 따라서 결정될 수 없는 일이고, 만약 그렇게 된다면 대학의 교권은 무너지고 만다는 점을 환기시켰다. 그도 내 주장에 동의하였다. 그런데 문제는 학생대표가 만나주지 않는다는 것이다. 여러 번 연락을 취했으나 보이콧을 당하였다는 것이다. 학생회 임원들은 사기충천하여 그들이 필요로 하는 선생 이외 다른 교수들은 만나주지도 않았다. 학생들 세상이 된 것이다. 대학 사회가 그렇게 변해 있었다. 그러면서 그가 내게 하는 말인즉 학생회의 부동의 결의 하나는 10·26 전까지 전교 학생 지도를 책임졌던 모 교수만은 이번 기회에 처단하겠다는 것이다. 그 사람만은 절대로 용서할 수 없다고 버티고 있다는 것이다. 학생들의 의사를 나는 충분히 이해할 수 있었다. 나뿐만 아니었다. 많은 선생들도 그 교수에 대해서는 아주 나쁜 감정을 가지고 있었다. 정권의 앞잡이 노릇도 그렇게 충실할 수 없었던 인물이다. 아마 자기 가족을 제외하고 그를 동정하는 사람은 아무도 없었다고 보아도 틀림없을 것이다. 그럼에도 나는 문형에게 그 사람까지도 희생시켜서는 안 되며 만약 그런 불상사가 일어나면 대학의 권위는 끝장이라고까지 말하였다. 학생들에 의해서 교수가 쫓겨나는 그 대학이 대학이냐고 물었다. 화해하고 용서하며 그가 저지른 전비(前非)를 스스로 깨닫게 하는 것보다 더 큰 징벌이 없다는 점을 새삼 강조하였다. 이도 저도 불가피하면 교수회의나 징계위원회에서 논의하고 결정해야지 학생들의 힘에 의해서 교수의 운명이 좌우되어서는 안 된다고 거듭 강조하였다. 이런 일도 불과 한 달 남짓 지나면 다 없는 것이 될 줄도 모르고 나와 문형은 차를 마시며 길게 얘기를 하였다. 이 점, 가감 없이 증언으로 남긴다.

학생들은 4월의 중간고사도 보이콧하고 반 전두환, 반 신군부 타도의 행렬에 총력을 기울였다. 학교는 정상적으로 기능하지 못하고 표류하였다. 김옥길(金玉吉, 작고) 문교장관이 정치군인에게 빌미를 주어서는 안 된다고 학생들의 자제를 신신당부하였지만 통하지 않았다. 그만큼 학생들은 군부를 믿지 않았다. 이른바 3金으로 호칭되는 세 분 정치인은 대세를 잘못 판단한 듯 겉으로는 시국을 걱정하였으나 또한 그들끼리의 경쟁에도 서로 한 치의 양보도 없이 몰두하였다.

1980년 4월 중순 중간고사 보이콧 이후 학생들의 시위는 도저히 걷잡을 수 없는 지경에까지 이르렀다. 유일한 길은 전두환 사령관이 TV에 나와서 공개적으로, 또한 정직하게 퇴장하겠다는 뜻을 발표하는 것밖에 없었다. 그러나 그는 그렇게 하지 않았다. 마침내 5월 14일(혹은 15일?) 서울역 광장에 10만의 젊은이들이 모여 정치세력으로 부상하는 신군부의 퇴진을 외치는 집회가 열렸다. 지방 도시의 대학생들의 기세도 마찬가지였다. 강원대생 거의 전원이 학교 밖으로 쏟아져 나와서 시내를 행진하며 평화적인 데모를 벌인 것도 그때가 처음이었다. 그 이전까지는 학교 안에서, 혹은 밖으로 진출해봐야 교문 밖 얼마쯤까지 나가서 최루탄을 쏴대는 경찰과 투석전으로 맞선 것이 고작이었다.

한 달여에 걸친 서울과 지방의 해일과도 같은 이러한 움직임을 보고 나는 대세는 이제 돌이킬 수 없다고 결론을 내렸다. 아무리 무뢰한인 전두환과 그 일당일지라도 국민의 힘과 민의는 꺾을 수 없다고 단정을 내렸다. 아마 대다수의 국민들도 나와 같은 생각을 하였을 것이라고 믿는다.

그러나 그것이 얼마나 순진하기 짝이 없는 착각이요 낙관적인 시국관이었는가는 불과 2·3일 뒤에 여실히 판명되었다. 5·17 비상계엄의 전국 확대, 5·18 광주 시민에 대한 무차별 학살, 그리고 '국가보위비상대책위원회'의 설치 — 초헌법적이요 폭압적인 일련의 사태가 이어지면서 무지막지한 전두환의 살인통치시대가 개막되었다. 지금으로부터 4반세기 전의 일이로되 아직도 그때의 참혹함과 반인륜·반민주적 폭거가 떠올라서 이를 정리하는 나의 붓끝은 떨린다. 더 이상 구체적인 실상을 옮기는 일을 나는 감당해 낼 자신이 없다. 순조롭게 진행되던 10·26 이후의 정국을 그 사람들이 느닷없이 나타나서 정치를 망쳐 놓기를 십수 년, 모든 것이 퇴행의 역사였지만 그중에서 특히 간과할 수 없는 것은 저 무리들 때문에 남쪽에서 자생한 좌파·좌익 세력의 준동이요 그 세력들의 일부가 오늘 이 시대를 혼란케 하고 있다는 점이다. 전두환 일파의 대죄 중에 광주 학살과 함께 이것을 나는 가장 엄중하게 묻고 있는 자다.

5·18 이후 대학가는 완전히 문을 닫았다. 중간·기말시험을 치르지 않았으니 성적을 낼 수가 없었다. 그런데 문교 당국의 지시는 학생들에게 가정통신문을 발송하여 과목별로 과제물을 내어 이를 리포트로 우송케 해서 성적을 내라는 것이다. 학생들은 학교 근처에 얼씬도 못 하게 했다. 전국의 모든 대학이 이를 따를 수밖에 없었다. 내 평생에 이런 희한한 성적 평가는 처음이었다. 글씨 좀 잘 쓰고 분량이 많으면 A, 그렇지 못하면 B, C… 이런 식의 성적표 만들기를 할 줄 꿈에서라도 상상을 하였겠는가.

나는 지금 대학 위주로 국한하여 그때의 일을 적고 있다. 정치권 죽이기, 언론 통폐합, 학교 교육제도의 강압적 변경, 삼청교육대 등… 사회 각 분야에서 단시간에 일어난 허다한 사건에까지 신경을 쓸 겨를이 없다. 이 모든 것들은 역사 기록에도 남아 있으니 할애한다.

성적표를 낸 후인 7월 중·하순경으로 기억된다. 마침내 '문제교수'에 대한 청산 작업에 그들은 돌입하였다. 강원대의 경우 5명의 교수가 전두환이 사령관으로 있는 보안사 강원도지부에 잡혀갔다. 평소 저들에게 밉보인 사람들이다. 그중 2명은 '관대한 처분'을 받고 교수직을 유지하게 되었다. 나머지 3명, 문선재(文善在, 후에 민주화가 된 후 강원대 총장 역임, 1980년 3월 이후 5·17까지 교수협의회장)·유병석(柳炳奭, 후에 한양대로 옮겨서 교수 역임, 작고)·박판영(朴判濚, 후에 한신대로 옮겨서 교수를 거쳐 현재 사립학교 연금공단 이사장) 형 등은 보름가량 갖은 곤욕을 치르고 교수직 사퇴서를 제출한 후 풀려나왔다. 그들은 3년(?)가량 실직자 생활을 하다가 본인이 희망하는 대학에 취직이 허가되었다. 세 사람 모두 나와 가까이 지내던 선생들이었다.

그런 광풍이 부는 기간에 나 또한 총장에게 불려갔다. 7월 말 혹은 8월 초였다. 광주 사태 이후 전국의 대학이 문을 닫고 있었던지라 수유리 집에서 매일 침통하게 지내고 있었는데 어느 날 학장으로부터 전화가 왔다. 낮이었다. 총장실에서 연락이 왔는데 지금 즉시 만나자고 한다는 것이었다. 그때 강원대학은 종합대학으로 승격된 지 1년 반쯤 되었다. 결코 좋은 일은 아니라는 것을 직감하였다. 급히 춘천으로 내려가서 총장과 면대하였다. 피곤함에 지친 듯한 이민재(李敏載, 작고) 총장은 무겁게 입을 열었다. "오늘 오전에 보안사에서 사람이 왔다 갔는데 박 선생, 앞으로 행동거지를 극히 조심하셔야겠습니다. 당사자인 박 교수에게 내가 이렇게 구두 경고하는 것으로 저쪽과 합의를 보았습니다. 박 선생 이외 몇 분 더 있습니다. 그분들에게도 이렇게 통보하는 중입니다." 이것이 다였다.

내가 왜 그런 경고를 받습니까라고 물으니 총장은 더 이상 묻지 말라는 것이었다. 갇혀 있는 교수들 문제가 자신이 풀어야 할 화급한 숙제이니 재론하지 말자는 그 말 속에는 이런 정도의 경고로 끝난 것을 다행으로 생각하라는 메시지가 담겨 있었다. 하도 억울해서 내막을 알고나 경고를 받겠다고 하니 "학생 지도가 철저하지 못했다는 것입니다" 이 말은 곧 학생들 움직임에 일정한 영향을 주었다는 뜻의 완곡한 표현임을 금세 파악하였다. 총장실을 나왔다. 학생 지도가 철저하지 못하다니, 그러면 그때 학생들을 붙잡고 지도한 교수가 어디 있었나? 10·26 이후 전국에 그런 대학교수가 어디 있었나? 데모와 무관한 일로 만나자고 해도 학생들은 도무지 교수들과 대면하는 것조차 응하지 않았던 것이 아닌가? 솔직히 증언하자면 그때는 학생들의 천국이었다. 전국의 어느 대학이나 다 그랬다. 교수들이 학생들의 눈치를 볼 때였다. 서울대학교 농과대 교수 몇 명이 아침에 출근하다가 학생들에게 무단히 잡혀서 가축 사육장에 갇혔다는 기막힌 사건이 신문에 보도되던 그런 때였다. 어느 누가 학생들을 지도하고 자제시킬 수 있었다는 말인가. 연구실로 걸어가면서 나는 자연스럽게 3년 전인 1977년 학생들과 닭갈빗집에서 만나 내뱉은 나의 말을 상기하지 않을 수 없었다. 그 이후로 나는 정보부의 감시 대상이 되고 있음을 피부로 느끼며 살아왔었다.

내가 보안사로부터 경고를 받게 된 사유를 그때의 그 일과 결부시키는 까닭은 이러하다. 그 일 이후인 유신 말기에 나는 내가 해야 할 일에만 충실하면서 조용히 지냈다. 꼬투리를 잡히지 않기 위해서다. 특히 10·26이 일어난 1979년과 그 이듬해인 1980년 5·18 때까지 학교가 학생 데모로 영일이 없을 때도 나는 학생들과 접촉하지 않고 혼자 조용히 지냈다. 10·26으로 세상이 바뀌었다고 해서 학생들 앞에 나서서 마치 자신이야말로 반유신운동에 참여한 교수인 양 야단스럽게 행동하는 일이 얼마나 구차스러운 행태인가. 그것은 광복 이후 해외에서 귀국하는 사람 중의 많은 수가 "나라의 독립을 위해서 항일투쟁을 하였다"고 거짓말을 한 것과 대차가 없는 언행이었다.

왜 나는 격변기를 그렇게 조용히 보냈나. 위에서도 증언한 바와 같이 나는 5·17이 일어나기 직전까지도 시국을 매우 낙관적으로 전망하였다. 겁 없는 전(全) 아무개도 역사의 도도한 흐름을 거역할 수는 없다고 장담할 정도였다. 이런 시국관이 전제가 되어서 나는 학위 취득을 위한 준비에만 집중하였다. 강의도 안 되고, 중간고사도 실시되지 않고, 그렇다고 학생들과 마주 앉아서 시대를 걱정할 기회도 포착할 수 없고…. 그러니 학위 취득의 전 단계인 외국어 종합시험, 곧 이어서 전공시험, 이걸 준비하기 위해서 어쩌다가 강의가 있는 날에는 연구실에서, 없는 날에는 집에서 외출도 않고 몰두하였다. 그때 나의 생활은 온통 이 시험 준비에 전념하는 것뿐이었다. 그 전 해 외국어 시험에 한 번 실패한 경험이 나를 외골수로 내닫게 하였다. 따라서 학생들을 부추길 여유도 없었고, 뿐만 아니라 원래 그렇게 해서는 안 된다는 생각을 가지고 살아온 나였다. 보안사의 경고는 결국 1977년 늦가을에 닭갈빗집에서 있었던 작은 사건이 빌미가 되어 재탕이 된 것임이 자연스럽게 판명되었다. 한 번 밉보이면 끝까지 리스트에 올라서 주의의 대상 인물이 된다는 사실을 나는 진작 알고 살아왔다.

학교에 정이 뚝 떨어졌다. 잡혀가서 곤욕을 치르고 있는 동료 교수들에 비하면 아무것도 아니지만 그래도 기분은 몹시 상해 있었다. 최철 형과 의논하여 함께 뜨자고 마음을 굳혔다. 그해 여름 따라 날씨마저 미쳤는지 도무지 덥지 않은 가을 같은 여름이었다. 곡식이 익지 않아서 흉년이 들었음은 물론이다. 내 평생에 그런 여름은 처음 겪었다. 그와 나는 한때 강원대에서 종신하자는 말도 나눈 적이 있었다. 그러나 일이 이런 식으로 막 되어 가는 이상 머물러 있을 이유가 없었다. 그는 나처럼 그때 경고는 받지 않았으나 받은 것이나 마찬가지로 저들의 관심권 안에 있었다. 이것은 막연한 추측이 아니라 후일 풀려나온 예의 세 교수가 갇혀 있을 때 저들의 입에서 최 형의 이름도 거론되더라는 증언이 있기 때문에 확실한 것이었다.

  8월 10일경일까. 혹은 그 며칠 전일까. 우리 둘은 한양대 국문과 이종은(李鍾殷, 한양대 명예교수) 선생을 종로 어느 다방에서 만났다. 그리고 미리 전화로 약속한 대로 이력서를 냈다. 8월 하순 개강을 앞둔 어느 날 총장의 승인 결재가 나왔는데 박사학위를 받은 최 형은 당장 2학기에 부임하고, 아직 과정 중인 나는 1년 뒤에 오라는 것이었다. 같은 학교 같은 학과에서 두 사람을 동시에 뽑아오는 것은 무리라는 것이기 때문이었다. 1년 뒤에 오라니 이건 안 쓰겠다는 것의 완곡한 표현 아닌가. 1년 뒤에 채용하는 인사(人事) 결재도 있는가(나중에 안 일인데 가끔 있었다) 이렇게 의심하지 않을 수 없었다.

  최 형이 사직하고 한양대로 가자, 소문은 왜 그렇게 빠른지 나도 1년 뒤에 가기로 되어있다는 소식이 학내에 파다하게 퍼졌다. 한 학기 보내기가 괴로울 정도였다. 이래서는 안 되겠다 싶어서 문득 서울시립대학교가 머리에 떠올랐다. 그 대학과 내가 인연을 맺은 것은 1978년(?) 2학기 때부터였을 것이다. 그때 하루는 그 대학교수로 있던 후배인 서연호(徐淵昊, 고려대 명예교수) 형으로부터 전화가 왔다. 일주일에 교양과목 야간 1강좌만 강의해 달라는 것이었다. 나는 웃으면서 사양했다. 전공과목이 아닌 교양국어를 가르치려고 야간에 출강한다는 것은 자존심이 상해서 정말 받아들이기가 어려웠다. 그랬더니 저쪽에서 그래야 얼굴을 볼 기회가 있지 않겠느냐면서 거듭 부탁했다. 그렇게 나오는 데야 내가 뭐 대단한 인물이라고 끝까지 사양할 수 있겠는가. 결국 승낙하고 1980년 그 학기까지 계속 출강하였다. 이 사실이 퍼뜩 머리에 떠올랐다. 서형을 만나 그 대학에서 전임교수로 채용해 줄 수 없느냐고 의향을 떠보았다. 그는 즉석에서 수락하였다. 진작에 나를 출강으로 이끈 까닭은 1주 야간 한 강좌 강의에 목적이 있었던 것이 아니라 때를 보아 언젠가는 전임교수로 초빙키로 한 것이고 이점은 처음서부터 같은 과의 성기철(成耆徹, 서울 시립대 명예교수) 형과도 얘기가 다 끝난 것이라고 말하는 것이 아닌가. 그때 서울시립대는 국어국문학과가 없었다. 서형은 학과 창설도 시간문제이니 걱정할 것 없다고 나를 안심시켰다.

일은 빠르게 진척되었다. 출강하면서 이미 인사를 나눴던 성기철 형과 만나 다시 확인하고 교무처장에게 이력서를 제출하였다. 같은 관립 교육기관으로 옮기는 일이니 다른 서류는 필요가 없고 이력서 한 장과 인사기록카드, 강원대 총장의 전출 승인서 한 장으로 모든 절차는 다 끝났다. 간단해서 참으로 좋았다. 1981년 1월, 방학 중인 추운 겨울 어느 날 강원대학교 교문을 마지막으로 나오면서 나는 실로 만감이 교차되었다. 어쨌거나 내가 학자로서 생활할 수 있는 기반을 제공해 준 대학이었다. 고마운 대학이었다. 여러 선생들과 깊은 인연도 맺었다. 특히 나를 이끌어준 최철 그의 얼굴이 떠올랐고 이춘군·김운용 교수가 그 뒤를 이어서 쉽게 사라지지 않았다. 학생들과도 정이 들었다. 그런 대학인지라 추운 겨울임에도 캠퍼스 구석구석을 돌았다. 내가 부임할 때보다 그 규모가 적어도 대여섯 배는 컸을 것이다. 더 성장하기를 빌며 나는 남춘천역으로 영업용 택시를 몰았다.

택시 안에서도 조금 전에 작별한 유인순(柳仁順, 강원대 명예교수)과 정현숙(당시 학과 조교) 양의 서운해 하는 모습이 떠올랐다. 그들 역시 내 마음과 마찬가지로 슬펐던 모양이다. 겨울방학 중이라서 학생들은 없었고, 선생들도 별로 보이지 않았다. 유인순은 내가 떠나온 그다음 해에 전임교수가 되었고 정현숙은 학위는 취득하였으나 그런 기회를 잡지 못하였다.

그로부터 한참 뒤인 1991년에 나는 고려대 대학원에 출강하였다.

수강하는 한 학생이 내게 와서 하는 말이 자신은 강원대학교 국어교육과를 나왔고 대학원은 지금 고려대에서 과정을 밟고 있는 중이라는 것이다. 그가 김풍기(金豊起, 강원대 교수) 군이다. 학위를 취득하고 여러 해 강사 생활을 하다가 5, 6년 전이던가 강원대의 전임교수가 되었다. 한문학 전공자로 요즘 왕성하게 저술활동을 하고 있어서 대견하기 그지없다.

내가 국어교육과를 떠날 때 학과 교수진은 일거에 무너졌다. 유병석 교수는 신군부에 의해서 강제퇴직, 최철 교수는 한양대로, 나는 시립대로, 정재호 교수는 고려대로, 서정목 교수는 고려대 조치원 분교로, 김문창 교수는 인하대로 6명이 일시에 빠져나가니(大學史에 이런 일도 있을까. 전무후무한 일일 것이다) 남는 사람은 최승순, 한상무, 서준섭, 박종철(그도 그 후 1년 뒤이던가 숭실대로 옮김) 등 4명만이 남게 되었다. 총장이 화가 나서 어쩔 줄을 모른다는 얘기를 교무처장에게서 들었다. 그러면서 학과를 살려야 할 판이니 좋은 사람을 소개해 주고 나가라는 것이다. 마침 새 학년도에는 인문대 국어국문학과가 새로 생기게 되었으니 많은 교수 요원이 필요할 때였다. 그때 그처럼 다수의 동료 교수가 그곳을 떠나게 된 까닭은 5·18 이후 전국 각 대학의 정원을 엄청나게 늘렸기 때문에 모든 학교마다 교수의 충원이 있었고 그래서 서울 소재 대학들이 다투어 지방대학 교수를 스카웃하였다. 그 바람에 지방대학은 사람을 뺏겨서 전전긍긍하였다. 이런 일도 대학사(大學史)에는 전무후무할 것이다.

나는 교무처장의 부탁을 받고 김인환 형을 만나서 좋은 사람을 소개해 줄 것을 부탁했다. 그 이튿날 김인환 형은 그의 동기인 김명인(金明仁, 시인, 고려대 서창 캠퍼스 명예교수) 형을 다방으로 데리고 나왔다. 그가 이력서를 건네면서 조건을 다는데 얼마 전 수도권 소재 경기 대학에 이미 이력서를 내놓고 있는 바 채용 여부가 그날 밤 결정이 될 터인즉 만약 그곳이 되면 없는 일로 하자는 것이다. 자신은 국립대학인 강원대를 희망하지만 먼저 접촉한 대학에 대한 예의도 있으니 그리하자는 것이다. 그리고 헤어졌는데 그 이튿날 아침에 김명인의 목소리가 수화기를 통해 들려오는데 예의 대학에서 오라는 연락을 받았다는 것이다. 결국 없는 일이 되어버렸다.

　1981년 3월 나는 서울시립대 교수로 부임하였다. 나와 동시에 서경대학에서 자리를 옮긴 사람이 곧 권오만 형. 선임자인 성기철 형 연구실에서 처음으로 인사를 나누고 살아온 얘기를 하다가 나와 그는 참으로 반갑게도 효제국민학교 동기 동창임을 알았다. 6·25사변이 나던 해 졸업 당시 그는 6학년 1반이었고 나는 4반이었다. 우리처럼 서울 소재 국민학교를 나온 동창은 사변 때문에 모두 흩어져서 연락이 닿거나 서로 만나는 일이 거의 없던 판, 비록 반은 같지 않으나 우연히도 동기동창을 만나니 감격스럽기까지 하였다. 마침 성 형은 우리와 동갑. 이래서 급속히 친해져서 서로 말을 트고 지내는 사이가 되었고, 지금도 그렇게 허물없이 지내고 있다.

4. 조부님 형제분 서거/ 1970년대 되짚어보기/ 서울시립대 교수 생활 1년/ 박사학위 취득/ 1980년대 초 대학가의 저항 분위기

1

　앞에서 기록해야 할 것을 문맥 연결 때문에 이제야 쓴다. 1973년에 조부 형제분께서 같은 해에 돌아가셨다. 어머니께서 별세하신 후 2년 되던 해요, 내가 강원대 교수로 부임한 지 1년 만의 일이다. 우리 집은 참 묘한 데가 있다. 애·경사를 막론하고 모든 것이 한꺼번에 몰리곤 한다. 3년 동안에 외할머니와 모친, 그리고 할아버지 형제분이 연이어

돌아가신 것도 그러하거니와 우리 집이 서울 생활을 시작한 지 4년 뒤인 1931년에 백모가 27세에, 그 이듬해인 1932년에 백부가 또한 27세에, 그다음 해인 1933년에 조모가 49세에, 2년 뒤인 1935년에 종조모가 35세에 모두 돌아가셨다. 속된 말로 '줄초상'이었다. 저 위에서 말한 것처럼 서울 이주 초기의 얼마나 고생이 자심했는지를 알 수 있다.

할아버지께서는 상처하신 이후 40년 동안 재취(再娶)하시지 않고 혼자 사시다가 세상을 뜨셨다. 어려운 일이다. 향년 85세였다. 그만큼 조부는 의지가 강하신 분이다. 한 번 작정한 일이면 끝까지 관철하셨다. 위에서 수차 언급한바 마치 생명을 건 듯한 『주역』 공부가 그 좋은 예다. 그래서 고집이 아주 대단하셨다. 일가친척은 물론이고 서울의 어느 동네로 이사를 가서 살든 할아버지 호령 한마디면 이웃사람들 모두가 조용했다. 평생을 돈 버는 일과는 관계를 맺지 않고 공부에만 심혈을 기울이셨으니 근현대의 처사(處士)로 칭해도 무방하다.

할아버지께서는 반가(班家)의 후손임에도 평생을 '양반' 운운하며 거론하시는 일은 일절 하지 않으셨다. 이 점이 나의 아버지와 다르다. 나에게 정당에 관여해서는 안 된다고 누누이 강조하시기도 하였다. 조선왕조 시대의 사색당파와 광복 이후 좌우 대립을 겪으시면서 체득하신 그분 나름대로의 처세훈이었으리라. 믿지 못할 것은 정치와 정상배들이라는 뜻도 함축된 당부였으리라. 나는 할아버지께 많은 불효를 저지른 손자다. 양반인 체하지는 않으셨으나 사고나 관습은 역시 옛 양반이셨다. 조손(祖孫)간은 아주 가까운 법인데 우리 집은 그렇지 못했다. 내가 할아버지 말씀을 많이 거역하였기 때문이다. 국민학교 시절 한문 공부를 중도에서 작파한 일과 대학 시절 『주역』을 며칠 배우다가 그만둔 일이 할아버지를 서운하게 만든 것이다. 뿐만 아니다. 집안 대소사를 나는 늘 할아버지 말씀대로 하기를 거부하였다. 많은 일 가운데 그 한 예로 사대봉사(四代奉祀)를 폐지하고 이대(二代)로 줄인 '사건'이다. 그것도 자시(子時, 밤 11~새벽 1시)에서 밤 9~10시로 앞당겨서 조상님 기제(忌祭)를 모셨다. 설과 추석 차례도 간소화시켰다. 시대가 변했으니 제례(祭禮)법도 바꾸어야 한다는 것이 나의 변이었다. 가난한 살림에 어떻게 옛날식을 고집할 수 있느냐고 할아버지께 대들었다. 마치 선조 제사 지내는 일 때문에 살아가시는 듯한 분에게 나의 이런 행동은 폐일언컨대 언어도단이요 불효막심이었다. 할아버지에게 비친 나는 불상놈이었고 내버린 손자였다.

내가 장가들기 10여 년 전인 1950년대 말에 낙산 판잣집에서 할아버지와 같은 방을 쓸 때 어느 날 밤 잠자리에서 이렇게 여쭈었다. "칠십 평생을 살아오시는 동안 가장 크게 느끼시는 후회가 뭐세요?" 말이 떨어지기가 무섭게 "없다"였다. 예상했던 응답이었다. 원래 '돛대'('최고'라는 경북 방언)이시니까. 나는 짓궂게 여러 차례 반복했으나 역시 '없다'였다. 몇 분쯤 지나서 "하나 있다"라고 하시는 것이 아닌가. 반기면서 내가 "그게 뭔데요?" 하니까 "손자 하나 있는 거 사람 만들지 못하고 속절없이 늙은 게 후회라면 후회다" 경상도 억양으로 이렇게 말씀하시고 주문 외듯이 다시 『주역』을 암기하셨다.

그런 할아버지가 돌아가셨다. 그때야 나는 19세기와 20세기, 풍랑이 높고 세파가 드센 세월을 고생하며 사시다 눈을 감으신 할아버지를 생각하며 펑펑 울었다. 나의 불효를 참회하며 소리 내어 펑펑 울었다.

작은댁 할아버지는 조부보다 꼭 3개월 전에 먼저 돌아가셨다. 향년 70세. 할아버지는 아우인 작은댁 할아버지의 별세를 알지 못하고 세상을 뜨셨다. 알려 드리지 않았던 것이다. 형제분의 연세 차이는 15세. 나의 증조부께서 상처하신 후 새장가를 드셔서 낳은 아드님이시다. 따라서 할아버지와 모계(母系)는 다르나 형제분 우애는 소문이 날 정도였다. 종조부께서는 서른둘에 상처하셔서 삼취(三聚)까지 하셨으니 할아버지와 크게 다르다. 또 다른 점은 한학도 어지간만 하셨으나 집안 살림을 위해서 사업을 하시고 공장도 운영하셨다. 일가친척 하나 없는 사고무친의 서울에 이른 시기에 올라와서 먹고살자니 얼마나 힘들었을까. 일제 때와 광복, 6·25와 1·4후퇴 피란 생활, 그리고 환도 이후를 거치면서 어려운 시대를 살려니 재주도 부려야 했고 좋든 나쁘든 온갖 수완과 남을 이용하고 속이는 수법도 동원하셨으며 그 반대로 속기도 하셨다. 이리하여 나의 종조부께서는 사람들에게 해도 많이 끼쳤고 또한 사람들에게 도움도 많이 주신 분이다. 송사에 여러 번 연루되면서 고생도 하셨으며 선악을 두루 왕래하셨다. 말년에는 무일푼의 노인으로 궁하게 사시다가 한 많은 생애를 마치셨다. 조상의 흠결을 들춰서 이를 기록으로 남기는 일이 불효이지만 실상을 감추고 싶지는 않다. 따지기로 작정하고 들어가면 우리나라 어느 가문인들 성한 집이 있겠는가. 3대 혹은 4~5대 조상까지만 올라가도 명예와 함께 치부가 드러나는 집이 거의 대부분이다. 마치 지금 도시 사람들의 조선시대 조상들이 모두 농민인 것처럼 말이다. 나에게는 더할 수 없이 좋은 분, 나는 아버지뿐만 아니라 그분의 뒷받침도 있어서 대학까지 마칠 수 있었다. 조금만 더 사셨으면 매달 용돈 얼마라도 드렸을 터인데 그렇지 못한 것이 애달프다.

  어머니가 돌아가실 때처럼 삼양동 산꼭대기 집에서 할아버지는 돌아가셨다. 작은할아버지는 청량리 가난한 아들네 셋집에서 불귀의 객이 되셨다. 나는 그때 고정 수입이 있는 전임교수였으니 어머니 때와 형편이 사뭇 달랐다. 할아버지에게는 내가 승중손(承重孫, 養父인 큰아버지가 일찍 돌아가셨으므로 조부의 제사를 받드는 장손)이라 예전 같으면 부고를 낼 수 있으나 그렇게 하지 않았다. 극심한 가난에서 벗어났으므로 남의 도움을 받지 않고 소문 없이 장례를 치렀다. 작은할아버지 장사도 내가 반은 부담하였다. 두 분 모두 성주 수륜면 선영에 모시고 돌아오면서 나는 우리 집의 한 시대가 조용히 막을 내리는 소리를 가슴으로 들었다.

　수학식으로 계선(界線)을 그을 수는 없지만 심정적으로 말하자면 어느 가정이든 특히 19세기 말~20세기 초에 태어나신 세대분들이야말로 좀 더 오래 사셨어야 했다. 적어도 1970년대 말엽까지는 다 살고 가셔야 했다. 그 세대들은 근현대를 두루 섭렵한 이 시대의 큰 어른들이었다. 우리 아버지 세대의 아버지로서 신·구 전환기에 국가와 가정의 초석을 놓고 다진 분들이다. 왕조의 멸망, 을사늑약, 한일병탄, 왜정 35년, 광복 후 좌우충돌, 6·25 민족상잔, 1·4후퇴 후 고된 피란 생활 등 온갖 비극적인 격랑에 휩쓸리면서 일은 허리가 굽을 정도로 하고 고생은 산더미처럼 하다가 가신 분들이다. 일제하 갖은 고생, 광복 후 각 분야의 기틀 마련, 6·25와 1·4후퇴 시 자식 세대와 함께 가족의 부양과 생명 지키기 등이 그분들이 감당해야 할 몫이었다. 1930년대 출신인 우리 세대가 체험한 고생과는 비교가 안 된다. 그렇게 고생을 하였음에도 그분들에게 돌아간 것은 아무것도 없다. 건강이 나빠지고 기력이 쇠진하여 천수도 다 채우지 못하고 이승을 떠났으며 설혹 나의 조부 형제분처럼 천수를 누렸을지라도 생활의 여유를 전혀 맛보지 못하고 불귀의 객이 되었다. 이런 사정도 모르고 요즘 좌파들의 안중에 그분들의 잔영은 있지도 않다. 그분들뿐이랴. 유신시대의 선배 운동권의 존재도 무시하는 저들이다. 나는 칠십 평생 살면서 이런 부류는 처음 본다. 내가 우리 시대의 큰 어른인 그분들이 더도 덜도 말고 1970년대 말까지만이라도 생존해있으셨다면 얼마나 좋았었겠느냐고 아쉬워하는 까닭은 그 시대가 우리나라가 처음으로 맞이한 성장의 시대, 활력의 시대 초기였고 경제적 풍요의 시대가 머지않아 도래하리라는 조짐이 표면화된 시대였기 때문이다.

　1970년대는 두 가지 상반된 양상이 서로 극렬하게 충돌하던 시대였다. 그 시대 초기에 유신(維新)헌법이 선포되어 장기 독재체제가 시작되었다. 이로 인하여 엄혹한 권위주의적 정치가 자행되었고 민주세력이 극도로 탄압을 받았다. 대학가에 조그마한 움직임만 있어도 즉시 긴급조치라는 것이 남발되었다. 무고한 반정부 인사가 옥에 갇히고 사형대의 이슬로 사라졌다. 남북 대화를 미끼로 일체의 자유스러운 움직임은 통제되었다. 듣도 보도 못한 『동아일보』광고 탄압을 통해서 언론에 재갈을 물렸다. 누구도 군소리하면 가만두지 않겠다는 것이었다. 저임금과 인권 무시, 노동정책에 항거하여 전태일이라는 젊은 노동자가 분신자살하는 비극이 일어났고 끝판에는 YH사건이라고 해서 착취당하던 여공들이 들고일어났다. 빈민들이 모여 살던 성남에서는 이웃집 연탄불을 훔쳐 가는 일도 다반사로 발생한다는 소문이 들려왔다. 빈익빈 부익부의 불균형시대가 이때부터 본격적으로 시작되었다. 정치판은 여·야가 기싸움에 날이 저무는 줄도 몰랐고, 대통령 뜻을 어겼다는 이유로 명색 국민의 대변자라는 국회의원들이 중앙정보부에 끌려가서 고문당하고 망신당하는 일도 발생하였다. 거기에는 공화당 중진도 끼어 있었고 대통령의 처남도 들어 있었다. 어느 유식한 취객이 돌아가는 세태가 하도 기가 막혀서 "유신이 뭐 말라빠진 유신이냐? 어린아이 불알(幼腎 유신)이지"라고 내뱉었다가 끌려가서 죽도록 얻어맞고 나왔다는 웃지 못할 사건이 있었다는 소문도 들렸다. 더 이상 무엇을 말하랴. 이 희학적인 야유가 그 시대의 암울함을 모두 대변해 준다.

그런가 하면 20세기 말과 21세기의 오늘을 있게 한 기반(基盤)의 시대, 한강의 기적을 예고한 성장 발전의 시대이기도 하였다. 1970년에 경부 고속도로가 뚫렸다. 꿈같은 일이었다. 지하철 시대가 열렸다. 포항과 울산이 공업도시로 부상하였다. 새마을 운동이 국민의 의욕을 북돋우었다. 우리보다 앞서 나가던 북한 경제를 마침내 따돌리고 체재의 우수성을 증명하였다. 1977년에는 100억 불 수출, 1인당 GNP 1천 달러 달성이라는 위업을 달성하여 국민들로 하여금 기쁨에 넘치도록 하였다. 한강의 기적이 가시화될 수 있다는 희망을 이때 품게 되었다. 월남으로 중동으로 진출하여 달러를 벌어들이면서 1960년대 독일 파견 광부와 간호사들의 서러움을 대신 풀어주기도 하였다. 서울은 늘어나는 인구로 폭발 직전이었으나 그래도 행인들의 발걸음은 활기에 찼다. 고층 빌딩이라는 것이 종로를 중심으로 들어섰고 아파트시대가 본격 가동되면서 단독 주택도 고급화되는 양상을 보였으며 시내는 하루가 다르게 간선·지선이 확장되거나 새로 뚫렸다. 그 길을 늘어난 승용차가 달렸으며 경제 발달과 맞물려 있는 음악과 미술 시장에 생기가 돌았다. 예술은 잉여가치이거니와 먹고사는 일이 해결된 이후에나 거래가 있는 법인데 그때 이것이 실현화되었다.

재래종보다 수확량이 훨씬 많은 통일벼가 나와서 비로소 식량문제가 해결되었으며, 그래서 1977년이던가 정부의 허락하에 양조된 쌀 막걸리가 등장하던 날은 종로·광화문 일대 술집이 성시를 이루었다. 나도 그때 친구와 함께 그 동네에 가서 거나하게 취하였다. 밥 지어 먹을 쌀이 부족해서 매년 연중행사처럼 고생을 했고 그래서 밀가루로 빚은 양조장 막걸리로 만족했었는데 통일벼 덕분에 쌀 막걸리를 마시다니 꿈만 같았다. 1970년대는 또한 통기타와 생맥주의 시대, '청년 문화'라는 용어의 등장과 더불어 한 시대를 풍미하였고, 거기에 장발이 유행하여서 훈장 신분인 나 또한 석 달에 한 번 이발소에 가곤 하였다. 지나치게 긴 장발족과 지나치게 짧은 미니스커트 여성이 파출소(지금 '지구대')에 불려 가서 망신을 당하고 나오는가 하면 대형 카바레가 선남선녀를 유혹하는 한편 그 시대 후반 무렵부터 맥주 위주의 룸살롱이 양주 위주로 대체되려고 꿈틀거렸다. 선물의 수위도 높아져서 60년대까지는 Y셔츠·넥타이·머플러·조미료·설탕·종합선물세트 등의 품목이 위주였으나 그 후반부터 고개를 들기 시작하여 70년대 초반 후로는 금강·에스콰이어의 구두표가 가볍게 건네졌고 '마이카 시대'의 도래를 알리는 듯 70년대 말을 기준으로 대학교수 중 4분(혹은 5분)의 1 정도가 '포니'를 운전하며 출퇴근하였다. 60년대에 일본에서는 농촌에도 자가용 승용차가 가구당 1대씩 있다는 뉴스를 듣고 우리나라는 결코 그런 시대는 오지 않는다고 단정을 내렸는데 마침내 생각지도 못한 일이 벌어진 것이다.

우리 집만 해도 다른 친구들보다 여러 해 늦었지만 76~77년 사이에 놀랍게도 전화를 놓는 한편 냉장고를 들여 놓아서 이게 꿈인가 생시인가 며칠을 제정신이 아닌 상태에서 지낸 기억이 난다. 장족의 발전이었다. 물지게 지는 노역에서 해방된 것만 해도 고마운 판에 이런 복이 또 있나 싶었다. 그때 내 나이 마흔 무렵이었다.

나는 앞에서도 언명한 바와 같이 그 시대의 독재를 남 못지않게 싫어하며 거부하는 사람이다. 행동으로 맞서서 투쟁은 하지 않았으나 생각과 양심으로 강하게 배척한 사람이다. 10·26 직전 '부마사태(釜馬事態)'가 일어났을 때 한참 늦었지만 박 대통령의 자진 하야를 마음속으로 기원한 사람이다.

그러나 1970년대의 거대한 성취 또한 온전히 인정하며 그 과실의 일부를 향유한 것에 대해서 감사하게 생각하는 사람이기도 하다. 완전한 민주를 누리지 못한 불행은 있으나 많은 시민들과 함께 경제적인 혜택을 맛볼 수 있었던 것에 대해서는 고맙게 치부하는 사람이다. 독재의 타도가 쉽지 않던 시대에 민주와 경제 모두를 잃는 것보다 경제 하나만이라도 얻은 것을 다행으로 판단하는 사람이다. 민주와 경제 모두를 얻은 것보다는 못하지만 극도의 빈곤사회와 완전히 결별한 그 시대의 획기적인 도약을 목도할 수 있었던 것만은 불행 중 다행으로 간주코자 하는 사람이다. 시내 도처에 높은 빌딩이 연달아 들어서는 것을 우리나라 국운 융성의 높이로 치환시켜서 감격해 마지않던 사람이다.

1970년대를 기점으로 그 10여 년 전인 1960년대 전후에 태어난 세대들은 우리와 같은 1930년대에 출생한 세대와 함께 그 과실을 지금 누리고 있는 이상 일단 행복함을 느낄 필요가 있다. 1970년대 이전이 얼마나 견뎌내기 어려웠던 시대인가를 그들은 알고도 외면하는데 그래서는 안 된다. 내가 왜 이런 얘기를 하느냐 하면 위에서 말한 바와 같이 20세기를 전후해서 또한 20세기 초엽에 태어난 어르신들은 평생 간난(艱難)의 세월만 살다가 제대로 된 밥상 한 번 받아보지 못하고 혹은 제대로 된 의복 한 번 입어보지 못하고 대다수는 저승으로 떠났기 때문이다. 1970년대의 독재를 매도하면서 겸하여 성장을 나란히 언급한 이유가 우리 마음속 깊은 곳에 잠재해 있는 그분들에 대한 미안함이 꿈틀거리기 때문이다.

2

다시 서울시립대학 시절로 돌아간다. 그곳에 근무하는 동안 나는 비로소 편안한 생활을 할 수 있었다. 더군다나 3박 4일의 생활이 없어지고 시내버스를 타면 학교 앞까지 당도하는 일상이 그렇게 신기할 수가 없었다. 8년 반 동안 나는 '서울 출신 촌놈'이 되어 있었다. 세상은 비록 전두환 철권통치에 들어가고 사방 어디를 둘러보아도 막막하기만 하였으나 공부하고 가르치는 데는 큰 지장이 없었다. 1학기 어느 날 토요일 점심 무렵이었다. 집에(수유리) 있는데 학교로부터 전화가 왔다. 오후 2시에 긴급 교수회의가 있다는 것이다. 전 직장에서 많이 겪은 일이라 전혀 귀찮은 생각 없이 시내버스를 타고 나갔다. 학생 지도에 관한 긴급회의가 아니었던가 싶다. 회의가 시작되자 학장(김판영)이 입을 열었다. "여러 교수님들 대단히 죄송합니다. 토요일, 댁에서 쉬시거나 연구에 몰두할 시간에 이렇게 나오시라고 해서 정말 미안하기 짝이 없습니다"라고 인사말을 하는 것이 아닌가. 의례적인 인사치레가 아니라 진심으로 미안하다는 표정이 역력했다. 나는 화들짝 놀랐다. 회의가 있으면 요일과 시간을 불구하고 당연히 나와야 하는 것으로 길들어 있었는데 뭐가 죄송·미안하다는 말인가. 하나 그게 맞는 말이었다. 강원대에 있을 때의 관행적인 당연함이 사실은 당연한 것이 아니었던 것이다. 내가 태어나고 자란 서울이 얼마나 살기 편한 곳인지 새삼 절감하였다.

강원대학에서는 음력 설날 아침 9시 정각에 학생 지도 문제라고 해서 나를 부른 적이 있었다. 그때는 설날이 공휴일로 지정되기 전이었다. 새벽 시외버스를 타고 급히 내려갔다. 학교는 교교(皎皎)했다. 공식적으로 인정되지 않지만 어쨌든 겨울방학 중이고 무엇보다도 설날 명절이니 절간처럼 조용할 수밖에 없었다. 학장과(단과대학 때) 학생처장 말이 우리 과의 몇 학생의 동태가 이상하니 가정방문을 해 달라는 것이다. 명절날, 정월 초하룻날에 가정방문을 해서 학부모를 만나라고 하니 이 사람들이 정말 미쳤구나 하고 탄식을 하면서 그 반년 전 닭갈빗집에서 학생들과 모임을 가졌을 때, 문제의 발언을 한 이후라서 나를 골탕 먹이려는 것으로 간파하고 그들의 '지시'를 수행한 적이 있다. 나는 그렇다 치고 명절날에 불청객을 맞이하는 학부모의 심정은 눈곱만큼도 고려하지 않은 무지막지한 처사였다. 그렇지 않은가! 그날 차례에 나는 조상님께 절도 못했다. 늦은 아침을 남춘천역에서 겨우 찾아낸 순댓국집에 들어가 떡국 대신 해결하였다. 위에서 말한 바 있듯, 나는 전에 근무하던 직장을 나쁜 말로 깎아내리지 않는다. 거기서 인연을 맺은 동료 교수들을 욕하지 않는다. 오히려 좋은 점들을 부각시킨다. 하지만 위의 '설날 사건'만은 좋지 않은 감정으로 기억하고 있다. 그때의 학장과 학생처장을 지금까지도 유감스러운 심정으로 잊지 않고 있다. 그럼에도 나는 상술한 바와 같이 10·26 이후 학생들이 쫓아내야 할 어용교수 명단에 두 사람이 있음에도 문선재 교수협의회장을 일부러 만나 학생들을 설득하여 불미스러운 일이 일어나지 않도록 힘

쓰라고 신신당부하였다.

　같은 시대의 대학인데도 서울과 지방은 이렇듯 달랐다. 내가 자란 서울, 그 서울에서 고등학교 교사 노릇을 할 때에도 교장은 가끔 주말에 예정에 없던 교직원 회의를 소집할 때면 미안하게 생각하면서 시작했는데 하물며 대학에서랴. 같은 군사 독재 정권시대를 사는 방식이 서울과 지방이 그토록 엄청나게 달랐다.

　연구실과 집을 오가며 나는 학위 논문 준비에만 열중하였다. 외국어 시험과 종합시험은 80년 가을에 통과되었다. 내 계획은 그 2년 뒤인 82년에 논문을 제출하여 83년에 완료하려 했으나 주위에서 늦출 필요가 없다고 채근하였다. 하여, 1년을 앞당겨서 1982년 2월에 학위를 받았다. 〈처용가〉와 〈서동요〉·〈혜성가〉를 쓰는데 가장 힘들었다. 오죽해야 지금도 특히 〈처용가〉는 앞으로 누가 써도 만족할 정도로 풀리기는 어려울 것이라고 말하겠는가. 다만 이우성(李佑成, 성균관대 교수 역임) 선생과 마찬가지로 나 또한 이 노래는 신라 멸망과 관련지어서 해석함이 마땅하다고 생각한다. '문신(門神)'에 집착하다가는 본뜻에서 벗어나기 쉽다.

　방금 전에 말한 바와 같이 학교는 가르치고 공부하는 데 큰 지장이 없었으나 안으로는 부글부글 끓고 있었다. 사나운 불길은 조용히 내연(內燃)하고 있었다. 신군부를 향한 원한은 장막 뒤로 사라진 것이 아니고 급속도로 학생들의 의식과 행동 속에 스며들고 있었다. 당연한 일이었다.

　나는 문학서클의 지도교수로 위촉되었다. 현대문학 전공자가 아니라는 이유를 들어서 피하려고 하였으나 학교에서 권고하는 바람에 맡았다. 권오만 형은 학보주간을 맡아서 고생 중이었다. 1980년대에서 1990년대 초반까지 어느 대학이나 학보사 주간은 학생처장과 함께 일을 수행하기에 힘든 직책이었다. 학생들과 사사건건 대립되었기 때문이다. 그래서 교수 사회 일각에서는 관계가 좋지 않은 동료 교수에게 악담(?)으로 "학생처장이나 학보사 주간이나 해먹어라"라고 폭언을 가하는 일도 있었다.

국어국문학과가 없었던 관계로 서클 회원의 모두는 문학을 그냥 애호하는 수준의 비전공 학과의 학생들이었다. 5월 축제 기간에 도서관 앞 넓은 잔디에서 시화전을 열기로 하였다. 출품 작품을 심사하였고 그림 작업도 학생들과 함께 살펴보았다. 행사가 시작되는 당일 2시간 전 서클 대표 학생과 함께 현장에 가서 최종적으로 준비상태를 살펴보았다. 그런데 어느 한 작품이 내 눈에 잡혔다. 작품을 올려놓은 이젤 나무다리에 타이프로 친 문건이 압핀으로 꽂혀 있었다. 그 앞에 가서 보니 물론 시는 아니었고 그렇다고 감상문류의 산문도 아니었다. 약 10쪽짜리 분량의 경제 관련 시사평론이었는데 군사정권의 경제정책을 매도하는 내용이었다. 글쓴이의 학과와 이름도 밝혀져 있었다. 서클 회원은 아니었다. 시화전에 이런 괴문서(?)를 보기는 처음이었다.

즉시 해당 학생을 불러서 연구실로 함께 갔다. 현장에서 그 글을 떼게 하면 그만인데 학생이 거부하므로 면담이 불가피하다고 판단하여 가게 된 것이다.

교수와 학생이 마주 앉아서 벌인 그날의 논쟁은 소개하기에도 부끄럽고 유치한 수준이었다. 나는 그것은 시도, 문학도 아니라고 했고 79학번이던가 혹은 80학번인 그 학생은 글로 쓴 이상 내용이 경제적인 주장일지라도 엄연한 문학이라고 고집을 부렸다. 다시 나는 동양의 문사철(文史哲)의 시각으로 보아서도 그것은 문학도 아니고 문사철도 아니니 철거하라고 지시하였다. 한 시간이나 걸린 당대의 황당한 문학논쟁은 결국 학생이 자기주장을 철회하고 나에게 사과하는 것으로 끝났다. 시대에 대한 자신의 뒤틀린 속내를 털어놓으면서.

시화전 이후 그해 가을에는 〈문학의 밤〉 행사가 있었다. 소강당이 만원일 정도로 성황을 이루었다. 학장을 비롯해 교수들도 20명가량 참석했다. 그 대학은 그만큼 인문예술 분야에 목말라 있었다. 그러기에 여러 학과 교수들도 참석한 것이다. 그런데 문제는 시·산문의 질과 내용이었다. 요컨대 문학으로 간주하기가 어려울 정도로 모두가 정치적인 구호로 되어 있었다. 지도교수가 손볼 수도 없으리만큼 학생들은 과격했고, 그들 마음대로였다. 그날 나는 참으로 입장이 난처했다. 그러나 선생들은 나를 이해해줬다.

나는 그때 확실히 보았다. 5·18이 지난 지 1년, 폭압통치 때문에 세상은 표면상 잠잠한 듯하였으나 불씨는 점점 살아나고 있는 무서운 움직임을. 그 장면 속에는 현실에서 통하는 일체의 규정·상식·논리는 무참히 파괴되고 저들이 새로 만들어낸 초논리적인 이념과 이데올로기가 숨어서 저항의 큰 몸짓을 준비하고 있음을. 전두환 일파가 저지른 역사적인 과오는 후일 일부 극렬 좌파·좌익세력에 의해서 이 나라의 국체마저 부인당하며 흔들리는 단초가 되었다. 그 싹이 그때 돋아나고 있었다.

5. 1960년대~1980년대 초 대학과 범국문학계, 그리고 고대국어국문학연구회

저 위에서 나는 1950년대 중반에서 1960년대 초까지의 대학 사회와 고전문학계의 몇 모습을 기술한 바 있다. 이제 이를 이어받아 1960년대 초·중반부터 1980년대 초까지의 양상을 간추리기로 하겠다. 고려대 국어국문학 연구회(현 민족어문학회 전신)의 대표직을 맡은 일도 겸해서 적기로 한다.

대학의 규모는 서울의 경우 유신정권 말기까지 주춤하는 현상을 보여주었다. 대신 지방대학을 육성하는 데 중점을 두었다. 수도권의 인구를 억제하고 지방대학을 키워야 대학의 균형적인 발전을 기약할 수 있다고 정부는 판단하였다. 때늦은 감은 있으나 옳은 방향의 전환이었다. 이에 따라 서울 소재 대학의 입학정원은 동결되다시피 하였고, 그와는 달리 지방의 국·사립대학의 학생 수는 매년 괄목할 정도로 늘어났다. 여기까지는 좋았다. 문제는 양적 팽창과 함께 질적으로도 개선되어야 마땅한데 그 점에서 부족하였다. 학생 수만 늘린다고 해서 지방대학이 성장하는 것은 아니다. 여러 방면으로 내실을 다져야 제대로 된 성장이라고 할 수 있다. 그렇지 못한 결과로 지방의 우수한 학생은 계속해서 서울로 올라왔다. 그때 만약 미국이나 일본처럼, 그리고 1980년대 중반에 우리나라의 포항공대 경우처럼 문교 당국이 국가의 명운을 걸고 각 도에 하나씩 있는 국립대학만이라도 집중적으로, 실로 경천동지할 정도로 투자하여 육성하였다면 오늘날까지 계속되는 서울 소재 대학의 편중 현상은 불가하였으리라고 헤아려진다. 지방의 우수한 학생을 그 지방대학에서 잡아 놓을 수 있는 교육정책이 뚜렷하게 있어야 하는 것인데 그런 점은 별로 없이 입학정원만 늘리는 데 치중함에 따라 모처럼 계기를 잡은 지방대학 육성책은 빛을 보지 못하였다. 이렇게 비판하면 문교 당국은 그게 말처럼 쉬운 줄 아느냐고 반론을 제기할 것이다. 그러나 나는 단언컨대 지방대학의 인재육성 정책을 '국운'을 걸고 추진해야 성공할 수 있는 거대 국책(國策)인 바 그런 각오로 해야만 결실을 맺을 수 있는 것이라고 되받아치는 바다. 건방진 얘기지만 내가 대통령이고 문교장관이었다면 어떤 어려움이 있더라도 기어이 해 놓고 말았을 것이다.

  1980년 신군부가 들어서면서 전국의 모든 대학은 갑작스러운 변화를 맞게 되었다. 대학 진학을 희망하는 고교 출신 학생 수가 엄청나게 많아져서 입시전쟁을 치르는 학생과 학부모의 고통을 간파한 저들은 서울과 지방, 국립과 사립대학을 가리지 않고 모든 대학의 입학정원을 강제로 늘려 놓았다. 해당 대학의 희망 여부와 관계없이, 심한 경우는 증원을 원치 않는 대학에까지 무조건 신입생을 많이 뽑게 하였다. 서울 소재 어느 대학은 종전의 정원보다 거의 배에 가까운 수를 선발토록 하였다. 학교의 수용시설도 고려하지 않고 그랬다. 입시전쟁에 시달리던 학생과 학부모의 갈증을 풀어주려는 인기영합 정책의 일환이었음은 두말할 나위도 없다.

정권을 잡은 사람들의 이러한 횡포는 다시 지방대학의 상대적 위축과 서울 및 수도권 대학의 거대화로 귀결되어서 오늘에까지 이르게 되었다. 준비와 계획도 없이 대학을 좌지우지하는 그때의 그 광경은 대학인 모두를 어리둥절케 하기에 충분하였다.

그렇다고 긍정적인 점이 전혀 없었던 것은 아니다. 그 이전까지 학문 전 분야에 걸쳐서 적체되어 있던 강사들이 뜻밖의 기회를 만나 전임교수로 다수 진출된 점은 그나마 다행스러운 일이다. 그 과정에서 특정분야는 자격미달의 사람이 전임으로 임용되어서 뒷말이 많았으나 전반적으로는 신규 전임교수가 대거 확충된 것은 잘된 일로 보아야 한다.

또 하나 긍정적인 측면은 그 직전부터 대학교수의 학문적인 연구열기가 점진적으로 상승곡선을 긋기 시작하였는데, 그때 신진교수가 합류함에 따라 좀 더 활기를 띠었다는 점이다. 1960년대 말~1970년대에 실시된 교수의 논문 제출 의무 제도는 초기에는 형식에 흐른 감이 없지 않아 있었으나 시간이 흐름에 따라 점차 정착되어서 어느 정도 효과를 얻기에 이르렀다. 여기에 신규 교수가 다수 임용됨을 계기로 더욱 뿌리를 내렸다고 평가할 수 있다. 그때 마침 각 대학마다 각종 연구소를 설립하여서 연구 환경을 북돋운 것도 기록으로 남겨둘 만한 일이었다. 그것도 무슨 경쟁이라고 대학마다 연구소를 세우는 바람에 한때 유행으로 끝난 흠이 있고, 또한 연구소 간판만 내걸고 학교의 지원이 없어서 얼마 가지 않아 이름뿐인 연구소로 남은 것이 태반이었으나 사람에 따라 관점에 따라 평가가 다르겠지만 1970년대 말과 1980년대 초를 계기로 대학의 연구 풍토가 크게 호전된 것만은 부인할 수 없다. 대학의 거대화로 인해서 얻은 가장 값진 열매라 하겠다.

대학이 커지고 시설이 따라가지 못하는 형편이었으니 캠퍼스는 장바닥을 방불케 하였다. 조용한 분위기는 찾아볼 수 없고 늘 북적거리며 부산하였다. 지금의 어수선한 캠퍼스 환경이 그때 조성되었다고 보아 큰 잘못은 없다.

교수의 평준화가 그때부터 본격화되었음을 또한 간과할 수 없다. 1970년 이전까지만 해도 서울의 유수한 몇 대학에 명망 높은 교수가 몰려 있었으나 대학의 수가 늘어나고 학생의 수가 팽창되면서 실력은 있으되 자리를 잡지 못했던 신진 학자들이 여러 대학에 고루 취직이 되기에 이르렀고 그래서 교수의 평준화가 어느 정도 실현되었다. 아주 좋은 현상으로 간주함이 마땅하리라.

그런데 교수의 권위는 예전과 같지 않았다. 재직교수가 많아지니 자연 희소성이 떨어질 수밖에 없었으리라. 그런 이유 이외에도 교수 개개인이 교수직을 학자와 교육자로만 인식하지 않고 일개 전문 직능인으로 치부하는 경우가 많아져서, 또는 일부 소수이기는 하나 관변(官邊)과 결탁하여 여러 모양의 대외 활동을 하는 예도 있어서 이른바 고상한 교수상은 상당히 훼손되었던 것도 사실이다. 사정이 이러니 학생들 또한 교수를 존경하는 마음의 자세가 급격히 줄어들어서 내가 대학을 다닐 때와는 비교가 안 될 지경에까지 이르렀다. 요즘보다는 낫지만 그 전보다는 훨씬 못하였다. 따라서 사제 간의 간격은 이때부터 멀어지기 시작하였다고 보아야 한다.

유신통치하의 대학, 그리고 긴급조치발동과 휴교. ― 이것이야말로 1970년대 한국의 대학이 겪었던 가장 특징적이고 비극적인 모습이었다. 1960년 4월 혁명 이후 오늘에 이르기까지 45년 동안 학생 데모가 없었던 해는 내 기억으로는 1962년 한 해뿐이었다. 5·16 직후여서 학생들이 운신조차 할 수 없었기 때문이다. 그해를 제외하고는 어느 한 해 조용할 때가 없었는데 특히 유신시대의 학생 데모는 그 이후 1980년대 민주화 투쟁과 함께 가장 극렬하였다. 서울 소재 몇 대학이 늘 앞장을 섰는데 최루탄과 투석이 난무하다가 조금 심해지면 즉시 긴급조치가 발동되어 학교의 문을 닫고 일정 기간 수업이 전폐되는 일이 수시로 일어났다. 참혹한 시대였다. 나라와 대학의 앞날을 걱정하는 소리가 여기저기서 들렸다. 국력은 소모되고 학생들은 수도 없이 희생되었다. 대학사에 비극적인 모습으로 뚜렷이 기록될 시대였다. 1980년대 민주화 투쟁과 더불어 잊을 수 없는 비참한 시대였다. 하지만 정권은 유한하나 대학은 영원한 것임을 입증한 그러한 시대이기도 하였다. 그런 혼란과 위기 속에서 강의는 중단되었을지라도 학문 연구는 휴면(休眠)하지 않고 꾸준히 살아 움직였음은 그나마 천만다행이었다. 데모를 주동하던 이른바 운동권 학생들. 지금 50대 초·중반의 세대들. 그들은 그토록 사생결단으로 항거하였으나 오직 자유민주주의와 장기집권반대 그리고 인권의 회복만을 외쳤을 뿐, 사상적으로 좌경화하지 않았던 것도 천만다행이었다. 그만큼 그때의 학생운동은 순수했다. 당시의 운동권 학생 중 극히 일부가 지금 좌파로 행동하지만 다수는 그렇지 않다.

이제 고전문학계를 말할 차례가 되었다. 앞 시대와 마찬가지로 학계의 중심에 학문 2세대가 좌정해 있었다. 그분들에 의해서 고전문학과 유관한 학회가 여럿 생겨났다. 그리고 한동안 그분들이 이끌어갔다. 앞 시대와 마찬가지로 주석과 고증, 이본 연구, 배경 연구가 계속 중요 과제로 이어졌다. 이런 현상만을 놓고 보면 연구방법에 큰 변화가 없었다고 볼 수 있다.

하지만 유사한 연구일지라도 그 전과는 심도 면에서 큰 차이를 보여

주었다. 예컨대 이본연구나 작품의 배경론만을 놓고 볼 때 이 시대의 연구는 천착해 들어가는 점에서 상당한 진경을 보여주었다. 특히 학문 2.5세대와 3세대가 학계의 새로운 세력으로 그 입지를 굳히면서 더욱 돋보이기 시작했다. 선행 연구를 계승하되 틀린 부분을 찾아내어서 바로잡고, 또한 새롭게 고증하면서 텍스트 해석의 지평을 넓혀 갔다.

국문학 연구의 여러 방법론이 본격적으로 소개되고 원용되기 시작한 것도 이 시기였다. 신화학·민속과 종교학, 불교 및 유교철학, 정신분석학, 역사학, 문예미학, 구조주의 등 다양한 접근론이 적용되면서 똑같은 하나의 작품도 여러 가지 모양으로 해석되었다.

나는 이 시대의 고전문학 연구가 국문학 연구사상 거의 처음으로 개별 작품 중심의 연구, 심도 있는 분석학에 의한 연구가 시도된 때로 보고 있다. 물론 그 이전 시대인 1950년대와 그보다 이전에도 그러한 논의가 없었던 것은 아니나 그것은 여명기에 해당되는 것일 뿐, 적극적이고도 본격적인 연구는 1960~1980년대 전후로 이루어졌고 착근되었다고 판단한다. 어느 한 작품의 어느 한 국면을 천착하고 세밀하게 분석하는 작업을 통해서 연구자들은 보람을 느꼈다. 그렇게 하는 것이 연구의 본령으로 생각했다. 주제를 넓게 잡지 않고 되도록 좁게 잡아서 파고 들어간 결과 얻어낸 성과가 꾸준히 축적되면서 차후 텍스트와 장르 성격 규정의 초석이 된다는 의식이 그때 싹트기 시작하였다. 이런 점에서 고전문학연구사에 이 시대는 특기될 만한 시기였다.

고전 소설이든 고전시가이든 귀중한 자료가 그 수를 헤아릴 수 없으리만큼 지속적으로 발굴되고 학문적으로 조명되어서 국문학사를 새로 써야 할 일이 번다하게 일어난 일도 또한 기록으로 남겨 두어야 할 것이다.

간행된 저서의 수만 놓고 볼 때에도 이 시기는 기록할 만한 시대였다. 저 위에서 잠시 언급한 기억이 나지만 내가 대학에 재학 중이던

1950년대와 대학원 재학 중이었던 1960년대 중·후반까지만 해도 국문학 관련 단행본은 개론서까지 포함하여 얼마 되지 않았다. 국어학 ― 고전문학 ― 현대문학의 책명을 모두 외울 정도였다. 그러던 것이 이 시기 15여 년 동안 출판된 학문적 성과는 그 이전에 나온 책의 수십 배가 될 정도로 급격히 증가하였다. 이렇게 된 데에는 그만한 배경이 있었다. 요컨대 연구 인력이 전과 견주기 어려울 정도로 늘어났음을 꼽지 않을 수 없다. 2.5세대와 3세대의 연구자는 그 수가 수백 명에 달했고, 대학원 박사과정의 문호가 개방됨에 따라서 재학 중이거나 갓 졸업한 후속세대의 학문적 활동이 또한 볼만하여 그들 젊은 30대 초반 학구들에 의해서도 저서가 간행되었다. 그만큼 학계는 풍성하였다. 뿐만 아니라 위에서도 언급한 바와 같이 다양한 방법론에 따라 작품이 해석되면서 하나의 텍스트나 동일한 장르를 놓고 여러 단행본이 다투어 저술되니 저간의 사정을 충분히 짐작할 수 있을 것이다. 저서가 아닌 논문도 학회지나 전국 각 대학 국어국문학과에서 펴낸 학술지에 게재됨에 따라 그 수를 헤아릴 수 없게 되는 지경에 이르렀다. 관점에 따라 평가가 다를 터이지만 거듭 말하거니와 나는 이 시기를 국문학 연구가 시작된 1920~1930년대 이래 최초로 맞이한 번창기로 보고 있다. 양이 많으면 태작도 있기 마련이지만 또 한편 양이 많으니까 질 좋은 논저도 적지 않게 산출되었다는 점을 나는 상기코자 한다.

이 시기, 좁혀서 말하자면 1975년 전후의 또 하나 특기할 사항은 한국한문학의 연구가 본격적으로 닻을 올렸다는 사실이다. 그 이전까지는 위에서도 말한 바처럼 외면 또는 푸대접을 받던 한문학이 학계 인사의 자각에 힘입어 강독과 번역의 차원을 뛰어넘어 연구의 대상으로 떠올랐다. 학계의 경사가 아닐 수 없다. 이를 주도한 인사는 역시 국문학 2세대, 그분들이 '한국한문학회'를 만들어서 후학들을 끌어 모으고 학회지를 발간하는 것을 계기로 연구는 활기를 띠었다. 3세대 학자들이 가세하여서 중심 역할을 담당하였고 논문도 주로 그들에 의해서 발표되었다.

요컨대 한문학을 포함한 고전문학계는 이 시대에 이르러 2세대가 선두에서 이끌었으되 그 복판에는 2.5세대와 3세대가 중추 역할을 하면서 후속세대를 육성하던 시기라 하겠다.

이참에 고려대 국어국문학연구회(현 민족어문학회)에 관해서 기록하기로 한다. 위에서도 언급한 바와 같이 연구회가 창립된 것은 1962년이었다. 내가 육군 병사로 전방에서 고생할 때였다. 모교의 여러 선생님과 당시의 대학원생이 합심하여 출범시킨 학회이지만 특히 초대 회장인 송민호 교수의 노력이 컸던 것으로 안다. 그분은 국문과 1회 졸업생으로서 우리가 학부를 졸업한 후에 모교의 전임교수가 된 분이다. 전공은 개화기 소설 연구. 당시만 해도 고전 또는 현대문학 양쪽에서 푸대접을 받던 변두리 격의 분야였으나 그 후 얼마 가지 않아서 점차 각광을 받기 시작하여 오늘날에는 다수의 젊은 연구자들이 관심을 가지고 천착하는 학문이 되었다. 내가 보기에도 이 시기의 소설이나 시가는 범상하게 보아 넘길 문학이 아니다. 일종의 교량기 문학으로서 고전문학 쪽에서나 혹은 현대문학 쪽에서나 모두 중히 다루어서 그 역사적 의의와 가치를 계속 규명해야 한다고 본다.

송 선생의 저서 『한국 개화기 소설의 사적연구』는 1975년경에 나왔는데 요컨대 역저(力著)다. 비슷한 시기에 이재선(서강대) 교수의 유사한 저작물도 나와서 그 책도 읽었다. 송, 이 두 분의 개화기 및 신소설 연구는 쌍벽을 이룬 그 분야 초기의 성과물로 기록될 만하다. 송 선생의 저서는 한 학기 채택하여 강의한 바 있다.

송 선생의 성품은 온화하다. 다만 늦게 전임교수가 되는 바람에 학문적인 업적을 더 쌓지 못하였는데 그 점이 아쉽다. 하지만 위 책 한 권만으로도 그는 연구사에 이름을 뚜렷이 올렸다고 나는 생각한다. 나에 대한 그분의 애정도 잊을 수 없다. 내 나이 20대 후반 무렵부터 나의 신상에 대해서 늘 염려해 주었다. 한때는 나를 모교 전임교수로 이끌고자 추진하였으나 성취하지는 못하였다. 성취 여부를 떠나 감사해야 할 일이 아닌가. 그분이 학회 초대 회장일 때 대학원 석사과정 졸업자와 재학 중인 학생은 수 삼십 명 정도, 지금과는 비교하기조차 어려우리만큼 '소수'였을 때였다. 이들이 연구회 초창기 얼굴들이었는데 학회지 창간은 후일에 있었던 일이고 주로 가졌던 학회 행사는 연구발표회다. 이것 말고 송 선생께서 의욕적으로 추진했던 사업은 '국어국문학 논쟁집' 발간이었다. 왜정 때부터 신문, 잡지, 소수의 학술지를 통해 학자 또는 문인들이 논쟁한 글을 모아 책으로 펴내어서 학계에 자료집으로 남기고 또 그렇게 해서 받는 인세로는 학회 운영에 보태자는 취지였다. 요즘 같았으면 쉽게 마무리되었을 터인데 그때는 회원수가 극히 적고 모두 다 직장 생활을 하고 있었던지라 중간에 불발로 끝나고 말았다. 누구보다도 회장인 송 선생께서 아쉬워했던 모습이 지금도 선하다. 첨기한다. 2014년 5월 말, 서종택 교수와 함께 선생의 묘소를 참배하였다.

  2대 회장은 박병채 교수, 국어국문학과 2회 출신이다. 술을 워낙 잘하셔서 이름처럼 '병채로 마신다'는 말이 나올 정도였다. 단구(短軀)인데 학문 연구에 열정적이어서 주로 중세 국어 연구에 많은 업적을 남기셨다. 이분도 나를 어떻게 보았는지 아껴주셨는데 내가 대학원 재학 중에는 전공 분야로 국어학 연구를 권하였다. 무슨 방법을 써서라도 졸업 때까지 장학금을 마련해 줄 터이니 국어학 쪽으로 오라는 것이다. 결국 나는 국어학에는 흥미도 자신도 없어서 선생의 뜻을 따르지 않았다. 나중에 알고 보니 나에게만이 아니라 몇몇 후배들에게도 권하였다는 말을 들었다. 그만큼 자신의 학문에 애착을 가지고 후학들을 이끌고자 한 분이다.

그분을 모시고 술도 자주 마셨다. 주량도 대단하거니와 가양주(家釀酒)도 여러 종류를 담가 즐기던 분이다. 돌아가시기 불과 1년 전 송민호 선생 고희 기념 논문집 봉정식에서 같은 테이블에 그분과 함께 앉았는데 맥주를 마시는 나를 보고 "박 선생, 술 좀 해"하시기에 "지금 하고 있지 않습니까"라고 응답하니 "맥주가 어디 술이야? 양주를 해야지" 하는 것이었다. 그 후 얼마 가지 않아서 췌장암으로 별세하였는데 역시 과음이 원인이었다. 올해(2014) 가을에 선생의 묘소도 서종택과 참배하였다.

그분이 회장일 때 나는 간사였음은 위에서 말한 바 있다. 이때에 업적으로는 역시 『어문논집』의 창간이다. 이 일을 간사의 신분으로서 내가 실무를 담당하여 마무리한 것을 지금도 보람으로 생각한다. 연구회답게 학술지를 꼭 만들어야 한다는 것이 그분의 집념이었다. 그 무렵 각 대학에 국어국문과 학부 및 대학원 중에서 정기 학술지를 펴낸 대학은 내가 알기로 전국에 걸쳐 불과 다섯 대학 정도, 아니면 그 미만이었다. 따라서 『어문논집』은 이른 시기에 대학의 국어국문학 학술지였다.

이 시기를 계기로 고려대 국어국문학과의 학풍은 비로소 착근되었다고 해석해야 한다. 국문학과가 창설(1946)된 지 15년 남짓 만이다. 그사이 6·25사변이 일어나서 어느 대학이나 학문 연찬이나 학회 활동이 제대로 될 수가 없었고 연구의 방향도 잡기가 어려웠던 것이 사실이다. 그러다가 1960년대 초반에 이르러 서울대·고려대·연세대 등 앞서 나가던 몇 대학이 학풍 수립에 역점을 두었고 공부하는 분위기를 마련하여 발표회라는 것도 개최하고…이래서 기틀을 마련해 나갔다. 고려대 경우는 이상할 정도로 고전문학 전공자의 수가 많아서 초기에는 그들이 중심 세력을 이루었다. 어느 학문 분야든 배경 연구, 원전 연구, 작가론, 텍스트 주석의 기초적인 연구가 주류를 이루었다.

그 뒤 모교의 전임교수 몇 분이 2년 임기의 회장직을 더 맡았다가

6대(?)부터 고려대 출신으로서 외부 타 대학의 전임교수로 나가 있는 사람이 회장직을 맡게 되는 일대 전환기가 찾아왔다. 모교 재직 교수들의 합의된 의견이었다. 이래서 그 첫 번째 직책을 맡은 학형이 진동혁 교수다. 그때 나는 그의 강권을 뿌리치지 못하고 재차 간사직을 맡아서 함께 일했다. 진 형은 누구나 다 인정하는 뼈대 있는 호인, 위에서도 말한 바와 같이 묻혀 있는 국문학 자료집 발굴에 큰 공을 세운 분이다. 연구회 일에도 보통 열성적이지 않았다. 1970년대 초반이었으므로 대학원 졸업생도 다소 늘어나서 그들이 신진 학구로 활동하였고 재학생 수도 전보다 많았을 뿐만 아니라 박사과정의 문호도 전면 개방되기 시작하던 초기라서 학회 운영이 그전보다 더욱 활성화되었다. 연구발표회가 정례화되었고 『어문논집』도 꾸준히 나오면서 회원들의 논문이 많이 투고되었다. 그가 회장으로서 남긴 업적의 가장 큰 것은 연구회기금의 조성이었다. 학회지 한 번 내려면 비용이 적지 않게 들었다. 활판인쇄 시대이니 컴퓨터시대의 지금과 견줄 수도 없을 때였다. 매번 회원들의 회비를 힘겹게 갹출하여 발행하는 일도 한계가 있는 것, 그래서 모교 교수를 비롯해 대학원 재학 이상의 모든 회원들이 기금 마련에 나섰다. 그 결과 조그마한 단독주택을 구입할 만한 금액을 모았다. 그때는 부동산 가격이 널뛰기하던 시대가 아니었다. 초기에는 그 이자에다 회원들의 연회비를 보태서 전보다 쉽게 발행하였다(그때 이자율은 지금보다 훨씬 높았다). 그러나 물가 인상이 워낙 심한 때라서 어렵게 마련한 그 기금이 10년도 못 가서 바닥이 난 것으로 기억하고 있다. 아쉬운 일이지만 어쨌거나 그런 활기찬 한 시대가 있었음은 연구회 역사에 기록으로 남길만한 일이 아닌가 싶다.

그의 뒤를 이어 내가 회장직을 맡았다. 송민호 선생의 적극적인 추천이 있었고 회원들도 동의하여 나는 중책을 맡게 되었다. 생각지도 않은 일이었다. 1974~1976년, 2년 동안 일을 하였다. 학회의 규모도 날로 커져가서 간사로 오탁번, 서종택 두 학형이 수고한 것은 확실하고 다른 한 사람도 동참했지 않았는가 싶다. 진동혁 전 회장 때 모은 기금은 만약의 사고를 미리 방지하기 위해서 모교 학과장의 공금통장에 입금시켜 놓고 필요할 때에 찾아 쓰는 것으로 하였다.

기억에 남는 것으로는 외부 인사를 초청하여 발표회를 자주 가졌다는 점이다. 「국문학사를 어떻게 쓸 것인가」라는 주제를 내걸고 백철(白鐵, 중앙대 교수 역임, 작고), 김동욱(작고), 장덕순(작고), 김윤식(서울대 명예교수) 등 제씨를 초빙하여 합동 발표회를 성황리에 열었다.(혹시 진동혁 회장 때가 아닌지? 그때 나는 간사였으므로 기억에 혼란이 있을 수 있다)『조선일보』학술 면에 이에 관한 요약문이 크게 보도되기도 하여서 고려대 차원을 넘어 국문학계의 이목을 끌기도 하였다. 그 외 박이문, 정신분석학자 이부영(李符永) 교수 등을 초청하여 정례 발표회에서 회원의 논문발표와 함께 좋은 얘기를 듣도록 주선한 일이 기억에 새롭다.

『어문논집』을 통한 학술 활동은 물론, 회원 개인별로 이 무렵에 단독 저서가 나오기 시작한 것도 특기할 만한 일이다. 그만큼 연구의 성과가 축적되기 시작하였다는 것이다. 실로 장족의 발전이었다. 내가 한 일 중에서 또렷하게 생각나는 또 하나는 회칙을 개정하여 연구회에서 동창회, 곧 교우회의 성격을 분리시켜 별도의 기구로 출범케 하였다는 점이다. 연구회 창립 이후 그때까지 동창회에서 할 모든 일, 예컨대 국어국문학과 졸업생 신년하례회, 각종 축하회, 야유회 등을 명색 학술기관인 연구회에서 담당하였다. 초기에는 어쩔 수 없었으나 1974년경이면 정비할 시기가 되어서 임원회의를 열어 회칙을 개정하여 통과시켰다. 그러나 유감스러운 것은 그 기구의 초대 회장은 당시의 연구회 회장인 내가 지명하게 되어 있어서 이기서학 형에게 부탁하였으나 그가 끝까지 고사하여 임원 구성도 못하고 불발로 끝나고 말았다. 그 10여 년 후인 1986년에 가서야 누군가가 주동이 되어 '고려대학교 국어국문학과 교우회(약칭 高國會)'가 결성되었다. 늦었으나 잘된 일이다. 오늘에 이런 사실을 아는 사람은 이젠 거의 없다.

1970년대 중반 무렵이면 고대 국어국문학 연구회는 고전문학뿐만 아니라 현대문학 전공자도 계속 늘어나서 균형을 이루었고 소수의 한문학 전공자가 나타나서 두각을 나타내기 시작했다. 물론 국어학 전공자도 학문 연구에 열성적이었으나 워낙 어렵고 정을 붙이면서 공부하기에 힘든 분야인지라 인원수가 적은 것이 문제였다.

나는 저 위에서, 곧 내가 학부를 졸업할 때(1960), 바꿔 말하면 대학원 석사과정에 입학할 무렵(1961)에 고려대 국어국문학과의 학풍에 관해서 단편적으로나마 언급하고자 하였다. 그러나 생략하였다. 아니 그렇게 말하기보다는 쓸 수가 없었다고 진술하는 것이 온당한 말일 것이다. 학풍 운운하기에는 너무나 미흡하고 부족한 시절, 학회도 없었고 그렇다고 몇 선배를 제외하고는 학문에 진력하는 분위기도 조성되어 있지 않은 6·25 직후의 시대, 그러므로 학풍을 놓고 운위할 게재가 아니었다.

그러나 1960년대 초반 이후로는 학풍이 서서히 정립되어가는 것을 느낄 수 있었음을 증언한다. 지금까지 기술한바 연구회 창립 — 학회지 창간 및 유수한 인재의 대학원 진학 — 개인별, 또는 학회 차원의 치열한 연구 활동 — 저서 출판, 그리고 1970년대 초반부터 시작된 졸업생의 모교 및 외부대학 전임교수로 다수 진출하는 열기를 타면서 고대 국어국문학연구회와 회원들은 학계의 주목을 받게 되었다. 그 성취도가 해를 거듭하면서 괄목할 정도여서 오늘날 어느 분야를 막론하고 학계의 선도 중심 세력의 하나로 부상하기에 이른 것이다. 학문 방법이나 학풍은 재언할 필요도 없이 전국 국어국문학계의 전반적인 경향과 늘 함께하고 있는데 선도 중심 세력 운운한 발언을 상기하면 그것은 지극히 당연한 결과라고 진단한다.

10장

한양대 교수 시절의 긴 행로

한양대 교수 시절의
긴 행로

1. 부임 직후 '고려가요' 연구 시작/ 김성식 선생과 정기적인 만남

1) 권오만·성기철 학형

서울시립대학에서 나는 겨우 한 해 동안 근무하는 것으로 마감하였다. 예상했던 일도 아니고 원했던 일도 아니었다.

저간의 경위를 요약하면 이렇다. 한양대 국어국문학과 이종은 선생에게서 전화가 온 것은 1981년 12월 말경, 시립대학에 부임하여 두 학기를 마친 직후였다. 기대하지 않던 전화였다. 요지는 한양대학으로 오라는 것이었다. 뜻밖이었다. 이 선생의 부연 설명인즉, 그 전 해에 총장의 결재를 얻고서도 나를 초빙하지 않은 것은 그때도 밝힌 바와 같이 같은 강원대에서 최철 형과 나를 함께 부르는 것이 무리한 일인 것 같아서 1년 유보시킨 것뿐인데 왜 기다리지 않고 그사이에 시립대로 옮겼냐는 것이다. 다시 듣는 그 설명도 뜻밖이었다. 1년 유보는 곧 완곡한 거부로 알고 자리를 옮겼다고 하니 이 선생은 전혀 그렇지 않다고 하면서 학교 당국과도 얘기가 다 되었으니 새 학년도에는 같은 직장에서 일하자고 나를 달래는 것이었다.

겨울밤에 약 30분쯤 통화한 것으로 기억난다. 나는 불가함을 분명히 밝혔다. 첫 통화는 이렇게 끝났다. 단단히 마음의 문을 닫고 있었는데 이 선생으로부터 다시 전화가 왔다. 나에 대한 선취권(?)은 한양대학에 있다는 논리를 펴면서 나의 고충도 충분히 이해하나 큰 대학에 와서 가르치고 연구하는 것이 여러모로 유리하니 생각을 바꾸라는 것이었다. 그러면서 박 선생 당신이 난처하고 괴로우면 자신이 일체의 사무 처리를 대행하겠다고 하는 것이었다. 그 마음 씀씀이도 진심으로 고마웠다. 내가 도대체 뭐길래 저렇듯 정성을 쏟는 것인가. 일이 이쯤 되니까 완강하던 나의 결심도 무너져갔다. 여러 날 동안 고심하였으므로 피곤하기도 하여 나는 그만 "마음대로 하세요"라고 반승낙을 하고야 말았다. 그러나 그 말속에는 고백건대 한양대로 내 마음이 거의 기울어져 있으니 데려가 주세요라는 함의가 내포되어 있었다.

일은 빠르게 진행되었다. 그 어간에 나는 권 형에게 이 사실을 알리고 이해와 용서를 빌었다. 예상했던 대로 그는 여러 가지 이유를 들어서 나의 한양대학교행을 막았다. 며칠 뒤에는 한국사 교수인 이존희(李存熙, 서울 시립대 명예교수, 서울시사편찬위원장) 형도 만류하였다. 같이 오순도순 살자고 내 손을 붙잡았다. 그때 나는 6년 동안 단주했던 술을 다시 시작했다. 심적인 갈등과 괴로움을 주체하기가 힘들었기 때문이었다. 저쪽에다 마음대로 하라고 했지만 아직 시간이 있었으므로 다시 가지 않기로 나 혼자 생각을 고쳐먹기도 했다.

그러나 한양대에서의 진행 과정은 생각보다 훨씬 빨랐다. 처음 그런 말이 오가기 시작한 지 불과 보름도 되지 않아서 내가 그곳에 부임하기로 최종 결정되었다는 통보가 왔다. 그로부터 하루도 지나지 않았는데 이 소식이 어떤 경로를 통해서인지 학장에게도(당시 서울시립대는 종합대학이 되기 이전이었다) 알려졌다. 미안한 마음 이루 형용할 수 없었다. 학장의 전화를 받고 학교에 나간 나는 그분의 간곡한 만류에 부닥쳤으나 시립대학에 오기 전부터 있었던 일을 숨김없이 설명한 후 일이 이렇게 된 이상 옮기는 일이 불가피하다는 점을 말하였다. 대단히 죄송하다는 뜻을 표했음은 물론이다.

　학장실에서 나온 나는 권 형과 다시 만나 나를 나쁜 친구로 알고 양해해 달라고 머리를 조아렸다. 그도 상황이 돌이킬 수 없음을 알고 서운한 표정을 지으면서 내 손을 잡아 주었다. 그는 장자지풍(長子之風)이 있는 친구, 내가 지금까지 살아오는 동안 이런 친구를 만난 것을 늘 복으로 생각하고 있다. 영국에 가 있는 성 형에겐 곧 장문의 사과 편지를 보내기로 하였거니와 그 또한 신사요 양반으로서 참으로 벗할 만한 군자였다. 이처럼 만나기 쉽지 않은 친구들에게 등을 돌리며 몹쓸 짓을 하는 나의 마음은 괴로움 그 이상이었다. 저녁 무렵 겨울 방학 중이라 조용하기 그지없는 학교 문을 나선 권 형과 나는 대폿집에 가서 1차를 한 뒤 거나하게 취해서 다시 권 형 집으로 가, 이존희 형을 오게 하여 새벽까지 대취토록 마셨다. 그 두 친구와 술을 한 것은 그때가 처음이었다. 그렇게 해서나마 마음을 달래야 했었다. 그들 또한 정이 가득 담긴 전별주를 권하면서 나의 행운을 빌어 주었다. 2월 하순경 학장은 나와 권 형을 불러 일식집에서 점심을 냈다. 욕을 해도 시원치 않거늘 나를 위해 전별의 자리를 마련해 주다니 감격지 않을 수 없었다. 세상에는 이런 너그러운 사람도 있었다. 나는 지금까지 그들에게 빚진 기분으로 살아오고 있다.

　권오만 형의 호는 이촌(二村), 하늘 아래 두 번째 동네 사람으로 자임한다는 뜻이다. 첫 번째가 아닌 두 번째임을 자임함에서 그의 겸손함을 접할 수 있다. 이렇듯 의미심장한 호이지만 실은 그가 시내 동부(혹은 서부?) 이촌동에 거주할 때 동명(洞名)으로 인하여 자호(自號)한 것이니 발상의 연원은 범상한 것이다. 내가 이를 듣고 '以村'으로 앞 글자 하나를 바꾸라고 권유하였으나 그는 고집을 꺾지 않았다. 촌사람처럼 질박하게 우직하게 사는 그의 모습에 '以村'이라는 별호가 어울리기 때문이다. 어쨌거나 '一村'이 아닌 '二村'이든 또는 '以村'이든 모두 그에게 딱 맞는 호임에는 분명하다.

그는 덕성스러운 벗이다. 그릇이 큰 인물이다. 정과 사랑이 넘치는 인물이다. 사려 깊고 판단력이 분명한 지성인이다. 교언(巧言)과는 거리가 아주 멀고 어눌하며 말이 느릿느릿하여 듣기에 늘 갑갑하거니와 그러므로 그는 인자(仁者)임을 나는 확신한다. 이런 연고로 나의 둘째 자식 정규(定圭)의 혼사 때 다른 친지들 다 제쳐 놓고 그를 주례로 모셨던 것이다. 그의 품성을 내 아들도 닮고 그의 바른 세상살이를 신혼부부가 본받기를 원했기 때문이다. 시립대를 떠난 지 10여 년 뒤의 일이다.

정년퇴임 이후 그가 '서울'과 관련된 시를 분석한 책 두 권을 펴내어서 학계와 시단으로부터 호평을 받았다는 사실은 위에서 언명한 바 있다. 뿐만 아니라 시를 지어서 서랍 속에 간직해 두고 있는 낌새를 내가 눈치 챈 바 있거니와 언젠가는 시집을 내지 않을까 예상하고 있다. 그러나 그는 창작보다도 시 비평 또는 시 연구에 일가를 이루고 있어서 오탁번 형은 그의 시를 보는 안목을 높이 평가하고 있다.

그러나 그의 학문의 본령은 역시 '개화기 시가 연구'다. 이 방면에서 아직 그를 능가하는 우리 세대의 학자를 나는 찾지 못하였다. 자료의 수집과 분석력, 체계화와 의미부여 등에서 그의 논저는 후학들의 귀감이 된다. 나도 그의 저서를 가지고 어느 해던가 대학원에서 강의한 바 있다.

【2009년 봄에 나는 그의 力著『윤동주 시 깊이 읽기』를 받고 놀라움을 금치 못하였다. 일흔이 넘은 나이에 460여 쪽이나 되는 큰 저서를 내다니 그의 학문 연구에 대한 열의와 저력에 감탄치 않을 수 없다. 그는 철저한 고증주의자다. 그리하여 윤동주 시인의 생전 삶의 터전인 북방 지역을

찾아가 샅샅이 조사를 하였고, 그의 시집이 광복 후 출간되기까지 누구에 의해서 어떻게 보관되고 전승되었는지를 추적하여 새로운 사실을 밝혀내기도 하였다. 나는 그의 저서를 통독하였는데 지금까지의 '윤동주 연구'에서는 읽을 수 없는 여러 견해를 접하였다. 이를테면 초기 시에 잠복되어 있는 시인의 정서와 생각을 세밀하게 분석해 놓은 것 등은 권오만 그가 아니면 수확할 수 없는 결실이라 하겠다. 정년 후에도 그는 현역으로 일을 계속하고 있다.】

석당(石堂) 성기철 형 또한 참 좋은 벗이다. 강직함과 온유함을 겸비한 학인(學人)이다. 충청도 아산 출신으로 내 외가가 한때 그곳에서 살았기 때문에 그런 이유로 해서 더욱 친근감이 가는 친구다. 늘 부드럽고 웃는 표정은 二村과 크게 다르지 않다. 석당과 이촌, 이 두 사람은 나에게는 친구요 또한 스승에 값할 만한 인물이다. 나는 이들을 만나면 항상 나의 부족함을 느끼면서 주눅이 들곤 한다. 그들의 바른 처세와 조신(操身)하는 법을 배우고자 노력하나 그게 쉽게 되지 않아서 앙앙불락일 때가 한두 번이 아니다.

내가 그들이 몸담고 있는 대학을 그만두고 나온 뒤에도 한동안 자주 만나서 술도 많이 마셨는데 주도(酒道)에 있어서도 석당이나 이촌은 나보다 몇 수 위다.

석당은 국어학 전공, 따라서 그 방면에 문외한인 나는 그의 학문의 높이와 깊이를 알지 못한다. 하지만 권위 있는 여러 학술상을 수상한 것으로 미루어 보아 상당한 경지에 이른 것으로 판단하고 있다. 국어학자로서 석당만큼 외국대학에 교환교수로 나간 경우가 또 있을까 싶을 정도로 그는 해외 나들이가 참 많았다. 우리의 한글을 국제화시키는 사업, 이를테면 문자가 없는 나라에 한글을 수출하는 '기상천외'의 운동도 하는 것으로 안다. 기발한 착상에 감탄할 따름이다.

석당 그리고 이촌 이 좋은 친구와 헤어지면서 나는 세상살이라는 것이 이토록 자재(自在)롭지 못한 것인가, 운명이라는 것이 나도 모르게 정말 정해져 있어서 싫든 좋든 따라가야 하는 것인가, 이런 허허로운 생각에 잠기지 않을 수 없었다. 그만큼 그때 내 마음은 마치 바람이 몰아치는 황량한 벌판과도 흡사하였다.

1982년 3월 2일에 한양대학교에 부임하였다. 이날부터 나는 정년퇴임하던 2003년 8월 30일까지 21년 6개월 동안 일을 하였다. 사회에 나온 이후 가장 오래 근무한 직장이었다.

학교는 역시 컸다. 규모며, 캠퍼스며, 교직원이며, 학생 수가 대단하였다. 이런 점은 이미 알고 있는 사실이다. 경희대와 함께 한양대학이 1953년 환도 이후 짧은 시간 내에 급격히 성장한 학교임은 천하공지의 사실이 아니던가. 그런데 인문대학 연구실은 좁고 초라하였다. 그 이후 1990년대에 접어들어서는 리모델링을 하여 시내 어느 대학과 견줄 수 없으리만큼 넓고 좋아졌다. 한 달쯤 지나서 내가 확실히 파악한 바는 학교가 유수한 사립대학으로 거듭 태어나려고 전력을 기울이고 있다는 사실이었다. 학교 운영을 역동적으로, 체계적으로 이끌어나가고 있음을 역력히 알 수 있었다. 지난날의 한양대는 입시 정원을 어겨가며 많은 학생을 끌어들이는 불미한 일로 지탄의 대상이 된 바 있었다. 내가 부임하기 1년 전에는 국회 문공위원회에서 며칠을 두고 학교의 비리를 따지는 회의가 있었고 이것이 신문에 연일 보도가 되기도 하였다. 그런데 부임하고 보니 그런 잔재는 단시간 내에 거의 깨끗이 가셨고 정도(正道)를 지켜가면서 학교를 운영하고 있었다. 다른 사립대와 견줄 수 없으리만큼 학교의 발전을 위해서 많은 투자를 하고 있었다. 그때를 전후해서 총력을 기울인 결과가 오늘의 한양대를 유명 사립대의 반열에 오르게 한 계기였음은 그 대학에 몸담았던 교직원·학생들은 모두 다 알고 있다. 그런 점에서 나는 과거를 청산하고 새롭게 출발한 대학에 부임하였으니 때를 잘 만난 행운의 교수라 하겠다.

2) 최문형 선생

한양대학교 국어국문학과는 시인을 많이 배출한 학과였다. 부임하기 전에 이미 알고 있었으나 막상 들어가 보니 상당수의 시인이 문단활동을 하고 있음을 알 수 있었다. 고 박목월(朴木月) 시인이 교수로 오래 재직한 결과로 해석하였다. 반면 국어학이든 고전·현대문학이든 학문적인 방면에서는 두드러진 면을 찾을 수 없었다. 큰 대학의 국어국문학과로서 체면이 서지 않을 정도였다. 배출한 학자(대학교수)의 수는 거론하기조차 민망할 지경이었다. 대학원 개설이 다소 늦은 결과였다.

내가 그곳에 부임하던 해에 4학년생이던 정민(鄭珉)·이도흠(李都欽)과 3학년이던 고운기(高雲基) 군은 그때 이미 내 눈에 들어온 학생이었다. 그 이후 대학원 석·박사 과정을 마친 뒤(고운기 군은 석·박사 과정을 연세대 대학원에서 밟았다) 그 세 사람의 학문 수준이 어느 지점에까지 치고 올라갔는지는 모두 다 아는 사실이니 내가 이 자리에서 굳이 세세하게 언급할 필요가 없으리라. 다만 앞으로도 지금처럼 뛰어난 실적을 꾸준히 내주기를 바랄 따름이다. 정민 등이 대학원을 다닐 때인 1985년을 전후로 해서 우수한 학생들이 입학하더니 1990년대에 접어들면서는 남녀 공히 '더욱' 우수한 고교 졸업생들이 입학을 하여 학과 분위기가 해마다 좋아지는 것을 피부로 느낄 수 있었다. 수업을 받는 자세도 진지하였고 그래서 강의할 기분이 절로 났다.

6월 어느 날, 고운기(한양대 안산캠퍼스 교수) 군의 연락을 받고 대학로에 있는 한식집 '예가(藝家)'에 나갔더니 이상권·이용포·김기정 군 등이 나를 기다리고 있었다. 졸업한 후 처음 만나는 자리였다. 술잔을 주고받으며 유쾌한 시간을 보냈다. 그 자리에서 안 사실인즉 이들 모두가 아동문학가로 크게 성공하였거나 촉망받는 작가로 활동 중이라는 것이다. 특히 이상권 군은 80년대 민주화 투쟁 당시 국어국문학과 학생회장이었는데 알고 보니 그때 정말 하기 싫은 것을 선배들의 강권에 못 이겨서 맡았다면서 자신은 그때부터 창작에 뜻을 두고 있었다는 것이다. 나는 그가 운동권인 줄로만 알았는데… 그가 학생회장으로 있을 때 성동경찰서에서 잡아가려고 눈독을 들이고 있었다. 그 사실을 그로부터 듣고 안 나는 경찰서 담당자를 만나 체포되지 않도록 조치한 바 있다. 그때의 일을 이 군은 지금도 고맙게 생각하고 있단다. 요즘 그는 전업 작가로 1년에 1억 원가량의 인세를 올리는 톱클래스의 아동문학가로 명성을 떨치고 있단다. 그의 원고를 받으려는 출판사가 한둘이 아니라는데 그 뒤를 이어 후배인 이용포, 김기정 또한 인기 작가로 목하 부상 중, 그 두 사람에게도 이상권과 같은 시대가 올 것이라는 고운기 군의 얘기다. 얼마나 반갑고 기뻤는지 모른다. 그러니 재학 중에 숨어있던 인재를 내가 알아채지 못한 경우도 적지 않았으리라. 그런 숨은 제자가 여러 방면에서 더욱 많이 있기를 간절히 바라는 심정이다.

대학원 얘기를 하면 정말 답답하다. 그럴 수밖에 없음을 우리는 잘 안다. 바로 앞에서 말한 바와 같이 한양대학교 대학원 석사과정이 개설된 해가 1969년이던가? 박사과정은 1970년대 말경이던가? 다른 대학교에 비해 이렇게 늦게 출발했으니 그 손해가 얼마인가. 학교의 명성에 비하면 늦어도 너무 늦었으니 학계 진출 인원이 아직도 현저하지 못함은 어쩔 수없는 일 아닌가.

나는 가르치고 연구하는 일에만 열중하였다. 내 나이 마흔넷, 춘천으로 오르내리는 생활을 하다 보니 자신도 모르게 중년이 되었거늘 이제야말로 학문에 전심하지 않으면 공부할 시기를 놓칠 것은 자명한 일, 『신라가요의 연구』 하나 가지고서 자족할 일은 더욱 안 되는 일,

그리하여 책을 열독하였고, 원고지와 꾸준히 싸우기를 시작하였다. 그런데 그게 쉽지 않았다. 타인의 논저를 읽을수록 나는 미궁에 빠졌고 실마리를 찾지 못하였다. 향가 이후의 나의 연구 과제는 당연히 고려가요, 그 이전까지「향가여요론」을 강의할 때 향가는 주로 나의 논문으로, 고려가요는 다른 연구자의 논문을 시비를 가리면서 요약해주는 것으로 만족하였다. 그러나 이제는 사정이 달라졌다. 남의 논문을 대변해주는 행위에서 벗어나 '내 것'을 만들어내야 할 입장에 나는 서 있었다. 그 문턱에서 나는 문고리조차 찾지 못하였다. 문을 열지 못한 상태이니 마당을 지나 안채에 들어가는 일은 더더욱 아득하기만 하였다.

나는 한때, 고려가요 연구에 손도 대보지 못하고 결국 포기하고 마는 것이 아닌가 하는 아주 비관적인 생각까지 하였다. 기본적으로 여요는 향가 연구보다 더 어려운 장르다. 향가는 관계 기록(산문 기록·배경 설화)이나마 있어서 해석하는 데 큰 도움을 받을 수 있다. 고려가요는 그런 것도 없고, 작자·연대 모두가 미상이니 마치 뜬구름 잡는 형국이라고 해도 과언이 아니다. 그렇다고 현대시의 비평처럼 텍스트 하나만을 놓고 내 멋대로 해석할 수도 없는 노릇이다. 유관 기록도 없이 전해오는 작품이지만 고전시가는 텍스트 외에 컨텍스트의 성찰이 뒤따라야 한다는 것은 누구나 다 알고 있는 사실, 비록 기록문이 부재할지라도 그렇게 논거(論據)에 입각하여 논리적으로 풀이해야 되는 것임은 두말할 나위도 없다.

그렇게 어려운 갈래인데 다른 연구자들의 논문을 보면 그들은 용케도 그럴듯하게 풀어 놓았다. 나의 의욕을 꺾어 놓을 정도로 해석해 놓았다. 그러니 한동안 엄두가 나지 않았다. 그때 내가 읽은 논저의 필자는 고려가요 전공자로 분류되는 이명구(李明九, 성균관대·한림대 교수 역임, 작고)·김상억(金尙憶)·김택규(金宅圭)·서재극(徐在克)·여증동(呂增東) 교수 등과 전공자는 아니되 눈길을 끌만한 글을 썼거나 후에 전공을 한 분으로는 정병욱(鄭炳昱)·최진원(崔珍源)·김학성(金學成)·성현경(成賢慶)·임기중(林基中)·최동원(崔東元)·윤철중(尹徹重)·이승명(李勝明)·이임수(李壬壽) 등 제 교수였다. 김대행(金大幸, 서울대 명예교수) 선생이 이화여대 재직 시 제자들과 함께 편저한 『고려가요의 정서』도 나의 신경을 건드렸고 논문은 아니나 대담형식으로 신문에 연재한 후 책으로 펴낸 『고전의 바다』(鄭炳昱·張德順·李御寧 공저)가 또한 적지 않은 관심의 대상이었다. 사설시조를 논의하는 과정에서 속요의 성격을 잠시 언급한 박철희(朴喆熙, 서강대 명예교수) 교수의 논문도 흥미로웠다.

사정이 막막한 상태라고 치더라도 그냥 있을 수는 없는 노릇이었다. 향가를 했으면 여요도 반드시 풀어야 할 장르, 이 둘을 마치 한시의 대구와 같은 것으로 나는 인식하였다. 그리고 고려가요 이전까지는 중세 이전의 문학으로서 하나로 묶어야 우리의 시가문학사의 단락 구분이 제대로 되는 것이라고 믿었다. 어쨌든 시작을 해보자는 뜻에서 〈동동(動動)〉에 도전하였다. 컨텍스트와는 무관하게 작품의 의미해석과 시적 화자의 심리 변화에 초점을 맞춰서 풀었다. 세시풍속이 들어 있는 월요(月謠)들은 제거하고 성찰하였다. 『동방학지(東方學志)』의 이가원 선생 정년기념호에 실렸다. 이것이 나의 고려속요에 관한 최초의 논문이다. 역설적으로 컨텍스트와 관련짓지 않고 완성시켰다는 점에서 애정이 간다. 고증이 없다는 점에서 그렇다. 무엇보다도 첫 논문이라는 점에서 논문의 완성도 여부를 떠나 그렇다.

이어서 쓴 것이 향가에서 출발하여 고려 속요와 고려 말의 시조까지 그중에서 각기 몇 작품을 선정하여 살펴본 '우리 시가의 지절(志節)의 모습'을 고찰한 논문이다. 원고지 3백 매가 약간 넘는 장 논문이다. 이 글에서 나는 속요 연구의 초입에도 들어가지 못한 상태에서 〈동동〉 외에 〈정석가(鄭石歌)〉·〈서경별곡(西京別曲)〉·〈가시리〉 등 3편을 일별하는 만용성(蠻勇性) 용기를 발휘하였다. 선행 연구를 참조하면서 '지절'에 국한시킨다면 못 할 것도 없다고 판단하였다. 이렇게 시도함으로써 후에 작품 하나하나를 분석하며 풀이하는 데 도움이 되리라고 믿고자 하였다.

'지절'은 나의 지속되어온 화두, 학부 시절 간행한 『한용운 연구』 이후부터 나의 뇌리를 떠난 적이 없는 주제였다. 향가를 논의하다 보니 〈모죽지랑가〉와 〈찬기파랑가〉에도 지절의 매서운 정신이 잠겨 있음을 알고 있었다. 고려 말의 포은(圃隱) 정몽주(鄭夢周)·야은(冶隱) 길재(吉再)·운곡(耘谷) 원천석(元天錫)의 노래에 그것이 드러나 있음은 진작부터 안 일, 그래서 나는 세 장르를 일관되게 관통하고 있는 이 고상하고 고결한 정신의 문맥 연결이 필요하다고 생각하였다. 이 작업을 통해서 나는 『신라 가요의 연구』에서 미흡했던 화랑의 성쇠에 관련된 역사를 밝힌 이기동(李基東, 동국대 교수)·홍순창(洪淳昶, 영남대 교수 역임)의 논문과 지난날에 놓친 이기백(李基白, 서강대·한림대 교수 역임, 작고) 선생의 다른 논문을 새로 찾아서 읽고 원용하여 보완하였다. 〈모죽지랑가〉와 〈찬기파랑가〉의 보충을 위해서 좋은 기회를 맞았던 셈이다. '지절'을 세 장르를 통해 성찰한 이 논문은 그 자체의 의의 외에도 장차 본격적인 고려 속요 연구를 위한 숨 고르기 성격도 있었다는 점에서 기억에 남는다.

부임 첫해에 4학년 「향가여요론」 시간에서 정민(鄭珉, 한양대 교수)·이도흠(李都欽, 한양대 교수) 군을, 3학년 「시조가사론」 강의에서 고운기(高雲基, 한양대 문화콘텐츠학과 교수) 군 등을 만났다. 그들과는 더욱 가까운 사제 간의 인연을 지속하게 된다. 시조·가사는 마땅한 교재가 없어서 늘 애를 먹었다. 한양대에 와서도 사정은 마찬가지였는데 몇 해 동안 중요 논문을 고선하여 강의에 임할 수 있었다. 이렇게 말하면 시조·가사에 관한 논문이 숱하게 발표되어 있는데 마땅한 교재가 없다니 무슨 말이냐고 반문할 수 있다. 맞다, 연구 논문은 많았다. 그런데 학부 교재로 쓸만한 책은 거의 없었다. 있다고 해도 미흡하였다.

한양대에 가서 나는 대광고교 시절 이후 방용필 형과 다시 만났다. 그는 10년 미국 유학을 마치고 나보다 1년 전(혹은 2년 전?)에 한양대 사학과 동양사 교수로 일하고 있었다. 그때 그의 나이 쉰, 지명(知命)에 올라 있었다.

그와 나는 한 달에 한 번 정기적으로 약전(藥田) 김성식 선생을 시내 불고깃집에서 만나 뵙고 뜻있는 시간을 보냈다. 주로 우래옥(又來屋)이 단골집이었다. 선생께서는 오래전부터 그 집에서 극진히 모시는 분이었다. 그때 선생께선 고려대를 정년퇴임하고(위에서 말한바 1965년(?)에 정치교수로 몰려 고려대를 나오신 후 3년이던가 4년이던가 직장이 없이 고생하시다가 1968년(?)에 복직되셨음. 그 후 몇 년 뒤 고려대를 정년퇴임하셨음) 경희대 사학과 특별 교수로 계셨다. 그곳 호텔식 연구실에 십여 차 방문한바, 연구실이 얼마나 좋은지 경희대의 자랑거리가 될 만하였다. 좌변기 화장실까지 설치된 연구실이었다. 그만큼 최고의 대우를 받고 계셨다.

약전을 모시고 저녁을 하는 자리에 빼놓지 않고 오르는 화제는 시국에 관한 문제였다. 그때 약전께서는 신문·잡지 등에 글 한 편 못 쓰고 있을 때였다. 하고 싶은 말이 있어도 정부 당국에 의해서 발표 지면이 봉쇄되어 있으니 갑갑하고 답답한 세월을 보낼 수밖에 없었다. 우리를 만나면 그런 참을 수 없는 심정을 토로하면서 소주 몇 잔을 들곤 하셨다. 계속되는 전두환의 강권정치와 안하무인격의 권력에 그분은 진노·격분하고 있었다.

이 점에 있어서는 방 형과 나도 같은 생각이었다. '같은 생각' 운운하니 이상하다. 그 당시 신군부 정권에 동조한 정신 나간 지식인도 있다던가. 빌붙어 사는 어용 족속이 아니면 그런 얼빠진 부류는 있지도 않았으니 '같은 생각' 운운하는 것은 어폐가 있는 발언이다. 어쨌거나 정통성도 없고, 정권을 불법 탈취한 집단에 대한 경멸만은 일치된 의견이었다는 뜻이다. 다만 약전과 나는 불법 정권을 욕질하고 매도하는 데 중점을 둔 반면, 방 형은 그와 똑같은 수준에서 좌경화되어 가는 젊은 세력에 대해서도 깊은 우려를 표명하였다.

이 문제와 관련해서 약전과 나는 방 형이 미국 생활을 오래 하다가 귀국하였기 때문에 유신 이후 그 당시까지의 국내 사정을 잘 모르는 관계로 학생운동을 과도하게 왜곡하여 걱정하는 것이라고 반론을 제기하곤 하였다. 놀랍게도 미문화원을 불태우는 운동권 학생들의 빗나간 행태만을 보면 방 형처럼 우려할 만한 측면도 있으나 그것은 군부독재를 타도하는 과정에서 일시 파생된 뒤틀린 행동으로 판단함이 적절하다고 하였다. 넓은 시각에서 주시할 필요는 있으나 미시적으로 관찰한 끝에 심하게 우려할 것까지는 없다고 하였다. 그래도 방 형은 이에 동의하지 않았다.

세월이 흘러서 1990년대를 거쳐 오늘에 이르고 보니 그의 말이 맞았던 것이다. 미래를 보는 눈에서 그는 누구보다도 앞서 있었다. 철저한 자유민주주의 신봉자인 약전께서는 어떤 일이 있어도 국체만은 추호도 저항받지 않을 것으로, 그리고 나 또한 그렇게 믿은 나머지 정세를 너무 낙관적으로 본 것이었다. 특히 나의 경우 1982년 서울시립대에 있을 때 시화전에서 겪은 초논리적 의식과 사고에 빠진 어느 학생의 비뚤어진 몸짓을 일종의 해프닝으로 치부한 후 그 순간에만 신경을 썼을 뿐, 그것이 대대적인 이념적인 폭풍의 시대를 예고하는 범 대학가의 신호임을 짐작하지 못하고 곧 망각의 세계에 빠져 있었다. 그만큼 내가 무감각했던 것인가. 아니면 좌경화 사상의 등장 자체가 일반인의 상식적인 시국관을 불허할 정도로 강고했던 것인가.

이제 와서 지난날을 돌이켜 볼 때, 방용필 형의 정확한 현실 파악과 앞날을 내다볼 줄 아는 안목, 그리고 무엇보다도 운동권 학생들의 좌경화를 크게 우려하며 그들의 저항과 배척도 아랑곳하지 않고 질타하던 그 '용기'를 새삼 떠올리지 않을 수 없다. 실로 그는 '양심적인 참된 교육자'였다. 살벌하던 그때 그런 스승이 과연 몇 명이나 되었을까. 그를 존경해 마지않을 수 없다. 나를 비롯한 다수의 교수들도 처음과는 달리 시간이 흐름에 따라 핵심 운동권 학생들의 본색을 알아차린 뒤 크게 걱정하였으나 막상 학생들 앞에서는 그들의 민주화 투쟁을 격려했을 뿐 사상 문제는 저들의 비위를 상하게 할까 봐 알면서도 함구로 일관하였다. 이 얼마나 비겁한 처신이었던가. 이런 추잡한 명철보신(明哲保身)이 또 어디 있는가. 명색 선생이라는 자가 학생들의 기세에 눌려서 할 말을 못 하였다니 부끄럽기 그지없다.

그런 점에서 거듭 말하거니와 방용필 형은 그 시대의 훌륭한 교육자였다. 같은 사학과의 최문형(崔文衡, 한양대 명예교수) 선생도 그런 점에서 기억해야 할 분이다. 그는 원래 서양사 전공인데, 우리나라의 근현대사를 세계사적인 관점에서 통찰하여 일가를 이룬 학자다. 중심이 확고하게 서 있어서 운동권 학생들을 엄하게 대하였다. 재직 중에 러·일 및 청·일 전쟁에 관해서 연구한 결과를 조선왕조의 망국과 연결시킨 점이 참으로 돋보인다. 한말의 비극을 민중 봉기에서만 찾는 국사학계의 좁은 소견에서 탈피한 점은 탁견이다. 나보다 몇 살 위인 그는 퇴임 이후에도 일간신문에 시국에 관한 날카로운 논설, 이를테면 중등학교 역사서의 잘못된 좌파적 기술 및 염려되는 현실의 원인 제공자들을 질타하는 논설을 발표하여 양식 있는 사람들의 갈채를 받곤 한다. 내가 그를 좋아하는 이유다. 퇴임 후 펴낸 학술서가 다섯 권이던가. 연구열이 대단한 학자다. 만난 지 1년쯤 되었다. 조만간 한잔하며 비분강개할 참이다.

2. '고려가요' 연구의 진척/ 1980년대 그 폭풍노도의 시대/ 김성식 선생의 서거

1

〈청산별곡〉의 연구를 계기로 나는 속요 연구에 어느 정도 자신감을 갖게 되었다. 다른 연구자의 중요 논문이 몇 편 있었는데 한동안은 나도 거기에 공감하였다. 그러다가 〈청산별곡〉의 핵심어가 '청산과 바다'라는 점, "미워할 사람도 사랑할 사람도 없노라" 운운한 시적 화자의 진술에 새삼 유의할 필요가 있다고 판단하였다. 그리고 『고려사』·『고려사절요』 등 1차 자료와 김상기(金庠基, 서울대 교수 역임, 작고) 선생의 『고려시대사』를 섭렵한 끝에 몽골 침입 시기인 고종(高宗) 때에 백성들에게 내려진 "산과 바다로 이주하라"는 조정의 명령이 작품과 연결될 수 있다고 보고, 분석한 결과 〈청산별곡〉은 피란민의 노래라는 결론을 이끌어 냈다. 평가는 독자의 몫이지만 어쨌든 새로운 학설을 제시하였다. 나의 논문이 바탕이 되어서 그 몇 년 후에 한양대 석사과정 제자인 김제철이 『그리운 청산』이라는 장편으로 '오늘의 작가상'을 탄 에피소드도 있다.

이어서 쓴 논문이 「쌍화점(雙花店)」이었다. 나의 속요 논문 중 가장 긴 글이다. 처음 학술지에 실릴 때는 원고지 3백 매 분량이었다. 다른 논문들과 함께 모아 책으로 낼 때는 조금 줄여서 전재(轉載)하였다.

이때도 위 『고려사』 등의 자료를 세밀하게 읽으면서 논문 작성에 반영하였다. 1차 자료와 김상기 선생의 저서 그리고 고려시대와 관련된 여러 편의 학술 논문은 나의 고려가요 연구가 완성될 때까지 내 책상 위에 늘 놓여 있었다. 정사(正史) 위주로 읽으며 참고하였다. 고려시대의 풍속 등도 살폈어야 더욱 좋았을 터인데 그 방면에는 관심을 두지 않았던 것이 유감스러운 점이다.

〈쌍화점〉 연구가 길어진 원인은 먼저 선행 연구를 비판한 뒤 작품 분석을 시도하였기 때문이다. 이러한 논의는 다른 작품을 고찰하는 데에도 그대로 적용되었는데 〈쌍화점〉의 경우는 특히 더했다. 쌍화점의 창작가요 여부 문제, 궁중에 이입 시기, 가극인지 혹은 가무인지를 가려내는 문제, 충렬왕(忠烈王)의 성격과 그 시대의 문란한 군신 관계, 텍스트의 문학적 해석 등에 걸쳐서 남김없이 논의하자는 의욕이 작용하여 지면에 제한을 두지 않고 써 내려갔다. 그때는 자각하지 못한 일인데 나와 견해를 달리하는 다른 연구자의 주장을 지나치게 비판하였던 바 이 점은 나중에 후회하였다. 그런 식으로 꼬치꼬치 물고 늘어지지 않아도 나의 견해를 충분히 전개시킬 수 있었는데 내가 잘못했다는 사실을 알았다. 그러한 비판적인 고찰은 비단 〈쌍화점〉에서 뿐만 아니라 속요 관련의 다른 연구논문에서도 반복되었다. 역시 점잖은 연구 자세가 아니었다. 자성한다. 다만 변명하자면 선행 연구의 잘못된 부분을 이 기회에 바로잡지 않으면 안 되겠다는 선의의 생각에 너무 집착하여 그렇게 되었다는 점이다. 그래도 잘한 일은 아니었다.

〈정석가〉에서는 그것이 당초 민요 단계에 머물러 있을 때와 궁중의 송도가(頌禱歌)로 전환되었을 때를 각기 살펴본 뒤 후자에 치중하여 해석하였다. 지금도 기억하고 있는 삽화 하나는 "딩아 돌하 當今에 계상이다…"로 시작되는 서사(序詞)를 당악(唐樂) 대곡(大曲)의 구호치어(口號致語)적인 발상에서 지은 대목이라 본 점이다. 이렇게 규정해 놓고 나는 쾌재를 불렀다. 내가 처음으로 학계에 제시하는 주장이리라고 판단하였기 때문이다. 그러나 그게 아니었다. 탈고하여 학술지에 발표하려고 할 즈음에 김학성 교수가 그의 저서 『국문학의 탐구』를 보내왔다. 그 책에서 그는 이미 나와 같은 논리를 펴 놓았다. 우연의 일치, 그러나 그가 먼저 발표하였으니 낭패였다. 궁리 끝에 그에게 전화를 걸었다. 지금은 친한 사이가 되었으나 그때까지만 해도 서로 인사가 없었다. 논문이나 저서가 나오면 주고받는 사이였을 뿐이다. 전화로 서로 인사를 나눈 뒤 이 문제를 얘기하면서 김 선생의 글에서 인용하였다는 식으로는 할 수 없고, 다만 각주에서 별표를 표시해 놓은 뒤 서로 우연의 일치로 동일한 견해가 나왔다는 식으로 밝히겠으니 양해 있기를 바란다고 하였다. 그도 쾌히 응하였다.

김학성 교수는 고전시가의 전반을 탐색한 학자다. 내가 그의 저서를 처음으로 읽은 것은 『韓國古典詩歌의 硏究』다. 상고 이래 향가·속요·시조·가사까지의 모든 시가 장르의 미의식을 논의한 연구물인데 요컨대 명저였다. 그 이후 그가 처음 보내준 예의 『국문학의 탐구』를 비롯해 여러 권의 저서를 읽으면서 그의 문제의식과 분석의 정확성 등에 공감한 적이 한두 번이 아니었다. 나의 논문에 그의 것이 아마도 제일 많이 인용되었을 것이다. 1990년대 초반에 만나서 우리는 급속히 친해졌으며 서로 건강을 염려하는 선에까지 이르렀다. 해방둥이므로 나보다 7년 연하, 그도 정년이 몇 년 남지 않았다. 늘 조용하고 얌전하나 한 번 학문적인 공방이 붙으면 양보가 없다. 이 시대의 훌륭한 학자다. 내가 정년퇴임한 이후로 만난 지 오래라서 매우 보고 싶다.

〈한림별곡〉으로 대표되는 경기체가 장르에 대해서 나는 평소 애정을 느끼지 못하였다. 한자 용어의 나열로 끝나는 모든 작품들이 도무지 서정시답지도 않고 감흥도 없어 보였다. 한갓 글자 놀이에 불과한 것이 아닌가라고 낮추어 보았다. 그런데 〈한림별곡〉을 해석하면서 과거의 내 생각이 얼마나 잘못된 것임을 깨달았다. 고려 말과 조선조 초기 신흥 사대부의 드높은 기상과 넘치는 감흥이 거기에 녹아 있음을 읽어내고 새로운 눈으로 접하였다. 〈한림별곡〉을 처음 쓸 당시에는 언급할 기회를 놓치고 후에 이를 재론할 때 밝힌바, 현대시에서 박목월 시인의 〈불국사〉와 〈도화(桃花)〉라는 체언시(体言詩) 또한 경기체가와 유사한 형식을 취하고 있음을 내가 최초로 지적할 때는 기분이 썩 좋앓다. 목월의 시에서도 독자는 정서적 감흥을 느낄 수 있음을 상기하였다.

〈한림별곡〉 연구에서 내가 드러내고자 하는 주지는 시적 화자의 체험이 현실의 것도, 미래의 것도 아닌 것이요, 장차 누릴 화려한 체험을 미리 만끽한 이른바 '앞당긴 체험'이라는 것이다. 이명구·김동욱 선생 이래 한림별곡의 세계가 신흥사대부의 득의에 찬 현실적 체험의 진술로 장식되어 있다는 것은 두루 알고 있는 사실이다. 그분들의 경기체가 연구는 자못 괄목할 만한 수준이라고 보아 큰 잘못이 아니다. 이를 한 차원 진전시킨 업적으로 나는 김홍규(고려대)·성기옥(이화여대) 교수의 '현실과 이상의 혼합'론을 들고 싶다. 그러나 나의 사견으로는 이 논지 또한 약간의 미흡한 점이 있다고 평가하였다. 그것을 나는 시적 화자의 '앞당긴 체험'론에 입각하여 새롭게 조명하였다. 이 논문에서 내가 실수한 바는 제목을 「한림별곡의 선험적(先驗的) 세계」라 한 점이다. '선험'은 초경험 또는 과거의 관습을 그대로 추수하는 것을 말하는 것이므로 '앞당긴 체험'은 아니다. 그러나 한자어를 그대로 풀면 '앞당긴 체험'이 된다. 이 점에 착안하여 그렇게 제목을 정했고, 본문에 들어가서는 그런 사정을 부연 설명하였다. 그러나 독자들은 나의 의사대로 받아주지 않았다. 나의 실책이었다. 따라서 졸저 『고려가요의 연구』에 이 논문이 실리고 난 뒤 3쇄 이후에는 「— 앞당긴 체험」이라고 개제(改題)하는 곡절을 겪었다.

수삼 년에 걸쳐서 내가 쓴 논문은 위와 같다. 다른 분야의 논문도 몇 편 있으나 속요에 관한 글은 위와 같다. 한 편 한 편 쓰다 보니 탄력이 붙었고 처음과는 달리 안정감도 느낄 수 있었다. 능히 해 낼 수 있다는 밝은 전망도 섰다. 향가 때는 한 편을 쓰고는 좀 쉬었다가 다시 붓을 들곤 하였는데 속요의 경우는 그렇지 않았다. 작업이 끝나면 일주일, 길면 보름쯤 휴식을 취했다가 연달아 계속해 나갔다. 풀기 어려운 장르로 규정하고 얼마쯤은 포기하려는 심정이었는데 웬걸, 하나하나 극복이 되니 재미가 있었다. 내가 이제야 학인(學人)다운 생활을 하는구나 하는 자각이 일어났다. 탈고한 원고는 매번 정민 군에게 보아 달라고 부탁하였다. 그는 내가 한양대에 부임한 그다음 해인 1983년에 졸업하고 동시에 대학원 석사과정에 입학하였다. 그때 1년 동안 나의 연구실에서 함께 지냈다. 1985년 박사과정에 들어가서는 한국학연구소의 간사로 있으면서 연구소의 일을 보는 한편 늘 공부에 열중하였다. 지도교수는 이종은 선생이었고 전공 분야는 한문학이었다. 그러나 지도교수며 전공 분야를 초월하여 나와도 깊은 관계를 맺고 매우 가까이 지낸 사제 간이다.

  논문을 탈고하면 나는 즉시 그에게 주어서 살펴달라고 하였다. 맞춤법과 띄어쓰기에 자신이 없기 때문이다. 특히 'ㅔ'와 'ㅐ'를 분간하지 못하였다. 경상도 사람이 'ㅡ'와 'ㅣ'를 혼동하는 것과 유사한 수준에서 그렇다. 기타 몇 가지 유형의 받침과 부사·형용사의 어미가 틀리곤 하였다. 고등학교 교사 시절에는 사전에 꼼꼼히 챙겨서 가르쳤으나 대학 교수가 된 뒤로는 아주 느슨해졌다. 그래서 그에게 논문을 읽으면서 주로 그런 부분을 고쳐 달라고 주문하였고 그때마다 그는 성실히 교정을 보아 주었다. 그러다 보니 읽는 참에 독후감도 말해 주었다. 얘기를 듣다가 간혹 그의 말이 옳은 듯한 부분은 수용하기도 하였다. 이런걸 '원고 스크린'이라고 하던가.

  한양대에 부임한 몇 년 동안의 연구 생활을 이렇게 기술해 놓고 보니까 내가 마치 아무 고민도 걱정도 없는 태평성대에 살았던 사람으로 비친다. 그랬으면 얼마나 좋았을까.

2

  1980년대를 무슨 말로 표현하면 마땅한가. 어느 하나의 어휘로는 도저히 규정할 수 없는 혼돈과 격동과 투쟁과 저항과 분노의 시대였다. 학원 안팎은 신군부 정권에 대항해서 치열하게 싸우는 학생들과 이를 완력으로 막으려는 경찰과의 대결로 하루도 편할 날이 없었다. 저 사람들이 5·18 때 광주에서의 살인 행각을 벌인 이후 예견된 일이었으나 그 기세와 강도는 예상을 훨씬 뛰어넘었고 날로 가열되었다. 운동권 학생들은 투사로 변신하였다. 각 대학가와 시내 중요 건물 그리고 노상에는 중무장한 경찰들이 즐비하게 서 있거나 앉아 있었다. 해외 뉴스감으로도 자주 소개되었다. 직업이 교수라서 그 이전까지 많은 학원 사태를 현장에서 보았지만 1980년대와 같은 경험은 태어나서 처음이었다. 박정희 정권 때 그 무서운 유신반대를 위한 학생운동과도 과격 면에서 현격한 차이가 있었다. 그만큼 학생들은 악에 받쳐 치를 떨었다. 이를 막으려는 세력도 필사적이었다. 사복 경찰 수십 명이 무슨 일이 있을 조짐이 보이면 즉시 캠퍼스에 들어와 하루 종일 드러내 놓고 거닐면서 겁을 주는 광경을 본 것도 처음이었고, 전투경찰이 수시로 교내 건물 강의실 옆까지 진출하여 최루탄을 쏴대는 꼴을 보는 것도 처음이었다. 학교가 아니라 전쟁터였다. 앞장선 몇 학생은 곤봉과 최루탄에 맞아서 죽어갔고, 스스로 목숨을 끊는 학생들이 연달아 나오는 데는 아연실색하지 않을 수 없었다. 처음 보는 일이었다. 제발 죽는 일만은 자제해 달라고 모든 사람들이 빌고 빌어도 참극은 그치지 않았다. "죽음의 굿판을 당장 집어치워라"라고 강한 톤으로 권면하는 김지하(金芝河) 시인도 저들의 비아냥 앞에서는 맥을 못 추었다. 학생들은 그들과 뜻을 같이하지 않고 행동을 같이하지 않은 〈오적(五賊)〉의 김지하도 한물갔다는 얘기를 공공연하게 토해냈다. 전투경찰, 그들도 우리의 자식이요 형제들, 그들 또한 수없이 다쳤고 쓰러졌다. 이 치열한 싸움이 1980년대를 완전히 압도하였다. 참으로 처절하고 비통한 시대였다.

정치군인 몇 사람의 권력욕과 잘못된 판단이 나라를 그 지경으로 만들었다. 그들은 왜 그토록 무모한 짓을 했는지 하늘을 향해 부르짖고 땅을 치며 통곡하고 싶었다. 10·26 이후 순조롭게 흘러가던 역사의 물결을 왜 역류시켜 놓았는지, 그렇게 해서 얻은 대가가 과연 무엇인지를 묻고 싶었다.

6·3사태와 유신철폐를 주도한 학생들의 성향이나 노선과는 전혀 달리 1980년대 학생들은 PD와 NL파로 갈라져 서로 이념 투쟁을 하면서 경쟁적으로 비합법적인 권력과 맞섰다. 학생운동이 두 개의 이념 집단으로 분파되어 이데올로기화되는 양상을 보는 것도 처음이었다. 그 전 세대의 운동권만 하더라도 자유 민주주의를 쟁취하기 위한 단선적(單線的)이고 순일(純一)한 길을 택하는 것이 전부였는데 80년대의 청년들은 그렇지 않았다. 유신정권 시대의 학생운동만 해도 서울의 중요 몇 대학이 각기 단독으로 움직였는데 1980년대의 학생시위는 그게 아니었다. 전국의 대학이 '전대협'(후에 '한총련'으로 연결)이라는 거대 조직에 참여하여 하나의 구심점을 중심으로 모든 대학이 동시에 움직이는 양상을 보여주었다. 그런 식의 학생운동도 처음 접하는 것이었다. 죽기 아니면 살기식의 싸움판에서 최종 승리자는 정의 편에 서 있는 학생들의 세력일 터, 그때가 언제인지가 불분명할 뿐 결론은 이미 나와 있는 터였지만 심히 우려되는 바는 저들의 거친 이념과 노선이 차후 어떻게 전개될 것인가 하는 점이었다. 학생들의 반정부 데모를 보면서 이런 일을 걱정하는 것도 처음이었다. 중견 이상의 교수들 대다수는 민주화를 갈망하면서 이에 대해서도 걱정하였다.

학생 지도라는 명목의 전체 교수회의, 단과대학 대처회의, 그리고 '문제' 학생 개별 면담, 가정 방문 등이 또한 얼마나 많았던가. 잡혀간 학생들을 경찰서로, 검사실로, 구치소와 교도소로 찾아가서 설득하고 호소한 일 또한 얼마나 많았던가. 유신시대에도 이렇지는 않았다. 실로 처음 겪는 일이었다. 학생들끼리의 반목도 극심하였다. 데모에 앞장서는 운동권 학생들은 행동으로 옮기지 않는 동료와 선후배들을 경멸하였다. 심정적으로는 그들과 동조하는데도 그랬었다. 유신시대까지만 해도 관변 학자 외에 여타의 교수들, 곧 자신들의 스승을 단지 행동하지 않는다는 이유로 타매하지는 않았는데 이제는 그런 대다수의 선생들을 행동하지 않는다는 이유로 사뭇 멸시하였다. 학생들을 보호하자는 것이 스승의 도리, 그것은 왜정 때에도 그러했다고 들은 바이거늘, 정보원에 들키면 잡혀가서 고문과 구타를 당할 것이 자명한 국문학과 운동권 학생들의 팸플릿 배포를 만류한 뒤 일단 보관하여 잠시 늦추었다가 때를 보아 돌려주겠다는 이유만으로 나도 한때 학생들의 오해와 밉보임의 대상이 되었던바, 이도 또한 처음 겪은 일이었다. 1년 형을 선고받고 형무소에서 수감생활을 하고 있는 金某 군을 학과장 신분으로 지도교수인 이명규 선생과 함께 면회를 간 적이 있었다. 반성문 한 장만 써내면 풀어주겠다는 것이 정부의 방침이어서 권유하였으나 물론 거부당했다. 추운 겨울에 고생하는 제자를 생각해서 권고했던 것이다. 어느 공장에 경비원으로 근무하고 있던 그의 늙은 아버지가 수시로 전화해서 아들이 빨리 방면되도록 힘써 달라는 요청도 있어서 그렇게 한 것뿐이다. 그를 만나고 나오면서 우리 두 교수는 사식비로 얼마를 영치시켰다. 그 후 그는 1년을 다 채우고 만기 출소하였다. 한두 해 지난 뒤 졸업 사은회에서 내가 불참하였을 때 그 학생이 일어나서 지난날을 회고하며 한 말인즉 "그때 박 선생이 돈으로 '회유' 하였으나 나는 이를 단호히 거절하였다"라고 떠들더라는 것이다. 스승의 영치금도 '회유'로 해석하던 시대였다. 교수 사회에서도 운동권 학생과 함께 행동하는 일부 교수들은 그렇지 않은 동료 교수들을 노골적으로 미워하였다. 반 정권의 의식을 행동으로 표시하지 않고 심정적으로 지니고 있는 것만으로는 통하지 않는 시대였다. 복도에서 마주쳐도 고개를 돌리면서 상대방에게 무안을 주었다. 이 또한 처음 보는 광경이었다. 세상은 그만큼 살벌해지고 격해졌으며, 동지 아니면 원수로(적이 아닌) 양분되었다. 그나마 다행인 것은 그 난리 속에서도 휴강이 없이 강의는 계속되었다는 점이다. 참으로 신기할 정도였다. 그런 광경도 처음 접하는 것이었다. 유신 때는 휴교 조치가 내려지고 따라서 강의를 할 수 없었다. 모두가 '처음' 또 '처음'이었다.

　신기하리만큼 뜻밖의 일은 또 하나 있었다. 그토록 엄혹한 폐쇄사회에서 언론사인들 오죽했으랴. 그런 부자유의 시대에 그 높은 장벽을 뚫고 약전 김성식 선생의 글이 1984년부터 『동아일보』에 주 1회 게재되는 희한한 사건이 일어났다. 학생들의 반 정권 활동을 철저하게 탄압하는 것과는 정반대의 묵인이었다. 어떻게 그런 의외의 일이 있을 수 있었는지 모를 일이었다. 당시의 신문사 주인은 김상만(金相万) 선생, 그와 약전 김성식 선생과는 가까이 지내는 사이, 그의 요청이 있어서 논설을 싣게 된 것은 분명하나 신문사 사주가 어떤 각오가 있어서 약전에게 정기적으로 지면을 내주었는지 상세한 내막은 모른다. 짐작건대 기사로는 말할 수 없으나 외부 필자의 필봉을 빌어 간접적으로 저항할 시기는 되었다고 판단한 듯하다. 신문에 어떤 위해와 탄압이 닥쳐올지라도 이제 할 말은 해야 되겠다고 결심을 굳힌 듯하였다. 약전에게 직접 들은바 김상만 사장은 지면을 장기간 끝까지 할애할 터이니 다른 신문(구체적으로 경쟁지인 조선일보)에는 글을 싣지 말 것이며 만약 쓰면 절교하겠다고 하더라는 것이다. 언론사끼리의 경쟁 심리에서 그럴 수도 있는 일이다. 내가 알기로는 그때 두 분이 죽을 각오로 저들과 이제 한 판 붙어 보겠다는 뜻에 의기투합했던 것만은 확실하였다.

　약전의 입장에서는 물을 만난 물고기였다. 유신 이래 논설 한 번 제대로 발표하지 못하고 앙앙불락(怏怏不樂)하며 지내오던 차에 신문에 글을 싣게 되니 속된 말로 얼씨구 좋다 신바람이 날 지경이었다. 내가 아는 약전은 따사로운 정과 얼음처럼 찬 이지를 모두 갖춘 분이었다. 총칼 앞에서도 눈 하나 깜짝하지 않고 대항하는 아주 당찬 분이었다. 그래서 역대 정권에서 그를 늘 경계하였다.

그때 『동아일보』는 석간이었다. 감히 말하거니와 그때처럼 선생께서 생명을 걸고 글을 쓴 적도 전에는 없었다. 고희를 훨씬 넘긴 76~77세의 노인의 문장이라고는 도저히 생각할 수 없으리만큼 그분의 글은 힘차고 유려하고 논리정연하였다. 시국을 꿰뚫어 보는 안목이 정확하고 불의한 정권을 질타하고 매도하는 주장이 매서웠다. 때로는 어린아이 타이르듯 조용한 목소리로 훈계하는 글도 섞어서 실었다. 특히 그때의 글의 특징은 유학의 경전을 인용하여 종횡무진으로 설파해 간 점이었다. 독자들은 여기에 또한 매료되었다. 기독교인의 논설에서 이색적인 유학을 접하는 일이 별미 이상이었다고 간주하였다.

그때 나는 자주 그분의 전화를 받았다. 늘 새벽이었다. 서둘러서 아침을 먹고 혜화동 로터리에 있는 제과점(지금은 없어졌음. 태극당이었던가?)에 나가면 이미 선생은 와 계셨다. 선생 댁은 그 근처 명륜동에 있었다. 고대에서 정년퇴임 후 경희대 연구실에 출근하시는 길이었다. 13~15매에 달하는 원고를 내밀며 손질해달라는 부탁이셨고 고칠 부분이 있으면 주저하지 말고 수정하라는 것이었다. 대개는 가볍게 손질하는 정도였고 논지를 흐리게 하는 일은 한 번도 하지 않았다. 그 과정을 거친 뒤 신문사에 연락하여 원고를 가져가도록 하였다. 신문에 실리기 전에 내가 본 모든 글은 강경일색이었다. 지금도 기억나는 글은 신군부와 우호적인 관계를 맺은 것이 거의 확실한 윤보선 전 대통령의 적절치 못한 처신을 아주 무섭게 질타한 것과 전두환 정권에게 엄청난 충격을 안겨준 1985년 총선 며칠 전에 발표한 명논설이었다. 당시 새로 등장한 야당의 인기도 대단하였지만 이 글도 작용되어서 YS와 DJ 진영은 놀라운 선거의 결과를 거둘 수 있었다. 그때 암울한 세월을 보내던 재야의 정치인들은 약전의 논설에 큰 희망을 걸었다는 얘기를 들었다. 어디 정치인들뿐이랴. 주눅이 들어서 살던 당시의 국민들에게 그분의 글은 '빛' 그 자체였다.

그러나 뉘 알았으랴. 당시의 건강으로 보아 구순(九旬)도 족히 넘기시리라던 주위의 기대도 아랑곳하지 않고 겨울 어느 날, 약전 선생은 서재에서 그날도 글을 쓰시다가 갑자기 숨을 거두셨다. 선생의 맏며느리에게서 급히 연락을 받고 명륜동 댁에 도착하니 아들 내외뿐 집안은 적요한데 때는 초저녁이었다. 서재에 누워 계신 선생을 아무리 깨어 보아도 응답이 없으셨다. 뒤이어 지동식(池東植, 고려대 명예교수, 작고)·방용필 형이 달려오고, 조금 뒤 급보를 받고 김상협(金相浹, 고려대 총장과 국무총리 역임. 당시 대한적십자사 총재, 약전과 10여 년의 나이 차이는 있으나 아주 친한 관계였다. 작고) 선생이 도착하여 "약전 선생, 약전 선생" 하며 불러도 대답이 없었다. 향년 78세. 1986년 1월 24일 늦은 저녁의 일이었다.

그해는 왜 그토록 추웠던지. 그럼에도 학계·정계·관계·교육계·언론계·종교계 등 각계 인사의 문상이 줄을 이었다. 신군부 세력을 제외하곤 대한민국의 지명인사는 거의 다 찾아와서 애도하였다. 장례식 날까지 며칠 동안 전경차 한 대가 집 근처에 늘 서 있었다. 돌발 사태, 곧 문상객들의 反全斗煥 정권을 위한 집단 소요사태를 예방한다는 명분으로 그렇게 며칠을 상주하면서 살벌한 분위기를 조성하였다.

마석 모란공원 묘지에 하관한 뒤 삽으로 흙을 떠서 흩뿌리고 돌아서서 나는 방용필 형과 함께 멀찌감치 떨어진 곳에 가서 소리를 죽여가며 흐느껴 울었다.

나의 잊지 못할 은사요, 후견인이셨으며 지훈과 더불어 현대 한국의 대표적인 지조의 지성인이요 서양사학자이며 논객이었던 약전 선생은 이리하여 우리의 곁을 떠나셨다. 그해, 『동아일보』에 장기 게재한 생애

마지막 글만을 모아 펴낸 책이 곧 『쓴 소리, 곧은 소리』였다. 이 책은 지훈의 『지조론』과 쌍벽을 이루는 현대의 명 논설집의 하나로 꼽힌다.

선생께서 돌아가신 그해, 나는 선생의 장남 김세창 씨의 부탁으로 전집 출판에 참여하였다. 김동길(金東吉) 교수의 주선으로 '제3기획'이라는 출판사에서 10권 예정의 책을 펴내기로 계약을 맺었다. 사장 김춘호 씨는 정직하고 성실한 출판인이었다. 뜻있는 출판이며 특히 김 교수의 부탁이니 수지타산을 고려하지 않고 자기가 나서지 않을 수 없다고 해서 맡았다. 편집의 일이 순조롭게 되어서 3권까지 펴냈으나 예상 밖으로 판매실적이 좋지 않았다. 1980년대 그 시대는 독서보다는 투쟁의 시대였기 때문이었다. 도리 없이 전집 출판은 중단되고 말았다. 지금 김춘호 사장은 출판계에서 은퇴하여 노후를 보내고 있으니 그에게 다시 기댈 수는 없는 노릇, 어디 뜻있는 출판사가 나와서 다시 시작했으면 하는 생각을 하면서 나도 노년을 보내고 있다.

【모란 공원에 있던 선생의 묘소는 2012년 혹은 2011년(?)에 정부의 결정에 따라 수유리 4·19국립묘지로 이장하였다. 4월 혁명 당시 공로가 있는 교수들을 뒤늦게나마 발굴하여 예우 차원에서 옮기게 한 것이다. 원하지 않은 분은 물론 제외되었다.】

3. 미치기 시작한 집값 이야기/ 6월 항쟁의 열풍/『고려가요의 연구』 간행

1

그사이 우리 집은 몇 번 이사를 하였다. 마침 요새 강남과 분당 등의 아파트값 폭등이 사회적인 큰 문제로 대두되고 있으므로 초기 부동산 파동의 시발도 겸해서 적기로 한다.

우리 집이 여러 번 이사하게 된 동기는 순전히 크는 아이들 때문이었다. 세 아들이 성장함에 따라 좁은 방으로는 감당할 수 없었다. 재산 증식이나 투기 목적으로 집을 사고판 일은 단 한 번도 없었음을 고백한다. 이런 일은 있었다. 1997년 지금도 함께 살고 있는 누이동생을 위하여 그의 돈으로 13평형 아파트를 전세를 떠안고 1천5백만 원에 아내의 명의로 샀다가 2·3년 뒤 팔아버린 일이다. 명의는 아내 이름으로 되어 있으니 우리가 잠시 집 두 채를 소유한 셈이나 실인즉 그게 아니었다. 얼마 가지 않아서 IMF가 터지자 그 집도 처분하여 누이동생 이름으로 은행에 예금으로 넣었다. 지금까지도 꾸준히 몇 푼씩 예금을 하고 있다.

1977년 가을에 삼양동 평지 주택을 처분하고 쌍문동으로 이사하였다. 은행 빚을 얻고 전세도 놓고 해서 이층집을 샀다. 그때 집을 담보로 하여 은행 돈을 대출받으려면 커미션 얼마를 내야 했다. 그것이 그때의 관행이었다. 요즘과는 전혀 다른 세상이었다. 대지도 45평이니 나에게는 분에 넘치는 저택이었다. 집값은 1,600만 원으로 기억된다. 서울에서 산동네, 달동네를 빼고 평지에 있는 주택으로서 제일 값싼 곳 중의 하나가 바로 쌍문동이었다. 30년가량 지난 지금도 그렇다는 TV 뉴스를 근자에 들었다. 그건 그렇고 무리인 줄 내가 왜 모르겠냐마는 아버님과 아내의 고집에 밀려서 일을 저질렀다. 집은 그래야만 늘릴 수 있다는 것이다. 이때의 일이 바로 제1차 부동산 파동으로 연결된다. 그전에는 그런 일이 없었으니 제1차 운운하는 것이다. 실로 우연하게도 가을에 옮긴 즉시 집값이 뛰기 시작하는데 자고 일어나면 그때 돈 몇십만 원 오르는 것은 보통이었다. 놀랄 정도였다. 우리 동네만 그런 것이 아니고 서울 시내 전체가 그랬었다. 강남 강북이 따로 없었다. 그때까지만 해도 새로 조성된 강남 일대가 살기 좋은 곳으로 알려지긴

했으나 요즘처럼 강북과 비교가 되지 않을 정도로 엄청난 격차가 있지는 않았다. 심정상으로는 그랬었다. 기를 쓰고 그곳으로 이사하려는 움직임도 그리 많지 않았다고 생각된다.

모든 주택 값이 오르는 것도 문제였거니와 집 가진 가정주부들의 거의 대부분이 투기의 장본인으로 등장하여 살지도 않을 집을 사고파는 것이 더 큰 문제였다. 처음 있는 일이었다. 그 방식이 또한 가관이었고 기가 찰 일이었다. 물건이 나왔다 하면(사고팔 집을 '물건'으로 부르는 일도 그때가 처음이었다. 전에는 그냥 '매매할 집'이라고 하였다) 아낙네들이 복덕방을 끼고 계약을 맺는다. 문서상의 허위 계약이다. 그리고 등기도 하지 않은 채 며칠 뒤 되판다. 그사이 상당한 이문이 떨어진다. 그 집을 산 사람은 또 그런 방식으로 다시 처분한다. 이사라는 것은 물론 없고 형식상으로 집값을 정한 뒤 계약금만 오고 가면서 폭리를 취한 것이다. 이런 식이니 이사와는 전혀 무관한 '물건'은 계속 쏟아졌다. '전(全)주부의 복덕방화'라는 말이 그래서 생겼다. 전세살이 하는 사람들의 입에서 "집 가지고 있는 모든 연놈들을 죽이고 싶다"는 극단적인 말이 공공연하게 튀어나온 것도 그때였다. 서울에서 태어나고 살아온 나도 처음 보는 광란이었다.

집값이 오르면 무엇하나. 자기 집뿐만 아니라 다른 집도 올랐으니 아무 소용이 없는 노릇이었다. 그러나 큰 집을 지니고 있는 사람과 두 채 이상을 갖고 있는 사람들만은 유사 이래 처음 보는 부동산 투기와 폭등 바람에 앉아서 떼돈을 벌었다. 이것이 제1차 부동산 파동이라고 하는 것인데 요즘 강남 지역과 분당 등지의 아파트값 폭등과 비교하면 그때의 그것은 또한 아무것도 아니다. 속된 말로 쩝도 안 된다. 엊그제 뉴스를 들어보니 몇 년 전에 3억짜리가 불과 2~3년 만에 9억, 10억이고, 강남의 특정 지역에 거주하면서 이곳저곳에 아파트 3채 이상 가진 사람이 60%라고 한다. 강북 등 다른 지역의 아파트값은 거의 요지부동이라서 같은 30평대 아파트인데 강남 것을 팔고 강북으로 오면 3채, 많으면 4채까지 산다고 하니 이게 제대로 된 세상인지를 묻지 않을 수 없다. 미쳐버린 사회다. 환장한 세상이다. 나는 강남에 사는 주민들을 한 번도 미워해 본 적이 없다. 그러나 그 동네의 광기(狂氣)로 포장된 집값은 증오하는 자다. 사람은 미워하지 않고 집값은 증오한다니 이게 모순된 얘기가 되기 쉬우나 사람 따로, 집 따로 보려는 나의 심정만은 의연 변함이 없다. 그 동네 사람들이 일부러 그렇게 올린 것이 아니고 원인은 정부의 무계획적이고 무모한 부동산 정책에 있다고 관측하기 때문이다. 지금의 강남 지역 집값을 보면 부동산 파동의 원조 격인 1977~1978년의 광란을 원망할 생각이 나지 않는다. 여하튼 그때부터 나이 든 분의 소일거리였던 복덕방이 젊은 사람들의 업체로 점차 바뀌게 되었다.

쌍문동 집에서 나는 1년도 못 살았다. 집을 늘려 갔기 때문에 전혀 생각지도 않은 차익이 다소 생겼으나 봉급을 받아서 생활하며 매달 은행 빚을 갚아갈 재간이 없었다. 그 집에 그냥 눌러살면 더 큰 이득이 있을 것이라는 점을 알았지만 힘에 부쳐서 다음 해인 1978년 봄에 도리 없이 처분하고 수유 3동으로 줄여서 또 이사를 했다. 40평 대지에 건평 30평 단층 가옥이었다. 크고 작은 방이 모두 넷이었는데 돈이 부족하여 하나는 전세를 주고 입주하였다. 앞서 쌍문동 집은 30대 나이의 국민학교 교사로부터 샀고, 이번에는 역시 그 나이 또래의 교통순경에게서 구입했다. 두 사람 모두 그 나이 그 직업에 집을 두 채나 지니고 있어서 놀라움을 금치 못했다. 더욱 기가 막힐 노릇은 수유리로 집을 옮기던 그때까지도 부동산 파동이 멈추지 않아서 집값을 깎기는커녕 처음 호가(呼價)에다 돈을 더 주고 샀다는 점이다. 그냥 놔두면 집값이 저절로 올라갈 터이므로 복덕방에 처음 내놓은 가격으론 팔지 않겠다고 집주인이 배를 내미는데 어쩔 도리가 없었다. 그 집 말고 도

무지 우리 식구가 살 만한 적당한 집을 구할 수가 없어서 더 주고 샀다. 남이 들으면 바보라고 놀려댈 일이었다. 그 집에서 9년 반 동안 사는 사이에 10·26과 12·12, 5·18을 겪었다.

나는 그 집에 살면서 개인적으로 한때 아주 심한 경제적인 고초를 겪었다. 동대문시장에서 옷감 장사를 하는 고종사촌의 빚보증을 서주고 결국은 나만 어려움을 당했다. 그때 당한 돈이 부교수 일 년 연봉(세금 공제 전)에 맞먹는 금액이다. 그 돈을 대신 갚는 데 꼬박 3년이 걸렸다. 집을 잡히고, 내핍생활을 하면서 가족들이 얼마나 고생을 하였는지 모른다. 봉급날이면 그 반을 무조건 뚝 떼서 은행 빚을 갚기 위해 발길을 옮길 때는 아무리 평정심을 유지하려고 노력을 해도 울화가 치밀어 올라서 참을 수가 없었다. 이 사실을 자식들도 잘 알고 있어서 세상살이에 도움이 될 것이다.

그때 한양대학교 통근버스가 아침이면 인근 광산슈퍼 근처에 왔다. 버스를 타고 출근하였다. 소요 시간 25분! 가끔 11번 시내버스를 타고 왕십리에서 일단 하차하여 학교 방향으로 가는 버스로 환승하면 35분! 그때만 해도 시내 교통은 양호한 편이었는데 1990년대 초중반 이후로는 근 1시간이나 걸릴 만큼 사정이 악화되었다. 승용차의 범람이 그 무렵에 가속화되어 간 것이다. 그래도 지금보다는 훨씬 좋았던 편, 한 집에 차 두 대 가진 집은 거의 없던 때였으니 말이다.

1987년 가을에 다시 4·19 국립묘지 근처 수유리로 옮겼다. 서울 올림픽이 열리기 한 해 전이다. 역시 아이들이 장성해서 이사가 불가피하였다. 조용한 주택가였으나 집값은 예상외로 쌌다. 얼마나 저렴한가 하면 오래된 집이지만 대지 60여 평에 건평 50평 2층 양옥을 10여 년 살다가 지금부터 5년 전인 2000년에 처분하고 그 돈으로 현재 살고 있는 돈암동 미아리 꼭대기 32평 아파트를 사고 나니 한 푼도 남지 않았던 것이다. 그나마 미아리 꼭대기의 아파트이기 망정이지 강남으로 옮긴다고 가정하면 같은 평수의 전셋집이나 겨우 얻는다. 집을 살라치면 8평짜리라던가. 그런데 8평 아파트가 어디 있는가. 원룸이 아닌 이상 어디 있는가. 명색 건평 50평 2층 단독주택의 체면이 말이 아니다. 그 집에서 2000년까지 13년 살다가 미아리고개에 있는 32평형 아파트로 옮긴 까닭은 이번엔 한 분 남은 어른인 아버지께서도 돌아가시고 세 자식도 모두 장가를 들어서 분가해 나가고 남은 식구라고는 우리 내외와 과부가 되어서 우리와 함께 살고 있는 늙은 누이동생, 이렇게 세 명밖에 안 되어서 2층 큰 집이 필요가 없기 때문이다. 이게 인생살이의 순환원리이리라.

내가 왜 이렇듯 지면을 할애하면서 집 얘기를 하는가 하면 우리나라 서민경제라는 것이 건전하게 사업을 해서 벌거나, 월급을 저축해서 모은 돈으로 움직여지는 것이 아니고 거의 대부분 집을 가지고 갖은 재주를 부려서 늘려 나가는 현실, 셋방살이하는 사람만 등골이 휜다는 것, 살기에 쾌적한 수유리 4·19탑 근처의 집값도 지하철역에서 좀 멀고 백화점에서 떨어져 있고 강남이 아니기 때문에 형편없이 싸구려라는 기이한 현상이 너무나도 한심스럽다는 것, 이런 현상도 후세에는 20~21세기 초의 삶의 양상이 어땠는지를 알 수 있는 자료가 되기 때문에 적어 놓는 것이다. 이것이 제대로 된 나라의 경제인지 묻고 싶기 때문이다. 장차 이 나라가 어떻게 될지, 또 강남과 강북의 풀리지 않는 갈등과 강북 사는 사람의 상대적 박탈감이 어떤 식으로 폭발할지 심히 우려스럽고 참으로 안타깝기 때문에 그러는 것이다.

수유리 4·19묘지 근처에 이사 간 지 얼마 안 되어 잠시 잠잠했던 부동산값이 또다시 큰 폭으로 움직였다. 이것이 내가 아는 바 2차 파동인데 1차 때나 특히 작금년 강남과 분당 지역 아파트의 경이적인 상승과는 비교가 안 될 정도로 크지 않았다. 그러나 주택의 공급이 수요를 감당하지 못해서 주택난이 심각했던 것만은 사실이고 그래서 노태우 정권이 평촌에 이어 분당·일산 등지에 대단지 아파트를 급히 서둘러서 조성하게 된 것이었다.

이렇게 정리해 놓고 보니 내가 마치 부동산 전문가가 된 듯한 기분인데 그렇게 착각할 정도로 여러 차례의 대형 부동산 파동은 그 파장이 워낙 커서 나 같은 백면서생까지 주택의 변동과 매매에 관해 생생하게 기억할 정도였다. 망국(亡國)의 이런 현상이 언제까지 이어질지 두 눈 부릅뜨고 두고 볼 일이다.

1980년대의 나라 꼴은 엉망이고, 대학가의 분기(憤氣)는 하늘을 찌를 듯하였는데 장영자 사건이니 명성 사건이니 하는 대형 금융사고가 터졌는가 하면 미얀마 아웅산에서는 북한 정권에 의해 고위 관료 다수가 폭사하는 기가 막힌 사건이 발생하였다. 나라 안팎이 뒤숭숭하다 못해 불길한 예감마저 들 정도였다.

험난한 시대에 식자인(識字人) 노릇하기는 예나 이제나 마찬가지. 전두환의 폭압 정치가 강행되던 그 위란의 시기에 나는 아무것도 하지 못하였다. 문약하고 나약하기 이를 데 없었다. 강의실에서 에둘러 시국을 논하는 정도였다. 결과적으로 명철보신(明哲保身)한 것이 분명하다. 딱히 뭐를 해야 할지를 알지 못하였다. 4·19 때 대학교수의 데모가 4월 혁명을 마무리 지었는데 그런 움직임도 없으니 손을 놓고 있을 수밖에 없었다. 그나마 다행한 일은 1987년 고려대 교수들의 민주화를 촉진하고 대통령 직접선거를 촉구하는 성명과 외신기자 회견이 있었다는 점이다. 그 살벌한 시기에 매우 큰 사건이 터진 것이다. 이것이 계기가 되어 전국 각 대학 교수 사회로 번졌고 시간이 어느 정도 경과한 뒤 한양대에서도 서명운동이 있자 거기에 나의 이름 석 자 올린 것이 고작이었다. 모두 40여 명이 서명하였는데 당시 교수 총원은 700여 명이던가. 뒷시대 사람들이 평가하기에는 대단한 일을 한 것 같아 보이나 그때의 정세를 알고 있는 나의 평가는 실인즉 별것도 아니었다.

고려대 교수에 이어 초기에 서명운동을 한 몇 대학들의 움직임은 높이 평가할 만하나 이 눈치 저 눈치 보다가 다른 대학들 다 하는 것을 보고 끝판에 끼어든 것은 요컨대 체면 유지나 하자는 것 외에 큰 의미가 없었다. 다만 안 한 것보다는 낫고 그래서 학생들도 박수를 쳐 주었으며, 자식들도 신문에 나온 명단을 보고서는 좋아했다. 요즘 TV를 보니 바로 그때에 전두환은 군대를 동원하여 또 한판하려고 작정했는데 미국의 만류로 실행에 옮기지 못하였다는 얘기다. 그러고 보면 막차 타기식의 서명이었으나 의미가 전혀 없었던 것은 아니다.

이와 관련된 한심하고 웃기는 얘기 하나가 있다. 도하 여러 신문에 한양대 교수들의 서명 사건과 명단이 보도되었다. 그 이틀 뒤 나는 이승훈 교수와 함께 검찰청(동부지청)으로 검사를 만나러 갔다. 앞에서 말한 김 모 군의 후배인 우리 과 학생 하나가 데모에 나섰다가 또 붙잡혀서 가락동 소재 구치소에 갇혀 있어서 그를 면회하기 위하여 담당 지도교수와 함께 학과장 일을 맡고 있던 내가 나선 것이다. 그때도 검찰청에서는 구속된 학생이 넘쳐나기 때문에 고심할 정도였다. 지도교수와 학과장의 확인 아래 반성문 한 장만 쓰면 내보내겠다는 것이 검찰 당국의 방침이었다. 며칠 전에 미리 전화로 날짜, 시간을 약속하고 검사실에 들어섰다. 그랬더니 처음 보는 담당 검사는 내 이름을 신문에서 보았다면서 서명 교수는 면회 기회를 줄 수 없으니 지도교수만 자기 차를 타고 구치소로 가자는 것이다. 출장비가 들어있는 봉투도 지도교수에게만 내놓았다. 여러 번 검사실, 구치소, 형무소, 경찰서를 순회했지만 대학교수에게 수고비 조로 돈 내미는 것은 그때 또 처음 목도했다. 정부가 깊이 앓는구나 싶었다. 내가 기분 나쁜 소리로 그런 법이 어디 있느냐, 서명한 것과 학생 면담은 성격이 엄연히 다른 것이고, 또 내가 학생을 만나서 선동할 것도, 할 수도, 할 의사도 없는데 그럴 수는 없다, 나도 따라나서겠다고 버티자 검사도 못 이긴 척 자기

차에 타라고 해서 학생을 면회한 일이 있었다. 나에게 출장비 봉투는 끝내 건네지지 않았다. 呵呵, 기가 막힌 세상을 다 살아본 셈이다.

1987년 6월 항쟁, 마침내 시청 앞 일대는 수많은 학생들의 물결로 넘쳐났다. 그날의 광경을 TV를 통해서 보고 나는 이제 저들의 시대는 막이 내리게 되었다고 단정하였다. 1980년 5·14(15?) 때 서울역 광장에서 전개된 학생들의 대규모 시위를 보고 이제 안심해도 좋겠구나라고 성급하게 결론을 내렸다가 급습을 당한 경우와는 모름지기 사정이 다르다고 생각하였다. 6월 항쟁 당시 큰아들 윤규(允圭, 고려대 법과)는 3학년생이었다. 교내 학생운동에 가담하였으나 행동대는 아니었고 아마 뒤에서 일정한 몫을 하는 모양이었다. 둘째 정규(定圭, 고려대 경제과)는 신입생으로 그날 시청 앞에 나갔다가 전경들에 쫓겨 콧등을 다치는 사고를 당하였으나 워낙 신체가 좋고 운동신경이 발달한 놈이라서 발길로 전경을 차고 도망을 했다. 뒷길로 빠져서 큰길로 나왔는데 거기는 데모대가 없어서 버스가 운행하더란다. 어디 가는 버스인지도 모르고 무작정 경황없이 탔더니 차 안의 시민들이 박수를 치더란다. 불광동 쪽이라던가 그쪽으로 달리는데 어느 아주머니가 돈 1만 원을 쥐여 주며 위험하니 택시를 타고 빨리 집으로 가라고 해서 귀가하였다. 내가 왜 자식 얘기를 하는가 하면 결코 자랑하고자 하는 것이 아니다. 그때 학생치고 그만한 의기와 정의감이 없는 대학생도 있었던가. 시민들의 심정적인 동조와 합류와 지지가 대단하였다는 점과 민심은 정권을 완전히 떠났다는 사실을 기록에 남기고 싶었기 때문이다. 셋째 아들 상규(祥圭)는 고2 학생이었으니 권외에 있었다.

연세대생 이한열 군의 참사가 있었고 이어서 수십만 혹은 100만 명의 시민 혁명, 화이트칼라까지 자진 참여한 그때의 노도와 같은 거대한 저항은 단연 4·19를 몇 배 압도하는 것이었다. 그리고 군부정권의 항복이랄 수 있는 6·29선언. 백성의 뜻이 마침내 총·칼로 시작하여 총

·칼로 버티던 정권을 쓰러뜨리고 말았다. 노태우가 대통령 직선제, 김대중의 정치활동 보장 등이 골자인 '6·29'를 선언하던 날 서울은 물론, 전국이 승리감에 도취하여 흥분과 감격의 도가니에 빠졌던 광경이 지금도 선연하다.

이만하면 민주화는 이루어진 것이거늘 늘 문제가 되는 족속은 정객들. 김영삼·김대중 양 진영이 양보하고 합의하여 단일 후보로 대통령 후보에 나왔으면 오죽 좋으련만 서로 해 먹겠다고 고집을 부려서 각기 선거전에 뛰어들었다. 노태우와 3파전. 3金의 한 사람인 김종필까지 합하면 4파전, 선거전문가와 여론조사기관에서 흘러나온 얘기에 의하면 여당 1인과 비슷한 지지율의 야당 2~3인이 싸우면 백이면 백 여당 후보가 이기게끔 되어 있다는 것이다. 아무리 인기가 없는 여당일지라도 부동의 기본 조직만 30%는 가지고 있으므로 거기에다 선거운동 기간 중 5%만 더하면 끝나는데 그쯤의 표를 모으는 것은 식은 죽 먹기라는 것이다. YS, DJ 이 두 김 씨가 이걸 몰랐다면 정치 9단이라는 세평이 무색한 것이고, 알고도 그랬다면 스스로 역사의 죄인 노릇하자고 작심한 것이나 다름없는 것이다. 결과는 노태우의 승리. 아직도 이 나라는 멀었다는 생각뿐이었다. 나의 여러 친구들도 허탈감에 빠져 한동안 하는 일 없이 멍하니 정신을 놓고 지냈다고 하거니와 나라고 왜 그렇지 않았겠는가. 배신감에 치를 떨면서 한동안 정신적인 공황 상태에서 보냈다. 나쁜 사람들! 나라를 위해서 고생도 억수로 하고 애도 많이 썼으나 결정적인 순간에 돌이킬 수 없는 실책을 범한 죄인들! 이런 막말을 지껄이면서 그렇게 지냈다.

그러므로 저 위에서 진작 언명한 바와 같이 신익희·조병옥·장면 이후에 정치가다운 정객은 단 한 사람도 보지 못했다고 한 이유가 여기에 있다. 장면 박사에 대해서는 그분이 워낙 온유한 성품의 소유자이고 무기력하였기 때문에 정권을 탈취당했다는 평이 있음을 우리는 모르지 않는다. 그러나 그를 탓하기 전에 국정(國政)을 제대로 수행할 수 없으리만큼 방해를 일삼은 일군의 정치세력과, 한꺼번에 욕구를 충족시키려고 연일 시위를 하며 소란을 피우던 우리 국민들의 낮은 의식 수준, 그리고 흠만 잡아서 대서특필하던 그악스러운 언론 등의 행태 또한 양식이 있는 사람은 똑똑히 기억하고 있다. 돌이켜 보거니와 4·19 이후의 그와 같은 무질서 속에서는 이른바 카리스마가 있는 대찬 지도자라도 소신껏 나라를 이끌 수는 없었다고 본다. 그 시대를 살았던 소시민의 한 사람으로서 나는 그렇게 해석한다. 4·19 — 5·16으로부터 반세기의 세월이 지난 근년에 신문에 소개된 어느 사회과학 계열의 학자가 장면과 박정희를 평가한 일리 있는 글을 보았다. 요컨대 박정희는 정권을 탈취하여 집권하려는 의지에 넘쳐 있는 인물인 반면, 장면은 이미 정치를 계속할 수 없음을 알고 있던 차, 전자에게 저항하지 않고 선선히 양보한 그의 선택, 이 두 가지가 있었기 때문에 피를 보지 않고 정권이 바뀌면서 새로운 정치사회가 열렸다는 것이다. 장면과 박정희의 악연을 후세 학자가 긍정적으로 해석한 글인데, 전부 옳다고는 볼 수 없으나 그런 관점도 있다는 사실을 여기에 적으면서 장면의 실패 속에 담긴 긍정적인 함의를 잠시 생각해 본 것이다. YS와 DJ의 지독한 경쟁, 그것은 알고 보면 아주 특수한 예이고 그들의 선배 정치인들은 늘 양보의 미덕을 보여주곤 하였다. 신익희·조병옥·장면 등은 두 번의 정·부통령 후보 경선에서 당당히 맞서 패하는 쪽이 깨끗이 승복을 하고 선거에 나서곤 하였다. 그때 그분들이 1980년대에 살았다면 결코 양 김(兩金)과 같은 욕심은 내지 않았다고 나는 확신한다. 한 사람의 시민으로서 내가 겪은 바에 의하면 저분들과 이들은 품격부터 달랐고, 경륜 또한 격차가 났다. 앞에서도 말했지만 연설 솜씨도 양 김은 자기들이 뛰어나다고 할지 모르나 내가 보기에는 아니올시다이다. 그들의 정치연설은 정견 발표와 무관한 하급의 정치선동일 뿐이다. 지겹도록 들어서 잘 알고 있다. 기왕에 내친김에 한마디만 더 한다면 신익희·조병옥·장면 선생 등이라고 왜 결함이 없었겠는가. 흠결이 없는 사람이 어디 있는가. 그러나 그분들은 장점이 더 많아서 부족한 부분이 희석되었다고 나는 본다. 그런데 그 이후의 정치하는 사람들은 정치 선배인 저분들의 장점은 닮지 않고 결점 부분만 죄다 모아서 자신들의 것으로 다시 육화(肉化)시킨 사람들이다. 좀 심한 평가 같지만 내 생각은 그렇다. 그런 생각에 추호도 변함이 없다.

2

그 전후로 해서 몇 년간 나의 고려가요 연구는 계속되었다. 〈유구곡(維鳩曲)〉은 작자 문제에 이론의 여지가 없지 않아 있으나 통설에 따라 예종(睿宗)으로 보고 논의를 전개하였다. 왕은 불교국가임에도 도교에 심취하였고 또한 시문(詩文)을 좋아했다. 귀중한 자료인 송나라 서긍(徐兢)의 『고려도경(高麗圖經)』에 그에 관한 기록이 있어서 『고려사』 등과 함께 많은 참고가 되었다. 그리하여 〈유구곡〉을 왕의 도교 편향과 시문 및 자연 탐닉의 취향과 결부시켜서 풀었다. 짧은 노래이나 자료를 조사하고 분석하여 텍스트에 연결시키는 재미가 썩 좋았다. 얼마나 근사하게 맞추었는지는 알 길 없으나 도교의 관점에서 작품을 풀이한 것은 나의 논문이 처음이 아닌가 싶다.

〈이상곡(履霜曲)〉도 큰 흥미를 가지고 성찰하였다. 10행체 향가의 변형태라서 더욱 관심이 갔다. 다른 속요보다 더 농도가 짙은 극단적인 어법이 눈길을 끌었는데 작자 미상의 입장에서도 조명하였고 고려 말엽인 충선왕(忠宣王) ― 충숙왕(忠肅王) 시대의 관료인 채홍철(蔡洪哲)이 지었을 것이라는 가정을 세워 놓고도 천착하였다. 논거를 대고 그렇게 해석하였으나 그 또한 정곡을 뚫었는지는 미지수다. 작품을 한 줄 한 줄 음미하면서 논의한 기억이 난다.

〈서경별곡〉은 〈가시리〉의 성향과 정반대되는 이별가다. 이 노래가 전해옴에 따라 고려 속요에는 이별의 유형이 〈가시리〉적인 것만 있는 것이 아니고 그와 반대되는 것도 있다는 점이 밝혀진 것은 매우 중요하다. 민요에서 그와 같은 성향의 노래 여러 대목을 뽑아서 결부시켜서 살폈고 구슬사(詞)라고 일컫는 2연을 시 전체의 구조에서 해명하였으며 화자의 적극적이고 강경한 태도를 또한 논의하였다.

　〈정과정(鄭瓜亭)〉과 〈고려처용가(高麗處容歌)〉는 가장 나중에 완성한 논문이다. 모두 역사의 기록문을 토대로 해서 설명하였다. 두 작품의 내용을 문학적으로 분석하지 못한 것은 유감스럽다. 그러나 전자에서 왕인 의종(毅宗)이 문헌기록과는 달리 작자인 정서(鄭敍)가 미워서 귀양을 보냈다는 점과, 작자에게도 일정한 책임이 있다고 결론을 내린 점은 새로운 해석이라서 일단 의미가 있다고 자평한다. 후자는 간단한 논문인데 여기서도 무가인 고려처용가의 성립 시기를 일연(一然)의 『삼국유사』 이후로 잡은 것과 고종·충혜왕(忠惠王)·우왕(禑王) 대의 처용희는 성희(性戱)이며 그러므로 신라 향가 처용가 이후 여러 계통의 처용가가 분파되었다고 본 점도 새로운 해석이었다.

　〈만전춘별사(滿殿春別詞)〉는 위 두 노래에 앞서 비교적 늦게 다룬 작품이다. 여기에 대해서는 사연이 있기 때문에 조금 뒤에 언급키로 하겠다. 마지막으로 집필한 것이 「속요의 형성 과정」이다. 여기서 나는 민요가 속요로 정착되는 과정, 속요가 고려 말에 형성되었다는 통설을 뒤집고 초기부터 있었다는 주장, 당악의 산사(散詞)가 속요의 궁중 이입에 기여한 점, 기녀 등뿐만 아니라 사대부들도 속요 운반에 개입하였다는 사실 등을 밝혔다. 이 논문과 「고려 처용가」는 학술지에 게재치 않고 책을 낼 때 직접 실렸다.

　1990년 봄에 이 모든 논문들을 모아 새문사에서 『고려가요의 연구』라는 이름으로 책을 펴냈다. 처음에는 도저히 될 것 같지 않았지만

6~7년 공을 들였더니 마침내 한 권의 책이 되는 기쁨을 만끽할 수 있었다. 정말 시원하고 좋았다. 이 책도 개별 작품의 뒤를 따라가면서 해석했다. 텍스트에 앞서 나의 취향에 따라 먼저 전제를 세워놓고 거기에 맞춰서 의도적으로 읽지 않았다. 「향가여요론」을 강의할 때 비로소 나의 두 저서로 할 수 있었고, 중세 이전의 시가인 두 장르의 연구가 비로소 마무리 짓게 되었다. 이 책의 재교를 이도흠 군이 보아 주어서 큰 도움이 되었다.

새문사 이규(李揆) 사장은 1984년 김학동(金澤東, 서강대 명예교수) 선생을 통해서 알았다. 김 선생의 단골 출판사인데 그가 나와 함께 『국문학개론』을 편찬하여 새문사에서 출판하자고 제의해 옴에 따라 인사를 나눈 이후 오늘에 이르기까지 20년 동안 격의 없이 지내는 친한 사이가 되었다. 이 사장은 정직하고 행실이 바른 출판인이다. 국문학 관계의 수많은 책이 그곳에서 나왔다. 많은 학자들이 그의 신세를 진 셈이다. 일찍이 1980년대 초부터 컴퓨터를 사용하여 책을 찍어냈는데 따라서 그 방면 출판의 선구라 하겠다. 선구이긴 하나 기술개발에 신경을 크게 쓰지 않아서 후발 출판사에 편집 기술이 뒤떨어져 있음이 아쉽다.

책이 나온 몇 년 뒤 불쾌한 일을 접하게 되었다. 나의 〈만전춘별사〉에 관한 논문을 성현경(成賢慶, 전 서강대 교수, 작고) 교수가 비판한 글을 뒤늦게 보았다. 그의 글이 발표된 뒤 2년가량이나 지난 뒤 고려대 대학원에 출강할 때 학생 누군가가 귀띔해 주어서 보았다. 그의 글의 요지는 나의 글 중의 몇 대목이 자신의 논문 및 또 다른 한 사람의 글을 인용하면서 내가 각주를 교묘히 달았거나 일부 뺐다는 것이다. 나의 논문은 2개의 장으로 되어 있다. 1장은 작품 제목에 관한 논의이고 2장은 작품의 해석이다. 전자에서는 그의 논문을 1회, 후자에서는 2회 각주를 달고 인용하면서 비판하였다. 이렇듯 나대로 모든 장치를 하였기 때문에 그에게서 반론을 받으리라고는 꿈에도 생각지 않았다. 각주를 통한 인용으로 끝났다면, 다시 말해서 비판을 삼갔다면 이런 일을 당하지 않았을 것이라는 생각이 들었다. 또한 그에 앞서「청산별곡의 재조명」에서는 그의 주장을 한두 줄쯤 소개하면서 묵살하는 식으로 간단히 처리하였는데 그것도 그의 심기를 건드렸음이 분명하리라는 생각도 하지 않을 수 없었다. 그의 반론의 글은 논문이 아니라 〈만전춘별사〉에 관한 여러 연구를 평가하고 소감을 피력한 글인데 나 이외 다른 몇 사람의 논문도 비판의 대상으로 삼았다. 논문이 아니므로 반박할 수도 없었고 또 그렇게 하고 싶지도 않았다.

어쨌든 기가 막혔다. 그의 지적대로 그런 일이 없었기 때문이다. 물론 나와 그의 글 그리고 다른 이의 글에는 내용상 유사한 대목이 있음을 그의 글을 읽고 비로소 발견하였다. 하나 그것은 우연의 일치일 따름이다. 백 보를 양보한다면 몇 년 동안 성현경, 그의 논문을 가지고 학생들에게 강의하였기 때문에 나도 모르는 사이 일부 내용이 각주 없이 묻어 들어갔을 확률은 있을 수 있었다. 실수일지언정 의도적으로 옮긴 일은 단연코 없었다. 그가 내 글을 읽어도 알 수 있을 정도였다. 각주 다는 일이 뭐가 힘들어서 내가 그걸 피하고 혹은 교묘히 달았겠는가. '여흘'과 소(沼)의 해석에서 같은 풀이를 한 다른 학자의 글은 보지도 못한 논문이다. 성 선생이 지적한 바를 보고 일부러 구해서 처음 읽고 나도 깜짝 놀란 일이 지금도 생생하다. 그때 처음 접한 논문인데 내용이 일치한다고 해서 험한 말을 듣자니 참으로 억울하였다. 속요 작품 전체를 쓰다 보니 나도 모르게 스며들었을지도 모른다. 그렇기에 더욱이 내 심정이 어떠한지, 누구에게라도 하소연하고 싶은 마음뿐이었다.

그 이후 학회에서 그를 두 번 만났다. 그에게 매우 섭섭하다는 뜻을 표했다. 각주를 달지 않았다면 나는 할 얘기가 없었을 것이다. 그러나 각주를 달았으되 그의 말대로 교묘히 달았다는 이유로 일격을 당하고 보니 나는 정말 심기가 불편하였다. 아전인수인지는 모르나 적어도 내 입장에서는 그랬었다. 그래서 유감의 뜻을 표한 것이다. 그가 미안하다고 하였다. 각주를 달지 않으면 문제이지만 전체 3번이나 달았는데도 각주 표시가 없는 일부 내용이 같다고 시비를 건다는 것은 이해하기 곤란하다고 하였다. 어떻게 같은 논문에서 필요 이상의 각주를 달 수 있느냐고 물었다. 두 번째의 만남은 한양대에서 있었던 어느 학회가 끝난 뒤 그와 나, 그리고 정민 교수, 이렇게 세 사람이 술잔을 나눌 때였다. 그는 나의 말에 반론을 제기하지 않고 시종 미안하게 되었다고 하면서 그 문제는 더 이상 거론하지 말자고 하였다. 그렇게 말할 때 그는 기분이 상해 있었다. 그것으로 그와 나는 더 이상 얘기하지 않았고 그 후 학회에서 만나서는 평상시처럼 지냈다. 그리고 몇 년 뒤 뜻밖에 그가 별세하였다는 소식을 들었다. 고인이 된 사람과의 한때 어색한 과정을 기록하면서 내가 어찌 그때의 일을 사실과 어긋나게 적을 수 있는가. 진실 그대로 옮기면서 일찍 간 그분의 명복을 진심으로 기원한다. 그의 〈만전춘별사〉는 나와 견해가 같지 않으나 잘 쓴 논문이다. 그래서 내가 나의 저서가 나오기 전까지 상술한 바와 같이 여러 해 동안 강의시간에 텍스트로 삼았고 뿐만 아니라 황패강, 임기중 교수와 함께 편찬한 『향가여요연구』(이우출판사, 1985)에 그의 〈만전춘〉 관련 논문을 내가 추천하여 게재하기까지 하였다. 나의 단독 저서가 나오기 5년 전의 일이다.

  저 위에서도 언급한 바와 같이 나의 『고려가요의 연구』는 여러 연구자의 학설을 지나칠 정도로 비판한 것이 흠이다. 그 업보가 그런 결과를 낳게 한 모양이다. 그 뒤 발표된 여러 논문에서 나는 각주를 달지 않아도 무방한 대목에서도 꼭 단다. 몇 사람은 나의 그러한 글쓰기가 신경과민적이라고 하면서 말리나 나는 그 말을 듣지 않는다. 매사는

'불여(不如)튼튼'이라 했던가.

　향가 연구에 이어 고려가요에 이르기까지 나의 일관된 작업은 개별 작품의 분석이다. 이와 같은 연구의 방향은 그 후의 저서인 『조선후기 시가의 현실인식』과 『향가여요의 정서와 변용』에도 그대로 적용되었다. 별로 참신할 것도 없고, 또한 당연한 접근론이지만 내가 처음 고전시가에 관심을 두던 시기를 돌이켜 생각해보면 얼마쯤의 별다른 의미를 둘 수도 있는 고전시가 읽기의 한 방식이기도 하였다.

　개별 작품의 해석은 요컨대 국문시가 연구의 기초 작업에 해당된다. 그런데 그때만 해도 그러한 기초 공사가 제대로 되어 있지 않았고, 그래서 부실한 편이었다. 각 장르의 대체적인 윤곽을 파악해 놓은 논문은 몇 편 눈에 띄었으나 한 편의 개별 작품을 놓고 심도 있게 파고 들어간 연구는 희소하였다. 생각해보면 알 일이다. 향가와 속요를 예로 들자면 해당 장르에 속해 있는 텍스트가 각기 10여 편 된다. 선후를 따질 때 먼저 개별 작품을 여러 측면에서 분석하고 해독한 연후에 이를 종합하여 장르의 성격, 특질, 변천, 타 장르와의 상관관계 등 종합적인 연구로 진행되는 것이 온당한 순서일 것이다. 그 역순으로 작업을 하면 온전한 장르론도 나오기 힘들 것이고, 개별 작품론도 미리 정해진 불완전한 장르론의 구속을 받아서 그 정체성과 본질이 제대로 드러나기는 어려울 것이다.

　이런 점을 나는 철저히 인식하고 누가 옆에서 뭐라고 하던 개별 작품론 해석에만 열중하였다. 나도 다소 부족하나마 총론격의 장르론을 써서 발표하면 그 논문이 다수의 연구자에 의해서 인용되고 쓰임새가 확대되는 것을 모르는 바 아니나, 그런 작업은 타인에게 맡기고 나는 시종 작품론으로만 시종하는 것을 내가 걸어가야 할 학문의 길로 정하였다. 자평컨대 방향은 제대로 정했고 한때 속도가 다소 느린 적도 있으나 꾸준하게 그 길을 지켜온 것은 다행이다. 하지만 이를 종합하여 나대로 본 각 장르의 전체상, 요즘 내가 한껏 주장하는 부분을 넘어 통으로 읽어내는 선에까지 미치지 못한 점과 향가의 경우는 배경론 위주로 분석하고 문학적 풀이에는 거의 손을 쓰지 못한 점은 결함으로 남는다. 그 시대의 학문 연구의 주류가 그런 테두리에서 쉽게 벗어나지 못했다고 하더라도 나의 부족하고 미흡한 점인 것만은 부인하기 어렵다. 그러나 뉘 알겠는가. 정년퇴임 후 나는 향가여요의 개별 작품론 이외 방금 언급한 몇 국면의 연구를 진행하고 있거늘… 때가 오면 학계에 내놓을 작정이다.

4. 한양어문학회 창립과 소설가의 교수초빙/ 고전문학회 나들이와 『조선후기 시가의 현실인식』 간행/ 아버님의 서거

1

그 혼란한 시기, 격동과 격변의 시기에 나는 학과장 노릇을 2년 동안 수행했다(1985~1987). 대학교수 생활을 30여 년 하면서 보직을 맡은 것은 학과장뿐이다. 다른 자리는 일절 없다. 이것도 하고 싶어서 한 것이 아니라 내 차례가 되어서 맡았는데 한양대에 부임한 지 3년 뒤였다. 엄청나게 고생을 하였다. 강원대 시절에도, 또 한양대 재직 중 후반기에 한 번 더 학과장직을 맡아서 했으나 그때 1980년대 중반처럼 힘들지는 않았다. 그 시대에 총장 이하 학과장에 이르기까지 어느 직책을 맡았든 고생하지 않은 사람도 있을까. 2년 동안 출근하는 아침부터 나는 얼굴을 찌푸리고 대문을 나서서 하루 종일 그 모양으로 근무하다가 퇴근을 하였다. 어느 하루라도 편하게 지낸 기억이 별로 없다. 따지고 보면 '학과장'직은 보직 축에, 바꿔 말해서 벼슬 축에 들지도 않는 직책이다. 하지만 총·학장이나 처장 등의 자리에 못지않은 아주 중요하고 보람된 직책이다. 대학은 '학과' 단위로 구성된 교육 및 연구 기관임은 대학인이면 다 아는 사실이다. 그런 학과를 책임지고 운영하면서 학생들과 직접 만나 대화하며 호흡을 맞추고 교수들과 협의하여 개선해 나갈 것, 발전시켜 나갈 것을 정해서 추진하는 일, 새로운 아이디어로 학과 전체를 변모시켜 나가는 그 작업이 학과장에게 위임되어 있거늘, 그것이 얼마나 값진 봉사이며 의미 있는 역할이겠는가. 하기로 작정하면 이처럼 좋은 자리도 없으리라.

그런데 1980년대는 그런 본질적인 책무와 권한과 역할과는 전혀 무관하게 허구한 날 데모하는 학생들을 이른바 '지도'하는 일로 허비하였으니 직분에 대해 애착심을 품을 수도 없었고 그저 하루빨리 그 자리에서 벗어나기만을 기다리며 지낼 수밖에 없었다.

그런 와중에도 보람된 일 한두 가지를 수행한 것은 천만다행이다. 첫째는 '한양어문학회'(현 한국언어문화학회)를 창립하고 학회지 『한양어문연구』(현 『한국언어문화』)의 창간호를 내 손으로 펴낸 일을 꼽을 수 있다. 여기에 관해서 지금까지 나는 함구하고 지내왔는데 이제 저간의 경위를 기록으로 남겨야 하겠기에 상설(詳說)키로 한다. 혹자는 그게 뭐 그리 대단한 노력이 필요한 것이었기에 '저간의 경위 — 상설' 운운하느냐고 묻기 쉽다. 맞다. 상식적으로는 난사(難事)가 결코 아니다. 그런데 남이 보기에 도저히 이해가 안 되리만큼의 아주 어려운 사정이 있어서 고심하였으므로 이런 식으로 운을 떼는 것이다.

내가 한양대 국어국문학과에 교수로 부임하고 보니 예의 학회 창립을 위한 움직임이 진작 태동하고 있었다. 그런가 보다 하고 그날이 오기를 기다리고 있는데 웬걸 그 문제로 학과 교수들이 반목하고 있는 것을 곧 알게 되었다. 서로 주도권을 장악하여 대학원 학생들을 각기 자기편으로 모으려는 움직임 때문에 기약 없이 지연되고 있었던 것이다. 대학원 재학 중의 몇 학생은 이 문제로 어느 교수에게 밉보인 바

되어서 무슨 죄인인 양 전전긍긍하던 모습이 지금도 눈에 선하다. 내 말이 과장이 아님은 그때 대학원 석·박사과정을 밟고 있던 학생들이 지금은 50~60대의 나이로 살고 있으니 그들의 증언이 이를 입증할 것이다. 사정을 모르는 사람들은 그게 무에 대단했기에 이렇듯 심각한 투로 얘기를 하는가라고 반문할 것이다. 이에 대한 대답은 상상 이상으로 심각했다는 것이다. 세상에 이럴 수가 있는가 싶을 정도였다.

놀라지 않을 수 없었다. 탄식을 하지 않을 수 없었다. 이런 부끄러운 일이 또 있을까 싶었다. 사태가 그 지경이 되니 시간이 흘러가도 누구 하나 앞장서고자 하는 이가 없고 될 대로 되라는 식이었다. 그러던 차에 내가 학과장이 됨과 동시에 서정수(한양대 명예교수, 작고) 선생이 인문대학장이 되더니 이 문제를 나에게 조용히 물어왔다. 나중에야 어떻게 되든(뭐가 어떻게 되는 건가? 이게 무슨 큰 문제인가? 그런데 한양대 국어국문학과에서는 그게 큰 문제였으니 한심한 노릇이 아닌가) 내가 맡아서 결말을 짓겠다고 그와 약속을 하였다. 새로운 학회를 세울 때는 먼저 창립대회를 열어서 회칙을 통과시키고 회장 및 임원을 선출하고 그런 연후에 발표회와 학회지를 발간하는 것이 순서요 정상이 아니겠는가. 그럼에도 나는 역순으로 일을 진척시켰다. 창립 대회를 열다니? 그때 그 대학 그 학과에는 전혀 불가능한 일이었고 오히려 분쟁만 더 크게 일으킬 일이었다.

그때 내 연구실에서 박사과정을 밟고 있던 정민 군이 공부를 하고 있었다. 모든 일을 그의 도움을 받으며 추진하였다. 먼저 대학원 석·박사 과정의 학생들 전원을 내 방으로 조용히 불러 학회 창립 전에 학회지 창간을 먼저 하겠다는 내 생각과 계획을 밝혔더니 모두가 찬성·환영 일색이었다. 그들도 기다리다 지쳐 있던 차에 낭보를 접한 셈이다. 나는 학회지를 창간하려면 출판비가 필요하므로 비용을 갹출치 않을 수 없다고 하니 또 전원이 적극 협력하겠노라고 하면서 자신들이 일정

액을 그 자리에서 정하는 것이 아닌가. 기뻤다. 부족한 돈은 학과 운영비에서 어떤 방식으로든 내가 마련하기로 약속하고 일단 원고 모집에 들어갔다. 그때쯤 학과 교수들도 눈치를 챘으나 무색무취한 사람이 추진하고 있으므로 아무 말 없이 지켜보고만 있었다. 마감일이 지나서 들어온 원고를 분야별로 전공 교수에게 심사를 의뢰하여 첨삭수정 과정을 거친 끝에 마침내『한양어문연구』의 창간호를 세상에 내놓았다.

 같은 방식으로 그 이듬해 2호를 낸 즉시 비로소 학회의 회칙(안)을 마련하고 창립대회를 열어서 이건청 교수를 초대 회장으로 추대하여 그에게 학회 임원 구성과 사업 일체를 맡겼다. 그렇게 정하기까지 그와 사전에 협의하였다. 이승훈 교수는 내 뒤를 이어 학과장을 맡게 되어 있었으므로 그에게도, 그리고 학과 교수 전원에게도 이건청 교수가 초대 회장이 될 것이라는 점을 공식적으로 미리 알려주었다. 당당한 자세로 의욕을 가지고 추진하니 우려했던 불상사나 충돌과 같은 사건은 일어나지 않았다. 창립총회가 끝나고 회식이 시작되자 나는 술 몇 잔 마시고 정민 군을 살짝 불러내어서 둘이 함께 강남 어느 살롱으로 가서 야심토록 통음을 하였다. 기뻐서도 그랬고 홀가분해서도 그랬다. 학회는 그 이후 꾸준히 발전하여 오늘에 이르렀다. 그사이 퇴임 때까지 17·8년 동안 나는 학회에 일절 간여하지 않았다. 논문 몇 편 발표하는 것 말고 그랬었다.

 이 일 말고 잊을 수 없는 또 하나의 '사건'은 소설가 이청준(李淸俊, 작고), 현길언(玄吉彦, 한양대 명예교수) 두 분을 전임교수로 모신 일이다. 학과장이 된 지 몇 달 되지 않아서 이사장→총장→(교무처장) 학장의 계통을 거쳐 학과장이 책임을 지고 소설가로서 강의를 담당할 수 있는 유능한 분을 급히 초빙하라는 '지시'가 내려왔다. 학벌도 따지지 말고 다만 학생을 잘 지도하여 문단에 등단시킬 수 있는 능력을 갖춘 작가를 조속히 구하라는 것이다. 학과 교수에게 사전에 절대로 알려서는 안 된다는 단서가 붙었는데 말이 새 나가면 특별채용이 무산될 수 있기 때문이었다.

원래 대학교수의 충원은 해당 학과에서 대학 본부에 요청하여 이루어지는 것이 정도인데 이번 경우는 그 반대였다. 재단 이사장이 선두에 나서서 비밀리에 두 사람이나 초빙하겠다는 것이다. 현대문학 전공 교수를 비롯해 학과 전 교수의 생각은 어떨지 모르나 나로서는 마다할 이유가 없었다. 이사장을 비롯하여 총장이 그렇듯 급작스레 서두른 까닭은 한양대 출신의 시인은 많으나 소설가는 그때 현재로 거의 전무하였으므로 작가를 양성하는 것이 학교의 위상을 높이는데 기여하리라고 믿었기 때문이다. 내 생각도 그랬었다. 비록 문예창작과는 아닐지라도 국어국문학과에서 소설가도 키워내는 일 또한 의미 있고 긴요하다고 판단하였다. 지금은 전국 여러 대학에 문예창작과가 생겨서 거기 출신들이 신춘문예를 거의 석권하다시피 하고, 문예지로도 다수 등단하지만 1980년대~1990년대 후반(?)까지만 해도 그렇지 않았다. 국어국문과 출신들이 많이 데뷔하였다.

위임을 받자마자 나는 현역 작가들의 신상과 작품 활동 등을 조사하였다. 정민 군이 은밀하게 나를 도와주었다. 며칠 고심 끝에 1차로 현길언 선생을 추천하였다. 당시 그는 제주대 교수로 재직 중이었는데 작가로 데뷔한 지는 일천하나 작품 활동이 왕성하였고 작품세계도 주목할 만하였다. 학부는 제주대학 출신이나 대학원 박사과정을 마침 한양대에서 수료하여 학위까지 받았고 1년 동안 사범대학 국어교육과에서 교환교수로도 근무한 바 있다. 평이 아주 좋았다. 하지만 나와는 일면식도 없었다. 내정을 한 후 서정수 학장과 사범대 국어교육학과장인 유병석 교수, 안산캠퍼스 국어국문학과장인 이건청 교수 등에게 알렸더니 그들도 흔쾌히 동의하였다. 그때의 국문과 교수 채용은 3개 학과가 합의하여 이루어졌다. 지금과는 사정이 전혀 달랐다. 나머지 절차가 하나 남아 있는데 인문대 국어국문학과 교수들에게 통보하는 일이었다. 학교 본부에서는 비밀에 부쳐달라고 신신당부하였으나 그럴 수는 없었다. 과 회의를 소집하여 저간의 경위를 정식으로 보고하고 인선결과를 알리는 방식이 있으나 그렇게 되면 너무 '공식적'이 될 우려가 있어서 개별적으로 만나 동의를 구했다. 모두가 찬성해 주었다. 그런 연후에 학교에 품신하여 허락을 받았다. 육지로 직장을 옮긴 뒤 현 선생의 작품 활동은 더욱 왕성해졌고 안산캠퍼스 국어국문학과에 발령을 받아 학생 지도에 전심전력하다가 금년에 정년으로 물러났다. 독실한 기독교 신자로 품성이 참 착하고 주관도 뚜렷한 분이다.

나머지 한 분도 곧 결정하기로 하였으나 교섭이 여의치 않아서 한 학기쯤 지체가 되었다. 먼저 최인훈 선생과의 교섭이다. 이분은 서정수 학장이 이름을 거론하였고 그를 만나는 일은 내가 맡았다. 그분 댁으로 가서 장시간 얘기를 나누었는데 처음에는 수락할 듯하였으나 결국은 성사되지 않았다. 자신이 속해 있는 서울예술전문대학과의 오랜 인연을 끊고 옮기는 일에 심리적 부담이 너무 크다는 것과 종합대학 국어국문학과 교수가 되면 문예창작과와는 다른 교과목을 강의해야 할 터인데 그것 또한 창작 생활에 분명히 저해 요인으로 작용할 터이므로 숙고한 끝에 고사한다는 것이다. 그가 며칠 동안 고민한 것을 나는 잘 알고 있었다. 더 이상 권유하지 않고 교섭을 끝냈다.

다음으로 거론된 분이 이청준 선생, 이분 또한 서정수 학장이 천거하였고 교섭도 그가 담당하였다. 나도 이청준 선생이라면 대찬성이라고 동의하였다. 하지만 그를 초빙하는 데도 어려움이 있었다. 그때나 이때나 이 선생은 전업 작가라서 쉽게 풀릴 줄 알았는데 최인훈 선생의 경우처럼 창작 생활에 지장이 있을 터이므로 어렵다는 대답이었다. 그때 마침 안산캠퍼스 독어독문학과 교수로 있던 김광규 시인이 이 선생과 대학동창이라서 그를 내세우는 작전을 폈다. 담당과목도 최소한으로 배당할 것이며 학과 행사에 참여하는 일 등도 면제하여 소설 쓰는 일상생활에 큰 지장이 없도록 하겠노라는 메시지를 김 교수를 통해 전했다. 우여곡절 끝에 마침내 성사시켰다.

이 선생은 인격도 훌륭할 뿐만 아니라 어지러운 세상을 편향적으로 보지 않고 중심을 지키면서 읽어내는 지적인 작가이기도 하다. 나보다 한 살 밑인 그와 함께 직장 생활을 하면서 내가 확인한 그의 장처였다. 서울캠퍼스 국어국문학과에 소속되었는데 학생들도 참 좋아했다. 전공과목 외 의과대학 1학년생은 2개 반으로 되어 있어서 A반은 내가, B반은 그가 담당하여 교양국어를 가르쳤다. 공동 강의계획에 의한 공동 출제, 공동 채점이라서 강의, 시험과 관련해서 만나 얘기할 기회를 여러 번 가졌다. 작가로서뿐만 아니라 교육자로서도 그는 우수하였다. 나와는 몇 번 과음할 정도로 술을 마시며 이런저런 얘기도 하면서 지냈다.

그런 그가 1년(혹은 1년 반(?))이 지나자 나에게 학교를 그만두겠다는 것이 아닌가, 놀라고 당황하지 않을 수 없었다. 이유인즉 전임교수가 된 이후 소설 한 편 못 썼는데 자신의 본업은 교수가 아니고 작가인 이상 그쪽 동네로 되돌아가겠노라고 속내를 털어놓았다. 이 일로 해서 나와 그는 몇 번 술자리를 같이하면서 대화도 나누고 설득도 하였다. 아무리 얘기해도 그의 뜻은 확고하였다. 단둘이만 알기로 한 사실이 어느 틈엔가 학장 귀에 들어갔고 마침내 교무처장이며 총장도 알게 되었다. 그가 부임한 지 3학기에 접어든 이후였다. 한동안 난리였다. 학교에서는 나더러 계속 만류해서 붙잡아 놓으라 하고 나 또한 개인적인 생각으로도 그런 훌륭한 분을 놓치고 싶지 않아서 별별 얘기로 만류하였으나 이 선생이 되레 자기 사정을 감안해 달라고 나를 설득하는 지경에까지 이르렀다.

마침내 학장, 교무처장, 나 그리고 이 선생 이렇게 네 사람이 교무처장실에서 만나 결판을 내기로 하였다. 먼저 교무처장이 학교의 방안을 제시하였다. 이 선생의 소설 창작을 위하여 5년 동안 강의를 면제하여 드릴 터이니 집에서 작업을 하고 전임교수로서의 신분을 보장하며 급여도 변함없이 지불하겠다는 것이다. 그를 붙들어 놓기 위한 파격적인 제안이었다. 그런데 싫다는 것이다. 자신에게 큰 부담이 되고 학교에 누를 끼치고 싶지 않다는 것이다. 내가 판단해도 이 제안은 온당한 것이 아니었다. 그러자 교무처장이 새로운 제안을 했다. 급여는 받지 않아도 되나 강의 없이 교수로서의 신분을 5년, 그것도 부담이 되면 3년만이라도 유지하고 그런 연후에 사직 여부를 재론하자고 하였다. 역시 싫다는 대답이었다. 향후 평생 동안 대학 교단에는 서지 않겠다는 것이 이 선생의 확고한 고집이었다. 다만 학교에 대한 미안함이 있으므로 한 학기, 즉 부임 후 네 번째 학기는 '강사'의 신분으로 강등시켜 주면 담당했던 과목의 강의는 마치도록 하겠다는 것이다. 세상에 이런 순수한 사람도 있었다. 얘기는 그렇게 해서 결말이 났다.

근 20년 전의 일이지만 나는 지금도 그를 놓친 것을 정말 아쉽게 생각한다. 더불어 벗하면서 살았으면 좋았을 그런 드문 인물, 초빙할 때에는 학과의 잡일은 절대로 맡기지 않겠노라고 약속해 놓고는 1986년이던가, 여름방학이 시작되면서 소설가로서 이런 체험도 겪어보는 것이 좋겠다는 뜻에서 참고 견뎌내기 심히 어려웠던 농활(農活)의 인솔 교수로 시골에 며칠 머물게 한 것을 지금까지도 미안하게 생각한다. 운동권 학생들에게 시달리다가 학교 버스 편으로 캠퍼스에 도착했을 때의 그의 까칠한 모습이 여태껏 지워지지 않는다.

정년퇴임 전에 나는 가끔 정민 교수에게 1학기에 2, 3번 정도 그분을 초빙하여 교수 신분이 아닌 작가의 자격으로 특강 시간을 마련해 보라고 권한 바 있다. 그 생각은 지금도 변함이 없다. 그분과 정민 교수는 아주 가까운 사이가 되어 있었다. 사제의 인연을 두 사람 끝까지 아름답게 지키다가 이청준 그가 참으로 안타깝게도 2007년(혹은 2008년?)에 불귀의 객이 되자 그런 관계가 그만 끊어지고 만 것을 나는 내 일처럼 슬퍼한다. 이 시대의 뛰어난 두 사람이거늘… 문상을 가서 애도하며 좋은 곳에 가기를 기원하였다.

2

1990년대에 접어들면서 나는 학회의 정기 발표회에 꾸준히 참석하였다. 1970년대 초반 강사 시절까지 '국어국문학회'(그때는 유관 학회가 이것밖에 없었다)에 가끔 나가서 논문 발표를 듣곤 하였다. 그 이후 약 20년 동안 학회와는 무관한 상태에서 지냈다. 그사이 '한국 고전문학회'가 생겨서 나의 전공과 직접 관계가 있음에도 나는 논문을 몇 번 게재하는 것으로 끝내고 정기 발표회에는 한 번도 나가지 않았다.

그러다가 『고려가요의 연구』를 펴낸 다음 해인 1991년에 '한국 고전문학회' 모임에 처음으로 참석하였다. 그때의 회장은 조동일(趙東一, 서울대 명예교수) 교수, 발표회 장소는 연세대였다. 그 이후로 별다른 일이 없으면 꾸준히 나가서 발표를 들었고 또 질의도 하였다. 이혜순(李慧淳, 이화여대 명예교수) 선생이 회장일 때 질의자 또는 좌장으로 가장 많이 참여했다. 그때 연구이사인 김학성 교수가 나를 불러냈다.

향가와 속요 연구가 일단 마무리되고 나니까 자칫 나태해지기 쉽다는 생각이 들었다. 이것을 막자면 '자극'이 필요하다고 판단하였고 그 자극을 학회 참석을 통해서 얻는 것이 좋겠다고 생각했다. 어디에도 출입하기 싫어하는 나로서는 일대 변화된 학자의 삶을 꾀한 셈이다. 학회에서 발표되는 논문은 질(質)의 여하를 막론하고 어쨌든 새로운 것이므로 그와 같은 새로운 학설을 접하면 쉰 살을 몇 해 넘긴 나에게 좋은 촉매가 될 것이라고 믿었다. 그때까지 시가 분야든 서사 분야든 내가 알고 지내는 전국의 고전문학 전공자는 불과 다섯 손가락으로 꼽을 정도였다. 대학 동창이나 내가 몸담고 있는 학교의 교수를 제외하고는 그랬다.

이건 너무 심한 '나 홀로'의 생활이었다. 옛 시대의 일민(逸民)도 아닌 주제에 같은 길을 걷고 있는 학자들과의 교류를 전혀 하지 않았던 것을 나는 후회했다. 몇 번 나가면서 나는 많은 선배·동료·후배들과 인사를 나누었고, 그 이래 지금까지 15년 동안 지속해 오고 있다. 만각(晩覺)을 자책하며 이런 점에 유의한 것도 학회 참석의 한 원인이었다. 많은 것을 느꼈고, 또 많은 것을 배웠다. 학문 연구는 개인 차원의 작업임은 부인할 수 없으나 동도(同途)의 연구자와의 사귐을 통해서 성장할 수 있다는 점을 확인했다. 조선시대만 해도 서로 교통하기 어려운 환경 속에서도 학자와 문인들은 간찰(簡札)로 서로의 생각을 주고받았다. 요즘, 특히 1990년대를 전후해서 학계에 몸을 담기 시작한 신예들은 전공이 같은 연구자들끼리 소규모의 모임 이른바 스터디 그룹을 만들어서 정기적으로 토론도 하고 공동 작업도 한다. 아주 좋은 현상이다. 그런 점에서 늦게나마 학회에 출석하기 시작한 나의 학자로서 생활은 유익한 것이었다.

기왕 학회 얘기가 나왔으니 소견 하나를 덧붙인다. 내가 '고전문학회'에 얼굴을 내민 그때만 해도 발표회장은 회원들로 거의 꽉 찼다. 아주 큰 강의실이나 강당이 아니면 그랬었다. 그러던 것이 몇 년 지난 뒤부터서는 서서히 줄더니 2000년을 전후한 시기부터서는 빈자리가 급격히 늘어나서 어느 학회를 가도 '썰렁'해지고 말았다. 열기도 식어졌다. 안타까운 일이다. 이렇게 된 데에는 여러 가지 원인이 있는데 먼저 회원들의 나태와 무관심을 들 수 있겠지만 학회 운영에도 큰 문제점이 있다고 나는 진단한다. 세월이 지나면 학회를 움직이는 방식도 변해야 할 터인데 예전과 다름없이 끌고 가니 회원들의 입장에서는 식상해지고 지루하게 여겨져서 흥미를 못 느껴서 빠지는 일이 허다하다고 본다. 논문 발표와 질의응답의 방식을 획기적으로 변경시키고, 횟수를 줄이더라도 참신한 주제를 발굴해 내서 집중적으로 파고 들어가고, 참여를 독려하기도 하고, 학회 이름으로 단행본 기획물을 연달아 출판하고, 분야별로 중·고·대학의 교육과도 연계시켜서 고민도 해보고, 설사 회비를 내지 않았다고 하더라도 회원들에게 학회지를 보내주고, 그런 연후에 회비 독촉을 하고… 뭐 이런 식으로 타개책을 모색하여야 역동적인 학회 운영이 가능하다고 본다. 지금처럼 고식적인 방법이 지속되는 한, 모든 학회의 발표장은 임원과 발표자, 질의자만이 외롭게 참여하는 '그들만의 학회'로 떨어지기가 쉽다. 듣기에 거북할지 모르나 학회 임원 모두는 임기 중에는 지금 대학 운영에서도 받아들여지고 있는 CEO 경영방식을 조금은 닮을 필요가 있다. 근엄한 표정을 지으면서 점잖게 자리를 지키면 되는 시대가 아니다. 두뇌를 쓰지 않는 한 사회 다른 분야와 마찬가지로 학회도 유명무실하거나 답보·침체의 늪에서 벗어날 수 없다. 이런 시대적 흐름을 빨리 포착하고 간파하는 학회만이 살아남는다. 얼마 전처럼 학회 임원이 가만히 앉아 있어도 회원들이 스스로 모이던 시대는 끝났다. 학회 운영 전반에 대해서 냉철한 검증과 반성을 시도할 때가 되었다.

다시 나의 연구 생활로 돌아간다. 『고려가요의 연구』가 간행된 즉시 나는 조선 후기 시가(주로 시조)에 관심을 기울이기 시작하였다. 향가의 연구가 '쉬엄쉬엄'이었다면 고려 속요 연구에서부터는 '쉼 없는 질주(疾走)'였다. 향가 때의 느림보 걸음이 나에게는 적지 않은 후회로 남아 있었기 때문이다. 그때 나의 계획은 조선 후기에서 출발하여 중기와 전기로 점차 거슬러 올라가면서 궁구하자는 것이었다. 후기에는 이미 김흥규 교수의 업적인 『조선 후기 시경론과 시의식』을 비롯해, 기타 몇 논저가 있었고 중기에는 최진원 선생의 『국문학과 자연』을 비롯해 이민홍(李敏弘, 성균관대 명예교수) 교수의 『조선 중기 시가의 이념과 미의식』이, 초기에는 조규익(曺圭益, 숭실대)·성호경(成昊慶, 서강대)·김영수(金榮洙, 단국대) 교수·신영명(辛暎明, 상지대 교수) 교수 등의 선행 연구가 기다리고 있었다. 그쪽을 멀리 바라보면서 개화기와 근접해 있는 18세기 전후의 시가를 먼저 공략하자는 것이 나의 전략이었다. '내려오기'가 아니라 '거슬러 올라가기'의 방법론인데 거창한 이념적 배경은 없고 막연히 그렇게 하는 것도 좋겠다는 단순한 생각에서 출발하였다. 국문시가의 음악적 측면의 연구는 양태순(梁太淳) 교수의 여러 논문이 있었으며 후기 시가 연구로는 김대행·성기옥·김학성 교수 등 중견(이 세 사람은 후기뿐만 아니라 우리 시가 전체를 통관하고 있다) 고미숙(高美淑, 연구공간 수유+너머 대표)·이형대(李亨大, 고려대 교수)·신경숙(愼慶淑, 한성대 교수)·권순회(權純會, 한국교원대 교수)·이상원(조선대 교수)·김용찬(순천대 교수) 등 신진기예 몇 사람의 논문이 내 머릿속에 자리 잡고 있었다. 사설시조 연구는 신은경(辛恩卿, 우석대 교수)의 학위 논문에 호감이 갔다.

먼저 쓴 것이 '안민영(安珉英)'의 시조다. 왜 이것을 건드렸냐 하면 그의 작품세계에서 다른 것은 몰라도 대원군에게 아첨한 시조가 다수를 차지하고 있는 것이 눈에 거슬렸기 때문이다. '눈에 거슬렸다'는 이유로 학문을 하는 법이 어디 있는가. 맞다. 그런데 그때 그런 뒤틀린 생각을 한 까닭은 내가 살고 있는 시대가 도무지 못마땅해서 마침내 안민영과 연결시켰기 때문이다. 신군부의 존재 그 자체가 몹시 싫었기 때문이다. 그의 〈매화사 팔절(梅花詞八絶)〉은 절창이고 여색에 관한 작품도 논의할 만한 것이다. 그럼에도 나의 눈에 비친 것은 거대 정치 실세에 대한 아유(阿諛)였다. 그래서 이 부분을 중점적으로 비판하면서 다른 작품을 논하는 것으로 끝을 맺었다. 후에 살펴보니 거칠게 썼기 때문에 개고하였으나 그의 정치지향적인 작품 활동에 대한 시각만은 교정하지 않았다. 왕가(王家)의 시조 향유의 관행에서 성찰한 신경숙 교수의 관점과는 다르게 본 것이다. 개고한 것도 만족치 못한 글이라서 다시 쓰고 싶다.

이렇게 시작한 나의 조선 후기 시가의 연구는 신기하리만큼 반중세적·반주자주의적 작품에 치중하게 되었다. 작금년에 이민홍·조규익·김영수·성호경·최재남(崔載南, 이화여대)·신영명(辛暎明, 상지대)·정흥모(대진대)·권순회(權純會, 한국교원대)·최상은(상명대) 교수 등과 이상원(조선대), 성무경 등 동학들의 논문을 재독해 보니 이른바 유가적인 성정지정(性情之正)의 시가가 조선시대의 주류였고 또한 문학사적 의의가 재삼 확인되는데 나는 일단 이를 외면하고 그 반대쪽만 바라보았다. 이 방법론 자체는 그것대로 의미가 있어서 철회할 의사가 없으나 계획한 바대로 초·중기의 것을 논의하지 못하고 중도에서 하차한 것이 두고두고 여한으로 남는다. 그 시기의 작품에까지 갔다면 당연히 우리 고전시가의 주류사상을 거론하였을 것이다.

사대부 계층의 반중세적 작품으로는 이정보(李鼎輔)와 이세보(李世輔)의 일련의 시조를 살폈다. 전자에서는 민초의 빈한한 생활상을 고위 관료의 입장에서 노래한 점에 초점을 맞춰서 부각시켰다. 또한 에로티시즘 계열의 작품과 연정시를 모아 성정의 진(眞)을 드러내고자 한 그의 의도를 조명하였다. 왕족이며 또한 높은 관직을 역임한 그가 색정적인 시조를 노래할 리가 없다는 기존 학설은 인간의 본성에까지 계급의식이 적용될 수 없음과 또 김영진(金榮鎭, 성균관대 교수)이 새로 발표한 자료를 원용하여 이를 논박하였다. 김영진 군은 나의 둘째 아들 정규와 고교 동기다. 내가 고려대대학원에 출강할 때 내 강의를 들었는데 학위과정을 밟을 때부터 자료가 있는 곳이면 어디든 찾아가서 발굴하는 열의는 타의 추종을 불허한다는 얘기를 들었다. 한문학 전공 분야에서 기대를 모으고 있는 소장 학자라는 평을 듣고 있다. 그가 앉은뱅이 술이라 일컫는 '소곡주'를 몇 번 들고 내 집을 찾아와서 함께 정종병 한 되 분량을 치운 일도 있다. 이세보의 시조는 관료 비판의 것을 다루면서 다산(茶山)의 『목민심서』와 연결시켜 본 것이 기억에 남는다.

여항인(閭巷人)으로서 자신들의 시조에 현실 인식을 반영한 작가로는 김천택(金天澤)과 김수장(金壽長)을 들었다. 두 사람 다 18세기 가단(歌壇)의 거두임은 두루 알고 있는 바다. 전자의 작품 세계를 두고 여러 연구자들은 중인계층이면서도 사대부의 사유세계를 본받았고 그들을 부러워하면서 신분 상승을 꾀하였다고 주장한다. 신분 상승까지는 몰라도 사대부적 관념의 시를 창작한 것만은 부인하기 어렵다. 그런데 그런 노래들이 있는 한편으로 여항인으로서 고뇌와 번민을 드러낸 작품이 있어서 주목을 요한다. 나는 이 부분에 관심을 두고 천착하였다. 또한 『청구영언(靑丘永言)』에 만횡청류(蔓橫淸類, 사설시조)를 수록할 때 경위를 적은 그의 글을 분석하여 사설시조에 대한 그의 관점이 통설대로 부정적인 것만은 아니었다고 추론하였다. 다른 자료가 나와서 이 추론이 정설로 굳혀졌으면 하는 욕심이다.

김수장의 경우는 그의 사설시조를 살펴보면서 여러 장르가 혼효되어 있음을 지적한 후 그의 것을 포함한 모든 사설시조의 장르 성격을 '시조'로 간주하는 지금까지의 규정에서 벗어나 별도의 시가 장르, 곧 '만횡청 가사'로 새롭게 보자고 하였다. 사설시조와 평시조 모두를 통합한 김수장의 문학세계를 '놀이' 지향으로 보고 그런 관점에서 작품론을 전개하였다.

김천택과 유관한 『여항육인(閭巷六人)』, 김수장과 관련이 있는 『청구가요(靑丘歌謠)』이 두 가집에 대하여 그동안 학계에서는 별로 관심을 두지 않았다. 소수의 연구자만이 살폈을 뿐이다. 이런 점에 유의하면서 두 가집에 등장하는 가객들의 작품세계를 고찰하였다. 역시 전자는 김천택, 후자는 김수장의 성향을 많이 닮았음을 알 수 있었고 같은

18세기의 노래들이지만 성향을 전혀 달리한 것도 확인할 수 있었다.

한시를 놓고 국문 표기이면서 또한 장르도 다른 작품과 대비시켜 성찰한 작업을 나는 의의 있는 것으로 자평한다. 내가 곧이어서 그 논의를 확장시키고자 시도한 '고전시가의 상호 엮어 읽기'가 실은 이때, 곧 1880년 대 중반에서 1990년에 이르는 사이에 창작된 작품에서 비롯되었음을 이 기회에 밝힌다. 박지원(朴趾源)의 〈총석정관일출(叢石亭觀日出)〉은 그 기세가 대단한 장편 한시다. 새 시대를 열망하는 그의 의지가 자못 볼만한 작품이다. 송재소(宋載卲, 성균관대) 교수가 그 일부를 번역하고 논의도 전개시킨 글을 보고 마음이 끌렸다. 전문의 번역을 당시 한양대에 한문학 전공 학생들을 위해 일주일에 1회 특별 출강하시던 이기석(李基奭, 작고) 선생께 부탁하여 원고를 받아서는 현대 시인 박두진(朴斗鎭)의 〈해〉와 견주어서 살폈다. 〈해〉는 내가 고등학교 2학년 때 국어 교과서에서 처음 접한 시, 그때 얼마나 감동을 받았던지 외우기까지 하였는데 지금도 암송이 가능하다. 그만큼 내가 애송했던 시다. 이 시 또한 새로운 세계를 열망하는 것으로 되어 있다. 18세기와 20세기의 두 시인이 자기 시대를 살면서 어떻게 신천지를 머릿속에 그렸는지, 상호 유사점과 차이점은 무엇인지를 주로 천착하였다. 후기 시가를 본격 논의하기 시작하기 전 1986년에 발표한 논문이다.

정약용(丁若鏞)의 〈동물우화시〉는 매섭기 그지없다. 여러 편 전해온다. 신소설 작가인 안국선(安國善)의 『금슈회의록』은 여러 동물들이 등장하여 인간의 추잡한 세계를 꼬집고 풍자한 소설이다. 전자와 시대도 다르고 장르도 상이하지만 동물을 통해서 인간세계를 타매하고 비판하였다는 점에서는 수평선상에 놓여진다. 그래서 엮어서 읽기를 한 것이다.

『금슈회의록』은 내가 소장하고 있던 책이다. 여기에 관해서는 잊지 못할 내력이 있다. 1980년(?)에 나는 양주동 선생의 『고가 연구』 초간

본과 함께 이 귀중한 책을 김성식 선생에게서 받았다. 두 책 다 희귀한 책인데 특히 『금슈회의록』이 그렇다. 그 소설이 출판되자 불온한 내용을 담고 있다고 해서 금서 처분을 받았다. 어떤 책이든 많이 찍어내지 않았던 20세기 초인 데다 판매금지까지 당하고 보니 전해오는 것이 거의 없는 형편이다. 내가 알기로는 서적 수집가이며 고인이 된 어느 분과 김성식 선생이 소장한 것, 이 두 권뿐인 줄 알고 있다. 고마운 마음으로 받아 놓고 마냥 서가에 꽂아 놓기도 뭣하던 차 다산(茶山)의 동물우화시와 대비시키면 되겠다는 발상이 떠올라서 쓴 글이 바로 이 논문이다. 역시 유사성을 찾아내어서 논의하였고 장르의 개방적 성격, 곧 산문적인 소재가 시로, 시적인 소재가 산문으로 수용될 수 있는 후기문학의 특성도 고찰하였다. 첨기 하나. 재작년 정년퇴임 때『고가연구』는 이도흠,『금슈회의록』은 요즘 개화기에 관심이 깊은 고미숙에게 기념으로 주고 나왔다. 이 두 책 이외에 약 열 명의 한양대·고려대 제자들에게 기념될 만한 책 한 권 또는 한 질씩 주었다.

고미숙은 1980년대 초반 내가 고려대 대학원에 출강하면서 인연을 맺은 제자다. 학부는 독어독문과를 나왔다기에 우리 고전문학을 제대로 할 수 있을까 염려하였더니 기우로 끝났다. 박사과정 시부터 이미 두각을 나타내는데 그 세대로서는 선두에 늘 서 있다. 학위논문 심사에는 나도 참여하였고 한양대에 몇 학기 시간강사로 나오도록 주선해 주기도 하였다. 고전시가는 물론 다른 갈래에도 관심을 두고 연구에 전념한다. 전임교수로서의 능력과 자질이 넘치는데도 여성 기피현상의 벽을 그도 뛰어넘지 못하였다. 하지만 전임이 되고자 하는 생각을 확 바꾸고 10년 전부터 고려 전기 최충(崔沖)의 구재학당(九齋學堂)과 성격이 일부 유사한 '수유+너머'라는 사숙을 열어 큰 반향을 일으키며 성공적으로 운영하고 있는 것을 나는 늘 기쁘게 생각하며 살고 있다.

〈해유가(海遊歌)〉는 참으로 귀한 자료다. 1900년대 초 경북 영덕의 김한홍(金漢弘)이라는 분이 노무자로 여러 해 하와이에 머물러 있다가 귀국하여 지은 최초의 장편 미국 기행가사다. 필사본으로 전해오는 것을 친구인 김주욱을 통해서 알고 지내던 김대두(金大斗, 전 정보문화센타 기획실장)로부터 입수하여 본문을 풀고 논문을 써서 함께 학술지에 발표한 것이다. 김대두는 작자의 손자이며 작자 김한홍은 비록 하와이 1세대로 미국에 노무자로 갔으나 학문이 깊었던 시골 한학자이면서 애국심이 강한 분이었다. 이 작품이 나의 손에 입수된 것은 큰 행운이며 이를 해석하여 개화기 기행가사의 새로운 국면을 찾아낸 것은 의의가 있는 일이었다. 국한문 혼용의 흘림체 필사본을 정민 교수가 풀어줘서 분석할 수 있었다. 이 작품의 지속적인 관심과 연구가 후학들에 의해서 이어지기를 바란다.

꾸준히 썼더니 한 권의 책이 될 만한 분량이 되었다. 고려대 민족문화연구소 소장 김흥규 교수에게 얘기해서 '지훈국학연구비'를 받고 '민족문화연구총서'의 하나로 발간하였다. 책호(冊號)는 『조선후기 시가의 현실인식』. 1998년 6월이었다. 이 책의 재교는 이형대 교수가 맡아서 꼼꼼하게 보아 주었다. 고마운 일이다.

1998년 그해에 나는 불행한 일을 당했다. 아버님의 연세 85세. 연만하셔도 건강 상태는 매우 양호하셨다. 동네에서는 그해 환갑이던 나보다 더 몸이 좋으시다고 소문이 나 있었다.

3

그러던 아버지께서 내 책이 나온 지 며칠 되지 않은 어느 날, 생각지도 않은 폐암 판정을 받고 입원하셨다. 온 집안 식구가 의외의 일로 놀랐다. 항암치료를 받았지만 별무효과, 투병생활 5개월 만에 운명하셨다. 어머님이 돌아가신 지 27년 동안 그 긴 세월을 혼자 사시다가 눈을 감으셨다. 재취(再聚)를 원하셨으나 내가 강하게 반대함으로 홀로 사시다가 서거하신 것이다. 내 불효가 이토록 컸었다. 천수를 누리시지 않으셨다고 강변할 수는 없으나 자식 된 욕심으론 좀 더 사시다가 제사 모실 증손자가 태어나는 것을 보고 가셨으면 하였다. 승중손인 정규의 아들이고 나의 손자인 종호(鍾昊)는 5년 뒤인 2003년에 출생했다.

아버지는 불운한 분이셨다. 그러나 참 착하고 너그러운 어른이셨다. 하는 일마다 운이 따르지 않았다. 식구들 먹여 살리려는 가장으로서의 책임과 의욕은 누구보다도 강했으나 힘에 부치셨다. 아버지의 결정적인 약점은 상인이되 상인답지 않았다는 점, 장사꾼이면서 재간을 부릴 줄 몰랐던 절름발이 장사꾼이셨던 것. 남을 속이기는커녕 속고만 사셨다는 것, 그리고 밑천이 없어서 늘 빚을 얻어다가 돈벌이하려니 뜨내기장사의 한계를 넘지 못하셨다는 것, 몇 번 반짝하는 식의 짭짤한 벌이가 있었으나 이걸 지속시키지 못하고 중간에 쉬는 기간이 자주 있었다는 것. ― 아버지는 그런 운명을 타고나신 모양이었다. 소년 시절부터 온갖 고생을 다 하신 분이라서 인내력에는 누구보다 강한 분인 아버지는 고희 이후로는 족친들의 부추김 탓인지 지나치게 양반타령을 많이 하셔서 나와 충돌이 잦았다. 나라고 '뼈대'를 왜 부인하겠나. 우리 가문이 뼈대 있는 순천 박씨임을 남들도 다 아는데 내가 왜 모르겠나. 가정의 내력과 전통이 후손들에게 얼마나 긍정적인 인자로 기능하는지를 왜 모르겠는가. 하나 나의 아버지는 우리나라의 이름난 班家나 문벌에 대해서 별로 모르시면서 할아버지 이상으로, 그리고 조선시대의 사대부처럼 행세하려고 하셨다. 가문 자랑이 너무 심하셨다. 나는 그게 제일 싫었다. 그래서 자주 반항하면서 불효를 저지른 것이 한두 번이 아니다. 장례 기간 내내 나는 그 생각만 하면서 괴로워하였다.

11장

20세기 말과
21세기 초를 살면서

20세기 말과
21세기 초를 살면서

1. 경이로운 세태변화/ 한국시가학회 창립/ 도남국문학상 수상

1

　돌이켜 보건대 나이 쉰 살 될 때까지만 해도 세월은 그렇게 빠르지 않았다. 세상살이의 분주함은 나이에 따라 다소의 차이가 있지만 언제나 바쁜 것은 매일반이다. 바쁘기는 똑같은데 세월의 빠름만은 쉰 살을 넘기자 더욱 빠른 속도를 내었다. 화살처럼 빠르다는 것을 그때부터 느끼며 살았다.

　천명을 깨닫는다는 그 나이 그 문턱에 섰는가 싶었더니 어느 틈에 환갑이 되었고 그러자 또 갑자기 21세기가 찾아왔다. 나는 이미 노인네의 반열에 올라 있었다. 무상함을 뼈저리게 느끼지 않을 수 없었다. 세 아들이 모두 장가를 들었다. 1994~1997년 사이에 모두 성가(成家)하여 따로 살림을 나갔다. 첫째 며느리는 오윤경, 고려대 법과를 나왔다. 아내와 윤규의 같은 과 후배다. 둘째는 채정희, 고려대 영어영문학과, 셋째는 홍은진, 상규와 고려대 한문학과 동창이다. 누가 시켜서 그렇게 된 것도 아니고 또 일부러 꿰맞추려고 한 것도 아닌데 우리 집은 나와 아내, 그리고 세 아들 내외, 통틀어 식구 여덟 명 전원이 고려대

학교 출신의 집안이 되었다. 드문 일이다. 직계 존비속 8명 모두가 같은 학교를 나온 예는 홍일식 형 댁을 제외하면 전에도, 또 앞으로도 찾기 힘들 것이다. 비단 고려대뿐만 아니라 타 대학에서도 그렇지 않을까 싶다. 며느리를 얻고 민영(旻英), 종후(鍾厚), 종화(鍾和), 종호(鍾昊) 등 손녀 손자가 태어나고, 이렇게 되고 보니 나는 어느새 할아버지가 되었다. 기쁜 일이되 어리둥절함을 피할 수 없었다.

어리둥절함은 나와 내 집안의 일만은 아니다. 세태와 사회변동의 양상은 더욱 사람을 혼절케 할 정도로 초고속으로 전개되었다. 광복 직후 내가 국민학교 2학년 때 서울의 100만 명 인구는 진작 1천만 명을 돌파하고 경기도를 중심으로 수도권이라는 것이 새로 생겨서 그쪽 동네 인구까지 포함하면 2천만 명을 상회하는 세상으로 변해 버렸다. 전혀 예상치 못한 일이다. 서울과 수도권에는 반 이상이 아파트인데 이것도 예상했던 일이 아니다. 외국의 아파트는 수입이 적은 계층의 주택이고 그래서 우리나라도 아파트가 들어서던 초기에는 그렇게 될 줄 알았다. 그런데 그게 아니었다. 살기 편하다는 이유로 예상을 뒤엎고 아파트가 주택의 주류를 이루는 세상이 되었다. 강남에는 평수도 넓고 으리으리한 고급 아파트도 적지 않게 들어섰다. 우리나라만의 현상이 아닐까 싶다.

재래시장은 퇴조하고 백화점이며 대형 마트가 상권의 중심지로 변했다. 거기서 새우젓과 순대, 생선회, 해물탕거리, 채소까지 팔고 있으니 이건 너무한 것이 아닌가 싶다. 재래시장이 이래서 무너지게 된 것이다. 젊은 부부가 백화점을 '산책'하면서 물건을 사는 모습은 이 시대의 아주 예사로운 풍경으로 된 지 오래지만 적어도 나에겐 생소하고 어색한 광경으로 보인다. 주고받는 선물도 일약 격상되어 갈비와 굴비 세트, 값비싼 홍삼 등으로 변화되었다. 홍삼은 1970년대 중반만 해도 귀한 물건이라서 청와대의 허가가 없이는 외국 출장 시 선물용으로 가지고 나갈 수 없었다. 내가 아는 분이 그런 경험을 해서 잘 알고 있다. 그러던 것이 그 후 양산됨에 따라 일반인도 아주 저렴한 값으로 얼마든지 구입하게 되었다.

불고기 시대는 아주 예전에 지나갔고 생등심, 갈비가 한동안 호황을 누리더니 언제부턴가는 생선회가 고객들이 즐겨 찾는 음식점의 신주류로 부상하였다. 굳이 식당가를 엿볼 필요가 있는가. 우리 집 밥상도 장족의 발전을 하였다. 쇠고기는 건강에 좋지 않다고 하여 가급적 적게 먹고 채소며 생선을 지향하고 있다. 살찌는 것이 겁이 나서 나 같은 무감각하기 짝이 없는 위인도 아침은 빵 한 조각(2010년경부터 삶은 고구마)에다 사과·토마토로 때우는 판이니 스스로 자주 실소하며 살고 있다. 여러 해 전부터 TV 각 방송은 거의 매일 전국의 먹을거리를 찾아 방송으로 내보내고 있다. 그만큼 식생활이 좋아지고 무명의 미식가들이 늘어났다는 증거가 아닐까.

북한의 굶주리는 동포들을 생각하며 노상 미안해하면서 일상을 보내고 있다. 내가 살고 있는 아파트 입구 큰길 바로 건너에 내리막길이 있는데 허술한 돌층계로 되어 있다. 승용차가 없는 나의 외출 코스는 이 계단을 밟으면서 아랫동네를 빠져나와 지하철역으로 내려가는 것이다. 그 내리막 골목이 어쩌면 낙산과 삼양동 산꼭대기를 그리도 많이 닮았는지, 길이가 훨씬 짧고, 그 옆 주택들이 또한 조금 좋은 것 말고 비탈길만은 아주 비슷하다. 비탈길을 내려갈 때마다 나는 마음속으로 다지고 또 다진다. 지겹도록 가난하게 살던 그때를 기억하자, 지금 중산 계층에 편입되어 있다고 해서 교만하지 말자, 나보다 못사는 사람들의 고통을 잊지 말자, 이래서 그 비탈 골목길을 내가 이름을 지어 '올챙이 길', 문자를 써서 '과두로(蝌蚪路, 과두=올챙이)'라 일컬었다. 개구리 올챙이 적 생각하자는 뜻이다. 그런 경각심을 품고 살 만큼 우리 집 살림도 좋아졌다.

못 살던 시절에 나는 부자들을 부러워하였을지언정 그들을 미워하고 증오한 적은 한 번도 없다. 나도 노력해서 집칸을 마련하고 쪼들리는 생활을 면하면 되는 것이라고 생각했다. 먹고살 만큼 된 후로는 돈에 집착하지 않았고 땅 투기나 부동산 투자 등과 같은, 그 당시 일반화된 재산 늘리기도 하지 않았다. 한편, 끼니를 걱정하는 아주 못사는 최극빈자들이 하(下)의 상(上), 좀 더 욕심을 내서 중(中)의 하(下)쯤의 생활을 할 수 있는 사회가 되기를 누구보다도 갈망하였고 지금도 그런 기대와 희망에는 변함이 없다. 하지만 지금 집권층 일부에서 거론되는 평등사회 만들기, 쉽게 말해서 재벌과 부자들의 돈으로 빈한한 계층에게 보탬을 주자는 좌파적 발상과 정책은 반대한다. 자본주의에서 벗어난 이론일 뿐 아니라 실제로 그렇게 되기가 어렵기 때문이다. 가난한 계층이 살아 나갈 제대로 된 길 이를테면 제대로 된 일자리를 열어 주는 것이 중요한 것이다. 이런 식으로 말한다고 해서 내가 많이 가진 자를 옹호하는 것으로 이해하면 그것은 천만의 말씀이다. 살아온 과정으로 보아 나는 그들 계층의 변호자가 될 수 없다. 오히려 그들이 부정한 방법으로 축재하거나 빈민층을 위해 재산을 쾌척하지 않은 현재까지의 이기적인 처신에 대하여 좋지 않은 감정을 가지고 있는 자다. 그런 점에 대해서 잘사는 계층은 통회하여야 한다. 다만 개혁이라는 이름으로 재벌이나 부자들을 증오하고 곤경에 몰아넣는 일을 해서는 안 된다는 주장을 펴고 있을 뿐이다. 자유민주주의와 자본주의 시장경제의 정신만은 꼭 지켜야 한다.

  사회의 여러 현상이 이렇듯 현저하게 상승되고 급격하게 좋아지기 시작한 데는 "88올림픽"의 기여가 컸다. 그것은 우리에게 대사건이요 전환의 중대한 계기였다. '2002 월드컵'도 그 연장선상에 놓인다. 올림픽을 계기로 우리나라가 세계화되기 시작했다고 해도 과언이 아니며 경제가 국제무대에 나가서도 행세를 하기 시작했다고 말하여도 틀린 말은 아니다. 요즘 '웰빙'이라고 해서 그냥 범상한 삶이 아니라 질 좋은 삶을 누리려는 욕구가 사회 전반에 팽배해 있는데 그런 걸 넘보게 된 계기를 마련해 준 것도 거슬러 올라가 보면 올림픽에 맞닿아 있다. 올림픽과 월드컵은 스포츠 그 이상의 것, 우리의 국격과 삶의 질을 몇 단계 끌어 올린 거대한 민족의 축제요 활로였다. 요즘 좌파 성향의 천둥벌거숭이 젊은이들은 이런 것에 동의하지 않으려고 한다. 주로 옛날 것을 때려 부수고, 또한 오늘을 있게 한 물고(物故) 및 생존의 기성세대를 매도하는데 장기가 있는 저렇듯 천지를 분간할 줄 모르는 무리들에게 올림픽이나 월드컵과 유사한, 그리고 의례적인 것이 아닌 생산성이 있는 국제적인 행사를 한 번이라도 유치해 오라고 요청하고 싶다. 그래서 기성세대들이 만들어 놓은 기반을 더욱 다져보고 난 뒤 말해 보라고 권면하고 싶다. 그저께 2012년 올림픽 개최지가 런던으로 결정되는 과정을 TV를 통해 보고 프랑스·스페인·미국·소련 등 선진국이 거기에 얼마나 국력을 기울이는지를 새삼 알았다.

올림픽과 월드컵 얘기가 다소 길어졌는데 그것이 오늘의 경제적 기반과 국가적 역량을 더욱 굳게 다지는 데 큰 공헌을 했다는 점을 강조하려다 보니 장황해진 것이고 다른 의도는 없음을 명기해 둔다.

가령 이렇게 짚어 보기로 하자. 복사기가 나와서 그 직전의 프린트 시대를 위협하기 시작한 때가 내가 알기로는 1960년대 말에서 1970년대 초였다. 이것이 나와서 대학의 교양과목 공동시험 문제지와 입시 문제를 단시간에 수천, 수만 장 인쇄해서 쏟아낼 때 나는 경이로운 눈으로 그걸 바라보았다. 인쇄술의 대혁명이 닻을 올린 것이다. 초기에는 대형 복사기 형태로서 대학이나 관공서 같은 큰 기관에 한 대 정도 비치되었던 것이 점점 발전하여 올림픽을 거치면서 그 후로는 대학을 기준으로 각 학과 사무실이나 심지어는 복도에까지 소형 복사기가 놓여서 학생 누구나가 자유스럽게 사용하는 시대로 발전하였다. 지금은 모든 가정에 복사기 노릇을 하는 컴퓨터가 다 들어와 있다.

집집마다 굴리는 승용차, 이젠 자전거 수준의 교통수단밖에 안 되는 자가용도 그때부터 대중화된 것이다. 아직도 나 같은 등신이나 다룰 줄 모르는 컴퓨터, 또 아직도 나 같은 별종이나 가지고 있지 않은 흔해 빠진 핸드폰(손전화, 2007년 고희가 되던 해 큰아들 允圭가 사줘서 마침내 나도 가지게 되었다!), 또한 아직도 나 같은 천치바보나 작동할 줄 모르는 이 시대의 총아인 비디오 문화 등이 바로 그 무렵을 전후해서 동시에 보편화 초기 단계에 진입하였다. 1987년에 컴퓨터 가격이 그때 돈 70만 원, 앞에서 얘기한 바와 같이 올림픽 다음 해인 1989년에 둘째 아들 정규가 대학 3학년 때 컴퓨터를 사 주었다. 오늘날 한국을 반도체와 IT 강국이라고 하던가. 우리를 먹여 살리는 효자 품목이 자동차·반도체·핸드폰이라던가.

여유가 있고 살만 하니까 여성들이 조용히 있을 리 만무, 핫 팬티가 나왔다고 해서 기절초풍할 지경이었는데 이어서 배꼽티라는 요상한 입성이 나오고 머리를 염색하고, 찢어진 청바지를 비롯해서 멀쩡한 청바지를 일부러 무릎 위쪽을 허옇게 탈색해서 입고 다니는 등, 이런 것들도 여유로운 생활이 가져다준 보너스라면 지나친 말일까.

카드 한 장으로 모든 경제활동을 하는 시대에 내가 살 줄 몰랐고, CD 한 장인가 두 장에 그 많은 『조선왕조실록』을 담아내는 시대, 내가 대학 학부 때는 국어학·고전문학·현대문학을 통틀어 학자들이 펴낸 학술 저서라고는 겨우 30~40종에 불과했었는데 지금 60대에 들어선 웬만한 학자의 장서가 4·5천 권을 헤아리게 되고 이걸 정년퇴임할 때면 근무했던 그 대학 도서관에 공간이 없어서 기증도서로 받아 주기를 사양하는 시대에 우리는 살고 있다. 1960년대 가람 이병기 선생이 장서를 서울대 도서관에 기증하였다고 해서 일간 신문에 보도된 이래 여러 학자들이 그와 같이하여 수십 년 동안 학계의 미덕으로 자리 잡아온 그 도서기증 풍속도 이젠 어려운 시대가 올 줄은 정말 예상도 못했다. 이러므로 이 기록을 적어 오면서 중간중간 각 시대의 세태 풍속을 소개해 온 나도 이제 더 이상 이 부분에 대해서는 큰 관심을 두지 않기로 하겠다. 1960년에 1인당 GNP가 65달러라던가. 여하튼 세계에서 두 번째로 가난한 나라요, 외국의 원조로 겨우 버티던 '거지 나라'가 2000년대 중·후반에는 물경 2만 달러를 상회하면서 경제 규모가 세계 10대국에 올랐다. 예전에 수출액이 수천 달러밖에 안 되었는데 지금은 5천억 달러나 되니 우리 스스로가 놀라고 있다. 세계를 누비는 삼성의 휴대폰·스마트폰, LG의 반도체와 IT산업, 현대자동차와 조선 사업, 포철의 철강 산업 등과 울산을 비롯하여 전국 여러 곳에 자리를 잡고 있는 공업단지는 우리의 국력이 얼마나 큰지를 웅변하고 있다. 원조받았던 나라에서 원조를 주는 나라로 변신한 국가는 우리 대한민국뿐이라던가. 산업화와 민주화를 단기간 내 동시에 이룬 나라도 세계 2차대전 이후의 신생 국가 중 우리 대한민국이 유일하다던가. 사통팔달의 서울 지하철과 전국 곳곳을 연결하는 고속도로망을 보고 30년 전 미국에 이민 가서 살고 있는 지인이 잠시 모국에 왔다가 경악하는 모습을 보고 내가 되레 놀란 적이 있었다. 속으로 "뭐 이런 걸 가지고…"라고 생각하면서. 우리 자신은 그런 환경 속에서 살고 있는지라 세상이 발전하는 것에 둔감해 있다는 증거다. 그가 말하기를 서울 시내의 교통규칙만 준수하면 대한민국은 나무랄 데 없는 선진국이라고 하였다. G20개국의 일원이 된 것은 그냥 된 것이 아니다. 우리의 땀과 지혜, 부지런함, 악착같은 국민성이 이룩해낸 결과다.

　1990년대를 전후해서 오늘에 이르기까지의 세태는 참말을 말하자면 괄목상대(刮目相對) 바로 그 수준에 진입해 있다고 하겠다. 그런데도 우리는 아주 예사롭게 보아 넘기고 있다. 그만큼 선진국형 국민이 되었다.

이런 식으로 딱 부러지게 매듭을 짓자니 서운한 면이 있다. 그래서 생각해 낸 것이 1970년대 중반에서 1980년대에 이르기까지 우리의 일상에서 보고 겪었던 몇 가지를 회상하면서 천지개벽의 수준으로 변한 오늘의 실정과 새삼 비교해 보기로 하겠다.

'연탄가스 중독사(死)'를 아는가. 지금도 연탄아궁이를 사용하는 집이 남아 있지만 1980년대 말까지만 해도 단독주택의 경우 상당히 많은 세대가 연탄아궁이였다. 거기서 새 나오는 가스 때문에 얼마나 많은 사람이 목숨을 잃었는가. 저 위에서 소개한 사학계의 태두요 『한용운 연구』 제1호 구매자인 홍이섭 선생도 1970년대 중반에 연탄가스를 마시고 불귀의 객이 되었다. 박정희 정권 말기에는 연탄가스 방지 제품을 고안해 내는 사람에게는 거액의 격려금을 주겠다고 정부 당국에서 공모하기까지 했다. 그런데 지금은 어떤가? 연탄가스 때문에 공포를 느끼고 있는가? 대다수 가정이 도시가스나 경유보일러를 사용하는 시대로 바뀌지 않았는가. 세상이 이렇게 성장한 것이다.

'식모들의 서럽고 서러운 시대'를 아는가. 그 많은 전쟁고아들, 그 많은 가난한 집 소녀들과 처녀들이 오직 먹고 자는 것만 해결된다면 주인집 마님의 구박과 구타도 감수하면서 이 집 저 집에 몸을 맡기기를 다투던 시대가 1970년대 중반까지였다. 그러던 것이 70년대 후반과 1980년대 이후 잘사는 집이 늘어나면서 수요와 공급의 불균형이 표면화되더니 식모의 값이 껑충 뛰어 사람을 구하기가 힘든 시대로 점차 진입하였다. 그런 초기에는 전화가 놓여있는 집과 TV가 설치되어 있는 집만 골라서 그녀들은 찾아갔고, 당연히 먹고 자는 것 이외 월급 또는 주급, 일급을 요구하는 시대로 옮아갔다. 요즘은 어떤가, 입주하여 가정일을 봐 주는 경우는 극히 드물고 어엿한 주부들이 살림에 보태려고 시간제 파출부로 출근하는 직업으로 정착된 지 오래되었다. 식모라는 말은 사전에서나 찾아봐야 하는 세상이 되었다.

'통금해제'는 1980년대 초반에 실현된 것, 그러니까 40대 이상이면 다 알고 있는 사실이니 새로울 것이 없다. 다만 통금이 있던 그 이전까지 이로 인해 많은 주당들이 얼마나 불편을 겪었는지 지금 생각하면 웃음이 나온다. 나도 1960년대, 그리고 1970년대에 도합 2번이나 걸려서 도리 없이 '닭장차'를 타고 간이 재판소까지 끌려가서 재판을 받고 벌금을 낸 뒤 풀려난 경험을 가지고 있다. 만취한 상태에서 하룻밤을 꼬박 서서 지새운 고생은 이루 형용할 수 없다. 그때마다 술을 끊겠다고 작심을 했으나 그게 어디 가능키나 한 일인가.

'지난 시대의 피서'를 아는가. 이 점에 대해서 극히 소수만 알고 있는 바를 증언한다. 환도 이후 곧 1950년대 중반, 그때는 전쟁의 참화가 서울 시내에 그대로 남아 있었다. 그런 어려운 시대이고 가난한 시대인데도 이 민족은 먼 조상 때부터 마시고 노는데 탁월한 혈통을 이어받은지라 그렇듯 쪼들리면서도 여름철이면 일부 소수이나마 서울 시민들이 서해 대천으로 피서를 다녀왔다. 내가 고등학교 2학년 때부터다. 국가나 가정형편이 '피서'를 생각할 수 있는 그런 시대가 아니었는데도 그랬다. 갔다가 와서는 그곳에는 통금도 없고 불야성을 이룬 별천지라고 자랑하면서 떠들던 광경이 지금도 내 기억에 생생하다. 궁핍한 시대에도 그랬는데 형편이 점차 좋아진 1960년대 이후 오늘에 이르기까지는 더 말할 나위도 없다. 초기에는 대천에서 부산 해운대로 몰려가더니 1990년대 전후로 해서는 제주도와 강릉 쪽으로 대 인구가 '집결'하는 양상을 보여주고 있다. 그것도 부족해서 국외여행이 자유화된 1980년대 중반 이후로는 해외로 떼를 지어 나가고 있는 것이 오늘의 실정이다. 신혼여행은 물론 골프 치고 피서까지 해외로 떠나는 국제화시대가 현재 진행 중에 있다. 시골의 농촌 노인네들도 거의 모두 가까이는 동남아시아·중국 등, 멀리로는 미국과 유럽 대륙까지 한 번쯤은 거의 다녀왔다. 많이 다녀온 경우도 적지 않다. 그런 점을 새삼 떠올리면 나와 같은 사람은 아마도 이 대한민국에서는 희귀종에 해당될 것이다. 단, 한 번도 외국 나들이를 하지 않고 이 나이 고희 넘어까지 살고 있다. 정년퇴임 전에는 대학에서 보내주는 해외 교환교수 제도 또는 단기간 방문 등의 여러 길이 있었으나 사양, 또는 추진할 생각조차 하지 않았다. 사비(私費)를 드려서 여기저기 여행하는 기회는 내가 마음만 먹으면 얼마든지 가질 수 있었으나 그런 생각조차 하지 않았다. 세 아들 덕분에 미국에 가서 오래도록 머물 기회도 있었다. 셋째 상규가 영어연수를 위해 미국대학에 11개월 동안 다니던 때가 1993년, 숙식은 미국 가정집에서 해결했다. 그때 약 보름쯤 다녀올 수 있었는데 가지 않았다. 첫째 윤규는 공무원 신분으로 세 차례 도합 5년 동안, 둘째 정규는 한국은행에서 보내는 MBA과정 수학으로 2년 동안 미국 생활을 했는데 그때야말로 아들들 집에서 장기간 머물며 함께 생활할 수 있었으나 역시 가지 않았다.

 이러므로 나는 내가 생각해도 '別種'임이 확실하다. 굳이 이유를 대자면 TV를 통해 세계 각국을 보는데 구태여 현지에 갈 필요가 뭐 있느냐는 것, 해외 나들이의 목적이 '여행'이라면 국내에서 이만큼 누리며 행복하게 살면 자족(自足)할 줄 알아야지 그 이상은 나에겐 과분한 호사(豪奢)이므로 사양한다는 것, 목적이 서구 학문의 동향을 파악하고 연구에 접목시키는 것이면 내 전공이 국문학인지라 절실하지 않다는 것, 나보다 해외에서의 연구가 더 필요하고 절실한 교수가 나가는 것이 온당하다는 것, 이상 몇 가지로 요약할 수 있다. 합당한 이유가 되는지 모르나 내 생각은 그렇다. 누군가는 내가 고소공포증세가 있기 때문에 비행기 타는 것을 꺼리는 것이라고 하지만 천만의 말씀, 그 증세가 전무하다고 강변하지는 않겠으나 그런 이유로 꼭 필요한 외국 나들이임에도 못 갈 정도는 절대로 아니라는 사실을 이 기회에 천명하는 바다.

해외에 나가서는 몸에 좋다는 것은 다 사 먹고 온다는데 이와 관련하여 저 위에서 한 번 말한 바 있는 보신탕 얘기를 다시 하는 것으로 마감하겠다. 원래 서울에는 보신탕집이 드물었다. 그러던 것이 점차 늘어나서 요즘은 여기저기에서 보신탕집이 성업 중이다. 내가 판단하는 바로는 경상도·전라도·충청도 등 각 지역에서 인구가 서울로 집중되는 바람에 예전에 주로 지방 시골에서 즐기던 음식이 마침내 대도시의 요식업에까지 확장된 것이 아닌가 한다. 시골의 특수 보양식의 서울 정착 ― 이렇게 생각해 본 것이다. 참고로 서울의 전통 음식점은 설렁탕집이다. 현진건의 소설 「운수 좋은 날」에도 나오지 않는가. 그 설렁탕 맛도 예전과 전혀 다르다. 지방의 보신탕이 상경하여 일반화되기 이전, 서울의 복날 음식으로는 '민어탕'을 최고로 꼽았다. 그게 어려우면 '육개장'으로 대신하였다. 개장국 마니아는 몰라도 일반 가정에서 개장국으로 복날을 때운 기억은 전혀 없다.

2

2000년은 나에게 매우 의미 있는 해이기도 하였다. 그해 3월 초 이동영(李東英, 부산대 명예교수, 당시 도남학회 이사장, 작고) 교수에게서 전화가 왔다. 그 몇 년 전 대구 모산학회(慕山學會)에 내려가서 논문을 발표하던 날, 처음 그와 인사를 나눈 바 있다. 그는 가사문학 전공자다. 그 집은 명문가인데 이육사, 이원조 선생이 그의 작은아버지들이다. 뼈대 있는 집안의 후손답게 고생하면서 올곧게 자라 도남의 문도가 된 줄로 안다. 영남 일대에서는 그에게 비문 등 의례적인 문장을 많이 부탁할 정도로 문장도 비교적 좋은 편이다. 전화의 요지는 내가 18번째 '도남국문학상(陶南國文學賞)' 수상자로 선정되었다는 것, 시상식은 관례에 따라 수상자가 근무하는 대학에서 4월 7일에 있다는 것, 총장 및 인문대학장에게 학회에서 공문을 발송하리라는 것, 행사를 실무적으로 맡아 수행할 사람을 학회에 천거해달라는 것 등이었다. 뜻밖의 전화를 받아 나는 당황하여 내가 뭘 해 놓았다기에 그 큰 상을 주시는 것이냐면서 물었으나 심사위원회(후에 심재완, 최진원, 이동영, 김승찬 교수 등이 3회에 걸쳐 심사하였다는 것을 알았다)에서 결정된 것이니 그리 알라면서 전화를 끊었다. 기뻤다. 그동안 향가·여요·조선 후기 시가 연구에 미력이나마 공력을 기울인 점을 인정해 준다니 기뻤다. 상을 놓고 초연한 사람도 있으나 대체로 수상자는 좋아하는데 나 또한 그 테두리 안에 있었다.

한양대 쪽에서는 정민 교수가 대학원생을 거느리고 준비를 하였다. 행사 당일 인문대 3층 멀티미디어 강의실에서 성황을 이룬 가운데 수상식을 가졌다. 그날 심사경위는 김승찬 교수가 했고 나는 학회의 관례에 따라 35분가량 수상 기념 논문을 발표하였다. 제목은 「고려속요의 현대적 변용」, 마침 그때 쓰고 있던 논제였다. 의식이 끝난 뒤 회식을 가졌다. 수상금을 다 쓰기로 작심하였는데 2차까지 갔는데도 얼마가 남아서 조금 보태어 기념으로 지금도 입고 있는 추동복 정장을 샀다. '도남국문학상', 그것은 나에겐 과분한 상이면서 또한 영예의 상이었다.

그 4년 전인 1996년 6월 8일에 '한국시가학회(韓國詩歌學會)'가 출범하였는데, 이제 이 학회에 관해서 기록할 차례가 되었다. 학회가 창립된 경위는 이렇다. 1995년 11월에 성균관대학교 인문과학연구소 주최로 「고려가요연구의 현황과 전망」이라는 학술발표대회가 열렸다. 연구소 소장은 이민홍 교수, 8명의 발표자가 종일 동안 논문을 발표하였고 종합 토론도 가졌다. 나는 그날 「한림별곡과 관동별곡의 거리」라는 제목의 논문을 발표하였다. 기왕에 나의 저서에 실린 한림별곡 연구에다 새로 안축(安軸)의 〈관동별곡〉을 분석한 내용을 접맥시킨 논문이었다.

이 교수는 이 행사를 준비하면서 나에게 여러 차례에 걸쳐서 의논하였다. 발표 제목과 발표자 선정에 관한 것이 주였다. 그때 의논하면서 나에게 시가학회 창립을 이참에 서두를 생각을 가지고 있는데 어떠냐고 물었다. 대찬성이라고 응답하였다. 국문학 관계 학회 중 제일 먼저 창립되어야 할 학회였는데 늦은 게 아쉽지만 이제라도 빨리 발족시켜야 한다는 그의 의견에 나는 전적으로 동의하였다. 모든 준비는 이 선생이 하였다. 사전에 여러 대학의 시가 전공 교수들에게 통지도 하고 자문도 얻고 그렇게 해서 그날 학술 발표회가 끝난 뒤 가진 회식장에서 발기인에 참가하는 전국 각 대학교수들의 서명을 이 선생이 받았다.

　그때를 전후하여 이민홍 선생과 가까이 지내는 사이가 되었다. 학회의 창립은 그의 공이 절대적이라고 보아야 한다. 전공은 한문학이지만 민족시가·민족악가·민족예악에 넘치도록 애착을 가지고 있어서 우리 시가문학도 그런 관점에서 사랑하고 조명하는 학자다. 추진력도 대단하고 이른바 카리스마도 갖추고 있어서 일의 성사가 크게 어렵지 않게 진행되었다. 후에 안 일인데 그때 만약 '한국시가학회'가 그의 주도로 창립이 되지 않았다면 양태순·성호경·조규익 등 당시 30대 말과 40대 초·중반 학자들에게 기회를 줄 뻔하였다. 그들은 국문학의 종가 격인 시가학회가 없는 것이 늘 유감스러워서 학회를 만들려던 참에 학계의 선배인 우리가 착수함에 중단하였다는 얘기를 들었다. 이헌(而軒), 이민홍 교수의 저서로 나는 『조선 중기 시가의 이념과 미의식』, 『사림파 문학의 연구』를 읽었는데 역저다. 그의 평소 직설과 고집스러움이 학술저서에도 그대로 반영되어 있어서 읽으며 빙긋이 웃던 일이 생각난다. 그가 2대 회장직을 맡았는데 학회일 이외에도 가끔 만나서 술잔을 나눈다. 소주보다 맥주를 좋아한다. 나는 늘 청탁불구다.

　그다음 해인 1996년 6월 7일 모든 준비를 완료한 그는 창립대회를 하루 앞두고 회칙과 학회 운영에 관한 시안을 가지고 몇 사람과 만나

자고 통지해 왔다. 종로 한일관에 6시에 도착하였더니 서울대 김병국·김대행, 이화여대 성기옥, 성균관대 김학성·이민홍, 강릉대 강등학, 서원대 양태순, 광운대 여기현 등 8명이 나와 있었다. 한양대의 나까지 9명이었다. 여러 가지 사무적인 얘기가 오가는 것을 듣고 나는 1시간쯤 뒤 자리를 떴다. 바로 그날이 음력으로 어머니 제삿날이었기 때문이었다. 그 자리가 시가학회가 고고의 성을 울리는 중요한 첫 모임이었음을 명기해 둔다. 창립에 관한 일체의 절차는 거기서 마련되었다. 부족한 것은 그다음 날 오전까지 진행된 것으로 나중에 들어서 알았다.

이날의 준비모임을 나는 '한일관 회합'이라고 명명한 바 있다. 참석한 면면들은 시간문학을 대표할 수 있는 인물들이었고, 서울과 지방 모두를 아우를 수 있는 교수들이라서 누가 봐도 전국 규모의 학회임을 알 수 있을 정도였다.

김병국 교수는 나와 동갑, 말수가 적으나 중요한 대목에서 발언하여 자기 의사를 표시하는 데 주저하지 않는다. 가사의 장르적 성격에 관한 논문은 다른 연구자들의 글에 늘 인용되는 글이다. 강호가도와 전원문학에 대한 연구도 중요 업적으로 꼽힌다. 그는 시가문학 이외 가령 『춘향전』과 『구운몽』 등 산문문학, 판소리 등에 대해서도 관심을 두고 좋은 성과를 거둔 바 있다. 다작하는 편이 아닌데 정년 무렵에 저서 두 권인가를 펴내어서 나를 놀라게 했다. 전에는 음주량이 대단하였다는데 근자에는 건강 때문에 거의 단주 상태다. 나와 인사를 나눈 것은 아주 늦은 1990년대 들어서였으니 술을 함께할 기회가 거의 없었다.

김대행 교수는 연달아 저서를 펴내어서 내가 늘 부러워하는 학자다. 단독 학술저서만 아마 10권 안팎은 되리라. 그만큼 우리 시가문학에 열의가 대단한 연구자다. 그의 저서를 처음 받아 본 것은 내가 강원대 교수로 있던 1976년 『한국시가구조연구』였다. 이래 책이 나올 때마다 받아서 읽었다. 『詩歌詩學硏究』는 세 해 동안 교재로 사용하기도 하였다. 그가 늘 생각하는 바는 텍스트 연구를 실제 삶과 연결시켜서 그 생명력, 생동성을 밝혀내는 일인데, 박물관의 고전이 아닌 현재에도 살아있는 고전이기를 바라는 마음에서 그의 학문은 출발한다. 서술과 정이 단선적이 아니고 다소 번다하여 줄거리를 오래 기억할 수 없는 논문도 간혹 있으나 어쨌든 우리 고전시가문학에 그만큼 기여한 사람도 많지 않다. 그와 김병국 같은 분이 가령 도남국문학상을 수상하지 못한 것을 다른 이는 어떻게 생각하는지 모르나 나는 못내 아쉬워하는 사람이다. 그만한 자격이 있는 학자들인데… 학문 외에 다른 방면에도 아이디어를 내고 추진력도 있으며 술도 괜찮게 하는 편, 과음하는 것을 보지 못했다.

성기옥 교수는 술을 전혀 할 줄 모른다. 그의 말에 의하면 마시고 싶어도 체질상 받지를 않는단다. 맥주 두 컵만 마셔도 얼굴이 벌개지고 거부반응이 일어난단다. 술을 했으면 금상첨화인데. 그도 알고 지낸 지 불과 10여 년, 그의 지도를 받은 김수경 학위논문 심사 때 그의 연구실에서 처음 인사를 나누었다. 그 후 남정희 심사 때도 이화여대로 그를 찾아갔다. 학문 연구 이외에는 관심이 없는 분인데 그러나 세상 돌아가는 것은 다 알고 사는 것 같다. 그가 학계의 큰 관심을 끈 것은 우리 시가의 율격연구를 저서로 공간한 때부터가 아닌가 싶다. 그 어려운 분야를 어떻게 해냈는지 나로서는 그 방면에 눈길도 안 주고 사는데 역시 아무리 난해한 분야일지라도 전공자는 꼭 있는 법임을 그를 통해 새삼 깨달을 수 있었다.

솔직히 말하거니와 나는 그 책은 읽지 않았다. 읽어도 흥미도 없고 이해도 안 되니 어쩔 도리가 없었다. 하지만 그 뒤로 학회지 또는 공동저서로 발표된 우리 시가의 문학적 해석에 관한 다수의 논문은 많이 읽고 그의 관점과 조리 있는 논리전개, 설득력 있는 결론 등을 접하면서 뛰어난 연구자임을 확인하였다. 어느 글을 읽어도 안심이 된다. 발표된 논문 수도 상당량일 터인데 단독 저서로 묶어내지 않고 있는 것을 보면 겸손이 지나친 것이 아닌가 싶다. 아니면 한참 묵혀 두었다가 나중에 손질을 대대적으로 하여 펴내려는 것인지. 그가 금년(2006)에 뜻밖의 '사건'을 일으켜 학계를 놀라게 했다. 아직도 정년이 3년이나 남았는데 이화여대를 그만두고 낙향을 한 것이다. 연금 혜택이며 그런 세속적인 것을 다 잊고 서울 생활에 종지부를 찍은 것이다. 그의 말로는 가르치기에 힘에 부쳐서라는 것이 사직 이유이다. 그러나 내가 보기에는 전혀 아니올시다. 모든 굴레에서 벗어나 고향 산천에 파묻혀서 노년을 학문 연구에만 온전히 바치려는 큰 뜻이 있어서 귀거래사를 불렀다고 단언한다. 몇 년 뒤 나올 그의 업적을 나는 기다리는 사람이다.

다시 학회 창립에 관한 일로 돌아가서 나는 그 이튿날 오후 2시 가벼운 걸음으로, 시가학회의 출범을 축하할 겸 참석하였다. 1학기 강의도 종강을 했기 때문에 마음의 여유가 있었다. 성균관대학 회의장 입구에 도착하여 방명록에 이름을 쓰고 막 들어가려고 하였는데 이민홍 교수가 나에게 잠깐 보자고 하며 복도 구석진 곳으로 가더니 어제 모임 결과 나를 초대 회장으로 추대키로 결정을 보았으니 그리 알고 있으라는 것이었다. 나는 말도 안 되는 소리 말라고 정색을 하며 거절·사양하였으나 그쪽도 완강하였다. 회의 시작 5분 전의 일이었다.

결국 나는 생각지도 않게 초대 회장이 되었다. 창립대회가 끝난 뒤 성균관대 근처에서 맥주파티가 장시간 계속되었다. 그리고 김대행·김병국·윤영옥 교수와 나 이렇게 네 사람이 따로 대학로에 나와서 밤늦도록 새로 출발한 학회 얘기를 하면서 얼마나 마셨는지 모른다. 책임이 막중함도 잠시 잊고 학회 창립을 자축하면서. 두 번째 술자리 비용은 김대행 교수가 냈다. 윤영옥 교수와는 단둘이서 또 맥줏집에 가서 대취하도록 마셨다. 그는 인품과 조용한 풍류를 두루 갖춘 선비다. 향가와 속요를 전공함으로 나와 그는 아주 가깝게 지낸다. 대구에 거주함으로 자주 만나지 못하나 서울에 오면 가끔 술자리를 같이했다.

그날 학계의 원로로는 이명구(李明九)·최진원(崔珍源) 선생께서 참석하셨는데 공교롭게도 올해(2006) 한두 달 간격으로 두 분 모두 불귀의 객이 되셨다. 이명구 선생의 공로는 역시 경기체가를 새롭게 조명하였다는 점일 것이다. 그 하나만으로도 6·25난리 통에 제대로 학술활동을 못 했던 국문학 연구 2세대로서의 몫은 했다고 평가하고 싶다. 어느 학위심사에서 처음 만나 뵈었는데 참 점잖은 양반이었다. 그 후로 학회에서 여러 번 뵐 기회가 있었다. 내가 고려속요를 전공의 한 분야로 삼고 공부하는 것이 그렇게 흐뭇했던 모양이다. 말년, 그러니까 2003년경에 서로 가끔 E-mail로 대화를 나누자고 하시기에 그 방면에는 손방입니다라고 하였는데 그 후 두 해 사시다가 이승을 떠나신 것이다.

임하(林下) 최진원 선생을 처음 뵌 것도 1990년대에 접어들어서 역시 어느 학위논문 심사 때였다. 말수가 적은 편이나 유머감각이 있어서 가끔 상큼하게 좌중을 웃기는 일도 있다. 애주가임은 분명하고 자주 호주가가 되는데 그렇다고 대취하시지는 않는다. 논문 심사 이후 나와 여러 번 주석을 같이 해서 그분의 음주에 관해 알만큼은 안다. 내가 임하 선생의 학문에서 가장 높이 평가하는 대목은 국문학 연구 2세대 가운데서 아주 드물게 고전시가를 문예미학으로 분석한 점과 국문학과 자연을 연계시켜서 심도 있게 천착하여 하나의 획을 그었다는 점이다. 도남이 운을 뗀 그 분야의 초기 연구 성과를 임하가 심화 확장시킨 학문적 공적은 상찬해야 마땅하다고 생각한다. 그분은 또한 현대시를 이해하는데도 수준급, 또는 그 이상이어서 언젠가 양희철(청주대 교수) 교수와 내가 그분을 모시고 밤늦도록 술을 마실 때에도 몇 현대 시인의 시 세계를 거론하며 고전시가와 연계시키는 것을 보고 나와 양 교수가 감탄한 바 있거니와 그 후로도 가령 정한모 시인의 『아가의 방』과 같은 시를 얘기하면서 흥취에 젖곤 하였다. 불과 10여 년 동안에 마치 옛 대학 은사인 양 가까이 모시며 학문과 풍류를 즐겼고 또한 작년 5월에는 선생과 함께 강릉에 1박 2일 여행도 했었는데… 슬픈 일이다. 국문학 2세대로 생존해 있는 분이 과연 있을까? 두 분의 명복을 빈다.

일단 학회를 맡은 이상, 나는 최선을 다하기로 결심하였다. 이게 어떤 학회인데 성력을 기울이지 않을 수 있으랴. 임원 구성에 들어가서 연구이사에 조규익(숭실대), 간사에 길진숙(이화여대), 총무이사에 여기현(광운대), 간사에 이승수(한양대), 출판이사에 정우봉(고려대), 간사에 강석근(동국대), 섭외이사에 양태순(서원대), 간사에 김남기(서울대) 제씨로 구성하였고 지역이사에 윤영옥(경북, 대구) 김승찬(부산, 경남) 김선기(충청) 강등학(강원) 전일환(전북) 허남춘(제주) 등 제씨를, 감사는 총회에서 선출한 예창해(한국외국어대) 교수가 수고해 주셨다.

총무간사는 쉽게 말해서 '마당쇠' 노릇을 하는 직책이다. 이 직책을 한양대 제자인 이승수(李勝洙) 군이 맡아서 2년 동안 봉사하느라고 참 수고 많았고 애도 많이 썼다. 창립학회이니 매일이면 매일 일거리가 생기곤 하였다. 임원은 아니지만 당시 대학원 박사과정을 밟으면서 내 연구실에 있던 강민경(한양대 연구교수)이 실무적인 일을 많이 도와주었다. 정말 숨은 공로자다. 또한 직책이 없이도 이도흠 군 역시 발표회 때마다 뒤에서 '마당쇠' 노릇을 충실히 해줬다. 겉으로 나타나지 않고 그랬었다. 이정선(李正善, 호서대학 교수) 군의 헌신과 기여 역시 기록에 남겨 두어야 한다. 학회의 행사가 있는 날이면 기동력을 발휘하여 온갖 잡일을 전담하였다. 그 수고에 나는 늘 고마운 마음을 금할 수가 없었다. 이 군은 내 연구실에서 가장 오래 머물렀던 제자다. 대학원 시절부터 강사로 나오던 한동안, 그러니까 5~6년가량 나와 함께 지냈다. 그래서 내 연구실의 주인은 내가 아니라 이 군이었다고 해도 과언이 아니다. 그 때문에 나는 농담으로 그를 '李室長'이라고 가끔 부르곤 하였다.

그는 독실한 기독교 신자로서 지나치게 착한 것이 흠이라는 평가를 받는 제자다. 온순한 대신 박력이 부족한 것이 그의 결점이다. 개신교 신자일지라도 대개는 술을 마시는데 이 군은 종교적인 이유 이외에 체질상 술이 맞지 않아서 음주나 풍류와는 거리가 멀다. 그것이 나에게는 여간 아쉬운 것이 아니었다. 학문도 어느 수준까지는 도달해 있다. 내 연구실에서 지낼 때부터 고려가요 연구를 시작했는데 언젠가는 단독 저서로 나올 것이다. 그때를 나는 기다리고 있다. 정년퇴임 이후 잊지 않고 나를 가끔 찾아 주는 몇 제자 가운데 하나다.

강민경(한양대 연구교수) 양은 내 연구실에 2년 넘어 있었다. 그사이 박수밀(한양대 연구교수)과 연애하여 부부가 되었다. 둘이 연인관계라는 것을 까맣게 모르다가 혼인하기 1개월 전에야 누군가가 알려줘서 알았다. 이런 경우는 신성환(한양대 강사) 군과 신예 소설가로 활약 중인 편혜영 양도 마찬가지다. 신 군도 내 연구실에 오랜 기간 있었는데 조교로 근무 중인 편 양과 부부가 된다는 소식을 결혼식 얼마 전에야 알았다. 이제 황인건(한양대 강사) 군만 미혼으로 남아 있는데 언제 또 무슨 소식이 들려올지 모를 일이다. 황 군도 내가 퇴임하는 날까지 2년 동안쯤 내 연구실에서 공부하였다. 제자의 혼사 얘기를 왜 하느냐 하면 선생은 학생 사회를 많이 아는 것 같지만 중요한 대목은 전혀 모르고 지내는 일이 수도 없이 많다는 점을 밝히기 위해서다.

초기 임원들, 참으로 열성이었다. 4개의 분야로 임원을 배정하여 각기 그 분야를 전담토록 하였으나 대체로 모든 임원이 모든 분야의 일에 함께 참여하는 예가 보통이었다. 그렇지만 역시 자기 분야의 사무에 더욱 치중하였는데 그것은 책임이 따르기 때문이었다. 조규익 교수가 일하는 특징은 정기발표회의 틀을 짤 때 주관이 뚜렷하였고 일단 발표자가 결정되면 그 즉각 연락하여 확정을 짓곤 하였다. 그 신속성과 추진력은 누구도 따라갈 수 없었다. 그의 고전시가 연구는 사뭇 전 장르에 걸쳐있다. 대단한 열정이요 그 성과도 이미 평판이 나 있다. 학자로서 모든 점을 구유한 사람이다. 가끔 『조선일보』에 시론도 쓰는데 논지가 뚜렷하다. 나도 젊었을 때는 학문 외에 그런 논설도 쓰고자 하였으나 실천하지 못하였다. 양태순 교수는 여유를 가지면서도 일을 쉽게 풀어가는 스타일이었다. 학회창립기념 발표회가 있기 직전 『조선일보』 학술 면에 나의 인터뷰 기사가 나가서 학회에 큰 도움이 되었는데 그것도 양 교수가 교섭하여 어렵지 않게 성사시켰다. 학술진흥원에 찾아가서 지원금을 얻어내려고 노력하였으나 새로 창립한 학회라는 이유로 혜택을 받지 못하였다. 그런 줄 알면서도 시도를 하는 열의를 보여주었다. 양 교수는 고전시가를 음악적인 측면에서 성찰하는 학자다. 그런 점에서 그는 드문 존재다. 몇 권의 저서를 읽고 나는 그가 전공하는 분야가 우리 학계에 큰 기여를 하고 있다는 점을 인지할 수 있었다.

정우봉 교수는 소리 소문 없이 일하는 형, 내가 놀랄 지경이었다. 창립기념 발표회 때 고려대와 교섭하여 대성황을 이루게 한 것은 그의 공로였다. 한문학을 전공하는데 특히 문학이론을 정립하는 것이 그의 주된 작업이다. 저서를 내는 일에 아주 신중한데 좀 지나칠 정도다. 여기현 교수, 참 고생이 많았다. 학회의 살림을 그가 맡아서 했는데 전체 임원회 이외 나와 따로 수시로 만나서 재정 등에 관하여 의논하곤 하였다. 특히 대전 소재 배재대학에서 처음 연 지방 나들이 발표회 때는 그 준비를 위하여 약 두 달 동안 고생을 하였다. 그는 고전시가의 표상성을 규명하는 작업에 열중이다. 향가 이후 어부가계 여러 작품, 기타 강호가도의 문학적 의미를 캐내는 데 공헌이 있다. 최진원 교수의 학문과 맥을 함께하는 그분의 제자이다.

이승수 이외 길진숙·김남기·강석근 등 간사들도 발로 뛰다시피 하면서 학회의 초석을 놓는 일에 헌신하였고 재정분야 뿐만 아니라 학회 운영 전반에 걸쳐서 두루 감사를 맡기로 한 회칙에 따라 예창해 교수 또한 모든 회의에 참석하여 의견을 제시해 주어서 나는 그 고마움을 지금도 기억하고 있다.

방학 기간을 제외하고 매달 모였다. 학회의 주춧돌을 놓는 일이니 해야 할 일이 참으로 많았다. 회원이 불과 몇 달 만에 200명을 돌파하는 진기록을 세웠다. 모두가 이 학회를 기다렸다는 뜻이다. 중앙 임원 외 지방이사인 윤영옥·김선기(충남대)·전일환(전주대) 교수와 임원은 아니지만 학회에 애정을 갖고 있던 양희철(楊熙喆, 청주대) 교수 등 이 몇 분들의 헌신적인 기여도 잊을 수 없다. 학회에 행사가 있을 때마다 이분들은 지방회원들과 동반해서 상경하여 학회를 활성화시키는 데 큰 도움을 주었다. 양희철 교수의 전공은 향가의 어학적 연구, 이런 이유 이외 그의 전화를 받고 자주 만나 소주잔을 나누는 사이가 되었다.

그해 10월 초 고려대학교 인촌기념관에서 열린 첫 전국대회는 대성황을 이루었다. 참석한 회원들 1백 5십여 명이 모두가 기뻐하며 자축하였다. 논제는 한국시가연구의 쟁점(1)으로 장르론을 중심으로 해서 새롭게 짚어 보는 것이었다. 향가는 김학성(성균관대), 속요는 김흥규(고려대), 시조 나정순(이화여대), 개화기 시가 김영철(건국대), 악부시 안대회(명지대) 등 제씨가 좋은 논문을 발표하여 성공적으로 마쳤다. 종합토론에 들어가서 전반 80분은 양태순 선생이 후반 70분은 조규익 선생이 맡았는데 그 솜씨가 또한 돋보였다. 학회창립기념 발표회 때부터 우리 학회의 질의토론시간을 가급적 길게 잡아서 활발한 논쟁이 되게 하자고 임원회에서 결정을 하였다. 뒤풀이의 흥겨움까지 모두 감격스러운 것으로 지금도 그 장면을 가끔 떠올린다.

그 후로 정례발표회가 각 대학을 순회하며 순조롭게 진행되어서 학회에 기반을 다졌다. 학회지 『한국시가연구』 창간호는 1997년 6월 학회 창립 1주년이 되던 달에 발간하였다. 총 620쪽가량의 두꺼운 책이었다. 이를 받아 본 학계의 어느 인사가 나에게 일부러 전화하기를 처음서부터 이렇게 두툼하게 내도 재정에 지장이 없겠느냐며 걱정한 일도 기억에 남는다. 전혀 지장이 없었음은 우리 시가학회가 그로부터 1년에 2회 학회지를 발간하는 이른 시기의 학회였음이 이를 입증한다. 임원 모두가 태학사에 가서 창간호 교료(校了)를 볼 때 거의 모두가 반년간(半年刊)으로 하자는 것을 나는 학회장 입장에서 조심이 되어 머뭇거렸음을 부끄럽게 생각한다. 그때 그분들의 구상대로 창간호 이후 즉시 반년간이 이루어졌고 그럼에도 학회는 탄탄하게 운영되었기 때문이다.

우울한 일도 있었다. 회장 임기를 마치고 몇 년이 지나 새 회장 선출이 끝난 뒤 이른바 스팸메일로 전혀 사실 무근한 모함, 곧 신임 회장을 내 사람으로 심었다는 공격을 받은 일도 있다. ID가 '백수광부'라는 얼굴 없는 회원이다. 사실이 그렇지 않다는 회원들의 반박으로 10여 차례 공방이 진행되었다는 얘기를 후에 들어서 알았다. 나는 그 얘기를 듣고 정말 실망하였다. 1%만이라도 사실이라면 조용히 반성을 하겠는데 100%가 터무니없는 얘기이니 화가 치밀어 올랐다. 회장이 되고 싶어 한 어느 한 사람의 가당치도 않은 오해로 학계의 풍토가 잠시나마 어지러워졌음을 탄식도 하였다. 울화를 진정시키는데 며칠이 경과되었다. 그리고는 그 '백수광부'를 불쌍히 여기기 시작했다.

지금 와서 돌이켜 생각해 볼 때, 아쉬운 점이 전혀 없다고는 말할 수 없다. 무엇보다도 학회 운영방식과 질의 토론시간을 늘리는 것 이외 발표회의 형식을 기존의 학회가 해오던 것을 거의 그대로 답습하였다는 점이다. 신생 학회인 점을 감안하여 모든 점에서 우리 나름대로 새로운 틀을 짜서 참신한 모습으로 출발하였다면 더 좋았을 것이다.

학회지의 창간호 그 책머리에 실린 '창간사'는 잘 썼든 못 썼든 '역사성'을 지니고 있음을 부인할 수 없다. 이에 후세를 위해서 아래에 인용키로 한다.

창간사

학문의 세계에서 특정 장르의 우위를 유별나게 강조하는 것은 어리석기 짝이 없는 일이다. 모든 갈래는 그 나름대로의 독자적인 고유성을 지니면서 문학사를 발전시키는 데 기여해 왔다. 이치가 이렇듯 분명하지만 詩歌의 경우에는 특기해도 좋을 몇 가지 점이 있는 것이 사실이다. 문학 발생론의 입장에서 그 源流의 자리에 시가 장르가 놓인다는 점과 국문학 연구 초창기 이래 적어도 근년에 이르기까지는 시가 연구가 국문학 연구의 중심에 위치하면서 학계를 주도해 왔다는 사실이 바로 그것이다.

그러나 1980년대 이후 국문학계의 판도와 사정은 사뭇 달라졌다. 시가를 전공하는 인원이 점점 줄어들고 반대로 새롭게 부상된 다른 장르들에 많은 연구자들이 몰리더니 마침내 시가 연구의 답보와 침체라는 우려의 소리가 나오게 되었다. 그런 의미에서 작년(1996) 6월 8일에 창립된 '한국시가학회'는 국문학의 맏형격인 우리 시가문학의 활발한 연구를 예고하는 기폭제가 되었다는 점에서 그 의의가 자못 크다고 하지 않을 수 없다. 비록 학문이 개인적인 차원의 작업이라고는 하나 同途의 길을 걷는 연구자들이 학회를 중심으로 진력한다면 詩歌學界는 기필코 지난날의 전통과 앞날의 활기를 동시에 획득할 것이라고 전망해도 좋을 것이다.

학회의 창립을 기념키 위해서 작년 가을에 열린 전국학술대회의 큰 성황, 그 이후 두 번에 걸쳐서 개최된 정례발표회에서의 열기, 출범한 지 겨우 1년 밖에 안 되었음에도 전국 각지에서 입회한 회원의 수가 220명에 달하게 된 것은 우리를 크게 고무시키고 있다. 이런 몇 가지 사실만 두고 보더라도 그동안 얼마나 많은 시가문학 전공자들이 우리 학회의 창립을 기다렸는지를 쉽게 짐작케 하며 그리하여 생동감 넘치는 앞날을 예견케도 한다.

그 열기와 기대를 모아 오늘 『韓國詩歌硏究』라는 이름의 학회지 창간호를 펴내면서 우리는 자축과 함께 장차 학회가 지향할 바를 새삼 다져둘 필요를 느낀다. '한국시가학회'는 기존의 여러 학회에 이름만 새로 지어서 하나 더 보태는, 이를테면 다 차려놓은 밥상 위에 수저 하나 더 올려놓는 식의 그런 학회는 결코 되지 않으리라는 점을 명백히 해둔다. 선학들이 일궈낸 소중한 업적들을 겸손하게 다시 咀嚼하면서 미흡하거나 잘못 해석된 부분을 찾아내어 이를 극복해 나갈 것이다. 나아가 새로운 시대의 시가 연구에 걸맞은 이론과 방법론을 다투어 찾아내어서 참신한 작품의 풀이와 詩歌史를 조감하는 작업에 진력할 것이다. 학계의 최대 쟁점이 되는 주제를 하나씩 선정하여 매년 공동으로 생각하고 고민하는 장을 마련한 후 이를 종합하여 『韓國詩歌學 叢書』를 발간하는 사업도 기획하고 있다. 그리고 묻혀있는 자료를 발굴하는 일에도 소홀하지 않을 것이다. 老·壯·靑의 세대 차별이나 京鄕 간의 지역적인 불균형은 우리 학회와는 아예 무관하며, 옛 시대의 국문시가, 한시는 물론 개화기 시대의 시문학까지도 아우르고자 한다. 보수니 진보니 하는 방법론과 사관의 상이함도 학문 그 자체만을 목표로 하는 우리에게는 문젯거리가 되지 않는다. 학회의 順航에 자만하지 않고 차분한 자세로 앞날을 설계하는 일 또한 우리가 지녀야 할 덕목임은 재언할 여지가 없다.

여기에 수록된 글은 창립기념 전국학술대회에서 발표된 5편의 특집 논문을 포함하여 모두 22편이다. 학회의 재정 형편상 이렇듯 많은 논문을 한 권으로 묶는 일은 요컨대 무리한 편집임을 모르지 않는다. 그러나 새집을 지어서 잔치판을 벌이는 마당에 다소 과욕을 부린들 어떠랴 싶은 생각에서 많은 회원들의 참여를 막지 않았다. 그럼에도 원고 마감기일을 넘겨 이 축제에서 빠진 약 열 분의 회원에 대해서는 아쉬운 마음 금할 길이 없다. 계속해서 이어지는 본지를 통하여 더욱 왕성한 學的 활동을 해주십사라는 말로 미안한 뜻을 전한다.

  필자 여러분들께, 그리고 소명감 하나로 창립학회의 틀을 마련하는 여러 번다한 일들을 치밀하게 수행하면서 학회지 창간에 전심전력한 임원 제위께 충심으로 감사의 말씀을 드린다. 어려운 형편임에도 우리 학회를 돕기 위하여 창간호의 출간에 선뜻 응해준 太學社 지현구 사장님께도 감사한다.

1997년 5월 5일
韓國詩歌學會 會長 朴魯埻

2. 『향가여요의 정서와 변용』, 『옛 사람 옛 노래, 향가와 속요』 간행/ 정년기념 논문집 『고전시가 엮어 읽기』 펴냄/ 소장도서 기증

  1990년대에, 그러니까 20세기 말에 나는 우리 시문학의 대비적 고찰에 관해서 깊이 생각하기 시작했다. 서로 다른 장르끼리, 서로 다른 작품끼리, 시대를 뛰어넘어서 고전시가와 현대문학의 작품끼리 상호 견주어 보고 엮어서 읽어보는 것도 우리 학계가 시도해야 할 문학 연구의 긴요한 방법론이라고 인식하기 시작하였다. 나의 이러한 방법론의 시동은 실은 1980년대에 이미 걸렸다고 보아야 한다. 박지원과 박두진의 대비, 정약용과 안국선의 견주어 보기가 바로 그것이다. 모두 『조선 후기 시가의 현실인식』에 전재(轉載)가 된 논문인데, 이와 같은 작업이 1990년대에 접어들어서 좀 더 확장된 것으로 보면 된다.

  이러한 연구는 우리의 시가 문학을 개별적이고 단면적으로 읽는 독법에서 벗어나 거시적으로 또는 전통의 계승 시각에서 재단하여 그 의미를 찾자는 데 궁극적인 목적이 있다. 가령 '사랑과 이별'이라는 소재는 운문으로도 혹은 산문문학으로도, 또 옛날에도 근현대에도 다 수용된 것이다. 이렇게 문학세계에 두루 침윤되어 있는 것을 장르가 다르고, 작품이 다르고, 시대가 각기 다르다고 해서 시종 개별적으로 독립시켜서 논의한다는 것은 요컨대 고식적인 방법에 의한 연구라 하겠다. 이런 벽을 무너뜨리고 자유스럽게 넘나들면서 규찰하는 작업에 나는 상당한 매력을 느꼈다.

알고 보면 대단한 발상도 아니지만 그래도 이런 생각을 하기까지 그동안 내가 집중해온 향가와 속요 및 시조에 대한 연구의 긴 여정과 숙성이 나로 하여금 그런 방향으로 눈을 돌리게 한 것이라고 헤아려진다.

먼저 손을 댄 주제는 고려 속요를 중심에 놓고 향가와 사설시조를 각기 대비해 보는 것이었다. 두 편의 논문을 통해서 세 장르의 '정서'를 추출해내자는 것이 나의 의도였다. 그 결과 향가는 '평담(平淡)', 속요는 '격정', 사설시조는 '비속화(卑俗化)된 격정'이라는 정서적 특질을 추출하였다. 텍스트의 분석과 대비를 통해서 얻어낸 결론이었다. 대체로 장르 실상에 근접하였다고 자임하는데, 논의는 여기서 끝나지 않고 왜 그러한 장르의 정서적 특성이 나오게 되었는지 그 연유에 관해서도 천착하여 뒤를 잇게 하였다.

같은 선상에 놓이는 논문으로서 향가 및 속요에서 읽을 수 있는 '지절(志節)'의 정신미와 한용운의 『님의 침묵』에서 접할 수 있는 같은 성격의 정신미를 엮어서 통합해 놓은 글을 들 수 있다. 이 논문은 시대와 장르 모두를 뛰어넘어서 문제를 풀고자 하였다는 점과 우리 시의 역사적 맥락 연결을 시도하였다는 점에서 의의가 있다고 자평한다. 20대에 관심을 두었던 한용운의 시 정신이 나이가 늙었음에도 변질되지 않고 내 속에 건재해 있음을 새삼 깨달은 것도 큰 소득이었다.

대비적 고찰, 견주어 읽기, 또는 엮어 읽기의 또 다른 국면은 현대시로 변용된 고전시가를 논의하는 작업이었다. 썩 많지는 않지만 향가와 속요를 현대시로 변용시켜 놓은 시작품이 여기저기 흩어져 있음을 알고, 우선 나는 오늘을 살고 있는 시인들의 우리 고전시가에 대한 애정에 고마운 마음을 갖게 되었다. 몇 시인은 한두 편이 아니라 다수의 고전시가를 패러디의 기법에 의존해서 재생산해 놓았다. 이렇게 축적된 작품들은 현대문학 연구자도 그리고 고전시가 전공자 그 누구에 의해서도 논급의 대상으로 대우를 받지 못하고 그대로 방치되어 있었다. 이것은 말이 되지 않는 무책임한 태도라고 나는 규정하였다. 나라도 예의 변용된 시들을 학문 연구의 세계로 끌어들여서 운을 떼어보자고 작정하였다. 현대시 해석상의 부족한 점은 그 방면 전공자인 이재복(한양대 교수)·박기수(한양대 교수)와 향가 전공자이나 현대시에도 밝은 이도흠(한양대 교수)·고운기(한양대 교수) 군의 도움을 받기로 하고 시작하였다. 고운기 군은 1983년 『동아일보』 신춘문예 출신 시인이기도 하다.

  그렇게 해서 1998~2000년까지 3년 동안 향가의 현대시 변용 논문 2편, 속요의 현대시 논문 2편, 도합 4편의 글을 연달아 학회지에 발표하였다. 얼마큼 타당한 얘기를 했는지, 또 얼마큼 관점을 잘 잡았는지의 여부를 떠나서 예의 텍스트를 평론이 아닌 학술적인 시각으로 다루었다는 그 자체에 나는 의미를 부여하고 싶다. 그리고 이러한 작업이 우리 고전문학 전공자들에 의해서 꾸준히 지속되기를 기대해 보았다. 고전문학 연구의 영역을 우리 스스로가 제한시킬 필요는 없을 것이다. 가뜩이나 작품 수도 적은 판에 그 좁은 동네에서만 복닥거리지 말고 시야를 넓힌다면 우리가 보지 못했던 연구과제는 어디에든 산재(散在)해 있다고 믿는다. 개화기 시가? 그것 또한 고전시가 전공자들의 연구 과제다. 1955년 고려대 개교 50주년 기념 논문집에 구자균(具滋均) 선생께서 『대한매일신보』 등에 실렸던 개화기 가사 자료 상당수를 소개한 것을 학부 1학년 때 보고, 이런 것도 학문의 대상인가 하고 무시한 바 있었다. 무식과 무지의 단견이었다. 그럴 양이면 단재(丹齋)의 일련의 전기소설, 현상윤(玄相允)의 신소설 등도 묵살해야 한다. 그러나 지금 현대문학 연구자들이 위의 초기 개화기 문학을 얼마나 소중하게 다루고 있는가. 요컨대 학문의 세계에서는 특정한 작품, 특정한 시기의 수준 높은 것만 취급치 않는다는 얘기를 하고 싶다.

향가·속요·사설시조의 정서, 그리고 향가·속요의 현대시로의 변용, 이 두 큰 주제에 관심을 두고 하나하나 쓰다 보니 불과 5년 사이에 10편의 논문이 쌓이게 되었다. 분량으로도 350쪽가량이니 처음 시작할 때에는 저서로 펴낼 계획은 없었으나 이만하면 흩어져 있는 논문을 한 자리에 모아야 되겠다는 생각이 들었다. 전저(前著)인 『신라가요의 연구』와 『고려가요의 연구』에 싣지 못한 「월명사론」·「충담사론」·「향가 관련 기록을 통해 본 선·악의 두 유형」·「향가의 시각으로 본 화왕계(花王戒)」(이것도 장르의 벽을 깨뜨리고 논의한 글이다)·「한림별곡과 관동별곡의 거리」(역시 엮어 읽기의 글이다) 등과 「헌화가 연구사」 그리고 나의 향가 연구를 자평한 「향가의 역사·사회학적 연구에 대한 반성적 평의(評議)」 등까지 모아서 한 권의 책을 펴냈다. 제(題)하여 『향가여요의 정서와 변용』이다. 총 520여 쪽, 나의 저서 가운데서 가장 분량이 많은 책이 되었다. 2001년 3월, 정년퇴임을 꼭 2년 반 앞둔 때였다. 이때에도 정민·이도흠 교수가 체재를 다듬어 주고 손질을 해주는 등 많은 수고를 해 주었다. 이 책은 태학사에서 냈다. 태학사는 한국시가학회 초대 회장 때 학회지인 『한국시가연구』 창간호를 내준 출판사다. 3호까지 그곳에서 나왔다. 학회지뿐만 아니라 학회창립기념 학술발표회 때는 약간의 지원금도 받은 고마운 출판사다. 그런 인연으로 지현구 사장과 알게 되어서 이 책의 출판을 상의하였더니 선뜻 응해주었다. 그 후로도 나는 태학사에서 두 번 더 책을 내었다. 나에게는 여러모로 고마운 출판사다.

이 책을 펴낼 때에 여러 편의 논문을 모아서 체계를 잡고 손질을 하는 과정에 나는 참을 수 없을 정도의 치통을 앓게 되었다. 평소 잘 아는 치과병원에 갔더니 간단한 치료로 끝날 단계를 넘어서 대대적으로 손질을 해야 한다는 것이었다. 잇몸 수술을 하고 여러 대의 이를 뽑고, 틀니를 해 넣는 11개월 동안 나는 얼마나 고생을 하였는지 모른다. 건치(健齒)를 망쳐놓고 달아난 세월의 빠름을 탓하기도 하였고, 이가 그 지경에 이르도록 먹고 마시는 일에만 치중하고 지식을 찾아 저작(詛嚼)하는 일에는 소홀히 한 나의 지난날을 반성하기도 하였다. 그러나 한탄하고 반성하고 아쉬워한들 무엇하랴. 이미 정년퇴임이 코앞에 닥쳐왔거늘.

나는 평생 학자 생활을 해 오면서 논문을 발표하고 저서를 펴낼 때마다 거짓 없이 밝히거니와 한 번도, 단 한 번도 이것이야말로 잘 쓴 것이라고 자임하면서 세상에 내놓은 적이 없었다. 내 속으로는 비교적 괜찮은 글이라고 생각한 논저도 오히려 자신 없이 내놓곤 하였다. 얼마쯤 지나서 좋은 평가를 들으면 그때야 비로소 성공한 글로 치부하였고, 태작이라는 평이 있으면 그렇게 알고 받아들였다. 또한 나의 견해에 반론을 제기하였다고 해서 한 번도 화를 낸 적이 없다. 모든 논문이 어떻게 다 정곡을 뚫을 수 있는 것인가. 그러니 흥분할 필요가 없이 경청하는 것이 도리다. 다만 나를 오해하거나 예의를 갖추지 않고 덤벼드는 것을 한두 번 보았는데 그때는 화가 났지만 그렇다고 그 이상의 행동을 취한 경우는 없었다. 학문 세계에 철저한 사람이 못 되어서 그런지는 몰라도 어쨌든 그렇게 생활해 왔다.

향가 속요와 나는 그렇듯 끊을 수 없는 관계인가. 인연이 그토록 깊은 것인가.『향가여요의 정서와 변용』의 원고가 담긴 디스켓이 출판사 태학사로 넘어가서 편집을 완료하고 초교가 나올 무렵 편집장인 변선웅 씨에게서 부탁을 받았다. 향가와 속요를 일반 교양인도 알기 쉽고 편하게 서술한 교양도서를 내자는 것이었다. 나는 그 취지에는 찬동하나 사양한다고 누차 말했다. 취지는 참 좋은 것이다. 향가와 속요라고 하면 일반인도 그런 것이 존재해 있다는 사실은 다 알고 있다. 그런 정도일 뿐이다. 좀 알고 있다고 자임하는 사람이라고 해봐야 몇 작품의 윤곽 정도 기억하고 있는 수준이다. 이렇게 된 데에는 학자들의 책임도 매우 크다고 나는 본다. 전공자들끼리만 통하는 학술논문 발표에 치중하였고 일반인을 대상으로 한 교양도서를 내는 데는 전혀 신경을 쓰지 않았기 때문이다. 그러므로 태학사가 기획하는 취지에 나도 찬동한다고 했던 것이다. 그럼에도 내가 집필할 수 없는 까닭은 그 10여 년 전인 1991년에 나의 『신라가요의 연구』를 간행한 열화당에서 이미 그와 성격이 같은 『향가』라는 책을, 그때도 출판사의 요청을 받고 펴낸 일이 있었으므로 할 수 없겠고, 무엇보다도 이젠 지겨워서 다시 쓰고 싶지 않았기 때문이었다. 그런 이유를 들어 고사하기를 여러 번, 하지만 결국 반년쯤 지나서 내가 지고 말았다. 옆에서 정민 교수도 일반 교양인뿐만 아니라 신세대 대학생의 교재를 새로 만들어낸다는 뜻에서도 집필할 것을 종용했다. 이리하여 나온 것이 『옛 사람 옛 노래, 향가와 속요』다. 관련 사진도 20여 매 삽입된 책인데 향가와 속요의 장르적 성격을 각기 총체적으로 요약한 글을 앞에 싣고 이어서 개별 작품을 길지 않게 설명하는 식으로 집필하였다. 학술전문 도서가 아니고 교양서이므로 나의 독자적인 견해만 주장하지 않고 다른 연구자의 중요한 학설도 인용하면서 수수하게 썼다. 2003년 2월에 책이 나왔는데, 정년퇴임을 6개월 앞둔 때였다.

　이때쯤이면 나는 명색으로만 현직 교수이지, 현실적으로나 의식적으로나 이미 퇴임한 사람과 크게 다르지 않았다. 진작부터 학과의 일에 관여하지 않았고 강의 또한 그 전해인 2002년부터 정년퇴임을 앞둔 사람에겐 일주일에 한 강좌만 해도 되는 편하고 좋은 제도가 생겨서 나도 그런 혜택을 누리고 있었다. 참으로 팔자 편한 말년의 교수 생활이면서 또한 허탈감도 감출 수 없는 그런 일상이었다.

그렇게 야릇한 심정으로 지낼 때에 나의 정년을 기념하는 책자를 내자는 얘기가 나왔다. 그 전해인 2002년 1학기가 끝날 무렵이라고 기억한다. 정민·이도흠 교수가 발의하였다. 나는 사양하지 않았다. 이 말은 내숭을 떨지 않았다는 뜻이다. 학계의 오랜 미풍을 외면하지 않았다. 비용? 나도 부담하는 자축의 기회로도 삼으면 되는 것이고 다만 글을 써주는 분들께만은 미안하고 죄송스러울 따름일 뿐이었다. 그래서 타축과 자축도 겸한 책을 펴내기로 의견을 모았는데 다만 전제한 조건은 ①간행위원회라는 조직은 절대로 구성하지 말고 한양대 제자 몇 사람과 고려대에 열 번 남짓 출강하면서 인연을 맺은 제자 몇 사람이 기획도 하고 원고도 읽으며 편집하기와 잡다한 사무 일체를 맡아보도록 할 것이며 ②하사(賀辭)·축시·그림·휘호 등과 나의 사진과 같은 의례적인 것 일체를 없도록 하여 순수한 학술도서로 만들 것이며 ③책 겉표지 또는 속표지 등에 아무개의 정년을 기념한다는 문구도 일체 들어가지 않도록 할 것이고 ④이른바 논문 봉정식 등의 행사도 갖지 않되 단, 책이 나오는 날 필자분들을 모시고 술자리를 마련하는 것으로 끝내도록 방향을 잡았다. 어떤 성격의 것이든 나를 위한 기념행사는 내가 '도남국문학상'을 받을 때 앞당겨서 행한 한 번의 행사로 모두 끝낸 것이라고 내심 생각했고 이를 정민·이도흠 두 사람에게 진작 발설한 바 있었다. 논총 봉정식 행사를 갖는 경우도 의의 있는 것이고 그렇지 않은 경우도 나름대로 의미가 있는 것이니 이런 것은 하나의 잣대로 왈가왈부할 것이 아니라고 지금도 생각한다.

그러면 책의 주제를 무엇으로 할 것인가가 가장 중요한 과제인데, 여기에 대해서 나나 이도흠·정민 두 사람은 고민하지 않았다. 쉽게 『고전시가 엮어 읽기』로 정하였다. 1990년대 이후 내가 가장 관심을 두고 있던 연구 방향과 방법론이 바로 고전시가의 대비적 고찰이요 작품끼리, 장르끼리 견주어 보는 작업이기 때문이었다. 이 주제를 학계의 여러분을 통해서 확장시키는 일도 보람이 된다고 판단한 끝에 이를 택하기로 하였다.

닻을 올린 이후 약 10개월 동안, 이도흠 교수가 주도적으로 작업을 진행시켰으며 정민 교수가 뒷받침하였다. 한양대 여러 제자들, 이정선·박수밀·이승수·황인건·신성환·이홍식·박수진 등 제군들이 실무를 맡아 열성적으로 일을 해주었다. 특히 황인건(한양대 강사) 군은 나의 교수 생활 말년에 내 연구실에서 2년쯤 공부하고 있는 중이었는데 접수된 E-mail이나 디스켓 원고를 취합하여 체계를 세우고 교정하는 일에 반년가량 수고를 하였다. 나는 그와 연구실을 함께 쓰면서도 작업이 끝날 무렵까지 그가 내일을 위해서 그렇듯 귀한 시간을 할애하는지를 몰랐다. 늘 컴퓨터 앞에 앉아 있기에 자신의 논문 때문에 바쁜 줄로만 알았다. 소리 소문 없이 일을 하고 있으니 알 턱이 없다. 일이 다 끝나갈 무렵에 정민 교수에게서 듣고 비로소 알고 얼마나 미안해하였는지 모른다. 그런 줄 진작 알았다면 그사이 말이라도 고마움을 표시했을 것이다.

정민·이도흠 교수가 나의 모교인 고려대 출신의 이형대·신경숙·권순회 등 세 교수와도 기획 단계에서 상의하여 좋은 아이디어를 찾아내는 데 고심하였음을 나는 알고 있다. 나에 관한 일이기 때문에 나는 거의 관여하지 않았다. 몇 가지 점에 관한 상의에 응하는 것으로 끝내고 뒤에 물러앉아 있었다.

벽을 넘나들면서 집필하는 논문의 성격 때문에 반드시 경계를 지어서 장(章)을 표시할 필요는 없으나 독자들의 편의를 위해서 상권은 1부 고대가요와 향가, 2부 고려가요, 3부 악장·경기체가·한시의 3개 부로, 하권은 1부 시조, 2부 가사, 3부 고전시가 일반과 기타 등으로 나누어서 편집하였다. 여기에 기꺼이 참여해주신 분들이 모두 마흔세 분, 시가학계와 한문학계의 제제다사(濟濟多士)들이 총망라되었다. 책이 나온 뒤 안 사실은 우연찮게 대구와 부산의 선비들이 거의 빠져 있어서 아쉬웠는데 이런 점만 빼놓으면 괜찮은 책으로 평가되리라고 확신한다. 간행위원회라는 조직이 애초부터 없었던 고로 편자를 누구로 할 것인가의 문제를 놓고 고심한 결과 이도흠·정민 두 교수의 뜻을 존중하여 내 이름을 올려놓기로 하였다. 정년기념이되 자축의 뜻도 있으니 그리하자는데 나는 더 이상 고집을 부리지 않았다. 초판 인세로는 책을 받았고 그것으로 부족하여 170질을 내 돈으로 샀다. 재판시의 인세는 모두 '한국시가학회'에 내놓기로 계약서에 명시하였다.

작업이 거의 다 끝나가기 2개월 전인 6월 26일에 나는 나의 도서 일체를 한양대학교 학술정보원(옛 도서관)에 기증하였다. 고백거니와 나의 장서는 초라하기 그지없다. 먹고살기에 바빠서 여유가 없었던 관계로 책을 많이 구입할 형편이 못 되었다. 꼭 필요한 책을 간헐적으로 산 정도였고 그 나머지 대부분은 동학들의 저서를 기증받은 것이었다. 이런 사유 때문에 나도 나의 저서를 펴낼 때면 늘 인세로 받은 책 외에 돈을 주고 150권 정도를 더 사서 신세를 갚곤 하였다.

어쨌거나 내 집에서, 그리고 내 연구실에서 동시에 책이 나가는 날, 나는 극도로 감상에 빠졌다. 그 더운 날 이정선·박수밀·신성환·황인건·강동우 군 등 제자들이 땀을 뻘뻘 흘리면서 내 집에서 작업을 할 때에도 나는 그들의 수고에 대한 고마움과 함께 견딜 수 없는 슬픔에 빠져 있었다. 나와 평생을 같이 한 2,800여 권(학회지 석·박사 논문 등 포함)의 손때 묻은 책과 영원히 이별을 한다고 하니 심정이 그렇게 비통할 수가 없었다. 학교 연구실에서 도서관으로 직행한 것을 뺀 내 집 소장의 도서가 큰 트럭에 가득 실려서 아파트 입구를 떠나 개운산 아래쪽으로 사라질 때까지 나는 러닝 차림으로 바라보다가 들어와서 혼자 취하도록 소주잔을 기울였다.

3. 1980년대~20세기 말의 대학과 학계의 양상

1

이 기간에 대학 사회의 현저한 특징으로 먼저 군소 대학의 난립, 대학 간의 경쟁, 중위권대학의 급부상을 들 수 있다.

대학의 난립은 대학 진학을 희망하는 고교 졸업생 수가 급격히 늘어났기 때문에 나타난 현상이다. 그런 면에서는 불가피한 점도 없지 않아 있었다. 하지만 무계획적이고 무모한 문교정책이었음은 그 당시에도 대학을 아는 많은 사람들에 의해서 지적된 바 있다. 1981년 전두환의 신군부에서 대학 정원을 대폭 늘렸는데, 이번에는 여러 곳에 대학 신설을 허가한 것이다. 2015년 이후에는 대학 지망의 고등학교 졸업생 수가 하강곡선을 그을 것임은 통계로 나와 있었다. 그럼에도 시골 곳곳에 대학 설립 인가를 내주는 아주 어리석은 행정을 폈다. 주로 정치권이 이에 앞장섰다. 국회의원 선거 때나 특히 대통령선거 때마다 각 지방 지역 주민의 숙원사업을 들어준다고 약속을 했고 그래서 향후에 일어날 일도 고려하지 않고 마구 허가를 해 준 것이다. 그 결과는 어떠했던가. 말만 대학일 뿐, 여러모로 허술하기 짝이 없는 학교가 전국 곳곳에 우후죽순처럼 세워졌다. 잠시 학생을 뽑아 겨우 지탱했으나 예견했던 바 그대로 21세기에 접어들면서 전국의 대학 지망 학생 수가 줄어들게 됨에 따라 신생 대학들은 학생 정원을 채우지 못하는 사태가 벌어졌다. 현재 지방 여러 곳에서 재정의 곤란으로 폐교되었거나, 그 직전에 놓여 있는 대학이 날로 늘어나는 어처구니없는 현상이 벌어지고 있는 중이다. 딱한 일이다. 누구의 책임인가. 전적으로 정치인의 책임이다. 또한 대학을 세우기만 하면 자동적으로 운영되어서 욕심을 채울 수 있으리라 믿었던 사립대학 설립자의 책임 또한 무겁다. 몇몇 명문대학을 제외한 기존의 대학도 지망 학생의 감소로 위기의식을 느끼고 있는 판에 이게 무슨 짓이었는지 한숨만 나온다. 나는 학계와 교육계 외의 다른 분야와 방면에 대해서는 문외한이다. 내가 어떻게 정부 각 부처와 기업계나 산업계를 알 수 있나. 하지만 교육계의 이런 형편을 근거로 해서 미루어 짐작하자면 그쪽 동네도 역시 비슷하리라는 예상을 하고 있다. 지금 우리나라의 모든 것이 저질(!) 하류(下流!) 정치가들 때문에 엉망이라고 나는 판단하고 있다.

그런 가운데 신생 대학이 아닌 기존의 대학 간의 경쟁이 치열하게 전개된 것은 바람직한 일이다. 대학의 외모를 크게 확장하고 내실을 다지려는 노력이 이 기간에 시동이 걸렸다. 생존경쟁에서 살아남으려면 피할 수 없는 일이었다. 내가 입학할 때는 물론 그 후 1970년대까지만 해도 서울의 몇몇 명문대학에 밀려서 제자리걸음을 하던 중위권 종합대학이 여러 방면에서 두각을 나타낸 것은 실로 우리나라 대학의 전반적인 발전을 위해서 매우 고무적인 일이었다. 이미 앞서 있는 대학들과 함께 중위권 대학들이 서로 경쟁하면서 대학의 질을 높이려는 몸부림, 그것은 곧 시장경제에서 볼 수 있는 상품의 질을 놓고 다투는 형국과 다름없다. 앞으로도 이러한 경쟁은 계속될 전망이고 또한 그렇게 되어야 마땅하다.

이 기간 중에 일어난 일 가운데 그냥 지나칠 수 없는 다른 것 하나는 대학의 치부가 여지없이 드러났다는 점이다. 오랫동안 대학은 무풍지대나 다름없이 편안하게 지내왔다. 입학정원을 어긴 몇 대학만 몇 년마다 주기적으로 문제가 되곤 하였다. 그렇게 안주하다가 이 기간에 접어들면서 사회 전반에 파급된 민주화의 바람을 타고 교직원, 특히 학생들이 들고일어나서 대학의 재정을 비롯하여 운영 전반에 걸쳐 누적된 비리를 캐내고 치부를 여지없이 파헤치는 지경에까지 이르렀다. 그 힘 앞에 모든 대학은 굴복(?)하지 않을 수 없었다. 수십 년 동안 쌓인 적폐를 고백해야 했고, 투명한 운영을 약속해야만 했다. 대학의 앞날을 위해서 한번은 겪어야 할 홍역이었다. 그 홍역은 지금도 계속되고 있다.

이런 식으로 긍정적인 평가를 내리면서 나는 또한 학생들에게 권고하고자 한다. 대학을 상대로 '투쟁하는 식'의 방법은 이제 삼갔으면 좋겠다. 예를 들어 올해까지도 등록금 인상반대운동과 기타 막무가내식의 문제점 파내기가 연중행사처럼 일어나서 툭하면 총장실을 점거하는 소동을 벌이는데 이런 일만은 이제 그만해야 한다. 비단 등록금 문제만이 아니다. 대학 운영의 전반에 걸쳐 간섭하는 지금의 학생운동, 크게 문제될 거리가 없는데도 일부러 찾아내어서 학교를 상대로 싸움을 거는 1980년대 이래의 투쟁 방식, 이것은 이제 중단해야 마땅하다. 지금의 대학을 평가하자면 얼마 전과 비교가 안 될 정도로 좋아졌다. 이 대명천지에 어느 바보가 있어서 과거처럼 대학을 운영한다는 말인가. 그러므로 아직도 개선할 것이 남아 있으면 시간을 두고, 또 좋은 말을 주고받으면서 고쳐나가는 성숙한 자세가 긴요한 요즘이다.

1980년대 중반 이후부터 교수들의 목소리도 커지기 시작했다. 대학 운영의 전모를 밝히라고 요구하면서 법외(法外)단체인 교수협의회가 각 대학마다 구성되었다. 재단이나 학교 당국에서는 인정하지 않았으나 시대의 큰 흐름은 막지 못했다. 교수의 권익 문제에서부터 대학의 전반적인 운영 사안까지 간여하고자 하였다. 마침내 총·학장의 직선제를 주장하여 대개의 대학이 관철하였다. 이 또한 지난날 문교 당국 그리고 대학 설립자나 재단이 일방적으로 학교를 이끌어온 업보로 보아야 한다. 나도 교수협의회 초창기 4년 동안 인문대학 대표로 활동한 바 있는데 이는 주변에서 강권하는 바람에 징발되다시피 한 것이다. 완전히 타의에 의해서 차출된 것인데 나의 30년 남짓한 전임교수 생활 중에서 내가 무화(無化)시켜 버리고 싶은 유일한 대목이 바로 이것이다. 생리에 맞지 않는 일을 하느라고 애를 먹었다. 그건 그렇고 총학생회의 전투적인 활동과 교수협의회의 참여로 대학의 실태는 현저하게 개선되었다. 그것만은 부인할 수 없고 또한 긍정적으로 평가하여야 한다.

그러나 바람직스럽지 못한 측면도 있었다. 대학 운영의 모든 분야에 개입하려는 것은 옳지 못하다. 무엇보다도 총·학장 직선제를 여러 번 실시한 결과 교수 사회에 분파와 갈등이 생긴 것은 가장 소망스럽지 못한 일이다. 과거의 교육부나 재단에 의해서 지명된 총·학장들이 독립된 상태에서 제구실을 못 한 것은 반성할 일이다. 그렇다고 교수들에 의한 직선제가 최선의 방법이 아님은 여러 방면에서 입증되고 있다. 그 후유증이 실로 간과할 수 없는 수준에까지 도달하였다. 그리하여 얼마 전부터 적지 않은 대학에서는 지명제도와 직선제도의 중간 형태인 총·학장 선출 기구를 교수·동창·사무직원·학생 및 사회 저명인사로 구성하여 거기서 적임자를 뽑는 방식을 취택하고 있다. 이 제도가 지금으로서는 가장 좋은 것이라고 나는 생각한다.

어쨌거나 이제 대학은 학내외의 여러 세력으로부터 독립적·안정적인 공간으로 남아야 하고, 무엇보다도 조용해져야 한다. 조용함 속에서 활기차게 성장하여야 한다. 조용함 속에 무슨 활기참이 있느냐고 반문할 수 있다. 왜 없는가? 홍역을 그만큼 치렀으면 새로운 지혜를 얻을 줄도 알아야 한다.

저 위에서 이미 서술한 바 있어서 여기서 다시 거론치 않는 1980년대 이후의 학원 사태, 학생들의 격렬한 레지스탕스에도 불구하고 그래도 많은 대학은 내실을 다지는 데 총력을 기울였다. 여러 기관에서 전국의 모든 대학을 종합적으로, 또는 소단위 학과별로 평가하는 제도가 생겼다. 외국에서도 자연과학 분야 논문의 질을 매년 평가하여 그 결과를 발표함에 따라 한국의 대학도 예외가 될 수 없으므로 더욱 신경을 쓰지 않을 수 없게 되었다. 이처럼 외부의 눈이 무서워서도 각 대학은 시설과 질 모두에 걸쳐 버릴 것은 버리고 채울 것은 채워서 좋은 성적을 얻으려고 심혈을 기울이고 있다. 이것이 이 기간 중에 특기할 사건이었다. 아직도 한국의 대학은 멀었다는 자조의 소리가 높지만 앞 시대에 비하면 장족의 발전을 거듭해 온 것은 사실이다. 예의 무계획적인 신생 군소 대학의 난맥상을 고려에 넣지 않으면 그렇다.

이런 활기찬 대학의 움직임은 마침내 여러 유수한 대학들이 세계로 눈을 돌려서 단기간 내 세계 100대 대학에 진입하는 것을 목표로 삼고, 혼신의 노력을 경주하는 결과를 낳았다. 한국에서 제일 좋다는 서울대학교가 세계 100대 대학에도 들지 못한다고 해서 여러 해 전부터 자성의 목소리가 높다. 이런 반성이 지속적으로 계속된다면 오래지 않아서 서울대를 비롯하여 몇 명문대학은 기필코 목표를 달성하고 말 것이라고 나는 전망한다. (이 글을 쓰기 시작한 2005년에는 세계 100대 대학에 들어가는 우리나라 대학은 전무였다. 그런데 금년(2006) 10월 영국의 '더 타임스'지가 발표한 바에 의하면 마침내 서울대학이 60여 위, 고려대가 150위권에 진입했다는 반가운 소식이다. 우리 모두가 경축할 일이로되 상위권에 들어갈수록 미세한 차이로 등수가 갈린다니 더욱 분발할 필요가 있음은 재언이 필요 없다. 다른 대학들도 힘쓰기를! 불과 4·5년 전만 해도 서울대가 700위권에서 맴돌았었다.)

하지만 걱정거리는 학생들의 질이다. 솔직히 말해서 교수의 질은 전보다 훨씬 향상되었다고 본다. 그런데 학생들의 학력 수준은 앞 시대의 학생들에게 미치지 못한다. 더 좋아져야 할 터인데 전혀 그렇지 않다. 내가 정년퇴임하기 몇 년 전부터 학생들의 수준은 급격히 하락하였다. 강의를 해보면 금방 알 수 있다. 이른바 '이해찬 세대'라서 그렇다고 하는데 일리가 있는 얘기다. 김대중 대통령이 이해찬 씨를 문교장관에 임명할 때 나는 경악하였다. 다른 부서의 장관으로 발탁하였다면 나는 함구하였을 것이다. 그러나 문교장관은 그와는 거리가 아주 먼 자리다. 대학 재학 중에 운동권으로 활동하느라고 정상적인 대학 생활을 하지 못한 사람을 교육부서의 장관으로 임명하다니 이건 정말 희극이 아닐 수 없었다. 이해찬 그가 대학생 시절에 대부분의 학생들은 강의실을 외면하지 않았다. 긴급조치가 내려지지 않는 한 그랬었다.

각설하고, 고등학교 교육이 대학의 학력 저하에까지 미쳤음을 부인할 수가 없다. 얼마 전까지 학부 교재로 쓰던 책을 도저히 쓸 수 없을 정도로 학생들의 학력은 수준 이하다. 학부에서 쓰던 교재를 대학원에서 채택하여 강의하다가 나는 정년퇴임한 사람이다. 다른 교수에게 물어봐도 나와 똑같은 생각이다. 이 노릇을 어찌해야 할지, 그게 큰 걱정인데 만약 세계 100대 대학 성적을 매길 때 학부 학생의 실력까지를 포함하여 테스트한다면 한국의 어느 대학도 순위 안에 들어가기는 힘들 것이다. 앞으로 대학이 풀어야 할 과제다. '理解', '斷想'이라는 한자어의 독음을 대학 3~4학년 학생이 읽지 못하는 것을 직접 겪고 나는 정년으로 직장에서 물러났다. 신문 보도에 의하면 서울대학교 학생들의 한자 실력도 크게 다르지 않다고 하니 도대체 이 나라 교육이 어디로 가는지 모르겠다. 영어를 그렇게 배워도 벙어리, 귀머거리 신세를 면치 못하는 이 나라의 교육, 이런 상태에서 우리의 다수 대학은 세계를 향해 100대 대학에 편입하려고 몸부림치고 있다.

화제를 돌려서 고전문학계를 일별키로 한다. 이 시기의 학문은 2.5세대~3세대가 확실히 주도권을 잡고 그 선두와 중심에서 활약하였다. 학계 2세대는 은퇴를 했거나 앞둔 상태여서 특별한 경우를 제외하면 큰 활동이 없었다. 그 뒷자리를 2.5세대와 3세대가 채웠다. 이들 세대의 연구 인원도 만만치 않은 터에 대학원 박사과정을 수료한 신진세대가 갑자기 늘어나서 학계는 더욱 번창일로였다. 내가 보기에 엄청난 인원이고, 외려 그렇듯 많은 인원이 과연 필요한지 의문이 날 정도였다.

하여 이 지점에서 나는 우리나라 대학원 교육에 관해서 한마디하기로 하겠다. 결론인즉 학력인플레요, 수료자를 지나치게 양산해내고 있다는 점을 꼬집지 않을 수 없다. 고급 인력의 양성을 마다할 수는 없다. 그러나 교수요원을 지망했던 박사학위 소지자의 거의 대다수가 국문학의 경우 중·고교 교사로 남아 있거나 기껏해야 신분보장도, 생활 보장도 전혀 없는 시간강사·연구원·연구교수(명칭만은 화려하다)로 있으면서 한숨의 나날을 보내야 하는 이런 박사과정 제도는 큰 문젯거리라고 나는 본다. 거의 모든 대학에 박사과정을 인가해 주고 거기서 들어오는 막대한 입학금과 등록금으로 대학의 부족한 재정을 채우라는 식의 고약한 냄새가 풍기는 이러한 편법의 대학원이 과연 학문 발전에 무슨 보탬이 될까. 박사의 배출은 제한적이어야 한다. 학계의 가련하고 불쌍한 미아를 만들어내는 지금의 제도는 반드시 시정되어야 한다.

2

하여튼 그런 과정을 거쳐서 학계에 진출한 일부 전임교수 및 '강사職 박사' 부대(?) 곧 국문학 제4~세대가 선배 세대의 뒤를 바짝 뒤따르면서 논저를 발표하는 등 학술 활동을 활발히 수행해 나갔다. 나는 앞에서 1960년대~1980년 초의 학계를 국문학 연구가 시작된 이후 처음 맞이한 활성기라고 언명하였다. 그러면 1980년대~20세기 말의 학계는 무엇인가. 앞 시대의 성취를 무색케 할 정도로 국문학 연구를 한껏 상승시키고 고조시킨 제2의 역동기·활성기라고 일컫고 싶다. 연구 인력이 넘치니 결실도 풍성한 시기였다.

새로 학계에 진입한 학문 4세대 이하의 학자들은 앞에서 언명한 바와 같이 전공 분야가 같은 선·후배 및 동료들과 함께 학교 동창끼리, 또는 타 대학 출신들도 참여하는 스터디그룹을 만들어 정기적으로 모임을 가지고 하나의 주제, 하나의 텍스트, 또는 새로 발굴한 자료를 놓고 지속적으로 토론하는 형식의 공부를 하고 있다. 앞 세대에게는 찾아볼 수 없는 학문의 방법이다. 이렇게 하여 시야를 넓히고, 다른 사람의 의견을 듣고 그래서 자신의 학문을 좀 더 비옥하게 하는 일에 그들은 열중한다. 얼마나 좋은 일인지, 정말 부러울 지경이다. 전국 규모의 분야별 학회가 쉬지 않고 작동하면서 정보가 교환되고, 신학설이 제시되는가 하면 스터디 그룹은 그것대로 활성화되어 우리 고전문학계 발전에 보탬이 되고 있다.

이 시기의 연구방법의 특징은 무엇인가. 교주·훈고의 시대는 벌써 끝났다. 얼마쯤 남아있어도 텍스트 연구를 위한 보조 학문으로서 기능하고 있다. 주류는 앞 시대에 이미 등장한 다양한 연구방법론에 의한 작품론, 장르론의 심화 확대기라고 하면 과히 틀리지 않을 것이다. 미세한 부분을 더욱 쪼개서 천착해 들어가는 분석적인 연구 또한 한층 진전된 지평을 열었다. 단행본과 여러 학회지에 발표된 논문 및 학위논문의 높이는 잴 수조차 없게 되었다. 늘 미진한 부분으로 남아 있던 각종 텍스트의 문학성을 밝혀내는 작업도 신진 학자들이 중심이 되어서 조금씩 그 성과가 나타나고 있다. 묻혀있던 자료가 이 시기에도 계속 발굴되어서 국문학 자산을 늘려주고 있음도 기억할 만한 일이다. 나는 늘 새로운 자료의 발굴과 공개를 비상한 눈으로 지켜보고 있다. 자료의 성격과 질 여하에 따라서는 국문학사를 새로 써야 할 경우가 적지 않기 때문이다.

한국한문학의 연구가 이 시기에 접어들면서 실로 경이로울 정도로 진전된 것도 자축해야 할 일이다. 우선 연구 인력이 급증하였다. 어려운 학문임에도 대학원에 진학한 학생들의 다수가 한국한문학을 전공으로 택하고 있다. 국문 표기의 고전산문이나 시가문학 전공자를 능가하는 경우도 자주 있다. 전에는 예상치도 못한 일이다. 이 분야는 자료가 워낙 풍부해서 앞으로의 전망은 더욱 밝다. 수백 년을 두고 다수의 연구자가 캐들어가도 다 해낼 수 없는 영역이니 자료는 걱정하지 않아도 된다. 아직도 초기 단계이니 그동안의 성과는 그저 '맛보기' 정도로 치부하고 이제부터 한문학 본연의 세계를 드러내는 일에 성력을 다해야 할 것이다.

이 기회에 한국한문학 연구자에게 고언(苦言)을 하고자 한다. 쓸데없는 자만심을 버려야 한다. 한글로 된 옛 시대 우리 문학의 정통성을 은근히 무시하는 학자를 간혹 보는데 그래서는 안 된다. 한자 몇 자, 한문으로 된 작품 몇 편 더 안다고 해서 우쭐대다가는 학문도 인격도 모두 실패하기 쉽다. 또, 이런 말을 이 기회에 한다. 즉 제3세대인 우리가 대학·대학원을 다니고, 졸업 후 초임교수로 공부하고 연구할 때만 해도 한문학은 우리와 거리가 멀었다. 커리큘럼 자체가 그랬었다. 그 결과 우리 세대에서는 서울 소재 대학을 기준으로 할 때 한문학 전공학자나 교수가 아주 극소수 배출되었다. 그런 점에서 우리 세대는 온당치 못한 교육정책이 생산해낸 희생자다. 이런 사람들 앞에서 왜 독학으로라도 한문 공부를 안했느냐고 타박하는 한문학자의 글을 읽은 바 있다. 겸허하게 경청하면서도 대학·대학원 재학 중의 학생 신분도 아닌 교수들의 경우, 논문쓰기와 강의하기에 늘 바쁘고, 또한 생활인인지라 이러저러한 일로 분주하게 사는 점을 고려한다면 그렇듯 염장을 지르듯이 면박을 주는 일이 아니라고 본다. 차라리 이렇게 지적하는 것이 훨씬 좋다. 곧 "1980년대 이후 한문학 시대가 도래할 터인데, 왜 그 기미를 눈치채지 못하고 미련하게 그냥 간과했느냐"고. 요컨대 공부를 하는 것도 때가 있는 법, 유소년 때부터 서당교육을 받은 사람들이 그처럼 편하게 얘기하면 듣기에 참 거북하다는 뜻이다. 만약 한문에 어두운 많은 국문학 전공자들이 그들도 일찍 서당 교육을 받았다면 현재의 한문학 전공학자들에게 뒤지지 않을 터, 대학원에 입학하여 처음으로 한문학을 전공한 후배 제자들이 후일 그 실력이 어느 수준에까지 도달하는 것을 보면 그렇게 자신 있게 말할 수 있다. 그러므로 광복 이후 우리나라의 한글 전용 문교정책을 시종 통박할 일이다. 한글로 된 우리 고전을 전공하면서 나는 1970년대까지만 해도 어서 빨리 한국한문학회가 활성화되어야 한다고 열망한 사람이다. 이런 사람이 이런 쓴소리를 할 때는 그만한 이유, 그런 말을 할 수밖에 없는 한국한문학 전공자의 시건방진 자세를 수차 목도하였기 때문이다. 200자 원고지 한 장 분량의 한문 원전 번역료가 상급은 2만 5천 원, 중급은 2만 원~1만 5천 원, 대학원 재학생이 주류인 하급일지라도 1만 원이라니 학계와 출판계의 현 실정상 이게 말이 되는 것인가. 물론 번역 인구가 제한되어 있기 때문에 고액을 받을 수밖에 없다는 변명을 이해하지 못하는바 아니나, 그래도 그렇지 어떻게 그런 큰돈을 받을 수 있는가. 지금 그들이 해야 할 일은 산더미 같은 한문전적을 우리글로 더 많이 속도를 내서 번역해내는 일이다. 이런 국가적인 초미의 과제를 놓고 들려오는 소식인즉 예산타령이다. 요컨대 번역료가 부족해서 작업에 탄력이 붙지 않는단다. 이에 건의하노니 현재 받고 있는 상·중·하급의 번역료를 반만, 크게 양보해서 그 3분의 2만 받아도 진도가 호전될 터이니 숙고해보라는 것이다. 이 글을 쓰고 있는 어느 때던가. 경상북도 동부 어느 지역의 나이 일흔이 조금 넘은 선비가 그동안 푸대접을 받다가 근자에 와서는 분에 넘치는 금전적인 대우를 받으니 황감하다며 마치 얼마쯤 덜어내고 싶다는 표정을 짓는 모습을 TV를 통해서 보았다. 대학에 재직 중인 한문학 교수들 그들도 명색 선비들이거늘 그만한 국량이 없다는 말인가. 참고로 영문번역이나 일어번역은 200자 원고지 한 장당 5천 원, 7천 원이라는 사실을 첨기한다.

통틀어 이 시기 고전문학계는 괄목상대할 수준에까지 이르렀다. 미진한 부분, 태작의 양산, 공해라 할 정도의 많은 저서가 없는 것은 아니나 그래도 내가 평가한다면 20년 동안의 연구는 훌륭하였다. 인색하게 평가하기로 작정하고 야박하게 점수를 매기는 학자도 간혹 있기는 하나 나는 그렇게 자학적으로 자평하지는 않는다. 무조건 후하게 매기자고 해서가 아니라 공정한 잣대로 재서 그렇다.

생각해보면 알 일이다. 우리의 국문학이 학문으로 처음 등장한 시기는 1920년대 중반~1930년대였다. 그로부터 6·25사변이 끝난 얼마 뒤인 1950년대 말까지는 통틀어 초기 개척시대라 할 수 있다. 따라서 국문학의 본격적인 연구는 1960년대에 접어들면서 부터였다. 그 이래 20세기 말까지는 불과 40년이다. 그 짧은 기간 중에 이만한 성과를 이끌어냈다면 능력 이상의 성취를 이룩했다고 평가해야 할 것이다.

큰일은 이제부터다. 토대는 웬만큼 다져졌으니 나의 생각으로는 일단 지금까지의 연구결과를 재검토하면서 장르별, 작품별로 정설을 가려내고, 많이 남은 가설·학설은 날카롭게 다시 조명하여 신설을 생산해내고 나아가 정설의 수를 더해가는 일이 국문학 연구자에게 안겨진 과제라 하겠다.

거시적인 시각에서 작품과 장르, 시대를 뛰어넘어서 시가문학과 산문문학의 전체상을 조망하는 일 또한 망각해서는 안 될 연구 테마다. 국문학 연구 초창기에 시도된 윤곽 파악하기 차원의 전체상을 말하는 것이 아니다. 그 이후 오랫동안 진행되어온 '토막 연구'의 모든 결과물을 모아서 작품별, 장르별… 전체의 본체를 밝혀내는 작업을 말한다.

연구의 주체인 대학교수에게도 할 말이 있다. 지금 교수의 경제적인 삶은 우리 사회의 기준으로 볼 때 못 사는 경우일지라도 중(中)의 상(上)급은 되고 대개는 상류층에 속해 있다. 예전과는 전혀 다르다. 그래서 나는 교수들의 생활이 더 이상 좋아져서는 안 된다고 보는 사람이다. 다른 계층의 사람은 더 잘 살아도 괜찮으나 학문을 하고 교육을 하는 교수의 삶은 이만하면 족하다. 이보다 더 잘살면 나태해지기 쉽고 유락에 빠지기 십상이다. 참으로 경계해야 될 일이다. 치부(致富)에 관심을 둬서는 정말 안 된다.

  직업상 교수는 개인주의·자유주의에 빠지기 쉽다. 그것 자체는 나쁘지 않다. 무리(群)와 일정하게 거리를 두고 자기 학문 세계에 몰두하고 침잠하는 것은 오히려 당연한 학자의 자세다. 그런데 이것을 잘못 이해하여 선민의식이나 우월주의로 자신을 포장하고 그렇게 처신한다면 곤란한 일이다. 대학 사회에는 그런 교수들의 수가 적지 않다. 그것도 안 되는 일인데 일부 40대 전후의 젊은 교수들 가운데는 생각하는 것이 지극히 편향적이고, 또한 무조건 진보적인 사고를 해야만 지성인이며, 일반인들과 구별된다는 인식을 하고 있는 사람들이 생각보다 많다. 그것도 선민의식·우월주의의 한 형태다. 이런 점으로 볼 때 선민이며 우월주의의 폐단이 얼마나 큰지를 알 수 있다. 그들 가운데 적지 않은 사람들이 노무현 정부의 권력 주변에서 맴돌고 있는데 나는 이것을 신종 '어용학자'의 작태라고 단호히 규정한다. 그들 때문에 나라의 크고 작은 일이 얼마나 많이 정상궤도에서 벗어나고 있는지를 나는 잘 알고 있다. 정부의 정책 수립에 특기할 정도로 기여할 경륜과 능력이 있는 소수의 양심적이며 객관성을 지닌 학자를 제외하고는 결코 중뿔나게 나서지 않는 것이 대학교수의 바른 처신이다.

  작위적으로 고상하게 행동하려 하고, 이른바 '티'를 내려고, 또한 세상의 고민은 자신이 모두 짊어진 양 사뭇 심각한 표정과 경직된 자세로 일관하는 것도 보기에 민망하다. 교수들 가운데는 세상의 이 일 저 일, 가령 먹고사는 일의 이런저런 일과 서민생활의 애환 같은 것, 지하철·택시에서 주위들은 세상 얘기를 서로 나누며 대화하는 일과 같은 것은 아예 교수답지 못한 담론으로 알고 비켜선다. 그가 몸담고 있는 터전이 바로 그런 곳인데도 불구하고 말이다. 시정의 인심과 동향을 모르면 학자로서 성공할 수 없다는 것이 나의 지론이거니와 세상물정 모르는 것이 노상 자랑거리가 아니라는 점을 강조하고 싶다. 정신적인 고고함은 시정(市井)의 세태를 알고 있다고 해서 무너지거나 희석되는 것은 아니다.

　얘기를 길게 끌어왔지만 내가 말하고 싶은 요지는 교수의 학문은 귀족처럼 높아야 하나 그의 경제적인 삶과 일상적인 생활의 모습은 서민적일수록 좋다는 것이다. 수수함 속에서 나오는 비범(非凡)함이 진정으로 값지다는 점을 말하고 싶다.

4. 문도들

1) 이도흠·정민 교수를 비롯한 한양대 제자들

　잘했든 잘못했든 문도(門徒)는 남는 법, 훈장 노릇을 하면서 꼽을 만한 제자가 없다면 그것처럼 슬프고 덧없는 일도 또 있을까. 선생이야 좀 부족할지라도 현재 두각을 나타내고 있거나 앞날이 기대되는 후학들이 나에게도 있다는 사실을 문득 깨닫고 나는 갑자기 환한 얼굴이 된다. 고전시가와 한문학 전공자에 국한해서 떠오르는 여러 얼굴들. 정민·이도흠 두 교수는 한양대 차원을 넘어서 우리 학계의 중추임을 누구나 인정한다. 내가 그들을 만난 것은 큰 복이 아닐 수 없다. 두 사람하고는 술도 많이 마시고 마치 벗처럼 지냈다. 고운기 군은 학부는 한양대에서 대학원은 연세대에서 마친 제자, 근년에 출판 관계로 나를 섭섭하게 한 일도 있으나 그래도 나의 제자. 지금은 한양대 안산캠퍼스의 교수로 재직 중이다. 1년에 몇 번은 만난다.

　이도흠·정민 교수에 대해서 말하기로 한다. 이 군의 향가 논의는 그 세대의 연구자 중에서 단연 뛰어난 실적을 남긴 학자라고 나는 평가한다. 공부머리가 총명하여 분석·해석·논증 등에 무리함이 없고 따라서 설득력이 있음이 그의 장점이다. 향가 이외 속요·시조·기타 갈래에 대해서도 관심을 가지고 꾸준히 성찰하고 있음을 알고 있다. 불교에 관해서는 엔간한 스님이나 전공자도 그의 실력을 예사롭게 보아 넘길 수 없다는 점, 나는 눈치로 짐작하고 있다. 화쟁사상에 관해서 일가를 이루고 있음은 특기할 만하다. 요컨대 학자로서 향후 더 크게 성장할 재목임을 나는 믿고 또한 기대한다. 인간성도 매우 훌륭해서 미덥기 이를 데 없다.

그런데 문제는 이른바 '사회성'이 지나치리만큼 강해서 현실 문제, 즉 정치·남북관계·사회현상의 여러 가지, 대학 내의 이것저것 등에 직책 없이 관여하고 있다는 점이다. 시민단체에, 또는 시빗거리를 조정하는 불교단체 등에 가입하여 활동하는 것으로 알고 있는데 글쎄 공부를 본업으로 하는 학자가 그렇게까지 해도 되는 것인지 참으로 걱정이다. '앙가주망', 그거 모르지 않는다. 그러나 어느 정도다. 유럽의 사르트르며 러셀, 그리고 미국의 촘스키 등을 우리나라의 현실참여파들이 본받고 싶어 하는 인물로 알고 있는데 우리 입장에서 꼭 닮아야 할까.

이도흠의 재주와 실력(儒學을 제외하고 서구학문에도 수준급)이라면 2~3년에 큰 저서 한 권쯤은 꾸준히 펴낼 수 있는데 그렇지 못해서 아쉽다. 다 큰 제자이니 충고하는 심정으로 말하기도 여간 어려운 것이 아니다. 그냥 지켜보면서 실족만 하지 않기를. 그리고 외도를 하더라도 본업인 국문학자임은 잊지 말고 단절됨이 없이 실적물을 내놓기만을 기원할 따름이다. 내가 이도흠 그에게 간곡하게 바라는 것은 『한국시가문학 全史』를 집필하여 세상에 내놓으라는 것이다. 조윤제 선생 이후 어느 누구도 계승하지 못한 작업에 착수하여 공간하라는 것이다. 조동일 교수의 『한국문학통사』에 다른 장르와 함께 공존하고 있는 것도 의미가 있으나 시가문학 단독으로 독립해서 서술되어 있지 않은 것은 아쉬운 부분이다. 도남의 초창기 업적을 시원스럽게 뛰어넘고, 조교수의 혼합史의 성격을 극복하여 우리 시가 학계의 숙원인 이 역사적인 과업을 그가 완성해 주었으면 하는 나의 바람은 간절하기 이를 데 없다. 아무나 할 수 없는 큰일이지만, 그라면 마침내 해낼 수 있다고 나는 믿는다. 가사와 시조갈래, 그리고 개화기 가사 등의 장르만 좀 더 집중적으로 성찰하고 정리하여 기왕 공부해 놓은 향가여요와 연결하여 전사(全史)를 완성해 주기를 나는 고대한다.

이렇게 간절히 바라지만 그렇게 될지는 예단할 수 없다. 이 일은 최소한 몇 년 동안 다른 일 하지 않고 오직 작업에만 몰두하고 전념해야 하는데… 그가 과연 그리할지가 의문이다. 웬일이 그리도 많은지 학문만 해도 국문학 이외 인문학 전 분야와 사회과학의 세계까지 관심을 두고 있는 것까지는 그런대로 이해할 수 있으나, 무엇보다도 세상사의 여러 방면에 직접 참여하여 분주다사한 모양이니 나의 기대가 실현될지 전망하기 쉽지 않다. 두고 볼 일이다. 「백기완」・「이사부」의 전기를 집필한 그 노력의 반의반쯤만 있으면 가능할 터인데… 「백기완」의 책 서문에 내 이름도 들어있는데 국문학 책도 아닌 거기에 내 이름이 왜 끼어있나? 분별력이 아쉬워서 하는 말이다.

정민 군에 대해서는 실인즉 내가 보탤 말이 없다. 그 나이에 그만한 실적을 남긴 학자, 그리고 향후에도 이제처럼 쉼 없이 관심을 끄는 저서를 낼만한 연구자가 고전분야에서 그 이외 누가 더 있는지 묻고 싶다. 한국을 대표하는 대학자, 50대의 지성인이라는 말이 지나치지 않다.

이도흠과 마찬가지로 내가 그를 지켜보기를 30년이나 되었다. 총명・성실・다재다능・출중한 문제의식・부지런함・온유하되 뚜렷한 주관… 이런 것이 그의 미덕이다. 한눈팔지 않고 오로지 학문에만 몰두하는 그 자세, 학문을 위하여 殉하겠다는 결의로 파고 들어가는 그 정신이 있기 때문에 오늘의 정민이 존재하는 것이고 내일의 정민을 또한 낙관적으로 기대할 수 있게 된 것이다.

다만 겸손, 이것을 '끝까지' 지켜주길 바란다. 겸손을 빼고 그를 말할 수 없다. 『조선일보』에 일주일 1회 연제하는 「정민의 世說新語」는 독자들의 인기를 모으는 칼럼. 벌써 200회쯤 되던가. 요컨대 사람과 사람 사는 세상의 옳지 않은 여러 문제들을 중국과 한국의 옛 전적을 들춰서 교술의 언어로 다룬 글이거니와 물론 좋은 일을 하고 있는 점 인정하나 이런 글을 오래 쓰다 보면 사람이 과도하게 날카로워지고 남의 흠만 보려는 삐딱한 버릇이 생기기 쉽다. 그걸 조심해야 하는데… 이런 얘기를 본인에게 하고 싶으나 역시 다 큰 제자라서 아주 어렵다.

나는 2003년 8월 말에 정년퇴임할 때까지 한국의 '漢文學'을 전공하는 정민으로 알았지 '漢文化'를 파고 들어갈 줄은 전연 몰랐다. 그렇게 많이 만나면서도 전혀 눈치를 채지 못했다. 그때까지 그의 저서는 10권쯤 될까. 그 책들에 그가 가고자 하는 한문화의 길이 있음에도 나는 설마 그럴 리야 없다고 편하게 생각하면서 당연히 문학 연구의 길로 갈 줄 알았다. 그래서 그에게 왜 옆길로 가느냐, 왜 외도를 하느냐, 정통 한문학을 하라고 화를 내며 모질게 얘기하고 학교 문을 나섰다.

이것이 나의 판단착오였다. 그로부터 오늘에 이르기까지 정민은 한국 한문화에 집중하고 1년에 평균 2권의 저서를 펴내고 있다. 그럴 줄 알았으면 얘기를 하지 말걸. 자신이 가는 길이 확정되어 있는데 내가 토를 달 필요가 없는 것이 아닌가. 후회막심이다.

잘되기를 바란다. 다만 학계 일각에서는 그의 학문을 탐탁하게 여기지 않는 것을 내가 알고 있거니와 그런 사람의 생각이 내가 2003년까지 품고 있던 우려와 같다. 그러므로 나는 그들에게 그런 걱정 나도 진작 한바, 이젠 모든 것을 파악하였기 때문에 이해하면서 성원하고 있으니 그들도 재고하라고 말하고 싶다. 누구나 가는 길, 어디로 갈 것인지는 당사자가 정할 일, 타인이 용훼할 것이 아니다.

이도흠·정민 이 두 사람의 석사학위 논문이 매우 뛰어나서 나는 그들에게 논문을 압축토록 하여 1980년대 중반에 전임교수들의 논문만 게재한 『한양대 한국학논집』에 싣도록 주선하였다. 싹이 보이는 제자는 서둘러서 길을 열어주려는 노력을 나는 평생 견지하였다.

두 사람과의 인연은 참으로 길고도 오래되었다. 나는 크고 작은 일 거의 모두를 그들과 의논하여 결정하였다. 그만큼 신뢰하는 제자다. 은퇴 이후까지도 계속되는 40년의 사제관계를 유지하면서 우리들은 많은 정을 쌓았다. 이런저런 얘기를 적자면 한이 없을 터, 그래서 예로부터 오래된 곰삭은 정을 풀어낼 때는 되레 사설이 짧기가 그지없다고 하였다. 정민·이도흠이 나에게 그런 사람이다. 앞에서 나의 스승을 비롯하여 선배 제자 및 지인에 관해서 말했고 또한 뒤에서도 기술하겠지만 그 많은 일화와 경험의 공유를 풀어내기로 작정하고 붓을 놀린다면 이도흠·정민을 뛰어넘을 사람은 아마도 많지 않을 것이다. 하지만 이 글의 전체적인 균형을 잡기 위해서 이만 줄이기로 한다. 뒤에서 이 두 사람의 이름이 또 거명되고 단편적인 일이 소개될 터일 것이다.

김상진·이정선·이승수·박수밀·신성환·황인건·이홍식의 모습이 떠오른다. 그리고 4명의 여학생 제자들, 곧 박은정·강민경·강소영·서신혜 이들은 모두 한문학 전공자인데 비전공자인 내가 보기에도 예전이나 현재나 또 앞으로나 같은 시기에 이렇듯 능력이 있는 학구들이 몰려 있는 예는 다시 보기 어려울 것이다.

어디 내놔도 상대방을 능가할 제자들이다. 유수한 신진기예들임에도 전임교수로 풀리지 않는 것이 나를 우울하게 한다. 어느 대학에서든 채용만 하면 금세 그들의 값을 알 터인데 우리나라 대학 인사행정의 배타성, 폐쇄성에 그들이 희생양이 되고 있는 것에 나는 때론 실망하고 때론 울분에 떤다. 이들 모두는 내가 지도교수로 관계를 맺은 사람들이 아니다. 이도흠 교수 외에 나는 의도적으로 대학원 지도교수를 맡지 않았다. 지도 여부가 하관(何關)이랴. 강의를 들었다면 모두 다

나의 제자들, 이런 점에서 나는 다른 교수들과 생각을 달리한다. 일단 나의 강의를 들은 이상 나는 그들의 지도교수 못지않게 그들의 앞날과 진로를 걱정한다. 어서 빨리 한 사람이라도 어디에 되었다는 소식을 전해주었으면 참으로 좋겠다. 정말 미치도록 기뻐하겠다.

거론된 제자들에 대해서 다시 생각해 본다. 이정선은 2011년 이후던가, 경희대 혜정박물관에 연구직을 거쳐 2022년이던가 호서대학 국문과 전임교수가 되었으니 얼마나 기쁜지 가늠할 수 없다.

인성이 참 착하고 성실하며 정직한 제자다. 요즘 고려가요를 하나하나 풀이하고 있는데 공감이 가는 논문도 있으나 쉽게 수용되지 않는 것도 있다. 그런 것은 문제되지 않는다. 학문이란 원래 학설이 분분한 것이 아닌가. 내 생각과 얼마든지 다를 수 있는 것, 다만 논증만 정확하면 설사 다른 사람의 견해와 일치하지 않아도 상관이 없다. 모쪼록 꾸준히 연구하고 성찰하여 조만간 한 권의 저서가 나오기를 바란다. 나의 전공인 고려가요를 이도흠(향가 포함 여러 갈래)과 함께 그가 이어 받고 있음이 고맙다.

박수밀, 아까운 제자다. 한문학, 특히 연암에 관한 연구에서 남에게 결코 뒤지지 않은 성과를 여럿 내놓고 있는데 전임교수가 아직 되지 않았으니 참으로 안타깝다. 다행히 지금은 마음고생을 많이 덜어내고 아주 편안한 마음으로 부지런히 공부를 하고 꾸준히 저서를 내놓고 있는데, 옛날 관직이 없는 선비의 달관된 삶과 비슷한 생활을 하고 있다. 그의 아내 강민경은 이정선·황인건·신성환 등과 마찬가지로 내 연구실에 오래 있었다. 정든 제자다. 민경이도 진작 학위를 받았는데 풀리지 않아서 부군과 함께 연구교수로 출강하고 있다. 똑똑하고 매사 똑 부러지게 일처리를 잘한다. 언제쯤 그들 부부에게 좋은 일이 생길까.

이승수·김상진에 대해서 말한다. 이 군은 내가 시가학회 회장일 때 총무간사를 맡아서 수고를 많이 했다. 김상진은 석사과정 때 내가 지도

교수였다. 이런 인연이 있어서 오래전부터 늘 관심을 가지고 무슨 좋은 소식이 없나 귀를 기울였었다. 마침내 이 군은 수삼 년 전 모교 문과대 전임교수로, 김상진은 작년(2013)에 안산캠퍼스 국문과의 역시 전임교수가 되어서 나로 하여금 기쁘게 하였다. 이 군의 전공은 한문학, 김상진의 전공은 시조 — 각기 제 분야에서 두각을 나타내기를 빈다. 긴 얘기 하지 않는 까닭은 현재 시간에 두 사람 모두 전임이 된 것만 특기하는 것으로 나는 참으로 좋아서 당장 할 말이 없기 때문이다.

신성환·황인건도 기대할 만한 제자인데 소식이 없는지라, 나 혼자 잘되기를 기도할 따름. 이홍식은 그의 처 박은정과 더불어 그 나이에 학문수준이 예사로운 경지를 뛰어넘었다. 학위를 받은 지 몇 년, 얼마 전 전화가 왔는데 전임 자리를 구하려고 애쓰는 모양, 쉽게 풀리지 않아서 조급해진다고 한다. 내가 도울 수 있는 것은 딱 하나, 부지런히 기도를 하는 것뿐, 그렇게 하다 보면 기쁜 소식이 들려오겠지.

2021년 7월에 기쁜 소식을 적는다. 이정선은 호서대학, 이홍식은 안동대학 전임교수로 발령을 받았다. 이 또한 기쁘지 아니한가.

한양대학교에서 가르친 제자들을 나는 늘 기억하면서 노년을 보내고 있다. 뿐만 아니라 고려대학교 대학원에 출강하면서 인연을 맺은 제자들, 그리고 직접 가르치지는 않았으나 학위논문 심사로 만난 젊은 학자들도 생각하면서 그들의 학문이 어찌 되어가는지를 항상 주시하면서 살고 있다. 1984학년도부터인가, 고려대 대학원에 출강하기를 정년퇴임 후 2009학년도까지 도합 근 15~20학기나 나갔다. 한 대학교 대학원에 이처럼 많이 출강한 것도 학계에서는 아마 기록적이지 아닌가 싶다. 향가여요 전공자가 극히 드문지라 그리된 것 같다. 이 일 때문에 나는 한양대의 몇 제자들로부터 불만의 소리를 들었다. 본 직장의 제자들을 키울 생각은 하지 않고 밖으로 나돌아 다닌다는 이유였으리라. 겉으로 보아서는 그와 같이 서운하게 생각할 수도 있으나 그렇다고 내가 내 본 직장의 제자들을 소홀히 대하거나 생각한 일은 단 한 번도 없다. 이렇게 언급하는 것 말고는 이에 관해서는 더 이상 얘기를 하지 않는 것이 좋겠다. 구차스러운 변명은 부질없는 것이기 때문이다.

2) 이형대·권순회 등 고려대 대학원 제자들

고려대 대학원 제자 중에서 고미숙은 가장 이른 시기에 내 강의를 들었다. 학부는 독어독문과, 그는 매시간 미리 수강할 준비를 단단히 한 듯 질문을 빠진 적이 없었다. 어떤 질문은 학부에서 국문학의 기초를 닦지 않은 관계로 핵심에서 빗나간 것도 있었으나 대부분은 10명 수강생들과 함께 논의할 가치가 충분히 있는 것이었다. 그렇게 인연을 맺은 그가 학위논문 심사를 받을 때 나도 심사위원으로 참여하였다. 그가 제출한 학위논문을 읽고 나는 무르팍을 쳤다.「19세기 시조의 예술사적 의미」의 이 논문은 요컨대 기존의 학설을 점검하면서 새로운 견해를 조리 있게, 이해하기 쉽게, 물 흐르듯 한 문장으로 논의한 글이다. 이후 그는 학계의 신진기예로 각광을 받으면서 여러 편의 논문과 여러 권의 저서를 펴냈다. 그중에서 개화기 잡가에 관한 논문도 매우 우수한 연구였다. 그에 대한 나의 기대는 아주 컸다. 어서 빨리 전임교수가 되어 좋은 논저를 꾸준히 펴내 주기를 바랐다. 그럴 능력이 충분히 있는 실력가였다. 여러 해 이 대학, 저 대학에 이력서를 냈으나 역시 여성이라는 이유, 그리고 전임으로 채용하면 동료 교수들이 감당하기 어려울 것이라는 우려도 겹쳐서 매번 실패하였다.

여러 번 고배를 마시니 자존심이 극도로 상한 모양, 그런 이유 외에 인문학자로서 사회에 기여하는 것이 반드시 대학교수로서만 가능한 것이 아니라는 사실을 두꺼운 현실의 벽에 부딪힌 끝에 문득 깨닫고 이윽고 대학과는 절연한 뒤 우리 학계에서는 일찍이 예를 찾아볼 수 없는 私塾 겸 연구소를 그가 주도하여 또래의 몇 학자와 함께 세웠다.

그때가 아마 1990년대 초가 아닌가 싶다. 그 이후 오늘까지 그의 '수유너머+공간'은 크게 성공하여 전국의 인문학 연구자를 비롯해 일반 교양인들에게까지 알려져서 큰 인기를 끌고 있다. 국문학뿐만 아니라 인문학 전반에 걸쳐 권위 있는 학자들을 초대하여 강의토록 하고 또한 자기들끼리 연구도 하는 그런 기관으로 역할을 단단히 하고 있다.

나는 그의 성공을 보면서 대학전임으로 가지 않고 진로를 그 방향으로 바꾼 것을 백 번 잘한 일이라고 단언한다. 우리의 지성사에는 그와 같은 인물, 제도권에서 공부한 후, 그 본류에서 벗어나 외곽에다 새로운 학술의 陣을 치고 제도권과는 다른 방식으로 강의하고 연구하는 그 변형된 학문 활동을 이끄는 아웃사이더가 꼭 필요하다고 본다. 실인즉 그가 만들어낸 모임은 고려시대 최충(崔沖)의 사숙인 '九齋學堂'과 닮은 것이다. 내가 특별히 기뻐하는 것은 바로 이런 점, 제도권 내의 교수가 못하는 것을 그가 대행하면서 뛰어넘고 있기 때문이다.

요즘은 '고전비평가'라는 이름으로 『열하일기』며 『주역』과 『동의보감』 등을 교양강좌를 통해 강의하는 것을 TV를 통해 나도 시청하였다. 그의 성공이 계속되기를 빌지만 『동의보감』 등에까지 파고 들어가는 것은 어쩐지 마음에 닿지 않는다. 말년에는 제대로 된 후배에게 넘겨줘서 그런 기관이 세대를 뛰어넘어 이어지기를 바란다.

이형대 교수, 이 사람을 잊을 수가 없다. 그를 강의실에서 만난 때가 1990년대 초중반쯤이니 고려대 제자로서는 이른 편은 아니다. 그럼에도 나와 제일 가깝게 지내는 후학이다. 그를 말할 때면 이도흠 교수를 제쳐놓을 수가 없다. 출신 학교는 다르나 이 두 사람은 여간 친한 사이가 아니다. 아마도 모두 내 제자이고, 나를 중심에 놓고 몇 번 만나다 보니 자기들끼리 통하는 바 있어 가까이 지내는 벗이 된 것으로 안다. 나도 이들과 오래전부터 자주 만나 술을 같이하며 가까이 지낸다. 퇴임 전에는 정민 교수가 나와 가장 많이 만나서 술을 함께한 제자다.

정민의 주량은 위 두 사람을 따르지 못한다.

이형대 그는 부드럽고 겸손하고 예의가 바른 후학이다. 중심이 서 있고 사리분별이 분명하지만 차갑지가 않다. 그도 학자로서 갖추어야 할 여러 가지 재능을 두루 구비하고 있다. 여러 편의 논저를 읽었는데 그 세대의 연구자로서는 뛰어난 제자다. 강의 때마다 토론에 적극 참여하여 활기찬 수업이 되는데 기여하였다. 고전산문을 전공한 신해진(전남대 교수) 교수와 짝이 되어 매시간 진지한 학문의 장을 함께 주도한 것으로 기억하고 있다.

학위 논문은 「한국 고전시가와 인물형상의 동아시아적 변전」이다. 물론 나도 심사위원이었는데 나무랄 데 없는 우수한 연구였다. 그때 성기옥(전 이화여대 교수) 교수도 나와 함께 외부 심사위원이었는데 엄정한 그도 이형대의 논문을 좋게 평가한 것으로 알고 있다. 학위를 받은 후, 오늘에 이르기까지 수준이 높은 다수의 논저를 발표하고 있다.

그가 고려대 전임교수가 될 때 나는 외부 심사위원으로 참여하였다. 이와 관련하여 그의 지도교수인 김흥규 교수의 공을 거론하지 않을 수 없다. 자신이 퇴임한 이후에야 뒤를 잇는 후임자가 결정되는 것이 대학 인사의 관례인데, 김 교수 그는 이형대를 일찍이 후계자로 정해 놓고 재임 중 자리(TO)를 따내는데 성공, 마침내 그를 학문의 계승자로 앉혀 놓았다. 아마도 정년으로 물러나기 7년 전쯤이 아닌가 싶다. 고려대 고전시가 전공으로 대를 이을 사람은 이형대가 가장 적임자라고 평소 믿고 있었고, 그렇게 되기를 '기원'하였기 때문이다. 한양대의 정민— 이도흠의 경우와 그의 경우를 나는 같은 것으로 치부한다.

권순회는 이형대보다 2년쯤 앞서 한국교원대 교수가 되었다. 둘이 매우 가까운 사이다. 그도 심성이 착하고 학구열도 높으며 충청도 출신답게 예의도 바르다. 학회에서 질의·토론하는 것을 여러 번 보았는데 핵심을 잘 찌르곤 하는 것이 인상적이었다. 김흥규 교수의 제자들은 거의 다 시조 전공자, 그 또한 「短歌의 史的 전개와 문학적 특성 연구」로 학위를 받았다. 심사과정이 어렵지 않았는데 그래도 지적할 사항이 있어서 나는 여러 곳을 수정·보완하라고 지시한 바 있다.

그에 대해서 나는 불만이 있다. 나이가 벌써 40대 후반에 접어들었는데도 개인 저서가 없다. 여러 사람이 공동으로 논문을 모아 펴낸 책에는 그의 이름도 있으나 단독 저서는 아직 없다. 그 나이인데 펴내지 않고 있다. 그동안 발표한 글을 모아서 손을 본 후 상재하면 될 터인데 움직이지 않고 있다. 왜 늦추냐고 여러 번 충고도 하고 권유도 하였으나 받아들이지 않고 있다. 좋게 말해서 신중을 기한다고 평가할 수 있으나 이미 학계에 보고된 논문인 이상 수정·보완하여 저서를 내는 것이 마땅한 일, 그럼에도 고집을 부리고 있는 것이 영 마음에 들지 않아서 불만이다. 이런 이유로 심사가 사나워서 더 이상 말하지 않겠다. 인정이 많은 제자, 그러나 동어반복건대 책 내는 일에는 과도하리만큼 엄한 제자.

신경숙은 나와 강의실에서의 인연은 없고 논문 심사 때 처음 만난 후학이다. 「19세기 가집의 전개」로 알고 있는데 이 논문 또한 무르팍을 치면서 읽었다. 자료를 다루는 방법과 논증·논리전개·결론 등 모든 면에서 나무랄 데가 없었다. 논문이 통과됨과 동시에 그가 초등학교 교사로 있으면서 야간 대학으로 학부를 마친 한성대에 전임으로 부임한 것은 대학 인사에서 흔한 일이 아니다. 만학(晩學)으로 학부를 졸업하고 고려대 대학원 석·박사 과정에 입학하여 조선 후기 가곡과 가집, 궁중연희 과정을 필생의 연구과제로 삼고 탐구·천착한 첫 결실이 바로 논문 통과 → 대학의 전임교수라는 행운으로 실현되었다.

이후 그녀는 쉬지 않고 논문을 발표하였는데 그때마다 새로운 사실과 학설을 제시하여 그 방면의 탁월한 연구자로 자리를 굳혔다. 시가학회에서도 논문발표·질의토론에 자주 참여하였고 임원으로도 봉사하더니 2012~2014년에 여성으로서는 처음으로 시가학회장이 되어 학회를 잘 이끌었다. 그가 시가전공의 학자로서 성장하는 과정을 그 초기부터 지켜본 나는 그의 호학(好學)과 함께 대인(對人)관계의 원만함을 속으로 칭찬하면서 고려대 출신의 여성 국문학자로서 고미숙과 더불어 쌍벽이 될 만한 인물이라고 진작 규정한 바 있다. 아마도 정년이 몇 년 앞에 다가온 것으로 알고 있는데 교수 말년에 기간(旣刊)의 저서에 대저(大著) 한 권을 더 보태주기를 나는 바라고 기대한다.

고대 대학원 제자를 얘기하면서 김명준(金明俊)과 서철원(徐徹源)을 빼놓을 수는 없다. 두 사람 함께 석·박사과정 내 강의를 각기 4번이던가 혹은 5번이던가 많이도 들었는데, 무엇보다도 김 군은 고려가요, 서 군은 향가(속요도 함께)를 전공하였다는 점에서 나와의 인연이 특별한 경우라 하겠다. 나의 전공을 이어받은 제자로서 이 두 사람 외에 일찍부터 한양대의 이도흠, 그리고 지금 한창 고려속요의 개별 작품론을 쓰고 있는 이정선 군 이 두 사람이 있어서 나는 행복하다. 국문시가의 다른 장르와 달리 향가와 고려가요는 상대적으로 연구하기에 어려운 분야이므로 전공자가 소수에 불과하다. 그 소수의 전공자 중에서 나와 직접 관계가 있는 네 사람이 각기 제 자리를 잡고 한 몫을 하고 있으니 기쁘지 않을 수 없다.

김명준은 참 부지런하고 집착이 강한 학자다. 강의 때마다 거의 매번 새로운 자료나 숨어있는 참고 논저를 찾아내어서 복사하여 함께 돌려보도록 하는 열의에 나는 늘 감탄하였다. 누가 시키지 않았는데 자진하여 그런 수고를 마다하지 않았다. 750쪽에 달하는 『고려 속요 집성』을 출판해서 나에게 내놓을 때 나는 속된 말로 그만 질려버리고 말았다. 대단한 젊은이로구나 하는 생각을 갖지 않을 수 없었다.

학위 논문은 『악장가사 연구』이다. 여러 문제점을 성찰하는 중에 그 편찬 년대를 일반적으로 알고 있는 것과 달리 『악학궤범』이 나온 지 얼마 안 된 시기로 잡고 그 훨씬 후대인 고종대까지 판을 거듭하였다고 주장한 것으로 기억하고 있다. 단정하기 매우 어려우나 여하튼 여러 자료를 고증한 끝에 나름대로 확신하는 바가 있어서 제시한 새로운 견해이므로 경청할 만한 연구임은 다시 말할 여지가 없다.

학문 연구에 그와 같이 전심한 결과 마침내 한림대 전임교수가 되었거니와 열심히 씨를 뿌린 노고가 헛되지 않았다는 사실을 그를 통해 새삼 확인할 수 있었다. 전임이 되기 전과 그 이후 여러 권의 저서 및 자료집을 연달아 펴냈다. 지금 내 서가에 『고려속요의 전승과 확산』, 『한국 고전시가의 모색』을 비롯해 『악학궤범』 등 속요와 관련이 있는 三大歌樂을 현대문으로 옮기고 해설을 가한 책이 꽂혀 있다.

서철원과 같은 행운아가 국문학계에 또 있을까. 2006년에 『신라향가의 서정주체상과 그 문학사적 전개』로 학위를 받았는데, 그때 심사를 하면서 왜 논문을 어렵게 쓰느냐고 말한 바 있다. 그런 점을 제외하고는 문제점으로 지적한 것이 많지 않았던 것으로 알고 있다.

학위를 받고도 운이 좋은 제자가 평균 7~8년, 늦으면 10년쯤 지난 뒤 전임으로 풀리는 것이 지금 우리 학계나 대학의 현실이다. 평균 나이 43세에 전임교수가 된다는 조사 보고가 『교수신문』에 나왔다는 얘기를 들었다. 그런데 행운아 서 군은 학위 후 2년밖에 경과되지 않은 30대 초반 나이에 경남대에 부임하더니 거기서 2년쯤 근무하다가 성균관대로 직장을 옮기는 파격적인 일이 벌어졌다. 주변에서는 성균관대학에서 종신하는 것으로 그의 앞날을 확정적으로 내다보았다. 그러나 세상의 일, 참으로 알 수 없는 것, 1년밖에 지나지 않은 2013년 실로 뜻밖에도 서울대 국어국문학과 교수로 옮기는 획기적인 일이 다시 발생하였다. 학계가 모두 놀랐다는 얘기를 들었는데 나 또한 어리둥절함을 금할 수 없었다. 평소 나는 다른 대학이라면 이해할 수 있으나 이 나라의 대표 격인 서울대학 국문학과 역사상 단 한 번도 향가여요 전공 교수가 없었다는 점에 좋지 않은 생각을 품고 있었다. 우리 세대가 대학을 다닐 때와 그 이후 1980년대 초까지 고 정병욱(鄭炳昱) 교수가 향가여요 과목을 맡아서 강의를 한 것으로 알고 있는데 그러나 그분은 이 갈래의 전공자는 아니었다. 고시가(古詩歌) 전체를 두루 아우르던 분이었다.

 마치 앞니가 빠진 것과 같은 상태를 더 이상 방치할 수 없다는 자각이 최근에 서울대 국문학과 고전 분야 교수들 사이에서 일어난 결과 마침내 전공자 한 사람을 찾기에 이르렀지 않았는가 짐작된다. 그 적임자에 서철원이 물망에 올라서 이윽고 채용되었다고 본다. 그런 행운이 다시없거니와 그곳에 갈 때 그가 나에게 의논하기에 첫째 겨우 1년 몸담고 있다가 떠나야 할 성균관대학에 너무 미안한 일이 아닌가 하는 점과 서울대가 결코 만만치 않은 대학인데 부담스럽지 않겠느냐고 물으면서 신중을 기할 것을 에둘러 전하였다. 권보드레 교수가 고려대에 부임한 지 3년 되었는데 그의 모교인 서울대에서 '신호'를 보내왔지만 단호하게 사양한 엊그제 일을 알려주면서 거듭 숙고하기를 은근한 말로 부탁하였다. 나중에 안 일이지만 그의 지도교수인 김흥규 교수 또한 나와 같은 생각을 하면서 나보다 더 강한 어조로 만류하였다고 한다.

 며칠 지난 뒤 옮기기로 최종 결정하였다고 하기에 당사자의 뜻이 그렇다면 그대로 진행하라고 말한 뒤 부탁한 추천서를 써주었다. 나는 그의 실력을 믿는다. 그 세대에 그만큼 향가여요에 밝은 연구자도 없고 무엇보다도 지금 그가 시도하는 새로운 방법론이 향후 이 분야를 어느 방향으로 이끌어갈지 자못 기대하는 바가 크기 때문이다. 이 말은 실력만 놓고 보아서는 서울대 교수가 되기에 모자람이 없다는 뜻, 그러나 세상의 일이 어찌 능력만으로 좌우되던가. 그 밖의 고려해야 할 것이 여럿 있는 법, 그 때문에 내가 잠시 당사자보다 더 많이 걱정을 한 것이다. 이제 모든 것은 끝나고 그는 지금 그 대학에서 근무하고 있다. 모쪼록 정년퇴임 때까지 교육과 연구, 그리고 인간관계에서 성공하기를 기원할 따름이다. 근자에 출판된 그의 저서『한국고전문학의 방법론적 탐색과 소묘』·『향가의 유산과 고려시가의 단서』가 내 서재에 있다. 우직함이 그의 장점, 그 힘으로 묵묵히 향가·속요뿐만 아니라 다른 장르도 경작하기를 빌기로 하겠다.

지금까지 거론한 제자들 외에 학문 각 분야에서 두각을 나타내고 있는 중견 학자들이 여럿 있다. 가령 한문학 전공의 김풍기(강원대 교수)·김영진(성균관대 교수) 등과 고전시가 및 산문 전공의 후학들이 전국 여러 대학에 진출하여 각기 제 몫을 하고 있는 중이다. 이들의 자세한 근황을 알지 못해서 기록에 남기지 못함이 유감스럽다.

2

오사(吾師) 조지훈 선생의 고향인 경북 영양군 일월면 주실(注谷洞)에 두 번 다녀오기까지 밝혀 놓아야 할 약간의 사연이 있다. 나는 저 위에서 선생께서 서거하신 이후 여러 번에 걸친 기념사업에 깊이 관여하였다고 진술하였다. 그렇게 기록하였을 뿐, 그때마다 겪은 일은 적지 않았다. 왜 낙수거리가 없었겠는가. 그럼에도 할애한 까닭은 자칫 공치사로 비쳐지는 것을 꺼려했기 때문이다. 그러나 이번 주실여행과 관련된 일만은 후일을 위해 증언으로 남길 필요가 있다고 판단하여 약술키로 하겠다.

첫 번째 여행은 올(2006) 여름 8월, 일행은 홍일식·이동환·김인환·최동호 등 제형(諸兄)이었다. 부담 없이 그냥 나들이로 떠난 여행이 아니라, 여러 해 전부터 건립 중인 '지훈문학관'의 마무리 작업을 점검하기 위한 사무적 성격을 띤 출장(?)이었다. 영양군청의 요청도 있었고, 우리 또한 일차 방문할 필요가 있어서 양자 협의하에 이루어진 나들이였다. 일체의 비용은 영양군에서 부담하였다. 갈 때는 KTX와 새마을

호 기차편을 번갈아가며 이용하였다. 경주를 경유한 까닭은 '동리·목월문학관'을 견학 겸 관람하여 참고가 될 만한 것을 얻기 위해서였다. 지난번 통영을 갔을 때 내가 굳이 '청마문학관'을 일별한 까닭도 다 이유가 있었기 때문이다. 그곳에 당도하니 벌써 서울에서 급히 내려오신 지훈 선생 사모님, 친족 동생 한 분(조동훈, 작고)·영양군 임정평 문화관광과 계장 및 직원 한 사람이 나와서 우리 일행을 맞았다. 문학관은 불국사 근처 한적한 곳에 앉아 있었는데 규모와 전시물의 배치 등 전반적으로 잘되어 있었다. 관장의 설명도 마무리 과정에 있는 '지훈문학관'에 도움이 될 만한 것이 적지 않았다.

　오후 4시쯤 주실에 도착한 우리 일행은 완공된 한옥 문학관을 처음으로 보았다. 해가 떨어지려면 아직 세 시간가량 남아 있어서 살피는 데 지장이 없었다. 건물의 경우 이미 지어진 것이니 비록 아쉬운 부분이 있다 한들 어쩔 수 없는 노릇이다. 따라서 세심히 점검해야 할 부분은 문학관 안에 진열된 각종 유품과 저작물, 선생의 전 생애와 문학·학문·사상·정신 등을 사진 자료와 함께 설명한 다수의 문장들, 영상자료, 기타 전시물이 제대로 되어 있는지의 여부에 있었다. 나는 전시관 안에 들어서기 직전까지 이점이 참으로 궁금하였고 걱정도 하였다.

　내가 왜 그렇듯 긴장되고 불안한(?) 심경이었는지 그 경위를 약술하면 이와 같다. 2002년, 혹은 2003년 '지훈문학관' 건립 초기부터 나는 이 사업에 전문 자문역을 맡았다. 하도 말이 많은 세상이고, 또한 위에서 말한 바와 같이 그분을 기리는 여러 사업에 관여한 나머지 나도 지쳐있는 터라서 그 일만은 피하고 싶었지만 어쩔 수 없이 또 끌려 들어갈 수밖에 없었다. 내가 자문에 응한 분야는 내부 설치에 관한 일체의 기획 배치 및 해설문 작성이다. 건물을 세우는 것과 함께 가장 중요한 작업이다. 신경을 보통 써서는 안 될 작업이다. 아무리 건물이 웅장하고 미려하다 할지라도 그 내부의 진열품과 전시 상태가 시원치 않거나

치졸하면 속 빈 강정에 불과할 것임은 명약관화한 일이 아니겠는가.

 그러므로 나는 작업 초기부터 정신을 바짝 차리면서 큰 틀을 짰고, 세부 항목에 들어가서는 정확함과 치밀함을 유지하려고 노력하였다. 큰 틀을 짜던 초기 작업에는 이동환·김인환 형의 일조도 잠시 있었다. 그때에 내가 크게 고심한 바는 전시할 만한 자료가 많지 않다는 점이다. 선생께서 서거하신 후 이런저런 유물들이 잘 간수되지 않고 흩어진 바람에 남아있는 것이 별로 없었다. 그 남은 것들의 많은 것은 고려대 박물관에 기증된 바 있다. 그런 상태에서 꿰맞추려니 여간 힘들지 않았다. 그런데 기가 막히고 황당한 노릇은 이렇듯 무거운 작업을 나에게 의뢰하면서 주무 기관인 영양군청의 어느 누구도 찾아오거나 전화를 걸어서 부탁해 온 적이 단 한 번도 없었다는 점이다. 30억 원이라는 막대한 예산이 들어가는 그 고장의 숙원사업이요 나아가 국가적인 차원의 문화사업임에도 이른바 그 흔한 '위원회'의 구성도 없이 무턱대고 나를 지명하여 도와달라는 것이었다. 누가 나를 찾아왔는가. 군청에서 발주한 서울 소재 하청업체인 '이너 아트'의 직원이 찾아왔던 것이다. 명색 자문위원이라는 사람에 대한 대접이 이 지경이었는데 그것까지는 감내한다고 할지라도 건물 설계도 몇 장 달랑 들고 와서 그 내부를 채워달라고 요청하는 데는 경악하지 않을 수 없었다. 지훈 선생에 관한 사업이 아니었다면 나는 고함을 쳐서 저들을 내쫓았을 것이다. 그런데 어찌하랴. 스승의 일임에야.

 '이너 아트'의 직원이 처음 내 집에 발을 들여놓은 이후 수삼 년 동안 10여 차례 이상 방문하였고 그때마다 나는 내 머리로 짜낼 수 있는 것을 다 쥐어 짜내서 문학관 내부를 완성토록 하였다. 그 과정에 집에 앉아서는 도저히 할 수 없는 이런저런 일이 있기에 강남구 대치동에 있는 '이너 아트' 사무실을 자진하여 내 발로 찾아가서 한나절에 걸쳐 일을 봐주고 돌아온 일도 있었다. 내가 상대한 실내장치 전문의 하청업체 직원이라는 사람들이 또한 한심하기 짝이 없어서 여간 어려움을 겪은 것이 아니었다. 공간을 꾸미는 조형미술에는 밝은지 모르나 문학이 뭔지, 조지훈이라는 인물이 어떤 분인지 전혀 모르는 사람들이었다. 그러니 한글 공부로 치자면 모음과 자음부터 그들을 가르치면서 일을 하자니 참으로 힘이 들었다. 매번 다른 사람이 찾아와서 처음서부터 다시 설명하는 일도 큰 고역이었다. 모두 전임 직원이 아니라 그때그때 필요한 분야의 아르바이트 학생들을 임시로 불러다 쓰고 있었다. 실내장치를 전문으로 하는 업체의 실상을 그때 알았다.

그러는 사이에도 무모, 무례한 영양군청의 태도는 변할 기미조차 보이지 않았다. 건물이 완공되고 내가 짜준 틀대로 내부 설비에 들어간 이후에도 단 한 번 나를 그곳 현장으로 내려와 달라는 부탁이 없었다. 측문 건데 그곳의 조씨 문중 어느 인사가 자신과 코드가 통하는 한두 친족 및 군청 실무자와 짝짜꿍이 되어서 좌지우지하고 지훈 선생에 관해 정통하다는 평을 듣는 서울의 어느 누구와도 의논을 하지 않았다는 얘기다. 탄식할 따름인저. 쌔쌔.

그러던 차 금년 봄에 군청 문화관광과 실무자가 바뀌고 새로 임정평 씨가 계장이 되어 남은 일을 처리하게 되었다. 또 한편으론 예의 '조씨 문중의 어느 인사'도 이 일에서 손을 떼지 않을 수 없었던 복잡한 사정이 있었던 모양인지 조동훈이라는 분이 새로 개입하여 마침내 우리 일행을 그곳에 처음으로 초청을 해서 내려가게 된 것이다. 그전에 늦은 어느 봄날 임정평 씨가 상경하여 사모님, 홍일식 형 그리고 나를 찾아와서 그동안의 경위를 설명하고 미안한 뜻을 표하였다.

저간의 사정이 이러했던지라 개관을 앞두고 있다는 문학관 전시실 안으로 들어서는 순간까지 내가 왜 그토록 걱정을 하고 불안해하였는지 그 까닭이 밝혀진 셈이다.

나를 비롯해 다섯 사람이 관람한 결과 다행히 결정적인 하자는 없었고 그런대로 모양새를 두루 갖추고 있어서 일단 안도할 수 있었다. 나는 천만다행이라고 생각하였다. 그러나 고치고, 덜고 보탤 것이 왜 없겠는가. 한 사람도 아닌 다섯 사람이 점검하는 판이니 이것저것, 크고 작은 문제점이 노출되었다. 특히 '문학관'이라는 정체성에서 벗어난 전시물을 임의로 전시해 놓은 것 등이 눈에 거슬렸다. 그날 밤늦게 숙소로 돌아온 우리는 각자가 관람한 소감과 고쳐야 할 것들을 피력하였고 그것을 내가 메모한 뒤 상경 후 다시 취합하고 정리해서 군청 임계장에게 통보하여 수정 보완토록 하였다. 모두 30여 항목이었다.

  문학관에서 나온 우리는 그 인근에 터를 닦고 있는 詩碑공원으로 이동하였다. 당초 '지훈문학관' 건립 초기에 이 계획은 없었다. 그런데 어떤 과정을 거쳤는지는 모르나 금년 봄부터 지훈 선생의 시 50편을 뽑아서 시비를 만들어 공원을 조성할 예정이니 작품을 선별해 달라는 부탁을 받았다. 지훈문학관에 들어간 돈까지 포함하여 모두 70억 원이나 되는 막대한 경비를 쏟아부어 주실 마을 전체를 문화의 고장으로 만들어서 관광객을 끌어드리겠다는 취지였다. 나는 시 50편으로 시비공원을 꾸민다는 얘기를 듣고 놀라지 않을 수 없었다. 세계 어느 나라, 어느 곳에 그런 대단지 문학 테마 동네가 있는지 나는 알지 못한다. 그래서 전화로 이의를 제기하였으나 나중에 알고 보니 우리가 상식적으로 생각하는 한 장소에 거대한 시비를 세우는 그런 식의 대형 규모가 아니라 조그마한 돌에 시 한 편씩 새겨서 25편쯤은 시공원이라 명명되는 한 장소에, 나머지 시들은 주실 동네 곳곳에 세워서 그곳을 찾는 관람객들이 조용히 걸으면서 지훈 시의 세계를 탐방토록 한다는 취지였다. 문학관에서 느낀 정서를 시 공원 및 주변의 자연경관과 연결시켜서 더욱 고조시키겠다는 뜻이었다. 그렇다면 반대할 이유가 없고, 또한 이미 행정적인 결정을 보아 추진 중이었으므로 거기에 토를 달겨들도 없었다. 잘되기만을 기원하였다. 50편의 시 선별은 최동호 형이 맡아 수고해 주었다.

　공사 현장은 문학관에서 도보로 10여 분가량 떨어진 얕은 구릉에 있었다. 옹벽을 치고 터를 닦는 작업이 한창이었으며 시비 제작은 다른 곳에 있는 석물상에서 곧 착수된다는 설명을 들었다. 역시 모든 일이 순조롭게 진행되기를 빌면서 일정을 모두 마쳤다.

　읍내로 나오기에 앞서 조동훈 씨 댁 넓은 방에 모여서 여러 가지 의견을 교환한 일과 저녁 식사 때 군청 직원들과 함께 술잔을 주고받으면서 선생의 일화를 되새김질하며 즐거운 시간을 보냈다. 밤이 이슥하여서는 나와 김인환·최동호 형, 이렇게 셋이(홍일식 형은 전직 고려대 총장이어서 우리가 그의 체면을 봐주었기 때문에, 이동환 형은 마침 그때 치과에 다니고 있기 때문에 동석이 불가했음) 읍내 맥줏집에서 새벽 1시경까지 취흥에 잠겼거니와 선생 또한 살아계실 때 시간의 흐름과 전혀 무관하게 술벗들과 즐겨 마시기를 사양치 않았음은 널리 알려진 사실, 그런 선생의 고향에서 야심토록 제자인 우리 또한 술의 세계를 섭렵하였음은 지극히 자연스러운 일이 아니겠는가.

　2차 영양행은 금년 11월 3일에 있었다. 1차 때와는 달리 영양문화원 주최로 「청록집 발간 60주년 기념 ─ 지훈과의 만남」이라는 행사가 이틀 동안 개최되어서 참석하게 되었다. 홍일식·최동호 형, 정진규 시인·김용직(서울대 명예교수) 선생, 나, 그리고 최 형이 이끌고 있는 '시사랑문인회' 소속 시인·평론가 20여 명과 함께 대절버스로 내려갔다. 이 행사는 내년, 곧 2007년 5월 '지훈문학관·시공원'의 개관에 앞서 전야제 비슷하게 분위기를 미리 잡자는 취지에서 갖게 되었다. 이 행사를 기획할 때 홍·최 두 분과 나, 이렇게 셋이 또한 자문에 응하였다.

　첫날 행사는 오후 2시 홍·김·최 교수 세 사람의 강연, 저녁 식사 후 초저녁에 시 낭송회, 이어서 그 고장 특주를 마시면서 정담을 나누는 단체 모임 등이 있었다. 나는 그날의 어느 프로그램에도 출연하지 않앉기 때문에 내려가지 않아도 되었으나 문학관을 다시 점검하는 것이 필요할 것 같아서 궁리 끝에 저들과 동행하였다.

첫날 강연회가 끝나고 저녁 식사 사이에 약 1시간의 여유가 있었으므로 군청에서 내준 승용차를 타고 문학관을 다시 찾았다. 이튿날이면 단체관람토록 일정이 짜여 있었으나 서울에 일이 있어서 나 먼저 아침 일찍 떠나야 하므로 일행과는 별도로 주실 마을을 방문하게 된 것이다. 김용직 교수와 정진규 시인도 함께 가기를 원하기에 같은 차에 탑승하였다.

다시 찾은 지훈문학관, 역시 그런대로 괜찮았다. 그러나 불쾌한 감정을 제어할 수 없었다. 이미 지적한 30여 항의 수정·보완할 부분 등을 그대로 방치해 놓고 있는 것이 아닌가. 3개월가량 경과되었는데도 고친 흔적이 하나도 보이지 않았다. 그날 밤 모든 행사가 끝난 후, 나는 임정평 씨와 단둘이 잠시 만났다. 왜 손을 보지 않았느냐고 항의하는 투로 말을 건넸다. 그는 미안하다는 뜻을 표한 뒤 개관 전까지 대부분 바로잡겠다고 약속하였다. 곧바로 수정 작업에 들어갈 수 없었던 까닭은 첫째, 문학관 실내장치의 마무리를 위한 2차 추가예산이 필요한데 그 돈을 수령하기까지에는 시간이 많이 걸린다는 것, 둘째 우리가 지적한 문제점 중에는 비용 여부를 떠나 조씨 문중과 주실 마을의 여론을 두루 참작하지 않을 수 없는 것이 여럿 있는데 이를 조용히 조정하려면 또한 시간이 필요하다는 것이다. 잘못 건드렸다가는 분쟁이 발생할 소지가 있고 이미 일부 갈등 조짐이 있다는 설명이었다.

나는 충분히 이해할 수가 있었다. 세상사 뭔들 쉽고 순조롭게 풀리는 것이 있겠는가. 전시물 하나를 놓고 이견이 대립하는 경우도 있을 것이다. 주실의 한양 조씨 문중이 어떤 가문이던가. 인물이 많기로 유명한 집안이 아니던가. 더군다나 마을 전체를 막대한 예산을 투입하여 확 바꾸려는 판국에 문중이든 혹은 동네주민끼리든 어찌 이해관계가 없겠으며 의견 충돌이 없겠는가. 그러므로 기다리며 좋은 결말이 있기를 기원하였다. 2차 방문 시에 내가 해야 할 일은 이것뿐이기 때문에 그 이튿날 아침 나는 혼자 안동으로 나와 중앙선 기차를 타고 상경하였다.

며칠 지난 후 나는 임정평 씨와 통화하였다. 여러 얘기 끝에 그는 느닷없이 "지훈 선생의 일이 아니라면 손을 떼고 다른 부서로 옮기고 싶은 심정입니다"라며 어려움을 토해냈다. 개관을 불과 5개월 앞두고 심한 분쟁이 표면화되었다는 사실을 흘리면서 그랬다. 사정이 이러하니 내년 5월까지 나는 마음을 놓을 수가 없다.

참고로 수년간에 걸쳐 자문에 응한 답례로 내가 '이너 아트'에서 받은 사례비는 놀라지 말지어다. 합계 50만 원(!)과 명절 때 상식수준의 토산품 선물 얼마. 반대로 내가 그들에게 거저 줘서 전시해 놓은 것은 일지사판 『조지훈전집』과 『민족문화연구』 창간호를 비롯하여 서적 여러 권. 그리고 선생께서 손수 쓰신 두 편의 시 원고. 이런 것을 굳이 기록으로 남기려는 까닭은 돈이 엄청나게 많이 들어간 사업이므로 혹시 나에게도 상당한 액수의 대우가 있었으리라는 주변의 추측을 무화(無化)시키기 위해서다. 어불성설의 소액을 받은 것이 불만스러워서 그러는 것은 결코 아니다.

【2021년 7월에 나는 이형대·권순회·김진국 군들과 함께 '지훈문학관'을 찾았다. 개관할 때는 참석하지 않았다. 10여 년 만에 찾은 문학관은 참 좋았다. 관장의 말에 의하면 전국 다수의 문학관·기념관 중에 다섯 손가락에 든다고 한다.】

5. 2014년 이후 2021년까지

1) 『향가여요 종횡론』 출판과 『생각의 곳간』

이 절을 쓰는 오늘은 2014년 6월 6일, 마침 현충일이다. 왜정치하에서 나라의 독립을 쟁취하기 위해 순국한 선열들과 6·25민족상잔의 전쟁으로 인하여 목숨을 바친 호국영령을 추모하면서 그분들의 영원한 안식과 영생복락을 기원한다.

참으로 세월은 화살처럼 빠르다. 이 기록물의 2차 보완·수정을 마친 때가 2006년, 그 후 8년간의 시간이 눈 깜짝할 사이에 흘러갔다. 일주일 단위로 놓고 볼 때, 바로 그저께가 주일인 것 같은데 오늘 다시 일요일이 찾아온 느낌이다. 1개월 단위로 바꿔서 생각해도, 더 나아가 3개월, 반년 단위로 확장시켜서, 그리고 마침내 1년 단위로 늘려서 맞이할 때도 노년의 세월은 정말 빠르기만 하다. 하루를 보내는 데는 그렇듯 지루하리만큼 시간이 가지 않으나 한 주일, 한 달, 사계(四季), 그리고 한 해와 작별하는 데는 그처럼 황망할 수가 없다. 허나, 어쩌겠는가. 인생살이란 원래 그런 것이거늘. 빨리도 찾아올 여생, 죄짓지 않고 무탈하게 살다가 考終命하기만을 바랄 따름이다.

희수(喜壽)임에도 아직 건강은 괜찮은 편이다. 무엇보다도 혈압이 정상이고 당뇨가 없어서 다행이다. 내 나이쯤 되는 노인들의 거의 대부분은 위의 두 가지 증세를 다 가지고 있거나 최소한 하나는 꿰차고 있다. 그런데 나는 아니어서 기분이 좋다.

그러나 몸이 아주 깨끗한 상태는 아니다. 이 나이에 어찌 무병(無病)일 수 있으며 완벽한 건강을 바랄 수 있으랴. 전립선 비대증, 심장병과 부정맥, 신경계통의 질환이 있어서 매일 서너 종류의 약을 복용하고 있다. 뇌졸중을 막기 위한 예방약도 먹고 있다. 하지만 이 정도를 가지고 건강에 이상이 있다고 호들갑을 떤다면 주위로부터 욕을 먹기 십상이다.

　병 때문에 신경을 쓰지 않고 살 수 있게 된 것은 잘 먹고 잘살기 때문이며 건강보험 제도에 따라 높은 의료기술 혜택을 값싸게 받고 있기 때문이다. 예전에는 상상조차 할 수 없는 행복을 나를 비롯한 우리 모두는 두루 누리며 살고 있다. '기적'이라고 평가되는 국가의 경제 성장은 이처럼 개개인의 삶을 몰라보게 바꿔 놓았다.

　화제를 돌려서 다른 얘기를 하자. 습관이란 것은 그토록 고치기가 어려운 것인가. 자주 돌아다니지 않고 집 안에서만 있고 보니 결국 다리의 탈이 더욱 심해져서 지금은 외출할 때 절뚝거리며 힘겹게 보행한다. 이리하여 위기감을 느낀 나머지 2013년 추석 이후 날씨가 신선해지자 거의 매일 바로 집 인근에 있는 개운산 마로니에 마당까지 걷기 운동을 하고 있다. 그러기를 지금까지 8개월여, 몸무게는 5kg쯤 빠져서 기분이 좋으나 왼쪽 다리의 절뚝거림은 별로 호전되지 않았다. 더 악화가 안 된 것만 다행으로 생각해야 하나. 설혹 현재까지 나아지지 않았지만 걷기 운동만은 포기하지 않을 작정이다. 그것마저 포기한다면… 생각하기도 싫다.

　나돌아다니지 않고 아낙군수로 일관한 결과, 큰 것 하나를 얻어서 그나마 다행이다. 『향가여요 종횡론』을 펴낸 것이 바로 그것이다. 이 책의 출판이야말로 정년퇴임 이후 내가 한 일 중에서 가장 표가 나는 실적이라 하겠다. 신형국판 510쪽이면 큰 책이라 할 수 있을 터, 거기에 논문 17편(향가 연구 8편, 고려속요 및 경기체가 연구 7편, 古詩歌와 현대시 엮어 읽기 2편)이 실려 있는데 이 모두는 학회지에 실리지 않은 미발표 원고다.

　현직에서 물러날 때 나는 평생 동안 붙잡고 연구해 온 향가와 고려가요를 성찰하여 마지막으로 저서 한 권을 상재하리라고 계획을 세웠다. 논제는 가급적 두 장르의 本流에 해당되는 것보다는 支流格의 성격이 강한 것, 이를테면 틈새 혹은 이삭(落穗 낙수)과 같은 것을 택하기로 하였다. 언제까지 써야 한다는 시간의 구속이 없이 여유를 가지고 논제를 풀기로 하였다. 한 편의 논문이 완성되면 미발표 상태의 원고로 모아 두었다가 일정한 편수가 되는 시기에 일시에 卒作으로 출판하는 방식을 택하기로 하였다. 이 방법은 내가 평소 늘 소망하던 바였다. 이러한 계획 이외에도 참고문헌을 최소한으로 제한시켜서 내가 생각한 견해의 독립성을 드러내기로 할 것과 특별한 경우 이외에 각주 또한 제한하여 달기로 할 것 등을 집필의 원칙으로 세웠다.

　이상의 몇 가지만으로도 나의 저작물은 질적인 수준을 떠나 일단 이색적이라고 할 수 있지 않을까 싶다. 억지로 별스럽게 책을 꾸미고자 하는 의도는 없었고 다만 학계나 출판계에서 묵수되어온 관행에서 한 번 벗어나고자 하는 심사가 있었던 것만은 분명하다.

　무심하게 지내다가 문득 적당한 테마가 떠오르면 쓰기 시작하여 한 편 한 편 완성하기를 8년 남짓, 이만하면 되겠다 싶어서 2013년 6월 중순, 보관상자에 모아 두었던 원고를 모두 꺼내어서 수정 보완의 과정을 밟기 시작하였다. 늘 그랬듯이 수기(手記) 원고를 셋째 며느리 홍은진에게 넘겨 컴퓨터 작업에 들어갔고 그렇게 해서 재교까지 마친 때가 금년 2월 초였다. 그 작업만 8개월이 걸린 셈이다.

　저서에서 최초로 쓴 원고가 「신라 초기 詩歌를 통해 본 시대별 이상적 인간형」이었다. '유리왕대 도솔가'를 비롯하여 초기 6편의 노래를 각기 개별 작품으로 떼어놓지 않고 한 자리에 모아놓고 보니 이들 노래가 하나의 끈으로 연결되면서 신라가 시대별로 지향한 이상형 인간상이 드러나는 것을 깨달을 수 있었다. 집필 초기에 완성한 다른 논문을 또 하나 예로 든다면 「향가와 인연이 있는 군주들의 남긴 자취」다. 신라의 유리왕·원성왕, 고려의 현종·예종이 이 논제의 해당되는 주인공들인데 향가여요를 작가 중심으로 논의한 기존의 관점에서 방향을 바뀐 군왕의 입장에서 살펴보니 잠복해 있던 여러 양상이 또한 표면화되는 것을 알 수 있었다. 요컨대 시각을 어떻게 잡느냐에 따라 같은 작품일지라도 의미가 달라지는 것을 확인할 수 있어서 보람을 느꼈다. 향가뿐만 아니다. 속요의 경우도 전부는 아니나 대체로 정형화된 고식적인 방법과 안목에서 벗어나 새롭게 풀어낸 것이 바로 『향가여요 종횡론』의 큰 흐름이라고 하겠다.

  이번에 이 책을 내면서 내가 절실하게 느낀 바는 다른 시가(詩歌) 갈래와는 달리 향가와 속요만은 불교·사상·이념 등을 많이 대입할수록 본뜻에서 벗어난다는 점이었다. 식자우환이랄까. 소박하고 예사롭게 읽어야 될 작품을 많은 연구자들은 자매학문의 온갖 이론을 동원하여 분칠하기에 신경을 쓴다. 그 결과 텍스트의 본모습에서 빗나간 해석이 허다한 것을 발견할 수 있다. 예컨대 〈헌화가〉는 수로부인의 '자용절대(姿容絶代)'가 핵심어이다. 세상에 둘도 없는 미모에 혹하여 동해용(강릉지방 토호의 상징어)이 그녀를 납치하였고, 그에 앞서 견우 노옹 또한 미색에 취한 나머지 짝사랑의 심정으로 철쭉꽃을 꺾어 바쳤다. 이렇듯 단순한 것을 남을 위해 어려운 일을 능히 해냈으니 견우 노옹이야말로 이타행(利他行)을 완수한 보살의 화신이라고 규정하는 견해가 있다. 마침 소를 끌고 있었으니 불교의 '십우도(十牛圖)'에 그대로 적중한다는 점을 주장하는 논문도 있다. 어찌 소가 불교에서 말하는 깨달음의 상징만인가. 농부가 소고삐를 잡고 있는, 더욱 자연스럽고 현실성이 있는 장면은 왜 논외에 두는 것인가. 만약 견우 노옹이 보살의 화신이라면 '자용절대의 귀부인'을 돕는 일 따위에 개입할 것이 아니라 삶의 과정에서 어려운 국면에 처해 있는 불쌍한 사람, 이를테면 〈도천수대비가〉의 희명과 그의 아들을 구제하기 위한 일에 동원되어야 마땅한 것이리라. 묻거니와 귀부인의 행복한 욕구를 해결해 주기 위한 보살도 있다던가.

나는 이런 생각을 기본으로 정해 놓고 17편의 논문을 쉬엄쉬엄 써 내려갔다. 향가여요를 위한 학문 연구를 하고자 노력하였지, 학문 연구를 위해 향가여요를 희생시키는 실책을 범하지 않으려고 애를 썼다.

저서로 간행해도 좋으리만큼 모든 작업을 마친 뒤, 예정에 없던 과정을 밟았다. 무슨 얘기냐 하면 이번의 이 책만은 나 혼자 조용히 써서 간수해 온 원고인 점을 감안하여 어느 누구의 도움도, 막(맞)바로 얘기하자면 한두 사람에게 읽기를 부탁하여 조언을 구한다든가, 출판사를 알아봐 달라든가 하는 후원을 요청하지 않기로 하였다. 아무에게도 보여주지 않고 몇 출판사 중에서 어느 하나를 택하여 무작정 찾아가서 의뢰할 작정이었다. 받아들이지 않으면 다른 출판사로 발길을 돌려 교섭할 예정이었다.

그런데 막상 그렇게 실행하려고 하니 갑자기 망설여지며 머뭇거려지는 것이었다. 과연 이 책이 세상에 내놓을만한 수준에 도달해 있으며 또한 가치가 있는 것인지, 무턱 간행했다가 학계로부터 혹평을 받지나 않을 것인지, 심지어 그 나이에 무슨 가당치 않은 저서냐, 그냥 조용히 살다가 저승으로 가는 것이 외려 학계에 도움이 된다는 창피스러운 얘기를 듣는 것은 아닌지… 이런 걱정과 우려가 문득 나를 괴롭히는 것이 아닌가.

그리하여 2월 중순경 정민·이도흠 두 사람에게 一讀을 부탁하였다. 출판해도 좋을지 여부를 가려달라는 뜻에서였다. 일주일쯤 뒤에 먼저 정 교수에게서 전화가 왔다. 통독한 결과 출판할 만한 가치가 있다고 하면서 내가 우려한바 내용이 중복되는 여러 편의 논문들도 이 책의 특성상 불가피한 것이니 그대로 놔두라는 것이었다. 冊의 이름은 『향가여요 종횡론』이 어떠냐고 하였다. 나는 딱 내 마음에 드는 題名이라고 응대하였다. 책 이름 때문에 무척 고심하였는데 정 교수가 마치 활을 쏘아서 과녁을 맞추듯 아주 적절한 것으로 작명을 해주니 순간, 내

속이 후련하였다. 10여 일쯤 지나자 이 교수도 전화를 걸어왔다. 판단은 정 교수와 같았고, 다만 목차 순서의 일부를 변동하는 것이 좋겠다는 소견을 피력하였다.

두 사람에게 검증절차를 밟은 결과가 이와 같으므로 나는 안도하면서 자신감을 갖게 되었다. 이제 내가 할 수 있는 모든 일은 다 끝났다. 출판사를 찾아가는 일만 남았다. 이것만은 남에게 폐를 끼치지 않고 내가 직접 나서고자 하였으나 정 교수가 자신이 대신하겠다면서 만류를 하였다. 내 체면과 위신을 고려해서다. 이에 나도 더 고집을 부리지 않고 그에게 일임하였다.

3월 3일에 보고사 김흥국 사장에게 정 교수가 전화를 걸어서 흔쾌하게 답을 받아냈다. 그 이튿날인 4일 오후, 나는 출판사에 가서 사장을 만나 구두 계약을 하였다. 이렇게 해서 노년에 집필한 저서의 간행 작업이 시작되었거니와 여태까지 여러 권의 책을 상재하였으나 이번처럼 단기간 내 발행해 보기는 처음이었다. 4월 14일에 책이 나왔으니 (판권의 발행일자는 4월 18일) 원고를 보낸 지 꼭 40일 만이다. 鄭·李 두 사람도 놀라는 표정이었다. 다음 날인 15일에 나는 출판사 김 사장과 편집장 및 실무자, 그리고 정·이 교수를 보고사 인근에 있는 음식집에 초대하여 감사함과 동시에 책의 출판을 자축하는 자리를 마련하였다. 그날 정 교수가 56도짜리 중국의 독주를 가지고 나왔는데 소주와 함께 이 술을 마시고 나는 그만 대취하였다. 참으로 즐거운 자리였다.

이 책에 대한 평가는 독자가 내릴 터, 어떤 얘기가 나와도 나는 겸손하게 들을 예정이다. 望八旬 나이에 쓴 글이니 깊이 따지지 않고 무조건 관대하게 수용하겠다는 반응이 일부 독자들에게서나마 나온다면 나는 그런 온정주의적 평가는 사양하겠다. 참말을 말하자면 이 나이에 500여 쪽에 달하는 저서를 펴냈다는 그 자체에 나는 자긍심을 가지고 있다. 솔직히 말해서 쉬운 일은 아니지 않은가. 그러나 이런 생각은 나 혼자만의 것이고 독자의 엄격한 평가는 따로 있는 것이다. 이런 원칙에 관한 한 나는 일찍부터 익숙해 있다.

 17편의 논문을 쓰던 지난 8년여 동안 나는 참으로 행복하였다. 은퇴 이후에도 전공 학문에 심취할 수 있었기 때문에 행복하였고, 아침에 눈을 뜨면 그날 할 일이 나를 기다리고 있어서 행복하였다. 반면 쓰다가 막혀서 며칠 몇 날, 심할 경우 몇 달, 혹은 길면 반년쯤 손을 놓고 있을 때면 우울하기 이를 데 없었다. 불안하기까지 하였다. 행복한 8년여의 시간을 보내고 마침내 표지도 산뜻한 나의 분신을 손에 쥐었을 때는 더욱 행복하였다. 지난날 몇 권의 저서를 낼 때와는 비교가 안 될 정도로 행복하였다. 오늘 이후, 그런 행복한 일거리가 다시 이어질지는 알 수 없다.

 『향가여요 종횡론』에 관한 기록은 여기서 끝난다. 그런데 이것 말고 장기적으로 글쓰기를 한 것이 이 자서전적인 기록물 말고 한 편이 더 있어서 이 절 말미에서 언급하기로 한다. 題하여 『생각의 곳간』이란 글이다. 정년퇴임 이후 살면서 느끼고 생각한 바를 그때그때 써서 모아 놓은 수상집이다. 話題는 신변잡기에서부터 時論적인 성격이 강한 글에 이르기까지 잡다하면서 다양하다. 수상문이라는 이름이 붙은 문장은 대체로 200자 원고지 10~15매로 마무리된다. 그러나 나의 이 글은 그렇지 않다. 처음 쓸 때부터 매수에 제한을 두지 않고 생각한 바를 다 털어놓기로 하고 시작하였다. 쉽게 말하자면 평소 할 얘기가 많은 사람이 마침 남의 얘기 듣기를 좋아하는 청자(聽者)를 만나 "기회가 왔다" 하는 생각이 들어 자리에 퍼질러 앉아서 장광설(長廣舌)을 늘어놓는 식으로 썼다는 말이다. 왜 이런 요설(饒舌)식의 글쓰기를 택했느냐 하면 우리가 살고 있는 이 시대인즉 느림의 미학은 거의 보이지 않고 그저 빠른 것만을 좋게 여기는 시대요 또한 요점 중심의 짧은 것을 선호하는 세상이다. 이러한 현실에 일부러 거역하고 싶은 생각이 작용하여 원고 매수에 구애를 받지 않고 마냥 느긋한 심정을 유지하며 썼다. 청탁받고 쓰는 원고도 아니거늘 서둘러서 끝맺음을 할 필요가 없었다.

이 『생각의 곳간』도 위 『향가여요 종횡론』의 첫 원고를 쓴 이후 4·5년쯤 지나서 起筆하였다. 복수의 글쓰기를 함께한 셈인데 특히 『향가여요 종횡론』의 진도가 나가지 않고 멈춰 있을 때 이 수상문 쓰기로 방향을 돌리곤 하였다.

원고지나 A4용지를 사용하지 않고 매년 연말이면 여러 기관에서 배포하는 책자로 된 1년 동안의 備忘錄('다이어리'라고 하던가)을 세 아들에게 부탁하여 받아다가 활용하였다. 학생들이 쓰는 노트보다 한결 좋았다. 매 페이지의 양면을 모두 쓰지 않고 한쪽만 사용하였는데 지금까지 완성해서 보관해 둔 것이 전부 13권, 가장 최근에 쓴 글이 2013년 6월의 것이다. 이처럼 1년 동안의 공백이 있는 까닭은 『향가여요 종횡론』의 출판을 준비한 기간과 맞물려 있기 때문이었다.

2) 『集福軒筆帖』(사도세자 眞蹟과 춘방관들의 편지)에 관하여

2012년 1월 22일, 음력 섣달그믐날이었다. 정민 교수가 내 집에 왔다. 이런저런 얘기를 하다가 나는 서랍을 열고 그 안에 보관해 오던 필첩(筆帖)을 그에게 주면서 감정을 부탁하였다. 실인즉 오래전, 그러니까 약 20년 전부터 기회를 보아 그 필첩을 그에게 내놓으려고 여러 번 시도하였으나 그때마다 그만두곤 하였다. 필첩을 함부로 다루어서 모양새가 말이 아니므로 명색 글하는 사람의 체면이 구겨질 대로 구겨진지라, 선뜻 용기가 나지 않았기 때문이다. 그런 이유로 계속 미루어 오다가 나이 팔순이 가까워 옴에 더 이상 묵혀 둘 수가 없어서 정 교수의 눈을 빌리기로 한 것이다.

이 필첩은 나로서는 국민학교 3·4학년 때 처음 본 기억이 나지만 실인즉 그 오래전부터 그러니까 증조부 때부터 집안에 전해오던 것으

로 알고 있다. 조상님들의 돌아가신 날짜를 적은 기안(忌案)과 지방(紙榜)용 한지가 늘 이 책갈피에 끼어 있어서 집안의 제삿날과 명절 차례 때면 으레 제사상 앞에 놓이곤 하는 그런 서첩이다. 정 교수에게 보여 준 그다음 날이 설날이므로 역시 그 명절날도 늘 해오던 관례에 따르게 되어 있었다.

필첩은 모두 10장으로 되어있다. 앞의 5장은 앞뒷면에 큰 글자로 한 자씩 썼는데 '忠臣必求於孝子之門'이라고 한 뒤 끝장에는 그보다 작은 글자로 '集福軒寫'라고 적어 놓아서 글씨 쓴 이의 堂號가 '집복헌'임을 알 수 있다. 나머지 5장에는 각 면마다 간찰이 한 통씩 붙어 있는데 3인의 초서 편지였다. 편지 상단에는 쓴 사람의 성씨와 관향, 벼슬명을 적어두어서 참고토록 하였다. 물론 간찰에도 발신인의 이름이 있었다. 초서로 된 편지글인지라 나로서는 해독이 불가하여 한학 전공자인 정 교수에게 부탁하게 된 것이다. 앞의 큰 글씨는 요컨대 '孝'를 강조한 것이므로 그 때문에 제사 때마다 이 필첩이 제사상 앞에 놓였다고 사료된다.

그건 그렇고, 내가 꼭 알고자 하는 것은 '忠臣必求…'라고 쓴 그 명필 수준의 글씨는 누구의 것이며 그 뒤를 잇고 있는 3인의 편지는 앞의 것과 어떤 관계가 있는 것인지, 그리고 이 필첩이 어떤 연유로 우리 집에 전해오는지, 혹시 윗대 조상과 연관된 것은 아닌지 등이다. 단 간찰의 발신인이 내 조상이 아님은 성씨가 다르다는 점으로 금방 알 수 있다. 이러한 궁금증은 조부(1888~1973)께서 생존 시 내가 직접 여쭤보았다면 어렵지 않게 풀렸을 터인데 무관심으로 지내온 탓에 그런 기회를 만들지 않아서 일어난 것, 한두 번 자책한 것이 아니다.

할아버지께서 돌아가신 직후에야 '집복헌'이 누구인지를 서둘러서 알고자 故事大典 등에 있는 옛 사대부들의 雅(堂)號 편을 뒤졌으나 무위로 끝났다. 그러던 차 1975~6년경 강원대 국어교육과 교수로 재직

할 때 「고전산문 강독」 시간에 혜경궁 홍씨의 『한중록』을 한 학기 강의할 기회가 있었다. 여러 고전소설 중에서 왜 하필 『한중록』을 교재로 택했느냐 하면 1950년대 말, 내가 대학 4학년 때 김용숙(金用淑) 교수의 『한중록』에 관한 연구 논문을 읽고 크게 감동한 바 있어서 수강 학생들과 함께 다시금 그 진한 느낌을 공유하고 싶었기 때문이다.

김 교수의 정신분석학적인 연구를 간추려 설명하면서 텍스트를 읽어가던 차, 실로 뜻밖에도 '집복헌'이라는 세 글자와 나는 그 책에서 만났다. 얼마나 반가웠는지 모른다. '집복헌'인즉 창경궁에 있는 건물의 이름이고 무엇보다도 중요한 것은 그곳에서 비극의 왕자인 思悼世子가 태어났다는 사실이다. 『한중록』에 그렇게 명기되어 있었다. 그렇다면 우리 집에 전해오는 예의 필첩에서 앞의 큰 글씨로 '忠臣必求…'라고 쓴 주인공은 다른 사람이 아닌 바로 사도세자일 가능성이 높다는 결론이 나온다. 단정적으로 말하지 않고 '가능성' 운운한 까닭은 다른 왕자도 집복헌에서 태어날 수 있는 경우를 상정하지 않을 수 없고, 또한 民家의 宅號일 확률도 배제할 수 없기 때문이다.

여기까지가 필첩과 관련하여 그때까지 내가 알고 있는 정보의 전부다. 단지 그렇게만 알고 길고 긴 세월을 허송하다가 정 교수에게 넘기기에 이르렀는데 그때 긴요한 단서가 될 수 있는 위의 사실을 그에게 알려주었다.

그로부터 약 한 달쯤 지나서였다. 정 교수에게서 전화가 왔는데 수화기를 통해 들려오는 그의 목소리는 자못 흥분된 음성이었다. 집복헌은 곧 사도세자이고 간찰의 발신인은 서첩의 차례대로 밝히면 권정침(權正忱, 1710~1767), 유관현(柳觀鉉, 1692~1764), 이우(李㙖, 1762~?)인데 앞의 두 사람은 侍講院의 관원으로서 세자의 스승이었고 뒤의 이우는 1782년 영남 선비 1만 5천여 명이 올린 사도세자 사망 관련 의혹 해명을 요구한 상소에 소두(疏頭)로 이름을 올린 인물이었다는 것이다. 이 3인의 편지(수취인이 누구인지는 알 수 없음. 옛 간찰은 봉투에 받는 이를 밝히고 속의 편지에는 생략하는 것이 통례라 함)가 이와 같이 사도세자와 직·간접으로 인연이 있는 인물들의 것인즉 앞의 큰 글씨가 세자의 것임을 직감할 수 있다고 하였다. 또한 이 필첩이 그냥 아무 뜻 없이 합철된 것이 아니라 남인(南人)계 어느 인사가 의도적으로 만들어서 보관한 것임을 짐작할 수 있다는 것이 정 교수의 얘기였다. 그의 얘기를 듣는 나 역시 들뜬 기분이었다.

그의 얘기는 계속되었다. 필첩 앞부분의 글씨가 사도세자의 것임은 '집복헌'이 쓴 것이라고 명기한 것만으로도 충분히 입증되지만 더 확실하게 다지기 위해서 동묘(東廟)에 관우(關羽, 東關王)를 기리기 위해 세운 비석의 글씨를 직접 가서 본 결과 의심의 여지가 없다고 결론을 내렸다는 것이다. 예의 비석문은 사도세자가 쓴 글씨다.

내가 그에게 기대한 것의 반은 여기까지였다. 그는 이것으로 만족할 수 없고 뒷부분 3인의 간찰 4통까지 해석하여 그 전체적인 의미를 성찰하는 논문쓰기에까지 이어져야 한다고 하면서 지금 起筆하였다는 것이었다. 전혀 예상조차 하지 못했던 선에까지 우리 집 소장의 필첩은 맞닿아 있었다.

그리하여 정 교수의 「集福軒筆帖과 사도세자 춘방관들의 편지」라는 논문이 그해 6월 『문헌과 해석』지 여름 59호에 게재되었다. 「집복헌필첩」이라는 이름은 이번에 정 교수가 지어서 명명한 것이다. 원래의 필첩 표지에는 아무것도 쓰여 있지 않았다. 이 논문에서 그는 크게 3장으로 나누어서 필첩의 구성, 3인의 편지 해석과 사도세자 죽음과의 관계, 장첩 경과 등을 규명하고 성찰하였다. 특히 후자 장첩 경과를 캐는 일에 그는 아주 애를 먹었다. 앞의 과제 둘은 당시의 역사적인 기록 등이 있어서 크게 고생하지 않고 풀렸는데 그와는 달리 이 필첩이 누구에 의해서 장첩되었으며, 어떤 이유로 우리 가문에서 소장하게 되었는지는 쉽게 해명되지 않았다. 무엇보다도 사도세자의 글씨를 받은 사람이 누구인지가 몹시 궁금한데 여러 각도에서 고찰하여도 알 수가 없었다. 3인의 간찰을 누가 모아서 사도세자의 진적과 합쳐 놓았는지 전혀 알 수가 없었다. 단서가 없기 때문이었다. 이 과제를 풀기 위해서 정 교수는 여러 번 전화를 통해 나에게 우리 가문의 족보를 보고 몇 가지를 확인해 달라고 하여 나도 집중해서 살폈으나 무위로 끝나고 말았다.

풀리지 않은 문제는 그대로 남겨둔 채 그의 논문은 발표되었다. 예의 필첩이 임자를 제대로 만나서 뜻밖에 학술논문을 낳기에 이른 것을 나는 무한히 기뻐하면서 정 교수에게 고마움을 표시한다.

논문이 나오기 두 달 전쯤인 그해 4월 23일『조선일보』A12면에 이에 관한 기사가 나왔다. 이 또한 기대하지 않았던 일이다. 정 교수에 의하면『문헌과 해석』동인들의 발표모임이 있으면 신문사 학술담당 기자가 자주 와서 취재해 가는데『조선일보』에 보도된 것도 바로 그 덕을 본 것이라 하였다. 읽어보니 다 좋은데 필적을 감정한 두 사람 중 한 사람은 사도세자 친필 중에 큰 글씨가 없어 진위를 단정하기는 어렵다고 토를 달아놓아서 영 기분이 좋지 않았다. 정 교수의 논문을 그가 읽었다면 그런 흐릿한 소리를 하지 않았을 터인데『문헌과 해석』지가 신문기사 보다 뒤에 간행된 것이 아쉽다고 하겠다.

『집복헌필첩』에 관한 얘기는 여기서 끝나지 않는다. 예상치도 않았던 일이 또 일어났다. 2012년 그해는 사도세자의 250주기가 되는 해였다. 우연찮게도 필첩이 세상에 공개된 시기와 맞물리게 되었다. 이에 수원화성박물관에서는 '사도세자 서거 250주기 추모 특별 기획전'을 6월에 열었다. 그 전시회에『집복헌필첩』이 출품되었고, 또한 기념 책자인『思悼世子』(호화 대형 4·6배판, 쪽 343쪽)에 글씨와 함께 예의 정 교수의 논문이 전재(轉載)되었다. 나도 6월 어느 날 아내와 같이 추모

기획전을 관람하고 왔는데 英·正朝와 사도세자를 기리기 위한 박물관의 규모가 매우 거대하다는 느낌을 받았다.

또다시, 올해 2014년 봄 3월에 있었던 일을 기록해 두는 것으로 마무리 짓는다. 솔직히 고백하거니와 나는 이 필첩이 사도세자와 직·간접적으로 연관된 것이라는 사실이 최종 확인될 때 당연히 반가웠으나, 한편 기분이 썩 좋지 않았다. '집복헌'이라는 인물이 다른 사람이기를 은근히 바랐었다. 그런 나의 기대와는 달리 사도세자로 결론이 난 후, 나는 이 필첩을 더 이상 우리 집에 두고 싶지 않았다. 사도세자의 죽음과 같은 비참한 최후가 또 어디 있는가. 그가 자연사를 하였다면 왜 내가 이 필첩에 애착을 갖지 않았겠는가. 그러기는커녕 한 나라의 세자가 父王에 의해서 뒤주에 갇혀 죽은 이 참사가 너무나 끔찍하였고, 그리하여 그 주인공이 쓴 글씨조차 내 마음에서 멀어지는 것을 느꼈다. 마침 사도세자를 기리기 위한 훌륭한 박물관이 5년 전에 세워져서 나도 다녀온 터, 이렇게 연결됨에 따라 나는 금년 2월, 결단을 내렸다. 내 심정이 그런즉 명분도 살릴 겸 유관 기관에 기증하는 것이 의미가 있는 일이라고. 이렇게 결심한 뒤 정 교수를 만날 기회가 있어서 의향을 물었더니 그렇게 하는 것이 좋겠다고 동조하였다. 결론이 난 이상 지체할 필요가 없었다. 정 교수가 박물관에 연락을 하였고 크게 반긴 직원이 우리 집에 와서 인수인계서를 작성하고 필첩을 가져갔다. 그날이 2014년 3월 11일, 남녀 직원 둘이 승용차를 타고 아파트 경내를 빠져나갈 때 뒤에서 그 광경을 보던 나는 갑자기 울컥 상실감이 북받쳐 오르는 것을 느꼈다. 증조부 때부터 소장하던 필첩을, 그것도 제사와 명절차례 때에 소중히 다루던 필첩을 내가 내 마음대로 외부 기관에 보내는 것이 조상님께 죄를 짓는 것 같아서 순간 마음이 괴로웠다. 좋은 일을 하는 것이라고 자위하는데도 심정은 평정심을 유지하지 못하였다. 내가 큰 잘못을 저지르는 것이 아닌가 하는 자책심도 일어나서 제어하기 힘들었다.

그 후 한두 달쯤 지나서 이 사실을 안 손자 종후(고2), 종화(중1)가 왜 거기에 줬느냐고 물으며 섭섭해 할 때, 나는 더욱 괴로웠다. 자식들에게만 알려서 양해를 구하였을 뿐 어리다는 이유로 손자들의 의견을 묻지 않고 처리한 것을 후회하지 않을 수 없었다. 그러나 어쩌랴, 이미 저지른 일이거늘… 다만, 이 필첩을 많은 사람들이 열람하기만을 바랄 따름이다.

이 절 말미에 성주군 수륜면 오천리 소재 선영(先塋)을 파묘(破墓)하여 같은 산, 나직한 밑자락에 수목장으로 개장(改葬)한 사실도 적어둔다. 『집복헌필첩』이 요컨대 조상대에 소장하기 시작한 것이므로 윗대 산소에 관한 사연도 이와 함께 기술하는 것이 적절하다는 생각에서 略記(약기)하는 것이다.

내가 돌보야 할 직계 조상님의 묘는 六代祖 이하 先考(선고) 대까지 모두 스물한 분이다. 문중의 소종 중에서 관리하는 묘보다 많다. 스물한 분 중에서 부모님 산소는 경기 포천 혜화동 천주교 묘지에 있고 그 외 열아홉 분의 묘소가 수륜면 先山에 모셔져 있다. 조부 대는 말할 것도 없고 부친께서 생존 시에도 時祭 때를 비롯해 1년에 한두 번은 다녀오셨다. 그러다가 1998년 아버지께서 돌아가신 이후로는 내가 매년 음력 10월 초에 주로 셋째 아들 상규, 그리고 아내와 함께 참배를 하였다. 그곳에 내려가기 전에 늘 중년 나이 족친에게 부탁하여 벌초를 마치도록 하였는데 적절한 액수의 수고비를 지불하였음은 물론이다. 그렇게 매해 하다 보니 돈을 주고도 신세를 지는 느낌이 들었고 그도 또한 나에게 대단한 시혜를 베푸는 양 행동하는 것으로 느꼈다. 그것까지는 감수하겠는데 1970년대에 정부에서 실시한 산림녹화가 대성공을 거둠에 따라 선산 여러 곳에 흩어져 있는 산소를 찾아가는 일이 보통 어렵고 힘든 일이 아니었다. 그곳에서 자란 50대 초반의 위일가 아우도 가끔 산속에서 길을 잃을 때가 있다는 얘기이고 보면 지금까지의 그 상태대로 두어서는 안 되겠다는 생각이 들었다. 마침 1990년대부터 전국 각 문중에서 누대(累代)의 조상 묘를 파묘해서 한곳에 모시는 천장(遷葬) 작업이 본격적으로 시작되어 관심을 끌기에 이르렀다. 이러한 천장·개장의 바람이 한 해가 다르게 확산된 까닭은 고향을 떠나 도시로 삶의 터전을 옮긴 수많은 출향(出鄕)의 자손들이 조상 묘를 일일이 관리하기가 매우 어렵게 되었고, 나아가 우리 연배(年輩)까지는 그럭저럭 감당하겠으나 그 아래 자식·손자 대에 이르러서는 성묘조차 하지 않아서 조상 묘가 어디 있는지도 알지 못할 것이 뻔하기 때문이다. 심하면 알려고도 하지 않을 터, 이렇게 되면 결국 실묘(失墓) 사태까지 일어나기 십상임은 불을 보듯 환한 일이기 때문이다. 거기에 더하여 앞에서 말한 바와 같이 빽빽하게 우거진 산을 여기저기 헤매는 일도 고역, 그러한 고역이 쌓이다 보면 매년 하던 일을 두 해 걸러서, 혹은 서너 해 걸러서 하다가 나중에는 자식 대에 갈 것도 없이 우리 세대에서 중단되는 극단의 지경에 접어들 수도 있을 것이다.

　이 시대에 와서 대두된 이런 여러 가지 점을 나름대로 숙고한 끝에 나는 마침내 열아홉 분의 묘를 파서 한곳에 천장하기로 결단을 내렸다. 그리하여 2009년 한식 무렵에 작업은 시작되어 3일 만에 끝났다. 합장의 터는 약 40평쯤이었고 평묘(平墓)가 아닌 봉분묘로 하였다. 이제 내 할 일을 다 했구나 하고 안도하였는데, 그게 아니었다. 매년 늦가을에 벌초하였는데 두 해가 된 후에 산소를 보니 어른 손바닥 크기의 잡초가 산소 전체를 덮다시피 하고 있어서 징그러울 정도였다. 일을 맡아했던 이장업체에 항의 겸 改修작업을 의논하였더니 제초약으로도 안 되고 그곳 시골에 살면서 오며가며 풀을 뽑지 않고 도시에 있다가 1년에 한 번 벌초하는 것으로는 묘를 제대로 관리할 수 없다는 얘기였다. 대규모 공원묘지와는 경우가 다르다는 것이었다.

이에 숙고 끝에 다시 묘를 파서 인근 여러 그루 나무 밑에 수목장으로 모셨다. 2012년 5월, 재작년의 일이었다. 두 번씩이나 산소를 파면서 고백컨대 내 마음은 편치 않았다. 얼마 전까지도 상상조차 못 했던 일을 내가 겁도 없이 저질러서 조상님께 죄를 지은 기분이었기 때문이다. 이 말 이외 더 말을 하고 싶지 않다. 이 과정에서 산소마다 정민 교수가 붓글씨로 써준 상석이 아깝게 땅속에 묻혀버리고 말았다.

용인으로 이사 오기 직전인 2016년 12월과 이사 직후인 2017년 2월은 복 받은 달이요, 감격스러운 해였다. 손녀 민영(旻英)이가 고려대 미디어학부에, 손자 종후(鐘厚)가 연세대 독어독문학과에 합격하였다. 대학에 가기가 얼마나 어려운 시대인가. 그것도 이른바 SKY대의 학생이 된다는 일이 얼마나 힘든 일인가. 그렇듯 들어가기 어려운 최고 명문대학에 두 아이가 떡하니 붙었으니 이것이 복이 아니고 무엇이랴. 경사도 이런 경사는 쉽게 누릴 수 없을 터, 필시 하느님께서 내려주신 은사요 조상님의 음덕이 작용한 결실이리라.

평생을 대학교수로 살아온 나이지만 이 나라의 고질적인 대입광풍이 정상을 한참 넘어 불치의 병인 양 굳어져 있음에 늘 걱정하며 살고 있다. 고교 졸업생의 80% 대학진학, 고3 교실의 전장화(戰場化), 학교 교육의 무기력과 학원 수업의 번창, 교육에 대한 학부모의 열풍…. 이런 현상이 요컨대 非教育的이요, 청소년·가정·학교 나아가 국가를 병들게 한다는 사실을 우리는 모두 익히 알고 있다. 그럼에도 어쨌거나 대학을 나와야 되고 대학졸업장이 마치 주민등록증과 같은 것이 되어서 그게 없으면 세상 살아가기가 여간 힘들지 않다는 사실 또한 지실(知悉)하고 있다.

하여, 길게 너스레를 늘어놓지 않고 내가 막바로 한두 해 동안 살아온 바를 말하자면 내 손주 둘이 대학에, 그것도 제일가는 명문대학에 입격하기를 하루도 빠지지 않고 기도를 하며 조마조마하게 기다려왔다. 그렇게 해서 기쁜 응답에 접하니 하늘을 나는 기분이었다.

우리 집은 나와 아내, 삼 형제와 세 며느리 모두 8명이 고려대 본교 출신이다. 거기에 민영이가 이번에 들어왔으니 3代 9명의 동창 교우 집이 된다. 아마도 고려대 역사상 전무후무한 기록이 우리 집에 의해서 세워졌다고 사료된다. 몇 교우 가문이 숫자로는 우리를 능가하나 순전히 직계 존비속과 조치원캠퍼스가 아닌 본교 졸업생만으로 구성되어 있지는 않다.

이런 기록도 상쾌하거니와 종후의 연세대 입학은 더더욱 기쁘고 통쾌무비한 일! 온 가족이 손바닥을 치면서 자축하였다. '군계일학(群鷄一鶴)'에 근거하여 이를 造語한다면 '군고일연(群高一延)'이 될 터.

매듭을 짓는다. 당연한 말이지만 입학은 인생 살아가는데 꼭 넘어야 할 여러 고개 중 첫 번째의 마루일 뿐, 그러니 이것이 시작일 뿐, 전공학문의 내실을 채우는 공부에 충실하기를 간절히 바란다. 뿐이랴 심성과 교양과 좋은 벗 사귐과 낭만도 즐기는 학창생활을 두 손주가 경영하기를 바란다. 그럭저럭 보내는 무의미·무기력한 캠퍼스 생활에 빠지지 않기를, 그리하여 졸업 후 어디에 가서도 '재목' 노릇을 톡톡히 할 수 있는 인재가 되기를 나는 두 손 모아 기원한다.

1980년대 세 아들이 대학에 진학할 때도 나는 물론 기뻤다. 그러나 이 자서전에서처럼 상세하게 기록하지 않았다. 그런데 이번 두 손주의 경우는 이처럼 그때와는 다르다. 어쩐 일인가. 내가 늘 꿈꾸던 가문 융창에 반드시 필요한 3代 지속의 운세가 이어지고 있음을 겪고 있기 때문이다.

3) 菊史 印權煥을 애도함

국사 인권환, 그가 이승을 떠났다. 나의 평생의 벗, 60년 동안의 知己之友였던 그가 우리 곁을 떠났다. 아ㅡ. 국사 그 동무가 나에게 이별을 알렸고 나는 그 친구를 여의었다. 그와 나는 한평생을, 한 시대를 혈육처럼 그렇게 단짝으로 살았다. 나의 분신 같던 그가 오랜 세월동안 크고 작은 병마에 시달리다가 저승으로 갔다. 향년 80세. 2017년 1월 5일 저녁 8시경 부음을 들은 나는 감각이 없었다. 아ㅡ 국사, 느낌이 없었다.

좋은 세상으로 떠나기 일주일 전, 부인 이우주 여사의 주선으로 국사 인권환 교수와 마지막으로 통화하였다. 그것이 영원한 이별의 전화인지도 모르고 통화하였다. 겨우 2분가량의 통화였는데 그가 무슨 말을 하는지 통 알 수가 없었다. 건강에 유념하라고 당부한 후 전화기를 놓았다. 이승에서 그의 삶이 얼마 남지 않았음을 예견한 부인이 어렵사리 만든 기회였는데 아깝게 허비하고 말았다.

국사 그가 갔다. 1년 8개월이 지난 지금까지도 나는 그의 죽음을 실감하지 못하고 있다. 거기까지 생각이 닿지 않고 있다.

4) 『향가여요의 역사』를 상재(上梓)함

1

금년 2018년 2월 초에 『향가여요의 역사』(지식산업사, 총 287쪽)를 간행하였다. 우연찮게도 나의 학술연구서는 65세 정년퇴임을 전후한 무렵부터 15년이 지난 오늘에 이르기까지 모두 4권이 몰려서 출판되었다. 특히 2014년 77세 때 펴낸 『향가여요 종횡론』과 올해 81세에 상재한 이 책은 나름 작은 의미가 있다고 자평한다. 저서의 질과 수준을 떠나 팔순의 고령자가 내놓았다는 점에서 그렇다. '현역으로서 아직 살아있음을' 입증하였다는 점에서 그렇다.

『향가여요의 역사』를 집필하기까지 나는 장기간을 두고 숙고, 또 숙고의 과정을 거듭하였다. 詩歌史는 향가·속요·경기체가·악장·시조·가사 등의 역사적인 장르 모두를 대상으로 정리하는 것이 원칙이다. 일컬어『한국시가문학 通史(혹은 全史)』의 체재를 갖추어야 제대로 된 詩史가 된다. 국문학 연구 초창기에 陶南(도남) 조윤제 선생의『朝鮮詩歌史綱』이 그 예가 된다. 그러나 도남의 이 불멸의 업적은 80년 전쯤에 있었던 극소수의 자료와(당시로서는 최대한 찾아낸 것이다) 이에 대한 고증 및 해설 위주의 기초적인 저술이라서 역사적인 소임을 다한 지 이미 반세기 또는 그 이상 지났다. 그렇지만 최초의 시가사라는 영예는 그대로 유지되고 있다.

그 이후, 우리의 고전문학 연구는 모든 갈래에서 괄목상대라는 말로도 부족하리만큼 장족의 발전을 해왔다. 쌓여 있는 論著가 옛 중국식의 과장법을 빌리자면 '泰山'을 방불케 한다. 국문학계의 현황이 이러하므로 국문학통사나 詩歌文學全史(通史)를 쓴다는 것은 여간 어려운 일이 아니다. 태산 같은 연구논저를 읽고 자신의 견해와 史觀을 살리면서 집필해야 하는 작업이기 때문이다. 저간의 사정이 이러함으로 나는 詩歌全史를 쓰는 일은 생각조차 하지 않았다. 정민 교수는 수시로 그걸 쓰라고 권고하였지만, 능력 밖의 일이라고 손사래를 치곤 하였다. 그렇게 지내 오기를 十數年, 지난번『향가여요 종횡론』을 내놓은 뒤 얼마 지나지 않아서 문득 괜찮은 생각이 떠올랐다. 全史·通史는 불가능하나 나의 주 전공 분야인 향가와 속요(여요)의 分類史·장르史에 손을 대는 것은 그리 어려운 일이 아니지 않겠는가 하는 생각이었다.

한동안 이런 생각을 거듭하다가 마침내 집필하기로 결정하였다. 하여 2015년 봄부터 쉬엄쉬엄 쓰기 시작해서 2년 만인 2017년 초에 탈고하였다. 책을 쓰는 동안 어려운 점과 크게 어렵지 않은 상반된 두 가지 점이 있었다. 전자에 해당되는 것은 향가·속요 모두, 특히 후자의 경우 史的으로 엮기가 지극히 어려웠다는 점이다. 이를테면 두 장르 모두 극소수의 작품만 전해오는 데 이런 재료를 가지고 요리를 하여 상차림을 하자니 고역이 아닐 수 없었다. 시대에 따라 생산된 텍스트가 많거나, 설사 적더라도 한 線으로 연결시킬 수 있는 형태로 놓여 있어야 되는데 點點으로 떨어져 있으니 독립된 작품론은 可하나 史的인 연결은 거의 不可할 정도였다. 그나마 향가는 작자와 시대가 밝혀져 있어서 손을 쓸 수 있었으나 두루 알고 있다시피 속요는 鄭敍의 〈정과정〉만이 작자·연대 모두 알려져 있고, 충렬왕 때의 〈쌍화점〉은 시대는 밝혀져 있으나 누구에 의해서 채록되었는지 학설이 분분한 터이다. 그 나머지는 작자와 연대 모두 미상이다. 저간의 사정이 이와 같으니 향가여요史 쓰는 일이 難事에 해당된다고 말하는 것이 결코 과장된 언사라고 할 수 없으리라. 그럴지라도 지혜를 짜내어서 '박노준표 향가여요의 역사'를 편찬해내자는 각오로 작업에 임하였다.

크게 어렵지 않았던 것은 지난 반세기 동안 내가 펴낸 향가 및 속요에 관한 저서가 여러 권 쌓여 있어서 이를 모본(母本)으로 쉽게 활용할 수 있었다는 점이다. 예의 前著가 없었다면 이 책의 집필은 아예 불가능하였다고 말하여도 무방하다. 이 말은 한두 분야의 하위 장르를 오랫동안 전문적으로 연구하고 천착하지 않으면 全史가 아닌 분류사·장르사의 집필일지라도 엄두를 내기가 어렵다는 말과 통한다.

향가여요에 관한 별도의 책을 읽지 않아도 되리만큼 개론서(槪論書)의 성격까지도 겸하기로 집필 기준을 정해 놓고 쓰다 보니 전저(前著)의 대부분을 쉽게 간추려서 옮겨 놓을 수 있어서 품이 덜 들어서 편했다. 물론 이번에 새로 성찰한 바도 내포되어 있으나 책의 전반적인 주류는 그와 같다고 할 수 있다. 서문이나 본문의 한두 군데에서 이런 점을 확실히 밝히면서 사서(史書)는 기왕의 연구 성과에 의존하는 것이 정상적이라는 점을 피력하였다. 전저의 활용이 이처럼 당연한 바이지만 집필하는 동안, 그리고 출판된 이후, 여러 번 과도하게 원용하지 않았는가 하는 생각이 들곤 하였다. 그래서 활자화된 책을 두 번이나 통독하며 그 비중이 어느 정도인가를 살피기도 하였다. 그런 과정을 밟은 결과, 내가 과민하게 우려하였다고 최종적인 판단을 내렸다.

총론(서론) 격에 해당되는 부분 중에서 '간보기'식으로 이번에 새롭게 조명한 몇 가지를 적는다. 향가의 필수요건과 그 개념인즉 '향찰'이라는 특수문자를 표기수단으로 하였다는 사실을 '천명'('강조'보다 더 센 어휘로 이해함)하였다. 향찰이 향가의 필수 요건이 아니라고 주장하는 학자들이 의외로 많다. 그런데『삼국유사』를 세밀히 살펴보니 그들의 학설이 틀렸음을 파악하였다. 이를 확실히 부각시켰다. 한편『삼국사기』와『삼국유사』에는 최초의 향가인 〈도솔가〉가 3대 유리왕(儒理王) 때 나라에서 제정한 것으로 기록되어 있다. 이에 50여 년 전 오사(吾師) 조지훈(趙芝薰) 선생은 A.D.28년인 그 왕 때에는 한자를 재창조한 향찰이 나올 수 없다고 전제한 뒤 위 기록은 착오임이 확실하다면서 14대 유례왕(儒禮王) 대 작으로 규정하였다. '단정한다'는 표현을 쓰면서 그렇게 논급하였다.

이 문제를 놓고 나는 지난 반세기 동안 꾸준히 성찰하였는바, 이번에 비로소 나름대로 생각을 정리하였다. 구전가악(口傳歌樂)으로는 유리왕 때, 향찰로 기재(記載)된 시가로 정착된 시기는 유례왕 때라고 결론을 내렸다. 옛 문헌과 스승의 견해를 절충한 것이 아니냐는 물음이 있을 수 있으나 그게 아니고 수정이라고 함이 마땅하다. 그야 어쨌든 우리 시가문학의 기원(발원)에 관한 중요한 문제를 처음으로 이론을 제기한 스승님의 학문적인 혜안을 기리며 경의를 표한다.

또 하나를 들자면 향가 연구의 초기 이후 오늘에 이르기까지 그 형식에 있어서 4·8·10행의 점진적 성장론이 정설로 굳어져 있었는데 이를 뒤집은 것이다. 깊이 성찰한 바로는 세 형식 중 8·10행은 각기 독립된 완성형이지 10행이 8행에서 성장한 것이 아니며 또한 형식은 물론 내용에 있어서도 독자적인 완결성을 과시하고 있음을 적시하였다. 〈혜론가〉와 〈실혜가〉 등 일전향가(逸傳鄕歌)가 '長歌'였음을 강조하면서 첫 작품인 〈도솔가〉도 '차사'가 있었던 점을 후대 10행체의 '차사'와 연결 지어 결코 단가(短歌)일 수 없다고 하였다. 요컨대 8·10행 및 '장가'는 그 시기의 선후를 가리기 어려울 정도로 형성되었음을 특기(特記)하였다. 거기에 보태서 사뇌가=10행체라고 인식해온 정설 또한 근거가 없는 견해임을 지적하였다.

　속요史의 앞머리 부분에서 궁중의 악가(樂歌)였던 속요는 후대 문란했던 시대에 생성된 것이라는 학설을 뒤집고 문헌에 따르건대 그 훨씬 전인 4대 광종(光宗) 때 임금의 탐닉에 의해서 향유되기 시작하였음을 주장하였다. 초기부터 속요의 폐단을 염려한 최승로의 상소에도 불구하고 또한 11대 문종 등의 정책적인 노력에도 불구하고 속요는 역대 임금들의 애호와 경도에 힘입어 고려 당시는 물론 조선왕조 중엽까지 수명을 이어갔다고 하였다.

　속요의 최초 작품을 〈서경별곡〉으로 추정한 것도 간과할 수 없다. 부담이 가는 위험한(?) 주장이지만 용기를 내어 언급하였다. 그렇게 잡은 근거로 작품에 "닦은 곳 소성경(小城京) 사랑합니다마는"이라는 구절이 있음에 유의하였다. 평양을 보수하였다는 의미인데, 그때가 바로 태조 왕건이 재위하던 때였다. 또 다른 단서를 든다면 조선왕조 때 전조(前朝)의 남녀상열지사를 정리·삭거하면서 이 노래보다 훨씬 음사(淫辭)의 강도가 강한 작품, 예컨대 〈쌍화점〉, 〈만전춘별사〉와 같은 노래가 있음에도 수긍하기 어려운 〈서경별곡〉을 대표적인 작품으로 거론하였다는 점이다. 그것은 왕조 초기작품이었기 때문이 아닌가 싶다고 하였다.

　속요사 모두(冒頭)에서 거론한 것의 또 하나는 〈정석가〉를 모든 고려가요의 밑바탕이 되는 노래라고 논한 점이다. 이는 문헌기록에 나와 있는 것이 아니라 나의 개인적인 사관(史觀)에 따른 견해이다. 〈정석가〉가 지향하는 바는 "이별의 거부→그것의 無化"인데 그렇다면 여타의 남녀상열의 노래 또한 그렇게 되기를 열망하는 간절한 바람을 그 저변에 깔고 생성된 것이기 때문이다. 뿐만 아니라 이 노래가 원래는 남녀 간의 연가(戀歌)인데 궁궐에 들어가서는 송도가(頌禱歌)로 전환된 점도 논거의 하나로 꼽을 수 있으리라고 하였다.

저자 **박노준**(朴魯埻)

출생 : 1938년 음 3월 7일(戊寅·陽 4월 7일)
　　　서울특별시 종로구 廟洞 105번지에서
　　　諱 台東과 諱 安東 金蓮姬의 외아들로 태어남
　　　본관 : 順天, 字 : 亨夫, 雅號 : 佳山
본적 : 慶北 星州郡 修倫面 午川里 876(도로명 주소 : 午川 4길 12)
　　　先代 조상의 600년 世居地에 따름

학력
1953년 4월~1956년 3월 : 동성고등학교
1956년 4월~1960년 9월 : 고려대학교 문과대학 국어국문학과
1961년 4월~1968년 2월 : 고려대학교 대학원 석사과정 국문학 전공
　　　　　　　　　　　　　(문학석사) *이 기간 중 33개월 餘 군에 복무
1978년 3월~1982년 2월 : 고려대학교 대학원 박사과정 국문학 전공
　　　　　　　　　　　　　(문학박사)

경력
1961년 4월~1961년 6월 ┐
　　　　　　　　　　　 ├ 대광고등학교 교사
1964년 8월~1970년 2월 ┘
1961년 11월~1964년 8월 : 대육군 사병으로 복무
1969년 3월~1972년 8월 : 고려대학교 문과대학·동덕여자대학교 강사
1972년 8월~1981년 2월 : 강원대학교 사범대학 국어교육과
　　　　　　　　　　　　　(전임강사-조교수-부교수)
1981년 3월~1982년 2월 : 서울 시립대학교 부교수
1982년 3월~2003년 8월 : 한양대학교 인문대학 국어국문학과
　　　　　　　　　　　　　(부교수-교수-정년퇴임)
1996년 6월~1998년 6월 : 한국시가학회 초대 회장

2003년 9월~ : 한양대학교 명예교수

상벌
2000년 4월 : 제18회 陶南國文學賞 수상
2003년 8월 : 홍조근정훈장 수훈

저서
1968년 「安民歌에 관련된 몇 가지 문제」를 『語文論集』(고려대 국어국문학 연구회)11집에 발표한 이래, 2008년 「경기체가의 시적화자의 '集團'지향」(한국시가학회 제47차 정기학술모임)을 구두 발표하기까지 향가·여요·시조 등 古詩歌 논문을 학술지에 게재함. 이 모두는 아래의 저서들에 재수록 하였음으로 발표 시의 학술지 및 年代별로 나열하는 일을 생략함. 학술 논문 이외 대학신문 등 여러 잡지에 발표한 수필·평설·서평 등의 글은 책으로 묶지 않았음.

『韓龍雲硏究』(印權煥 공저), 통문관, 1960.
『신라가요의 연구』, 열화당, 1982.
『고려가요의 연구』, 새문사, 1990.
『향가』, 열화당, 1991.
『흘러간 星座』(林鐘國 공저), 국제문화사, 1966.
『조선 후기 시가의 현실인식』, 고려대학교 민족문화연구원, 1998.
『향가여요의 정서와 변용』, 태학사, 2001.
『옛 사람 옛 노래 향가와 속요』, 태학사, 2003.
『향가여요 종횡론』, 보고사, 2014.
『향가여요의 역사』, 지식산업사, 2018.

편저
책임편자로서 책 표지에 이름이 올라 있는 것에 한함.

『趙芝薰硏究』, 고려대학교 출판부, 1978.
『향가여요 연구』, 이우출판사, 1985.
『현대시의 전통과 창조』, 열화당, 1998.
『고전시가 엮어 읽기』, 태학사, 2003.

국문학자 박노준 교수의
나의 한세상, 한평생

2025년 9월 5일 초판 1쇄 펴냄

지은이 박노준
발행인 김흥국
발행처 보고사

등록 1990년 12월 13일 제6-0429호
주소 경기도 파주시 회동길 337-15
전화 031-955-9797   **팩스** 02-922-6990
메일 bogosabooks@naver.com
http://www.bogosabooks.co.kr

ISBN 979-11-6587-902-0   03810
ⓒ 박노준, 2025

정가 36,000원
사전 동의 없는 무단 전재 및 복제를 금합니다.
잘못 만들어진 책은 바꾸어 드립니다.